U0946210

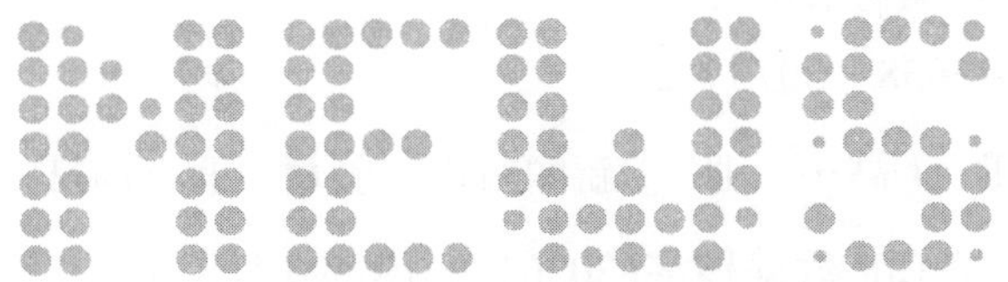

新闻写作精要

新闻报道的原则与方法

（第二版）

XINWEN XIEZUO JINGYAO

XINWEN BAODAO DE YUANZE YU FANGFA

高钢 ◎ 著

首都经济贸易大学出版社

Capital University of Economics and Business Press

·北 京·

图书在版编目(CIP)数据

新闻写作精要:新闻报道的原则与方法/高钢著. --2版. --北京:首都经济贸易大学出版社,2020.5

ISBN 978-7-5638-3073-2

Ⅰ.①新… Ⅱ.①高… Ⅲ.①新闻写作—教材 Ⅳ.①G212.2

中国版本图书馆CIP数据核字(2020)第056296号

新闻写作精要——新闻报道的原则与方法(第二版)

高 钢 著

责任编辑 孟岩岭

封面设计 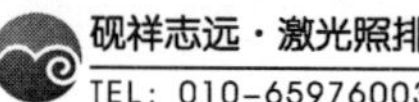

出版发行 首都经济贸易大学出版社

地 址 北京市朝阳区红庙(邮编 100026)

电 话 (010)65976483 65065761 65071505(传真)

E-mail publish@cueb.edu.cn

经 销 全国新华书店

照 排 北京砚祥志远激光照排技术有限公司

印 刷 北京泰锐印刷有限责任公司

开 本 710毫米×1000毫米 1/16

字 数 502千字

印 张 28.5

版 次 2005年4月第1版 **2020年5月第2版**

2020年5月总第10次印刷

印 数 44 001~46 000

书 号 ISBN 978-7-5638-3073-2

定 价 55.00元

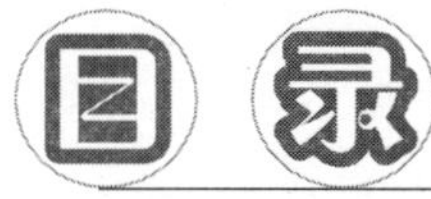

目录

引 言

2018 年是我回到我的母校——中国人民大学新闻学院任教的第 15 年。这一年我 65 岁，按照学校的相关规定，也是我退休的时候了。回到学校工作的 15 年中，我每个学期都会给本科生上一门新闻采访写作的专业课。每次课程结束，在学校教务处的网络系统中登记完分数，我都会给所教班级的同学们写一封信，算是对这一学期教学的最后结语。

2018 年我给同学们的信件是这样写的：

同学们：

今天下午把考试的分数登记完毕，这个学期的新闻采访写作课就结束了。

但是，作为讲授这门课的教师，我觉得工作似乎并没有完成。我在问自己：中国人民大学新闻学院 2017 级学生的新闻采访写作课就这样结束了吗？学生们是否真的知晓了新闻报道的专业原则？是否真的掌握了新闻采写的专业技能？是否真的拥有了为人民的利益、社会的进步担当职业责任的勇气和能力？

所有这些问题我都不能毫无迟疑地给予肯定的回答。但是，课程真的就这样结束了！和构成人生的无数瞬间一样，没有重复，没有回转，没有任何补偿遗憾的机会。

不知是因为今年的冬天过于寒冷，还是因为碰巧本学期我这个课堂的学生都过于矜持，我感觉很多同学在课堂上呈现的状态是过于迟缓、过于从容了。比如，如果不是闭卷考试，班上有多少同学能够全文阅读本课程指定的新闻采写教科书？有多少同学会认真阅读我推荐的那四本美国的新闻采写的教材？

至于我向新闻专业的学生推荐的那个阅读书单究竟有多少同学看过，并且开始了阅读，我就更不得而知了。

不过，课程就这样结束了，一个学期就这样过去了。我们怎么能不敬畏时间的严厉和冷酷！

你们年轻，年轻就难免在时间面前有更多的任性。但是，各位，你们是中国人民大学新闻学院的学生，你们享受的教育资源和人民对你们的期待都不允许你们在时间面前有更多的任性。

作为这个学院的学生，你们不仅承载着自己父母的期望，更重要的是肩负着推动社会进步的责任。大学四年是通过学习积蓄自身创造能量的最宝贵的时间，所以必须珍惜。

你们赶上了一个美好的时代，可以自由地学习，自由地思考，有图书馆，有互联网，你们可以用各种方式接触到人类文明的资源。特别是你们年轻，精力旺盛，这个时候是让自己学知识、长本事的时候。人的大学时光一般只有一次，别浪费这四年的宝贵光阴。

我希望你们能够在大学期间在知识领域找到自己真正的兴趣所在，学习你们热爱的知识，特别是新闻专业的学生，应该让自己人文社会科学的知识丰富起来，如果能够有对其他专业的兴趣，就抓紧时间让自己在大学期间拥有新闻传播学之外的另外一个专业的基础知识体系，为自己今后的发展开辟更广阔的空间。

我相信，任何理想都是依靠勤奋的努力和永恒的坚持实现的。为此，我可能要提醒各位，才能的增长和平庸的积累都是在无声无息的时光流失中兑现的。抓紧大学生活中的每一天，用知识、理性、思考、探索推助自己的成长，而不能用怠惰、虚荣、享乐、自私加速自己的衰落。

今天的社会，功利主义盛行。我觉得，作为大学生，所谓青年知识分子，不能以功利主义作为行为原则，这个群体要有理想，理想不是虚幻空想，更不是胡思乱想，是基于热爱生命与生活的、面向未来的人生向往和人生规划。没有这种向往和规划，人生就难免粗糙、无聊、平庸和杂乱。

我毫不怀疑你们这一代人有你们独特的优势和能量。各种美好的理想和宏伟的抱负可能已经置于你们心中。如果这样，就从珍惜自己的生命时光开始，对自己、对你所爱的人、进而对祖国和人民负起自己的责任。

寒假开始了，这是你们主宰自己、自由学习的宝贵时间。我当年上大学的时候，每个假期是给自己制订阅读计划的。不过那个时候，中国在“文革”时期，我们要借到几本想看的书都那么难。你们今天可以阅读整个世界，阅读整个人类的文明成果，你们有没有自己的假期阅读计划？我想看到这个读书计划。

你们回到学校的时候就是春天了,你们准备怎样度过大学二年级的第二学期?有新的学习计划吗?有对自己人生目标的调整吗?各位是否需要在假期想想这些关系人生未来的大事?

你们现在可能已经看到了自己本课程的结业分数。各位可能会为自己的得分感叹一番,有兴奋,有遗憾,甚至有各种的委屈和不满。但是,这一切很快就会在记忆中闪过。新的学习和生活很快就会更新你们现在的感受。千万别为分数纠结。分数是衡量学习成果的一个标准,但它不是衡量一个人潜能的标准,更不是衡量一个人价值的标准!

我坚信,每个生命都是独一无二的,我希望你们中的每个人都能够发现开掘自己生命潜能的方法,都能够找到释放自己创造力的路径,每个同学都能够勇敢地向着自己的理想行进!

请你们原谅我在教学中对你们的"严厉",那完全是出于对你们的更大的希望和期待!

感谢课程助理吴海侠认真负责的工作。他为人的善良和做事的精细让教学的进程变得流畅。

……

2019 年 1 月 11 日

每次课程结束之后我给同学们写的信,内容大致相同。其实,这些文字与其说是对学生们的叮咛与期望,不如说是对我自己教学效果的惴惴不安。

从事新闻采访写作课教学的 15 年间,我永远在心底深深地质疑:一个学期的课程真的能够让学生们了解新闻报道的专业原则,掌握新闻采访写作的专业方法吗?他们真的能够在纷繁复杂的社会运行中敏锐地识别重要的环境变化,并且用专业的新闻报道技术把这些变化告诉民众吗?

回看这么多年每个学期教学结束之后给学生们的信件,字里行间我都能感觉到我对整个教学进程持有的疑虑。应该说,我对教学是不敢懈怠的。15 年间,我没有让课程助理和我指导的研究生代我批阅过一份本科生的采写作业,更没有让课程助理和我的研究生代我讲过一次本科生的课。每个学生的第一篇作业除了有分数之外基本都有直接批语。我讲述的新闻采访写作课的讲义,都是参考五本以上的国内外经典教材写就的,每个学期都会根据新的专业认知和新的实践发展修改讲课内容。为了激发学生们的学习兴趣,至少不要让他们在课堂上游离于教学进程之外发微信刷手机,我讲课的 PPT 都是参考了美国大片的起伏节奏制作的。

这些努力每次课程结束后都得到了学生的好评。我甚至被评为中国人民大学"十大教学标兵"。但是,尽管如此,那种置于心底的对于新闻采访写作课实际教学效果的怀疑与不安,依然伴随了我整整 15 年。

如今离开了课堂,我再次静心深思,这种不安的心境可能与新闻采访写作这门专业技术课的性质有关。新闻报道技术是一门专业性很强的实务工作方法,之中不仅涉及报道者的知识储备、生活经验、思维方式、专业技能,更取决于报道者的责任意识和人文修养,这一专业能力的训练与培养过程有着太多的致变因素。

我有时甚至觉得这些刚刚离开父母亲人的百般呵护,刚刚告别应试教育的单调生活,刚刚离开中学进入大学的孩子们需要再长大一点,再来学习新闻采访写作这种新闻实务课。

我几次向学院的学术委员会建议:一定不要在大学一年级就开设新闻报道的技术课程。让孩子们再多学习一些人文社会科学的基础知识,再多了解一些人类在漫长的文明进程中形成的价值认知,再多体验一些丰富多彩的社会生活,让这些在应试教育的环境中书本学习领域提前兴奋而人生阅历比较晚熟的孩子们再成长一段时日,最好是在大学三年级第一学期,至少也应在大学二年级第二学期开始学习新闻报道技术的课程。

很难想象如果连自己的人生理想还没有明确设定,连自己的社会生活还不能有序规划的孩子们怎么能够为社会的安危进行观察,为民众的福祉进行思考。而这种远远高于自身命运设计的眼界与胸怀恰恰是从事新闻报道的基础。

15 年的教学生涯转瞬之间结束了。新闻学院的采访写作课程经历了一轮一轮的改革。如今我的同事们已经在考虑如何在互联网造就的媒介融合的趋势下对新闻实务教学的结构、内容与进程进行新的设计。新闻传播经历的革命性变革,正在对今天的新闻教育产生着前所未有的深刻影响。

然而,我的同事们以至整个新闻教育界有一个明确的共识,新闻采访与写作的能力是新闻学院的学生必须具备的基础工作能力。这个能力甚至会对学生们今后从事任何专业工作形成基础能力的支撑。

15 年间,我和我的同事们就是一边关注着媒介运行的全新实践,一边坚守着新闻教育的经典认知,从事着新闻实务课程的教学,摸索着之中的规律,探索着改革的路径。

我现在还能清晰记得2004年春天我第一次给学生们讲授新闻采访写作课的情景。

2004年2月20日早上8点，中国人民大学第三教学楼304教室里已经坐满了新闻学院的学生，25名一年级本科生和25名本科非新闻专业的研究生。我将在这里开始我的教学生涯，讲授第一堂课——新闻采访与写作。

回到母校从事新闻教育工作是我50岁时生发的愿望。我与新闻专业结缘于20世纪70年代初。那时中国正处在荒谬的“文化大革命”的浩劫之中。中国人民大学解散，新闻系并入北京大学，成为中文系的一个专业。1973年，我20岁的时候，告别了在黑龙江建设兵团的四年知青生活，进入北京大学中文系，接受新闻专业教育。那时我们被称为“工农兵学员”。

从北大毕业后，我被分配在北京日报社，做了8年记者，从事高教和科研领域的新闻报道。1984年，再次回到我的老师门下，进入中国人民大学新闻系攻读新闻专业硕士研究生。此时的中国已经挣脱厄运，开始了全新的命运历程。中国人民大学复校了，中国人民大学新闻系恢复了往日的声名，而我也已过而立之年。

三年研究生学习结束之后，我又投身到充满挑战的新闻工作第一线。我走遍了除西藏和台湾之外的中国的每一个省区，也到过北美洲、南美洲、欧洲、大洋洲的几十个国家。我用新闻记者的文字，报道着中国社会发展进程的各种变化，描述着我所看到的中国与世界。我感受着新闻工作带给我的种种艰难困苦，也享受着这个职业带给我的人生价值的满足。

2003年，我50岁的时候，在中国人民大学新闻学院两位副院长涂光晋教授、喻国明教授的推荐下，经我尊敬的北大时期的老师、曾连任三届中国新闻教育学会会长的何梓华教授，中国新闻学界泰斗方汉奇教授的认定，在时任新闻学院院长郭庆光教授和学院党委书记刘向阳老师的主持推动下，我辞去《华声报》总编辑职务，重返母校执教。

30年间，一个轮回：从新闻专业的学生到新闻学院的教师，我此生注定属于新闻事业，属于培养教育了我的母校。

我相信，21世纪的中国将比任何时候都更加需要职业新闻工作者。能够投身于新闻教育事业，我觉得意义重大。

站在讲台上，我不禁思绪万千。

教室里很安静，学生们望着我，我不知道他们正在想什么。

按照学校的课时安排，新闻写作课每周上一次，一次三学时，共上18周。

这意味着我要在54学时内，让这些几乎没有任何新闻工作经验的年轻人，掌握新闻采访写作的基本技术。

这是一件谈何容易的事！

但是，这是我的任务。就像我在20多年职业新闻工作中时常碰到的局面一样：你面前横着一条河，河上没有桥，岸边没有船，你又不会游泳，但是，你必须到达对岸。

这次也是一样，面对困难，我不会放弃。因为这是一个必须完成的任务。当然，这次的任务确实有些不同。

我的全部讲义是用Power Point制作成幻灯片的。简单交代了课程的教学安排后，我把三天前中国媒体发布的一条新闻打在屏幕上。

温家宝：按“四个不放过”原则处理已发生事故

××网北京（2004年）2月16日电 国务院总理温家宝16日主持召开国务院常务会议，研究进一步加强安全工作的有关问题。

会议指出，最近一些地方接连发生重特大安全事故，特别是火灾、公众聚集场所安全事故和道路交通事故呈上升势头，给人民群众生命财产造成重大损失，教训极为深刻。重特大事故多发的主要原因是，一些地方以及企业、单位的领导安全意识淡薄，安全责任不落实，防范措施不到位，事故应急预案不完善。

会议要求，各级领导一定要高度重视安全工作，把确保人民群众生命财产安全的各项防范工作，作为实践“三个代表”重要思想的实际行动，放在经济和社会发展的重要位置，列入各级领导工作的重要议程，常抓不懈，防患于未然。

会议指出，要深化安全专项整治，坚决消除重大安全隐患。对矿山、交通、公众聚集场所等事故高发领域，要加大整治力度，狠抓各项防范和整改措施的落实。春季是火灾高发季节，特别要重视森林草场和公众聚集场所防火。不具备消防安全条件的公众聚集场所，一律停业整顿。

会议决定，立即在全国范围开展一次安全大检查。检查的重点是安全工作制度和责任是否落实，措施是否到位，应急预案是否建立。要查到企业、机关、学校等每一个基层单位，查到易发安全事故的每一个环节。通过检查，坚决整改不安全隐患，完善安全防范规章制度和应急机制，落实责任，并明确到人。

会议强调，对已经发生的重大事故，要按照“事故原因不查清不放过，事故责任者得不到处理不放过，整改措施不落实不放过，教训不吸取不放过”的原则,查明原因,严肃处理,追究有关人员的责任,以维护法制和纪律的严肃性,对国家和人民负责。

我开始朗读这条新闻。还没念完三个自然段,课堂上就动荡了起来,有的学生交头接耳,有的学生打起了哈欠。

我坚持把这条新闻读完,此时的教室已是嘈杂一片。

“让我们再来看看同一新闻事件的另一种报道。”我切换了幻灯片讲义的页面,把下面的报道打在屏幕上。

多起重大人命伤亡事故惊动中国最高领导层

本报北京(2004 年)2 月 16 日讯:中国内地近 10 天里连续发生的导致众多人命伤亡的重大事故,已经惊动中国最高领导层。中国总理温家宝 2 月 16 日在他主持的内阁工作会议上,对上述事故的处理提出四个“不放过”的原则。在突然降临的灾难面前,这位温文尔雅的“亲民总理”再次显示出他的严厉与强硬。

温家宝说:对已经发生的重大事故,要按照“事故原因不查清不放过,事故责任者得不到处理不放过,整改措施不落实不放过,教训不吸取不放过”的原则,查明原因,严肃处理,追究有关人员的责任,以维护法制和纪律的严肃性。

中国近 10 天来连续发生的重大人命伤亡事故,都是在公众聚集场所。

2 月 5 日中国的新年期间,在北京密云县庆祝中国农历正月十五元宵节大型灯会上,发生民众拥挤踩踏事故,37 人死亡,其中有 27 名妇女,9 名 17 岁以下的少年,最小的孩子只有 7 岁。密云县位于北京的东北部,距北京市区 70 公里,它境内的密云水库为拥有1 500万人口的中国首都提供着水源。为了保护这里的水资源,密云全县一直控制着人口规模的发展,这里的人口密度是北京市最低的地区之一。

2 月 15 日,中国东北部的吉林省吉林市一家超市在营业时间发生大火,顷刻间夺走 53 条人命。仅仅 3 个小时之后,位于中国长江南部的浙江省海宁农村又发生了一场重大火灾,40 名妇女在这场火灾中丧生。

在温家宝总理主持的工作会议上,这些事故发生地的地方官员受到指责,中国高层说这些地方官员“安全意识淡薄,安全责任不落实,防范措施不到位,事故应急预案不完善”。

中国的这次总理内阁工作会议已经决定立即在全国范围内开展一次安全

大检查,此次检查会伴随一系列严厉的惩罚措施,之中包括“不具备消防安全条件的公众聚集场所一律停业整顿”。

我仍旧从头开始朗读。戏剧性的变化发生了,教室里瞬间恢复了平静。我一字一字地读,学生们的目光集中在屏幕上,像是在搜索那些文字背后的东西。

“请同学们说一说,这两条新闻有什么区别?”我开始引导学生们讨论。

沉默了一会儿,终于有几个学生举起了手。

一个学生站起来说:“前面一条新闻枯燥无味,后面这条新闻说的是让人感兴趣的事情。”

另一个学生接着说:“第一条新闻好像是会议记录,第二条新闻是记者在讲故事。”

“如果我猜得不错,后面那条新闻是国外媒体的报道。”一个学生说。

我告诉大家,后面的那条新闻不是国外媒体的报道,是我为了讲课、为了让大家感受一下新闻写作的基本要求,用了 30 分钟时间重新改写的新闻。我依据互联网上查寻的相关背景资料,对中国媒体发布的那则新闻进行了改写。我运用的背景资料,全部是中国新闻媒体报道过的内容。

我只是想通过这样两种不同的报道写作方式,让新闻专业的学生们体会一下什么是新闻记者的基本立场,什么是新闻观察的基本视角,什么是新闻报道的基本原则,什么是新闻写作的基本技法。

第一条新闻让我们看到的仅仅是会议内容的单一陈述。在导语之后,构成新闻主体的五个段落全部是用“会议”作为主语,与其说它是新闻报道,不如说它更像是政府部门的一纸公文。

如果你是新闻记者,你就要做出新闻记者的观察与描述。你不仅要让人们知道国务院工作会议讨论的问题是什么,会议做出的决策是什么,还要让人们知道中国总理主持的这次会议为什么做出这样的决策,知道这次会议召开的背景,知道中国最高领导层的工作运行与中国普通民众命运之间的关系。

我注意到了学生们发亮的眼神。

我要告诉学生们:如果你是新闻记者,你除了了解会议的内容,还要把这些内容写成人们关心的信息;你不仅要告诉人们那些与他们切身利益密切相关的事实,还要想方设法让人们兴致勃勃地把你的报道从头到尾地读下去……

第一节　新闻写作的重要性

今天的中国新闻工作者面对的新闻传播环境，正在发生着历史上从未有过的深刻改变。这种变化可以从四个方面来看。

第一，社会环境的变化。

中国的社会环境正在发生着日新月异的历史变迁。在全球化趋势之下，中国的社会变革与发展已经快速融入全球化进程。在这样一个大的趋势下，中国社会的变化进程有两个重要的特征值得我们关注。

一是社会生活的变化速率加快。改革开放 40 年间，中国一跃成为世界第二大经济体，高速公路网已经覆盖整个国土，中国汽车保有量到达 2.5 亿辆，位居全球第一。中国已建成世界上最现代化的铁路网和最发达的高铁网，到 2019 年年底，全国铁路营业里程达到 13.9 万公里，其中高铁营业里程达到 3.5 万公里，位居世界第一。谁能想象中国的网民数量一下子突破了 8.5 亿，互联网已经成为支撑社会运行的基础设施。谁能想象中国在线手机一下子到达 15 亿部，整个中国的通信结构完全改变。谁能想象截至 2018 年，中国城镇居民人均住房建筑面积达到 39 平方米，比 1978 年增加了 32.3 平方米；农村居民人均住房建筑面积达到 47.3 平方米，比 1978 年增加了 39.2 平方米。生活在变化如此之快的社会中，人们为满足自己的生活意愿，成全自己的发展理想，了解生存环境变化状态的欲望会变得日益强烈。

二是社会各个领域间的联系日益加强，相互作用日益深刻。伊拉克发生局部战争，从地理空间上看，距离中国本土是那样遥远；从政治关系上看，中国与交战双方在战争的发生地都没有直接的利益冲突。然而，中国的七名民工竟在伊拉克遭到了绑架！中国国家主席胡锦涛亲自过问七名民工的生命安全，并责成中国外交部要尽一切努力保护这些民工的生命安全。这样看来，两个国家在一瞬间又显得近在咫尺。在法国戴高乐机场的屋顶塌落事故中，四个人在这场飞来横祸中丧生，而这四个人中居然就有两名中国人！今天的中国已经与整个世界越来越紧密地联系起来了。至于中国国内各个地区、各个领域发生的具有新闻价值的变动，更是对中国社会和中国民众产生着直接或间接的影响。如今，一起空难、一场瘟疫、一项发明、一个成就的影响力，往往都会超出行业与地域的范围，对社会生活各个领域产生影响，从而引起社会各界人士的关注。

在这样一个全新变化的社会环境中，新闻界面对的受众环境、市场环境以及技术环境也都在发生着历史上未曾有过的改变。

第二，受众环境的变化。

随着社会经济的发展、教育的普及、文化的进步，受众群体的年龄跨度日益加大，新闻信息消费群体的年龄跨度正在向老年与青年两极延伸。随着社会分工的日益细化，受众的社会构成也日益复杂。在一个日益开放的社会环境中，受众的思想状况也日益活跃，他们拥有的价值标准日益多元化。今天，新闻媒体面对的受众群体，是一个拥有不同政治信仰、不同价值观念、不同情感方式的复杂群体。这样一个群体，在获取新闻信息方面出现了全新的需求。这些需求至少有下面三个明显的特征：一是需要快速获取最新信息，二是需要精确接近深度信息，三是需要主动选择实用信息。这三大需求，已经成为今天新闻信息的消费人群普遍拥有的共同需求。

第三，市场环境的变化。

改革开放40年间，中国各类媒体在充满艰难坎坷的演进过程中，已经处于全面市场竞争的环境之中。覆盖广大受众群体的传统媒体和新兴媒体已经占据了传媒市场的各个时空领域。国外媒体也不甘寂寞，它们以各种方式进入中国的传媒市场，为中国媒体市场的竞争增加了新的因素。互联网技术平台更是全方位改变着媒体市场竞争的格局，使传媒市场呈现出前所未有的活力与变数。中国新闻媒体已处在市场竞争的惊涛骇浪之中。

第四，技术环境的变化。

网络数字技术正在改变着信息的采集、合成、传播和经营的各个环节的运行方式，把历史上不同媒体形态的独立演进过程统一为一个更加丰富、更加有序的过程。互联网已经成为信息传播的主流平台。网络数字化技术在新闻传播领域的广泛应用，让新闻传播手段和方式都提高到一个前所未有的现代化水平，呈现出纷繁的多样化局面。新闻传播业的运行方式、呈现形态、组织结构和整体格局都在网络数字的影响下发生着巨大的改变。互联网催生的新型媒体的出现，加速推进着新闻传播的全球化进程，加剧了媒体行业的世界范围的竞争。

这样一个完全改变了的传播环境，已经向当今的新闻工作者提出这样的询问：

怎样才能在激荡的变革时代中履行责任？在剧烈的竞争中占据市场？在媒体的角逐中赢得公众？

这是一些重大的命题，涉及复杂的理论与实践、思维方式与工作方法的探索。回答这些问题,是一个复杂的系统工程。

从新闻实务的角度看,提高新闻报道的专业水平,对于提高新闻传播的质量,进而提高新闻传播的影响力是十分重要的。

新闻报道的使命就是要真实地向公众描述其生存环境的最新的、关系到他们切身利益的变动状况。

要实现这一职业使命,就要了解新闻写作的基本规律,遵循新闻写作的基本原则,掌握新闻写作的基本方法。

新闻写作是新闻工作者实现职业责任的基本职业技能,是新闻报道施放传播影响力的核心环节。

新闻记者对这个世界变化状况的观察、认识、分析、判断,最终要通过他们写作的新闻传达给受众。

新闻记者的职业责任最终要通过他们写出的新闻报道去实现!

新闻记者的职业才能最终要通过新闻作品得以展示!

新闻写作是媒体形成传播影响力的关键环节!

第二节　怎样学习新闻写作

新闻写作是描写客观环境最新变动状况的专业写作技术,是艰难而辛苦的脑力劳动与体力劳动的结合过程,是需要勤奋练习、认真钻研才能打磨出亮光的专业工具。

当你拿到这本书的时候,你的心中一定已经有了一种期待,希望这本书能够给你一种新闻写作的方法指导,让你能够掌握某种秘诀,使你能够在新闻写作领域出手成章,如鱼得水。

我在新闻写作课上,曾对学生们坦言相告:我几乎不能为你们直接移植新闻写作的才能,但是我会告诉你们培养新闻写作才能的方法和途径。新闻写作的才能最终需要你们通过艰苦的训练去感悟、去摸索、去尝试、去练习、去掌握。

这本书可能会为你们提供新闻写作的基本原理和基本方法,但是,我要告诉你们,这些纸上兵法转化为一个人的专业工作能力,还需要通过一系列复杂的转换过程。

我在这里告诉你们三个最重要的提高新闻写作能力的方法:

● 阅读!阅读!再阅读!阅读各个国家、各个时代的经典新闻作品,同时阅读今天正在传播的引人关注的新闻作品。你首先要阅读那些有影响的媒体刊载的新闻报道，无论是报纸、杂志、电视还是广播。你要特别留意引起受众关注的新闻，留意那些能引起你注意的新闻，看看它们传达了什么样的信息，再看看它们是如何用文字传达这些信息的。

● 思考！思考！再思考！思考有影响的作品引起反响的原因，思考其取材的标准、主题设定的原则、结构的奥妙以及表现的技巧。好好琢磨，这些作品究竟为什么会写得这样不同凡响。

● 写作！写作！再写作！从模仿开始，模仿优秀作品的观察角度、组织结构、语言方式，然后写出你自己的新闻作品。无论写人还是写事，都要力求写得准确、简洁、生动，写得引人入胜。

写作的能力是要通过训练培养的，美国记者杰克·海敦说过："所谓训练，是强迫自己去做自己没有多少兴趣去做的事情。"因此，训练是一个苦差事。

第三节　新闻工作者的职业品质修养

新闻作品是记者职业道德精神、新闻价值准则、思维判断能力、爱憎感情取向以及专业写作技巧的综合体现。

美国新闻界巨人约瑟夫·普利策（Joseph Pulitzer）对新闻职业做过这样一种形象说明："倘若一个国家是一条航行在大海上的船，新闻记者就是船头的瞭望者。他要在一望无际的海面上观察一切，审视海上的不测风云和浅滩暗礁，及时发出警告。"

至今，这段话都被新闻界人士视为对新闻工作职能的最形象、最贴切的解释。

新闻工作是一种职业，但它是一种与其他职业不尽相同的职业；同样，新闻工作者的责任感与其他从业者也不尽相同，新闻工作者需要具备的是非同一般的强烈的社会责任意识。正如《泰晤士报》主编威克汉姆·斯蒂德所说："严格意义上的新闻记者乃是非官方的公仆，其宗旨是服务社会。"

1883 年，约瑟夫·普利策曾对纽约《世界报》的职员提出下面的要求："报纸将永远为争取进步和改革而战斗，决不容忍不义或腐败；永远反对一切党派的煽动宣传，决不从属于任何党派；永远反对特权阶级和公众的掠夺者，决不吝啬对穷苦人的同情；永远致力于公众福利，决不满足于仅仅刊登新闻；永远保持严格的独立性,决不害怕与坏事作斗争,不管这些事是掠夺成性的豪门权贵所为,还是贪婪穷人之举。”

由于历史条件不同,社会环境不同,文化背景不同,普利策的思想表现了他特有的价值观。但是,我们从他的近乎“职业宣言”的表述中,仍然可以深切地感受到新闻工作者面对社会使命所怀有的神圣的敬重之心。

职业新闻工作者需要具备以下品格和素质。

一、正义感

坚持真理、维护正义是新闻工作者的职业责任。在真理和正义面临威胁的时候,记者只能挺身而出,因为他们责无旁贷。

2003 年,《中国经济时报》记者王克勤用了 6 个月的时间,采访调查了北京市出租车行业的管理状况,写出了 4 万字的调查性报道。王克勤撕破了北京出租车行业的垄断黑幕。他发现:“现行的出租车行业的管理体制存在的极其严重的弊端是——富了老板,肥了官员,亏了国家,苦了司机,坑了百姓。”

刊登这篇报道的《中国经济时报》,当天在市场上卖到了 10 块钱一份。

国务院总理温家宝就王克勤披露的问题做出批示说:这个问题到了非管不可的程度,有关部门应该拿出意见,全面整改出租车行业管理体制。

这一年王克勤入选“中国风云记者”。

王克勤闻名中国新闻界,始于当年那篇揭发兰州证券黑幕的报道。2000 年 11 月,当时在《甘肃经济日报》社当记者的王克勤,根据股民投诉着手调查兰州证券黑市。一个多月后,他掌握了大量黑幕内情。随之而来的是他受到人身威胁。

2001 年元旦,王克勤请《中国经济时报》的记者王宏加盟这次黑幕揭发报道。这一天,王克勤重温了一块历史纪念碑上的一段话:“法西斯找到了犹太人,我看与我无关,我走了;法西斯暴虐了犹太人,我看与我无关,我走了;法西斯找到了我,别人看与他无关,他走了……” 王克勤的职业不允许他面对邪恶背身而去。

2001 年一月下旬,他们将完成的报道提交《甘肃经济日报》和《中国经济时报》。此时,王克勤的人头也已经被证券黑市的操纵者们开价到 500 万元人民币。迫于生命威胁,王克勤只得把妻儿送至偏远的农村老家避难。

2 月 3 日,《兰州证券黑市狂洗股民》一文在《中国经济时报 · 时报周刊》发表,甘肃省内各媒体以及全国各大网站纷纷转载,中央电视台《经济半小时》

《社会经纬》《财经报道》等栏目也都进行了追踪报道。国务院总理朱镕基对《兰州证券黑市狂洗股民》一文做出批示,甘肃省委书记、省长部署展开了全省性的专项打黑斗争。

黑势力的阴影并未消失。2月9日下午(正值春节),王克勤的传呼机收到了一个“新年礼物”——“我们已知道了你的家庭地址,晚上,我们来接你的老婆孩子”。王克勤立即向公安部门报案,当天晚上4名荷枪实弹的警察住进了王克勤家。面对恐吓电话,王克勤说:“你们坑害了多少老百姓,想让我不说话是不可能的! 因为我是记者!”

2003年,王克勤当选为“中国风云记者”时,专家对他的评价是:“‘苟利国家生死以,岂因祸福避趋之’。为了国家和人民的利益,优秀的新闻人总是知难而上,有所不避。王克勤就是这样的人。”

王克勤说:“记者是维护正义、公平和法治的战士。目前,仍有一些黑恶势力和贪官污吏在盘剥、损害着广大公众的利益,甚至生命。记者为了公平、正义和公众利益而奋起抗争的时候,这些人必然要与记者为敌,与公众为敌。媒体作为公器,就应该与这些人为敌。在这个没有硝烟的战场上,记者就是冲锋在前的战士。”

以其锐利观察和独到见解在美国新闻界驰骋半个世纪的沃尔特·李普曼曾经说过:“新闻事业的最高准则莫过于阐明真相而使魔鬼感到羞愧。”

1957年获得诺贝尔文学奖的法国记者艾伯特·加缪(Albert Camus)说:“无论我们个人是如何脆弱,我们职业的崇高将永远植根于两项难以实施的责任:拒绝就我们知道的东西撒谎和抵抗压迫。”

在中外新闻学的教科书中,我们能看到这样一句话:“报刊不仅能将更多的灵魂送进天堂,也能把更多的灵魂救出地狱。”这是纽约《先驱报》掌门人詹姆斯·戈登·贝内特的“职业警言”。

被视为美国新闻界巨人的约瑟夫·普利策,100多年前在他主办的报纸《世界报》的创刊号中这样声明了他的办报方针:“在我们这个日益繁荣的大城市里需要这样一种日报:它不仅售价低廉而且明白易懂,不仅明白易懂而且内容丰富,不仅内容丰富而且具有真正的民主精神——忠于人民的事业,不做有钱人的奴仆……它要揭露一切丑恶和欺骗,抨击一切社会罪恶与弊端,它要以真挚诚恳的态度为人民的利益而战斗。”(《世界报创刊号:告读者书》1883年5月11日)

针对当时美国社会转型期出现的种种社会弊端,普利策在他的报纸上提出了10点改革纲领：①征收奢侈品税；②征收遗产税；③征收巨额收入税；④征收垄断企业税；⑤向享有特权的公司征税；⑥为国家制定税则；⑦改革文官制度；⑧惩办贪官污吏；⑨惩办倒卖选票者；⑩惩办在选举中左右雇员选票的雇主。除了“为国家制定税则”一项，其余9点改革纲领后来都成了美国的法律。

坚持真理，维护正义已成为新闻工作的传统。这一传统引导和支撑着新闻界运行，也给新闻界带来最高荣誉。

二、同情心

真正的记者必须与人民同呼吸、共命运。同情心造就着记者敏锐的感觉神经，记者应该是敏感的，敏锐地感觉到人民的疾苦，社会的不公，不幸者的不幸，无辜者的无辜……

2003年4月25日，《南方都市报》的记者陈峰发出了一篇题为《被收容者孙志刚之死》的报道。一位名叫孙志刚的27岁大学毕业生，因为晚上出门没带身份证而被警方“收容”，三天内被殴打致死。这篇报道发表后，在全国百姓中引起强烈反响，中国各地的主流媒体相继跟进深入报道。

6月20日，国务院总理温家宝签署国务院令，公布《城市生活无着的流浪乞讨人员救助管理办法》，同时废止1982年5月12日国务院发布的《城市流浪乞讨人员收容遣送办法》。中外媒体评价说，此事充分显然出中国领导人奉行的“以人为本的执政理念”，显示了中国正在发生着历史上从来没有过的变革。从“收容”到“救助”——人们看到一个具有法律效用的国家规定的改变，看到中国政治文明进程向前迈进了一大步。

记者陈峰因此篇富有同情心的报道而入选“2003年中国风云记者”。

专家对他的评价是：“陈峰基于对民间疾苦的关注，做出了体现职业价值、具有职业荣誉的报道。”

《羊城晚报》记者赵世龙同样是一位具有伟大同情心的记者。得知广州市长洲戒毒所强卖戒毒女为娼的消息后，赵世龙冒着生命危险，假扮鸡头（赎买妓女的人），对广州市长洲戒毒所进行卧底暗访。最终，赵世龙协助警方揭出“戒毒所”真相，把一群表面道貌岸然实则伤天害理的犯罪分子送上了法庭。

美国《诺福克弗吉尼亚人导报》（*The Norfolk Virginian - Pilot*）的记者埃伦·惠特福德（Ellen Whitford）得到一家诊所对未怀孕的女性实施堕胎手术的线索，她便带着自己的尿样来到诊所，以探虚实。诊所的化验员告诉她，她怀孕了，而她自己知道，自己根本没有怀孕。她找了个借口离开诊所。第二天，她带着报社一个男同事的尿样两次走进那家诊所,化验的结果仍然是:她怀孕了。埃伦·惠特福德立即断定,这是一家黑诊所!为让更多的女性免遭伤害,她写出了披露性报道。

同情心是责任心的基础。它关系到一个记者对新闻的敏感,关系到记者职业的实现。

1989年初春,晚上10点。我路经北京同仁医院门口,看到不少人在排队。这个时候排队做什么?后来我才知道,为挂第二天眼科的号他们准备在这儿等候一夜。

第二天,我赶往同仁医院,采访了几位中国眼科专家。他们告诉我,中国已成为世界上因眼科疾病导致失明的患者比率最高的国家之一。可中国有多少专业眼科医生呢?只有一万名!中国县级以下医院,干脆就不设眼科!

在两类极易导致失明的眼病中,最让专家们头疼的是角膜类疾病,在中国,因这种病失明的患者已达700万人。专家告诉我说,原本有70%到80%的患者可以通过角膜移植手术重见光明,可是他们还是失明了,因为中国人没有死后捐献身体器官的习俗。客观讲,有人捐献又能解决多大问题?要知道那时我们国家还没有现代眼库和与角膜移植相关的运营体系。

我想起我在美国考驾驶执照的时候,曾经要填写一个表格,其中有一栏询问:"一旦发生恶性事故遭遇不幸,你是否愿意捐献你的身体器官?"你对这个问题的回答,最终会印制在驾驶执照右上角最显眼的地方。一旦发生了不幸故事,警方和医院会依据这个有法律效用的文件对你实施"全程处理"。在一些发达国家,正是因为有了这类保证器官移植的运行系统,很多不幸的人才得以获得新的生命,拥有新的生活。

经过一周的采访调查,我写出了报道《眼球:中国七百万盲人的呼救信号》,呼吁各界关注生命康复中存在的重大问题,呼吁国家建立修复生命的相关机制。两周后,我接到通知:参加国家民政部、国家卫生部和中国残疾人联合会共同召开的一个专业研讨会,研讨内容就是我的报道提出的问题。在会上,我应官员们的要求,对报道选题的提出缘由、报道的形成过程做了说明,并且回答了各方官员们提出的各种质询。会议进行了两个小时,官员们在会上当场做出了意向性决定:一是国家不再组织专门调查,因为新闻记者的工作是深入的、可信的。二是由国家投资,建设两座现代化眼库,一座建在北京的同仁医院,一座建在北京的协和医院,三个月内必须建成。

这两座眼库都如期建成了。在后来的日子里,包括中共中央机关报《人民日报》在内的诸多中国主流媒体，都以各种报道方式倡导人们改变传统观念，呼吁人们在死后为活着的人捐献身体器官。

当看到人民的疾苦，事业的损伤，社会的苦难时，新闻记者应该能够发自内心地不安、忧虑，并做出自己的职业反应。同情心往往是从事新闻报道的基础动因。

三、勇往直前

新闻工作是勇敢者从事的职业，而不是怯懦者从事的职业。记者需要具有采访消息的不可动摇的信心，随时准备遭遇拒绝、遭遇冷遇、遭遇嘲弄、遭遇无礼、遭遇恫吓、遭遇威胁。记者要随时准备牺牲自己的时间、自己的财富，包括自己的自尊心，甚至是生命。

凤凰卫视记者卢宇光赴俄罗斯北奥塞梯共和国贝斯兰市采访人质绑架事件，给整个世界留下深刻印象。下面是凤凰卫视对卢宇光采访的一段描述：

凤凰卫视(2004 年)9 月 4 日消息　凤凰卫视记者卢宇光，9 月 3 日下午在俄罗斯北奥塞梯贝斯兰市解救人质现场，有一段在战斗最前线的电话连线报道。这是一段激动人心的新闻报道，尽管卢宇光气喘吁吁，尽管他的声音中带有颤抖，但是，“恐怖分子冲过来了！”作为世界新闻史上经典声音之一，已经传遍全球，已经传遍全球的华人世界。

现在，我们将这段声音记录如下：

现在，现场非常的紧张，现在战斗是 5 分钟以前开始的，我们也听到了枪声。大概在现场 100 米的地方，能看到孩子不断地往外面送，现在已经停止了。我们的机器在里面，撤不出来。我们在离文化宫大概有三四米的墙角，现在我们的机器还在里面工作，我们可以看到我们最前面大概 10 米的地方，有很多特种部队向右边运动。

现在情况又有一些变化，我们要赶到另外一个地方，文化宫的中心，现在我们看到战斗还没有结束，不断有部队往里冲，我们在外面看到外围的部队，现在情况有些松弛下来，部队的行动有些缓慢。

到目前为止不知道死了多少人，我们的记者都在文化宫 20 米的草坪上，但是凤凰台的机器还在里面工作着。

现在又冲出一批人，我们不知道是哪个方向的，躲在汽车后面。我们现在可以看到记者前方大概 150 米左右，现在有一些人群冲出来，当地警方有不少吉普车和装甲车在附近,部队运动上去了。

现在恐怖分子已经向我们冲过来,打伤很多人,我们正在跑。

恐怖分子冲过来了。向我们开枪。

现在有几个人都躺在地下。

我现在看不出来。我现在趴在地上。现在已经打伤了很多人。

现在天空出现了三架直升机。

(这段电话报道之后,卢宇光与总部失去联系一个多小时)。

从这些描述中,我们可以看到一个职业记者在采访中的勇敢精神。正是这种精神让记者获得了宝贵的现场资料,从而向民众提供着具有特殊价值的新闻报道。

美联社的摄影记者艾兰·斯图尔特(Iran Stewart)和电视摄像记者迈尔斯·蒂尔尼(Myles Tieney)要去采访塞拉利昂发生的军事冲突。他们知道他们要去的地方充满了血腥的杀戮,叛军洗劫了全国,村民们甚至被砍下手和脚。但是,他们还是义无反顾地上路了。

他们果真遭遇了灾难。电视摄像记者迈尔斯·蒂尔尼遇害身亡,图片摄影记者艾兰·斯图尔特则头部中弹,一只手臂终生残废。面对这样的后果,艾兰·斯图尔特说:"良知告诉我不能无视无辜者的困境。不去?那不是我进入新闻界的原因,我接受的教育也不允许我这样做!"

记者每时每刻都需要用勇气来支持自己的工作。越南战争爆发前夕,美国声称军舰遭遇袭击,越南战争随后爆发。哥伦比亚广播公司"60分钟"节目宣称这是美国为介入战争而捏造出来的事件,美国总统约翰逊午夜给CBS总裁打电话说:"你的手下在美国国旗上拉屎。"可以说,这是新闻媒体遇到的顶级压力,但是,新闻界仍然做了它们认为应该做的事情。

四、坚持不懈

新闻记者面对难以逾越的障碍,首当其冲的考验与其说是智慧,不如说是进取精神。

1948年,杜鲁门与杜威竞选美国总统。合众国际社驻白宫记者梅里曼·史密斯(Merriman Smith)跟随杜威乘坐火车巡回全国。杜威乘坐的火车在圣路易斯停留时遭到了选民们的嘲弄,一些选民向他投掷鸡蛋。火车很快驶出了站台,并且通知记者在接下来的4个小时里不再停车。随行的记者们都抱怨起来,叫苦连天。1948 年,记者手中可没有移动通信设备,这意味着什么? 意味着在接下来的 4 个小时里,所有的记者都将无法发出自己的报道。

此时,梅里曼·史密斯没有加入抱怨者的行列,他躲在一个角落,在晃动的车厢里用简洁的文字写下他的近乎是简讯的报道。写完后,他再写上一封"给发现者的短信",告诉捡到新闻的人打通合众国际社编辑部的电话,把新闻读给接听电话的编辑。然后,他用 5 美元把新闻稿件和这封短信包裹起来。火车每经过一个大站,他就扔下一个这样的包裹。

4 个小时过去了,火车经过了 4 个大站,梅里曼·史密斯扔出了 4 个包裹。这 4 个包裹都被人捡到了,捡到这些包裹的人都和合众国际社编辑部取得了联系。

在跟随杜威采访的所有记者 4 个小时没有发出一条新闻的时候,合众国际社拿到了 4 条独家报道。而这都归功于一个记者在绝境之中仍然毫不动摇的进取心。

有一种治疗糖尿病的药物,因发现可能导致心脏方面的病症而在英国被禁止使用。《洛杉矶时报》记者大卫·威尔曼(David Willman)得到美国市场上这种药物仍然在销售的线索,立即展开调查。一年后,他写出了这种药品导致死亡的调查性系列报道,但是美国联邦药品管理局对这些报道置之不理。

大卫·威尔曼没有放弃,他继续履行自己的职业责任。在随后 14 个月的时间里,他又写出了 25 篇报道。他报道了这种药品导致的死亡人数和医生们的忧虑。美国联邦药品管理局最终对这种药品发出了禁令。大卫·威尔曼的报道赢得了 2001 年度普利策调查性报道奖。

龙胆泄肝丸在中国曾经是一种非处方中成药,任何人都可以在普通药店随意购买。然而龙胆泻肝丸的配方里面含有关木通这种有毒成分,该成分致使这种被广泛使用的药物成了生命的杀手,许多服用这种药物的人患上了难以治愈的尿毒症。新华社记者朱玉冲破种种障碍,在深入调查之后于 2003 年 2 月 23 日发表了题为《龙胆泻肝丸——"清火良药"还是"致病"根源?》的特稿报道,揭露了事实的真相。她的报道被中国 500 家新闻媒体刊发,由此改变了国家一个具有法律效力的规定!

2003 年 2 月 28 日,国家药品监督管理局发出通知,对含关木通的龙胆泻肝丸严格按处方药管理;4 月 1 日再次发出通知,要求生产龙胆泻肝丸(含浓缩丸、水丸)、龙胆泻肝胶囊(含软胶囊)、龙胆泻肝颗粒、龙胆泻肝片的企业,务必于 2003 年 4 月 30 日前将处方中的关木通替换为不含马兜铃酸的木通。其他国家标准处方中含有关木通的中成药品种，务必于 2003 年 6 月 30 日前替换完毕。

朱玉的报道避免了更多的人成为一种药物的牺牲品，她因此入选“2003 年中国风云记者”。中国新闻界专家在她当选“中国风云记者”的推荐评语上说：“让世界因为拥有我们而更美好，朱玉用自己的行为实践着这句话。”

五、不断质疑，不断求证

新闻工作者要做“怀疑主义者”。他应该对自己听到的、看到的一切可能构成新闻的事情提出疑问。不轻信任何人，不轻信任何说法，不轻信任何没有经过证实的消息。对一切都要问个为什么。疑问会让人清醒，让人细致，让人深刻。让质疑贯穿新闻采访的全过程，让质疑推动我们去追寻事实的真相。

2002 年 12 月 2 日，山西省临汾市尧都区附近一个煤矿发生瓦斯爆炸。矿主及当地官员声称此次事故死亡人数为 8 人。然而，中央电视台《焦点访谈》节目热线不断接到匿名电话，声称死亡人数超过 30 人。

记者曲长缨带领摄制组赶赴当地进行调查。矿区、医院、火葬场他们都去了，没有发现任何瞒报矿难死亡人数的线索。但是，落入他们视野的那些扑朔迷离的事情始终没有让记者们放弃自己的怀疑。

一天，记者们来到矿工们的住处实地调查。矿难发生后，矿井已经封闭，矿工们原来的住处也已经人去屋空。然而，就是在一间空屋的角落里，记者曲长缨在一件破旧的衣服下面发现了一个写着“吕世文”名字的小本，上面记着十几个电话号码。

曲长缨按照本子上的电话号码一一拨打，终于有一个电话接通了。

曲长缨问：“您认识吕世文吗？”

对方问：“你是谁？”

曲长缨回答：“吕世文的朋友。”

对方问：“啥事？”

曲长缨说：“听说吕世文在矿上出事了，不知是不是真的，想问一问。”

对方说：“吕世文不是被闷在井下了吗？你不知道？”

曲长缨说：“我们说的不是一个人吧，你认识的吕世文是哪里的人？”

答：“安徽界首。”

曲长缨：“我说的就是他。他什么时候死的？”

对方起了疑心，问：“你到底是谁？你怎么知道我的电话？”

接着对方就把电话挂断了。此后,这个电话再也没能打通。

但是,曲长缨已经得知吕世文是安徽省界首市人。2003 年 1 月 1 日晚,记者赶往安徽界首,根据吕世文通讯录上所写的陶庙二字,找到了陶庙乡派出所,又通过派出所的电脑查出了吕世文的资料。

吕世文,男,1971 年生,初中文化,是两个孩子的父亲,派出所证实他已经在 2002 年 12 月 2 日的阳泉沟矿难中死亡。记者在陶庙乡前吕村找到了吕世文的父母。

吕世文的父亲带记者来到吕世文的安葬地。他告诉记者,2002 年 12 月 6 日,家里接到阳泉沟矿一位矿工打来的报丧电话,他们当即赶往临汾为吕世文处理了后事。

而在当地提供的 8 名矿工的死亡名单中,没有吕世文的名字。记者掌握了矿主与官员瞒报矿难死亡人数的证据。

记者们没有停止他们的工作,在接下来的半个月的时间里,记者的采访调查扩展到中国的山东、河南、四川数省,最终将此次矿难遇难矿工达到 31 人的事实真相大白于天下。

2003 年,曲长缨荣登“中国风云记者榜”。专家对他的评价是:“在曲长缨身上,集中地体现了一名记者最基本也最重要的素质,不断地质疑,并不断地核实。”

六、勤奋学习

面对日新月异变动着的社会环境,新闻工作者要想及时识别新闻、准确判断新闻、真实描述新闻、深刻分析新闻,就必须努力学习,通过学习,丰富自己的知识,开阔自己的眼界,活跃自己的思维,提高自己的专业工作能力。记者需要了解各个方面的知识。

你可以试着问一下自己,是否知道下面这些问题的答案。

- 英法联军火烧圆明园的直接原因是什么?
- 在中国近代商界独领风骚五百年的山西票号为什么衰亡?
- 中华文明的历史分期有几种观点?各自的根据是什么?
- 2004 年中国禽流感发生的原因何在?你是否知道途经中国的候鸟的种类、数量和迁徙路线?
- 什么是近地小行星?它的直径是怎样划定的?它有什么危险性?目前人类发现的近地小行星的数量有多少?人类怎样看待它的威胁?

- 霍金提出的震动世界的宇宙观又有什么新的发展？他所说的黑洞运动状态的新变化对人类的生存有什么影响？他述说的事情究竟有什么根据？

我们可能会问十万个乃至百万个、千万个、数亿个与人类的生活、与我们的命运密切相关的问题。我们需要了解这些知识。对新闻工作者来说，这些知识不仅是为了满足人类一般所具有的好奇心，而且是为了完成我们的职业工作。我们的职业要求我们必须准确地向社会各界人士描述我们对世界的真实变动状态的观察。这个工作，不允许我们茫然无知，不允许我们只知其一不知其二。我们的职业不允许我们“以其昏昏，使人昭昭”。

- 新闻专业的学生应该像哲学家培根一样，把一切知识都当作自己的领域。
- 知识面越广，就越能写好各种各样的题材！
- 新闻记者应该是具有各方面知识的通才。

——杰克·海敦

美国哲学家约翰·杜威说：“如果不运用我们已经掌握的观点和知识，我们就抓不住新闻，我们甚至无法知道什么是新闻，更不用说理解它了。”

知识是我们编织新闻感觉神经网络的基础材料。知识越是丰富，我们对客观世界的认知就会越全面、越深刻，一旦出现具有新闻意义的新的变动，我们立即会将其与我们对整个世界形成的认识比对，从中判断新闻的价值所在。

请记住：知识是新闻敏感产生的基础。学习是新闻记者的职业任务。

新闻记者应该是勤奋学习的人，是终身学习的人。

七、勤于思考

恩格斯曾说：新闻工作有一个优点，就是它往往促使人在规定的时间内完成定量的工作，这就造成了生命的效率；但是新闻工作也有一个弊端，就是它往往要求人们在对一个事物没有全然了解的情况下就必须做出判断，这就容易让人浅薄。

新闻记者对任何一个事物都需要追问。你对看到的不同寻常的事情，永远要问一个“为什么”。你必须想得比一般人多，只有想得比一般人多，你才能看到一般人难以发现的事情和道理，而这正是你的职业得以存在的理由。

引 言

新闻工作者要想洞察新闻背后的复杂关系、新闻波及的社会影响、新闻发展的趋势走向,就必须具有研究问题的能力,特别是需要具有面对突然呈现于眼前的一切具有新闻性的陌生事物进行深入研究的能力。

我还记得1978年我刚刚进入新闻界第二年发生的一件事情。当时我在《北京日报》社当记者,负责采访高等院校领域的新闻。那时,"文化大革命"刚刚结束,新闻界都在寻找一些知识分子的典型,以说明这个群体即使是在最残酷的社会环境里,也在凭借着他们的良知,为祖国和人民做着他们的专业工作。

我们也找到了一个典型。北京农业大学土壤教研室的石元春教授和他的同事们在"文革"十年中,在河北省曲周县搞了一个治理盐碱地的科研项目,把位于黄淮海流域的一片寸草不生的盐碱地治理得长出了小麦,而且收成累累。

我们到当地采访后写出了一篇报道。当时任《北京日报》副总编辑的徐惟诚先生看了我们的稿件后对我们说:"你们身为科教线上的记者,是不是想过,中国农业现代化的道路是什么?"

我不知道应该怎样回答他。当时普遍的认识是,要用农业机械化推动中国农业的现代化。这难道不对吗?

徐惟诚先生说:"我认为农业机械化不能成为现阶段中国农业现代化的动力。"他给我们看了两个数据,说的是美国和联邦德国装备农业机械化的巨大耗资。

徐惟诚说:"我认为中国农业现代化的动力应该来自科学技术。因为科学技术能够因地制宜,能够以小的投入换取大的收益。你们报道的这个典型,如果从这个角度去开掘,其意义要远远大于你们现在的写法!"

中国明确提出"科教兴国"的战略是20世纪末的事情。而在20世纪70年代末,一位新闻工作者就对中国的重大发展进程有了那样深刻的观察与思考。这件事情给我的教益是深远的,以至在近30年的职业新闻生涯中,我时时会想起这件事情。

思考是建立在学习的基础上的,也可以说是以知识为基础的。同时,思考也将推进学习进入新的境界。中国古人深刻地指明了两者间的辩证关系:"学而不思则罔,思而不学则怠。"

> 文字是思想的外壳!
>
> 一位撰稿人的词汇是他的货币,但是,它是纸币,其价值取决于支撑它的思想和心灵的资源。
>
> ——Cyril Connolly

八、为社会担负责任

100多年前,美国密苏里新闻学院的创始人沃尔特·威廉起草的《报人守则》向世人宣称:"新闻工作是神圣的事业。"他提出了新闻工作基本的道德规范:

为公众服务目的

客观公正的态度

求真务实的精神

超然独立的地位

廉洁不贪的品格

也是在大约100年前,中国民主革命的先驱章太炎先生也"敬告新闻记者":"诸君当不务谄媚,不造夸词,正色端容,以存天下之直道。"

这些100年前人们认定的职业道德规范,就是在今天看来也没有过时。

下面的故事或许是对新闻工作者社会责任感的一个生动解读。

一个美国新闻工作者的故事

1988年,我在亚利桑那大学新闻系做访问学者,丝黛茜是这个系的硕士研究生。那时,我研究的是深度报道理论,而丝黛茜的硕士学位论文也正在这个领域,于是她的指导教授介绍她来找我交流专业上的看法。

当时丝黛茜还是个学生,还没有当记者的经历,这个涉世不深的年轻人并没有给我留下太深的印象,只是在最后谈到专业理想时,她的一段话挺打动我:"毕业后,我要在本地办一份保护美国西部环境的报纸,让这里的人们为自己,为自己的后代,爱护美国西南部这片天地。"

不久,我回国了。那年的圣诞节前夕,我收到一个从美国寄来的大信袋。打开一看,正是丝黛茜创办的报纸,这是一份季刊,它以亚利桑那州南部一片沙漠的名字命名,头版最先映入眼帘的,就是总编辑丝黛茜写的发刊词。其中的一段话给我印象很深:"不久前,我作为我侄子的教母为这个天真活泼的孩子做了神圣的洗礼。当我的手触摸着他那一头金黄色的软发时,我的心怦然而动,那个不可摆脱的意念又一次在我心中冲腾起来:我们一定要为这些可爱的孩子,为这些延续着我们生命的后代,保护美国西部这片美丽的自然环境……"

丝黛茜在信中告诉我，她开始变成一个真正的报人，组稿、编辑、印刷和发行的种种事务，都是她一个人在做。她最头疼的就是经费，因为这份报纸是免费发送的，而且按照当地的规定，这样的报纸没有广告经营权。

我知道，丝黛茜在美国不算富裕。她的父母都是小学教师，而且是在印第安部落教书，是那种美国社会中清贫的理想主义者。我想，除非丝黛茜找到资助，否则，别说她的报纸，就是她自己的生存也难以维持。

4 年后，我又因进行一次新的研修重返美国，回到了我原来就读的亚利桑那州，回到了亚利桑那大学所在的图桑市。

我给我的同学和朋友们一一打了电话，这之中当然没有忘记给丝黛茜送去问候。

我和丝黛茜很快见了面。我发现她比 4 年前成熟了，言谈举止已经显露出几分职业记者的稳健。

"报纸怎么样?"我问。

"一直出版着。"

这消息让我高兴，一张报纸能支撑 4 年，肯定是有经费来源了。于是禁不住问她:"有人资助啦?"

丝黛茜笑了，那笑容有些苦涩:"经费出自我自己。这些年，我为一家自行车竞技杂志当专职记者，就是这份工资，养活着我和我的报纸。"

简直不可思议！当记者的工资除了养活自己，竟然还要养活一份报纸！

"最大的代价不是金钱，"丝黛茜有些黯然神伤，"我把丈夫丢了。"

这更是让我大吃一惊，她的丈夫也是我的朋友，一个墨西哥后裔，亚利桑那大学毕业的农学博士，一个非常出色也非常本分的小伙子。

丝黛茜告诉我，她的丈夫更想建立一个田园式的家庭，需要一个属于自己和家庭的妻子，而不是一个属于报纸和社会的战士。

这些年，不光是家里的钱全赔在了办报上，连老婆也被报纸夺走了，日子还怎么过？两个人都不肯在理想面前退让，经过痛苦的抉择，终于分手了。丝黛茜说，分手时，两人都非常难过，因为他们曾经真诚地相爱过。

"发行怎么办?"我知道，对于报刊来说，这是一件需要付出巨大精力的工作，何况丝黛茜办的是一个免费发送的报纸。

丝黛茜说:"有时会有一些朋友帮助我，但主要是我自己干。"

自己干发行？我以为是丝黛茜自己把报纸装进信封贴上邮票送到邮局，于是问她:“邮寄这么多报纸,也是很大的开销吧?”

丝黛茜笑了:“是我自己去发送!”

我简直不敢相信我的耳朵。丝黛茜自己发送报纸?

“你要送多少家?”

“我不送到家庭,我是把报纸送到一个个阅报点。”

丝黛茜告诉我,为了节省办报成本,这些年来,她亲自担负起报纸的发送任务。她都是用周末时间,把每期印刷的2 000份报纸发送到100多个地点。

一个新闻系毕业的高材生,一个报纸的总编辑,每个周末去送报?这是什么故事?

“明天就是周末,你去送报吗?”我问丝黛茜。

“当然。你愿意和我一起去吗?”丝黛茜笑着回答。

我当然愿意去!因为我想看看一个美国新闻工作者怎样为她的理想工作。

星期六照样是亚利桑那地区特有的大晴天。清晨,丝黛茜就开车来接我,我们一起向亚利桑那州南端的那些邻近墨西哥的边境小镇驶去。周末的公路非常清静,看不到任何车辆,我们的视野中只有湛蓝的天空、无垠的沙漠和矗立在沙漠中高大的仙人掌。丝黛茜向我讲述着她这次发送报纸的路线,我对照地图看着,这是一个覆盖亚利桑那州南部的广大区域。

丝黛茜说:“平时,我要工作。我只能用周末的时间送报,一期报纸要送近100个阅读点,这要花上几个周末的时间。好在这份报纸是季刊,三个月出版一期,我常常是刚把一期报纸送完,新的一期报纸又出版了,我再去送。三年多,我的周末几乎都是在高速公路上度过的。”

亚利桑那南部的公路大多穿越于空旷寂寥的沙漠和苍凉荒僻的山岭之间。我们顺着这样的公路,整整奔波了一天。在本森,在贝斯比,在我们路经的一个个小村小镇,丝黛茜一次次停下车,从车中取出一摞一摞散发着油墨气息的报纸,放在医院的候诊室,放在公共图书馆的门厅,放在餐馆的阅览台……在一个教堂的门口,丝黛茜把几份报纸放在台阶上,怕风把报纸刮走,她弯身捡起一块不小的白色鹅卵石,在自己的牛仔裤上擦去浮土,再把这块石头轻轻地压在报纸上。

中午的时候,丝黛茜说请我吃饭,把我带到一个非常简陋的快餐店,店里光线很暗,没有菜单,像是一个私人作坊。我们胡乱吞下两个汉堡,整个时间不过15分钟。

“我每次在这个线路上送报，都是在这个店里吃同样的饭。”丝黛茜像是说着一个遥远的故事。

那天，我们跑了不到10个报纸投放点。下午，我感到有些疲乏了。丝黛茜很敏锐，似乎察觉了我的疲劳，忽然说：“今天就这样，我们回去吧。”

归程中，高速公路上仍然是一片空寂。我默默地坐在丝黛茜身旁，看着车窗外单调的景色飞驰而过……

丝黛茜每期报纸要发送100多个地点，平日里她一个人驾车飞驰在这样的公路上，她到底是一种什么心情？美国是一个充斥着多少机会和诱惑的国度啊，像丝黛茜这样的美国姑娘，居然心甘情愿地把一个一个本来可以给她带来享受的周末，耗费在如此枯燥而乏味的送报路上。她究竟在想什么？

途中，天空突然翻滚起乌云，接着下起了滂沱大雨。霎时间，车窗外一片迷蒙，丝黛茜似乎有些触景生情，她望着车窗外的雨雾带着几分伤感说：“有时，我真觉得办这个报纸太难了，眼前没有光亮，不知路在何方，有几次我甚至抱头大哭。我对自己说，只要你放弃这份报纸，你就会舒舒服服地过安稳日子。你会住上好房子，开上新车，周末你不用奔波在荒凉枯燥的沙漠公路上，而是可以去跳舞、去绿色的山谷间野营……可是，每当我真的要放弃的时候，我总是想到一位读者给我的鼓励：‘你的报纸虽然很小，但它是我们生活中一种不可缺少的声音，因为它在为人的生活环境而呼吁，请不要让这种声音在我们耳边消失……’每次痛苦之后，我选择的还是把报纸办下去……”说到这儿，丝黛茜把头转向我问道：“你是不是觉得我太傻了？”

我说：“我从来没觉得你傻，我觉得你是一个真正的职业记者。”

“真的？”丝黛茜似乎需要求证。

“一个真正的记者，一定是一个理想主义者，而理想主义者自己很可能是悲剧。”

丝黛茜一边开车，一边若有所思地点头。

秋天的时候，我接到一个请柬，上面写着：“生日聚会，敬请出席。”署名是“总编辑 丝黛茜”。我给丝黛茜打了一个电话，对她说：“我在美国时间不长，还赶上你的生日，这是我的荣幸。我要送给你一个你喜欢的礼物！”

丝黛茜赶忙说：“不用送我礼物！不是我过生日，是给我的报纸过生日。”

丝黛茜的家坐落在远离市区的雷蒙山脚下。我开车到达那里的时候，暮色已经降临，西边的天际被晚霞映照得一片火红。丝黛茜居住的那栋小屋在空旷的草地间显得有几分孤寂。

丝黛茜的家是一个简单至极的家,几年前我曾经造访过。她的小屋边上有一片用木栏围起的牧场,养着两匹马。她告诉我,她从小就特别喜欢马。这两匹马是她上大学离开家的时候父母送给她的"一儿一女"。

可是这次来到这里的时候,我看到木栏围绕的牧场已经空空荡荡,荒草萋萋。看见迎出门来的丝黛茜,我问她:"你的'一儿一女'呢?"

"两年前,为了支付报纸的印刷费,我把它们卖掉了。我真是对不起它们。"我又看到了丝黛茜的一丝苦笑。

"忘掉它。"我怕在这样的日子里破坏了丝黛茜的心情,赶紧改变话题。

而丝黛茜并没在意,笑着把我引进她的家。

一进门,我着实吃了一惊,烛光映照着小小的客厅,里面挤了几十个人。因为空间太小,没有一个人能够坐下,大家都拿着饮料,站立着交谈。

丝黛茜拍了一下手,示意大家安静。她说:"请允许我介绍我的一位朋友,他来自遥远的中国,和我一样,是一名职业记者。"

接着,丝黛茜转身对我说:"我就不能一一介绍我的这些美国朋友了。我要告诉你,这是四年来,为我的报纸撰写了各种精彩文章的环境学各个领域的专家和学者以及给过这份报纸各种帮助的人。"

她又转向大家说:"朋友们,谢谢你们!我对你们充满感激,也充满敬意。四年来,作为报纸的总编辑,我没有支付过一分钱稿酬,报纸能够出版四年,是因为有你们的支持。这让我为我生长的这片土地和这片土地上的人们感到骄傲和自豪。"

那一瞬间,我感到了一种来自内心深处的震动。我看着眼前这群人,似乎明白了一件事情:今天的美国为什么是强大的?美国的强大是美国人民用艰辛劳动积累而成的。

丝黛茜那天一身西部牛仔的装束,显得神采奕奕。她作为报纸的创办人和总编辑,在这个为她的报纸举行的生日聚会上做了一个短短的致辞,她说:"这个报纸经历了太多的磨难,然而正是这些磨难,验证了它存在的意义,也验证了我们所有为它工作的人生命的意义。"

我相信这是她的切身感受。她感受着另一种人生的价值。那可能是一种只有理想主义者才能体会的境界。理想主义者在现实生活中很可能会被人们嘲笑。但是,一个民族,一个国家,需要这样的人。

天色渐晚,我说要走。丝黛茜送我出门。天上飘下蒙蒙细雨。丝黛茜对我说:“我要告诉你一个新闻,你想知道吗?”

“当然。任何时候,任何地方,因为我是记者。”

“从明天起,我就要骑自行车上班了。”

真是“新闻”!丝黛茜工作的杂志社在市区,从丝黛茜的家到市里有几十英里,我在高速公路上开车还要走40分钟,她怎么能骑车去上班?我想,一定是丝黛茜的汽车经常在周末跑长途,出了什么问题,需要我帮助。于是我急忙表态:“明天我可以来接你。告诉我时间。”

“不,我的意思是从明天起我就要一直骑自行车上班了。”丝黛茜平静地说。

“为什么?”

“两天前,我接到一张法院的通知书,告诉我如果再不向印刷厂偿还3 000美元印刷报纸的欠款,我就要进监狱了。昨天,我把汽车卖了,还上了这笔欠款,算是给我的报纸送上了4岁生日的礼物。”

丝黛茜抬头望着星空,长出一口气:“我真的不知道下一期报纸是否还能正常出版。它的生命可能真的要终结了。这也是我为什么要给它过一个生日的原因。”

我愣住了,一时间竟不知道该对丝黛茜说些什么。

回家的路上,夜色茫茫。只有车灯照亮前面的一个个弯道。我一边开着车一边在想,丝黛茜明天就要骑车盘旋于这条山路之上了,她将付出何等的辛劳!一个美国的青年,一个美国大学新闻系毕业的优秀的研究生,一个美国的职业记者,居然为自己选择了这样艰辛的一条路。

我相信,丝黛茜的智慧让她看到了人类生存环境的危机,而她的良知又促使她为抗御这种危机负起责任,就是为了这种自己加在自己身上的责任,这个职业新闻工作者苦了自己。

不过,我也相信,对于一个国家、一个民族来说,这种被理想主义支撑着的灵魂是宝贵的,这样的灵魂多了,一个国家、一个民族就能积蓄起改变命运的能量。

思考题

1. 你认为新闻报道最重要的职能是什么？
2. 新闻工作者应该具备哪些职业素质？为什么？
3. 新闻工作者的职业责任与其他行业工作者的职业责任有什么不同？
4. 写作新闻报道的目的是什么？
5. 你认为为公众服务和为自己打算两者之间能够统一起来吗？

训练

1. 每天阅读新闻报道，找出你认为吸引你的报道，分析其具有吸引力的原因。

2. 每天不少于 1 000 字的纪实文体写作。写人、写事、写你认为有必要向别人讲述的事情。

第一章 什么是新闻

对“新闻”这一概念进行理论上的辨析已成为一项极其复杂的工程，以至于让人们对新闻这样一个大众化的事物感到困惑甚至是玄虚。

第一节 对新闻的辨识

我们还是先看看历史上新闻界的人士是如何描述“新闻”的：

新闻者，最近时间内所发生，认识一切关系人生兴味、实益之事物之现象也。

——邵飘萍 《京报》

新闻是新近发生的事实的报道。

——陆定一 前中国共产党中央宣传部部长

狗咬人不是新闻，因为这太平常了。但是人咬狗是新闻。

——John B. Bogart 《纽约太阳报》

新闻是新近发生的能引人兴味的事实。

——（美国）布莱尔

新闻是最近报道的事情。

——（美国）莫特

新闻是到了明天就不如今天有趣的事情。

——安德列·纪德 法国小说家

新闻是已经发生和正在发生的事情的报道。

——约斯特 美国报人

新闻是能引起社会上大多数人兴趣,但以前从未被注意过的事情。

——Charles A. Dana 《纽约太阳报》

新闻建立在 3 个 W 的基础之上:女人(women)、金钱(wampum)和坏事(wrongdoing)

——斯坦利·沃克(Stanley Walker) 《纽约先驱论坛报》

新闻实际上是关于现实的历史……因此,它不仅记录事件,而且不时地影响事件。新闻是对历史的记录,同时也不是有闻必录。

——Thomas Griffith 《时代》杂志

新闻就是报纸上发表的东西。只要你经常注意报纸上刊登的内容,就会比死记硬背教科书上的定义更好地懂得什么是新闻。

—— 杰克·海敦

美国新闻学者麦尔文·门彻(Melvin Mencher)认为,在任何时代,作为大众传媒的新闻总是遵循着两个基本原则:

第一,新闻是从正常的事件流程中脱轨而出的信息,是某种预期的中断。

第二,新闻是一种信息——人们需要这种信息来对自己的生活做出明智的决定。

麦尔文·门彻是要向人们说明,作为大众传播的信息,新闻具有两个最重要的属性:

其一,新闻应该是反映生活常态的突破或改变的信息。这也就是说,新闻要有反常性、异常性、奇异性。100 多年前,美国新闻工作者就用极端的比喻描述过新闻的这一属性,“狗咬人不是新闻,人咬狗才是新闻”。这只是为说明新闻反常性所做的一个极端的比喻。新闻界绝对没有认为狗咬人的事情都不是新闻。2018 年 9 月 28 日是第 12 个世界狂犬病日,据世界卫生组织发布的数据:全球每年约 6 万人死于狂犬病,中国报告的狂犬病数量居于世界第二位,仅次于印度。这就是狗咬人,它仍然是社会关注的重要新闻。因为它同样符合反常性这个构成新闻的基本属性:狗咬人,人一般死不了,但是,这些人很不幸,他们死了。这个事情反常。

其二,新闻是一种特殊的信息,这种信息能够为受众的生活行为决策提供认知参考。也就是说,新闻要能够帮助公众认识生存环境的变化,从而让人们获得制定生活决策的认知基础。

我们不难看出前后两者之间的关联。人们生存环境发生的反常性变化,往往对人们的生存与发展产生重要的影响与作用。了解这些变化信息,有助于人们维护自身权益并实现自身的发展目标,这也是将新闻信息投入大众传播过程的实用价值所在。

尽管众说纷纭,稍加留意就会发现,新闻至少和这样几种特征或者说属性有关:

首先,新闻是一种客观发生的新的变化,是一种客观存在的事实;

其次,新闻是一种被公众所关心的信息;

最后,新闻是一种借助大众传播媒体传播的信息。

考虑到这些特征和属性,我对新闻的定义进行这样的描述:

新闻是大众媒体对于公众所关注的生存环境发生的最新变化状态的报道。

第二节 怎样判断新闻

人们的生存环境是一个变幻无穷的世界,新的变动无时不有、无处不在,究竟什么样的变动具有新闻传播的价值,这需要新闻记者去识别、去判断。

准确地判断新闻价值,是新闻记者写作新闻的前提,而新闻记者职业经历所积淀的最为宝贵的财富之一,就是记者对新闻的敏感。

在实际工作中,新闻从业者们积累了一套判断新闻价值的行之有效的经验,他们认为,构成这一价值判断系统的元素包括时效性、影响力、显赫度、接近性、冲突性、异常性、人情味和趣味性。

一、时效性

新闻应该是最新发生的事件。报道的时间距离事件发生的时间越近,这条新闻就越具有新闻价值。反之,价值含量就会缩减。这也是为什么当一个新闻事件发生时,一家新闻机构往往为了比另一家新闻机构将新闻报道提早发布几秒钟而竭尽全力的原因所在。

2004 年俄罗斯北奥塞梯发生了恐怖分子在学校劫持上千名人质的事件,全球各大电视台立即将镜头对准事发现场,它们都力争将现场发生的一切在第一时间告诉给公众。这正是新闻传播的价值所在,因为在当今社会生活中,新闻报道的速度同时为新闻传播者和新闻接受者高度关注。

浏览新浪网刊发的新华社对此次突发性事件的报道方式,新闻媒体想尽快将发生的事情告之公众的急切心态清晰可见。

9月5日00:33	俄军解救人质行动结束 10多名特种部队士兵牺牲
9月4日23:12	普京发表告全民书 提出反恐三项措施
22:10	快讯:普京将就劫持人质事件向全国发表电视讲话
20:21	组图:普京看望受伤人质 下令全力搜捕恐怖分子
19:41	俄人质事件死亡322人 26名绑匪全部被击毙
18:58	俄人质事件死亡人数升至322人 155人为儿童
15:05	普京下令全力搜捕劫持人质的恐怖分子
14:57	普京视察人质现场称恐怖分子是想制造民族仇恨
13:07	俄罗斯人质事件基本结束 反恐任务仍十分艰巨
11:25	俄罗斯人质事件伤亡惨重 被扣人质70%是儿童
05:21	俄学校人质事件中有200多人被打死 704人住院
03:15	3名恐怖分子被擒 被送往医院的伤员已达650人
00:52	俄特种部队正在消灭恐怖分子最后一个火力点
00:16	俄高级官员证实被劫持人质可能是1 200人
00:12	俄联邦安全局称有20名绑匪被击毙 10人是雇佣军
00:09	150多人在俄人质危机中丧生 20名武装分子被打死
9月3日22:47	俄联邦安全局称不曾计划武力解决人质问题
22:17	俄北奥塞梯劫持人质事件基本解决
22:02	快讯:上百具人质遗体被发现 约400人被送去抢救
21:13	俄罗斯被武装分子绑架的人质获救 战斗还在继续
20:54	恐怖分子一路留校内 一路向南逃窜 一路混入人群
20:11	详讯:俄特种部队突击武装分子 占据学校解救人质
20:03	所有人质已撤离学校 250名受伤人质中有180名儿童
19:44	所有人质已被疏散 特种部队搜寻逃跑的13名绑匪
19:27	快讯:俄军追捕13名趁乱逃出学校的武装分子
19:27	俄特种部队解救人质 至少10人死亡 200伤者已送医院
19:21	武装分子试图混在人群中逃出 人质至少10死200伤

18:58　快讯:一些学生试图冲出大楼遭恐怖分子枪击身亡
18:56　快讯:数名紧急情况部工作人员在解救人质中伤亡
18:52　俄学校不断传出剧烈爆炸 俄军直升机空中盘旋
18:39　俄军突击被困学校　158 名儿童已被送入医院
18:20　快讯:5 名恐怖分子被击毙　2 女“人弹”逃出学校
18:19　俄塔社:俄特种部队已完全控制学校
18:17　详讯:俄校被困儿童多数逃生 至少 5 名绑架者被击毙
18:13　恐怖分子引爆炸弹 俄人质现场枪声大作
18:11　俄媒体称俄军已完全控制被武装分子占据的学校
18:02　大约有 30 名被劫持的学生和教师已经逃出
17:58　部分俄武装人员进入非法武装人员占领的大楼
17:49　俄罗斯人质现场战斗激烈 不断有人质被救出
17:39　俄军被迫开始解救人质行动 武装分子向人质开枪
17:24　目击者称俄军士兵冲向被武装分子占据的学校
17:20　快讯:一群人质从被武装分子占领的俄学校逃出
17:13　快讯:被武装分子占领的俄学校传出爆炸和枪声

每年全国人民代表大会和全国政协会议召开时,新华网、人民网都将自己的网络新闻发布平台设立在人民大会堂——两会会场的所在地,其目的就是为了及时发布有关会议进程的各种消息,从而以最快的速度向公众传递最新的信息。

美国新闻界人士有这样的说法:“无论新闻事件多么显著,与多么知名的人士相关,新闻价值都会随着时间的推移而锐减。”这也就是为什么无论报纸、广播、电视还是网络媒体,大家都在新闻报道中尽力突出“今天”乃至“据刚刚收到的消息”这样的时间概念。这也就是为什么在中国与美国进行加入世界贸易组织的谈判期间,中外记者几个小时内云集在北京外贸部的大门前等待会谈结果;为什么在朝核问题北京会谈期间,记者们会提前几个小时等候在钓鱼台大门口捕捉新闻。

为了提高新闻传播的时效性,为了最大限度实现新闻传播的价值,各类新闻机构正在写作技术领域以及传播技术领域不断进行全新的尝试与探索。

二、影响力

新闻事件影响的人越多,就越具有新闻价值。新闻传播的重要责任,就是要告诉大众，他们生存环境状况发生的最新变动会对他们的生活发生什么样的影响。

2003 年全球媒体关注非典型性肺炎，2020 年关注新冠肺炎，就是因为一种人类历史上未曾出现过的病毒正在世界范围内扩散，形成对越来越多的人的生命安全的威胁，因而引起新闻界的高度关注。

新华社记者朱玉有关龙胆泄肝丸的报道在社会上引起重大反响，也是因为这种不用持医生处方，在任何一个普通药店都可购买到的中成药，可导致人的肾功能衰竭甚至死亡！

一个企业的会计贪污虽然是一种职务犯罪，但是如果不是数额特别巨大、情节非常特殊，可能不会构成重要新闻。但是银行官员或职员的职务犯罪就会成为重要新闻，因为这关系到更为广大的公众利益。

“9 · 11”事件之所以引起新闻界的关注，不仅是因为在人类历史上这种国际恐怖主义的袭击方式前所未见和在事件的发生地所造成的震荡与影响，更重要的是这一事件将改变整个世界的政治对抗格局，从而对人类生存的环境发生深远的影响，世界各个国家和地区的人们的命运将由此受到不同程度与不同方式的影响。新闻事件的影响力说到底是新闻事件对受众切身利益的影响程度，一场洪水灾害发生在人口稀少的偏远山区，我们可能只发一条短消息，但是 2004 年 9 月间发生在四川重庆一带的水灾，由于给这个人口密集地区造成了严重损失，因此成为中国各大媒体报道或连续报道的重大新闻。

中美贸易冲突之所以被新闻界高度关注，不仅是因为这一冲突改变着中美经济贸易格局，也不仅是因为这一冲突全面改变着中美两个大国之间的关系形态，更重要的是，这一冲突影响着整个国际社会的关联结构，进而导致全球经济与政治形势的改变。

三、显赫度

显赫度是说，新闻事件中涉及的人物与机构越是著名，就越具有新闻价值。

朱镕基访问美国时面对公众坦言：“我爱中国人民，我也爱美国人民！”国际主流媒体都对此做了报道。这句话如果出自一个普通人之口，也许只是表达了这个人的一种感情倾向，没有什么特别之处。但是时任中国总理的朱镕基说出这句话，意义就大不一样。这不仅让美国人民看到了中国最高领导层对美国人民的基本情感与态度，也让世界看到了中国最高领导层的成员怀有的人文主义情怀。这句话似乎含有某种预示，至少在国际主流媒体看来，这句话与中国处理中美关系的国家立场、中国处理国际问题的政策制定原则都不无关系。

每天都有许多人会停止呼吸,但他们中绝大多数都不会构成新闻。2002年1月,美国总统布什观看橄榄球比赛的时候,因为吞咽一小块饼干发生阻噎而突然昏倒,这就成了引起世界关注的新闻。全球各大媒体立即追踪报道。这绝不是新闻界趋炎附势,而是因为这些重要人物和机构可能导致重大的社会环境改变。由于很多著名人物和机构所处的社会地位,它们发生的每一点变故都可能对一个国家的运行、一个事业的进程、一个区域的变动造成直接或间接的影响,从而波及公众的利益。因此,对于诸如微软、脸书(Facebook)这种 IT 界巨头企业面对的法律诉讼,包括中国前全国人大副委员长、前中央军委副主席在内的一系列高级官员的贪污受贿案件,只要有著名人物和机构涉及其中的各种事件,新闻媒体都会给予极大的关注和尽可能充分的报道。

除了知名的人物与机构会增加新闻价值外,著名的建筑与物体也会增加新闻的价值。法国戴高乐机场的屋顶坍塌,除了它是一个突发性的灾难之外,戴高乐机场的知名度也提高了这一新闻的传播价值。

阿富汗塔利班组织炸毁了巴米扬大佛石像,全球新闻媒体予以关注。如果他们炸毁的是一尊名不见经传的佛像,可能不会引起全世界这样的关注。而被视为人类文化遗产、在世界范围内享有盛名的巴米扬大佛遭此劫难,新闻价值就大不相同了。

"9·11"事件之所以震撼全球,与恐怖分子袭击的建筑物的知名度不无关系。位于纽约的世界贸易大厦是美国经济实力的象征,而五角大楼则是世界上最强大的军事力量的指挥中心。这些知名建筑遭受袭击本身,已经说明了事件的严重性。

四、接近性

事件与公众在地理上、感情上和利益关系上越是接近,就越具有新闻价值。

2004年7月28日上午10时4分,山东航空公司一架支线客机在首都机场降落过程中发生意外突然爆胎,首都机场东跑道关闭1个多小时,30多架航班受影响不同程度延误,另外3架航班备降天津机场。这一事故虽然有惊无险,然而北京地区的媒体还是在显要位置报道了这一事件。这之中很重要的原因就是因为这个事情发生在北京。

由于地理环境的接近性,一个地区内所发生的新的变动往往会对这一地区的公众产生最为广泛、最为深刻的影响，因此事件发生地的媒体往往格外关注本地发生的新闻。有的事件发生地与媒体受众的生活地区相距遥远，但是如果这一事件牵扯到公众的感情神经，也往往具有极大的新闻传播价值。

2002 年 4 月 15 日，中国国际航空公司的一架波音 737 客机在韩国失事。事件的发生地是在另一个国度，但是，中国媒体对此事件予以极大的关注，很重要的原因就在于，这是中国航空公司的飞机，而且是一直保持着让世界瞩目的安全飞行记录的国航的飞机发生了事故。

同样，莫斯科大学的一场火灾也成为中国新闻媒体关注的热点。这不仅因为在这场异国他乡发生的火灾中有中国留学生伤亡，更重要的是中国有很多的父母把自己的子女送到俄罗斯的其他高等院校留学，他们需要从这件事情中知道他们的子女在这个国度学习生活的环境中可能隐藏的危险，他们需要知道躲避这些危险的途径和方法。

新闻价值的接近性，实际上是指新闻事件与公众利益之间关系的密切程度。这种关系的密切程度越高，新闻价值就越大。

五、冲突性

事件所包含的冲突越是激烈、越是深刻，就越具有新闻价值。

人类生活的这个世界充满了矛盾，各式各样的矛盾表现为各种形式的冲突。这些冲突构成了人类生存环境变化的主要内容，也是新闻需要反映的主要内容。

人类进入 21 世纪以来，我们生存的这颗星球上发生的冲突越来越出乎人们的预料，越来越显示出对人类生存环境的深刻影响。战争可能是最剧烈的冲突，“9・11”事件让人们重新思考国际恐怖主义的本质；从“9・11”事件直接引发的美国对阿富汗和伊拉克的局部战争则让人们重新思考国际政治格局的变化；2004 年发生的西班牙马德里火车爆炸案、俄罗斯一天内的两起空难和最终导致 300 多人质死亡的北奥塞梯校园绑架人质案等一系列大规模恐怖袭击事件，更是让人们重新思考人类生存的这个星球的政治、经济与文化环境的真实状况。

除了战争之外，经济竞争、司法案件、刑事犯罪、观念对抗都是生活中对立的双方或者利益对抗的多方之间发生的冲突。

美国新闻界人士说，新闻是展示冲突的银幕。新闻媒体关注冲突并不是因为冲突可以满足人们一般具有的好奇心，而是因为冲突是现实生活中各种矛盾发展的激化形态，它更能够反映环境发生的本质性变化，因此也就更需要被公众所了解和认识。

六、异常性

事件越是超出常态、越是反常，就越具有新闻价值。

2004年2月5日北京密云在庆祝中国传统节日元宵节的大型灯会上，发生了民众拥挤踩踏重大伤亡事故，37人死亡。本来应该是欢天喜地的节日，但是却发生了意想不到的悲剧。

马加爵，一个贫困农村的孩子，经过多年努力奋斗终于考入大学，成为一名在中国社会中被视为“天之骄子”的大学生，在任何人看来他都应该珍惜生活，应该继续走他的充满希望的人生之路。但是他却在两天之内连续杀害了他的四名大学同学，因此断送了他本来可以拥有的人世间一切美好的东西，包括他自己的生命。

儿子应该是爱母亲的，但是一个中学生突然间把他的母亲杀害了，而且他平日是一个很听话、很本分，甚至学习成绩不错的孩子。

100岁的老太太应该安安稳稳地待在家中颐享天年了，但是有一位百岁老人却被她70岁的儿子用一辆三轮车拉着走遍了中国的大江南北，他们母子二人还要去世界的第三极——西藏，亲眼看看“活佛”。

反常的事情在新闻传播中不仅满足着人们的兴趣与好奇心，更重要的是异常的变动往往预示着人们生存环境发生的最新变化、最新征兆、最新趋势，它往往提示着人们对生存环境异常变化所蕴藏的深层原因的关注。

七、人情味

事件中包含的能够触动人们同情心以及能够掀起人们感情波澜的因素越丰富、越强烈，这个事件就越有新闻价值。

一个事件引起人们感情共鸣的可能性越大，它的新闻价值就越高。一个靠捡垃圾为生的农村妇女收养了几个亲手捡来的被人丢弃的孩子，她还含辛茹苦地让那些长大的孩子接受学校教育。这件事情在今天这样一个金钱的地位日益升高的社会环境里，显然会感动、刺激，甚至是启发不少人。

人情味往往与某种悲剧色彩与基调相联系。然而可能就是在一个让人心酸的故事里，闪烁着人性的光彩。

下面是新华社的一篇报道:

四川一女大学生志愿捐献骨髓救助上海男孩

新华网成都(2004年)4月19日电(记者刘海) 4月19日上午,在四川大学华西医院的层流病室内,四川大学公共管理学院二年级的大学生蒋雪梅静静地躺在病床上,接受骨髓采集手术。下午17时40分,四川省红十字会秘书长吴琼英将带着蒋雪梅捐献的200毫升救命骨髓乘飞机送到上海,救治一名患急性淋巴性白血病的13岁男孩。

蒋雪梅,四川大学一名普通的大学生,19岁,性格开朗。2003年3月的一天,一次很偶然的机会,当她路过四川红十字会的志愿捐献骨髓宣传点时,几乎没有考虑就卷起了袖子让医生抽取了她的血样。2004年1月,当蒋雪梅已经把这件事淡忘的时候,四川省红十字会给她打来电话说,她的造血干细胞与上海一名白血病患者配型相符。蒋雪梅明白这时自己该怎么做了,她没有犹豫,从一年前卷起袖子的那一刻起,就做好了准备。接到电话几天后,她如约来到四川大学华西医院进行第二次抽血和全面身体检查,结果与上海那位患者的血样进行精确配型后完全相合,体检合格。

记者在病房里看到,蒋雪梅两个手臂都插上了导管,她可能还有少许紧张,半闭着眼睛,还不时地告诉医生手臂插针的位置有点痛。内科医生卢忠坪介绍说,医院使用的是血细胞分离器,这种仪器能有效地动员骨髓和其他部位的造血干细胞大量释放到外周血液中去,从手臂静脉中采集,并通过机器将造血干细胞分离出来,剩余的血液将回输到供者体内。此次蒋雪梅捐献的骨髓为200毫升。

一直在一旁照顾蒋雪梅的好友王瑞告诉记者,班上同学都很支持雪梅,大家都认为她的行为是高尚的,值得尊敬。今天,全班同学都要到医院来看望雪梅,明天开始,同学和好朋友在没课的时候都会到这里来陪她。

当蒋雪梅被问到是否想见到接受自己救助的男孩时,她平静地说:"如果能巧遇,当然是最好的。我这样做,并不想要这个小孩来怎样感谢我,我只希望在中国有更多的人站出来捐献骨髓,让更多的白血病患者得到救助,为慈善爱心事业贡献自己的微薄之力。少量的骨髓就可能挽救一个白血病患者的生命,我认为这是我们每个人都应该做的。"

八、趣味性

事件越是能够满足人们的好奇心,就越具有新闻价值。

好奇是人类的天性。这种天性是人类探索未知世界的本能渴望的表现。大千世界,无奇不有。奇闻趣事能够引起人们普遍的关注。

请看下面一则报道:

土耳其一男子身怀绝技 可通过泪腺喷射牛奶

国际在线消息:土耳其一名28岁的男子能从泪腺中喷出牛奶,喷射距离达到2.80米,他有望依靠这一"特技"打破原有的世界纪录。

据美联社(2004年)9月2日报道,该男子名叫耶尔马兹,是一名建筑工人。9月1日,他在伊斯坦布尔现场表演了这一"绝活"。他先将牛奶倒在手上,然后使劲将牛奶吸入鼻子,再用力从其左眼的泪腺小孔将牛奶挤出,白色的牛奶在空中形成一道弧线,喷射距离达9.2英尺(2.80米),而先前的该项世界纪录为8.745英尺(2.67米)。

耶尔马兹说,他是世界上少数能完成这一动作的人,这是因为他的泪腺与众不同。以前他就知道自己的眼睛里可以喷射液体,但直到3年前他才知道还有这样的一个眼睛喷牛奶的世界纪录,所以才跃跃欲试。

土耳其的一名眼科医生说,人的下眼睑上有一个孔道与鼻腔相连,但他以前从没有听说过这样的奇事。

吉尼斯世界纪录的网站上显示,该项世界纪录的原保持者是一名加拿大人,他于2001年在法国创造了2.67米的泪腺喷牛奶最远距离。不过,由于耶尔马兹当天的活动并没有吉尼斯世界纪录方面的人到现场见证,因此该活动的组织者还需对这一结果进行核实验证。

一个新闻事件不可能同时含有构成新闻价值的全部要素,但是一个新闻事件时常会同时含有几个构成新闻价值的要素。事件中含有的构成新闻价值的要素越多,它的新闻价值就越高。

新闻价值标准在20世纪90年代以来发生了一些微妙的变化。美国新闻学者根据专业领域的定量调查研究发现,这一价值判断系统的构成要素正在向三个主要区域集中,一个是关联性,一个是实用性,还有一个是趣味性。关联性指的是新闻与受众切身利益的密切程度;实用性指的是新闻对受众改变自身的现状是否有实际的借鉴与指导作用;趣味性指的是能够满足人们普遍具有的好奇心。这一变化的出现是与社会生活的变化密切相关的。这种变化说明,在现代社会生活中,受众在新闻信息的消费领域也日益追求实效了。当他们以宝贵的时间、宝贵的精力、宝贵的资金作为新闻信息消费投入的时候,他们对新闻信息的要求更为苛刻,需求更为理性。

在进入21世纪的前夕,美国报纸编辑协会发布了它们对读者的一个调研报告,其中描述了读者对新世纪报纸新闻的需求,这些需求包括:

● 希望从报纸上获取新闻。
● 希望新闻与自身生活环境有高度的关联性。
● 不希望报纸忽视本国以外发生的新闻。
● 不希望在新闻中看到故弄玄虚的花招和噱头,除非它们有助于更快地了解新闻的本质。读者会非常反感新闻中充斥着偏激、煽动和记者自我表现的内容。
● 更需要实用的新闻,获取可以帮助生活起居的资讯和各种实用的忠告。
● 希望知道新闻的意义。

这些需要反映了处于今天这个时代的媒体受众对新闻信息的一般需求。当现代新闻传播业日益发达,各种媒体已经全方位覆盖社会各个角落的时候,深刻地了解受众对新闻信息的需求,是写作高质量新闻的前提之一,这个前提就是准确识别新闻,准确判断你要写什么!

新闻价值在新闻传播的实践中,是一个相对概念。它会随着新闻媒体所在区域、面对的受众、构成媒体的传播宗旨等一系列复杂的因素而改变其具体的内容。比如,《中国农民报》与《中国交通报》对于新闻价值各个要素的具体解释与把握就会呈现出不同的状况。因为它们面对的受众群体不同,传播的目标不同,发行的区域也有重大差异。

此外,媒体对新闻的选择还往往会受到投资者、广告商、行业竞争,包括记者本人价值观念等各种因素的影响与限制。以记者本人来说,尽管职业工作原则的要求以至他本人都希望能够客观、公正、真实地报道新闻,但是,在纷繁复杂的事件中,记者还是要选择报道什么、不报道什么。而一旦进行这种选择,记者的人生阅历、所受的教育、价值标准、感情倾向就会发生作用,就会影响到对新闻价值的判断,就会影响到对报道内容的取舍,就会影响到新闻传播的实际效应。因此,在实际新闻工作中,新闻价值永远是一个相对的概念。

第三节 了解环境，了解受众，了解媒体

要想准确地判断什么是新闻，记者就需要了解所报道的环境，所面对的受众，所为之服务的媒体。

了解环境包括了解受众生活的社区、地域、国度，了解构成受众生存环境的经济、政治、文化的各个方面的状况。环境对于人的重要性在于，它往往直接决定着人们的物质生活方式与精神生活方式。记者深刻地了解环境的构成要素以及这些要素之间的相互作用关系，才能敏锐地感觉环境的变化，才能深刻地洞察环境发生的任何一种新的变化所具有的意义。

了解受众是要全方位了解受众的状况，记者要清晰地了解为之服务的读者、观众、听众或者是网民的社会职业、经济收入、教育背景、文化观念、政治信仰等都具有什么样的特性。基于这些特性，他们在获取新闻信息方面有什么需求。只有全面、深刻地了解受众的需求，你才能知道向他们提供什么样的新闻信息。

此外，还需要了解为之服务的媒体。要了解媒体的传播目标，了解媒体的编辑宗旨。你写作的新闻最终是要在为之服务的媒体上发表的，现代新闻机构的运行并不会扼杀记者的个人风格，但是，也不会允许记者"天马行空，独往独来"。一个记者只有准确把握自己为之服务的媒体对新闻的选择标准，才能使自己采写的报道与媒体的需要吻合起来，使自己的工作产生效率。

记者是一个运行着的传播系统中的一个构成要素，他要服务于一个系统的运行目标。因此，一个记者要在环境、受众、媒体三者的相互作用关系中，去判断什么是自己应该报道的新闻。

思考题

1. 在过去的24小时里，发生了什么重要新闻？
2. 你认为什么是新闻？说说你的道理。
3. 怎样判断新闻的价值？
4. 判断新闻价值的基础是什么？

5. 你怎样看待新闻工作的职业责任与新闻价值判断之间的关系。

练习题

1. 找出一周来你所在的地区的主流新闻媒体上在重要位置发布的新闻，分析一下为什么这些新闻引起当地媒体的关注。

2. 你认为近一周来你看到的报刊或电视新闻中有哪些新闻是不会引起人们的兴趣与关注的？你认为其中的原因是什么？

第二章　怎样获取新闻写作的资料

如果记者不是个调查能手，那么他的知识记忆、社会关系、生花妙笔都等于零！

——美国新闻界人士

假定所有的作者对于一个精雕细琢的句子都有鉴赏力，那他们的成败就取决于调查了——挖掘事实！

——美国新闻界人士

第一节　采访的准备

由于新闻是对于客观环境真实变动状态的描述，是对事实的描述，因此，了解事实真相是新闻写作的前提。了解新闻真相的过程是新闻记者进行专业调查研究的过程。这一工作的专业术语被定义为“采访”。新闻采访是新闻写作的前提。

新闻界素有“七分采访三分写作”的说法，从中可见采访对于写作的重要性，新闻采访构成了新闻写作的基础工作。

美国新闻界流行这样一个说法：
成功的采访依赖于两个“P”：Persistence & Preparation（坚持与准备）。

一、记者在采访中的心理状况调试

在这个世界上，每个事物都有着自身独特的性质。大千世界千差万别，变化多端。新闻记者应该带着一种接纳多种可能性的心态，去接近各种新的情况、新的问题，去接触各种从来没有接触过的人与事。

作为记者，你应该知道，这个世界上没有两样东西是完全一样的，因此你一定能有新的发现，一定能够看到过去没有发生过的事情。不过，你是否能够拥有发现这些新事物、新变化、新动向的能力，要看你的专业素质。因此，记者首先要带着一种开放心态去接近正在发生的变化，准备看到任何你意想不到的东西，准备详细了解你未必喜欢甚至未必有兴趣的东西，只要这些东西反映着客观环境的变化，反映着新闻事件的面貌，你就要接近它、关注它、研究它，以便准确地描写它，这是记者的基础工作能力，也是新闻记者的职业责任。

采访对记者而言永远是艰难的课题。采访绝对不会因为你干过多次而变得简单和容易！哪怕是最有经验的记者，面对一次新的采访任务也会感到种种为难之处。因为新闻采访是一件特殊的专业工作，新闻记者永远要面对下面的挑战：

- 你要接触完全陌生的人；
- 你要面对你可能全然无知的领域；
- 你要问你通常没有自然权利要求对方回答的问题；
- 你要看那些别人并不想让你看到的东西。

这些就足够让你为难了！而这恰恰是你的职业要求你去完成的常规工作。为了完成这样一项特殊的职业任务，除了需要信心、坚韧、勇气、坚持不懈这些品质以外，你需要掌握一些专业技术方法，以保证你能够在每次全新的采访中有所收获。

采访的心理准备包括以下方面：

- 准备遭受冷遇和无礼；
- 准备遭遇敷衍和拒绝；
- 准备与你并不喜欢的人接触、交谈；
- 准备听到你意想不到的情况；
- 准备见到你意料之外的场景。

在采访中，要让自己保持宽容、镇静、平和、自信和耐心，保持敏锐的感觉和机智的反应。

二、充分了解采访对象

和做任何其他工作一样,前期准备对于采访能否成功至关重要。当一个新闻线索出现在你的眼前时,你的采访工作就应该开始了。

在你赶往新闻事件的发生地与你要采访的新闻事件中形形色色的人物接触之前,只要有时间,就应该全力以赴地进行采访前的准备。这里说的准备指的还不是整理你的行囊之类的,而是指你要尽一切可能充分地了解你所采访的人物、事件,掌握尽可能丰富的相关背景材料。

“采访一分钟,需要准备十分钟!”——这是经验丰富的记者们的共识。

一个美国记者在电影《乱世佳人》的一次重新发行的首映式上采访费雯丽,他向费雯丽提的第一个问题是:“你在这部电影中扮演什么角色?”费雯丽顿时怒不可遏,她告诉这位记者,她不愿意接受这样无知的人的采访。一个极其宝贵的采访机会,因为记者的毫无准备而瞬间丧失。对于新闻记者来说,如果是由于无知、无礼这种“低级错误”而丧失的采访机会,很少能够失而复得。

一般说来,没有准备的采访不见得会像采访费雯丽的那位美国记者一样立即遭到拒绝,但是,最终不能得到有价值的新闻素材的结果却可能是完全一样的。

在广博的知识和深刻的思考的基础上提出的问题,会赢得采访对象的尊敬、重视和兴趣。这个过程当然不是记者炫耀自身的过程,而是记者展现专业能力的过程。

曾经写过《总统之死》一书的美国记者威廉·曼彻斯特回忆说:“我第一次采访肯尼迪总统时,事先规定我可以和他谈10分钟。而实际上采访持续了3个半小时。这次采访激动人心,而且导致了日后与肯尼迪总统的多次会见。”威廉·曼彻斯特赢得这番礼遇,完全是因为他为第一次采访肯尼迪做了充分的准备。

威廉·曼彻斯特说:“我认为事先准备至关重要。对美国总统这样的人提出一个他早已回答过多次的问题,这是莫大的污辱,他可能随即对你下逐客令。因此你的问话应该是他前所未闻的,应该显示出你对他的生涯了如指掌。这样他就可能尊敬你,有兴趣和你交换意见,进行会谈。”

为了这次采访,曼彻斯特做了广泛的调查。在查阅肯尼迪的特别助理和内阁顾问的名单时,他敏锐地发现,这些人中80%的人与肯尼迪的年龄相仿。这给了他深刻的印象。因此,他为这次最初限时10分钟的采访所准备的问题是:"总统先生,你是否是一个'同代人主义者'?"

威廉·曼彻斯特回忆当时采访的情景时说:"总统当时没有想到过这一点,但是他喜欢这个提法,玩味不已,从中得到一番乐趣。"

威廉·曼彻斯特说:"真正第一流的采访可以让一个能言善辩的采访对象如醉如痴。如果他入了迷,采访就会顺流直下,你将从他身上得到更多的东西。这都取决于你事先花了多少功夫。"

肯尼迪究竟是感慨于这位记者的细心,还是感慨于他的机智;是感慨于他的深刻,还是感慨于他的独特,这没人知道。但是,人们能够看到的是,肯尼迪后来多次召见威廉·曼彻斯特,与他深谈,以至使威廉·曼彻斯特掌握了许多关于总统的不为他人所知的资料。

"准备过度胜于准备不足。"这是许多记者的经验。何况,对于一次成功的采访来说,或许没有什么准备工作是"过度"的。准备得越充分,成功的把握就越大。

美联社记者尤金·莱昂斯获准采访苏联领袖斯大林。事先有人告诉他,采访只能进行两分钟。莱昂斯后来回忆说:"两分钟过去了,我发现斯大林并不着急,而我却没有一个提问的提纲。我在斯大林的办公室里待了差不多两小时,但是在这种令人兴奋的最佳环境里,我却没有能够提出意义重大的问题,对这一点我永远感到内疚。"

同样是这位尤金·莱昂斯,在另一次对重要人物的采访中犯了同样的错误。那次他获准采访伊朗国王,规定他只能提五个事先拟定的问题。采访中,国王只用了几分钟时间便回答完了这些问题,此时国王并无意结束采访,他微笑着,让莱昂斯继续提问。然而,没有准备的尤金·莱昂斯又一次陷入了困境。莱昂斯回忆当时的场景说:"就在那儿,即国王的工作室里,我庄严立誓,从今以后如果再来到世界的大人物面前,一定要事先认真拟定几十个问题,准备进行一两个小时的采访——即使根据安排只能谈几分钟。"

我不知道尤金·莱昂斯的醒悟是否会让他在新的采访任务中有所成就,但是,他失去的重要机会是永远不可能复得的。对于一个新闻记者来说,这就是不可挽回的损失。应该说,一个记者把同一性质的"低级错误"犯上两次,付出的代价就太高昂了。

《华尔街日报》记者弗莱德·齐默尔曼为采访的准备提出了下面的四项建议:

第一，对访问的题目和采访的人进行研究，这样在采访时你就不仅可以提出恰如其分的问题，并且可以理解对方对这些问题的回答，而且你还可以明确而又不冒昧地对采访对象表明你绝不是他轻易就可愚弄得了的。

第二，为你要写的消息报道设想一个假定的主题，而访问的主要目的，就是取得各种轶事和其他证据以支持这个主题。

第三，事先写一个问题提纲——尽你所想，写得越多越好，即使你不可能把这些问题全都问完，甚至你几乎肯定还要提出一些没有列入的问题，也要这样做。

第四，如果采访的是敏感问题，做准备工作时，要事先估计一下被采访者很可能对你和你将向他提出的那些问题采取什么态度。他在事件中起什么作用？他的立场站在哪一边？你可以从逻辑上推断他对于你提出的关键性问题将给予什么样的回答，然后你根据这一推断，拟定出你认为可以打破他可能采取的各种防范措施、改变其态度的一个进攻性计划。

第二节　营造与采访对象的和谐关系

采访的目的在于使被采访者轻松自如，让他真正地说，而不仅仅是回答。

——美国记者约翰·根舍

营造与采访对象之间的融洽关系，取得采访对象对你的信任，让采访对象在和你的谈话中感到轻松自如，是成功采访的前提条件。只有与采访对象交流的通道畅通起来的时候，来自采访对象的信息才能源源不断。

写出过《县委书记的榜样焦裕禄》《为了周总理的嘱托》等报道，在中国新闻界赫赫有名的新华社记者穆青在历次采访中与中国普通农民建立起了深厚的友情，直到他后来就任新华社社长，那些几十年前结识的农民朋友还能到他的家里去和他倾心交谈。

与采访对象建立起融洽关系的前提是让采访对象信任你。信任你的人格，信任你的修养，信任你的职业道德水平，信任你的专业工作能力。即使是进行揭露性报道，面对你要揭露的对象，也要让他感到你的正直、客观，以及你具有的职业修养与尊严。

通常情况下,记者扮演的角色至少要让采访对象不感到反感,要让采访对象感到轻松自如。记者给采访对象的第一印象是非常重要的。记者与采访对象接触时,应该做到讲究礼貌、真诚友好、坦白诚实、富有同情心,而不要盛气凌人、自以为是、夸夸其谈。你的专业品格往往是从一些小事上给人们留下印象的,比如,你一定要守时,不要迟到！这是记者与陌生人接触的时候人格信誉的第一体现!

不是任何采访对象都能理解记者的工作,有时,哪怕你实际上是在为维护某些人的权益进行着采访,也未必能得到这些人的理解和配合。

采访对象可能产生下面的疑问:记者为什么采访我?记者是来伤害我还是来帮助我?他想写出什么样的报道?他的报道会给我带来什么新的麻烦?他能够理解我的处境吗?他有足够的能力查清并报道事实的真相吗?他是否真的是正直的?他到底有没有个人的功利目的?他真的值得我信任吗?……

这样的疑惑可能还会有许多。记者可能需要在最短暂的时间里,解除采访对象心中的疑虑。

记者往往需要站在采访对象的角度去想一下他的感受,他的苦恼和需求,不仅是为了体谅采访对象,而且是为了更深刻地了解采访对象,这对控制采访工作的效果是非常有益的。要尊重采访对象,不管他们的社会地位如何,但是要把握好尺度。尊重而不是阿谀,随和而不是圆滑,同情而不要过分。记者不能给采访对象以谄媚、逢迎的印象。

建立与采访对象的融洽关系有时也要注意细节。比如记者的装束,不要太奢华,也不要太简朴;不要太做作,也不要太随意。要自然、正常、整洁、适宜。总之,要与采访的场合相协调,要让采访对象感到你不仅有教养,而且有亲和力。女记者要注意:不要与采访对象争妍斗奇。

对采访对象的态度比你的装束更为重要。下面的一些原则应该遵守:

一、不与采访对象争吵和辩论

这是保证采访正常进行的必备条件。记者的采访是为了报道事情的真情实况,而不是为了申明自己对事情的看法,更不是为了维护自己的价值观念。一旦与采访对象展开辩论、发生争吵,不仅采访对象的心理发生了变化,采访的工作性质也就发生了变化,一种专业调查工作很可能演变为一场闹剧。

二、不向采访对象做过多陈述

向采访对象简单地介绍自己，讲明采访目的是必需的，但是不要在采访对象面前夸夸其谈，夸夸其谈从来不会为一个记者赢得尊重与声望。也不要向采访对象透露更多的你在采访中了解的情况。记者过多的陈述有时会影响采访对象对新闻事实的客观叙述，甚至也会让自己陷入某种被动。

三、不直接否定采访对象的说法

采访中，发现采访对象说的不是事实或者与你了解的情况不相吻合的时候，你也不要直接否定他。如果你想澄清事实真相，你只需要拿出你掌握的事实证据，请采访对象解释或评论即可。否则，你就没有可能获得更多的情况。有一些人有这样的习惯，在听完别人说话时先说一个“不”字，然后开始说话。这种语言方式不仅不能表示你见解独到，甚至会让你无意之中遭到对方的反感。记者不能有这个口头习惯。

四、与采访对象保持合作态度

采访不可能是一帆风顺的，与采访对象之间的误解、隔阂、冲突随时都可能发生。当你发现自己与采访对象意见不同的时候，你需要重复采访对象的观点，以验证和表示你准确地理解了他的看法，在他认可之后再陈述自己的想法，这种做法导致的是交流，而不是争论。

第三节　采访中的提问

向采访对象提问，是新闻记者获取新闻素材的重要途径。记者要想获得高质量的新闻素材，就必须提出能够引起采访对象谈话兴趣，同时又能顺利接近新闻核心内容的高质量问题。

> 如果记者知道什么是正确的提问，他在竞争中就能百战不殆。
>
> ——美国《密尔沃斯杂志》记者罗伯特·韦尔斯

一、不提没有内涵的问题

我们常常可以听到记者面对赛场上的运动员、面对参加某些会议的代表或面对赢得某种荣誉的演员时,提出这样的问题:“此时,你的感觉如何?”这种空洞、单调的问题要么让采访对象不知道该如何回答,要么让采访对象百般无奈之下抛出一个无味的回答。

这种没有任何内涵的提问,很多时候会引起采访对象对记者的轻视或反感。然而,这确实是那些不爱动脑筋的记者最常采用的提问方式。

一个为地方报纸工作的美国记者在采访一个刚刚到达该市参加比赛的短跑运动员时,提出的第一个问题就是:“你对这个城市的印象如何?”

“我第一次来这里,没有任何印象。”那位运动员头也没抬。记者的第一个问题就让采访陷入了困境。

许多中外记者的经验证明:记者进入采访前了解的情况越多,提出的问题就会越高明。

另一个美国新闻工作者 A. J. 利布林采访赛马运动员艾迪 · 阿尔卡罗时,他提出的第一个问题就让采访对象对他刮目相看:

“你每次比赛时,通常习惯于把左马镫的皮带多放出几个扣眼?”

这是一个非常专业的问题,因为赛马时,马是按照逆时针方向绕圈奔跑的,赛手们通常会让左边的马镫长一些,以控制赛马转弯时奔跑的姿态,而左马镫的皮带多放出几个扣眼对于赛手来说是一个非常个性化同时也蕴含着很强的技巧性的重要环节。

那位赛马手一下被这个问题提起了兴趣。他足足谈了一个小时,采访结束时他对记者说:“看来你一定与赛马手们混得挺熟,熟悉这个行当里的事情。”

这位记者后来在回忆此事时坦言:“我实际上对赛马一窍不通,只是为了这次采访,看了几本有关赛马的专业书籍。”

采访是一种取得信任并获得信息的专业技术,提问是记者接近事实真相的首要环节。

下面我们看看法拉奇对美国前国务卿基辛格的采访是如何提问的。

法拉奇:“基辛格博士,您简直变得比总统名望还高,您怎么解释这个事实呢?您对此是不是有什么解释呢?”

基辛格:“是的。不过我不想告诉你!我现在仍然在职,为什么要说这些?

我看,你还是告诉我你的看法吧。我敢肯定,你对我有名望的原因也有自己的分析。”

法拉奇:“我可不太清楚,基辛格博士。我是想通过这次采访找出其中的奥妙。可是我还没有发现什么。我觉得一切取决于成功。我的意思是说,就像一位棋手,你走了几步高招。首先是,中国。人们总是敬慕吃掉对方国王的棋手。”

基辛格:“中国是我取得成功的重要因素。可是这还不是主要的。关键在于……嗯,为什么不说呢?我来告诉你。我还有什么顾虑呢?关键就在于我总是独往独来。美国人特别欣赏这种做法。美国人赞赏那种一马当先带领车队的牛仔,那种单枪匹马进入村庄或城镇的牛仔。他可能甚至连一把手枪都没有,因为他进去不是为了交火的。他尽其所能,如此而已。在正确的时间指向正确的地点,这就算是个西部荒野的传奇吧。”

从法拉奇的上述提问中,我们可以看到她提问的切入角度。她提出的第一个问题,在表面上看是很能够满足采访对象的自尊心的,但是这个问题涉及采访对象对自己所做的事情的一个核心性评价。

基辛格非常老辣,明确告诉法拉奇,他知道这个问题的答案,但是就是不想告诉她。不仅不想告诉她,而且把这个尖锐的问题回敬给了记者,让法拉奇对这个问题表述她自己的看法。

法拉奇此时表现出了一个成熟的记者在处理这种难题时的经验。她告诉基辛格,她不知道答案,而且她表示,她正是想从这次采访中找到答案。此时,法拉奇的一席话做成了三件事情,一是封锁了采访对象企图突破采访计划的尝试,二是通过表达自己的愿望博得对方的理解和同情,第三件事情做得更机智,她提出了中国问题,用对方经历中最为举世瞩目的一次成功引导对方走上记者为获取信息而设计的轨道。

事实证明,法拉奇的策略是奏效的。她的提问终于让老谋深算的基辛格吐露了肺腑之言。当然,采访记发表的时候,基辛格把自己比喻成美国西部孤独勇士的说法得罪了他在白宫的同事们。基辛格甚至想不承认他说过这样的话。但是,这样重要的采访,老练的记者是不会不用录音机的。后来基辛格感叹:接受法拉奇的采访是他此生做过的错事之一。但是对于法拉奇来说,这却是一次职业工作经历中的成功之举。

从法拉奇的提问中,我们也能够看到她为采访所做的充分准备。这种准备工作在关键时刻会推进采访的进程,保证采访的成功。

有时,在采访中采访对象突然会说出你没有想到的事情,表达出你未曾预料到的感受,这时,你需要判断其中的价值,通过提问,推进采访的深入。

下面是中央电视台的记者对奥运会金牌获得者中国跳水运动员胡佳的采访:

记者:"你们跳水运动员在比赛中感到最困难的是什么?"

胡佳:"就是控制和调整自己。而且要在一秒钟的时间里做到这一点。"

记者:"一秒钟的时间很短,你来得及想这么多事情,做这么多事情吗?"

胡佳:"一秒钟的时间对我们来说不短,在比赛中我们甚至感觉它很长!什么都来得及。我五岁半学跳水,到现在十六年了,十六年就是为了一秒钟,为了奥运会这十个一秒钟(十个比赛动作)。"

采访中,胡佳说出了"一秒钟"这样一个时间概念。记者敏锐感觉到这"一秒钟"所包含的新闻价值,于是,深入追问,由此得到了一个让人们耳目一新的精彩回答。

二、开放式问题和闭合式问题

采访的提问是多种多样的,一切要根据采访对象的情况和你的采访目的而定。你可以问一些诸如"您是否可以谈谈对这次美国向台湾出售军火问题的看法?""您认为中美贸易冲突还会出现什么新的动向?"这类能够让采访对象自由表述自己想法的开放式问题;也可以问诸如"你身为戒毒所所长对这里发生的贩卖戒毒女为娼的事情真的不知晓吗?""你认为你在这个事故中负有什么样的责任?"这类让采访对象必须提供具体答案的闭合式问题。

如果采访对象很健谈、长于思考、有接受新闻采访的丰富经验,开放式问题往往是打开他们话匣子的好办法。

如果采访对象感到拘束,不善言谈,闭合式问题有助于让采访对象轻松地走上接受采访的轨道。当然在调查问题的采访中,这种问题也会让采访对象感到压力和不快。

然而无论是开放式问题还是闭合式问题,提问的效果还是取决于问题的内容和提出问题的方式与时机。

记者需要在充分准备的基础上,提出能够引起采访对象谈话兴趣的问题。

成功的采访需要的是双方之间的交谈而不是简单的问答。当然,引起采访对象的谈话兴趣,其目的在于获取了解新闻核心内容的资料,而不是为了博得采访对象的欣喜。

根据采访目的,设计问题提纲。问一下自己:这些问题如果得到解释,你对新闻的全貌和本质是否可以了解清楚了?同时估计一下采访对象对这些问题可能产生的反应,做出你的应对策略预案。

三、提问时要注意的问题

1. 不要满足于采访对象浮于表面的概括性的叙述

要通过采访抓取故事、细节、引语、数字、观点,抓取具体的资料和有个性的情节。为了把采访对象的谈话引入写作新闻所需要的具体的故事、细节中,采访中,记者可以使用"何时""何地""何人"这些构成新闻的基本要素作为提问的关键词,将采访对象的回忆和描述引入具体的事件、具体的人物、具体的场景中去。

2. 不要问太长的问题

问题越长,往往回答越短。过长的问题会让采访对象难以抓住问题核心,甚至造成理解上的偏差。在记者招待会上,过长的问题往往会遭到各方面的不快与冷遇。如果是复杂的问题,最好是分几个层面,将其划分为几个简单明了的问题,一个个地进行组合式提问。

3. 不要问带有倾向性的问题

客观与公正不仅是在新闻写作中需要执行的原则,它更是在新闻工作的整个过程中需要遵循的原则。采访提问时如果表现出倾向,采访对象会受到记者好恶的影响,从而难以真实地表达自己的看法。

4. 不要卖弄自己的知识和掌握的资料

采访的目的不是在采访对象面前炫耀自己,而是要从采访对象那里了解你需要的信息。在采访对象面前卖弄你掌握的资料会严重干扰采访的进程,采访对象可能会因此受到误导,也可能会因此不再提供客观的情况。

5. 注意细节

在采访中,当你想验证采访对象是否听明白了你的提问时,不要问"你懂了吗?",而要问"我说明白了吗?"这是礼貌,是表示你对采访对象的尊重,也是保证采访对象心理放松的工作细节之一。像这样的工作细节都要注意。

6. 对关键性问题一定要准备好措辞

对于触及新闻事件核心，可能会引起采访对象感情、态度、情绪发生强烈变化的提问，一定要考虑周全，让问题的表述清晰、不失礼貌，并且有后备的应对方案。

7. 注意追问

采访是需要追问的，因为采访对象的一次性回答往往不能满足记者追究真相的需求。记者一定要以拿到自己需要的资料为止，或者是到了采访不可能再深入的地步为止。但是，在追问中要掌握一些原则：

（1）要以了解事实真相为唯一的追问目标。你的任务不是表述自己的观点，也不是让对方同意你的观点，不是要与对方辩明是非，更不是让对方感到难受。你只需要了解事实的真相。为了使追问能够进行下去并且取得实际成效，礼貌和策略都是重要的！

（2）不要轻易打断采访对象。保证采访对象思维的连贯性对于采访的流畅进行是重要的。不要总是打断采访对象的叙述，要保证采访对象叙述的连贯性。不得不打断采访对象或许只能出于下面的原因：关键问题不明，关键事实的验证，采访对象前后叙述发生矛盾，交谈中发现新的线索，采访对象的谈话偏离了采访主题。在不得不打断采访对象的时候，也要找好时机。

（3）采访的成败取决于提问！记者要提出与报道主题相关并能够引起采访对象兴趣的问题。记者的提问越是充满活力，越是充满思考，对方的回答就可能越有特色，越具价值！

8. 强硬的态度在采访中是不可避免的

在采访中，有时需要使用强硬的态度。因为有时只有如此才能揭示出新闻的矛盾、冲突、核心所在！但是，请记住：采访是交流而不是审问！强硬的态度不是冷酷，不是无礼，而是一种追究事实真相的执着，一种渴望得到全部解释的努力。

提问强硬和与人作对是两回事！记者需要掌握一种艺术：可以让采访对象在你提出的尖锐问题面前感到为难，但是不能让他怒不可遏、拂袖而去！

在强硬的提问中，有一条底线：不要在采访没有完成的情况下就破坏以至完全中断与采访对象的交流！这的确困难，但是，记者的工作就是在突破困难中完成的。

下面的方法或许会让记者在实施“强硬之道”的时候顺利一些：

- 营造起融洽的气氛之后再接近尖锐提问的领域。

- 最尖锐的问题(有可能引起采访对象心理感情态度冲突的尖锐问题)要放到采访即将结束时提出。
- 把自己与强硬的问题分离开:借第三者之口质询,让采访对象澄清事实。如:“你是否注意到一个流言,人们说你是个嗜酒狂。”——对美国总统艾森豪威尔夫人的采访。
- 不能不问的尖锐问题一定要问得十分干脆明了！不要犹豫！

第四节　采访中的倾听和观察

倾听与观察是记者进入实际采访中需要运用的两项最为重要的专业技能,这两项技能直接关系到采访的质量。

一、采访中的倾听

采访的过程在很多场合下都是记者提问、采访对象回答的过程。因此,记者应该是一个耐心的同时也是善于思考的倾听者。新闻信息很多时候都是从采访对象的述说中得到的。记者在采访中能否获取有价值的资料,很大程度上取决于记者倾听采访对象谈话的专业水平。

要想提高倾听的效率,记者需要做到:

1. 打消自我表现的意识

记者是为公众的知晓权而去采集新闻的人,是一种职业公仆。自我表现是一种与记者职业任务的要求格格不入的品性。然而,记者的职业也会给他们造成一种错觉,认为自己是公众的代表因而就应该得到普遍的尊重。特别是在采访对象表现出某种高傲、某种不合作的态度时,记者的自尊心就会受到挫伤。但是,记者永远应该明白,你的任务不是在采访对象面前塑造你的声望,争取你的威信,你只是为了探求事实真相,获取新闻素材。因此,你的任务就是静下心来认真地倾听采访对象的述说,而不要在采访对象面前高谈阔论,表现自己。

2. 具有兼收并蓄的胸怀

记者要接纳一切新颖的、与众不同的想法,包括接纳你不喜欢的想法。世界因为存在差异,才丰富多彩。记者只有真实地了解差异才能真实地反映客观世界变动的原貌。记者面对采访对象时,注意力首先应该集中于采访对象说了什么，其次才是他的人格、举止和外表。采访对象是否让你感到喜欢与采访对象是否能够向你提供有价值的新闻素材没有什么直接关系。记者关注的永远应该是反映事实真相的资料。

3. 给采访对象思考的时间

记者要想从倾听中得到有价值的资料，不仅提出的问题要机智深刻，而且，要给采访对象思考的时间。不仅让采访对象有时间去思考记者提出的问题，而且让他们有时间去组织自己的语言。记者需要有耐心，耐心在采访中不仅是一种人格修养，也是采访中记者必须拥有的一种职业素质。一旦你表现出不停地看手表、不时地瞭望窗外、不耐烦地起身踱步、急躁地打断采访对象说话的时候，你实际上正在葬送这次采访。

4. 边倾听边思考

记者在采访中的倾听不是被动地收听，认真倾听并不意味着被采访对象牵着鼻子走。恰恰相反，记者要把握采访的进程和线路，引领采访走向预想的目的。记者要想在采访中发现有价值的材料，就需要在倾听中思考。你要不时地问自己，采访对象的言谈中，什么内容是有新闻价值的，什么内容与自己掌握的情况不一致，什么内容可能隐藏着更有价值的信息，什么内容需要他进一步说明或者提供相关的采访线索等。

采访中，记者要让自己的问题围绕新闻事实的核心和采访中出现的新的想法。在倾听中保持思维的活跃和清晰，保持思考的敏捷与深刻，就能把采访不断引向深入。

二、采访中的观察

倾听是重要的，但是，眼睛往往比耳朵更容易发现问题！这是有经验的新闻记者们的共识。精细的观察能够让记者得到写作新闻报道的生动资料，使报道出现画面、出现场景、出现活生生的人物。

采访中，记者要充分调动自己的视觉，去观察构成新闻的一切人与物的细节，包括人的神态、举止、言谈、行为以及与新闻相关的各种环境因素。总之，要观察一切与新闻相关的细节！

1991 年春夏之交，我在宁夏南部的贫困区采访，看到山上放牛的孩子都是学龄期的女孩儿。我就问当地的干部这是为什么。当地干部告诉我，这里是少数民族区，不受独生子女政策的限制，一个农民家庭可以生育几个孩子。而对于当地农民来说，牛是家中最重要的生产工具，农民不仅要用它耕种土地，而且也会用它做些赚钱的营生。因此,当地农民往往会让家里的女孩子不去上学而去照看一头牛。为了一头牛,一个女孩子就会失去接受基础教育的机会!一个女孩子的一生的命运就这样设定了。通过自己眼睛的观察了解的这些情况,使我对贫困地区状况的报道更为深入,更为真实。

采访中,记者要对每一个微小的细节保持警觉。一名记者采访一位长年、半瘫在床的孤寡老人,走进老人居住的位于四层楼上的房间后,记者发现落满厚厚灰尘的地板上有一条窄窄的小径从老人床前通向窗户,一尘不染闪着亮光。记者走到窗前,发现窗外是一片空地。于是就问老人:"您每天都到窗前来看看?"老人叹着气说:"已经有一周不到窗户边去了。原来楼下有个幼儿园,我天天挪到窗户边上,看着这些欢蹦乱跳的孩子们被家长送来,又被家长接走。看看孩子们是我一天里最高兴的事情。不过一周前幼儿园搬走了,我就和在坟墓里一样了。"记者把这个情节写入了反映中国老年人状况的报道之中,让很多人深切感受到"空巢老人"的悲凉境遇。

记者观察的方式可以分为独立式观察和参与式观察。

1. 独立式观察

独立式观察指的是记者在不公开自己身份的情况下对新闻的发展过程所做的观察。美国新闻学者把处于这种观察方式中的记者比喻为"墙壁上的苍蝇"——它在一边存在着,观察着眼前发生的一切事情。此时的记者并不干扰新闻事件的进行,因此可以获得更为客观的观察效果。但是处于这种观察状态中的记者往往会浮于表面,难以深入了解新闻事件的复杂层面和深层因素。

2. 参与式观察

参与式观察指的是记者公开以自己的职业身份展开的新闻采访活动,这时,记者可以通过与新闻涉及的人物直接接触、对新闻发生环境的全面考察而对构成新闻的各种相关因素进行了解。在这种观察中,记者能够获得更加深刻的感受,对新闻有更深入的了解。如记者为了报道养老院,可能去和那些老人同吃同住一些日子;为了报道游牧部落,可能会过上几天马背上的生活。这种观察更为深入,但是它可能会影响新闻事件的自然运行状态。此外,记者也容易与采访对象建立过深的关系,出现感情与责任之间的矛盾。

这两种观察方式各有利弊,采访中要根据不同的环境、不同的任务要求决定使用何种观察方法。

观察要细致,不要以为你看到的东西就是真实的。

1961 年,联合国秘书长达格·哈马舍尔德亲赴非洲,试图处理刚果内战问题。那天黄昏时分,包括合众国际社记者在内的各个媒体的记者们聚集在北罗得西亚的恩多拉机场等待着联合国秘书长的到来。一架飞机降落了,被阻拦在百码之外的记者们看到了一个熟悉的身影,特别是那一头闪光的金发。他们争先恐后地向自己的媒体发送了联合国秘书长抵达非洲的报道。合众国际社的报道还说哈马舍尔德的下一个行程是与加丹加省的分裂派首领莫伊兹·冲伯就停火协议举行会谈。但是很遗憾,记者们看到的那位男子并不是联合国秘书长哈马舍尔德,而是一位前来了解情况的英国外交事务官员。就在记者们从他们错误的观察中写作报道的时候,联合国秘书长正坐在另一架专机上,这架飞机随后在恩多拉北部的一片森林中坠毁,哈马舍尔德和机上所有人员全部遇难。

相隔百码的距离,让记者们的现场观察似是而非。此时,记者们还犯了一个低级错误:把推测当成了事实。观察同样需要验证,这是职业记者应该遵守的信条。

仅仅观察是不够的,观察必须与思考、调查、验证等这些新闻工作的其他方法结合起来才能产生效果。

对新闻事物的观察与对新闻本质的认识是一个相互作用的过程。细致的观察会推动记者对新闻本质的认识,而对新闻本质的认识也会提高观察的质量。如果记者对新闻缺乏思考,对新闻的意义缺乏认识,一些落入视野的有价值的东西也会被忽视。

1961 年,在美国报纸主编协会的一个午餐宴会上,在场的职业新闻工作者们突然看到一幕场景——他们的贵客古巴领袖菲德尔·卡斯特罗隔着桌子与协会的会长交换进餐用的盘子。这幕场景让大家感到吃惊,是怪癖,还是无礼?它究竟意味着什么?人们只是感到了一点反常,但是没有人去调查、去追问这件事情的缘由。如果有人去追问,他们很可能会发现,卡斯特罗这样做有着十足的理由,因为他害怕遭到暗杀。14 年后,美国中央情报局承认,在艾森豪威尔、肯尼迪、约翰逊三位总统执政期间,美国政府确实试图谋杀卡斯特罗。

这件事情作为一个典型事例被写入美国的新闻教科书,提醒着那些以新闻为职业的年轻人:只有观察,对于新闻记者是远远不够的,采访应该是各种技术手段综合应用的过程。

第五节 采访中的记录

记忆力再好的记者,也需要借助各种专业工具对采访中的细节进行记录。这不仅仅是为了写作报道,一些记录可能还关系到一旦引起法律争端时记者持有的证据。

随着科学技术的进步,信息的记录方式日益便捷化、多样化。而对于新闻记者的采访来说,迄今为止记者们最经常使用的采访记录方式还是录音、笔记和记者个人头脑的记忆。如今,在媒介融合的趋势下,录像设备也正在越来越多地成为记者采访的记录方式,成为合成多媒体信息的采访工具。但是,对于文字记者的独立采访来说,最常用的记录手段还是录音与笔记。

一、录音

各种录音设备已经成为记者们随身携带的采访记录工具。用录音机做采访记录有不少好处:

第一,与做笔记相比,录音可以让你向采访对象问更多的问题。做笔记是需要时间的,有时就是因为要做详细的采访笔记,使你没有时间快速推进采访,没有机会向采访对象提出更多的问题。而使用录音机,可以让你有更多地时间与采访对象交谈更多的内容。

第二,为你的写作提供最真实的现场感觉。录音机是对采访谈话的真实记录,这种记录方式可以让记者真切感到采访人物的音容笑貌,回到采访现场的环境气氛里,这对写作报道大有益处。

第三,让你能够集中精力与采访对象谈话。做采访笔记会让记者分神费力,以致会不同程度地干扰你与采访对象的谈话。有的时候,你甚至不得不让采访对象停下来,以便你把关键的言词记录清楚。你甚至还会让采访对象重复他已经说过的话。所有这些,都会影响采访的流畅进行。而录音机会帮助你把一切记录清楚,你只需要专心与采访对象交谈就可以了。

第四,在有争议性的问题面前,可以为你保留某些重要的证据。录音本身就是一种证据。在蕴含矛盾冲突的采访中,记者也会身陷冲突之中,无论是编辑质疑你是否真实了解了争论双方的想法,还是事件冲突的任何一方质疑你的客观与公正,你可能只有出示能够证明你无辜的证据才行,而录音带往往是最让人信服的证据。

第五，有助于动态中的采访。比如你坐在颠簸的汽车里采访，你一边走路一边向采访对象询问，这些动态行进中的采访是经常出现的。此时你不可能记笔记，录音机是一个好帮手。

第六，有利于记者“一心二用”。在采访中，记者往往要一心多用。你要记下采访对象的原话，你又要去思考，你还要控制整个采访的进程，同时还要进行细致的现场观察。这时，如果能够把最艰苦的采访记录工作分给录音机，你会赢得很多的行动自由，从而提高采访的效率。

第七，可以口头记录文字资料和描述现场景象。当你在采访中看到一个篇幅不短的重要文字资料而又不能把它带走的时候，你可以朗读一遍，用录音机把所有的文字连同标点一起记录下来。这种方法省时省力。你甚至还可以描述一下你看到的东西的颜色、形状和气味。

录音机确实是记者采访中便利的记录工具。但是，和任何事物一样，有一利必有一弊。录音机在采访中作为记录工具的局限性也很明显。

首先，它会在不同程度上造成采访对象的心理紧张。一旦你把录音机摆放到采访对象面前的时候，无形中就会给对方造成一种心理上的压力，对方可能就会拘束，可能就会有所顾虑，你就可能难以得到那些只有在自然状态里才能得到的资料。

采访中使用录音机是要经过采访对象允许的。为了减少采访对象的紧张，你可以为使用这个小小的设备做一些解释，比如告诉对方，“我怕遗漏掉你说的精彩的（或者是重要的）东西，如果你能允许我用录音机把我们的谈话录下来，我想对我写好这篇报道就太重要了。”诸如此类的话，多说一句，就可能会为你的采访清除一些可以避免的障碍。

其次，采访结束后整理资料时会遇到一些困难。你要想重温采访过程，只能从头到尾去听录音。即使是使用新型的数码录音机，你在整理采访资料的时候往往也需要从头开始查找你认为重要的地方。它不像翻阅笔记那样方便。你只能一句一句地听，不能像阅读笔记时那样用目光进行扫描。

因此，使用录音机采访，最好是与记笔记配合起来。用笔记记下重点，这将为你整理录音资料提供便利。

二、笔记

笔记是最接近传统习惯的一种采访记录方式,记者们往往依靠笔记唤起他们的记忆。

理想的采访应该进行得自然、友好、无拘无束。在这种采访中,尽量少做笔记是明智的。让采访对象忘记自己讲话是为了见报,而不是时时意识到记者在一字不漏地记录他的谈话,这样记者的收获会多得多!

为了不给采访对象造成紧张心理,记者在采访对象面前何时拿出你的采访本可是需要注意的。采访开始之际,你可以不拿出采访本,只与采访对象自然地交谈。采访进行到某一时刻,比如当采访对象说到一个人名、一个地名、一个数据的时候,你应对道:“让我把这一点记下来,不要出错。”接着拿出你的笔记本,认真地询问人名、地名的写法,认真地重复一下采访对象说到的数字。然后继续交谈,从这时起,笔记本就放置在你的手边了,你可以不时地去记录一些重要的东西。总之,应该把一切做得自然而然。

记者应该在不干扰采访对象正常心理活动的情况下,在不干扰采访正常进行的情况下,在不影响获取资料的真实性的情况下,从事现场有限的记录!当然,有的采访对象是希望记者做笔记的,而且做得越是认真越好。他们认为这是自己被重视的表现。如果遇到这样的采访对象,记者也应该立即察觉,做出适当反应。

采访笔记并非要有闻必录。即使你有飞快地记录速度,你也应该挑选重要的内容记录。记者在采访笔记中需要记录的内容主要有:重要的人名、地名、时间、数据、引语、情节、细节、场景、神情、文献名称与出处、证据原文等。

记录采访对象的言谈时,有两点要注意:一是要记录采访对象说的重要的话;二是一定要记录采访对象说的原话,不能是你概括的采访对象所表达的意思。这样做的目的就是为了你在写作时能够拥有生动的素材。

记者所做的采访笔记应该能够提供进行新闻写作的丰富而生动的资料,并且能够唤起记者对整个采访活动的完整、真实、生动的记忆!

为了提高笔记的效率,形成自己的速记系统是十分重要的。无论你是通过正规的训练掌握速记方法,还是通过自己的摸索形成自己的速记习惯,都应该掌握快速记录的技术。

采访时,不要埋头在记笔记之中!当然,在某些特定的采访对象面前显示你“认真态度”的伪装除外。记者要让自己的主要精力集中于倾听、观察、发现并提出新的问题这些推进采访深入进行的活动之中。

三、记忆力记录

笔记记录的方式是有局限的：它容易造成采访对象的心理紧张；它会给采访对象一种暗示，让他们去说记者喜欢听的内容；它会影响记者全身心地投入采访。因此，记者必须训练自己的记忆力，记忆力是记者最为宝贵的职业财富之一。

记忆力是可以通过训练培养的。你要训练自己在整个采访过程中记住那些重要的东西：在事过一小时后能够回忆起采访对象说过的重要的话，你看到的重要的场景，你了解到的重要数据，构成新闻事件的重要细节，重要的人物姓名等。你可能还要养成勤快的习惯，一旦离开采访现场后，立即找机会把自己记忆中重要的东西及时追记下来，因为记忆是会随着时间的推移而淡化乃至变形的。

知识链接

美国新闻学者麦尔文·门彻对记者的采访提出了下面的忠告：

1. 在访问一开始就说明自己的身份；
2. 阐明这次访问的目的；
3. 对那些不经常被人采访的人讲清楚：这些材料都将在报上使用；
4. 使采访对象在思想上对这次访问将进行多久有个时间上的概念；
5. 尽量缩短采访时间；
6. 提问题要提得简短、具体、明确，所提的问题应该是消息来源有能力回答的问题；
7. 给被采访者留有充足的时间来回答问题；
8. 请消息来源重复或进一步解释清楚那些复杂的或是含糊的、不明确的回答；
9. 对关键材料上消息来源的说法有怀疑时，要把采访笔记中的这些疑惑之处念给采访对象本人听，请他进一步确认；
10. 对公众有权知道的那些东西要坚持让采访对象对消息来源做出答复；
11. 避免对采访对象进行长篇说教或与其辩论；
12. 要满足并遵守消息来源提出的在不说出消息来源、只登背景材料或不供发表等情况下才同意采访或发表谈话的要求。

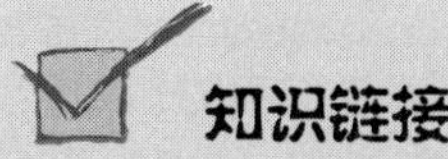

《华尔街日报》主编弗雷德·齐默尔曼对新闻记者的采访提出了下面的建议：

1. 不要在采访一开始就提尖锐问题。先让采访对象了解你本人，你的采访意图，交代你正在做的事情与采访对象之间的关系，你为什么来找他而不找别人。

2. 开始阶段的问题应该是开放式问题，从消息来源最熟悉的并且可能喜欢的话题开始。让采访对象开口说话，营造交谈的气氛。你会从中得到采访对象对采访主题的看法以及对你本人的态度。

3. 仔细观察，认真倾听！恰当地插入关键性提问，把采访对象的谈话内容与你已经了解的情况随时做出对比分析。注意不要让采访成为漫无边际的闲谈。

4. 通过你预先设计的问题，让采访对象从一开始就进入你设计的思路。你设计的问题之间要有逻辑关系，问尖锐问题之前要有铺垫，让采访对象感到是他的谈话内容才让你想到了这个尖锐的问题！

5. 保持机警！从采访对象的谈话中发现你原来没有想到的问题！

6. 想着要写的报道！在采访中，要不停地提醒自己：我怎样写导语？我是否透彻了解了事件？我是否清晰地掌握了主题？我是否拥有了精彩的引语和关键的文献资料？我是否掌握了足够的能够写出一篇精彩新闻的背景资料？

7. 不要忘记关键的问题！

8. 不能回避尖锐问题！把尖锐问题放到采访的最后时刻，只管提问！

9. 不要害怕问幼稚的问题！遇到不熟悉的问题，当一个虚心的学生！不要装得无所不知。

10. 养成追问的习惯！但是要有礼貌！

11. 改变谈话的节奏，以获得新的心理方式、新的环境气氛、新的思考角度、新的事实资料！

12. 当听到“无可奉告”的说法时，往往预示着新的攻坚战的开始！你可以采取以下的对策：先表示你误解了采访对象，给他重新表述的机会；如果无效，你再次表示可能采访对象误解了你，让采访对象再次回答你的问题；如果还是无效，你可以表示出你不相信采访对象会不回答你的问题，再次要求他的回答；你还可以提出一个令人为难的结论让采访对象予以证实；你也可以要求采访对象提供新的消息来源；你还可以坦诚地向采访对象寻求指导意见。总之，不要轻易放弃。

13. “采访的宝石可能在采访本合上的瞬间出现。”即使在采访结束时，你也不要放松自己的职业感觉神经，因为采访对象在结束采访开始放松的一瞬间可能会向你提供你意想不到的情况。

思考题

1. 你怎样看新闻采访与新闻写作之间的关系？

2. 一次成功采访的前提条件有哪些？

3. 面对一个报道采访任务，你的准备工作会怎样展开？

4. 与采访对象交往的原则是什么？

5. 设计采访提问的原则是什么？

6. 观察在采访中的作用是什么？采访观察应该遵循什么原则？

练习题

1. 如果让你采访2019年中国发生的火灾情况，你怎样进行采访准备？请逐条写出准备工作的内容。

2. 就采访当年中国粮食产量的新闻，设计一个采访提纲。要求：设定采访人物、采访机构、采访形式以及收集资料的范围；写出采访的问题提纲。

3. 参加一个会议，会议后一小时内追记会议内容。

4. 就一个事件或一个人物进行采访。要求：写出采访提纲、选择采访对象、设定采访方式、开列所提问题，并对这次采访的成败得失进行总结。

5. 训练自己的速记能力。

第三章　新闻写作的基本原则

新闻写作具有自身的特殊目的，自身的特殊规律，因此需要遵循一些基本的专业规则。

美国新闻学者麦尔文·门彻在他撰著的被美国300余所大学的新闻院系作为教科书的《新闻报道与写作》一书中写道：

如果概括一下我们所观察到的记者们的工作内容，我们也许会得出下面的结论：

1. 试图通过以下途径准确报道事实真相：

A. 直接观察。

B. 使用权威的、灵通的、可靠的人的消息来源和相关的、可靠的物的消息来源。

2. 努力写出有趣的、及时的、清晰的报道。引语、故事、情节与人情味使得这些报道生动感人。

如果说新闻工作需要规则，那么，这就是起点。

为了向公众提供真实可信的新闻报道，下面的一些原则是必须遵循的。

第一节　追求真实

- 真实性是新闻报道的最高准则。
- 真实性是新闻报道的终极要求。

- 真实性是新闻得以存在的基本价值、理由和意义。
- 真实性是新闻工作者从事新闻报道的过程中所追求的终极目标。

一、什么是新闻的真实性

什么是新闻的真实性？新闻的真实性指的是新闻报道必须反映客观事物的本来面貌。做到这一点并非易事！由于客观事物具有的种种复杂性，由于记者自身的认知能力的局限，由于新闻工作过程中各种利益关系的制约，由于种种阻碍新闻报道正常进行的主观与客观因素的存在，新闻报道作为对客观事实的反映往往会在经过各种过滤层的过程中发生变形，出现失真。

事实是新闻的本源。新闻是以事实为存在前提的！新闻报道的基本使命就是帮助受众了解客观环境的真实的变动状态，因此，新闻一定要真实地反映客观实情，不能有任何的失实。如果新闻不能够保证真实，就失去了新闻信息投入传播的基本价值，失去了它应该承担的基本的职业责任。因此，新闻界从来认为，真实性是新闻报道的最高原则和终极目标。新闻界把新闻报道的真实性置于至高无上的地位。

> 报业及其他新闻媒介的工作人员要尽一切努力，确保公众所接受的一切消息绝对准确，不能任意歪曲事实，也不能故意删除任何重要事实。
>
> ——《联合国国际新闻信条》
>
> 真实是新闻的生命。新闻工作者要坚持发扬实事求是的作风，深入基层、深入实际、深入群众，加强调查研究，报实情、讲真话，不得弄虚作假，不得为追求轰动效应而捏造、歪曲事实。
>
> ——《中国新闻工作者职业道德准则》
>
> 真实是我们的最终目标。
>
> ——《美国职业新闻工作者协会章程》

在新闻报道的写作中，真实性在两个层面得以体现：

其一，新闻报道的所有涉及内容必须确有其事，新闻报道中所涉及的所有事实要素必须真实。

其二，新闻报道必须反映社会生活变化状况的本质真实。

《纽约时报》记者布莱尔从2002年10月到2004年4月间所写的76篇报道中有36篇错误百出，而且杜撰、剽窃他人作品。“布莱尔事件”成为《纽约时报》创刊152年来爆出的重大丑闻。2004年5月1日，布莱尔被迫辞职。6月5日，《纽约时报》编辑部最高主管、执行总编辑豪威尔·莱尼斯与总编辑杰拉尔德·博伊德也因为报纸严重违背了新闻真实性的原则而双双宣布辞职。

豪威尔·莱尼斯是一位杰出的新闻人，他在2001年“9·11”恐怖事件发生数天前出任《纽约时报》的执行总编辑，执掌《纽约时报》新闻业务的帅印。2002年4月，《纽约时报》获得7项普利策新闻奖，之中有5项是关于“9·11”恐怖事件的报道，1项是关于阿富汗战争的报道。豪威尔·莱尼斯曾经先后负责《纽约时报》华盛顿和伦敦分社的工作，后来担任社论版的编辑达8年之久。1992年他曾经获得普利策新闻奖。他写作的一篇发表在《纽约时报》杂志上的特稿，记述了他儿时与阿拉巴马州家中一位黑人管家的友谊，之中起伏的情节、优美的文笔、浓重的人情味赢得了普利策奖评委们的赞赏。尽管豪威尔·莱尼斯在新闻界才能出众、业绩显赫，但是，面对报道失实这样一个在新闻工作的常识领域所犯的“低级错误”，他也不能不付出告别新闻界的惨重代价。

这件事情说明，报道失实，对于新闻工作来说是性质最为严重的职业过失。

二、假新闻概览

2003年3月29日，中国一家新闻媒体在它的网站上发布了一条骇人听闻的消息：比尔·盖茨在洛杉矶遇刺身亡，而且称消息来源是美国有线新闻网(CNN)的报道。

这实际上是一条假新闻。刊登这一假新闻的网站的网址是：http://www.cnn.com@cgrom.com/news/。或者是由于粗心，或者是由于对互联网知识的缺乏，中国媒体的这位新闻编辑没有从网址上辨别出这不是美国有线新闻网(CNN)网站的域名。

这位编辑相信了这条假新闻，并将它在自己为之服务的媒体网站上传播出去。

但是导致这位编辑犯下严重职业错误的最重要的原因是可以肯定的，这位编辑显然没有执行新闻工作最基本的核实原则——通过与新闻事件无关的两个以上的独立的消息来源对新闻事实进行核实！

令人遗憾的是，中国许多有影响的网络媒体纷纷转载了这条假新闻。这条假新闻在中国媒体登陆后的10分钟内，还被中国各大门户网站通过手机短信发送给数量庞大的手机用户群。显然，所有这些媒体都相信了发布这条假新闻的那家新闻媒体的权威性，而没有坚守新闻工作的原则——对新闻事实进行验证、进行核实。

各种原因导致的失实的报道就在我们身边。文汇新民联合报业集团出版的《新闻记者》杂志自2001起坚持对中国媒体上发表的假新闻进行年度清点。这个盘点的结果及分析,已经成为中国新闻界反省自身专业工作缺陷的一面镜子,也为从事新闻报道工作的记者与编辑敲响了警钟。

先看看近20年前的假新闻:

2001年2月下旬,一则上海将建1 121米高的摩天大楼的消息出现在中国各地的媒体上。报道说,这座被命名为"比欧尼克塔"的钢筋混凝土建筑高达300层,可容纳10万人,是西班牙建筑师皮奥斯的杰作。据估计,这座摩天大厦造价高达150亿美元(约1 170多亿元人民币),完成全部工程要15年。报道还对这座摩天大厦结构设计的细节进行了种种描绘,并且声称,大楼设计者曾经同上海市市长及城市规划官员会晤,讨论有关构思。

3月5日下午,在全国"两会"召开期间,上海市市长徐匡迪公开澄清事实:"上海没有建造300层大楼的计划,我也没有像一些网上说的那样接见过什么英国专家代表团。一些网站散布的不实之词已经到了混淆视听的程度。"

2001年7月9日,陕西西安一家报纸在一版醒目位置报道了陕西省富平县留古镇合家村南腰组刘兆合老汉家发生的一幕悲剧。刘老汉的儿子、儿媳常年在外打工,刘老汉和老伴在家照看一岁半的孙子。7月5日下午,刘老汉下地劳动,老伴带着孙子到对门村民家打麻将。一不留神,小孙子离开奶奶自己回到家里,结果被家里后院一头因为发了情而挣脱绳索的老母猪"咬食",只剩下一双小腿。刘老汉回家看到惨状,抡起木棒将母猪打死,又一气之下打死老伴。随后,老汉喝了老鼠药自尽。

后来的调查发现,撰写该报道的农民通讯员只是听信街头巷尾的传言便写成了报道。陕西省富平县留古镇党委书记阎华锋说:留古镇根本没有报道中说的那个村、那个组。

2001年1月到这一年的11月,中国各类媒体不间断地刊登一则中国天才少女改写牛津大学800年校史的新闻。说的是英国牛津大学颁发第73号校长令,把博士学位和6万英镑奖学金授予刚刚进入牛津大学二年级学习的中国留学生吴杨,以表彰她在数学和电子计算机学科中获得的不同寻常的优异成绩。报道声称,1997年6月,在齐齐哈尔一中读高二的吴杨赴英国留学。在莱斯顿预科班学习一年后,因成绩超人,于1998年10月被牛津、剑桥两所大学同时录取,吴杨最后选择了牛津大学。在大学一年级期末考试中,吴杨在数学、计算机等11门功课中全部考得第一，打破了牛津大学建校800年的历史记录。

2001年11月23日，《北京青年报》发表牛津大学官方声明：关于吴杨参加了11门功课考试的说法是不确实的，她的所有功课中都取得满分的说法是不可能的。为了表彰吴杨在第一学年取得的优异成绩，学院授予她每年60英镑的奖学金（并非6万英镑）。而且，在牛津大学，任何人在没有修完第一学位并且进行一段时间的研究工作以及提交相当水平的博士论文之前，都不可能获得博士学位。

2001年11月23日，《中国青年报》发表故事主人公吴杨的声明：一、我没有获得博士学位；二、我所学的学科——数学和计算科学不是百分制；三、所有关于我的新闻报道，记者均未亲自采访过我本人，成稿后也从没有经我核对或同意；四、敬请各新闻媒体、杂志、网站不要再转载关于我的这类文章。

那一年的假新闻还包括：

美国医生将操刀换人头

女大学生状告爸爸的吻

男子好色两肾被偷　悉尼频发器官盗窃案

广西理科状元沦为劫匪

汤加出现反华风潮

以上报道，完全属于无中生有之作。

《新闻记者》杂志在公布2001年度的假新闻评选结果时说：但愿这次评选是第一次也是最后一次。

但是2002年中国媒体的运行情况并没有让杂志社如愿。致力于同假新闻作战的《新闻记者》杂志又从其收集到的2002年出现在中国媒体上的近百篇假新闻中精选了10条公布于世。让我们看看之中的一些案例：

2002年1月下半月的《××》杂志刊登题为《斗智斗勇：女记者与“狼”共穴61天》的特别报道，之中讲述了山西省某党报女记者吴丽，因写批评报道而被劫持、拐卖到陕北吴堡县朱家坪61天，最终获救的经历。

《山西日报》《太原日报》两家党报经过调查后发现并无此事。1月29日，该文作者承认此报道纯属杜撰。《××》杂志社随即向山西省新闻工作者协会公开道歉，并从各地收回10多万本1月下半月的该杂志，该文的责任编辑被解聘。

2002年3月22日，《××晚报》发表题为《政协委员建议："南京大屠杀遇难同胞纪念馆"可更名》的报道称，南京市一些政协委员建议，侵华日军南京大屠杀遇难同胞纪念馆可改名为“中国南京国际和平中心”,因为纪念馆在许多场合都被简称为“大屠杀纪念馆”,而值得纪念的并不是“大屠杀”本身。随后,该报就此问题展开了讨论。

3 月 25 日,南京市有关部门表示,侵华日军南京大屠杀遇难同胞纪念馆不会改名,也没有让该馆更名的动议。与此同时,南京市有关市政协委员指出报道曲解了他们发言的原意,他们的建议是,遇难同胞纪念馆占地太小,建议在保留现馆、现名的前提下,征地 100 亩建一个公园,名称可考虑叫“世界和平中心公园”。

2002 年 7 月 8 日,《××时报》刊登题为《世界野生动物基金会的一份报告称:地球生命只剩 50 年》的报道称:“人口的急剧增长以及对资源的掠夺性使用使得地球的生命可能只剩下 50 年,除非从现在开始就找到办法,在 2050 年之前将地球人大量移民到其他星球上去。上述观点是于 7 月 9 日公布的世界野生动物基金会(WWF)的一份研究报告提出的核心观点。”

有关媒体随即向 WWF 核实,得到的答复是,他们并没有进行这样的预测。

2002 年 7 月 28 日,《××商报》发表题为《记者乔装探秘刘晓庆捕后生活》的报道称:“门卫向记者透露,刘晓庆的待遇要比一般的罪犯高,因为考虑到她是一个名人等种种因素,看守所给她安排了一个人的单独房间,而且房间里可以洗澡,还有空调,一天三顿饭,生活上应该不错。”

7 月 30 日,北京市公安局就有关传媒报道刘晓庆羁押状况失实之事举行记者会。新闻发言人表示,近日不断有媒体称,刘晓庆现在单独住一个房间,房间内有空调、卫生间、淋浴房等,受到了特殊的待遇。这些报道严重失实,纯属炒作。发言人证实,刘晓庆目前和几名其他案件的犯罪嫌疑人共同羁押在一个监室内,接受同样的管理,没有任何特殊待遇。

近 5 年来,假新闻依然生生不息:

2018 年十大假新闻:

(1)保研大学生破解彩票漏洞获刑(《重庆青年报》)

(2)淄博从未进过长春长生生产的疫苗(《鲁中晨报》)

(3)《读者》快发不出工资了(证券日报社旗下微信公众号“上市公司文娱头条”)

(4)内蒙古女教师车祸瞬间推开 2 学生自己被撞身亡(《呼和浩特晚报》)

(5)的哥见义勇为被奖励“甘 A88888”车牌(《河南商报》)

(6)刘强东案涉案女子涉嫌诬陷被美警方收押(自媒体、凤凰新闻客户端微博)

(7)万州女司机逆行致大巴坠江(《重庆青年报》微博)

(8)快递小哥因快递被偷雨中痛哭20分钟(《北京青年报》)

(9)丁守中击败柯文哲当选台北市长(环球网)

(10)小偷偷电瓶被电死向车主索赔20万(《北京青年报》的评论引发)

2017年十大假新闻:

(1)河南大学生娶同学妈妈(宁夏在线、中国青年网、人民网、中国日报网、网易)

(2)"姚方案"因被认为不合国情全遭否决(《广州日报》)

(3)乐天董事长说中国人没骨气(《中华网》)

(4)温州一女生因迟到2分钟被拒进高考考场(《温州晚报》)

(5)留守女童被老师强奸,警方不予立案(封面新闻、闽南网、石家庄传媒网)

(6)农妇怒撕毒蛇为儿加菜(自媒体公号、多家媒体转载)

(7)老人抚养孙子14年考上复旦,发现"去世"儿子还活着("重庆晨报上游新闻"等媒体转载"楚天金报微信公众号"的报道)

(8)终身创业老人褚时健去世(新浪微博认证为"并购专家、中国金融博物馆理事长"的自媒体,各大媒体转载,社交媒体刷屏)

(9)三名女子赴韩整形离境在海关被扣(东方头条国际频道、多家媒体转载报道)

(10)莱阳14岁神童与麻省理工学院签约(山东莱阳教育部门官网、多家媒体转载报道)

2016年十大假新闻:

(1)江西九江发生6.9级地震(澎湃新闻)

(2)上海姑娘逃离江西农村(《华西都市报》官方微博)

(3)"礼崩乐坏"的东北村庄(《财经》杂志微信公众号)

(4)北大才女回乡创业送快递(《成都商报》)

(5)患癌保安资助四川贫困女孩(《南湖晚报》等)

(6)范冰冰母女共侍大佬(《中国日报》中文网)

(7)津巴布韦总统因奥运会没能得奖牌下令逮捕代表(环球网)

(8)女员工每日排队吻老板(铁血社区、东方头条、光明网、央广网)

(9)叙利亚诗人阿多尼斯获诺贝尔奖(一财网、凤凰网、中国日报网)

(10)山西省屯留县纪委书记屉世贵被免职(新京报网)

2015 年十大假新闻：

(1)南航退休机务副总落马(华夏网)

(2)众人围观裸女跳河，救人者遭冷遇(南都网)

(3)新加坡总理公署宣布李光耀“病逝”(环球网、中新网、大门户网站)

(4)滞留尼泊尔公民持中国护照免费乘机回国(搜狐网)

(5)毒贩李先生是“影帝”(《杭州日报》)

(6)长沙股民赔本跳楼(湖南广播电视台都市频道《都市一时间》栏目、《潇湘晨报》)

(7)CNN 前全球总编辑协调人黄天波批 CNN(深圳卫视《关键洞察力》栏目)

(8)中国游客因“不文明记录”被美遣返[世界新闻网(美国华文媒体)、中国青年网]

(9)利辛女子为救女童被狗咬成重伤(《亳州晚报》《市场星报》《安徽商报》)

(10)最高法院紧急下令“枪下留人”(《北京晚报》)

2014 年十大假新闻：

(1)马航 MH370 航班失踪事件(《成都晚报》《羊城晚报》)

(2)郭美美澳门欠 2.6 亿赌债(国内部分纸媒以及权威媒体网站)

(3)京畿地沟油黑色产业链(国家级新闻网站)

(4)孤儿杨六斤的励志故事(广西某电视频道公益节目《第一书记》)

(5)碰瓷男惨遭女司机径直碾轧事件(《××时报》、多家网络媒体转载)

(6)浑水泡面事件(《环球时报》)

(7)湘潭县妇幼保健院产妇死亡事件(潇湘晨报网)

(8)上海地铁老外晕倒乘客无一相助(新民网、东方网)

(9)95 后女网友用身体换旅行(某家报纸、多家网站)

(10)中国“落榜”世界空气最差 20 城(人民网、腾讯网)

假新闻源远流长，这是 2001 年到 2008 年的十大假新闻：

2008 年十大假新闻：

(1)巨蟒吞噬中国维和士兵(《西安晚报》)

(2)上海方言“嗲(dia)”字收入《牛津英语词典》(《竟报》)

(3)北京房地产商协会会长赞成炸掉故宫盖住宅(《东方今报》)

(4)六旬老人考取清华研究生激励儿子(《黑龙江晨报》)

(5)郭晶晶怀上霍启刚骨肉欲离队（环球网）

(6)济南铁军探路映秀,两人牺牲（四川在线）

(7)比尔·盖茨花亿元租房看奥运（《成都商报》）

(8)“孙中山是韩国人”（《新快报》）

(9)高速列车3秒钟可跨越长江大桥(《武汉晚报》)

(10)李佳薇和李湘前夫李厚霖结婚（《成都晚报》）

2007年十大假新闻:

(1)美国校园枪击案凶手初步认定为中国留学生（中新网）

(2)河南新郑市原副市长出狱后卖烧烤(《廉政瞭望》杂志)

(3)武警苦练船艇操作技能(《安徽日报》)

(4)兵妈妈认了176个兵儿子(《杂文月刊》)

(5)退役冠军摆摊为生(《家庭导报》)

(6)纸箱馅包子(北京电视台)

(7)史上最恶毒的后妈虐童(江西电视台)

(8)华科大3 000学子每人获赠安全套(《楚天金报》)

(9)社科院公布全国主要城市白领工资标准(《半岛都市报》)

(10)英皇高层证实功夫巨星洪金宝去世（《现代快报》）

2006年十大假新闻:

(1)法国导演起诉《吉祥三宝》抄袭(《华商报》)

(2)垃圾场惊现儿童残肢（《兰州晨报》）

(3)扫墓祭祖烧“别墅”将被查处（《华西都市报》）

(4)银监会拟发退市令三城商行受警告（《上海证券报》）

(5)腰围1.75米松原孕妇至少怀了五胞胎（《新文化报》）

(6)广州市面出现注水西瓜（《信息时报》）

(7)大雨袭杭百舸归（《今日早报》）

(8)铁道部酝酿火车票中加铁路建设费（《中国经营报》）

(9)深圳中级法院的日常工作由深圳市纪委代管（《民主与法制时报》）

(10)投资50亿美元中国企业拟在韩国济州岛建唐人街（《华声报》）

2005年十大假新闻:

(1)女大学生捡剩馒头充饥(《长江日报》)

(2)中科院资深院士陈家镛两度“逝世”（《中华读书报》）

(3)越洋电话采访郎平（《新京报》）

(4)“新闻炒作学”长沙开课(《三湘都市报》)
(5)1 500亿热钱惊心大撤退(《北京晨报》)
(6)北京人可喝上贝加尔湖纯净水(《竞报》)
(7)布什要卖掉夏威夷(《时代商报》)
(8)连战夫人潜心拟就“潮平两岸阔,风正一帆悬”(《新闻晨报》)
(9)南开大学欲破格录取10龄童(《辽沈晚报》)
(10)18岁少年作家因情自杀 生前高考作文获得满分(《法制晚报》)

2004年十大假新闻:

(1)“国资委”阻击中国足球(《足球》报)
(2)李连杰重返青海修佛法(《北京娱乐信报》)
(3)金钱激出张国政奥运冠军(《成都商报》《东方新报》等)
(4)第二代身份证将由日本企业造(《中国青年报》)
(5)女排姑娘20年奥运冠军梦惜未能圆(新浪网)
(6)克林顿今秋“追”莱妹到蓉城签售自传(《成都商报》)
(7)北京孔庙将竖历届高考状元碑(《京华时报》)
(8)新闻从业人员平均寿命45.7岁(《江南时报》)
(9)大批“毒面粉”流入黄石(《楚天都市报》等)
(10)180万买辆宝马砸着玩(《重庆商报》《现代快报》等)

2003年十大假新闻:

(1)比尔·盖茨在洛杉矶一个慈善募捐会上被刺身亡(中国日报网站)
(2)卡梅隆决定执导《9·11生死婚礼》(《北京青年报》)
(3)“小”百万富翁抱得美人归(《华西都市报》重庆版)
(4)警察鸣枪八次镇住百人群殴(《东方家庭报》)
(5)施拉格是不折不扣的中国姑爷(《球报》)
(6)百万美金义还失主(《江南时报》)
(7)中央督察组上海明察暗访 84%项目有违规之嫌(《中国经营报》)
(8)《背影》落选新教材(《武汉晨报》)
(9)曾参与“神五”设计的中科院院士周鼎新海口遇害(香港《文汇报》)
(10)“中国印”设计专利被抢注(《南方都市报》)

2002年十大假新闻:

(1)女记者与“狼”共穴61天(《家庭》杂志)
(2)诗人汪国真卖字求生(《天府早报》)

(3)南京大屠杀纪念馆拟改名(《金陵晚报》)

(4)微波炉是恐怖杀手(《生活时报》)

(5)央视全面封杀米卢广告(《南方体育》)

(6)意韩赛主裁判惨死于乱枪(《新快报》)

(7)地球生命只剩50年(《江南时报》)

(8)宋祖英要揭央视"老底"(《华商报》)

(9)刘晓庆在狱中有空调有淋浴(《重庆商报》)

(10)千年木乃伊出土后怀孕(新浪网)

2001年十大假新闻:

(1)上海将建300层、容10万人的摩天大楼(香港《文汇报》、《新闻晨报》)

(2)错位夫君夜换娇妻30年(《羊城晚报》)

(3)世界十大污染城市中国竟占8个(《市场报》《南方都市报》)

(4)老母猪吃掉一岁半男童(《百姓生活报》)

(5)美国医生操刀换人头(《北京青年报》)

(6)中国少女改写牛津大学800年校史[《生活报》、《扬子晚报》、《中华新闻报》、《人民日报》(海外版)]

(7)女大学生状告爸爸的吻(《羊城晚报》)

(8)男子游悉尼因好色两肾被偷(《南方都市报》)

(9)广西高考状元沦为劫匪(人民网)

(10)汤加出现反华风潮(中新网)

可能不需要列举更多失实报道的案例了,我们已经能够看到假新闻的普遍存在。

从上面列举的虚假新闻和失实报道中,四个方面的现象特别引起我们的关注:

第一,这些假新闻几乎都发表在中国的主流媒体上,这些媒体不仅是合法的出版物,而且很多媒体都拥有重要的社会地位,拥有庞大的受众群。这说明职业媒体也会犯最低级的错误。

第二,这些假新闻往往不是一家的"专利",而是一家首发,便有"克隆",其他媒体争相转载。这说明今天很多媒体的从业人员不知晓或者不遵循新闻工作的专业原则和专业工作方法,比如亲身采访,比如验证核实。

第三,随着互联网日益普及,虚假新闻正在借助网络更为广泛地扩散,产生更大的影响,对虚假新闻的更正也更加困难。这说明虚假新闻的传播方式在全新的传播环境中正在发生可怕的变异。

第四，虚假报道并没有随着社会的发展和传播技术的进步而消失，而是绵绵不绝，屡禁不止。这提示我们：新闻真实性原则在今天仍然面临着严峻的挑战。

三、新闻失实的原因

导致新闻报道失实的原因是复杂的。从总体上分析，新闻报道的失实可以分为蓄意性失实与技术性失实。

1. 蓄意性失实

蓄意性失实是指新闻报道者为了自身的利益而故意捏造事实，虚构情节，编造故事，杜撰新闻。纵观近年来中国媒体上发布的假新闻，不少是写作报道的人道听途说、凭空捏造的。他们为了赚取稿费，为了谋取各式各样的利益，不顾事实，任意编造。

蓄意性失实有时具有更大的政治与经济利益的背景。1958 年"大跃进"时期，中国新闻界虚假报道成灾。当年 10 月 1 日的《天津日报》发表消息说，毛泽东视察过的天津市东郊区新立村公社新立村水稻试验田获得丰产，经过严格的丈量、过磅和验收，亩产达到124 329.5斤。《人民日报》为此发表文章庆贺："没有万斤的思想，就没有万斤的收获。"这一时期的虚假报道是与当时统治中国的"左"倾政治路线相呼应、相配合的。"文化大革命"期间，混淆是非、颠倒黑白的新闻报道更是充斥媒体，新闻界在那场危及国家命运、葬送民族前途的政治动乱中为虎作伥、助纣为虐已经是人所共知的事实。今天，有的商业机构、有的新闻媒体、有的个人，为了各自的利益，也都在采用各种手段制造虚假新闻报道。

2. 技术性失实

技术性失实是指报道者并没有故意弄虚作假的利益追求与主观动机，而是由于主观与客观条件的制约，未能按照客观事实的本来面貌对其进行如实报道。这种原因导致的失实报道数量是巨大的。纵观近 20 年来中国各类媒体上发布的假新闻，很多是记者没有亲临现场、没有深入调查、没有多方核实、没有相关知识、不懂专业方法所导致的。有的记者和编辑在对消息来源的权威度和可信度都不掌握的情况下就直接使用其提供的稿件，还有的新闻工作者对于完全违背常识常理的事情不做调查核实就发布报道。

然而无论是蓄意性失实还是技术性失实，虚假报道造成的后果都是严重的。虚假报道影响的不只是新闻工作者和新闻媒体的声誉及信誉，更重要的是它蒙蔽、阻碍民众对生存环境真实变动状况的认识与判断，干扰、误导着人们对于自身社会行为的选择与决策。因此,虚假报道不仅是新闻工作者的敌人,它更是社会的敌人,民众的敌人。

四、保证新闻真实性的原则和方法

以下的工作原则及方法将会使新闻的真实性得到保证:

1. 坚持讲述事实

新闻报道必须坚守讲述事实的原则。这种事实是客观存在的事实,是经过核实验证的真实存在的事实,而不能是道听途说、主观想象的事情。

2. 注意观察的全面性

进入任何一个领域的报道,都需要注意全面观察新闻事件,注意倾听不同的意见,采访对立的双方,不能只听一面之词,不能偏听偏信。比如,在进行成就报道时,要注意了解取得这些成就支付的代价;进行问题报道时,要注意了解这些问题产生的缘由;进行人物报道时,要了解广大人士对新闻人物的看法。大千世界是由复杂的矛盾组成的,任何一个新闻事件都是由复杂的因素构成的,单一的思维方式,片面的观察方法,只能在客观现实面前形成认识的偏见和歪曲的报道。

3. 严禁主观想象

在对客观环境的变化进行观察的过程中,人们已有的生活经验会对人们的认识与判断产生作用与影响。作为记者,需要时时提醒自己,不要凭借主观想象去形成对事物的观察结论,即便是"合理想象"也要坚决摒弃!

4. 坚守核实原则

这是说,要有与新闻事件无关的独立的两个以上新闻来源的证实 。

2002 年 4 月 15 日临近中午时分,我的办公室的电话铃响了,是某网站总编辑打来的电话,他告诉我说,"法新社消息,一架中国航空公司的飞机在韩国失事"。他征求我的意见,能不能发布这个消息。我坦率地对他说,我认为现在不能发表,因为现在没有第二家机构对这件事情予以证实。他说,是法新社的报道,这是全球四大通讯社之一的权威媒体。我仍然坚持我的意见。我从来尊重国际主流媒体,但是我也从不迷信这些媒体。国际主流媒体的从业者也是普通人,他们也是会犯常规性错误的! 这位总编辑不无忧虑地说,如果等下去,我们可能就不能保证第一时间的报道。我说:"新闻的真实性与新闻的时效性之间没有任何可比性。"结果,我们的电话没有放下,不到一分钟的时间,美联社和路透社都发布消息说,称中国国际航空公司的一架波音 737 客机失事。即使是在时间十分紧迫的情况下,职业新闻工作者也要以保证新闻的真实性为其工作的首要原则!

现在有一种观点:既然新闻报道是随着客观事件的逐渐被认识而推进的,那么,新闻记者在得到消息的第一时间尽管报道,无须过问真假,一旦发现失实,再用后面跟进的报道予以修正。这实在是一种危险的选择!如果你这样做,你就将支付媒体失去传播威信的代价!你只需要这样做一次,就能够让你的读者和观众对你在第一时间所做的报道永远产生怀疑。你的第一时间的报道也会由此永远失去第一时间传播的价值与意义。

在新闻写作中,对于报道中涉及的每一个事实要素都需要经过核实。不仅要对构成新闻的何时、何地、何人、何事、为何这些主要事实要素进行核实,而且要对新闻中出现的所有背景资料进行核实。

5. 标注新闻来源

新闻报道必须明确标注新闻来源。标注信息来源是向受众说明谁对消息负责。因此,只有标明新闻来源,受众才能判断新闻的可信程度,才能了解新闻的相关价值。新闻来源在新闻报道中往往比记者本人的概述对受众具有更重要的意义。我们将在后文中详细讲述有关使用新闻来源的方法。

第二节 保证准确

100 多年前,被称为美国新闻业巨人的约瑟夫·普利策给他的《纽约世界报》的采编人员立下的最重要的工作规则就是:准确!准确!准确!

新闻需要报道的是客观变动的事实,因此准确是新闻写作的基本要求。由于新闻报道不是客观变动本身,而是职业新闻工作者对这一变动的反映,因此,由于各种因素的制约,新闻报道就有可能在反映事实的过程中出现失真,出现变形。

看下面的一则报道(见图 3－1)。

新闻标题:《伊朗又悬赏 10 万美元追杀拉什迪》

而导语说的是:伊朗一个鲜为人知的激进组织近日悬赏 10 万美元追杀曾经被伊朗前宗教领袖判处死刑的英国作家拉什迪。

伊朗是一个国家概念,事实上,不是伊朗政府悬赏追杀拉什迪,而是伊朗一个鲜为人知的激进组织悬赏追杀拉什迪。这之间的差异太大了,新闻标题与新闻内容不同。

伊朗又悬赏10万美元追杀拉什迪

伊朗一个鲜为人知的激进组织近日悬赏10万美元，招募志愿者追杀曾被伊朗前宗教领袖霍梅尼判处死刑的英国作家拉什迪。

这一悬赏是在霍梅尼1989年2月14日以宗教裁决判处拉什迪死刑15周年之际提出的。拉什迪因所著小说《撒旦诗篇》被认为亵渎了伊斯兰教而成为被追杀的目标，其本人多年来一直处于英国警方的保护之下。

伊朗总统哈塔米1997年执政后，其改革派政府曾表示不会派人追杀拉什迪，但伊朗民间激进组织仍坚持执行霍梅尼的宗教法令，不断有人出资悬赏追杀拉什迪。

图3-1

一个新闻机构2003年发布消息：长江水量查明，达到7 000立方米。后来发现丢掉了一个“亿”字。

有一家通讯社某一天按时向全球发送了当天的新闻稿件。但是，发送稿件的人把时间搞错了，他把一年前这一天的稿件发送了一遍。全球新闻界可能都发现了这个错误，没有采用这家通讯社这天发送的任何一条“新闻”。但是，唯有香港的一家报纸采用了这一组新闻中的一篇报道，《中国政府决定发行500亿元人民币国债》。这是一年前的事情，但是当香港的读者看到报纸上的这条新闻时，误以为是最新消息。就是这样一条一年前的“新闻”，导致香港股市出现大幅波动。

同样，一家中国新闻机构在报道俄罗斯的一次火箭发射时，把国外新闻机构发布的英文稿件中的“blast off”（点火起飞）一词看成了“blast”（爆炸、毁灭）。于是报道的内容成了俄罗斯发生火箭爆炸事故。一词之差，谬之千里，招致相关方面的不满与责难。

一家新闻媒体的江西分社的记者把长江支流的一段堤岸的塌陷写成了长江堤岸发生崩塌，受到中央领导的严肃批评。

保证新闻报道准确无误的工作环节主要有：

第一，保证确有其事。不要把没有发生的事情当成新闻去写作、去报道！别以为这是一个傻瓜式的多余的提醒。2003年3月，中国一个主流媒体的网站上就发表了“比尔·盖茨在洛杉矶被刺身亡”的报道，中国很多主流媒体纷纷转载。此事成为中国新闻界的一个重大教训。

第二，构成新闻的基本要素必须真实。新闻事件发生的时间、地点、过程，涉及的人名、地名、机构名称、人员职务以及新闻产生的缘由等这些构成新闻的基本要素必须准确无误。

第三，新闻中引用的各种资料必须真实。新闻中往往需要引用各种文件、史料、数字、报告。所有这些资料，必须准确无误。

第四，新闻中涉及的新闻事件的各种细节必须真实，无论是人物的语言还是人物的动作，无论是事件环境的展示，还是人的心理活动的描述，都必须准确无误。

知识链接

保证新闻报道准确的技术建议：

- 直接观察；
- 使用权威的消息提供者；
- 使用可靠的物证；
- 核实、再核实；
- 语言的精确：使用具体的名词和行为动词对事件进行描述；
- 交代信息来源。

警告：任何时候都不要想当然！不要猜测！不要合理想象！永远关注事实！永远依据事实！永远相信通过调查核实得到的事实真相！

第三节　交代来源

一、交代来源的重要性

交代来源是中国新闻工作者不太重视的一个原则。因为中国新闻媒体所处的特定运行环境和特有的运行方式，媒体和媒体从业者往往把自己视同权威信息来源本身，而不重视交代真正的消息来源。这就使一些新闻看起来不像是新闻而像是公文或者是公告。

标明新闻来源对于维护新闻的真实性有着特别重要的意义。因为只有当记者指明了消息来源的时候,读者才能根据消息来源的权威性去判断新闻的可信程度,读者也才能根据消息来源的身份去判断记者与新闻事实之间的利益关系,消息来源是帮助读者判断信息的准确性与真实性的重要条件。

交代消息来源是对记者写作新闻报道的一个强制性的规定,是记者必须执行的一个写作原则。在国际主流媒体的工作规定中都会对记者执行这一原则有明确的要求。美联社规定:除非属于常识,否则必须交代你没有亲眼看到的东西的出处!新华社也明确要求他们的记者:新闻报道中必须写明消息来源。

请看下面的这条消息:

美联社康涅狄格州布兰福德电:本世纪(指20世纪)初有名的韦弗利饭店今天毁于一场2级警报火灾。

屋顶向建筑物的中心倒塌,一直到白天,被烧毁的旅馆仍然烟雾缭绕。

73岁的默尔特·布拉克斯顿当时独自住在该旅馆宽敞的三楼,在火灾发生时因吸入烟雾而受伤。据报道,她正在耶鲁大学纽黑文医院就医,情况尚佳。

官员称:火灾是凌晨3点41分由布拉克斯顿女士报告的。他们说火灾显然是从厨房开始的。该楼的其余大多数房间已经无人居住,布拉克斯顿女士仍然住在里面。官员说,她居住的房间没有中央暖气系统和电器。

一位邻居说,旅馆第三层的大多数古董都毁于大火。一艘帆船的巨型方向盘、餐厅里餐桌上的一些饰品也不见了。

拥有抵押权的银行称该旅馆和其所属土地值4万~5万美元。

这条新闻典型地反映了消息来源的使用方式及效果。人员的受伤情况是由救护人员的医院提供的;火灾的起因判断是由相关的调查官员提供的;火灾中旅馆收藏的贵重物品的损失情况是由目击者提供的;对火灾造成的损失估价是由对该旅馆拥有抵押权的银行提供的。

这样的新闻报道,才有对事件真实性的证明力量,才能让受众相信。

再看下面一家媒体对中国水利建设工程师在巴基斯坦被绑架后巴方展开营救过程的报道:

有消息称,一颗子弹穿透一名绑匪的身体,击中了躲在他身后的王鹏,王鹏腹部受伤,在送往医院的途中因失血过多而死。

还有消息称,马哈苏德曾经给绑匪下令,让他们杀死中国人质,在下午四点之前冲破包围,巴军方是在截获了这条无线电发送的信息之后,才发出营救信号的。

这是非常重要的新闻背景报道,然而,这样一种使用不明消息来源的做法,就让报道几乎成为一种不足为信的传闻。报道也没有对为什么使用这些不明消息来源做出交代,这就更加让读者不明不白。

我们可以看到,当不能明确交代新闻来源的时候,就不要指望受众相信你报道的新闻。这种没有来源的"新闻"至多只是传闻。因为没有人对其真实性负责。而媒体这样做的时候,也在付出不被公众信任的高昂代价,并且在公众眼前呈现出不负责任至少是不够专业的形象。

当然,报道文字也有欠缺,读了这样的报道,读者会产生这样的疑问:王鹏为什么要躲在绑匪的身后?这中间发生了什么事情?巴军方"发出营救信号"与展开武装营救行动是不是一个意思?

下述情况下可以考虑不注明消息来源:

- 消息来源是公报;
- 众所周知的消息;
- 已经被多种来源证实的消息;
- 记者就是事件目击者;
- 不具有争议性的消息。

在写作新闻报道的过程中,我们始终要有一个清醒的意识:避免因为不使用消息来源而承担不应该承担的责任!

二、关于匿名消息来源的处理

一般说来,新闻媒体通常不接受匿名的要求。因为投入大众传播的新闻信息应该是不被隐藏的、不被掩饰的。美联社就公开声明:通常情况下我们不接受匿名的要求。

但是,在面对一些特殊状况时,媒体不得不接受消息来源匿名的要求。

一种情况是,一旦披露了消息来源的真实身份,可能对其造成人身伤害和权益损害。为了保护消息来源的人身安全与合法权益,可以用匿名的方式保护消息来源。

另一种情况是,如果不接受消息来源的匿名要求,就不可能得到重要的信息。在这种情况下,实际上是一种交易。是否进行这种交易,需要在媒体的职业责任和职业道德等各个方面权衡得失利弊,做出适当的决定。

在被迫接受消息来源的匿名要求时，下面的一些工作事项需要注意：

第一，明确告诉消息来源是所谓匿名，是有限匿名。即消息来源的匿名要求只能在公开报道中得到满足，而他的真实身份至少要报告给媒体的决策层，并且应该告诉消息来源相关的法律方面的规定。

第二，不使用匿名消息来源对具体的人物与机构实施抨击。因为这样的抨击一旦涉及法律纠纷，记者和自己为之服务的媒体就可能陷入完全的被动。要知道，指明消息来源并不能免除媒体在遭遇诽谤指控时可能承担的法律上的连带责任。

第三，使用匿名消息来源对事情进行描述时，应该有第二来源证实匿名消息来源的说法。

第四，提醒消息来源，一旦匿名来源的说法遇到法律纠纷，媒体和消息来源本人都要服从法律规则。

怎样处理不能公开的消息来源

一、对于要求不公开报道的材料，记者不能直接使用，除非另外找出消息来源对其进行证实。

“至少得到两个渠道的证实后，我们才使用匿名消息来源。”（《华盛顿邮报》鲍勃·伍德沃德，卡尔·伯恩斯坦）

二、对于确定不指明消息来源的材料，记者为保护消息来源，在使用这些资料时不能指明出处。

三、背景介绍：记者使用时可以泛称消息来源的头衔。

四、深度背景：记者使用这些材料时要用自己的话加以解说。

现在有些记者在写作新闻时匿名来源的使用过于随意，有时会使用这样的文字：“据业内人士说”，或“相关专家认为”。业内人士是谁？相关专家是谁？往往就是记者自己。因为要表述一个观点，就假借了一个来源。这无疑是一种作假行为。这样做的结果可能有二：一是笼统地说业内人士、相关专家是没有任何权威性可言的；二是一旦真相披露，记者与媒体都将支付信誉代价。

有时，为了获取信息，或者是为了保护消息来源的安全与利益，需要以不透露消息来源为代价，但也要十分明确地告诉消息来源，他（她）的真实姓名至少是要让报社的编辑部门的领导知道的。直接告诉消息来源，这是新闻工作的基本规矩，是为了保证新闻真实性的基本原则。

三、隐藏记者身份

还有一个原则也应该引起新闻记者的重视，这就是在新闻报道中需要隐藏记者身份。

一些记者时常有意无意地把自己放置在新闻报道的显要位置。看看 2004 年 5 月 20 日中国一家通讯社发布的新闻：

北京 5 月 20 日电　记者今天从公安部获悉，今年 4 月份全国公安交通管理部门共受理一般以上道路交通事故41 970起，共造成7 696人死亡，直接财产损失 2.4 亿元人民币。

再看看 2004 年 3 月 11 日中国另一家通讯社发布的新闻：

北京 3 月 11 日电 记者 11 日从环保总局了解到，9 日至 10 日我国北方地区发生的今年以来规模最大的沙尘天气，使 11 个省、自治区、直辖市受到不同程度的影响，6 个重点城市空气受重度污染。

这样的表述在目前中国媒体的报道中司空见惯。

有些新闻记者过于看重自己的地位了，这不是说他们关注自身的责任，而是他们克制不了强烈的个人表现欲，他们把这种个人的炫耀倾泻在新闻报道的写作中，这对新闻写作来说是一个强烈的干扰因素。我们常常可以看到新闻报道中有这样的文字："记者从××处了解到""×××激动地对记者说""记者在采访中发现"，等等。记者在新闻报道中甚至把自己摆在了高于新闻来源的位置。记者公然将自己安排在新闻报道中是很不明智的做法。这样做的结果会干扰受众对新闻信息的理解，使新闻报道显得不够专业。

记者应该注意的是讲述事实，而不是呈现自己！读者在阅读新闻时关心的绝不会是记者，他们关心的是记者报道的新闻！因此，记者要做的事情是让读者知道消息的权威性、可信性和重要性。而要做到这一点，就必须注意交代消息来源。

请记住，不会有任何读者会认为由于记者的存在而增加新闻的可信度和可读性。他们关注的是新闻来源，是新闻事实，是新闻内在的价值，而恰恰不会是记者本人。

记者何时可以在新闻报道中出现？新闻学界通常认为，只有当记者成为直接的新闻事件的目击者或者是记者本人构成新闻要素的时候，记者才能现身于报道之中。

第四节　谨慎验证

验证就是核实。它要求记者运用一切手段,通过与所报道的新闻事件无关的、两个以上的、可信的信息来源,对最初得到的信息的真实性进行核实与验证。

验证是新闻记者的重要工作内容,它会占用记者大量的工作时间,耗费记者极大的智能与精力。然而,正是这一工作环节,保证着新闻报道的真实性。验证这一工作追求的全部目标就是获取真实的信息。

美国新闻工作者认为:验证这一工作原则,把新闻与娱乐、宣传、小说和艺术区分开来。

请看下面的新闻:

在我国被世界卫生组织宣布成为无脊髓灰质炎地区一周年之际,卫生部首次向全社会公布这一成果。国务院副总理李岚清今天向在此间召开的"全国消灭脊髓灰质炎工作总结表彰大会"发来了贺信,他高度评价了我国消灭脊髓灰质炎工作所取得的成绩,并希望各级党委、政府及有关部门、广大卫生工作者认真总结经验,继续发奋工作,巩固并不断扩大取得的成果,为我国卫生事业和全人类彻底消灭脊髓灰质炎做出新的贡献。

表彰大会对在消灭脊髓灰质炎工作中做出突出贡献的403个先进集体、729名先进个人进行了表彰,并授予41名为消灭脊髓灰质炎工作而献身的卫生工作者"忠诚卫士"的荣誉称号。

脊髓灰质炎又称小儿麻痹症。20世纪60年代初,我国每年报告的脊髓灰质炎病例达20 000—43 000例,导致大量儿童残疾。1960年我国自行研制成功了脊髓灰质炎减毒活疫苗,并逐步在全国推广应用,脊髓灰质炎的发病数和死亡数随之显著下降。从1994年至今已连续7年未发现本土脊髓灰质炎野病毒病例,去年10月被世界卫生组织证明了本土脊髓灰质炎野病毒在我国的传播已被阻断,自此实现了无脊髓灰质炎证实的目标。

(《法制日报》　2001－10－30)

中国取得的这个成就是非凡的,但是要使得这个消息更加可信,就需要从其他角度用各个渠道得到的事实资料予以证实。

官方机构是权威机构，但是权威性的机构发布的信息只是公告。新闻记者不应该是任何一个组织的代言人，而应该是社会的瞭望者，新闻记者必须为社会提供可靠的观察，提供真实的报道。因此，新闻记者要有一个强烈的意识：自己从任何一处得到的信息都是需要验证的！没有经过验证的消息只是传闻，不是新闻。

克林顿就任美国总统期间曾经不间断地对伊拉克禁飞区进行轰炸。美国参议院共和党领袖 Trent Lott 参议员认为克林顿是在借此转移人们对他的性丑闻事件的注意力，于是对克林顿政府提出指责说："当乔治·布什总统 1991 年要求得到授权对伊拉克动武时，我认为没有一位民主党议员会投票赞成此举。"根据新闻价值的判断，这一说法的重要性、显著性都已经具备了。它无疑构成了新闻。但美国新闻记者没有简单地引用 Trent Lott 的原话组织报道。他们赶赴美国参众两院，查阅 1991 年美国参议院和众议院对乔治. 布什总统要求对伊拉克动武提案的原始表决记录，对 Trent Lott 参议员的说法进行验证。

通过这番验证，记者发现，Trent Lott 参议员讲的不是事实。新闻记者在引用了 Trent Lott 参议员对克林顿总统的指责之后，在报道中继续写道："事实上，众议院的 86 位民主党人和参议院的 10 位民主党人，当时都投票赞成布什总统对伊拉克动武。"

这就是新闻工作中坚持验证原则的意义。它要把真实的情况告诉民众，而不是只限于把任何人的说法提供给民众。

现在的新闻中断言泛滥，验证是解决这一问题的良药。请看下面一则新闻：

××网北京(2003 年)11 月 28 日电　在风云激荡的改革长河中，2003 年无疑是具有标志性意义的一年。

这则新闻的导语使用的不是新闻报道用语，而是评论用语。这是断言。报道应该告诉人们为什么 2003 年对于中国的经济体制改革是非同寻常的，报道应该讲述事实。结论和感慨都应该让读者自己从对新闻事实了解的过程中得出。

当遇到不可验证的消息时，新闻记者需要坚持的做法就是全面展示与新闻事件相关的各方情状，特别是相互对立的各方的存在状态和对新闻事件所持的不同看法，从而保证报道的客观性，让民众全面了解新闻事件的矛盾、冲突、对抗、争议，从而对新闻事件的复杂性有充分的认识。

验证要寻找的是真实的事实。通过不同渠道的人证与物证，对新闻事件进行全面客观的描述，以披露事实的真相。

用一个消息来源的说法去反对另一个消息来源的说法不是验证，那只是平衡，至多只是公正。验证的核心技巧是：用事实与你所引用的消息来源的说法去做比较。事实是你的全部依靠，而人们的说法只是催促你去进行验证的契机。

第五节　保持公正

公正的报道原则要求新闻记者必须站在公众的立场上，抱着对社会负责的态度，以新闻事实为根据，公正地对待新闻报道中所涉及的人与事。

坚持公正需要遵循的原则：

- 全面提供新闻信息，不掩盖任何信息；
- 为新闻事件中冲突的双方提供利用媒体平等发表意见的机会；
- 准确地反映冲突各方的真实主张；
- 给弱势群体和个人信息知晓权和意见申诉权；
- 以公开方式及时修正报道的误差，不滥用媒体权力。

一、平衡性原则

平衡是保证报道公正得以实现的重要途径。

1988 年 8 月的一天，我利用在亚利桑那大学进修的机会，走访了图桑市具有百年历史的《亚利桑那每日星报》(*Arizona Daily Star*)。我问报社评论部主任苏珊·阿布瑞特："你主持评论部的最高工作原则是什么？"

"把相互对立的观点集中在报纸的同一个版面上。"苏珊的回答没有任何迟疑。

这个回答让我感到有些奇怪。这怎么能说是报纸评论部的最高工作原则？这不顶多是一个版面设计的原则吗？

我说："你能用一个你实际工作中的案例解释一下你说的这个原则吗？"

"没问题。"苏珊·阿布瑞特说着就给她隔壁的秘书打了一个电话，让秘书把上周的评论版拿过来。

1988年夏天,美国和伊朗处于严重的武装对峙的状态之中。

那年7月3日,一个阳光明媚的星期天,当地时间上午10时47分,伊朗民航公司的655次航班从阿巴斯港机场起飞,准备飞往阿联酋的迪拜机场。这架民航客机是欧洲空中客车的A300,飞机上除了16名机组人员外,还有274名乘客。当地时间上午10时55分,这架客机在海湾南部地区上空飞行时,其航线正好与美国海军"文森斯"号导弹巡洋舰的航线相交叉。就在此时,悲剧发生了,在伊朗客机距"文森斯"号约14公里时,"文森斯"号突然发射两枚"标准"防空导弹,其中一枚直接命中A300客机,客机随即起火,坠落于大海之中,机上290人全部遇难,无一生还,其中还包括60余名12岁以下的儿童。消息一经传开,世界为之震惊。

《亚利桑那每日星报》的评论版面从上到下劈成了两半,左半边刊登了支持美国官方对事件解释的观点,此类观点无非是说,对这场造成290人生命悲剧的灾难表示沉痛哀悼,但是,这是战争。美军于1987年7月决定派军舰去海湾护航后,多次与伊朗发生军事冲突,军事紧张局势不断升级。先是1987年,伊朗用导弹击中美国油轮和挂美国国旗的科威特油轮多艘,美军随后进行报复,击沉伊朗登陆舰一艘,击毁采油平台两座。1988年4月,美一艘护卫舰触雷,造成19名官兵受伤,美舰随即摧毁伊朗两座采油平台、击沉击伤伊朗军舰6艘。因此袭击客机事发之前,双方都处于高度紧张状态。何况,在客机被击落前,美海湾部队曾得到情报称,伊朗空军F-14战斗机正在海湾地区加强活动,可能要对美军采取行动。因此,A300客机的悲剧不可避免。既然是战争,美国军人为了维护美国的利益,为了保证美国人的生命,不能不采取最可靠的自卫措施。

而在这同一个版面的右半边却刊登了另外一种与之针锋相对的观点。这篇文章说,看到美国官方的解释,实在感到不能理解,人们不由自主地想到1983年发生的另一幕空难悲剧。

1983年8月31日,一架韩国航空公司的KAL-007号航班从美国阿拉斯加州的安克雷奇国际机场起飞,前往韩国首都汉城。执行这次飞行任务的飞机是波音747-200B型宽体客机,007航班本是从美国纽约飞往汉城的,一共载有244名乘客(加上机组人员共269人),但由于航程太远,中途必须在安克雷奇国际机场停留加油并更换机组成员。

007 航班从安克雷奇国际机场起飞后两小时左右，不知什么原因突然偏航，进入苏联远东沿海，经由鄂霍茨克海进入萨哈林岛上空，偏航距离达 500 公里以上。在 007 航班进入苏联领空后不久，便被苏联防空雷达截获，在跟踪了一段时间之后，苏联远东防空军出动了一架值班的苏－15 战斗机前往拦截。苏－15 升空约 8 分钟后便发现了目标，在拦截无效的情况下，苏－15 战斗机根据基地指挥的命令，向客机发射了两枚 AA－3“阿纳布”空对空导弹。导弹击中目标后，客机发生爆炸，随即坠毁于莫涅龙岛附近的日本海上，007 航班上的 269 人全部死亡。

文章说，这次空难发生后，美国官方是什么态度呢？——激烈地抨击苏联践踏人道主义原则的行为。明明知道是客机还要用导弹把它击毁！美国总统里根亲自上阵，对苏联进行强烈谴责，斥责此举为“一次野蛮的行径”，并宣布对苏联实行经济制裁。

文章作者说，在同样的事件面前，我们看到的是一个国家的两种截然相反的立场！美国这样一个号称为人类命运担负责任、声称要维护全球秩序的大国，如果在国际事务上采取完全不同的价值标准，美国就将在全世界面前失去信义。

苏珊对我说：“看到了吧，这是国际上的武装冲突，美国国内的政策争论，我也是这样的版面安排，把相互对立的观点集中在一个版面上。这就是我的最高工作原则。”

我那时对美国的新闻运行几近无知，问苏珊：“这样做是为了自由吗？给所有人发言的权力？”

“不，这和自由没有关系。”苏珊说。

“那是为了什么？”我实在不解。

“为了让读者在这个充满矛盾的世界中看到真相和真理。对真相和真理鉴别的过程就是对不同意见和多元事实了解的过程。”苏珊说。

“难道你不想让读者接受你认为正确的观点？”我问。

“我每时每刻都有这样的愿望！但是当我发表自己认同的观点时，我一定要提醒自己：给反对派的观点同样的权利，将它们放置在同一个版面上。”苏珊说。

苏珊的观点让我感到陌生而新颖。那时我多大程度了解了这种出于公正的平衡信息组合原则对新闻传播的重要性，现在是无从回忆了。但是 30 多年过去，当中国在改革开放的进程中也呈现出这种社会日益多元化的局面，我已经越来越深刻地感到这种尊重大千世界和人类社会运行的原本状态和运行规律,多角度、多层面、全方位描述新闻事实的信息组合理念与原则,对让持有不同文化背景、政治信仰、价值标准的社会公众都能相信媒体报道的新闻的真实是多么重要。

二、新闻报道中经常出现的问题

下面的消息会帮助我们看到写作新闻报道时经常会出现的问题,即只讲述一方的观点,没有贯彻平衡性原则。

韩国向黄海东部海域派遣舰艇 朝鲜表示谴责

××网平壤(2004年)3月11日电　朝鲜人民军海军司令部发言人11日表示,韩国向黄海东部接近朝鲜领海的海域派遣舰艇等武装力量是对朝鲜的挑衅行为,朝鲜对此予以谴责。

这位发言人在回答朝中社记者的提问时说,韩国方面不久前把海军和海洋警察厅的舰艇派往所谓的"渔场界线"以北地区,还派遣舰艇与直升机在延坪岛南端海域举行军警联合训练。上述海域是始终蕴含武装冲突危险的海域,向该海域增派武力并举行联合训练,无疑是对朝鲜的挑衅。发言人说,今年初以来韩国舰艇入侵朝鲜海域已达40多次,由于朝鲜保持高度克制与忍耐,才没有发生不愉快事件。发言人认为韩方这些军事动向难保不会演变成一场新的"海上交战"。

朝韩海军1999年和2002年曾在黄海东部朝韩争议海域发生交战。

这则新闻在对一个涉及双方冲突的事件进行报道时,从头到尾只讲述了一方的观点,甚至对冲突状况的描述也是采用了一方的说法。这种消息读过后更像是冲突一方的发言人的发言稿,而不像是记者采写的新闻。

在新闻报道中,只要遇到冲突,遇到矛盾,遇到人们有不同看法、不同观点的地方,就一定要倾听双方的意见,报道双方的真实态度与观点,要给冲突、对立的双方以表达自己看法的平等的机会。即使是一方以"无可奉告"之类的言词推托,也要把他们的这种说法与态度表现出来。

报道中坚持平衡性原则的具体操作规范有:

- 提供争论双方的观点,以便识别冲突中对手之间的真实主张;
- 提供代表这些真实主张的确切陈述;

- 直接用引号指明这是消息来源而非记者的陈述;
- 首先依照提供最多事实材料的方式组织报道。

知识链接

保持报道公正的要则:

1. 不能忽略具有关键意义和重要价值的事实;
2. 不要让自己的情绪和偏见进入报道;
3. 不能有意或者无意地误导和欺骗读者;
4. 不要让无辜的人受到伤害。

第六节 坚守客观

客观报道原则最早是由美国《斯普林菲尔德共和党人报》的主编塞缪尔·鲍尔斯在1855年的一篇社论中提出的,他主张要在事实与观点之间划清界限。

1900年美联社提出"报道事实而不报道观点"的报道宗旨,由此成为世界上第一个将客观报道作为工作宗旨的新闻机构。

1923年美国制定的《新闻规约》第5条规定:"新闻报道不应该掺杂观点和偏见。"

> 客观公正——新闻从业者的基本立场。
> 客观性法则作为一种至美至新的道德观念,发展于美国,奉献于世界。
>
> ——美联社社长肯特·库珀

徐宝璜在1919年出版的《新闻学》中说:"切不可将意见加杂于新闻之中迷惑读者。""只有事实,可成新闻。事实登载后,阅者自然自有主张。"

新闻报道的内容必须是客观事实,不能虚构、夸张、编造、想象。

新闻报道不应该受到记者本人观点的左右,记者的观点和意见应该与新闻报道分离。

今天新闻界所说的客观报道已经不是历史上的“有闻必录”。20 世纪五六十年代美国新闻界对客观报道的原则进行了一次深刻的反思,这次反思源于麦卡锡时代给美国带来的灾难。

20 世纪 50 年代,一位勇敢的广播电台记者 Elmer Davis 指出了麦卡锡时期新闻界奉行的“有闻必录”式的客观报道的局限性。他直言记者的失败之处在于:在麦卡锡四处煽风点火散布共产主义威胁的谎言时,记者们明明知道他在撒谎,却不能在报道中指出来。

他说:“假使有人为自己的私利而撒谎,提醒人们注意这一点将是客观的!”——这无疑是对新闻报道客观性的新的领悟!

美国新闻出版自由委员会 20 世纪 40 年代后期提出:“在环境中赋予每日事件以意义,对其进行真实、全面、睿智的报道。仅仅真实地报道事实是不够的,现在需要报道关于事实的真相!”

新闻记者必须在一个新的高度上去理解客观性的原则:要在环境中揭示新闻的真相和本质意义,忠实于事件本质的真实。

“有闻必录”式的“纯客观”报道手法,往往不能真实地反映客观环境的变动状态,不能向公众提供能够让他们为自身利益做出明智抉择的可靠信息。

主观臆想式的报道和“有闻必录”式的报道都有远离事实真相的危险,因此都是不负责任的报道。记者应该千方百计突破接近事实真相的主观与客观的限制。

执行客观报道原则的工作方法包括:

- 客观地叙述事实而不带有个人的感情和偏见;
- 使用直接引语提供新闻事实当事人和知情者的原话;
- 交代消息来源;
- 报道新闻的全貌;
- 记者不发表个人的议论和见解。

下面的方法有助于坚持报道的客观性:

- 为问题提供更多的观察视角;
- 找出事实背后的原因;
- 全面解释新闻。

事实是新闻报道的依据!然而只有全面考察事实产生的背景和事实存在的环境,我们才能真正认识事实真相。

一位美国新闻工作者说过这样的话:“当我们驶往真相的目的地时,事实是为我们提供指南的星斗，但是它们决不能照亮我们的航程！”

记者必须承担这样的责任：解释新闻产生的环境，发掘新闻蕴含的意义！

第七节　力求简洁

简洁应该是新闻写作过程中自始至终遵循的原则，因为简洁的描述对新闻有着重要意义。

第一，简洁能够提高新闻的时效性。文笔的简洁会让你缩短写作新闻的时间，保证你能够以最快的速度向媒体提供你撰写的新闻报道。

第二，简洁有助于你在新闻写作中突出重点要素。当简洁这一要求成为一种文字容量的约束的时候，你就要考虑在有限的篇幅内突出你所要报道的重点新闻要素。

第三，简洁能够促使你的报道结构更加清晰。无论多么复杂的因果关系，当你真正奉行简洁原则去表述它的时候，你会想方设法建造起一种清晰的叙述结构。

第四，简洁可以增强新闻传播的效率。简洁的报道有助于增强受众对新闻的理解力，这就意味着在相同的时间里，受众从简洁的新闻报道中得到的信息量往往大于从冗长的报道中得到的信息量。

第五，简洁有利于节省传播资源。无论是报刊的版面还是电视播出的时间，都是由资金、设施和宝贵的人力支持的。

简洁是智慧的灵魂，冗长是肤浅的藻饰！——莎士比亚为他的戏剧角色设计的这句名言已经成为国内外许多写作教科书频频引用的警句。中国清朝戏剧理论大师李渔也说过：“能从浅处见才方是文章高手。”

如果我们看看新闻界人士怎样评价“简洁”，我们对简洁在新闻写作中的重要意义就会有更深的领悟。

“只有一项艺术：省略！如果我知道如何省略，我就不需要其他知识！一个知道如何省略的人能够把一份报纸办成《伊利亚特》！”

——罗伯特·刘易斯·史蒂文森（Robert Louis Stevenson）

所有创造性的工作都是以省略为基础的！

——麦尔文·门彻

“办报纸就是学会留下什么，再压缩留下的东西！”

——约瑟夫·G. 赫兹伯格(Joseph G. Herzberg)

新闻报道中最不能容忍的缺陷之一就是烦琐和庞杂。简洁不仅仅是一种文字使用的技艺,它建立在记者对新闻事实的选择之上,而选择依赖于判断!新闻写作的简洁,依赖于记者对新闻的敏锐的捕捉,对最重要的新闻要素的识别,对最引人注意的新闻事实的确认。在识别新闻的时候,为简洁而奋斗的过程就已经开始了。

第八节　确保完整

必须充分展示受众关注的新闻事件的各个方面!不要有意无意地不回答(忽略或回避)公众关注的问题!简洁不是简陋!新闻报道不能"缺斤短两"!

新闻报道需要处理好发掘重点与报道翔实之间的关系。对于公众关注的情况一定要做充分的说明。

请看下面一则新闻:

昨日下午,在外交学院主楼礼堂内,中国人民解放军副总参谋长、国际战略学会会长熊光楷上将回答学生提问时表示,中国近期没有制造航母的打算,目前,中国已有可供参观游玩的3艘航母。

熊光楷是在外交学院论坛上做上述表示的,该论坛是由外交学院院长吴建民主持的。

熊光楷说,要积极推进中国特色军事变革,使我军适应当代科学技术和新军事变革加速发展的形势,加快推进军队的各项改革和建设,实现我军由机械化半机械化向信息化的转变,全面提高我军的实战能力。

在回答李生提问时,熊光楷表示中国近期没有制造航母的打算。目前,中国已有可供参观游玩的3艘航母。据了解,这3艘航母分别在天津、深圳和大连。

人们看过这篇新闻报道后,可能会产生各种疑问:中国近期没有制造航母的打算,是否远期有制造航母的打算?近期是什么样的时间概念?中国为什么近期没有制造航母的打算?如果记者能够用相关事实对这些问题进行说明和解释,读者就会准确理解这则报道所涉及的问题。而如果记者不能在报道中提供完整的信息，读者就难免产生迷茫、疑问，甚至是误解。当然，这则报道最明显的问题是把“中国近期没有制造航母的打算”和“目前中国已有可供参观游玩的3艘航母”的事实放置在一起，这就更加让读者如堕五里雾中。

新闻报道在写作上应该达到下面的境界：重点要突出，要素要完整，结构要清晰，叙述要简洁。

美国新闻界流行着这样的说法：新闻工作是从ABC开始的！他们所说的ABC是三个英文单词的第一个字母，指的是三个标准：

准确(accuracy)；

简洁(brevity)；

清晰(clarity)。

他们进一步解释：

准确体现在记者对事实的了解和报道语言的使用之中；

简洁要求报道开门见山；

清晰指的是让读者对报道谈及的内容没有任何疑惑。

这是新闻报道的基本要求，也是新闻报道的最高境界。

思考题

1. 你认为在新闻写作中应该怎样坚持真实性原则？

2. 你是否知道新闻报道中坚持核实验证原则的重要性？你认为坚持核实原则的最为重要的工作方法是什么？

3. 为什么要在新闻报道中交代消息来源？

4. 匿名消息来源对新闻报道的影响是什么？什么情况下使用匿名消息来源？使用匿名消息来源需要注意什么？

5. 你认为客观、公正的报道具有什么特征？怎样在新闻报道中坚持客观、公正的原则？

6. 你怎样理解新闻报道的“完整性”？你认为在写作中，应该怎样处理新闻报道“完整”与“简洁”两大要求之间的关系？

练习题

1. 在互联网上检索近年来的失实新闻报道,分析导致这些报道失实的原因。

2. 在近期的媒体上找出没有交代新闻来源的报道,分析其不交代新闻来源的原因。

3. 分析下面的新闻报道,它是否遵循了新闻写作的基本原则?你会怎样写作这则新闻?

据1月25日出版的《环球时报》报道　美国总统奥巴马22日表态支持希拉里,而希拉里21日以颇受争议的讲话力挺在中国惹出麻烦的谷歌公司,这一奇怪的美国“官商勾结”的链条惊动了全世界。希拉里和奥巴马是对美国外交政策影响最大的决策人物,他们要求中国调查和解释的“谷歌遭黑客攻击事件”毫无事实基础,明显是美国官商合起来找中国的茬。美国有人表扬希拉里的演讲“勇敢”,但也有人批评她的冷战论调令人想起丘吉尔的“铁幕演说”,不合时宜。奥巴马的表态恰逢其上台一周年,媒体说他的民调跌幅之大在美国历届总统之中排在第二,有人质疑奥巴马是在拿中国转移美国国内视线,BBC援引专家的预测称,美中关系将进入“小冰河期”。

第四章　新闻写作的基本方法

第一节　事实至上

“事实”是新闻写作的教学领域使用频率最高的词汇之一,其原因可能就是“事实”在新闻中所担当的责任重大！它是新闻报道的基石。新闻写作的一切技法都是以事实的存在为基础,为描述事实的形态和意义而使用的。

新闻写作的技术,从根本上说,就是描述事实真相的技术。

事实是新闻的基因,是新闻的本源,也是新闻存在的基础与理由。记者的全部任务,就是把事实报道出来,让受众了解其生存环境中发生的各种真实的事情,由此认识环境的变化和这些变化对于自己的意义。

千差万别的事实构成了丰富多彩的世界。新闻报道就是要捕捉那些能够反映客观世界变动状态的事实,将这些事实告诉给受众。因此,记者不能无视事实,不能歪曲事实,不能篡改事实,只能尊重事实,忠于事实,一切从事实出发,形成对事实的准确、全面、深刻的认识,在此基础上,真实生动地报道出事实的真相。在新闻报道的写作中自始至终都要用事实说话。

新闻报道中真实性原则、客观性原则的实施都是建立在记者要用事实说话的基础之上的。尊重事实是新闻写作的前提,一切从事实出发,而不是从自己的想象、从自己的好恶出发,这样才能写出真实客观、全面深刻的新闻报道。

从采访开始,记者的职业任务就是追寻事实的真相。记者采写新闻报道的过程就是处理自己的主观认识与客观事实真相之间关系的过程。

客观存在的事实具有一些基本的属性,这些属性对新闻写作提出了具体要求。

第一,事实具有客观性。事实是客观存在的,不以人的意志为转移或改变。李普曼这样描述过事实:“理性地说,事实是不依赖于所有我们正确的和错误的观点而中立地存在的。”因此在新闻写作的过程中,就应该抛弃一切主观的想象、臆测、好恶,而去展示事实的本来面貌,披露事实的真相。

第二,事实具有具体性。客观世界中的每个事实都是有其具体形态的。对于新闻事实来说,一定是由何人、何时、何地、何事、怎样、为何这些具体构成要素组成的。记者写作报道,就是要把这些具体的事实要素调查清楚,对这些要素进行说明和解释,不能抽象地叙述,不能笼统地概括,必须通过对新闻事实的具体描述精确地展现新闻事实的原貌。

第三,事实具有唯一性。大千世界中没有两个事物是完全相同的。由于每个事实产生与存在的内部与外部因素的特定性质,使得任何一个事实都是与众不同的,都是独一无二的。因此,新闻记者就应该发现新闻事实的种种独特之处,通过描述它的特殊形态,揭示它的特殊意义。

第四,事实具有联系性。任何事实都不是孤立存在的,任何事实都有其产生、存在与发展变化的环境,有其与环境之间发生的种种相互作用的关系。因此,要想展示事实真相,新闻写作中就必须注意说明新闻事实存在的环境因素,披露新闻事实与环境之间的相互影响态势,从而揭示新闻的深层意义。

新闻的真实,其本质就是事实的真实。记者在新闻写作中要描述对事实的观察结果,要表达对事实的认识。既然是人的观察和人的认识,就加入了人的各种主观因素,于是就有可能影响客观事实本来面貌的真实再现。因此,为了最大限度地真实再现客观事实的原貌,记者就需要在新闻采访和写作的过程中遵循对构成新闻的事实进行全面观察和客观描述的基本原则,以客观存在的事实作为衡量新闻报道真实度的最高准则,也是唯一的准绳。

第二节　判定主题

一、判定主题的意义

美国传播学者斯蒂文·小约翰在他的《传播理论》一书中说:“一个传播者总有两个层次的意图。信息性意图是为了让听话者知道某事,而传播性意图则是使听话者意识到他说话的目的。”

在新闻写作中,记者面对的第一个尖锐挑战就是识别并确认报道主题。你需要在最短的时间里,准确地找出新闻的核心内容,锁定报道的焦点。

新闻报道的主题是蕴含在客观事实之中的。它会在新闻事实与环境的影响作用之间,在新闻事实与受众的利益关系之间显现出来。记者的任务就是准确地识别它。报道主题实际上是一则新闻报道的核心内容,只有确定了报道主题,你才能围绕这一主题,建造起报道的结构,编织起报道的素材,设定好报道的进程。

尽早确定报道的主题,有助于记者收集那些支持、说明、强化报道主题的事实资料,忽略其他不相关的事实,从而保证所有的素材为说明报道的主题而集中。如果发现事实真相与原来拟定的报道主题相悖,必须抛弃原来的主题,而按照你发现的事实真相确定新的主题。

报道主题的识别和认定是一个随着对新闻本质的认知而不断调整、不断深化的过程。

一个新闻记者需要用严肃的态度、务实的精神、科学的方法与自己的阅历、知识和感觉去调整自己的认知,从而对客观事实所具有的新闻价值做出准确判断,依据事实所含有的新闻价值发现报道主题。

有的美国新闻学者把报道主题称为“报道焦点”,实际上是想更加明确地说明报道的核心内容构成报道主题的原则。

对新闻报道主题的判定,是对新闻价值识别和判断的过程。一个记者只有深刻了解环境、了解受众、了解媒体的传播宗旨,才能看清新闻与受众利益之间的关系,洞察新闻对社会环境的影响,从而揭示出新闻的意义,对新闻的内在价值做出准确判断。

请看下面一个例子:

慈善事业是支撑现代文明社会运行的重要力量。到 2004 年为止,中国的慈善组织有 100 多家,而美国的慈善组织有 100 万家;中国 100 多家慈善组织每年募集到的慈善款物折合成人民币大约为 50 亿元,仅相当于国内生产总值(GDP)的 0.05%,而美国和日本慈善机构掌控着约占 GDP 8% 到 9% 的慈善资源。

中国的慈善事业与世界发达国家相比差距如此之大,人们往往会将原因归结为经济发展的水平差距或者是社会文明观念普及程度的差距。但是《中国新闻周刊》的记者在中华慈善总会成立 10 周年之际发表了一篇分析性报道,对中国慈善事业发展的滞后原因做出了另一视角的观察与分析。

这篇报道在研究了中国慈善事业的发展状况之后，将中国慈善事业发展滞后的根本原因归结为法律上的缺陷。报道以此为主题，将中国的慈善事业与发达国家的慈善事业的运行方式和法律约束机制进行了比较，向社会传达了“现代公共慈善的理念”。

报道借用全国人大常委会委员、中国人民大学教授郑功成先生的说法解释了这一理念的含义：“慈善是一种公共行为。捐赠应以慈善组织为中介，使捐赠与受赠分离，捐赠人不知道哪些人因他受助，而受助人也不知道哪些人帮助了他，这已成为国际惯例。这与传统意义上的直接捐助不同，从而免除了感恩与求回报的心理，捐赠人和受助人的人格是平等的，救助弱势群体成为整个社会的行为。”

报道还专门对慈善事业的法律保障与制约体系进行了研究，让人们看到中国慈善事业发展进程中的深层障碍，进而提示人们思考突破这些障碍的途径与方法。

二、如何判定主题

获得丰富的报道素材是判断新闻报道主题的前提和基础。面对已经得到的丰富的报道素材，你最好对自己提出这样几个问题：

什么事情是从来没有发生过的？

什么事情最能够引起人们的兴趣与关注？

什么事情最容易被人们忽视而它实际上对人们有重要意义？

什么事情是人们在已往的经验中熟悉的而实际上它已经发生了重要的变化？

什么事情最打动你？

对这些问题的思考过程，就是判断报道主题、识别报道焦点的过程。对这些问题应该有确定无疑的事实作为答案。这些答案往往直接构成新闻报道的主题和焦点。

当你确信已经对报道主题形成明确的认识之后，你要试着用一句话把报道的核心内容写出来，这句话最好不要超过 17 个词。因为当你能够在这个长度的句子里概括出报道的核心内容时，往往就说明你对报道的主题有了明确认识，说明你对报道的焦点已经精确锁定。

一个记者要培养起对独特的、不寻常的新闻事实的敏感！这种敏感建立在记者对环境了解和对受众了解的基础之上,建立在记者的知识基础之上,建立在记者的人生阅历之上,建立在记者的专业素养之上。

记者要能够从现实生活中发掘出人们需要知道、渴望知道却又由于各种原因未能知道的事实,展示人们生存环境的客观变动状态,说明这些变动状态对人们的生活所具有的影响与意义。要做到这一点,就需要广泛深入地了解客观环境的情状,了解受众的需求,丰富自己的知识和阅历,掌握新闻工作的方法与技巧。

在了解新闻事件的过程中,记者与其问"发生了什么事情?"不如问"发生了什么从没有发生过的事情?"两者之间有着重要区别。后者遵循的思维方式,更有助于记者识别新闻的核心内容,判断新闻的核心价值所在。

第三节　选择角度

一、选择报道角度的意义

选择报道角度如同切割钻石的角度一样重要,不同的设计不同的工艺,不仅会造成完全不同的观赏效果,更重要的是可以开掘出完全不同的内在价值。报道角度关系到一篇新闻报道是否能够有夺目的光彩和独特的价值。好的报道角度呈现于读者眼前之际,如同让人们看到一颗切割精美的钻石,会生出一种端详它、观赏它、研究它的情不自禁的冲动,同时体会到之中蕴含的特殊意义。

一篇报道是否能够在读者的目光接触它的一瞬间就引起关注,并且能够让读者兴致勃勃地读下去,往往取决于报道的角度是否独特。

所谓报道角度,指的是新闻报道的切入点、侧重点和展示结构的设计。选择报道角度,实际上就是选择揭示蕴藏在事实中的新闻价值的具体途径。中国记者艾丰总结他的报道体会时说:"新闻价值在事实内的蕴藏是不均匀的,有各种不同的矿床,选择好的角度,就是为了便于记者更迅速、更顺利地开采这些价值,更准确、更鲜明地表现这些价值。"

记者即使是对同一个具有新闻意义的客观变动的全貌及本质形成了大体一致的认识,但是,如果从不同角度对这一变动进行说明与解释,其效果也会完全不同。

1989 年春天,我想报道中国的粮食安全问题。我觉得一个以农业为生的民族,不能盲目乐观于粮食产量的有限增长,而要对中国粮食安全隐藏的问题有足够清醒的认识。我的报道思路是按照对中国粮食全局的分析展开的。

采访过程中,遇到了我的朋友、报告文学作家靳大鹰,他听说我的选题后对我说:“要是我写粮食问题,会从另外一个角度进入。”

“你怎么写?”我问他。

“我会从一些粮食贩子的故事开始写。”接着,他告诉我他了解到的一个不太为人所知的群体。

中国的粮食自新中国建立后一直是作为保证民族生存的特殊商品,实行“统购统销”。随着中国的改革开放,国家全权掌管的粮食市场开始出现解冻迹象,一群人开始私自收购、贩运和销售粮食。他们是数量很少的一群人,行动还有些隐蔽。但是,一个中国传统经济体制之外的力量已经开始出现了。

靳大鹰告诉我,他会从一个真实的故事开始写:一个粮食贩子,从东北地区购买玉米,把这些玉米通过海运,运送到南方去,赚取中间的利润。为了保证准时起运,他拜访了港口里与运输环节有关的所有人,给他们送钱送礼。这件事情本来应该万无一失。但是有一个环节上的小人物,这个粮食贩子没有拜访。不是他不想花钱,而是他不知道港口运输上有这个环节。然而,就是这个小人物,掌管着港口货物的发货时间。

就是这个他没有拜访的人,把这个粮食贩子的几个集装箱的玉米在港口上压了七天,玉米开始发热,开始霉变。粮食贩子最终血本无归。一天清晨,他从居住的旅馆的三层楼上跳楼身亡。

靳大鹰说,他会从这样一个故事开始,写形形色色的粮食贩子,写这个群体出现的背景,写粮食对中国、对中国人的重要意义,写中国粮食供求领域正在发生的变化,写中国社会发展进程面对的新挑战与新选择。

可以想见,如果用靳大鹰这样的方法写成报道,人们会看到一个曲折的故事,会了解一个自己以前并不了解的人群,会关注一个生活中正在发生的与自己密切相关的变动。而这些信息,都会让读者充满兴趣。

对于一个具有新闻意义的客观变动,如果从不同的角度进行观察和表现,会产生不同的传播效果。由于客观事物本身往往是多种因素的合成,多种矛盾的集合,具有复杂性和多面性,因此,新闻可以从不同角度对它进行描述。所谓“横看成岭侧成峰,远近高低各不同”,其最终目的,是向受众展示客观环境变化的真实面貌。

二、可供选择的报道角度

面对一个新闻事件,记者可以考虑从下面的要素中选择报道角度:

1. 最能反映事物本质的新闻要素

2000 年九届人大三次会议,朱镕基总理做了政府工作报告。这是每年人大会议的例行公事。但是,这一年中国总理所做的政府报告中没有提及中国经济增长速度的具体数字。

这之前,中国国家统计局公布的资料显示:1999 年中国国民生产总值超过了 8 万亿元人民币,比上一年增长了 7.1%。而朱镕基总理在报告中对经济增长只讲了一句话:达到预期目标。

《北京青年报》以此作为报道的切入角度,发表了题为《总理为何没提 7.1%》的新闻报道。他们采访了中国经济学家,对这一新闻进行解读。中国经济学家吴敬琏对此的解释是:"把经济增长速度作为一个硬性指标,仍然带有很重的计划经济的色彩。在政府工作报告中不提经济增长速度,表明我们向市场经济的政府更近了一步。"另一位经济学家萧灼基对此的反应是:"此举表现了政府的一种唯实态度。"

这篇报道还追述了以往政府工作报告中对经济增长速度说法的变化,1998 年朱镕基总理对此的提法是"确保"百分之多少,1999 年的提法是"力争"百分之多少,而 2000 年则索性不再提及。报道通过这些事实告诉人们,这之间反映了中国经济体制已经发生了重大变革。

2. 最能表现事物非同寻常之处的新闻要素

2004 年 11 月,新闻媒体披露了一个引起全国民众关注的事情:深圳市五部门联合下发文件,号召该市中小学生观看一部名为《时差 7 小时》的电影,认为这是"一部反映现代青少年成长的好片"。这种做法引起了学生家长的不满,人们发现,这部电影的女主角是深圳市一名副市长的女儿。

《北京青年报》派记者赶赴深圳,从深圳工商物价局信息中心查询后证实,《时差 7 小时》女主角妞妞的确是该片制作公司的法人,她拥有该公司 82% 共 269 万元的股份;除此之外,妞妞还是其他两家公司的"大股东",她名下共有高达 769 万元的巨额股份。而据此前媒体披露,今年 25 岁的妞妞自 1995 年后便一直在国外留学,没有正式工作。

在中国媒体将目光集中于妞妞的身世、家庭背景、市政府相关部门下发文件向中小学生推销电影的过程和动机时,《北京青年报》却从一个新的角度对事件中的核心人物的经济状况进行了调查，披露出重要线索，这就为人们了解事件的深层内容、认识事件包含的复杂关系提供了新的视角。

3. 与受众利益最为密切的新闻要素

2003 年 8 月 18 日晚，陕西省延安市宝塔公安分局万花派出所民警以群众举报为由，进入新婚不久的张林家中搜查“黄碟”，双方发生冲突，张林随即被带到派出所接受处理。陕西的《华商报》对此事件进行了最初报道，并且写出了《夫妻在家里面看黄碟非法吗?》这样一个解释性报道。

8 月 19 日，张林在缴纳了 1 000 元暂扣款之后，被放回家中。

夫妻俩原以为可以平安无事了。不料 10 月 21 日，张林又突然被宝塔公安分局治安大队以“涉嫌妨碍公务”的罪名刑事拘留。

10 月 28 日，宝塔公安分局向宝塔区人民检察院提交材料，报请检察院批准逮捕张林。然而此时，事件已经引起全国舆论界的关注。

11 月 4 日，宝塔区人民检察院以“事实不清，证据不足”为由做出不予批捕张林的决定，发回公安分局补充侦查。

11 月 5 日，被刑拘 16 天之后的张林被宝塔公安分局以取保候审的形式释放回家。

12 月 5 日，宝塔公安分局以“案件撤销”为由，解除了对张林的取保候审，1 000元暂扣款同时返还当事人。

在这样一个事件中，《华商报》的记者没有局限于对事件本身的追踪与描述，特别是在事件发生突变，张林在事发两个月被警方刑事拘留之后，当很多人把此事看作一个警方的报复事件时，《华商报》记者通过采访中国法学界和司法界的权威专家，在详细了解中国现行法律规定的基础上，从“公民权利”与“公共权利”的角度，对这一事件蕴含的深层意义进行了全新的观察与剖析，从而引发了中国新闻界和中国民众对“公民权利”这一关系到中国法制进程的重大问题的思考与讨论。

执行这一报道任务的记者江雪事后回忆说：

“我觉得必须寻求法律的依据。警察这样做，表面上看是在行使自己的职权，但是他行使他的职权，有没有他的依据，我们的法律有没有赋予他这种依据，我们的法律有没有赋予这种权利，我必须找出他们去这样做的依据，然后我要做一些判断。我自己是学法律的，所以对这样的事情比较敏感，当时我也有强烈的意识，我觉得应该把这件事情说清楚、说透，这对大家来说也是一种普法。

虽然是学法律的,但是在实践中我没有进行过法律实践工作,所以去采访了很多的专家,听他们的意见。1985年的时候,国务院曾经颁布过一个《严禁淫秽物品的规定》,其中提到:观看、制作、贩卖、传播淫秽物品的应该处以治安处罚。我就此采访法学专家的时候,他们说这个观看应该理解为聚众观看,法律本意禁止的应该是这个东西。但是这一点没有很明确的表示,没有明确规定。后来一位省公安厅的同志给我打电话说:我提醒你一下,这里面涉及的法规,唯一可能成为执法依据的规定在2001年已经被废除了。然后我也去查了一下,核实了一下,这是很关键的一步。

我把这个问题了解得非常清楚了,大部分专家都认为他执法没有依据,而且唯一有可能成为依据的东西已经被废止了,那就目前的情况来说这一块是没有执法依据的,尤其是夫妻俩在家里看,没有什么社会危害发生的时候,警察去介入确实不太合适。

12月5日,公安局最后又给他解除了取保候审,这中间我们的报道还在持续。

我们这时候的报道已经是很深入的探讨了,探讨了一些公民权利的问题,我们不再就事论事,我们还引用以前发生过的一些类似案例来说明问题:像警察权利这样的公共权利,应不应该随意介入公民私权利的空间?

《华商报》对这个事件持续将近半年的关注,引发了对公民权利的探讨,众多媒体联手捍卫了公民权利。

这个事件本身新闻性非常强,一看就引起大家的关注,能够引起共鸣。作为我们来说,报道没有停留在肤浅的表面,不断地深入,在客观上引导了读者,大家都去探讨,想到这个事件在这儿发生的,会不会有一天在我身上发生?后来张林被放回家,当地的一位公安人员对我们记者说,其实这个报道挺好的:作为张林的家人他得到了一个公正的说法,作为我们来说,我们受了一次法制教育,有利于提高我们的执法水平。我觉得他这句话是我整个采访过程中听到的最客观的一句话。”

江雪被推选为“2003年中国风云记者”。专家对她的推荐评语是:“‘夫妻看黄碟事件’的报道,意义不仅限于对当事人权利的保障,更重要的是,记者江雪对此事件长达半年的持续报道和追踪评论,显示了这位记者对于转型期最具有社会意义的事件的敏感。”

在这个事件的报道中，如果记者没有一种对人民根本利益、对国家前途命运的深刻思考，他们的报道可能会停止在制止一起冤案，维护一个公民的权益的范围内，但是，一个全新的角度让这个事件的报道成为中国文明进程中的一个标记。

这个角度，来源于记者的社会责任心和基于这种社会责任心的洞察力。

4. 最能引起读者兴趣的新闻要素

1999 年 9 月 24 日，新华社记者贺晓林发出一则报道：《上海人越走越高》。报道从上海的高楼越建越多，越建越高，电梯也随之增多增高的报道角度，描述了上海 20 世纪 90 年代之后发生的历史上未曾有过的巨变。

报道中披露："上海究竟增加了多少电梯，记者问了许多人都说不清楚。不过上海电视台的一则消息很有趣：建于(20 世纪)30 年代的 24 层的国际饭店作为上海最高建筑独领风骚 50 年，而现在，却只能排在 900 位之后。"

报道告诉人们：现在的上海"每一栋高楼有电梯，每一家大型商场有电梯，每一个地铁站有电梯，就连淮海路等街道的人行天桥也装上了电梯。"

报道说："问了许多上海人，很少有人能够记起第一次乘电梯时的感受。电梯就像家门口的路一样，谁也不去刻意留神。然而就在不知不觉中，人们的足下发生着巨大的变化，上海人越走越高了。"

如果是从常规角度报道上海市的建设成就，盖了多少楼房，多少人改变了居住环境，可能不会引起读者更多的兴趣。但是，从电梯讲上海人越走越高，无疑增加了新闻的趣味性，从而深刻地揭示了环境变化给人们生活带来的影响。

5. 最能触动受众情感的新闻要素

朱进中是河南农村的一个农民，为了挣钱，他像当地许多农民一样去血站卖血。结果，他感染了艾滋病。而这个不幸的农民忧虑的却不是自己，而是村子里那些被艾滋病夺去了父母的孤儿们。他一个个地收养着这些艾滋病孤儿，日积月累，他竟成了 52 个艾滋病孤儿的养父。他全部的心血都倾注到这些孩子身上。他四处奔波，就是为了找到能够养活这些孩子们的钱。

2005 年新年刚刚来临，朱进中告别了这个世界。他是一个好心人，一个农民，一个自身陷入巨大不幸的人，而就是这样一个人，他居然想的是解救别人的痛苦，并且为此而孜孜不倦地奋斗。

这样的故事无疑会深深打动人们的心。事实上，中国的新闻媒体都聚焦于这个事件，以各种形式对此事进行了报道。显然，这是因为这个故事里包含着最能触动公众感情的新闻要素。

第四节　展现细节

细节展现着人物的行为和事态的进程，用细节展现的新闻才能够再现新闻事实本身的生动性、独特性、丰富性和深刻性，从而给受众留下深刻的印象。

阅读下面的新闻报道，你会有什么感受？

昨天，本市市区空气污染指数达到446，空气质量为五级重污染。这也是本市今年出现的第二个五级天。当天在外来沙尘移出本市后，空气质量并没有随之好转，环保专家认为，与以往曾经出现过的全部是由外来沙尘造成的五级天不同的是，此次重污染天气是由外来沙尘过境和本地扬沙肆虐共同造成的。

据介绍，在此次沙尘天气过程中，本市各个空气质量监测站相继测到的可吸入颗粒物浓度值都超出了仪器的量程——每立方米1 500微克。从昨天凌晨1点开始，延庆县空气质量监测站最先监测到外来沙尘；2点，定陵、昌平、门头沟、石景山古城以及城区北侧的奥体中心监测子站的数据都超过了每立方米1 500微克；4点钟，最南端的监测子站大兴区榆垡站最后测到了沙尘，可吸入颗粒物的浓度值超过每立方米1 500微克；早晨6点，外来沙尘移出本市。大约从7点钟开始，本市的空气质量又转为主要受本地扬沙控制，石景山古城和奥体中心两个空气质量监测站测到的可吸入颗粒物浓度仍为每立方米700微克，虽然比1 500微克低了一倍多，但可断定不是外来沙尘引起，而是由本地扬沙所致。

市环保监测中心的专家们认为，此次五级天是由三个部分叠加造就的。一是过去的积累。数据显示，截至昨天零点西北狂风到达本市之前，各监测站测到的可吸入颗粒物浓度均超过了每立方米400微克；二是由于西北风带来了大量沙尘，使本市在近7个小时的时间里被沙尘笼罩；三是早晨7点以后的本地扬沙肆虐。但主要是后两项作用的结果。通常情况下，如若本地没有裸露地面，大风带来的沙尘移出本市后空气质量会转好。另据记者了解，可吸入颗粒物作为首要污染物，在本市空气质量超标日中超过了95%。

这显然是一条气象专业部门的专业报告。记者似乎没有为读者考虑一下，有多少人知道“446”对于空气污染是一个什么概念？又有多少人知道“五级天”是一种什么景观？“重污染天气”是一种会导致什么结果的天气？“超标日”是一种超过什么标准的日子？

用这样的语言写成的新闻报道，不仅会让读者感到枯燥无味，更严重的问题在于，它会让读者陷入茫然——根本不了解报道说的是什么事情！

这是初入新闻界的人在面对专业领域的事件报道中经常出现的问题。他们简单地转述着专业领域的信息，而没有用让公众容易理解并且会高度注意的素材、角度、语言去报道新闻。

后来成为哈佛大学为记者设立的专项基金——尼曼基金会管理人的路易斯·莱昂斯对他初入新闻界时的一次经历记忆犹新。用他的话说，当时他还是一个“不懂规矩的年轻记者”。

那天，他得到一个线索，有史以来一直处于亏损状态的波士顿高架铁路系统发布了最新的季度运营报告：它开始盈利了。路易斯·莱昂斯敏锐地感觉到了这个信息的不同寻常。他立即写出了报道：“波士顿高架铁路系统 1 月份创造了一个引人注目的纪录——它盈利了。”

夜班主编看过这篇报道后，走到路易斯·莱昂斯面前，对他说：“‘引人注目’这个词不是报道用语，那是一个评论用语。”随后他告诉路易斯·莱昂斯，你要写出这样一篇报道，让读者看过之后自己发出这样的感慨：“这件事太引人注目了！”

路易斯·莱昂斯把这次经历视为一个“永远的教训”。

实际上，这是不太了解新闻写作的新手们经常出现的问题。记者了解了事件，于是就把自己的认识结论概括性地描述出来，以为这才是报道了事件的本质。而这样做的直接结果，就是给读者一种强加于人的感觉，以至让读者对报道文字感到乏味，对新闻的真实性产生疑虑。

恩格斯说过：“正确地把握了现象的总画面的一般性质，不足以说明构成这幅总画面的各个细节，而我们要是不知道这些细节，就看不清总画面。”他用哲学的语言讲述了人们认识事物的规律。

在新闻写作中，展现细节无疑是十分重要的。

细节往往不仅引导着人们认识事物的形态，而且往往提示着人们去认识事物的本质。

列夫·托尔斯泰在谈到他的《战争与和平》的写作时说：“我不讲述，我不解释，我只是展现，让我的角色替我说话。”文学大师在这里传授着一个重要的写作方法，就是让读者直接走进故事中的人物和环境，让读者直接与故事中的人物和环境进行交流,以此让读者更真切、更直观、更深刻、更真实地了解你要说明的事情,而不要用你的充满主观意识和个人好恶的表述,制作出阻碍读者了解故事本质的雾障。

对于读者来说,事实本身是最重要的,事实的原貌是最重要的。记者的主观感受和舞文弄墨都不是他们在索取新闻信息时需要的东西。

曾经获得普利策新闻奖的《纽约时报》记者里克·布拉格在初入新闻界的时候,遇到了一位经验丰富的报纸主编,这位主编告诉他:"优秀新闻写作的基本原则是:要展现,不要讲述。给我看你所看到的一切,用文字描绘一幅画面,然后我就可以跟随你的脚步。"

里克·布拉格显然是领悟了这条写作的秘诀。多年后,当他为《纽约时报》工作时,赶上了俄克拉荷马城联邦政府大楼的爆炸事件。在满目疮痍的爆炸现场,面对紧迫的截稿时间,里克·布拉格写出了他的报道。后来,他在回忆当时的情景时说:"我根本没有时间来琢磨精美的辞藻,我必须用我的心灵来表达我刚刚见到的悲伤……"然而,即使是在这样的心境中,里克·布拉格也没有忘记那条新闻写作的秘诀。

里克·布拉格的报道是这样开头的:

俄克拉荷马城电:灰尘和愤怒还没有平息,一场寒冷的雨开始落在被炸毁的办公大楼废墟上,落在警察、消防员、医生的肩膀上。

换作别的随便哪天,他们可能会接到厨房失火、家庭纠纷、甚至小猫上了树下不来的报警电话。"俄克拉荷马就是这样一个平静的小城",住在这里的人们说。

今天早晨,巨大的爆炸震动几英里外的早餐咖啡,俄克拉荷马城的世界被打碎了。

"我刚刚做了一例手术,一个小男孩的半边大脑被炸出了颅腔,"特里·琼斯大夫说。在他的身后,消防员正仔细地在大楼的废墟中寻找幸存者和遇难者。

"请你告诉我,"他说,"怎么可能有人如此漠视生命。"

我们看到是画面,是细节,是有声有色的场景,我们已经随着里克·布拉格进入了俄克拉荷马城的爆炸现场,我们不能不被他引导着去观察这个事件的全貌,去感受这个事件对环境的影响,去思考这个事件所涉及的种种复杂关系。

新闻写作应该达到这样的效果:将读者带入新闻的发生环境,引导读者经历新闻的发生过程，让读者身临其境。

美国记者埃德加·斯诺对中国工农红军的报道之所以在世界上产生强烈反响，不只是因为他是第一个对红军进行报道的西方记者，很重要的原因是他使用娴熟的新闻写作专业技术，讲述了一个个生动的故事。在他的代表作《西行漫记——红星照耀中国》一书中，我们会看到一个个跃然纸上的人物，一段段动人心魄的故事。下面就是其中的一段描写：

但我最喜欢的是保安一个当外交部交通处处长李克农通讯员的“小鬼”。他是一个约十三四岁的山西少年，我不晓得他是怎样参加红军的。他是少年先锋队中的“花花公子”，对于自己的那个角色，态度极其认真。他不知从哪里弄到一条军官皮带。穿着一套整洁合身的小军服，帽檐什么时候发软了，总是衬上新的硬板纸。在他的洗得很干净的上衣领口里面，总是衬着一条白布，露出一点。他无疑是全城最漂亮整齐的士兵。毛泽东在他旁边也显得像一个江湖流浪汉。

由于他父母缺少考虑，这个娃娃的名字恰巧叫做向季邦（译音）。这个名字本来没有什么不对，只是“季邦”听起来十分像“鸡巴”，因此别人就老是叫他“鸡巴”，这给他带来无尽的耻辱。有一天，季邦到外交部我的小房间来，带着他一贯的庄重神色，咔嚓一声立正，向我行了一个我在红区所看到的最普鲁士式的敬礼，称我为“斯诺同志”。接着，他吐露了他小小心灵里的一些不安来。他是要向我说清楚，他的名字不是“鸡巴”而是“季邦”，两者是完全不同的。他在一张纸上细心地写下他的名字，把它放在我面前。

我惊奇之下极其严肃地回答他，说我只叫他“季邦”，从来没有叫过他别的名字，而且也不想叫他别的名字。我以为他要我选择军刀还是手枪来进行决斗呢。

但是他谢了我，庄重地鞠了一个躬，又向我行了那个十分可笑的敬礼。“我希望得到保证，”他说，“你替外国报纸写到我时，可不能写错我的名字。要是外国同志以为有一个红军士兵名叫‘鸡巴’，那是会给他们留下一个坏印象的！”在那个时候以前，我根本没有想把季邦写进这部不平常的书里来的，但经他这样一说，我在这件事情上就别无选择，他就走了进来同蒋总司令并排站立在一起了，尽管有失历史的尊严。

我们可以看到，斯诺在这里没有用什么感慨、评论和概括性的语言去评价和解释红军这支军队对于它的士兵有什么样的影响力，甚至对这支军队没有任何一句表面上的赞扬之语。但是他通过写这样一个十三四岁的孩子如此担忧因为自己的一个绰号可能玷污了自己的军队这样一个故事，写出了红军这支军队对它的士兵具有的召唤力、凝聚力，从中展示了这支军队的内在能量。

这段故事几乎完全是由细节组成的。从季邦的衣着写一个孩子对于自己担负的工作的负责与自豪，从季邦"在一张纸上细心地写下他的名字，把它放在我面前"写孩子对这件事情的认真，从季邦的"最普鲁士式的敬礼"和"庄重地鞠了一个躬"表现孩子在得到承诺之后的满足。

在《西行漫记》中，我们处处可以看到一个职业记者是怎样运用细节描述新闻，去展示新闻产生的环境，去剖析新闻的意义的。你看不到记者带有强烈主观色彩的议论，但是你能够被他引向他设定的方向，你会随着他的引导而兴奋，而激动，也会在他的引导下而感叹，而沉思。这一切的力量，就来自对事实细节的精确的描述与展示。

埃德加·斯诺是美国密苏里新闻学院的毕业生，这所美国历史最悠久的新闻院校显然将新闻写作的一个重要的方法教给了它的学生。

通过细节展现的内容，往往比用概括的语言表现的内容更为丰富，更为深刻，因此对受众往往也就更具感染力和影响力。

在一个被狙击手杀害的少年葬礼上，记者们都注意到了悲伤打击下的孩子的父母，但是他们的写作方式是不同的：

一个记者这样写道："极度悲伤的父母在整个葬礼仪式中一直泪流不止。"

另一个记者这样写道："这对父母哭得很平静。富兰克林夫人不得不靠在丈夫的身上以支撑自己。"

哪一位记者更准确地描写了孩子父母的悲伤程度？显然是后一位记者。他在报道中没有用"悲伤"这个形容词，但是，他用了"富兰克林夫人不得不靠在丈夫身上以支撑自己"的细节，说出了孩子父母的悲伤程度。

研究优秀的新闻作品时我们会发现，记者们往往是熟练地运用这样一种写作技巧：把动作、语言、神态、情绪、形状、色彩、气息、场景这些有声有色、有景有情的细节描述出来，组合起来，在读者的眼前勾画出一幅幅生动的画面，将读者引入新闻事件的真实情景之中，让读者亲眼目睹新闻事件，亲身感受新闻事件，让读者自己去判断新闻事件的意义，去思考新闻事件的内涵。

下面的报道，一开始就把读者带进了新闻场景：

她清楚地记得鞭子和着父亲话语的节奏抽打自己裸露的腿时的那种疼痛。她祈望父亲的话短一点,因为每当他说一个字,发一个音,鞭子就会挥向空中,然后落在她的身上。

德宁·L·布朗:《体罚有理?》1988 年 9 月 13 日《华盛顿邮报》

获得 1999 年美国报纸主编协会“无截稿时间限制新闻写作奖”

奔腾的雪浪冲刷着鲁斯·马尔的双脚,她努力使自己不摔倒。她用手中的斧子不停地砍着前面的冰块,但是这个小小的工具在混着泥浆的巨大的冰块面前显得无能为力。

当星期四的雪崩把她推到雷尼尔山的悬崖峭壁上时,死亡的念头笼罩着她。

《我们真是命悬一线》1988 年 6 月 13 日《新闻论坛报》

获得 1999 年美国报纸主编协会“团队有截稿时间限制新闻报道奖”

不要急于概括对新闻事件的观察结论,而要注重展现新闻事件的发生过程。

第五节　使用引语

一、直接引语在报道中的作用

直接引语是报道中直接引用新闻中涉及的人物所说的原话。

在新闻报道中,没有任何一个因素能够像直接引语那样,可以在一瞬间将读者置于新闻人物面前,让读者亲身感受新闻的特定环境与发生过程。

由于直接引语是新闻中所涉及的人物的言谈话语,因此,它对新闻报道具有非同寻常的意义。

1. 直接引语可以增加新闻的可信度

当新闻报道中出现直接引语的时候,读者就已经听到新闻中的人物亲自说话了。这种现场感、真实感、贴近感是一般的新闻要素难以创造的。一看到引号标示的直接引语,人们会本能地意识到自己正在直接倾听新闻中的人物说话,甚至从直觉上就可能相信他们看到的是真情实况。

2. 直接引语可以增加新闻的兴趣度

为什么直接引语是现代新闻报道的一个不可缺少的要素呢？最容易让人相信的原因就是它们可以使读者感到与新闻当事人发生最密切的接触。

人是具有个性的，人的个性在他们的话语中往往表现得最为突出。直接引语可以让记者作为新闻与读者之间的中介人退居一旁，而让报道中的人物自己说话。这种信息形态的优势在于，能够让读者直接贴近新闻人物，进入新闻场景，观察新闻过程。

> 直接引语往往成为新闻报道里人情味的基本构成要素——许多时候，它甚至是首屈一指的唯一要素。
>
> ——沃尔特·福克斯：《新闻写作》

3. 直接引语有助于澄清冲突与问题

在具有矛盾和冲突的新闻中，用人物的话语来表明冲突各方的观点是最准确的。面对复杂的问题，人物的话语也是最能够清晰表达自己的立场、观点和感情倾向的。当新闻事件涉及矛盾冲突和各方持有争议的问题时，直接引语就会显得特别重要，它会帮助读者了解各方的观点，认识冲突的本质，从而深刻了解新闻的状态与意义。

4. 直接引语能够刺激读者的注意力

人们最为关注的是人的行为。使用直接引语，能够直接刺激读者对新闻的关注度。当新闻中的人物在说话的时候，瞬间就会引起读者的关注。当然，这需要他们说的话本身具有新鲜感和刺激力。

5. 直接引语能够改变报道的节奏

新闻报道需要起伏，需要有波澜，直接引语是改变报道节奏的有效因素。镶嵌在报道中的不同内容、各种风格的直接引语，会造就文章起伏跌宕、峰回路转的状态，增加报道的跳跃性、丰富性和可读性。

二、怎样选择直接引语

直接引语如此重要，我们应该怎样选择直接引语呢？下面是在报道中选择直接引语的一些标准：

1. 采访对象说的是关系到新闻本质的话

2001 年“9·11”事件发生后，消防员温森特·鲍拉蹒跚着走出世贸大厦的废墟,他泪流满面。“我要回家亲亲我的女儿,”鲍拉说,“她刚刚学会叫‘爸爸’。不幸的是很多孩子再也叫不成‘爸爸’了。”

美国媒体对“9·11”事件的报道中,引用了这位消防员这段充满了人情味的感叹之语。温森特·鲍拉的话,从一个侧面反映出恐怖袭击事件伤害无辜生命的本质。

2. 采访对象说的风格独特的话

“提醒人们注意饮食真不容易,因为他们不知道,他们吃的是自己的健康!”

——一位美国保健医生

这显然是一个基于专业知识而说出的机智得令人危言耸听的话。

“尼克松是那种砍断红杉树,拿树墩当讲台,在上面发表保护环境演说的政界人士。”

——阿德莱·史蒂文森

史蒂文森没有用“虚伪”“口是心非”这种形容词抨击尼克松,而是用了一个形象的比喻达到了这一目的。

3. 采访对象以不同寻常的方式说的话

下面是一则报道的开头:

9岁的玛丽·约翰躺在被杀的家人身边已经近两天。她相信自己也会死于她母亲的枪下。

但是玛丽还活着。昨天在去医院的路上,她对救护人员说:“不要因为妈妈开枪而责备她。”

一个幸免于难的9岁小女孩在获救后对救护人员说的话,可以让人们感到孩子的善良与单纯,更能让人们感到孩子的无辜与无助,从而让人们在心酸中去反省成年人对孩子应该担负的责任。

2004年中国国奥队在一场重要比赛失利之后,一名记者说的话表现了中国球迷对国奥队难以言喻的失望:

“很奇怪,我现在一点痛感也没有了。1992年国奥队比赛时,我看完后哇哇大哭,怎么能那样死去呢?也许那个时候,眼泪已经流干了。”

这样的话,展示出了球迷对中国足球的感情历程,是非常有特点的。

4. 带有强烈感情色彩的话

在俄罗斯北奥塞梯共和国别斯兰市人质事件结束后的第二天，一家媒体的记者在灾难现场采访一名当地青年男子，问他此时此刻有什么感受。青年男子说：

"我能有什么感受！在这场灾难中，我的一个姐姐死了，妹妹还在医院里抢救，你听到人们的哭声了吧，这就是我的感受。"

人们在感情激荡时说的话往往具有特别的感染力。把这些话真实地记录下来，有助于让读者了解新闻的真相和意义。

5. 重要人物说的话

重要人物说的话往往是有新闻价值的。由于他们所处的地位特殊，他们说的话往往与人们的切身利益有着密切联系。

朱镕基总理访问美国时的讲话："我爱中国人民，我也爱美国人民。"

温家宝总理说："在这个世界，由于误解引起的冲突往往比由于利益引起的冲突更为剧烈。"

两届中国总理的话，反映出他们的感情、立场、观点，这些信息对于人们了解中国领导人的人文品格、思维方式，进而了解中国领导层的决策基础有着重要作用。

6. 重要场合中相关人物说的话

2004 年 7 月 26 日美国总统大选前夕，在第 44 届美国民主党全国代表大会上美国前总统卡特攻击布什："你不可能某一天是位好战总统，来日又声称自己是位爱好和平的总统。"

通过这样的话语，你可以揣测到美国民主和共和两党在大选过程中争执的焦点和交锋的激烈程度。

人们在不同场合下讲的话因为其环境差异会有不同的意义。因此，关注相关人物在重要场合的讲话，对于新闻报道是非常重要的。

7. 争论中各方说的话

美国新闻学者特别强调用直接引语反映矛盾双方的真实立场、观点和主张。

"一切有争议的事情都应该使用直接引语的形式来报道，同时辅之以此前此后相关议论以构成所需的语境。"（沃尔特·福克斯）

三、使用直接引语的方法

1. 准确——使用直接引语的最高原则

直接引语是特定人物在特定场合对特定事物表达的看法与想法,因此引用时必须准确。否则,不仅会影响新闻本身的真实,也会引起种种难以预料的冲突与麻烦。

2. 注意引语的完整性

一是不要使用不完整的引语,使其意思含混不清;二是不要割裂开完整的引语,使之支离破碎。

3. 不要长篇大论地引用

采访对象在接受采访的过程中往往会长篇大论地述说许多事情,不要用直接引语去描述事件的过程。记者在使用引语时,要对采访对象的原话进行精挑细选,要引用其中的关键部分、核心部分。请记住:让记者和读者感到意外的内容往往就是关键与核心所在!

4. 合理修正引语中的语法错误

对于是否可以修改直接引语中原本存在的语法错误,新闻界存在着不同的看法。但是不少主流媒体的工作规程还是认为,为了让受众更加确切地理解说话者的本意,记者可以修改直接引语中错误的文法,但不能修改说话人的本意,也不能修改说话人的本色。当然,在不篡改说话人原意的前提之下,如果说话人说话中的文法错误恰恰构成了他的文化背景和生活阅历背景的特色,保持这种含有语法错误的引语的原汁原味也未必不是一种机智的选择。

5. 用一个新的段落开始一段新的引语

不同人说的话要用不同的段落分别表示。千万不要把两个人说的话放在一个自然段中。这样做非常重要,这种写作格式保证着新闻展示过程的清晰度,特别是在报道争议、矛盾、冲突,引用观点不同、说法不同的直接引语时,一个自然段表示一个说话者的一段原话,有助于读者清晰地辨识矛盾和冲突的关键所在。

6. 为直接引语在关键之处的省略和不明指代做出标明

人们说话时自由度是很高的,之中可能夹杂着一些省略性词语和指代不明的说法,记者在形成文字时,要对这些可能会让读者感到迷茫和造成误解的地方进行说明和解释。

7. 为直接引语加上恰当的标点符号

人们在说话时是没有标点符号的，而形成文字报道时，记者要为人们所说的话加上标点符号。

8. 明确交代说话者的身份

第一次使用某人的原话时，就要明确交代说话者的身份。如果是使用一段较长的引语，要注意在引语的第一句话后面就交代说话人的身份。让受众清晰地了解谁在说话是非常重要的。根据新闻报道的需要，交代说话人身份的内容应该包括：说话人的姓名和职业这样两个最基本的要素。

9. 不要为引语加更多的解释

如果直接引语表述的不够清楚或者艰涩难懂，不要企图通过为直接引语添加注释解决问题。因为这种做法往往会引出更多的混乱。此时，应该考虑使用间接引语了，也就是转述说话者的观点、意图、思想和表述。

10. 在引语中要谨慎地使用省略号

因为省略号表示的内容太宽泛，太不确定，会让读者不知其确切的内容。

11. 在引语中不要出现污言秽语

引语中尽量不要出现污言秽语。非出现不可的时候，可以用别人都能理解的文字方式或者符号方式取代。因为无论如何，新闻媒体是一种大众传播工具，它对社会的文明环境是有影响和教化作用的。而且，污言秽语也往往不具有实质性的新闻价值。

在使用直接引语时，还要注意：为了呈现生活中的真实，不能把千差万别的人物话语都写成为一种风格。这个世界上的每一个人都是独一无二的，因此他们的话语应该充分表现出他们的个性特征。

一位记者在采访美国演员伍碧·戈德堡（Whoppi Goldberg）时问她，为什么用戈德堡作艺名，戈德堡说："这是我母亲的想法。这个艺名来自家族的历史。在我们家族的谱系上有许多外族人——犹太人、天主教徒、亚洲人、黑人、白人。我就是美国人民的混血儿。"

在报道中，需要找到这样内涵深刻、风格独特的引语，以增强报道的感染力。

四、怎样指明引语出处

- 直接引语超过一句话时需要在第一句话后面指明出处，即告诉读者说话人是谁。

- 在为报刊写作的时候，注意不要在引语的开头就指明引语的出处。因为引语本身对于读者往往是最重要的。
- 第一次提到直接引语或间接引语的讲话人时，要说明人物的身份。
- 直接引语只能是一个特定人物所说的话。不要把多人的话聚集在一起，哪怕这些人的想法和观点一致，也不能这样做。如果用直接引语的方式表达众多人的相同观点，至少是不严谨的，甚至是虚假的。

五、引语动词的使用

"说"——最客观的引语动词。注意避免使用动词时的倾向性！"指出""要求""强调"这类动词无疑有居高临下的意味；也不要在"说"的前面加上更多的形容词，比如："他悲哀地说""他兴奋地说""他无可奈何地说"等。用直接引语的内容表达出你想用形容词表达的内容，这才是高明的写作技巧。

六、怎样使用间接引语

如果报道需要引用人物的言论，可是他表达得不够清楚或者是重点不够突出，这时就要考虑使用间接引语的技术了。

1. 间接引语的好处

间接引语的好处表现在以下几个方面：

- 便于突出重点；
- 便于清晰条理；
- 便于为直接引语做好铺垫。

下面的报道将间接引语和直接引语结合使用，清晰表达了人物的观点：

沃尔－马特零售店顾问埃伦·米尔斯汀说，店家完全有权不让艾滋病方面的书籍摆上柜台。

"我认为没有理由可以迫使零售店去卖任何它们不想卖或者觉得没有市场的东西。"米尔斯汀说。

此外，约翰逊的书不见得就好，米尔斯汀说："魔术师约翰逊在篮球场上投篮是把好手，但是在文字圈里可是个未知数，许多名人的书都不知道被人随手扔到哪里去了。"

美国新闻学者沃尔特·福克斯（Walter Fox）在他的《新闻写作》一书中说："根据引用人物原话而写成的优秀报道，总是将间接引语和直接引语巧妙地穿插使用——好像潮汐忽涨忽落,从而体现着新闻独特的意味和风格!”这是一个有用的方法提示。

2. 间接引语的使用方法

(1)要忠实于人物的本意,不能够曲解更不能歪曲说话人的原本思想。

(2)要把最能表现人物本质观点的内容提取出来,不能有意或无意地掩盖说话人最重要的观点。

(3)要用客观的语言表述人物的观点和意图。由于是间接引语,记者不能将自己的倾向注入转述他人原话造成的语言表达空间中。

(4)要清晰地标明间接引语的来源。间接引语和直接引语在新闻报道中的价值是相等的,因此,引语的出处一定要交代清楚。

在新闻报道中,有时还要使用“部分引用原话”的技术。当记者仅想引用原话中的某个或某些关键词语时,“部分引用”就出现了。这时往往需要遵循的是间接引语的引用原则。

第六节　考察背景

任何新闻报道如果不展示新闻事件存在的环境,不说明新闻事件与环境之间的相互作用关系,都不可能真正报道出新闻事件的真相。因此,考察与新闻事件相关的各个方面的背景要素,成为新闻报道写作的不可缺少的技术环节。

美国哥伦比亚大学新闻学院的教授麦尔文·门彻认为,不使用背景材料,几乎没有什么报道是全面的。忽视这个忠告的记者,绝不可能为读者和听众提供充分的情况。事件并不是没有缘由地突然间从天而降。记者的任务就是发现它的起因,说明它的发展,而且最好是在一个最短的篇幅里做到这一点。

新闻背景是新闻报道的有机组成部分,是补充、反衬或烘托新闻事实和新闻主题的重要材料。

新闻报道中使用的背景资料被认为是“用来说明新事实的旧事实”。它也是一种事实,而且是与新闻事实密切相关的事实。报道中披露、说明了这种事实之后,才能展示出新闻的发生原因、新闻的发展历程、新闻的深层意义。

让我们看看运用了背景材料之后,新闻有什么不同。

在一篇报道第二次世界大战中希特勒进攻莫斯科的新闻中记者写道:

希特勒进攻莫斯科的路线与季节同1812年拿破仑进攻莫斯科的路线与季节几乎一样。

把希特勒与拿破仑对莫斯科的军事行动进行直接联系，提示着人们去思考希特勒进攻莫斯科的行动结果。

下面一则报道也运用了背景资料：

赫鲁晓夫昨天深夜派人把斯大林的遗体从红场水晶棺材中抬出，烧成灰烬。

赫鲁晓夫任乌克兰第一书记时，曾经在党的会议上高呼：斯大林是我的父亲。

记者运用背景资料，展示出苏联发生的重大政治变动，提示人们去关注这种重大政治变动蕴藏的深刻矛盾与激烈冲突。

在今天社会生活变化速度日益加快，各个领域间的相互联系日益加强的趋势下，社会公众对新闻信息的全面性、深刻性提出了更高的要求，他们需要知道新闻的由来，进而去认识新闻对自己的切身利益意味着什么。因此，新闻背景在新闻报道中已经成为不可缺少的要素。

下文中我们将用专门的篇章探讨新闻背景的发掘与写作技术。

第七节　遣词造句

新闻的语言是一种用来描述事实真相的语言。

公众能否看懂新闻，能否理解新闻包括的深层意义，能否有兴趣地阅读新闻，在很大程度上取决于记者准确捕捉到新闻事实之后，怎样写作新闻。而写作新闻时使用的语言直接决定着新闻传播的效果。

新闻语言应该符合下面的标准：

- 准确。新闻语言要与新闻描述的事实相吻合，用语要准确、贴切，要能够最大限度地表现事实的原貌。
- 通俗。美国新闻刊物对它的记者提出的要求是，不让一个具有初中毕业文化水平的读者在阅读刊物的新闻时有任何障碍。新闻语言要让一般公众读得懂，听得懂。
- 具体。新闻是具体的事实，只有使用具体的描述，才能表现出事实的特征。亨利·詹姆斯说过："一盎司的实例比得上一吨重的概括。"（注：

它们的重量相差32 000倍）

- 简洁。简洁的词语是新闻报道突出重点、清晰条理的重要保证。
- 生动。客观事物本身的存在形式就是运动，要想真实地反映客观事实，新闻报道必须呈现出客观事实的这种真实存在状态。

下面是一种语言的表述方式：

为了贯彻“三个代表”重要思想，迎接党的十六大召开，由中央文明办、铁道部、中国科协共同开展的“科普列车西部行”活动于10月14日启动，10月23日结束。

这样的语言方式构成的信息，与其说是新闻报道，不如说是一个政府部门的工作总结。如果记者觉得“为了贯彻‘三个代表’重要思想，迎接党的十六大召开”这样的事件起因要素在新闻中是重要的，至少也应该让活动的组织者把这个因素披露出来，而不是记者亲自抛出一个结论。这种语言方式已经使写作离开了新闻报道的专业范畴。

> 恰当的词语是强有力的中介。无论何时，当我们看到一个用得极其恰当的词语时，其影响既是物质上的，也是精神上的，就像是一种电一般有力的刺激。
>
> 正确的词语和近乎正确的词语之间有着天壤之别，正如闪电和萤火虫之间的不同。
>
> ——马克·吐温

一、用词

新闻报道中使用词语时应注意：

1. 使用具体的名词

不要用“水果”这样的概括性名词，而要用“香蕉”“苹果”这样的具体名词。不要只说“人们”，而要告诉读者这是一群什么人。只有使用具体的名词，你才能表现出事实的特征，才能告诉读者这一事情与其他事实的不同之处。

2. 谨慎使用形容词，不要使用副词

形容词和副词是新闻写作的陷阱！美国新闻界有这样的说法：“要像挑选宝石和情人一样苛刻地去挑选形容词。”至于对待副词（也就是形容动词的形容词），要像见到敌人一样，见一个消灭一个。请记住：在新闻报道中，形容词是名词的天敌；副词是动词的天敌。

形容词和副词的主要功能是渲染,它们在新闻报道中往往会让受众有这样的印象:事实描述不精确,主观倾向明显,虚张声势。因此它起的作用往往是把读者赶走,或者是让读者嘲笑。

形容词和副词在两个方面挑战着新闻报道的专业原则:第一,新闻报道要求精准,而这两种词汇往往是笼统的、模糊的。第二,新闻报道要求客观公正,而这两种词汇(特别是副词)往往带有主观色彩,会让新闻记者客观公正的立场瞬间荡然无存。

3. 智慧使用行为动词

行为动词可以表现出人的活动,人的情绪,人的思维,它能够创造出活动的画面,栩栩如生的人物,起伏跌宕的情节。这对于新闻报道吸引读者是非常重要的。要让新闻中的人物说话、行动!

4. 使用主动语态

主动语态可以让读者对事件一目了然。主谓宾的语式结构是最清晰的表达方式。

5. 使用肯定语气

肯定语气可以保证读者在阅读新闻时不存疑虑。

6. 不要玩否定之否定的把戏

复杂的语式结构往往会造成表述的混乱而导致受众理解的偏差。

二、造句

苏联犹太作家艾萨克·巴布的经验或许会给我们一些造句子的启示:

> 我反反复复地检查每一个句子。我先删去所有可有可无的词语。你要时刻警惕,这些词语是如此狡猾,那些实际上毫无价值的词语都躲藏了起来,你必须把它们挖出来——重复词、同义词,还有那些毫无意义的词语。
>
> 在清除这些垃圾之后,我把文章分成短句。句号越多越好。我将这定为一种法则。一个句子表达的内容不要超过一种思想或一个形象。

在新闻报道的写作中,构造句子的一般原则是:

- 一句话说明一个内容,表达一种意思。
- 句子要简短。17 个单词组成的句子是“是否便于阅读”的难度分水岭。
- 非用长句不可的时候,注意用标点符号对长句进行合理的分割。

> 绝对不使用让一个具有 14 岁智力的人感到迷惑的句子。
>
> ——《纽约人》杂志

美国报业协会在进行了大量的调查研究后得出这样的结论：要让新闻报道具有可读性，构造短句是关键技术之一。下面这个调查发出的警告，可能有助于我们认识新闻报道的可读性与句子长度之间的关系：

- 少于 8 个单词　很容易读
- 11 个单词　容易读
- 14 个单词　比较容易读
- 17 个单词　一般
- 21 个单词　比较难读
- 25 个单词　难读
- 29 个单词　非常难读

在写作新闻报道时，记者要克服一种自己可能感觉不到的文字表现冲动，不要试图在一个句子里塞进太多的内容。如果这样做，就可能会让读者在阅读报道时举步维艰。

当然，这并不意味着我们在写作新闻报道时要把每个句子都控制在 17 个单词的长度以下。如果报道全部由短句组成，无疑也会造成可读性在另一种状态下的缺失——让读者感到单调和乏味。

在报道中，长句与短句往往是需要相互搭配的，由此才能造成起伏和变化，形成节奏和韵律。所要注意的是对长句要用标点符号进行合理的分割，只要分割得当，一个长句读起来也不会让读者费解。

知识链接

哥伦比亚新闻学院新闻教科书中的观点：

- 写新闻的人应该遵守的格言是准确、清晰、朴实、生动。
- 好的新闻写作是干脆而明快的。简短的句子和段落是它的特征。

第八节　构建段落

段落是一个奇妙的东西，它让你毫无声息地改变韵律。它就像一道闪电，从不同角度呈现风景。

——艾萨克・巴布（苏联小说家）

段落是文章的体型和身段。它造就着文章的外形气质，而这种气质又奇妙地影响着整篇文章的风格和意境。

在新闻报道领域和新闻研究领域多有建树的中国记者艾丰说过："新闻写作的艺术在某种意义上说是'舞蹈的艺术'。它是讲究跳的，跳得好，就成了高超的写作技巧。"

段落是让你的新闻报道跳跃起来的重要技术。

构建段落的方法的主要包括：

第一，为了便于阅读，要有意识地把段落做短。简短的段落会给人一种清晰明畅的感觉，便于人们轻松地获取新闻的内容。段落把新闻的复杂内容分割成易于读者领悟的相对独立的单元，至于短到什么程度，要依据新闻的题材、体裁和当时当地新闻报道的具体情况而定。

第二，每一个段落讲述一个新闻要素。这是保证报道结构清晰的重要技术环节。一个段落把一个要素交代清楚，这样便于读者阅读。

第三，每一个段落开辟一个新的叙述角度。这是吸引读者连续阅读报道的关键技术。当一个新的段落开始的时候，应该让读者看到一个新的报道内容，从而对报道引起新的兴趣与关注。

第四，在硬新闻中，每一个段落的长度要大致相等。这一方面便于读者阅读，另一方面也便于编辑对稿件进行编改。

第五，在特稿中，用段落造就报道的波澜起伏。此时，把段落做短的原则仍然适用，但是，段落长度并不一定要大体相等。在特稿中，有时一句简短的引语可能就是一段。

第六，注重段落之间的内在联系。每个段落是相对独立的，甚至是有跳跃跨度的，但是，段落之间应该是错落有致的，应该是有内在联系的。人们读过整篇报道之后,感觉看到的不是一堆凌乱的碎片,而是一个色彩丰富、层次分明的现实世界的变化景观。

我们用了很多篇幅来讲述新闻报道的写作技巧,但是有一点需要再度强调:技巧是为表现内容服务的。我们最为关注的仍然应该是新闻事实本身!它是新闻报道的价值核心。

美国语言学家、专栏作家、1978 年普利策评论奖获得者威廉·萨菲尔说:"有时候,如果记者的眼睛过于狭隘地盯住技巧,那么他会丢掉目的和内容这些关键点。"

美国作家、文学评论家乔伊斯·卡罗尔·奥茨说:"技巧带着读者一句一句读下去,但是只有内容留在了他们的脑海里。"

知识链接

组织报道的步骤:

1. 确定报道主题,锁定报道的焦点。
2. 用文字简要概括报道的核心内容。
3. 找出从各个角度说明与解释报道主题的素材。
4. 根据素材的重要程度依照先重后轻的原则排列报道的叙述顺序。
5. 写作稿件。请记住我们讲过的原则与方法。
6. 审读稿件。发现稿件中与我们讲过的报道写作原则相冲突的错误。
7. 修改稿件。

美国哥伦比亚大学新闻学院的新闻写作教程中提出了优秀的新闻报道所具有的四个特征:

1. 准确:语言与情势相吻合。
2. 清晰:正确处理形式和内容之间的关系,避免模棱两可和含混不清的报道。
3. 可信:报道令人信服,听起来它是真实的。
4. 恰当:风格质朴自然,不矫揉造作。

思考题

1. 事实对于新闻写作的意义是什么？
2. 怎样判定新闻报道的主题？
3. 报道角度在新闻写作中的作用是什么？
4. 在新闻报道中怎样选择直接引语？
5. 你认为写作新闻报道时遣词造句的重要原则是什么？

练习题

1. 从报刊上找出存在下面问题的新闻报道：

(1) 直接表现记者观点的新闻报道；

(2) 没有故事、细节、引语支撑的新闻报道；

(3) 文字拖沓、段落冗长的新闻报道；

(4) 形容词破坏了报道客观性的新闻报道。

2. 对下面的新闻报道做出专业分析。

要求：该报道主题是否明确？角度是否新颖？用语是否恰当？报道段落设置是否合理？报道背景是否充分？说明支持你的分析结论的论据。

今年缺电形势20年来最严重　24个省级电网拉闸

本报讯　连日来，各地电力负荷不断攀升，电力供应形势日趋紧张。对此，国家电网公司采取多项措施确保电网安全运行和电力供应，最大限度地利用好现有的电力、电量，尽量减少缺电对经济生活带来的影响。

据有关资料显示，今年的缺电形势是20年来最为严重的一次，截至目前，全国共有24个省级电网拉闸限电，预计今年夏季全国电力供应缺口将达3 000万千瓦。

面对今夏电力供应的紧张形势，国家电网公司把保证电网安全作为当前一切工作的中心。层层落实安全生产责任制，建立预警机制，健全应急机制；切实加强电网安全生产基础工作。截至目前，国家电网公司系统主要输电系统均压稳定极限运行，没有发生大面积停电事故、电网稳定破坏和电网瓦解事故。

迎峰度夏期间，国家电网加强了跨区、跨省输电工作，今年上半年，跨区交易电量完成285.7亿千瓦时，同比增长22.3%，区域电网省际交换电量595亿千瓦时,同比增长24.5%。迎峰度夏期间,国家电网公司进一步加大了跨区跨省输电力度。以最为缺电的华东地区为例,目前,共有三峡向华东送电的葛南直流和龙政直流以及阳城电厂向江苏送电这3条区外送电通道,合计为590万千瓦。在国家电网公司的统一安排下,迎峰度夏期间,按照这3条通道的最大送电能力安排,7,8,9三个月将向华东电网送电115.4亿千瓦时,比去年同期实际完成增长19.7%,缓解华东地区的电力紧张。国家电网公司同时安排7,8,9三个月东北向华北送电120万千瓦,以缓解华北京津唐电网的用电紧张局面。

与此同时,各省电力公司之间也根据当地的特点,利用地区之间的地域差、温度差、时间差,积极开展短期电能交易,最大限度地挖掘现有发电设备和输变电设备的潜力。

国家电网公司紧紧依靠各级政府,针对错峰、避峰和移峰的效果,制定并落实不同负荷水平下的有序用电方案。坚决执行政府部门批准的拉闸限电序位,严格落实不同负荷水平下的有序用电方案和各项行政、经济、技术等方面需求的管理措施,精心安排和落实好保电的重点和顺序,确保居民生活用电不受影响,确保农业生产用电,确保医院、学校、金融机构、交通枢纽、重点工程等重点单位正常用电不受影响,确保高科技等优势企业用电的合理需要。以7月22日一天为例,国家电网公司经营范围内各电网,实施需求的管理措施累计转移负荷1 792万千瓦,其中错峰转移负荷233万千瓦,避峰转移负荷803万千瓦,负控限电233万千瓦,共涉及用户6.65万户,有效地削减了负荷高峰,保证电力有序供应。

针对夏季用电高峰期间设备易出故障的情况,地方电网企业首先是加强了95598呼叫中心的力量和抢修人员,确保对用户报修能迅速反应,投诉事件能快速处理。江苏、福建、安徽等省则着重加强了需求管理的宣传工作,让老百姓做到心中有数。南京电力公司更是直接将节能家电搬到了流动宣传车上,向居民实地介绍使用的知识,让相关政策深入人心,让老百姓和企业得到真正的实惠。南京因为限电,关闭了许多亮化工程,使南京人少了观赏夜景的雅兴,但供电部门已经为60万户居民安装了分时电表,使老百姓享受了分时电价的优惠,及时化解了客户的抵触情绪,得到了社会各界的理解和支持。如今,节约用电,选择科学的生活方式,共同应对电力紧缺成为很多城乡居民的共识。

第五章　消息的写作

消息是新闻报道的一种常用文体，它是对社会新近发生的重要客观变动状况所做的迅速及时、简明扼要的报道。

消息就是新闻。之所以把它称为“消息”，是要在新闻的体裁上把它与其他新闻报道的体裁区别开来。

广义的新闻是指各种体裁的新闻报道，而狭义的新闻就是指消息。消息是新闻报道中最常用的体裁。本章讨论的就是这种“狭义新闻”——消息的写作方法与技术。

消息的主要任务是报道动态新闻。因此在报纸、电视、广播、网络这些以报道动态新闻为其主要任务的现代新闻媒体中，消息是新闻记者使用频率最高、在媒体上出现频率最高的新闻报道体裁。

消息的体裁具有下述特点：

● 集中报道最重要的新闻事实

所有的新闻体裁都是在报道事实，但是报道事实的方式和方法差异甚大。消息报道事实的特点是单刀直入式地报道事实的本质和真相，对于新闻事实的某些细节、某些过程、某些情趣可能不会过于关注，它特别关注的是展示新闻的主要内容和本质意义。

● 简洁概括、快速报道动态新闻

用简明扼要的语言概括地报道新闻事实，是消息区别于其他新闻体裁的重要特征。它需要满足的是受众快速了解最新新闻动态的需求。因此，简洁的语言是消息行文的要求与特征。

● 具有独特的文体结构形式

消息在新闻传播中担负的任务是把最重要的新闻事实以最快的速度传递给受众,因此,百余年来形成的一种特殊的文体结构至今在消息的写作中占据着稳固的统治地位,这就是“先重后轻”的倒金字塔结构。这一结构的本质要求是——将最重要的新闻事实最先告诉读者、观众、听众和网民。

消息最明显的外在标志是它具有一个“头饰”,即在正文开端有一个“消息头”,这个“消息头”一般由四个方面的内容组成:发布新闻的机构、发布新闻的地点、发布新闻的时间、发布新闻的记者。

比如:新华网贝鲁特 5 月 12 日电(记者潘立文)

这样的“头饰”在新闻传播中似乎已经成为新闻机构与受众间的一种约定俗成的契约信号:见到它,就意味着你看到的是消息报道,而不是其他文体的新闻报道。受众在这个“头饰”的下面将看到的是真正的新闻,而且往往是那些“硬新闻”,即构成人们生存环境重要变化的事件性新闻。

第一节　导语的写作

新闻人士在谈到新闻导语(本章中提到的“新闻”一词,均是指消息)的写作时都会怀着敬畏之心。他们会有一种共识:导语,是新闻写作中最重要、也是最难的部分。

让我们看看新闻界人士是如何来评价导语的。

- 导语是新闻的生命所在。(美国新闻学者赫伯特·黑德)
- 导语需要你付出最大的力量,它是促使读者读下去的诱饵。(美国《底特律新闻》社论作家杰克·海敦)
- 如果你写好了导语,你就已经完成了 90% 的报道任务。确定导语是一场战斗。[《纽约人》杂志撰稿人约翰·麦克菲(John McPhee)]
- 导语一旦写就,它便有利于组织报道。(《纽约人》杂志撰稿人约翰·麦克菲)
- 新闻写作过程中的第一步也是最重要的一步,就是写作导语。写好导语相当于写好消息。(美国哥伦比亚新闻学院教授麦尔文·门彻)
- 虽然说百年来导语的风格大为改观,但是构造优秀的导语仍然是记者最重要的任务。(美国西切斯特大学英语与新闻学副教授沃尔特·福克斯:《新闻写作——报刊记者指南》)

一、导语的作用

导语的重要不仅因为它位于消息开端这样一个重要位置,更重要的是导语在消息中所起的作用。

1. 披露新闻的实质内容

导语高度概括着新闻事件的面貌,集中表现着新闻的核心内容,快速传递着新闻事件的最新动态,它所反映的是最具有新闻价值的要素。在社会生活的频率日益加快的环境中,导语使用一种快速高效的信息组合方式将人们生活环境发生的最新变动状况告诉给人们。导语的这一功能在现代社会的主流媒体特别是以高科技手段支持的新闻媒体,诸如网络媒体、电视媒体和广播媒体中表现得就更为突出。

2. 吸引读者

导语不仅是一篇新闻的提要,而且是一篇新闻的导读。受众是否愿意继续把新闻读下去、看下去、听下去,往往要看新闻的导语对他们是否具有吸引力。可以说,导语是引导读者向新闻的深层信息进入的航标。

有的新闻学者认为,从心理学角度分析,受众接触新闻媒体一般情况下处于"无意注意"的状态,也就是没有明确的意图去寻找特定的新闻。他们仅仅是浏览。在这种情况下,如果新闻的导语提起了他们的兴趣,引起了他们的好奇,吸引了他们的关注,他们就会进一步索取新闻的深层内容。此时,他们的"无意注意"就开始变为"有意注意",新闻传播的深层影响力就能够得以释放。

美国新闻学者有这样的说法:"导语的首要目的是吸引读者。"(朱利安·哈瑞斯等:《全能记者必备》)我们不要挑剔他的话是否过于偏颇,有一点是无疑的:导语如果不能吸引读者关注新闻中更多的内容,它就是在怠懈职责。

3. 建造新闻展开的逻辑顺序与结构关系

一个好的导语,实际上已经建造了展开新闻报道的逻辑顺序与基本构架。因为在导语写作的过程中,你会对全部的新闻事实进行审视、思考、判断,最终确认你想最先告诉读者的内容,同时确定你讲述这些内容的文字方式。而在这个过程中,你对新闻事件要素间的轻重辨识、对新闻事件涉及的各方关系的认知、对描述新闻事件的方式与方法的选择,都已经完成。你写就的导语已经蕴含着你讲述整个新闻的思路与技法。

《纽约人》杂志撰稿人约翰·麦克菲说:"报道由导语延伸而出。"这可谓是职业新闻人的经验之谈。

美国记者亨利·费尔利说过,任何一个曾经为写作导语而殚精竭虑的记者都会知道写导语为什么如此艰辛。因为导语对记者来说与对读者一样重要。导语写作让记者精力高度集中,迫使他判断报道中什么是最重要的,需要强调什么,导语最终会影响新闻报道内容的具体呈现形态。

很显然,新闻界的共识在于:导语,不仅是为读者阅读新闻而创造的,也是为新闻记者写作新闻而创造的。

鉴于导语在新闻中担负着如此重要的任务,如果我们用"良好的开始是成功的一半"这句中国的老话来评价导语在新闻写作中的重要性,一点儿也不过分。

二、导语的类型

导语在新闻中的作用是对新闻主要内容的概括、提示、预告和导读。在我们讨论导语的写作方法时,有一个原则我们还要事先予以特别强调:一定要用具体的事实要素构成导语!

无论你采用什么样的报道展开形式,也无论你采用什么修辞手段、文字技巧,请记住,一定要用新闻事实去支持你的导语。如果没有货真价实的事实内容,你写的就不是新闻导语了。

各种新闻写作教科书中对导语的分类是千差万别的。如果从写作方法上看,两个大的分类系统可能有助于我们掌握写作导语的基本技巧。

一个分类系统是从新闻的内容展开方式上对导语进行分类。依据这种分类方法,导语可被分成两类——直接式导语和延迟式导语。

另一个分类系统是从报道的文字表现方式上对导语进行分类。依据这种分类方法,导语可被分成概括式导语、描述式导语、提问式导语、评论式导语、对比式导语,等等。

把导语分解为各种类型,是为了学习新闻写作的人能够把握导语的写作规律、特点和技巧。而在实际新闻写作中,这些技术的运用不仅是非常灵活的,而且是高度融合的。

1. 直接式导语

直接式导语也被称为概括式导语、硬新闻导语。它的最突出的特征就是从第一句话开始就集中描述新闻事件的主题!在第一自然段就已经把构成新闻的何人、何事、何时、何地、为何、结果这些要素中最为重要的内容交代出来。

直接式导语单刀直入地告诉读者新闻事件的核心内容,让读者对新闻中最重要的内容一目了然。新闻更详尽的内容读者可以在导语后面的段落中索取。

请看下面这些实例：

[本报讯]欧洲大战于昨天拂晓爆发。(1939 年 9 月 20 日《纽约先驱论坛报》:《德军入侵波兰 欧战爆发》)

[路透社(1963 年)11 月 22 日电]肯尼迪总统今天遭到刺客枪击身亡。

[德新社伦敦(2000 年)12 月 31 日电]今天公布的统计数据显示,烟民每吸一支烟就减少寿命 11 分钟。

[中国日报网站(2004 年)5 月 12 日消息]美国白宫 5 月 11 日发表声明宣布,布什总统当天签署法令,对叙利亚实施经济制裁。

[新华网(2004 年)3 月 12 日消息]西班牙媒体 11 日报道,首都马德里至少 3 个火车站当日发生爆炸,造成至少 192 人死亡,此外还有1 240人受伤。据报道,当地时间早晨 7 点 30 分左右,炸弹在到达市中心阿托查火车站的列车上爆炸。当时正值交通高峰时段,在 15 分钟内,同一条线路上的圣欧亨尼娅和波索车站也发生爆炸。

[新华网新德里(2003 年)11 月 25 日电]印度和巴基斯坦同意从 25 日午夜开始在克什米尔地区实行全面停火。印巴两国在各自发表的声明中说,停火将于格林尼治时间 18 时 30 分开始,并覆盖整个边境地带。但声明中没有提及有关停火期限的问题。

上面的导语就是直接式导语,这种导语是新闻媒体使用频率最高的导语形式。它不事渲染,不设悬念,不予铺张,完全用新闻事实自身的力量,即新闻事实中最为重要的内容去吸引受众、打动受众。

直接式导语非常适合于对突发性新闻、重大新闻、时间性强的新闻的报道。因为这些新闻是受众需要快速了解的信息,读者没有任何时间和兴趣在索取这类新闻的过程中去玩味记者制造的文字游戏。

直接式导语包含的要素通常包括：

- 新闻事件的主要内容；
- 新闻事件中的人物；
- 新闻事件发生的时间；
- 新闻事件发生的地点；
- 新闻事件的结局；
- 新闻事件的原因；
- 信息来源。

在写作直接式导语的过程中，要针对新闻的重点，对这些要素进行选择，找出其中对受众来说最为重要的要素，根据这个要素合成导语。为了突出最重要的新闻要素，要根据新闻价值的标准，准确果断地对新闻要素进行取舍。不要在导语中追求展示信息的全面和详尽，只需追求披露信息的核心与要点。

请看下面一则报道：

[××在线(2003年)11月26日消息]11月29日至12月10日，联合国粮农组织大会将在意大利罗马举行。11月25日，该组织公布了2003年度《世界食品不安全形势报告》。据报告提供的数据，目前全世界共有8.42亿人处在饥饿中，这一数字比去年增加了2 700万。

这则新闻报道的核心内容是：联合国粮农组织称，全球超过8亿人处于饥饿状态。

导语中涉及的要素包括：

何时1:11月29日至12月10日

何时2:11月25日

何地：意大利罗马

何人：联合国粮农组织

何事1:联合国粮农组织大会将在意大利罗马举行

何事2:该组织公布了2003年度《世界食品不安全形势报告》

何事3:据报告提供的数据，目前全世界共有8.42亿人处在饥饿中，这一数字比去年增加了2 700万。

把上面如此庞杂的信息都堆放在导语里，怎么能够突出说明主体新闻要素？

这条新闻如果按照新闻要素的重要性进行排列，可能会得出下面的结果：

何事1：目前全世界有8.42亿人处在饥饿中，这一数字比去年增加了2 700万。

何事2:联合国粮农组织公布的2003年度《世界食品不安全形势报告》透露了这一消息。

何时:11月25日是这一报告的发布时间。

按照这样的重要度对新闻要素进行分解后，我们会写出这样的导语：

目前全世界有8.42亿人处在饥饿中，这一数字比去年增加了2 700万。联合国粮农组织11月25日公布的2003年度《世界食品不安全形势报告》透露了这一消息。

联合国粮农组织当年的工作会议如果没有特别重要的议程，不必放置在导语里。

直接式导语是检验记者能力的最有效的方法之一，通过记者写作的直接导语，就可以发现他是否能够准确地识别新闻要点，是否能够清晰了解受众的需求，是否能够使用简洁的文字单刀直入，直取新闻的核心。

2. 延迟式导语

延迟式导语也被称为间接式导语、特写导语、软导语。它最为突出的特征是，不在导语最开始的时候直接告诉读者新闻中最关键的信息，而是用情节、引语、细节、故事的精彩片段激发起受众的兴趣、疑问、好奇心或者是求知欲，借此带领受众走进新闻事件的核心。

延迟式导语通常不在报道突发性新闻、重大新闻、时效性很强的新闻时使用。这种导语通常用于故事性、趣味性强的新闻，新闻特稿和各类软新闻的写作。很多后续报道、解释性报道、调查性报道也经常使用这种导语。

延迟性导语最为吸引读者的地方，就是它的趣味性、可读性。一个成功的延迟性导语会对读者造成一种不可摆脱的吸引力，吸引读者向新闻的深处行走以至奔跑。

写作延迟式导语有两个原则必须坚守，它们关系到这种导语写作的成败。

第一个原则是一定要在新闻中发现确实吸引读者的要素。如果新闻本身的事实要素不可能造成悬念的诱惑、故事的吸引、感情的召唤、冲突的刺激，就不要考虑使用延迟式导语。延迟式导语也是事实构成的，它和直接式导语一样，来不得一丝一毫的虚假编造和有意误导。

第二个原则是不能延迟得太久。为了执行这个原则，你需要做两件事情，一是即使是写作延迟式导语，也要精心为导语写出一个“核心段落”，在这个段落中介绍新闻的核心内容。你要做的第二件事情就是把这个核心段落的内容，恰当地放置在新闻的前几个自然段之内。如果你延迟得太久，读者就会失去耐心，这会导致他们放弃阅读，抱怨记者在浪费他们的时间甚至说记者在拿他们开心。

请看下面一则导语：

朱安·卡贝里拉警官感觉到有一支扣紧扳机的枪顶着他的头。

“我要杀了你。”身后一个声音说。

“我看不见是谁，我不知道发生了什么事情，”卡贝里拉说，“我只是想有人打算杀我。”

卡贝里拉本能地打掉了枪，把嫌疑犯按倒在地上，给他上了手铐。

嫌疑犯是一个12岁的男孩。

枪是一支玩具枪。

“它看上去像一支0.38口径的短筒左轮手枪，”卡贝里拉是有五年军龄的老兵，他说，“这是一支使用纸弹的玩具枪。”

这个事件对于那个男孩来说可不是个玩笑。他被指控为袭击法律授权的警察而遭到逮捕。

这是用特定手法写作的一则新闻导语。在第七个自然，才告诉读者那名搞恶作剧的12岁的男孩被捕了。这就是延迟式导语的表现手法。

延迟性导语不要故弄玄虚！下面的这则导语也试图给读者留下某种悬念：

埃玛和艾尔弗雷德被破啤酒瓶、香烟和各种垃圾所包围。但是即便在入侵者点燃草地大火时，这对夫妇也未曾抱怨过。

这对夫妇根本无法抱怨，因为他们早已经死了。他们是被埋葬在当地一个公墓中的亡者，而记者的这篇报道是要揭露这个公墓环境恶化的问题，记者制作了这样一个故弄玄虚的延迟式导语，这个导语让人们感到这对夫妇应该是现实生活中活着的人。

可以说，这不是延迟式导语，甚至不是新闻导语，因为这几乎是欺骗。

美国哥伦比亚新闻学院教授麦尔文·门彻认为：“悬而未决是延迟式导语最吸引人的地方。”下面的这个案例说明了这种导语的魅力。

寡妇埃尔金的丈夫们遇上了倒霉事。有人谋杀了她的第四任丈夫塞西尔·埃尔金，显然，塞西尔·埃尔金当时正在看电视《家族世仇》，有人用长把平底锅敲碎了他的头。

第三任丈夫塞缪尔·斯米利奇掉进了南戴德一个杂草丛生的沟渠。

第二任丈夫劳伦斯·迈耶斯失踪后没有下落。

正是杀害她第四任丈夫的凶手让玛格利特·埃尔金陷入了麻烦。她被指控为试图雇用一个养蜂人来杀死他。审判定于9月9日举行。

——《迈阿密先驱论坛报》

在新闻写作中，需要灵活运用各种技术，根据新闻内容找到最恰当的文字表现方式。

下面是一个贩毒分子将装满毒品可卡因的避孕套吞进胃里，后因避孕套在胃中破裂导致中毒身亡的新闻导语：

他的最后一餐价值3万美元，这一餐将他置于死地。

——《迈阿密先驱论坛报》

下面是一个百万富翁接受肾移植的新闻导语：

百万富翁 Harold F. Mc Cormick 今天买下了一个穷人的青春。

——合众社

如果从报道的文字表现方式上对导语进行分类，我们可以为导语的类型开出一个长长的单子。下面介绍一些主要的导语写作方法。

● 概述型导语

这是对新闻的核心内容用概括的方式或者说直接叙述方式写成的导语。它简明扼要地交代新闻中最为重要的内容和意义。

开门见山，单刀直入，直指新闻核心，这是直接式导语中经常使用的文字表达方法，在广播、电视新闻的写作中，这种方法使用得尤其普遍。

在概述型导语的写作中，特别要注意使用具体的新闻事实对新闻的核心内容进行概括。永远记住，你是用概括式的语言对新闻的核心事实进行概括，不是对新闻进行概括性的评价，更不是概括表述你对新闻的观点。你的任务是用概括的表现手法直接报道新闻事实。

下面的这则新闻就违反了这一原则：

在风云激荡的改革长河中，2003年无疑是具有标志性意义的一年。

报道说的是什么改革？是哪一个国度内、哪一个领域内的改革？“风云激荡”是什么意思？“标志性意义”是一种什么意义？这样的导语会让受众不知所云。

● 描述型导语

这是通过对新闻的一个场景、一个情节、一个景物、一个画面进行描述写成的导语。它可以造成一种强烈的现场感，使受众产生一种有身临其境的感觉。

这种导语的写作受到新闻内容本身的制约，也就是说，新闻本身一定要有感动人的可供描述的场景、情节、景物和画面。

写作这种导语时有两点需要注意：一是不要过分渲染、喧宾夺主；二是要注意在描写中推进新闻的叙述。你的任务不是玩弄文采，而是报道新闻。

下面一则导语能够让我们看到描写的力量：

18声巨响结束了近10个月的奉节老城的爆破，在9栋大楼几乎同时坍塌掀起的烟尘中，有着2 300多年历史的古城奉节，将随三峡水库的建成而长眠江底。

● 评述型导语

在导语中加入与新闻相关的评论的要素，提示受众关注新闻的意义，是评述型导语的特征。这是一种需要谨慎使用的导语写作方法。

读过下面的导语，你会有什么印象？

××社北京8月5日电 过度的赞扬会使艺术变得廉价，而公正的评判才是对艺术的尊重。当电视导演××就自己的创作日前在北京举办研讨会时，一种求实、不虚张的评论作风令记者感叹：良好的风尚需要大家创造，更值得在文艺界提倡。

这里无疑使用了评论技法，但是这种评论式的导语几乎完全成了记者主观倾向的抒发和个人好恶的伸张。新闻的客观性在这里荡然无存。确切地说，这已经不是新闻，至多是一则表达个人观点的评论了。

使用评述方式构造导语，要注意遵循以下原则：

第一，导语中的评论要素一般说来应该是新闻的构成要素，尽可能避免记者的直接议论。借新闻中相关人物的观点、意见、说法对新闻的意义做出评论，不失为构造评述型导语的好办法。这会维护新闻报道中的客观性原则。下面的导语就机智地运用了这种写作技术：

[路透社新加坡9月2日电]一位森林专家说，用来同印度尼西亚每年发生的森林大火作斗争的主要武器应当是经济因素而不应当是水。这些大火使这个国家和它的邻国笼罩在烟雾中，从而使环境受到严重污染。

第二，导语中的评论要深刻独到，令人耳目一新。既然在新闻中引述了相关的观点，那么这一观点应该是新颖的、深刻的，有助于直接提示人们深刻认识新闻的意义。如果是一种人人皆知的陈词滥调，评论就失去了意义。

本报讯 导弹要上天，人才是关键。为把有限的科技力量攥成拳头，我军战略导弹部队今天组成了首批40名导弹技术专家方阵，这支队伍将在第二炮兵现代化建设中发挥特殊作用。

这则导语说的“导弹要上天,人才是关键”,实在不是什么新鲜观点。导弹这样的高科技产物,本身就是由专业人才制造和操作的。这是众所周知的事情,不构成评论的价值和意义。

第三,导语中的评论要简明扼要。新闻需要简洁,导语更要简洁,评论作为导语中的一个要素就更需要简明扼要,点到为止,清晰明了。

你认为下面导语中的评论要素运用得怎样?

本报讯　留英博士沈浩,以专有技术作价510万元入股,占深圳市汉德胜化工涂料有限公司17%的股权,同时出任总经理。深圳市股资管理公司、市建材集团有限公司分别占50%和33%的股权。这是将无形资产与有形资产结合,个人技术入股与国有资本结合,变成新的资本组织形式的大胆尝试。

● 提问型导语

这种导语的写作方法是:直接提出一个关系到新闻核心事实的问题,将读者的注意力瞬间集中起来,然后立即公布问题的答案,从而披露新闻的核心内容。这种方法的最大优点是能够刺激读者的好奇心,引起读者的兴趣,有助于读者精确了解新闻的核心内容。

长江究竟有多长?源头在哪里?经长江流域规划办公室组织勘测的结果表明:长江的源头不在巴颜喀拉山南麓,而是在唐古拉山脉主峰格拉丹冬雪山西南侧的沱沱河;长江全长不止5 800公里,而是6 300公里,比美国的密西西比河还要长,仅次于南美洲的亚马逊河和非洲的尼罗河。

提问型导语需要掌握三个技术要点:

一是所提问题一定要让读者发生普遍的兴趣;

二是所提出的问题紧扣新闻主题;

三是尽快提供让读者一目了然的问题解答。

我们看下面的一则提问型导语:

“你是否想知道自己已经怀孕?”

这样的提问用在导语中就不够恰当,因为受众中不全是女性!

再看一则提问型导语:

一吨重的月饼你见过吗？你吃过吗？临近中秋节，在天津市家乐福超市南开店里，每天将近5万人能一睹这个大月饼的“风采”。

这样的提问设计也值得商榷。在导语的开端连续提出两个问题。而第一个问题的普遍性实际上已经包含了第二个问题。记者可能有完全的把握，绝大部分人可能根本没有见到过这样的月饼，于是完全可以判断：吃过这样的月饼的人可能就更少了。因此，第二个问题没有意义。更重要的是，在导语中，记者也只是告诉了人们在什么地方能够看到这样的月饼，回答了第一个问题，并没有回答导语中提出的第二个问题——你怎样才能吃到这样的月饼。这就是导语中出现的“硬伤”。

请记住：当你设计的问题不能出人意料、不能引人注意、不能发人深省的时候，就不要用提问型导语。

下面以提问开始的导语会给我们一些启发：

大使的狗是否也有外交豁免权？（美联社）

如果有人给了你生命，你将如何感谢他？（底特律新闻）

● 其他

导语的写作方法还有多种，一切可以运用的文字手段和技巧都可以用于新闻导语的写作。比如，拟人、借代、对比、排比这些手法运用在导语中都可以创造出各种不同的效果和景观。

真是“清风破暑连三日，好雨依时抵万金”。久旱的京城终于在“五一”节之际迎来了一场“贵如油”的透雨。（《北京日报》）

丹尼尔·斯蒂尔有9个孩子，其中5个孩子不满12岁，可是她却每7个月写作一本小说。（《合众国际社》）

爱吃肉的人注意了！一份最近的报告指出，每天摄取动物肉的人，与完全不吃肉的人相比，引起直肠癌的危险率相差两倍以上。美国医师威林特的研究证实了这一点。（台湾《民众日报》）

到明天这个时候，又将有16名美国儿童死于枪击。（《路透社》）

应该说，实际的新闻写作与纸上谈兵完全不同，各种书本上介绍的写作方法在实际新闻写作过程中的运用是非常灵活的。正是各种写作技术的相互渗透和相互融合，才能创造出千姿百态、丰富多彩的新闻导语。

“文无定式”！这句话同样适用于新闻写作。记者在新闻写作中需要严格遵从的是新闻报道的基本原则，而在技法上，应该根据新闻本身的内容特点，不断探索新的表现方法与表现途径。千万不要被教科书上所讲的条条框框束缚住手脚。不拘一格，正是创新所在！

看看下面的导语是怎样运用遣词造句的技巧的：

路透社洛杉矶(2000年)3月17日电　就连好莱坞也编造不出这样的故事：为了侦破一起神秘的盗窃案，一个联合特别行动组成立了；联邦调查局也被请来了；一条特殊的电话线开通了，悬赏破案的赏金是5万美元。

什么被偷了？英王皇冠上的珠宝？比尔·盖茨的财产？都不是。被盗的东西是对洛杉矶来说重要得多的东西：奥斯卡金像不见了。

在这个延迟性导语里，记者运用了设问、排比、评论等多种写作技巧，力图让导语达到吸引读者的最佳效果。

三、如何发现导语

要想写出好的导语，发现构成导语的新闻事实是前提。如何才能发现构成导语的新闻？基本方法就是要根据新闻价值去判断新闻中最有价值的因素。

导语需要选择什么样的事实？

导语中选择的事实应该是最具新闻价值的事实。然而这样的说法可能会让人感到茫然，特别是会让刚刚开始写作新闻报道的人不知所措。因此，我们把这个标准细化为下面的提示：

1. 最新的事实

既然你要向受众提供的是新闻，就应该把客观环境中最新的变动状态最先报道给受众。如果你是在一个化工厂泄漏事故发生的第二天报道这个事故，你就要把事故导致的后果的最新动态在新闻的开始告诉给公众。

2. 对受众最有影响力的事实

比如城市水价调整的政策出台、银行利率的调整变化这些新闻，可能会涉及诸多事实要素，但是，你在报道中最应该考虑的是这种调整与变化对当地民众的生活有什么影响，并且把这种影响在新闻的开头清晰地反映出来。

3. 对受众最有实用价值的事实

你要报道中国市场上劣质酱油的状况，你就不仅需要披露现状的严重性，而且要考虑找到相关事实和恰当角度，让受众从新闻的开始就感到这则新闻与他们的日常生活有密切关系,可以给他们提供有实用价值的帮助。

4. 最具人情味的事实

你要把最能够引起人们感情共鸣的事实要素在报道中突出出来,以引起人们对新闻的关注。比如你要报道中国贫困大学生的状况,如果只是描述他们的贫困状况不一定会打动受众,而如果报道那些在贫困中仍然发奋学习并且取得突出成绩的贫困大学生的故事,就可能会给人们更多的触动。

辨识新闻导语中需要的事实,比辨识新闻本身难度要大,它需要记者熟悉受众的需求,了解新闻的全貌和本质,在此基础上,动用更敏锐的观察、更准确的判断,捕捉住导语所需的事实材料,构造出吸引受众的精彩导语。

四、写作导语的步骤

如果我们把导语的写作视为一个工作流程进行考察,可以把写作导语分为五个步骤:

第一,发掘新闻中能够构成导语的事实,找出新闻中最值得人们关注的要素。苛刻地问一下自己,在你报道的这个新闻事件中,什么是最为重要的?什么是与读者关系最为密切的?什么是前所未有、独一无二的?什么是最不寻常的?什么是读者最感兴趣的?答案一定要非常明确,非常有说服力。只有完成这个判断,你才有可能用具有吸引力和震撼力的事实写出有吸引力、有震撼力的导语。

第二,判断事件与谁有关?——谁做的?谁说的?事件影响到谁?人,永远是新闻中最为重要的因素。

第三,决定导语写作的形式。根据新闻本身的内容和特点,决定究竟是使用直接式导语,还是使用延迟式导语。

第四,寻找能够吸引受众的关键词语。确定最能吸引读者阅读报道的主语和动词,把这些关键词语放置在导语中的恰当位置上。

第五,审读导语。看看导语是否顺畅,是否有吸引读者的力量。

五、导语的句式

一般来说,导语中应该使用"主语—谓语—宾语"的句式。这样的句式对于读者来说一目了然,可以让读者在阅读新闻时不致产生歧义和误解,也可以使读者最大限度地提高阅读新闻的效率。但是不要僵硬地理解这一原则。你要辨识新闻中什么是重要的要素,把这些要素清晰地表现出来。

看看下面的这则导语:

××网(2004年)4月22日电 云南省昆明市中级人民法院今天(24日)依法对马加爵故意杀人案做出一审判决。连续残杀四名同学的云南大学生命科学学院生物技术专业学生马加爵以故意杀人罪被依法判决死刑,剥夺政治权利终身。

如果改变一下写法,效果会怎样?

连续残杀四名同学的云南大学学生马加爵今天被判处死刑。

在这样的新闻中,哪一个地方法院做出的判决可能并不是读者最关注的事实,而什么人因为什么罪行招致什么样的法律惩罚才是读者最关心的。因此在这样的新闻中,被动句式或许更能够突出表现新闻价值。

六、导语的长度

导语必须简洁。而简洁到底意味着什么样的长度标准,似乎没有一个绝对的文字量界限。

不过,美联社还是划定了这条界限:当一条导语的句子超出了25个单词时,记者就要开始进行调整。他们划定这条界线的依据,是要使新闻报道适应一般人的阅读习惯和阅读能力。美国新闻学界的研究发现,超出25个单词的句子,读者就很难把句子表述的全部内容一次读懂。

美国一些新闻教科书在谈及直接式导语的长度时说过,不要超过35个单词。这也是一个值得参考的数据,因为过长的导语会破坏简明扼要的效果。

整个导语的长度可能会因不同的写作技巧而显示出极大的差异。延迟性导语所用的文字和段落往往会多于直接式导语。和现实世界的丰富多彩一样,作为反映现实世界的新闻报道和新闻报道中的导语,也会呈现出千姿百态。

要想让导语简洁,就必须大胆而准确地舍弃一切可以舍弃的东西。如果你在导语中填塞的内容过多,就不可能让导语简明扼要。

请记住:文字的简洁永远抵挡不了内容的庞杂。

在导语中可以抛弃的东西包括:

- 不必要的消息来源。消息来源对于新闻报道是必不可少的,但是它不一定必须出现在导语中。
- 进一步说明核心事实要素的复合句。尽量使用清晰的独立句式完成对新闻事实的描述。把进一步的说明放到新闻主体中去叙述。
- 确切的时间。时间无疑是新闻的基本构成要素,但是在导语里不是一定要把确切的时间分毫不差地标示出来的。

在写作导语的过程中,我们要始终拥有一个清晰的意识:

干脆利索地完成导语,更详细的内容在新闻的主体部分展开!

七、修改导语的练习

导语写得不尽如人意的原因很多。有的原因可能在采访环节中就已经酝酿了。如果你不能采访到写作导语所必需的事实要素,何等的生花妙笔也不可能让你写出精彩的导语。

在写作环节中,下面的一些原因可能会对一则好导语的诞生造成威胁:

- 没有将最重要的事实放置在最前面;
- 没有说明新闻事件的本质;
- 没有把最能够吸引人的要素放置在最前面;
- 叠床架屋的庸言赘语。

让我们看下面的导语:

××社北京(1994 年)9 月 20 日电　一年 365 天,中国一日如何是?研读中国经济运行最新情况通报,你会发现串串生动鲜明而又令人惊讶的数字。

这则导语,没有事实要素的支持,因此也没有更大的吸引人的力量。

如果这样修改一下,可能会给人们留下一些具体的印象:

一天创造出近 6 万个新生命,一天消耗 7.5 亿公斤粮食……中国权威机构用一系列最新统计数字描述了今日中国一天 24 小时内发生的事情。

下面的导语没有把最重要的事实突出出来。

××社(1999 年)9 月 13 日电　今天傍晚,中国官方公布了圈定的新中国五十周年宣传口号。这份包括 50 句的宣传文件,重申"坚定不移地推进改革开放","坚持和平统一、'一国两制'的方针",强调"推进政治体制改革"。其中,中国官方首次提出了"邓小平理论万岁"。

如果进行一下修改,可能会是另一种效果:

今天,中国官方首次喊出"邓小平理论万岁"的口号。

这个口号出现在中国官方为庆祝中华人民共和国建国五十周年而确定的 50 个宣传口号之中。这些口号里明显包含了被称为"中国改革开放总设计师"

的邓小平所独有的治国思想及方略，诸如“坚定不移地推进改革开放”，“坚持和平统一、‘一国两制’的方针，完成祖国统一大业”，“推进政治体制改革”。

中国官方首次提出了“邓小平理论万岁”——这显然是最为重要的新闻，应该放置在导语的最前面。而邓小平的治国方略显然决定着中国未来的历史走向，因此应该把具有邓小平思想特色的口号集中起来，提示人们关注，以便人们清楚地了解邓小平思想在中国社会发展进程中占据的重要位置。

下面的一则新闻导语可能会让人不知所云：

7月6日，油漆工人刷完最后一笔，到此，湖北电视塔完成了由“一枝花”取代“一支剑”的“脱胎换骨”过程。“KENT”(健牌香烟)广告盘踞武汉龟山之巅已成历史。

导语使用了两个产品品牌的名称，而很多读者未必知道“一枝花”和“一支剑”是什么东西。至于导语中所说的“湖北电视塔完成了由‘一枝花’取代‘一支剑’的‘脱胎换骨’过程”的描述，读者就更难理解究竟是什么意思。

我们改变一下描述方式，看看是不是能好得多：

英国健牌(KENT)香烟的巨额资金在与武汉民意的较量中失败。它被迫提前11个月终止了与素有“亚洲桅杆”之称的湖北电视塔的广告合同，从而失去了在中国这个长江沿岸的枢纽城市达两年之久的广告“制空权”。

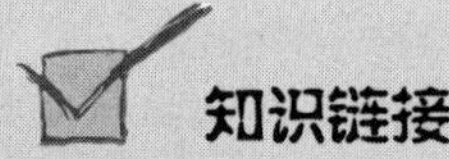

职业新闻工作者对导语写作的建议：

我们发现了一个写作导语的好方法：提前想好它们——在报道还未展开时就设计好导语。

——美联社记者 Walter R Mears(1977年普利策奖获得者)

在你奔向主题之前，你不想见到太多自我陶醉的无聊的话。如果你读完报道的第一段你还不知道它在说什么，情况就不妙了。

——Lord Hartwell(英国《每日电讯报》董事会主席兼总编辑)

任何必须让人读上两遍才能读懂的导语都是糟糕的导语。

——一位美国新闻界人士

写报道最重要是寻找中心思想。一件事情被给予一个主题，但是你必须在那个主题内找到思想或概念。一旦你发现了那个思想或思路，剩下的所有奇闻轶事、阐述说明与引语便是串在这条思路上的珍珠，串起珍珠的线可能不起眼，珍珠可能光耀夺目，但毕竟是线造就了项链。

——《华盛顿邮报》专栏作家托马斯·博斯韦尔

美国哥伦比亚新闻学院教授麦尔文·门彻对于写好导语的建议：

- 发现好的报道主题，理解报道的重点要素。
- 确定使用直接式导语还是延迟式导语。
- 如果一个要素很重要，就使用单一元素导语；如果几个要素都很重要，就使用多元素导语。
- 使用具体的名词和生动的行为动词。
- 使用主—谓—宾结构。
- 使导语简短，句子要控制在 25 个词之内。
- 让导语吸引读者但是不要为了可读性而牺牲报道的真实与准确。

第二节 主体的写作

主体是新闻报道的正文，它是继导语之后对新闻进行全面、详细报道的部分。那些在导语中没有详细说明和未能涉及的新闻要素，都要在新闻的主体部分被有机地组合起来，从而使报道更加完整、更加详尽、更加精确地描述新闻的全貌，说明新闻的意义。

一、新闻主体的任务

新闻主体担负的任务就是全面展开导语。新闻主体与导语在报道中担负的任务不同，但是又与导语担负的任务密切相关。

我们可以对新闻主体担负的部分任务做出更加细致的分解：

1. 具体说明导语中高度概括的新闻要素

在新闻报道中，仅仅对新闻的核心内容进行概括，是不能满足受众对环境变化了解的需求的。特别是在一些重要新闻发生的时候，受众需要了解新闻中更多的细节，更多的背景。只有对新闻的各种要素进行具体地描述与说明，新闻的全貌才能得以真实展现。

中德科学家在中国南海发现"可燃冰"储藏

新华网上海频道孙丽萍(2004年)7月16日报道:乘坐德国"太阳号"进行南海考察的中德联合考察队,15日返回上海。中德科学家联合宣布,此行发现中国南海拥有天然气水合物储藏,也就是"可燃冰"储藏。

这支中德联合考察队包括26名中德地质学家,乘坐德国"太阳号"科考船,6月2日从香港起航,至7月13日停靠上海,历时42天。

该项目中方首席科学家、广州海洋地质调查局总工程师黄永样教授说,通过海底电视观测和海底电视监视抓斗取样等手段,中德科学家发现了南海确实存在天然气水合物也就是"可燃冰"储藏的证据。

他说,科学家们在南海北部陆坡发现由天然气水合物气体"冷泉"喷溢而形成的巨型碳酸盐岩,总面积接近430平方公里,这也是世界上迄今为止发现的最大的自生碳酸盐岩区域。中德科学家通过同位素分析,发现该礁石最早形成于大约4.5万年之前,至今仍在释放甲烷气体。其他科学分析进一步证实,该区域蕴藏丰富的"可燃冰"。由于发现地点靠近香港九龙,中德科学家已经将其中一个岩礁命名为"九龙甲烷礁"。

天然气水合物俗称"可燃冰",是一种在低温、高压条件下,由天然气和水分子结合形成的白色固态结晶,外表像冰。因为其成分80%~99.9%为甲烷,又被称为"甲烷天然气水合物"。它通常储存于近极区陆地永冻土中,以及海底400米到3 000米深的海底沉积物当中。最近20年中,"可燃冰"日益成为世界各国能源研究和开发的"热点"。1立方米的"可燃冰"燃烧,可以释放164立方米的甲烷天然气。

该项目的德国首席科学家、德国基尔大学海洋科学研究所副所长厄尔·塞斯认为,中德科学家在南海上的发现有独特意义。因为,此前发现天然气水合物的墨西哥湾、挪威海湾等都属于"主动形大陆边缘",而中国南海的地形则属于"被动型大陆边缘"。

此次考察同时表明中国对天然气水合物的研究开始转入区域性调查和试勘探阶段。中国是从1999年开始对南海展开天然气水合物的资源调查和评估的。

不过,虽然"可燃冰"被普遍视为未来"人类最理想的替代能源",其开发利用前景仍不明朗。世界各国对开发利用"可燃冰"提供能源的态度各不相同，首先是因为技术不成熟，此外也担忧开采利用将影响海底生态和气候环境。

据悉，中德合作进行的这一考察项目从2004年开始，为期一年。接下来，中德科学家将在实验室领域展开进一步合作。

我们可以看到，这条新闻在导语中只是报道了中德科学家联合宣布在中国南海发现"可燃冰"，而在新闻的主体部分对这一发现的种种细节和这一发现的意义进行了描述和解释。

2. 深入解释导语中高度概括的新闻事实的深层意义

在新闻的主体部分，记者要调用一切有价值的新闻要素，对新闻的深层意义进行解读，进行提示。

澎湃新闻报道　湖北最新通报：2020年2月12日0－24时，新增新冠肺炎确诊病例14 840例，含临床诊断病例13 332例。一天前，湖北的新增病例还只是1 638例，一夜之间翻了近10倍。

这个数字看起来吓人，但为什么有人看到反而感到有点欣慰？湖北省卫健委今日公布的《湖北省新冠肺炎疫情情况》给出答案：从今天起，湖北省将临床诊断病例数纳入确诊病例数进行公布。这说明，湖北终于真正深入排查了，统计数据也做到了实事求是。把"临床诊断病例数"纳入"确诊病例数"进行公布，是正确的做法，以便患者及时得到收治，堵塞了疫情传播的漏洞。

《湖北省新冠肺炎疫情情况》中做了具体解释：随着对新冠肺炎认识的深入和诊疗经验的积累，针对湖北省疫情特点，国家卫健委办公厅、国家中医药管理局办公室印发的《新型冠状病毒感染的肺炎诊疗方案（试行第五版）》在湖北省的病例诊断分类中增加了"临床诊断"，以便患者能及早按照确诊病例接受规范治疗，进一步提高救治成功率。根据该方案，近期湖北省对既往的疑似病例开展了排查，并对诊断结果进行了订正，对新就诊患者按照新的诊断分类进行诊断。

同时，为与全国其他省份对外发布的病例诊断分类一致，湖北省将临床诊断病例数纳入确诊病例数进行公布。

武汉大学健康学院全球健康系主任向浩分析称，湖北省"疑似病例"标准已放宽：只要符合"发热和/或呼吸道症状""发病早期白细胞总数正常或降低，或淋巴细胞计数减少"这两条临床表现，便可考虑为疑似病例。疑似病例只要具有肺炎影像学特征者，为临床诊断病例。向浩解释，这意味着，疑似病例只要拍 CT,有新冠肺炎肺部病变的特征,在没有核酸检测的情况下,就成为临床诊断病例。

而在此前,患者是否确诊,主要参考指标是核酸检测结果。但由于核酸检测时间较慢,且频频出现假阴性,一些患者无法及时确诊收治,但患者的临床表现又高度疑似新冠肺炎,如发烧、咳嗽、肺部出现磨玻璃状阴影等。

中国疾控中心流行病学首席科学家曾光表示,“临床诊断病例”就是实验室还没确诊,还没有查到核酸检测阳性,只是临床症状“看着像”。中央指导组专家、北京朝阳医院副院长童朝晖也表示,“前一段时间我们主要是靠核酸来进行确诊病例。实际上按照我们临床诊断的标准,是有一大部分疑似病例(可以视为确诊病例)的。”如果不改变认定标准,这部分患者就难以得到有效救助,疫情就无法完全控制住。

一天新增一万多,说明最近的严格排查,应收尽收政策已初见成效,把许多疑似病例排查了出来,确诊了,收治了。数字多不可怕,只要应收尽收,彻底切断传染源,相信疫情早晚能被控制住。中国疾病预防控制中心原副主任、公共卫生和流行病学专家杨功焕表示,“看到这个数目,我们反而应该稍微有一点点放心,因为这说明把一些传染源真正找到并隔离起来了”。

(来源:澎湃新闻 2020-02-13)

这是2020年武汉疫情中的是一个重要新闻。湖北的新增病例一夜之间翻了近10倍。这之间究竟发生了什么事情?报道的主体部分对这一变化的缘由进行了解读。尽管由于种种原因,新闻没有能够对这一变化背后的复杂原因和各种细节进行全面展示与说明,但是,报道还是告诉了公众相关部门对病例的排查方式、统计方式、收治方式和管理方式发生的变化,告诉了公众这一变化的实际意义,在安稳民心、减少恐慌的同时,也让人们看到疫情的严峻,从而帮助公众在重大疫情面前形成理性认知。

这则消息是一篇对重大新闻的背景解读的报道,作者可能是过于急切和匆忙,以至报道中出现了这样的文字:“一天新增一万多,说明最近的严格排查,应收尽收政策已初见成效,把许多疑似病例排查了出来,确诊了,收治了。数字多不可怕,只要应收尽收,彻底切断传染源,相信疫情早晚能被控制住。”这不是新闻,是作者的断言。新闻只应该陈述事实。

3. 补充交代导语中未曾交代但是与新闻密切相关的事实要素

导语中会舍弃很多东西,而在导语中舍弃的东西不见得是没有价值的。只是因为篇幅所限，只能割舍。而在新闻的主体部分，却可以把这些在导语中没有足够空间说明的要素告诉给读者。

内蒙古官员玩忽职守造成艾滋病毒传播被判刑

××网呼和浩特(2005 年)1 月 28 日电　因玩忽职守致使多人感染艾滋病病毒，内蒙古自治区清水河县原卫生局局长李占平、副局长杨飞，近日被清水河县法院一审分别判处有期徒刑 3 年、缓刑 5 年和有期徒刑 3 年、缓刑 4 年。

检察机关指控李、杨二人，自 1999 年 11 月 27 日至 2003 年 11 月 11 日，清水河县医院违反《献血法》和《医疗机构临床用血管理办法(试行)》有关规定，在不具备检验丙肝病毒抗体、梅毒、艾滋病抗体的条件下，先后为 29 名患者自采、供血，使牛某某等 11 名患者因输血并经 HIV 抗体检测，被确认为 HIV 感染者或艾滋病人，牛某某、郭某某的配偶为二次性传播感染艾滋病毒。李、杨二人的行为已经触犯《中华人民共和国刑法》第三百九十七条的规定，应当以玩忽职守罪追究其刑事责任。

清水河县人民法院合议庭经审理认为，清水河县卫生局对清水河县医院的临床管理用血依法负有监督管理职责，被告人李占平、杨飞作为县卫生局的主要领导人员，明知清水河县医院存在非法自采、供血现象，却麻痹大意、听之任之，没有采取行之有效的监督管理措施，对工作严重不负责任，致使其任职期间县医院为 30 名患者非法自采、供血，并导致其中 11 名患者因输血感染艾滋病毒，2 名感染艾滋病毒患者的配偶二次性传播感染艾滋病毒，1 人死亡，使人民利益遭受重大损失，其行为已构成玩忽职守罪，检察机关指控罪名成立。

清水河县人民法院一审认定李占平犯玩忽职守罪，判处有期徒刑 3 年、缓刑 5 年；认定被告人杨飞犯玩忽职守罪，判处有期徒刑 3 年、缓刑 4 年。

经记者了解，内蒙古清水河县采供血感染艾滋病案件，还涉及县医院原院长王晓玲、原副院长张俊等 5 名相关责任人。目前，上述犯罪嫌疑人也被清水河县公安局以犯有传染病防治失职罪，非法采集、供应血液罪的嫌疑，分别采取了取保候审的强制措施，并移送检察机关提起公诉。

这则新闻的导语中只是简明扼要地告诉人们内蒙古自治区清水河县原卫生局局长李占平、副局长杨飞，因玩忽职守致使多人感染艾滋病病毒，被清水河县法院一审判处有期徒刑这一核心事实。但是，在消息的主体部分，记者透露了更为详尽的在导语中未曾交代的诸多新闻要素，这些事实的披露会让读者从这样一场人为悲剧中思考更多的事情。

需要注意的是，新闻的最后一个段落用了“经记者了解”这样的说法，这是不够专业的。记者了解情况是记者的本职工作，你的全部报道内容都应该是你“了解”出来的，因此不必特别说明。这时需要说明的恰恰应该是真正的消息来源——谁透露了这个情况。消息来源的权威性比记者本人重要得多。

二、新闻报道的结构

就像盖一座大楼必须先进行结构的建造一样，写作新闻报道也要事先确定写作报道的结构框架。如果没有一个合理的结构，各种新闻要素的展示就会没有顺序、没有章法。

结构不仅是一种形式，而且蕴藏着能量。在有限的报道篇幅内，按照什么样的顺序和规则去放置各种新闻要素，去展示新闻的发展进程，去剖析新闻的深层意义，这一切都有赖于找到一种合理的文体结构。记者就是通过这种结构，编织各种新闻事实，流畅讲述新闻故事，清晰展示新闻冲突，严密剖析新闻意义，从而使自己写作的报道取得最佳传播效果。

> 我知道大多数报纸的读者都不会从头读到尾。但是我对自己说，如果我写得足够好，他们会读完我的报道。
>
> ——肯・富森(《巴尔的摩太阳报》记者)
>
> 一篇有效的报道要有一种能够包含事实并且能够向人们展示事实的表现形式。作者必须找到一种能够让读者得到圆满感觉的写作形式，要让读者感到事件中的一切都很自然地发展演变到最终结果。
>
> ——唐纳德・默里:《为读者写作》

无论什么样的报道结构，都要有助于读者理解新闻的核心内容、相关背景和深层意义。下面介绍一些在新闻报道中经常使用的结构类型。

1. 倒金字塔结构

> 倒金字塔，是按“头重脚轻”的方式写作动态新闻的技巧。
>
> ——杰克・海敦

倒金字塔结构是最经典也是最基本的新闻报道结构。这种结构的核心要求是用概括型导语描述出核心新闻事实,然后在新闻主体部分按照“重要性递减”的原则,先重后轻地依次展示对导语进行具体说明的各种新闻要素。在这样的结构下,记者会按照新闻要素的重要性依次展现出新闻的全貌。这种结构往往用于突发性新闻、重要事件新闻、硬新闻的写作。

至于在一个新闻中什么信息是最重要的,什么是次重要的,什么是不那么重要的,就要看记者自己的判断了。

倒金字塔结构长期以来在新闻报道的写作中占据稳固的统治地位,是因为这种文体结构对于新闻传播有着其他结构难以替代的作用。

第一,倒金字塔结构便于记者写作新闻。在紧迫的结稿时间的限制下,记者依据这种将最重要的新闻要素置于新闻最前端的原则写作新闻,就可以保证在任何时候终止新闻写作,都不会在报道中遗漏最为重要的信息。

第二,倒金字塔结构便于编辑对新闻进行编辑。无论是报纸的版面还是电视与广播的时段,都是有限制的,它们不可能与记者提供的原始稿件所需要的展示空间与时间完全吻合,如果记者按照倒金字塔结构写作新闻报道,编辑在编辑稿件特别是删节稿件的时候会非常便利,原则上只需从稿件最后面的段落开始删除就可以了。这就缩短了编辑的时间,提高了编辑的工作效率。

第三,倒金字塔结构便于读者阅读。按照这种结构写作的报道,会保证读者最先读到的永远是最重要的新闻信息。读者在任何时候终止对新闻的阅读,都能够保证已经了解了这条新闻中最重要的要素。

正是因为倒金字塔结构的这些优势,致使新闻学者发出这样的感叹:“倒金字塔永远不会过时。”(杰克·海敦)

倒金字塔结构示意图,见图 5 -1,图 5 -2。

依照将最重要的新闻事实置于最前面的原则,对各个新闻事实要素进行“前重后轻”的依次排列,建造起展示新闻全貌的“倒金字塔”结构框架。

倒金字塔结构确实有着它不可替代的魅力。但是如同这个世界上一切美好的东西也一定有它的缺陷一样,倒金字塔结构也有它自身的缺陷。倒金字塔结构最明显的缺陷在于:它很难自始至终吸引读者!既然倒金字塔结构是按照新闻要素的重量级别从重至轻对新闻事实进行布局,这就意味着它对于读者的吸引力可能在新闻展开的过程中逐级递减。因此,各种非倒金字塔结构便有了它们的用武之地。

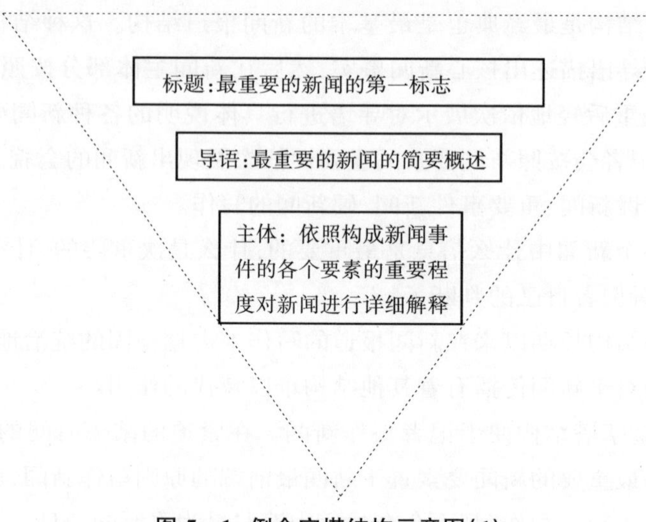

图 5-1 倒金字塔结构示意图(1)

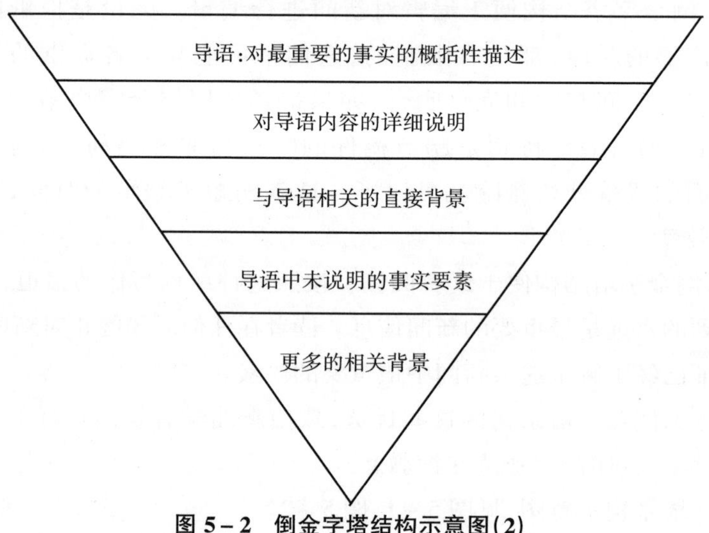

图 5-2 倒金字塔结构示意图(2)

在不具有高等级时效性(严格截稿时间限制)的新闻写作中,各种非倒金字塔结构被广泛使用。

使用这类结构的目的是为了使新闻对读者具有更大的吸引力,也是为了更细致、更全面、更深刻地展示新闻的全貌和本质。

非倒金字塔结构的适用题材包括:

- 对事件进行深度解析的新闻报道;
- 披露事件背景的新闻报道;

● 揭露内幕的调查性新闻报道；

● 人物新闻报道；

● 情节性较强的新闻报道；

● 人情味较浓的新闻报道；

● 趣闻轶事报道。

上述报道与时效性很强的硬新闻报道不同，它们通常具有两个特征：一是构成因素比较复杂，人们阅读这类新闻第一需要的不是时效，而往往是深度；二是新闻比较有趣，人们看这类新闻的第一需求同样不是时效，而是放松、愉悦。因此读者在阅读这些新闻时，往往有时间，也有耐心，在这样的情况下，记者需要也有可能运用更多的文字与结构技巧吸引读者对新闻全程的关注。

2. 沙漏型结构

这种主体结构类型是按照新闻发生的时间进程展开新闻内容，它也被称为"纵向结构"。它的特征是按照新闻事件的自然进程，以时间为主线，叙述出新闻事件的全貌。这种结构的开始部分与倒金字塔结构非常近似，也是要有一个描述出新闻核心内容的导语，然后按照时间的顺序，构造新闻主体，展开对新闻过程的叙述。

这种结构通常用于时间进程的标志比较明显的新闻事件的报道。它的最突出的优点是能够非常清晰地向读者展开新闻事件发展变化的各个时段的状态，便于读者对新闻事件有完整而详尽的了解。此外，使用这种结构的新闻报道也往往会因其顺应时间发展进程报道的形式上的高度客观性而产生一种真实记录正在形成的历史的功效。

沙漏型结构的缺点也比较明显：按照时间进程叙述新闻事件的过程，很容易让读者有疲劳感。如果不是非常有吸引力的足以让读者顺着时间顺序看下去的新闻事件，就要慎用这种结构。

运用这种结构技术需要注意的是要识别新闻事件在时间顺序中的起伏波澜，找出新闻事件在发展进程中的特点、高潮，从而形成对读者的吸引力。

沙漏型结构示意图，见图 5－3。

3. 焦点展开结构

这种结构通常使用延迟性导语，把焦点集中在新闻事件中的一个情节、一个人物、一个场景、一个悬念之上，从这个开始吸引读者的焦点，过渡到对新闻核心内容的说明，进而展开对新闻要素的详细描述，展示新闻的全貌。报道的

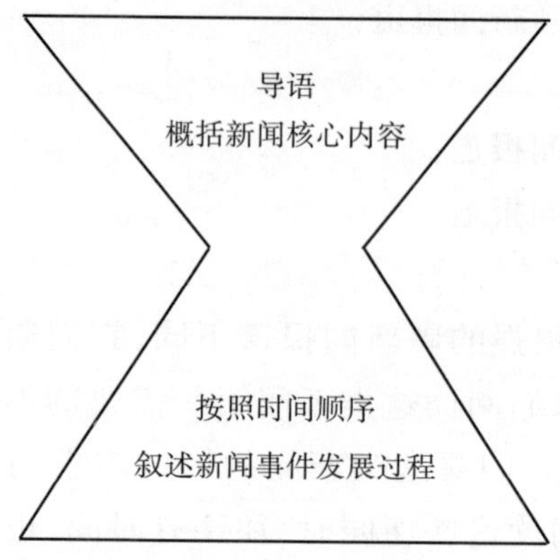

图 5-3 沙漏型结构示意图

结尾,往往会选择意味深长的新闻事件的要素,或者是人物的话语,或者是一个事件的情节,或者是事件的变化趋向,以照应报道的导语,酿造出一种让人回味,让人感慨,让人思考的氛围。焦点展开结构的最大优点就是从一开始就能够刺激起读者的阅读兴趣,把读者带入一个真实的新闻故事的过程中,让读者感受到新闻事件的震撼力。

这种报道结构的关键技术有三点:一是要从新闻事件中找到一个能够引起读者普遍兴趣的焦点,这个焦点不仅能够引起读者强烈的好奇心和悬念,同时也能够将读者带入新闻事件的核心,成为展示新闻全貌和意义的契机与提示。二是要在主体部分用各种新闻要素造成起伏波澜,展示事件的冲突和复杂,让读者伴随着兴趣了解新闻的全貌和意义。三是要设计一个出人意料的、发人深省的结尾。掌握了这三项技术,往往就可以将新闻报道写得引人入胜。

焦点展开结构通常用于写作情节比较曲折、故事性比较强的新闻事件。调查性报道、黑幕揭发报道等也常常使用这种结构方式。

焦点展开结构的操作框图,见图 5-4 所示。

在美国主流媒体中,《华尔街日报》是公认的精于运用焦点展开结构写作新闻报道的媒体,特别是在他们的重点报道中。这种报道结构的运用为《华尔街日报》带来了巨大的影响力。因此,在美国的一些新闻教科书中,谈及该种报道结构的时候,甚至直接使用了“华尔街日报型结构”的说法。

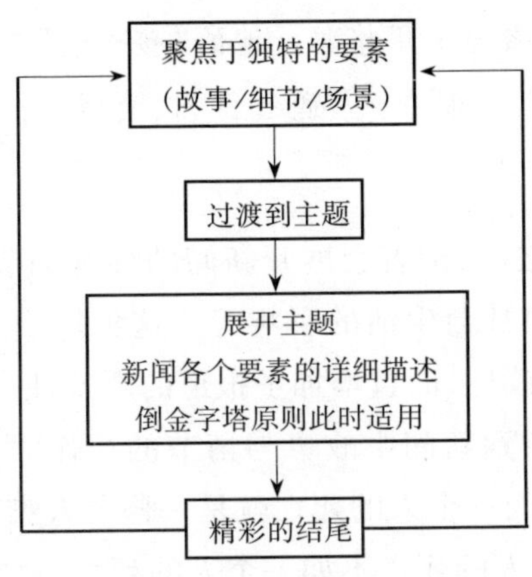

图 5-4 焦点展开结构示意图

请看下面一个例子：

美国卫生部的报告：每年有1 100万未成年人离家出走或被家庭抛弃。之中大多数人都遭到过父母的身体虐待和性虐待。这些人中的三分之一有酗酒的父母，许多来自收养家庭。

面对这样一个专业部门的报告，《华尔街日报》不会在前面加上一个“本报讯 某月某日 记者×××报道”的消息头，然后用“根据美国卫生部提供的消息……”这样的方式去写作他们的报道。

《华尔街日报》的记者深入到一个问题少年们聚集的场所，详细了解这群青少年的真实生活境况，然后写成他们的报道。他们的报道首先让读者的目光聚焦于一个可以看见、可以感触的场景上。

请看《华尔街日报》记者 Sonia L. Nazario 是怎样写作的：

好莱坞电：在繁忙马路下一个黑暗腐臭的洞穴里，5个十来岁的少年蜷缩在一根蜡烛前。老鼠在他们的周围四处觅食，肮脏的地面似乎也随着这些老鼠颤动起来。这些少年一边在手中传递着一瓶半加仑雷司令，一边在讨论自己最近的性爱得分。这里就是那个被青少年们称为“洞”的地方。混凝土墙上糊乱涂抹着：“这就是我们的家。”

这个洞里住着一个经常变动的群体，有30个左右的青少年。他们或离家出走，或被家庭抛弃，从此结合在一起形成一个怪异的现代类型的家庭。他们大多是白人，来自中产阶级，都有不良背景。他们称自己为“洞中人”，来到这里寻找同情和爱。他们认了一位街头父亲。那是一个具有超凡魅力的、曾经被判过刑的人，名叫约翰·索林·伊格尔。他的“孩子们”有时也称他为“爸爸”，为了回报他的慈爱和纪律，“洞中人”通过行乞、卖淫、行凶抢劫的方式来养活“爸爸”和他们自己。

在描述过这个焦点之后，记者会展开新闻的种种细节，告诉读者这个群体的各种内情、形成原因、对社会生活的影响等。这种从焦点描写开始的新闻报道，不仅增加了报道的可读性，而且增加了报道的真实性。

美国新闻界人士在谈到新闻中故事与情节的写作时说过这样的话：1 000 万人的死亡是一个数字，而一个人的死亡就是一幕令人难忘的悲剧了。他们在这里绝对不是说1 000 万人的死亡不如一个人的死亡重要，而是说在新闻报道中，一个有血有肉的故事会给读者造成强烈的震撼，留下深刻的印象。

在运用焦点展开结构写作新闻时要注重以下四个因素：

- 角度：你要认真思考报道的主题是什么？你应该从什么地方去接近这个主题？你需要用什么方式去说明这个主题？这些工作不是从你打开计算机开始写作时开始的，而是从你进入采访时就应该开始着想的！
- 情节：故事的情节在这种结构方式中是至关重要的，可以说是这种报道方式的魅力所在！你意识到这种情节是前提，但是即使你找到了这种情节，也要记住，情节不应该由记者“概述”，而应该让读者“目睹”。也就是说，要让读者进入新闻现场，让读者与新闻中的人物见面。
- 过渡：过渡段落是报道中的航标和驿站。它使报道流畅地从一个重点转向另一个重点，从而保证报道的整体和谐，帮助读者兴致勃勃地阅读全文。
- 结尾：不要企图用耸人听闻的词语和故作深沉的感叹去创造报道的结尾，坚持用事实去构造一个发人深省的结尾。

4. 板块组合结构

这是一种按照新闻的主题要素，将新闻内容分门别类划分为不同的板块，通过这些板块的巧妙组合，完成整体新闻报道的结构方式。

面对包含着纷繁复杂要素、遍布纵横作用关系的新闻报道，比如调查性报道、解释性报道和一些内容繁多、关系复杂的事件性报道，要想按照时间顺序或者是按照轻重排列一气呵成地完成报道是一件非常困难的事情。因为在这类新闻中，各种关系盘根错节，各种事态错综复杂，你难以按照一条主线把新闻说清楚。

在这种情况下,你可以把复杂的新闻事实按照其内在的逻辑关系分解成若干个部分,在一个主报道题之下,为报道分门别类地划分几个分主题,一个部分一个部分地进行说明与展示,用这些各自相对独立的报道单元,合成对新闻事件的完整描述,完成对新闻主题的解释。

这种板块结构中各个组成部分的关系是并列的,从新闻价值上看,各个部分的重要程度是相同的。经验证明,对于内容庞杂、篇幅较长的报道来说,这是一种非常有效的文体结构。

运用板块组合结构的关键技术包括:

第一,根据新闻内容的特点对报道进行板块划分。如果这是一则包含着各方冲突和不同观点的新闻,你可以考虑为每一种观点写一个部分,由不同观点组成的各个章节组成一篇完整的报道。如果这是一个时间进程特征明显的新闻,你就可以根据时间顺序划分不同的部分,把过去、现状、未来划分为不同的部分,展示出新闻的进展全程。如果这是一则情节复杂的新闻,你可以把之中的各个关键环节挑选出来,分解为不同部分,以揭示新闻的全部内含。判断一个新闻报道是否适于使用这种结构,你可以做进一步的验证——先为报道制作一些划分段落的小标题,看看这些标题标示的内容是否均衡,是否可以独立成章,是否能够反映出新闻的全貌,根据自己获得的采访资料,问一下自己,每个标题下面是否有足够的事实支撑你说明这些标题。

第二,在将新闻划分为各个部分的同时,要考虑到各个部分之间的相互关联,让读者看到各个部分之间的内在联系,从而把握整个新闻的全貌和意义。因此,在使用这种结构方式的时候,要非常明确新闻的主题与核心,不能让各个板块变成凌乱的堆砌。

板块组合结构示意图,见图 5 – 5 所示。

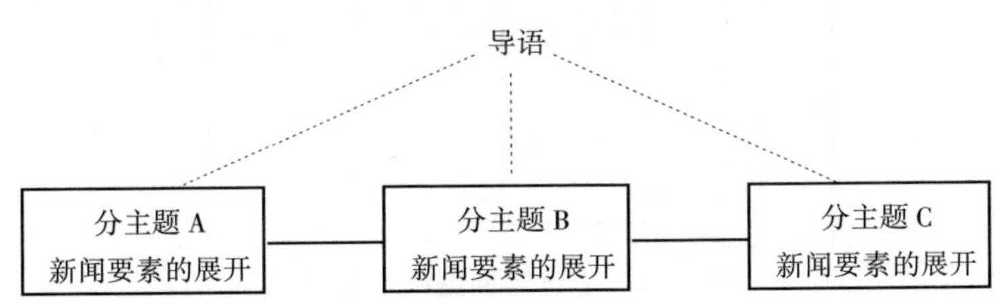

图 5 – 5　板块组合结构示意图

5. 立体层面结构

20 世纪 90 年代中期以后,互联网媒体已经发展成为影响力巨大的媒体。

网络媒体与传统媒体的诸多区别之一是它提供了超级链接的内容展示方式,这一技术不仅改变了受众阅读新闻的传统习惯,而且也对新闻写作提出了全新的要求。以往报刊、广播、电视这些媒体中出现的新闻报道结构,通常是在一个媒体的平面空间上展开的,而在网络媒体上报道的内容可以在一个多层面的立体空间中展开。一个多层面的立体型的报道结构因为互联网提供的技术平台而产生了。

对于互联网媒体来说,以上所说的各种新闻报道的结构都是适用的。但是,在为网络写作新闻运用这些结构的过程中,你需要增加一个思考的维度,这就是“层”的展示概念。以倒金字塔结构为例,“倒金字塔”结构在网络新闻写作中不仅有印刷媒体常见的上下水平布局的平面结构关系,而且具有前后纵深布局的立体结构关系。

使用这种结构方式,你要考虑到读者可以通过第一页面的章节标题和章节提要跳跃式地浏览新闻内容,这就要求你按照一个个相对独立的话题组织报道,对展示各个话题的每个链动页面的内容进行精心设计,描述这些话题的页面应该具有自身的独特性、相对的完整性和与整体报道的关联性。

美国新闻学者把这种结构称为“非线性结构”。他们认为线性报道是按照从头到尾的顺序写出来的,而网络新闻报道是在通过链接与互动在立体空间中展示的。

立体层面结构示意图,见图 5 -6 所示。

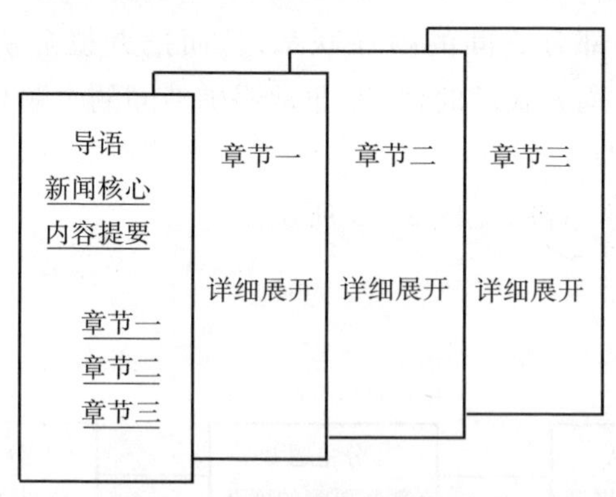

图 5 - 6　立体层面结构示意图

不同的新闻写作教科书从各个角度讲述着新闻的主体结构方式和主体写作方法,提出了横向型结构、纵向型结构、点面型结构、列举型结构、章回型结构、故事型结构、金字塔型结构等。如果我们相信世间的事物是不断发展的,我们就可以相信在新闻报道的演化进程中，可能还会有新的报道结构被创造出来。

最后，我想再次提醒大家注意写作新闻主体部分时的一些原则：

- 要使报道的正文完美地展开绝非轻而易举的事情，究竟使用什么样的主体结构去展示新闻，需要记者对整个新闻的过程、要素、特点和意义做出准确的判断，依据这种判断决定新闻报道的结构方式。
- 报道的正文应该从导语中最重要的内容开始展开！这是新闻报道通常要遵循的写作原则。你毕竟不是在写小说，更不是在写长篇小说，读者总是希望尽快了解新闻的内容和意义。
- 如果在新闻中的各个要素中其新闻价值有着明显的轻重之分，就要考虑尽量按照新闻素材的重要程度，顺序展开报道。这一原则应该体现在整个报道的组织过程中。
- 在新闻主体的写作中，按照时间顺序展开报道往往是记者经常使用的方法，因为用这种方式展示新闻发生的过程对读者理解新闻往往很有帮助。但是，应该注意，时间顺序往往不能作为整个报道的展开顺序，它通常只是整个报道的一个组成部分。
- 在很多情况下，新闻报道都不太可能只按照一种结构模式循规蹈矩地展开。由于反映客观世界变动状况的事实本身具有丰富性、曲折性、复杂性，作为反映这种客观事实的新闻报道在其结构方式上也应该是灵活多样的。在实际新闻报道的写作中，记者很有可能要在一则新闻报道中综合运用多种结构方式。

第三节　建立“报道单元”的概念

建立“报道单元”的概念对于创造出条理清晰的新闻报道是很重要的。所谓报道单元，指的是说明新闻主题的报道内容要点。

- 如果一则新闻中只有一个说明新闻主题的报道内容要点，我们可以视它为单元素的报道。
- 如果一则新闻中包含两个以上的报道内容要点，我们就视它为多元素报道。

- 当一则新闻中包含多个报道内容要点时，这些报道内容要点的重要程度可能在同一个级别上，也可能在不同的级别上。
- 在组织报道时，要按照报道内容要点的重要程度从一个转向另一个。同等重要的报道内容要点也要按照你认定的逻辑关系一个一个地予以说明。
- 用一个个清晰的报道单元组建起一篇高质量的新闻报道。
- 经验法则：将同一类报道内容要点的解释性、支撑性资料放置在一起，构成清晰的报道单元。

一、单元素报道

单元素报道是指具有一个报道内容要点的新闻。它往往是以一个新闻事件为核心内容的报道。通常的事件性新闻会呈现出这样的结构特征。这种报道的情节过程明晰，因果关系清楚，写好这种报道，体现着记者的基本能力。

单元素报道的要素包括：

- 导语；
- 详细解释导语的支撑性资料；
- 与新闻事件相关的各种背景；
- 报道的主次要点。

单元素报道的结构的示意图见图 5－7 所示。

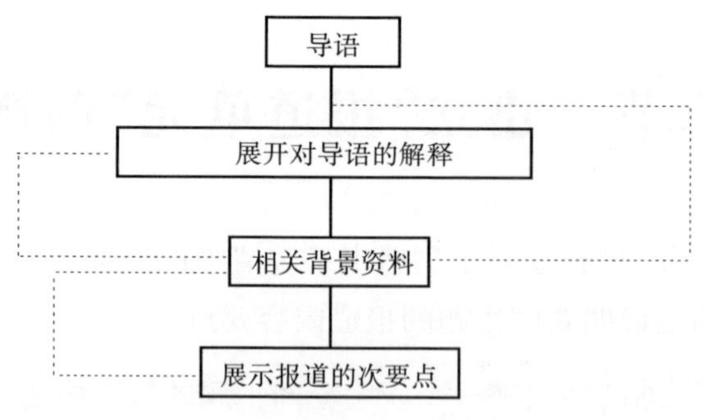

图 5－7　单元素报道结构示意图

下面是一个单元素报道的例子：

新华网阜新(2005 年)2 月 15 日电 2 月 14 日 15 时 03 分,阜新矿业集团公司孙家湾煤矿发生一起特大瓦斯事故,到记者 15 日 5 时发稿时止,遇难者人数上升至 203 人,尚有 13 人仍下落不明,另有 22 人受伤,已送往医院救治。

阜矿集团公司副总经理张云富介绍,事故发生地点在孙家湾煤矿 3316 外风道掘进工作面,2 月 14 日白班,孙家湾煤矿正常作业,到 14 时 50 分,3316 外风道掘进工作面突然发生矿震,地面瓦斯通风检测突然没有显示。据当时地面有关人员介绍,14 时 50 分有明显矿震感觉,到 15 时 03 分井下 242 采面工人宁海涛在井下汇报说,242 面有反风,之后,井下 -357 调度汇报,-357 大巷全是烟。

事故发生后,有关部门马上组织抢救工作。14 日 16 时 30 分成立了事故指挥部,马上由 3 个救护队小队入井探查灾区情况及查找人员。

据了解,孙家湾煤矿设计能力年产 150 万吨。

二、多元素报道

多元素报道是指一个新闻事件中包含着两个以上的同等重要的报道要点。因此,它更需要记者对内容情节丰富、因果关系复杂的新闻素材具有清晰的辨识分析能力和较高的文字驾驭能力。

多元素报道结构的示意图见图 5-8 所示。

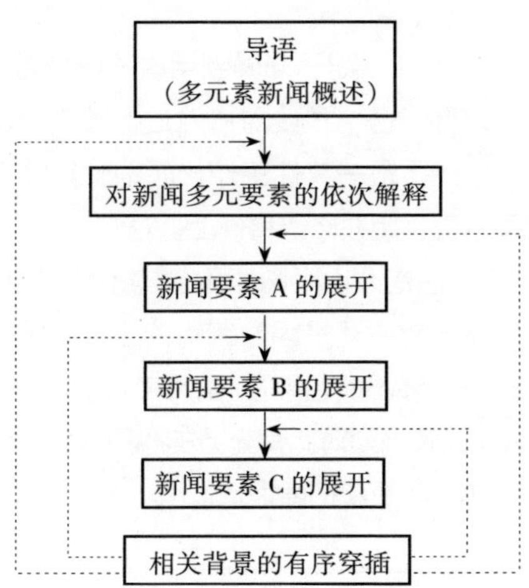

图 5-8 多元素报道结构示意图

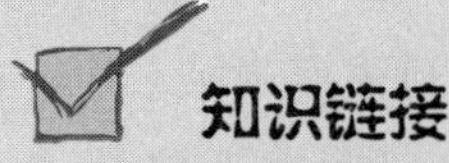

知识链接

写作新闻报道的工作流程：

1. 精准辨识新闻主题。从采访素材中找出报道的核心内容、核心冲突、核心意义。当然，做好这一工作的前提是你已经拥有了真实地记录着丰富的新闻素材的笔记本、录音磁带和录像磁带。

2. 简要概括新闻焦点。用最简洁的语言概括出报道的核心内容和焦点。这步工作的重要性在于，只有你准确地辨识新闻的核心与焦点所在，你才能在报道中将新闻的全貌与意义确切地告诉给读者。

3. 精心选择报道素材。以新闻核心与焦点为基础坐标，找出能够说明和解释新闻主题的各种相关资料。

4. 巧妙构建报道的逻辑结构。按照重要程度的等级差别或者是按照内在的相互关系，将你选择的表现新闻主题的各个方面的新闻素材进行排序，以便确定报道的结构方式和叙述顺序。

5. 一气呵成文字报道。按照你设定的报道主题和报道结构，勇敢地将报道写下去，只要没有特别阻碍你中断的理由，你最好是按照既定思路把报道写完。

不要在中途轻意颠覆自己的写作蓝图。这个时候，需要记住的是报道写作的基本原则和各种手法。使用不同新闻素材和不同的技术方法会让你写的新闻报道起伏跌宕起来。

6. 严格审阅新闻稿件。从事实是否准确到用语是否恰当，从语法是否准确到段落是否清晰，从各个方面、各个角度对稿件进行苛刻的审读，修改一切错误和不当之处。请注意，修改不是一次性工作，而是反复性工作。只要你在交稿前还有时间，这段时间就应该用在修改稿件上。

7. 重新写作新闻报道。这是谁也不愿意看到的事情。但是在新闻工作中，这是常事。无论是因为媒体的需要还是因为编辑的口味，无论是你自己发现了必须摧毁原稿的理由还是来自外部的各种压力，你写好的新闻稿件都有可能被瞬间“枪杀”。因此，职业记者必须对此有充分的心理准备，随时准备用另一个角度、另一种手法、另一种思路重新构建报道。

第四节　事件性新闻报道与非事件性新闻报道的写作

一、事件性新闻报道的写作

事件性新闻具有明显的时间、地点、相关人物、主要情节及其直接原因的限定,它是由清晰的新闻要素构成的完整的新闻性事件,是客观环境发生突变的明显标志。由于新闻性事件所具有的这一性质,就使得事件性新闻报道成为新闻媒体关注的热点,也成为各界受众关注的热点。具有新闻价值的事件是新闻记者日常报道的主要对象,消息是报道事件性新闻的主要新闻体裁,动态消息、简讯、标题新闻常常用于事件性新闻的报道。

事件性新闻报道的关键技术包括:

1. 敏锐感知

记者对于事件性新闻要能够敏锐感知,以便及时捕捉,迅速报道。事件性新闻的时效性极强,它的价值会随着时间的延迟而急剧降低。要想敏锐捕捉事件性新闻,就需要全面深刻了解报道领域的情况,了解受众的信息需求,了解媒体的传播宗旨。只有这样,当一个具有新闻意义的事件出现时,你的感觉神经才能敏感地振动,你才能判断出事件的价值所在。

2. 察其全貌

要了解事件的全部复杂性,对构成事件的各种因素进行深入细致的考察,不能只知其一不知其二,只知其表不知其里。

3. 深入本质

要注意事件产生的前因后果,揭示事件发展的因果关系和对环境的影响,而不是孤立地、静止地观察和报道事件。

4. 清晰描述

要用清晰的报道结构明确交代出构成新闻事件的各个要素,一清二楚地说明事件的现状、由来、趋向、与受众的利益关系及对环境的影响。不要给读者留下疑问、困惑、误解。

5. 跟踪报道

新闻事件往往是事物发展过程中的质变形态，作为一个不断发展变化的事物，事件会继续发展变化。如果是对于受众的生存环境有重要意义的事件，记者就需要密切注视它的发展变化，对它的发展变化状况做出及时的跟踪报道，从而真实地反映客观环境的变动进程。

请看下面一则报道：

又有两名日本人在伊拉克被绑架

新华网消息：据法新社报道，日本一名议员14日在约旦首都安曼说，又有两名日本公民在伊拉克被绑架，其中至少有一人是记者。

日本民主党议员藤田对记者说，可以确定其中一名人质叫纯平安田，是自由记者，而另一人的身份有待确认。藤田说，当时两人正乘坐出租车前往一个直升机被击落的地点进行采访，随后在阿布加里卜被绑架。出租车司机向一个非政府组织汇报了两人被绑架的消息。

目前还不清楚绑架者的身份和目的。当地时间13日，美军一架直升机在费卢杰附近，阿布加里卜以西遭遇地面火力袭击坠毁。

据介绍，安田是一名自由记者，过去在美国发动伊战时参加了民间组织的“人盾”反战活动。

8日，一个自称“穆斯林战士旅”的组织在伊拉克扣押了3名日本人，称如果日本不撤军，就将他们活活烧死。

(2004年4月15日　新华网)

这则消息重点突出，结构清晰，背景明了，语言简洁，准确地描述了一个突发性新闻事件。

二、非事件性新闻报道的写作

非事件性新闻往往是针对客观环境发展变化的进程中呈现的具有新闻意义的趋势、问题、征兆所做的报道。与事件性新闻相比，非事件性新闻的时间与空间维度往往更为宽广，涉及的人物及因果关系往往更为复杂，它的任务通常是披露客观环境渐变过程中的质变意义。

非事件性新闻的报道技术包括：

1. 建造起感知新闻的神经网络

在非事件性新闻的报道中，对于报道内容的认定更需要记者具有洞察力。在一般人对具有新闻意义的变动还没有感觉或者虽有感觉却未重视的时候，记者就能够看出变动的征兆、变动的趋势、变动会给人们的生存环境带来的影响，做出“月晕而风，础润而雨”式的预见与判断。

2. 在对比中展示新闻变动的意义

由于非事件性新闻往往是从事物发展的进程中发掘的，因此需要记者更加注重考察环境变动的历史与现实的状况，在各种事实的比较之间，说明和解释新闻性变动的实况与意义。

3. 用数据揭示新闻变动的意义

数据是一切新闻报道中说明新闻变动的重要依据。对于非事件性报道来说，数据具有更为重要的意义。因为数据可以为事物渐变过程的质变意义提供重要的证据。

4. 在因果关系中说明新闻变动的意义

在非事件性新闻的报道中，对于各个新闻要素之间因果关系的说明与剖析是十分重要的，它会直接帮助读者认识变动的缘由和意义。

5. 通过典型人物和典型事件披露新闻的意义

新闻中的关键人物和关键情节往往直接说明新闻的本质与意义，因此详尽细致地描述其内容可以让读者直面新闻的核心内容，触及新闻的实质，感受新闻的丰富性、深刻性、复杂性和生动性。

下面一则非事件性新闻报道可以让我们看到非事件性报道在选题角度和报道方式上的一些技术：

舰船对空气的污染不容低估

德国《法兰克福报》11 月 5 日报道 美国科学家认为，舰船对于空气的污染迄今被人们大大低估了。据美国匹兹堡大学的两位学者科比特和菲施贝克的计算，全世界用柴油发动的货船和军舰泄漏的氮和硫的数量大约为德国全国排放量的两倍。每年从各大洋上进入大气的二氧化氮共计约1 000万吨，二氧化硫约 850 万吨。以每吨燃料计算，其他任何一个动力系统对环境的污染都没有重型船只上的发动机严重。

据这些研究人员说，其原因在于机器老化，尤其是自(20 世纪)70 年代初石油危机以来,人们喜欢使用便宜、质量差的柴油。废气不仅污染公海上的空气,而且有害物质会在大气中存留多日,随风、雨、雪向各处飘散。

现在已经登记的大型船只有一半以上装备了所谓的“低速二冲程十字头发动机”。这种主要为大吨位船舰设计的机器释放出的有害物质最多:平均每吨柴油排放二氧化氮 87 公斤。在较小的机器,即所谓“中速四冲程柴油发动机”,每吨燃料释放二氧化氮 57 公斤。

专家们认为,按照今天的技术条件,35%~50% 的二氧化氮排放量是可以避免的。但是,今年 9 月国际海洋组织规定,每年只更换老化船只的 1.5%,这远远不能明显降低空气污染。

思考题

1. 导语在新闻中的作用是什么?
2. 写好导语的关键技术有哪些?
3. 新闻导语与新闻主体的关系是什么?
4. 写好新闻主体部分的关键技术是什么?
5. 报道事件性新闻的关键技术是什么?
6. 报道非事件性新闻的关键技术是什么?

练习题

1. 从一篇你认为写得好的消息中找出何人、何事、何时、何地、为何、如何这些构成新闻的事实要素。

2. 从当地报纸上找出五条不同类型的导语,分析一下它们突出了什么新闻要素,省略了什么事实要素。这样做是否有道理?

3. 从报刊上找出用不同结构写作的消息:倒金字塔结构、沙漏结构、焦点展开结构。

4. 把你身边的人议论的热点事件写成一则新闻。要求:导语吸引人、结构合理、叙述清晰、语言简洁。

5. 写作一篇非事件性新闻。

第六章 特稿的写作

给我讲一个故事，看在老天爷的份上，让它有趣一点。

——威廉·E.布隆代尔《华尔街日报》资深头版撰稿人

特稿是讲述新闻故事的报道文体，是一种借用文学描写的技法更加生动、更加详细、更加深入地报道新闻事件的新闻报道体裁。

随着现代化传播技术的发展，当电视媒体和网络媒体已经日益占据了对重要新闻事件第一时间报道的优先权时，新闻特稿成为媒体对新闻的细节进行详尽描述，对新闻的意义进行深度解释的重要报道形式。特稿不仅占据着今天印刷媒体的重要版面，而且，它的技术模式正在全面渗透到电视媒体和网络媒体的新闻传播之中，成为现代传媒营造特色、扩大影响、争取受众、争夺市场的重要报道形式。

第一节 特稿与消息的不同

特稿，是西方新闻学界对不同于消息体裁的另一种新闻报道体裁的定义。一些中国新闻学教科书中，把这种报道体裁称为“通讯”。总之，二者都是要提示人们注意，这是一种与消息不同的另一种新闻报道体裁。

特稿在新闻信息的传播过程中担负的任务不外乎三项：一是向受众提供全新的新闻信息。即使是对人们已经通过简明快速的消息报道知晓的新闻进行更加详细深入的特稿形式的报道，也要告诉受众他们前所未知的新信息。二是展现新闻的现场情景和生动细节，让受众对新闻事件有身临其境的真切感受。三是对新闻的意义进行深入的解释，这包括对新闻事件进行多角度的观察，对新闻事件内部与外部复杂的相互作用与相互影响进行剖析。

很多记者喜欢写作特稿,他们觉得这种体裁更少束缚,更活泼,也更容易展示自己的写作才能,同时,也更容易引起读者对报道内容的关注。特稿确实具有这些方面的特点。但是,既然是新闻报道的体裁,它仍然需要遵循新闻写作的基本规则。

相比起常常以倒金字塔形式出现的消息而言,特稿的写作是自由的、灵活的、富有创造性的,特别是它丰富多彩的文学表现形式,可能容易给刚刚从事新闻写作的人造成一种错觉,使他们认为在特稿这种报道体裁里是可以"自由发挥"的。需要说明的是,特稿写作的自由是一种受到新闻写作基本原则限制的"自由",它不能违背下述重要原则:

第一,特稿写作从始至终必须坚守新闻报道的真实性原则。特稿所报道的内容必须是事实,必须是真实的客观存在。不仅构成新闻报道的核心要素诸如时间、地点、人物、事件、缘由必须真实无误,就是报道中涉及的人物的心理活动、情感历程以及每个场景、每个细节都必须真实准确。在特稿写作中,记者只是借用文学的表现手法去报道真实的新闻,而不是在进行虚构或半虚构的文学创作。在特稿写作的全过程中,来不得一丝一毫的主观想象、合理猜测。

第二,特稿写作必须尊重新闻价值的判断尺度。特稿往往给人一种轻松的感觉,这不仅因为它的笔法灵活多变,更因为很多时候,特稿报道的就是趣闻轶事。但是,即使如此,特稿也要报道具有新闻价值的内容。哪怕是一篇提供娱乐的特稿,也要考虑它的新闻价值何在。何况奇闻轶事中很可能包含着重要的新闻。如果是在一片水域中发现几个畸形的青蛙,你要描写的可能就不只是这些青蛙的形态和它们的发现过程,你可能就要考虑导致青蛙畸形的原因,去调查水域四周可能存在的污染源。作为职业记者,需要不时地提醒自己,你是为发现新闻、报道新闻而存在的。读者即使是在阅读最具吸引力的特稿的时候,基本的渴望也是要了解他们所关心的新闻事件,而不是去欣赏优美的散文和阅读惊险的侦探小说。

第三,特稿写作必须遵循客观公正的立场。特稿写作常常运用各种文学的描写手法,这就为记者放纵自己的情感提供了条件。中外新闻教科书几乎都承认,特稿写作中记者是可以有自己的情感和自己的观点的,实际上,在纯新闻的报道中这也不可能避免。只是在特稿写作中,记者的情感与观点更容易通过文字表露出来。这的确是一个有可能危及新闻客观与公正的危险区域。记者本人不要在特稿中直接发表自己的议论——这是避免掉入非客观与非公正的陷阱的最有效的办法。一切用事实说话,这条新闻写作的铁律在特稿的写作中仍然不可动摇。此外,保证新闻客观与公正的所有操作原则与方法在特稿写作中不仅是适用的,而且是有效的。

第四,特稿写作必须追求时效性。一个无可争辩的事实是,编辑部对所有特稿的截稿时间的要求,并不像对消息的要求那样紧迫。但是,这绝对不意味着你可以拖延特稿的截稿时间。新闻的时效性在所有新闻体裁的运用过程中都是一个不能弃之不顾的原则。特别是在一些突发性事件和体育赛事的报道中,特稿的发稿时间也往往受到与动态消息同步运行的严格限制,因此,需要记者具有更强的职业功力。

与消息相比,特稿这种报道体裁具有自身的特点。

第一,消息注重的是报道新闻事件的核心要素,而特稿注重的是报道新闻事件的细节。当一个新闻事件发生的时候,消息的任务是将构成新闻事件的要素简明扼要地报道出去,让受众了解发生了什么事情。而特稿的任务是提供新闻事件的种种细节,让受众能够身临其境,对新闻事件的过程可视、可听、可触、可感。特稿往往可以向受众提供新闻事件的生动的进程画面。

第二,消息注重的是报道新闻事件的最新动态,而特稿注重的是报道新闻事件的深层原因和相关影响。消息主要是要把新闻事件的最新发展态势、情状、结果告诉给受众,而特稿的一个重要任务是要把新闻事件酝酿生成的深层缘由揭示出来,把新闻事件与周围环境之间的复杂的相互作用与相互影响的关系描述清楚。消息中使用的背景资料对主体新闻来说是一种辅助报道关系,特稿则不同,在许多情况下,特稿的核心任务就是在充分调查研究的基础上解释新闻。

第三,消息注重的是报道整体的新闻事件,而特稿注重的是报道新闻事件中的人物。消息是要把一个完整的新闻事件告诉给受众,它要报道的是新闻事件中各种因素(包括往往是构成新闻事件的最为重要的人的因素)合成作用的结果。如果是人为事件,消息往往也会更加注重报道人为作用的结果;特稿则往往特别注意报道新闻事件中的人物,描述人物对新闻事件产生的作用与影响和新闻事件对人物的作用与影响,通过人的行为动机、行为方式、利益得失、情感冲突、命运沉浮的描述与剖析,更加直接、更加生动、更加深刻地解释客观变动与人们利益乃至命运之间的密切关系。

第四,消息有严格的结构框架,而特稿则有自由的表达风格。尽管消息的结构框架有着多种形式,但总的说来,它的结构关系还是比较严格的。特别是消息中导语占据着不可撼动的位置,这决定了消息的结构有着它相对固定的规则。而特稿的文体则十分灵活多样。它不会受到诸如消息写作中的导语前置、重点前置之类的倒金字塔式结构的规则束缚，可以用各种文体形式进行写作，可以是目击记，也可以是对话录；可以用散文体，也可以用章回体；可以按照事件的发展过程正叙事件，也可以从事件的结果入手倒叙事件。当然，这不意味着记者可以肆意妄为、信马由缰。我们在下面将要讲述特稿写作的一些原则性要求。

第五，消息多用简洁概括的文字报道新闻，而特稿则多用文学描写的技法报道新闻。尽管如今文学式描写的技法正在以各种方式向消息写作的领域渗透，但是，通观一则报道的全文，我们往往还是会轻而易举地从文字的表达方式上对消息与特稿的区别一目了然。

第二节　特稿的种类及各类特稿的报道要点

对特稿的分类是一件“仁者见仁，智者见智”的事情。按照特稿报道的内容对特稿进行分类是新闻学界一种常见的分类方法。这种分类方法之所以在新闻教学中普遍运用，是因为报道的内容往往决定着特稿写作的技术风格，它更容易让初学新闻写作的人了解和掌握特稿写作的基本技术要领。按这一方法，特稿可以分为三大类：一类为新闻特稿，一类为趣闻特稿，一类为人物特稿。

一、新闻特稿

1. 什么是新闻特稿

新闻特稿是以报道新闻事件为其主要内容的特稿。它涉及的范围极其广阔，政治冲突、建设成就、社会矛盾、政府举措、刑事犯罪，及一切构成人们关注热点的新闻事件都会成为特稿的报道对象。特别是在突发性新闻事件和各种重要新闻事件的报道中，特稿报道往往与消息报道相互配合，合成强大的传播影响力。越是重要的新闻事件，人们就越是希望了解事件的种种细节，就越是渴望洞察事件的深层缘由和事件对社会生活的影响。特稿也就由此获得了自身存在的十足的理由与价值。今天，在网络媒体和电视媒体几乎垄断了第一时间对新闻事件进行报道的全部机会的情况下，特稿的意义显得更为重要，也成为报刊媒体争取高端受众，扩张传播影响，争取市场份额的重要手段。我们可以看到，特稿已经成为新闻类报刊的最为常用的报道方式。

新闻特稿通常担负两个最为重要的任务，一是向读者提供新闻事件详细过程的描述,帮助读者了解新闻事件的细节,让读者去切身感受新闻事件;二是向读者提供对新闻事件的深入的解释和分析,帮助读者去认识新闻事件的复杂性,让读者深刻地理解新闻事件。

这两个任务并不是相互隔离的,它们之间有着密切的联系。正所谓:感觉了的东西才能更深刻地理解它,理解了的东西也才能更真实地感觉它。这两项任务的目的都是为了让受众真实、深刻地了解新闻信息。因此,在特稿的写作中,这两项任务往往是相互交叉的。记者需要用生动的文笔,将自己通过深入调查研究获得的对新闻事件的全面观察与深刻认识准确地告诉受众。

美国新闻学者沃尔特·福克斯说:"上乘的新闻特稿是把细致的调查研究、事实的准确无误和生气勃勃、形象鲜活的写作融合在一起的。"

然而在对重要新闻事件的报道中,占据主导地位的特稿还是调查性和解释性的特稿。人们最需要的信息,还是新闻的深度信息。虽然现场的场景、生动的故事在新闻特稿的写作中永远是重要的,但是,新闻的价值最终是由新闻的深度信息含量决定的。因此在新闻特稿的写作中,在深入调查研究的基础上取得的对新闻的独到认识与判断、所做的独到解释与分析,是新闻特稿写作成功的关键所在。

下面是曾经获得过普利策新闻奖的一篇新闻特稿,这是在美国宾夕法尼亚州西南部的一座水库大坝突然间崩塌造成至少55 人死亡的灾难两天后,《洛杉矶时报》记者采写的背景报道。

被称为"定时炸弹"约翰斯敦诸水坝

《洛杉矶时报》记者 盖洛德·肖

[宾夕法尼亚州约翰斯敦电]一架直升机低低地飞过劳雷尔兰水库那片阴沉难看的沟谷,然后在一大堆泥水和岩石块上盘旋,两天之前这里还是一座1亿加仑储水量的水库。

宾夕法尼亚州水坝安全工程师约瑟夫·埃拉姆在检查过现场后沮丧地说:"19 年来我一直试图告诉人们这些地方到处都有定时炸弹,他们总是不信。"

埃拉姆讲的"定时炸弹",是指宾夕法尼亚州西南部狭长的山谷中星罗棋布的几十座老化的水坝——其中一些显然难以抵挡暴风雨经常性的侵袭。

星期三凌晨,还在黑暗中,一场12 英寸降水量的暴雨致使这座大约400 英尺宽的大坝倒塌了三分之一,洪水奔泻而出,造成至少55 人死亡,损失2.5 亿美元。

建于60年前、为约翰斯敦供水的劳雷尔兰水坝一下子成为灾难的制造者。今年早些时候,《洛杉矶时报》进行了一个月的调查,发现一个全国性的问题:成千上万老化而有毛病的水坝暗藏着巨大隐患,因为它们无法抵挡严重的洪水袭击。现在,劳雷尔兰水坝的倒塌就是这一问题的悲剧象征。

像埃拉姆这样的工程师多年来都知道,全国5万座大型水坝中有一些存在巨大隐患。但政治家和官员们对他们的警告和建议充耳不闻,装聋作哑,而只有这些人才能通过法令拨款解决这一问题。

这样,当星期五埃拉姆乘坐直升机巡视了劳雷尔兰水坝和几英里外另一座也在星期三倒塌的小一点的水坝之后,神情沮丧。

具有讽刺意味的是,拥有8 000万加仑储水量的这个第二座水坝就在另一座高70英尺的水坝上游不远处,那座水坝曾于1889年倒塌,那次倒塌中有2 200人死亡,是美国历史上最严重的一次水坝倒塌事故。“每年我都要在那里停一停,”他提起1889年的那场灾难时说,“这会使人头脑清醒清醒……”

劳雷尔兰水坝下游的谷地如今又为美国水坝史提供了新的使人头脑清醒的纪念物。

这里一度是坦纳斯维尔社区,中等收入的钢铁工人、木匠和卡车司机的宁静家园,也是德拉戈维奇、费利克斯、帕斯科里奇以及托马斯家族的居住地。

现在,这里已成为死亡、灾难和绝望之谷。

到处是断壁残垣,卡车和汽车埋在土堆里。电线杆和其他碎片像牙签一样东倒西歪到处都是。一些人眼含泪水,一些人沉默不语,在寻找着亲人和朋友。

39岁的房屋维修工查尔斯·克雷默发现了渔业公司一个熟人的尸体埋在3棵连根拔起的树底下的泥土里。“大坝塌下来时,他的渔船被卷走,”克雷默说,“没有人知道他的妻子和孩子出了什么事。我知道至少有30人失踪。”

威廉·雷哈和他的妻子说,他们的邻居中有8人失踪,他们忙于寻找安全之地。房子、两辆汽车、所有的衣物和家具都被洪水席卷而空,剩下的只有车库红色的水泥地板了。“这就是我们在世界上仅有的东西了,”雷哈太太说,“20年的工作和奋斗……”

再往下游去,在西沃德社区,26岁的加里·亨德森花了两天时间寻找,在泥土里挖出了一具尸体。“一个9岁的男孩,”亨德森说,“我感到伤心……”

亨德森是一家航空公司的经理。他说,在西沃德,许多尸体都是在汽车里发现的。“他们好像想离开,但一切都发生得太快了,”他说,“我想就是水坝出的事。”

据悉,一些尸体被冲到了下游数英里以外。当局担心,一些尸体永远找不着了。目击者们说,洪水来势凶猛。巨大的石块被冲得像鹅卵石一样东倒西歪,漂来漂去。

“哗——哗——哗——你能听到水声,然后是房屋被冲倒的声音。”一位目击者哈里·阿什克罗夫特说。

镇长约翰·贝尔茨拿着一张印有42名死者的名单。他说,这些人都是在山谷中丧生的。他还说,本来有关部门应事先警告居民们大坝可能倒塌。

贝尔茨的邻居也同意他的话。他们对官方最初的说法很愤慨。官方说,大坝并未带来损失——只是因为雨量过大,在短期内引起洪水泛滥。

“这些人是怎么想的呢?——一条小溪会引起这样大的洪水和灾难吗?”30岁的家庭妇女萨米·费利克斯指着断壁残垣说。“一些人是在工作时被水卷走的。为什么他们不在水库的水泻出来时发警报让人们赶快离开呢?”

看管水坝的蒂摩西·伦茨告诉记者说,水库的水急涨,泄洪水道根本应付不了巨大的水流,水坝突然倒塌。洪水涌上了42英尺高的大坝,这座土质结构的大坝迅速崩溃。伦茨说:“我听见比雷还要响的轰隆隆的声音……我还以为是山的一侧塌下来了……”

埃拉姆认为水库泄洪能力不足可能是水库溢水和大坝倒塌的原因。他说,这个州其他的900座水坝中有许多都存在这类问题。

“这些水坝都是50、60或70年前建起来的,”埃拉姆说,“那时的技术与今天大不相同,但我们对这些旧水坝采取了什么措施呢?”

《时报》今天一早就报道过全国只有一半的州有水坝安全计划,国内36 000座大型水坝从未被州或联邦的工程师视察过。

许多专家认为,虽然财力、人力有限,但宾夕法尼亚州的水坝安全计划仍是全国最好的10个计划之一。

埃拉姆说,他们办公室曾对劳雷尔兰水坝进行过考察,发现保养得很好,看起来很不错。

除了对两座倒塌的水坝进行视察外,埃拉姆还紧急察看了约翰斯敦附近10座“有问题水坝”。他是由一个工程检查团的专家斯图尔特·朗陪同的。“它们看起来比昨天情况要好得多——都很好,”埃拉姆谈起这10座水坝时说,“我可以放心了。感谢上帝,雨不下了。”

在一次水库大坝崩塌的灾难之后,人们会把注意力集中在灾难的现场和灾害的直接后果之上,而这篇特稿则披露了这次水库崩塌灾难的深层原因。它用有力的事实,说明了这次灾难的必然性,而且揭示出在美国全国“成千上万老化而有毛病的水坝”暗藏的巨大隐患,告诫人们所面临的生存环境中的危险就在身边。

我们可以看到记者完全依据调查的事实,冷静地把严峻的现状描述出来。特别是他的结尾处理,表面上引用了水坝专家埃拉姆紧急察看了约翰斯敦附近10座“有问题水坝”后说的似乎乐观的话“它们看起来比昨天情况要好得多——都很好”;然而与报道中披露的美国全国36 000座大型水坝从未被州或联邦的工程师视察过的现实相比,这种亡羊补牢之举是多么于事无补。而用以结束文章的最后一句引语“我可以放心了。感谢上帝,雨不下了”,更是让人们忧心忡忡。

从这篇特稿中我们可以看到新闻特稿的价值与作用,也可以看到新闻特稿写作的技巧。

2. 新闻特稿的报道要点

(1)核心事实。要掌握构成主体新闻的事实要素,这些事实构成新闻特稿的主体内容。新闻特稿必须清晰地描述这些核心事实。

(2)发展历史。要全面了解新闻事件的发展进程。新闻特稿担负的重要任务之一就是描述新闻事件的发展历程。

(3)生成原因。要说明新闻事件为什么会在这个时间和空间发生,导致新闻发生的直接原因与间接原因是什么。

(4)影响范围。要讲清新闻事件使什么人受到什么样的影响,揭示出事件对人们的生活发生影响的形式、程度及后果。

(5)对立运动。要查明并讲清在新闻事件中相互对立的人们的行为与观点,以全面展示出新闻事件的复杂性。

(6)未来趋势。要讲明事态的发展趋向。

一篇新闻特稿中未必能够囊括上述所有的报道要点。有时限于各种客观与主观的障碍,有时是由于报道任务的限定,新闻特稿只是着重对上述要点中的某一个方面或者是某几个方面的内容进行报道。但是,上述报道要点是构成特稿传播价值的基础,涉及得越是全面、越是深刻,特稿的传播价值就越大。

二、人物特稿

1. 什么是人物特稿

人物特稿是以报道人物为主要内容的特稿。对于人类来说，在这个世界上没有什么物种比人类自身更能够引起人类的关注了。在这个世界上，所有与人的生存关系最为密切的事物、事件往往都是由于人的参与而造成的。对于人类来说，生存环境中最为重要的质变因素就是人类自身。

正因为如此，人物报道一直是媒体上最吸引人们关注的报道。人们从自己同类的思维方法、行为方式、人生阅历、生活经验中，更容易得到相关的借鉴、提示、警觉和教益。

新闻人物是因为他们所做的事情引起公众关注而成为新闻人物的。因此，人物特稿是要描写和讲述特定环境中有着特定行为的人的故事。如果你要报道的这个人物是一个重要新闻事件中的重要角色，那么这篇特稿就可能非常接近一篇新闻特稿；如果你报道的这个人物是因为他具有某些特殊的经历和品行，那么这篇特稿可能会与趣闻特稿非常近似。

但是，人物特稿毕竟是描写人物的，它与描写事件的特稿还是有明显的差别。人物特稿是要生动、详细地描述具有新闻价值的人的思想、感情、性格、行为、相貌、阅历，特别是他们参与其中的种种让受众感兴趣的事情。

抹杀完美谢幕引爆众怒　体操“瞎眼”裁判遭全场狂嘘

新浪体育讯　北京时间(2004年)8月23日，在正在进行的男子体操单杠比赛中，出现了令人震惊而感动的一幕。28岁的俄罗斯老将涅莫夫第三个出场，他在杠上一共完成了直体特卡切夫、分体特卡切夫、京格尔空翻、团身后空翻2周等连续6个空翻和腾越，非常精彩，只是落地往前跨了一步。他征服了观众，但是裁判只给了他9.725分！此刻，体操史上少有的情况出现了：全场观众愤怒了，他们全都站立起来，报以持久而响亮的嘘声，比赛不得不被打断。

回到休息处的涅莫夫埋首解下手上的层层绷带，脸上不带任何表情，裁判的不公早已不能让历经沧桑的他心头再起波澜，他是由于对体操的执着和热爱才仍然在这块场地上坚持奋斗的。但是现场的俄罗斯观众率先表示了对裁判的不满，他们开始挥舞俄罗斯国旗，对裁判报以阵阵嘘声。

观众席上的热情被点燃了，嘘声更响了，本来应该上场的美国的保罗－哈姆虽然已经准备就绪,却只能双手沾满镁粉站立在原地。裁判席上的裁判们开始交头接耳,对目前的情况进行商讨。这时,俄罗斯体操代表团的代表开始走向裁判席和裁判长进行交涉。

涅莫夫仍然一副冷峻的表情,只是间或向观众挥手致意;涅莫夫的回应让观众的反应更加剧烈了。面对着如此感人的场面,涅莫夫冰山般的面容也开始融化,他露出了成熟的微笑,边向着观众鼓掌,边站立起来,向同时朝他欢呼的观众挥手致意,并深深地鞠躬,感谢观众对自己的热爱和支持。涅莫夫的大度反而进一步激发了观众的不满,嘘声更响了,很多观众甚至伸出双手,拇指朝下,做出不文雅的鄙视动作。不同国度的观众这个时候结成了同盟,俄罗斯的、意大利的、巴西的……不同的旗帜飞舞着。

但涅莫夫身旁的队友却压制不住心头的不满,反而高举手臂调动观众的情绪;这时涅莫夫的脸也转向了裁判席,可是同一张脸上却微笑不再,深邃的眼眶中射出冷冷的光芒。裁判席上的讨论更加激烈了,这一幕让涅莫夫哑然失笑。

在如此巨大的压力下,裁判终于被迫重新打分,这一次涅莫夫得到了9.762分。裁判的退让根本不能平息观众的不满,观众的嘘声反而显得更为理直气壮。重新准备开始比赛的保罗－哈姆又只能僵立在原地。

这时,涅莫夫显示出了非凡的人格魅力和宽广胸襟,他重新回到场地上,心爱的单杠边。只见涅莫夫先是举起强壮的右臂表示感谢观众的支持;接着伸出右手食指做出噤声的手势,请求观众给保罗－哈姆一个安静的比赛环境;然后具有大将风范地双手下压,要求观众们保持冷静。

观众理解了涅莫夫的苦心,他们渐渐安静了。比赛至此停顿了足足将近10分钟。虽然嘘声平静了,但是我们的心不能平静,观众对体操的领悟、对公平的呼唤、涅莫夫的胸襟……都长留在我们脑海中。

这篇特写通过诸多细节,让人身临其境地感受着雅典奥运会体操赛场上发生的一件不同寻常的事情。美中不足的是记者在报道中直接表述了过多的个人感情倾向。如果记者能够更加严格地遵循新闻报道的客观立场,这篇报道就会显示出更高的专业水平。

2. 人物特稿写作的技术要点

写作人物特稿首先要对下面两个问题做出明确回答:

(1)为什么现在要写这个人?这关系到对所报道人物的新闻价值的判断,只有准确地认识了人物的报道价值,才能使报道具有影响力。这需要对所报道的人物与民众需求之间的关系、所报道的人物与社会环境之间的关系进行分析与研究，得出合理的结论。

(2)报道的主要内容是什么？这是对人物特稿报道主题的确认。当确认了人物的新闻价值之后，就要考虑怎样从这个人物的人生经历中找到一个最能打动受众的报道主题。这个报道主题应该是最具有新闻价值的，这个人物的所有精彩的阅历、故事、言语都应该紧紧围绕这个报道的主题进行编织。

寻找上述两个问题的答案，实际上是写作人物特稿的前提，是最基础的工作环节，一篇优秀的人物特稿，必须建立在对新闻价值的判断和对报道主题的确认之上。

如果你确信自己已经圆满地回答了上述两个问题，接着就要做出一个决定：是写人物的某个短暂的人生片段，还是写构成人物人生特色的历程。

对人物特稿来说，这是两种不同的报道结构，之后一旦确定了报道的主题，就要根据自己掌握的报道素材，决定报道的内容结构。

下面是一篇写作人物人生片段的特稿：

任长霞生命中的最后36个小时

新华社记者　朱玉

如果将任长霞生命中的最后36小时对折，会发现4月14日早晨7时，是36小时的中心。

这时，任长霞准备起床了。

她几乎是挣扎着起来的。睡意未消的任长霞打电话叫行政科长来，当女行政科长走进她的办公室兼卧室，她才从床上坐起来。

她同时做着三件事：洗漱、听行政科长汇报事情、打电话约出发的时间——她马上要去郑州，向郑州市公安局领导汇报一件人命大案的侦破工作。为这个案子久久未破，好强的任长霞挨了训，她忍不住，当着批评她的老领导就哭了，"我这么不容易，你们一点不体谅我……"

哭是哭，案子还是要破，任长霞把骨干力量一下子扑到这个人命大案中，她发现了一些线索，这次要带着线索去郑州。

任长霞来不及吃早点了，8时她准时出发。眼疾手快的行政科长抓了张餐巾纸，包着两个菜馍、一根黄瓜，塞到任长霞手里。

这是40岁的任长霞告别人世前的最后一顿饭。

任长霞穿走了一身墨绿色的衣裙，临走时，她对着镜子涂了口红。

此前的18小时，任长霞是这样过的：

4月13日，一大早起床——任长霞生命的最后3天，她躺在床上的时间，加起来勉强睡了10小时。

7时30分，她开始组织调集警力，预备处置一起突发事件，并做动员讲话。

8时30分到13时30分，任长霞一直在事件现场。

13时30分，她接到群众电话报警：5名儿童被拐骗。任长霞开始组织营救，两个事件同时指挥。

17时20分，孩子在郑州被安全解救；10分钟后，任长霞接到通知，赶往郜城，参加案件分析会，直至午夜23时30分。

之后是班子成员碰头会；

之后是了解检查工作……

任长霞栽倒在床上，已是14日凌晨2时已过。

任长霞14日9时赶到郑州，直接冲到了正在开展义务植树的现场，拉住郑州市公安局副局长杨玉章——她尊敬的刑侦专家，就坐在马路边上摊开张报纸，比划起了案发现场的情况，头顶上是太阳，身边是时不时扬起烟尘的过往车辆。

任长霞让跟着自己出来的登封市公安局副局长等人先回去，在登封等自己回去开专案组全体会，时间定在晚上8时。

接着，任长霞到郑州市人代会上报到，办理参加人代会相关手续，又在郑州对几条案件线索进行一一查证核实。

晚上20时20分，她准备往登封赶了。

其实她有一千条理由不回去：

人代会第二天早晨要开幕了，任长霞星夜赶回，作为市人大代表，她肯定要黎明即起，再冲回郑州开人代会。

她家住在郑州，任长霞已经20多天没见到丈夫了，回家小住一晚又何妨？

就是实话实说：局长累坏了，要休息一下，专案组会议改期，天又能塌下来吗？

任长霞没吃午饭、晚饭，喝了一听可乐，就乘上了回登封的车。

20分钟后，在郑少高速公路280桥东190米处，在这条她走过不知多少次的路上，任长霞乘坐的本田轿车右前方与没有尾灯、同方向行驶的豫A52582

大货车左后方追尾相撞。事故发生后,大货车李姓车主立即报警,郑州市交巡警随即到现场进行了勘查调查取证,并组织了技术鉴定,结论为本田轿车车速过快,撞至解放大货车造成。

任长霞抱着提包,倒在了车后座上,她的颈椎、胸椎受到瞬间重创,被用最快速度送往了郑州市中心医院抢救,送入医院时她的瞳孔已放大。

闻讯赶来的丈夫卫春晓冲进抢救室,看到了心电图机屏幕上的一条直线。

医生几经努力均未奏效,与郑州市公安局局长李民庆商量能否停止抢救。失去爱将的李民庆近乎歇斯底里:"不准停!抢救!上最好的医生!"

医生说,抢救过来,最好的结果是一个植物人。

卫春晓说:"抢救!她成了植物人,我养着她!"

听到局长出车祸的消息,登封市公安局的干警用最快速度冲向郑州,几经领导劝说和命令,他们仍然守在外边不走。干警们拉着大夫说啥不松手:"要啥器官,俺捐,俺没意见……"

抢救进行到15日1时停止,医生用尽了一切手段。

任长霞的手凉了。

丈夫不允许任何人给妻子换衣服,尽管当地的习俗是家里人不能给故去者更衣,但他不管,自己给妻子轻手轻脚地换上干净内衣,再穿上警服。

领导们商量,任长霞是登封的局长,她去了,还是把她送回登封吧。

4月15日凌晨,任长霞躺在一辆救护车上被送回登封,后面是一长列默默闪着警灯的警车。

救护车上,丈夫陪着任长霞。他一路握着妻子的手,不停地问已经不能回答的妻子:"长霞,你这是咋回事呢?你这是咋回事呢?"

主治医生介绍,抢救过程中,大夫打开任长霞腹腔,发现胃里一粒米都没有。

这是一篇全部由细节构成的人物特稿。记者记述了任长霞生命的最后36个小时,从这36小时中,人们可以看到任长霞的工作状况和精神境界。

很少有从头到尾面面俱到地去写一个人的全部人生经历的报道。报道通常需要着重强调人物人生历程中的某些最具特色的时段,某些最有价值的阅历,以突出其人生的非同一般,展示其特有的新闻价值。

《成克杰:"八桂第一贪"的堕落人生》(刊载于《大地》2000年第十五期)这篇人物特稿,描写了原全国人大常委会副委员长、曾任广西壮族自治区政府主席职务的成克杰的腐化堕落过程。这篇特稿围绕披露成克杰为什么会走上堕落之路这条主线，用大量事实，披露了成克杰从迷恋女色开始的堕落经过。可以说，在成克杰的人生中，最具有新闻价值的就是他身居高位，滥用职权，生活腐败，收受贿赂，最终受到国家法律惩治的这段人生经历。这篇特稿，把成克杰人生中这段最具特色的经历展示给公众，让人们清晰地看到高级官员职务犯罪的复杂原因和严重后果，也让人们更深刻地感受反腐倡廉对于中国社会发展进程的重要意义。

如果是写人物的整个人生历程，你就要根据报道的主题，从人物的一生经历中找出能够表现报道主题的素材，之中包括精彩的故事、特殊的阅历、吸引人的细节和引语等，从各个角度，解释和深化报道的主题。在描写人物的人生历程时，需要考虑报道的长度控制、报道的段落分割、报道的高潮设置，不要让报道成为一个人物生活阅历的简单记录，不要让报道成为平铺直叙的流水账。

如果是写人物的人生片段，就要掌握这一人生片段的全部细节，特别要注重了解冲突，了解种种不同一般的故事，充分开掘其中的新闻价值含量。

两点需要注意的建议：

- 即使是写作人物的人生历程，也要抓住重点。因为只有突出重点，才能集中表现主题，才能吸引受众。
- 即使是写作人物的人生片段，也要注意到构成人物整个人生的背景。因为只有全面了解了人物的全部人生经历，你才能深刻地认识你要表达的人物人生片段的意义。

3. 人物特稿的结构方式

"现在—过去—现在—将来"——这是写作人物特稿的一个有效的结构框架。

从人物的现在开始是把人物最新的情况告诉读者，这往往是提起读者阅读兴趣的最为有效的方法，也是揭示人物新闻价值的最有效的方法。

接着可以展开对人物的报道，这时就要涉及人物阅历的更为广阔的背景。无论是人物的童年，还是他的婚姻；无论是他接受的教育，还是他开创的事业；无论是他的成功，还是他的失败，人物人生经历中的故事都可以调用。这是让读者了解历史、了解由来、了解"为什么"的重要时刻。

然后再回到现在。由于有了历史情况的铺垫，此时可以更深入地交代人物当前的情况，用更丰富的资料更深入地说明报道的主题。这个时候写人物"现在”的状况，与报道开始时不同，开始的“现在”是引子，此时的“现在”是骨干。

最后可以瞩目于未来。诸如人物对未来的筹划，人物的生活和工作有可能发生的变化等。

写作人物特稿时，需要考虑到下面的内容要素：

- 有新闻价值的人生经历：包括业绩、成就，也包括过失、罪恶。这是人物报道的骨干性素材，这些素材构成报道的核心内容，也是支撑报道主题的中心材料。
- 人生的关键时刻：作用于人生变化的重要转折点和关键之处。把握住人物人生经历中的这些关键时刻，就容易说明构成人物新闻价值的深层原因，并且会增强报道的可读性。
- 年龄与外貌：这会让人物生动起来，让人物在读者的眼前呈现出真实的形象。
- 背景：在人物报道中需要掌握与人物相关的各种背景资料。人物的家庭、亲友、教育、喜好，人物在成长过程中的各种有意义并且能够引起受众兴趣的事情。
- 各方对人物的评价：注意收集不同角度、不同观点的评价，以便形成对人物的全面的观察与说明，以增加报道的丰富性、客观性和生动性。
- 人物的未来：新闻人物的未来命运是读者十分关注的事情，人物对未来有什么设想？很快到来的改变会是什么？他目前的状况能够维持多久？这些信息对于深化人物报道都是重要的。

知识链接

构成人物专访的素材通常应该从下面几方面去寻找：

- 动人的故事；
- 曲折的经历；
- 激烈的冲突；
- 反常的行为；
- 个性的引语；
- 精彩的细节；
- 特殊的环境。

三、趣闻特稿

趣闻特稿是以报道各种奇闻轶事为主要内容的特稿。在报道严肃新闻的新闻特稿占据着媒体主流位置的今天，趣闻特稿仍然拥有它不可替代的地位。与新闻特稿相比，趣闻特稿或许是轻松的，但是这种轻松是今天的生活所需要的，不仅是为了让在巨大的现代生活压力下生存的人们获得一时的愉快，而且它会向人们披露客观环境发生的一些奇异变动，从而展示客观世界的丰富性和复杂性。

趣闻特稿报道的是那些能够引起人们普遍兴趣的故事，这些故事可能不是关系到人们生存环境重要变化的新闻事件，但是它们仍然是人们生存环境变化的组成部分，它们之所以具有传播价值，缘于它们内在的可以唤起人们某种感情共鸣的特性。它们可能会让人们惊奇、欣喜，也可能会让人们忧伤、感叹；可能会让人们会心一笑，也可能会让人们沉思良久。趣闻一般是人们不常碰到的异常的事情，然而又是能够触动人们的好奇心和良知的事情。这些趣闻报道会告诉人们客观世界的丰富多彩，也会触发人们对生活的兴趣与乐趣，还可能会打动人们精神世界中的某种不常被触动的感觉，让人们受到感动和教育。

下面的这则报道就是一篇趣闻特稿。

孙子残害猫头鹰幼雏　爷爷遭报复被啄残眼

新华社石家庄(2004年)9月16日专电　一个有4个“子女”的猫头鹰之家，住在河北省平泉县范杖子村一棵柳树的洞窟中，过着与人无争的生活。孰料，几个调皮的顽童上树捣毁了猫头鹰的家，两只幼小的猫头鹰被当场弄死。这下可埋下了祸根，住在该村的人屡屡遭到两只大猫头鹰的报复，61岁的老人张荣右眼还被啄残。

张荣谈起那几天的遭遇，至今仍心有余悸：“那天傍晚，我去离家不远的食用菌大棚看棚过夜，正走在路上，后脑勺就被不知什么东西狠狠地‘拍’了一下，可回头一看，什么也没有，当时我很是毛骨悚然。回家后跟老伴一唠叨，才知道是猫头鹰扇了我。”老伴说，白天孙子和几个孩子调皮，把门前老柳树上的猫头鹰窝给毁了，还把两只小猫头鹰给弄死了。两只大猫头鹰救走了另两只幼崽，返回来就到处追逐孩子，小孩子们吓得四处逃躲。

张荣每天夜里都要去看守食用菌大棚，几乎每天晚上都要遭到猫头鹰的袭击，如此情形持续了六七天。与张荣遭到同等待遇的，村里还有七八个人，让人防不胜防。

那天，老张照旧去看守大棚，突然发现一只猫头鹰蹲在不远处的房脊上正盯着他。老张于是就拿了一只水桶扣在头上当防护，但还是有一只猫头鹰向他袭来；他摘下铁桶扣上一只筐子，结果又挨了一下。

第二天傍晚，张荣干完活后，刚走出大棚，“啪！啪！”迎头便遭到了早已准备多时的猫头鹰的连续袭击。回家路上，他的右眼渐渐模糊，回到家已经看不清东西了。几天后他不得不住院治疗，手术费、住院费已花了7 000多元。

老张懊恼地说：“因为小孩子的调皮捣蛋，让我付出了惨重代价。目前，我的右眼只能感光，不能识物。看来这野生动物真的不能伤害，伤害了就要遭到报复。”

趣闻特稿的报道要点：

- 找到让人们普遍感到惊奇的事件；
- 发现这一事件中的特别有趣之处；
- 完整地描述事件过程和关键情节；
- 发现并揭示奇闻轶事蕴含的意义。

第三节　特稿的结构

特稿所具有的自由的表达方式使得其结构也具有灵活多样的特征。“文无定式”，这种说法在特稿写作中最能够得到体现。

然而，这并不是说在特稿写作中没有规则可循。特稿的结构通常由三个大的部件组成：开头、主体和结尾。

一、特稿的开头

万事开头难——这句话应验在特稿的写作中。特稿的开头不像消息的开头，消息报道通常要用最重要的新闻事实合成一个简洁明了、引人注目的导语。特稿报道的内容很多时候可能已经没有了硬新闻所具有的对于受众感觉神经在第一时间产生的刺激感和冲击力。记者在特稿写作中拥有的优势往往是对新闻事件整个过程的了解，是对新闻事件各种细节的掌握，是对新闻事件深层原因和影响范围的全面而深刻的认识。因此，记者需要在这种资料群落的基础上,寻找到写作特稿开头所需要的素材。可能只是一幕场景,可能只是一句引语,可能只是一个情节,可能只是一个画面,也可能只是在对新闻全部内容深入了解之后所做的一段让人耳目一新的概括,然而,这个开头应该是展开报道内容的最佳契机,是牵动报道主题的敏感神经,是阐释报道意义的思维起点,是吸引读者阅读全篇报道的机智向导。

只要能够达到上述目的,你就可以用各种各样的手法去写作特稿的开头。

1. 用一个生动的画面吸引读者

伯莎老太太最后的日子

马戈·休斯顿(Margo Huston)

这是伯莎建造的房子:寒酸的小平房,窗帘下垂,一片黑暗。你在某个地方见过这样的房子,当你还是个孩子的时候,你管它叫幽灵出没的地方,会尖叫着从它的边上跑过。

这是伯莎建造的房子里住着的女人:尿液浸过她的轮椅,沿着浮肿的腿流下去,流入张开的伤口,流过带血的皮肤,最后滴在弯翘的木地板上的一个小水坑里。

91岁了,她的蓝眼睛依然闪着光,她的笑容发出召唤。她没有办法举起松弛的手臂,那么缓慢,只是用手指晃动着:到这儿来。她的像麻绳般的头发缠成一团,她忸怩地摇着头,笑得像个满足的、却有着满脸皱纹的婴儿,温柔地请求眼前的陌生人:"到这儿来,小姐,给伯莎一个吻。"

(《密尔沃基新闻报》 1976年10月31日)

这是反映美国老年问题的一篇特稿报道。《密尔沃基新闻报》的女记者马戈·休斯顿通过对当地一位年过90的老太太的生活景况的描述,向读者展示了美国老年问题的严重性与复杂性。

在报道的开始,记者运用精细而富有感染力的描写,真实地展示出伯莎老太太的生活环境和生存状态,让读者身临其境,直接目睹一位美国老人的真实生活。以此为切入点,随之展开广阔的报道空间,对美国的老年人问题进行解释与剖析。

这篇报道获得1977年普利策新闻奖的地方报道奖。

2. 用一个突出的引语吸引读者

美联社英格兰普尔电 "是上帝拿走了我的扁桃体。"小男孩手术后在普尔总医院告诉他的母亲。

“当我被带入一个白色的大房间时，有两个身穿白衣的女天使，然后有两个男天使走进来，接着上帝进来了。”

“你怎么知道他是上帝?”母亲问道。

“哦，有一个男天使看了一眼我的喉咙说：‘上帝，看看这个孩子的扁桃体!’然后上帝看了一眼，说：‘我会马上摘除它们。’”

直接引语是让读者直接与新闻人物进行接触的最便捷有效的途径，恰当地使用直接引语也是增加新闻可读性的重要手段。

3. 用一个尖锐的矛盾吸引读者

请看下面三则报道：

漂亮的马

美联社记者　玛莎·门多萨

里诺，内华达州(美联社)　一项投资数百万美元旨在拯救野生马群的联邦计划却把成千上万的野马送进了屠宰场。在那里，它们被加工成了盘中美食。

在那些因此而获利的人中包括了来自土地管理局的政府雇员，而该部门正是这个项目的管理机构。

以上是美联社对美国保护野生马群及野驴联邦计划的调查结果。自从25年前国会通过这项计划以来，已有16万5千匹野马及野驴被圈养，总投资已达2亿5千万美元。

医生种植“杀人草”

美联社记者　阿伦·G. 布莱德

罗利，北卡罗来纳州(美联社)　尽管长期遭到警告、同伴的蔑视以及自己良心的谴责，在这个国家仍然有许多医生拥有成吨的烟草，并从中获利。

飞机驾驶员吸毒——医生不能举报

《匹兹堡新闻报》记者　安德鲁·施奈特

匹兹堡6个地区医院的医务人员透露，他们都曾经治疗过美国航空公司过量服用可卡因的机组人员。但是依照法律，他们却不能向有权禁止这些人上天的官员反映这一潜在的威胁安全的因素。

这种写法一开始就将读者的视线置于新闻事件的最尖锐、最本质的矛盾冲突之中，让读者感到惊异、感到震动、感到不可思议，从而激起读者把报道阅读下去的强烈欲望。

这种写法对报道的展开有一种特别的作用——由于将所报道的事件的最尖锐的矛盾冲突在报道的开端展示出来，整个报道就能够围绕着对这个最尖锐矛盾的解释、说明、剖析而展开，从而使报道形成一个结构严密的整体。

在揭露问题的调查性报道中，这种写法是经常被采用的。从上述的案例中我们可以看到这种写作方法的一些要领：

- 抓准最尖锐、最本质的矛盾冲突。这一矛盾冲突一定是报道力图说明和解释的核心内容。
- 设计好讲述和剖析最重要的矛盾冲突的角度和层面，展示问题的复杂性和深刻度。
- 一定要用事实说明矛盾、解释矛盾，而不是用记者本人的议论去讲述矛盾、分析冲突。
- 用简洁明了的语言将故事表述出来。一切复杂的原因、错综的关系都不要急于夹杂在开始的段落中进行交代。

4. 用一个动人的情节吸引读者

[芝加哥电]持续不断的金属与塑料的锯锉声将她从睡梦中惊醒。她拖着沉重的身子从床上爬起来，循着声音找去。这个声音提醒她，一切都未曾改变，她7岁的小儿子仍然面临着一级谋杀罪的指控。

她在浴室里找到了他。他手里拿着一把黄油刀，徒劳地想让自己的腿从电子手铐中解脱出来。他赤身裸体，两腿交叉地坐在地板上，双手猛拉着那副坚硬的黑色手铐，这是法官命令铐在他的脚踝上的。他粗短的手指在手铐边摁来摁去，疯狂地想要把手铐撬开，他根本不知道他无法释放自己，他的母亲也无法使他获得自由。他被捕了。

这是《华盛顿邮报》记者德宁·L. 布朗写作的一篇题为《被告》的特稿开头。这篇特稿报道了在一桩命案之中被警方视为犯罪嫌疑人的儿童所陷入的悲惨处境。

记者在报道一开始描写的这个情节，非常直观地把一个近乎荒谬的事实摆放到读者眼前。一个 7 岁的孩子,终日在镣铐下生活,而这一切就发生在他的家里,他的母亲也无法帮助他。看到这样的情节后,大多数读者都会渴望知道这个令人不可思议的故事。

这种写法让读者一下子就置身于新闻事件之中,不由自主地跟随记者的脚步,履历新闻事件的过程。在故事性较强的新闻特稿中,这种技术是经常被使用的。

5. 用一个惊人的结局吸引读者

[密西西比哈蒂斯堡电]32 年过去了,看来正义终于站在了埃莉·戴默和她的孩子们一边。

星期五,经过 3 个多小时的审议,富雷斯特县的一个陪审团裁定,前三 K 党"白衣骑士帝国巫师"萨姆·鲍尔斯 1966 年谋杀民权活动家弗农·戴默的罪名成立。

在这个具有历史意义的裁定和无期徒刑判决之前,此案在 1960 年代曾经历了 4 例无效审判。当时人们指控鲍尔斯纵火杀死了戴默,烧伤了他 10 岁的女儿,并焚毁了他家的杂货店,但是这些审判都陷入了僵局。

这篇获得 1999 年度美国报纸主编协会颁发的有截稿时间限制新闻报道奖的特稿就是以一个审判的结果作为报道开头的。美国《商业呼声报》记者巴塞洛缪·沙利文采写的这篇题为《前三 K 党领袖被判杀害戴默》的特稿报道了一个法院的判决。这不是一场普通的司法争端,而是一场旷日持久的正义与邪恶之间的搏斗。记者把这样一场惊心动魄的搏斗的最终结果告诉了读者,很好地激起了读者去了解这场搏斗详细过程的欲望与兴趣。

把事件的结局在一开始就告诉读者的好处是能够让读者一下子就捕捉到新闻的核心内容。但是,在写作特稿的时候,这样的写法面临着读者可能没有更多兴趣将报道读完的危险。因此在用这种写法开头的时候,要能够有充分的把握:读者正是因为知道了事件的结局,才更迫切地需要知道这个结局的发展由来和变化过程。为此,以事件的结局开头的特稿,一定要保证新闻事件结局本身就是让人关注、让人震惊、让人疑惑难解和让人意想不到的。只有这样,记者才有将报道继续写下去的必要,读者也才能在知道结局之后继续阅读报道。

以结局作为特稿的开头,也要注意为结局做好铺垫。注意这篇特稿报道的开头部分所用的技术——"32 年过去了""此案在 1960 年代曾经历了 4 例无效审判",这些背景都在强调着最终结局的非同一般,从而为报道的全面展开制造悬念、酝酿气氛。

以上所有这些开头使用了各种不同的写作手法,但是它们都有一个共同的特点,就是能够吸引读者把新闻报道阅读下去。这是特稿开头必须要达到的要求。

二、主体部分的展开方式

毕业于哥伦比亚大学新闻学院研究生院、有过20多年专业新闻工作经历、后来从事新闻教育工作的美国新闻学者沃尔特·福克斯在谈到特稿展开的技术时说:"特稿的展开是一种'有机'的过程,其间相关的事项被合成一体,从而获得更大的关联度。"

他说明了构造特稿主体部分的一个基本原则:就是要保证特稿的主体部分形成一个严密的、和谐的、能够全面解释报道主题的有机整体。

特稿主体部分是特稿的主干。事件的过程要通过主体部分得到完整的展现,事件的原因及影响要通过主体部分得到充分的说明,报道的主题要通过主体部分得到全面的阐释。特稿的主体不仅在文字容量上占据着报道的主要地位,而且其功能也占据着最为重要的地位。

在特稿主体的构造过程中,需要根据报道的具体内容确定报道的结构。

1. 时间进程演进结构

在报道故事性较强的事件时,可以按照事件发展的时间顺序组织报道的内容,我们可以将这种结构视为"时间进程演进结构"。在这种结构中,新闻事件的时间发展顺序成为叙事的线索,报道按照事件的客观演变进程描述出事件的全貌,从而揭示事件的意义。

2001年8月10日《人民日报·华南新闻》发表的题为《铁幕正被撕开一角——南丹特大事故的发现》,就是以时间顺序展开的一篇特稿。这篇报道对导致70余人死亡的南丹矿难的发现过程进行了描述,报道将这一充满艰难的过程分为四个阶段:

"网上信息　似有似无绝非空穴来风":这一阶段讲述了网上对南丹矿难的种种传闻,讲述了记者对这些传闻的关注。

"多方查证　从扑朔迷离到获得确证":这一阶段讲述了记者进行了细致的采访调查和获取的南丹发生重大矿难的初步证据。

"实地调查　其险其难外人无法想象":这一阶段讲述了记者在南丹的实地调查过程,披露了这个过程充满的危险与艰辛。

“初露端倪　重重铁幕正被撕开一角”:这一阶段讲述了被掩盖了 17 天的南丹矿难中隐藏的种种令人难解的疑问。

在这样一个按照新闻事件发展的时间顺序布局的报道中,读者可以清晰地了解南丹矿难的发现过程,可以看到记者从事的艰辛工作,可以思考这一事件的深层背景。

一些情节完整的新闻事件报道、一些突发事件的现场目击记都会采用时间进程演进结构。1963 年 11 月 23 日,合众国际社记者梅丽曼·史密斯写作的《历史在眼前爆炸》的特稿,就是按照时间进程,描述了美国总统肯尼迪在达拉斯市遇刺身亡的过程。这一过程完全是用细节和画面组合而成的,让人看得喘不过气来。记者把我们带入了新闻事件发生的现场,让我们目睹现场的一切,经历现场的一切,感受现场的一切。1963 年 11 月 23 日发生的这一重大历史性事件的详细过程,被梅丽曼·史密斯用文字呈现于人们眼前,雕刻在人们的脑海里。

2. **因果关系递进结构**

在着重报道新闻事件的原因及背景时,可以按照逐层剖析新闻事件原因的逻辑顺序组织报道的内容,此时报道会呈现出一种由因果关系组合而成的逐级递进的结构态势,我们可以将这种结构视为“因果关系递进结构”。在这种结构中,报道往往通过对新闻事件因果关系的剖析与展示对新闻事件的进程与意义进行说明与解释,这是深度报道经常运用的结构方式。

2005 年 1 月中国英语四、六级考试泄题事件引起各界关注。1 月 13 日《南方周末》发表题为《英语四六级泄题事件牵扯出巨大商业利益链条》的特稿报道。报道由四个部分组成:

“年年泄题今又泄”:这一部分中,记者通过西安某重点高校一名大三学生考试前半小时在手机上获得考题答案这一具体事例,披露了英语四、六级考试泄题事件年年发生的事实。

“铤而走险去作弊”:这一部分中,记者进一步揭露了随着英语四、六级考试社会“效力”的提升,作弊现象愈演愈烈的现实。

“垄断滋生怪现状”:这一部分中,记者调用证据性资料,说明作弊泄题事件背后有着“巨大商业利益链条”,从而告诉人们:这是英语考试异化带来的必然结果。

“治标尚须先治本”:这一部分中,记者报道了专家们对中国现行的四、六级英语考试体系和英语教学方式的批评。

这篇特稿,透过中国英语四、六级泄题事件屡屡发生的怪现象,剖析了这一现象背后的复杂原因,并将这些原因的相互作用关系告诉给读者,引发人们对于当前一种社会弊端的深入思考。

3. 分类板块组合结构

在报道交织着错综复杂关系的新闻事件时,可以按照将新闻事件的要素分门别类,通过不同的侧面组合、角度组合,展示事件的全貌,揭示事件的意义,我们可以将这种结构视为"分类板块组合结构"。在这种结构中,报道把同类报道内容组成独立板块,使每个内容板块从一个侧面、一个角度解释和说明报道的主题,再用这些有着内在联系的各个相对独立的板块组合成一篇完整报道。

2003 年《中国经济时报》记者王克勤通过 6 个月的采访调查,用 4 万字的调查性报道揭露了北京市出租车行业垄断状况。这组报道是用特稿的形式写作的,下面是报道的组合结构:

北京出租车业垄断黑幕之一:出租车司机们怨声载道

北京出租车业垄断黑幕之二:北京出租车到底能赚多少钱

北京出租车业垄断黑幕之三:出租车公司是怎样发家的

北京出租车业垄断黑幕之四:出租车公司是如何"黑"钱的

北京出租车业垄断黑幕之五:的哥缘何要挤这条独木桥

北京出租车业垄断黑幕之六:出租车业不能不算的三笔账

北京出租车业垄断黑幕之七:北京出租车业五大焦点问题

正是通过这样的分类板块组合,记者从各个角度对北京市出租车行业垄断状况进行了清晰的描述,使报道在社会上引起强烈反响。

需要说明的是,在实际写作中,每篇特稿往往不会只采用一种结构方式。一篇特稿可能会有一种主要的结构方式,但是在报道的各个部分可能又会穿插其他的结构方式。

特稿结构形式的选择主要依据报道的对象和内容,形式要为内容服务。要根据报道对象的特点,根据新闻内容的特点选择恰当的结构形式。

不管使用哪种结构形式去组织报道,特稿在内容组合上都应该达及下述目标:

第一,要真实描述新闻事件的过程。重要的新闻事件的发展过程是受众关注的热点。特稿报道应该建立在对新闻事件发展过程的详尽了解和精确把握之上,并且把这一过程生动细致地描述出来。

第二,要深刻揭示新闻事件的缘由。特别要注意揭示直接因果关系,要客观反映因果关系的多样性、复杂性。

第三,要全面解释新闻事件的影响。解释新闻事件在不同领域对不同人群产生的不同形式、不同程度的影响,对于受众了解新闻事件与自身利益之间的关系是非常重要的。这是特稿形成自身传播影响力的重要途径。

第四,要客观指明新闻事件的趋向。新闻事件的发展趋势对于受众预知未来是重要的。特别是当一个事件并没有走入尾声的时候,依据已经掌握的事实对其发展变化的趋向进行准确的预测就有重要意义。

三、特稿的结尾

> 特稿作者有两大难题:开头和结尾。开头必须引人入胜,结尾必须技巧高超,使读者有旅程完结之感。
>
> ——杰克·海敦

1. 结尾对于特稿的意义

与倒金字塔结构的消息写作不同,特稿的结尾是需要专门设计、精心打磨的。一个好的特稿结尾,应该让读者回味无穷,让读者豁然开朗,让读者思绪万千,让读者感慨不已。

美联社记者玛莎·门多萨写作的那篇揭露美国野生马群及野驴保护计划实施过程中的黑幕的报道,是这样结尾的:

> 从 1992 年起,土地管理局未能依照法律规定,每两年向国会提交有关野生马群及野驴保护计划的实施报告。自从克林顿总统执政以来,政府关于野生马群及野驴的咨询委员会就不曾召开过会议。土地管理局官员解释说,这是由于没有足够的工作人员。“我们在工作,因为我们关心这些动物,”伯格尼克(国土管理局负责每年投资1 600万美元保护野马及野驴计划的主管)说,“它们是美国的珍宝,我们要保护它们。当然,我们还有很多事需要做。”

这个结尾提醒人们关注一个比执行这一计划的地方部门的政府公务人员以权谋私更为发人深省的事实——美国政府在这一事件中负有不可推卸的责任。这样的结尾,也更深刻地提示着事件的深层原因。

获得 1999 年度美国报纸主编协会颁发的团队有截稿时间限制新闻报道奖

的特稿《我们真的命悬一线》写的是一群登山者在雷尼尔山遭遇一场雪崩的经历。报道最后引用参与了这场山难营救的雷尼尔山登山公司的业主、世界知名登山运动员惠特克说的一段话结束了这篇报道：

"雷尼尔山有许多需要我们不断探索的秘密。我们要记住它是一座毫无感情的山。我们爱它，但是它并不一定爱我们。"

这是一个对山有着深刻理解的人在山难发生后发出的感慨，冷峻得没有任何诗情画意，但是这段话真实地反映出山难发生后人们的心态——低沉、哀伤、压抑，然而之中不乏哲理，耐人寻味。

《被告》这篇特稿的结尾是这样的：

7岁男孩的母亲告诉他："你自由了，现在可以出去玩了。"

她把孩子推到门口，但是孩子不想出去。

"我不要出去，"他说，"你又在骗我。"

他紧紧抱住母亲的腿。

这个结尾只是描述了一个细节。但是这个细节让人们看到：一个被误认为犯了谋杀罪的7岁孩子的心理已经受到了多么严重的伤害。这个细节在推动着人们的思维惯性，人们可能会继续思考：孩子幼小心灵的创伤能够愈合吗？法律的过失谁去追问？

下面是美联社记者阿伦·G. 布莱德写作的《医生种植"杀人草"》的结尾：

来自匹兹堡的家庭医生弗兰克·塞森同样对此表示反感。在他祖传的北卡罗来纳州的农场里，他经营着属于自己的2 200磅烟草配额。他说自己并不是社会问题的一部分。

"老兄，我有很多病人，他们总是为自己的行为——酗酒、吸毒、吸烟、暴食寻找借口，"塞森说。他是一个钢铁工人10个孩子中的一个。"我现在身体超重，但我不会因为在番茄酱中添加食糖而归罪于番茄酱的发明人。我只责怪自己，因为我太贪吃了。"

来自密苏里州开普吉拉多的肿瘤医生斯坦利·萨兹那的农场可以生产3 200磅烟草。他与一位照料这些作物25年的邻居分享因此而获得的收入。

但是，他对由于医生身份而遭到的质问表示不满。

“你可以说在南达科他和北达科他州种植大麦（供应啤酒商），实际上也是在生产那些破坏人们生活的产品。问题在于我们如何看待这个问题。”

这个结尾真实记录了一些医生对自己因种植烟草而受到指责的不满。引述这些医生的说法作为报道的结尾，不仅增强了报道的客观性，而且让读者看到了问题的复杂性。

好的结尾不只是一种驾驭文字的技巧，更重要的是对报道内容深刻而独到的认识。

2. 结尾的写作技术要点

（1）找到适用于结尾的重要事实、精彩细节、个性引语。这是写作特稿结尾必不可少的素材，没有这些素材，再好的文笔也难为“无米之炊”。

（2）呼应报道的主题，让结尾能够对整个报道的主题做出提示。这是你强调报道主题的最后机会。此时应该给读者一种提示、一种强调、一种联想，让读者回味报道的全部内容，让他们在了解了事件全程之后重新思考事件的意义。

（3）用事实说话，不要直接表述自己的观点。事实本身可以说明一切！读者在事实基础上形成的爱憎倾向才是最有价值、最有力量的。记者在报道中直接表达观点、感慨、议论，只能让读者在报道面前留下怀疑和嘲笑，甚至弃你而去。

（4）把冷静与理智坚持到报道的最后时刻。故事讲到结尾的时候，也是讲述故事的人最想把自己的喜怒哀乐表达出来的时候，此时你可能难以抑制那种将自己的情感、见解直接表达在报道中的冲动。但是，一旦这样做，你就可能在最后一刻失去读者对你的公正度与客观度的信任。

第四节　特稿写作技术要点与素材选择

特稿是一种自由的报道体裁。写作时，无论是结构还是语言，都不应该有太多的束缚。一切技术手段都是为了吸引受众、感动受众、启发受众，帮助受众更准确、更深入地了解其生存环境发生的变化。

一、特稿写作技术要点

1. 报道主题鲜明引人

写作特稿首先是要确定报道的主题。特稿报道的所有内容都需要围绕这个主题展开。这是报道之纲,纲举目张。要注意:确定报道主题要从新闻事实本身蕴含的意义着眼,从人们关注的热点事件、热点问题着眼,一是要了解新闻事实的全貌与本质,二是要了解社会的全局和民众的需求,在两者的权衡比较中,找到报道的焦点,确定报道的主题。报道主题要依据客观事实而确定,不能凭主观的情感、好恶、揣测与想象去确定。

2. 内容要素完整丰富

无论是写一个事件的过程,还是写一个人物的经历;无论是写目击现场,还是写背景新闻,都要保证报道的内容完整丰富。不要给读者留下疑问和迷茫,不要只给读者提供单方面的信息。这是保证报道真实、客观、公正、全面的关键所在。

3. 文章进程起伏跌宕

"文似观山不喜平。"特稿报道要能够自始至终吸引读者,就要有波澜,有高潮,有冲突,有悬念。要运用各种手法,通过组织材料、变化结构、使用语言,让报道波澜起伏,峰回路转。报道形成起伏跌宕之势的核心环节是将最能够吸引读者的报道素材精心挑选出来,将最能够引起读者关注的故事、细节、引语、材料安放在报道展开的各个关键环节上,让报道虚实结合,详略得当,高潮迭起,兴味无穷。

4. 层次过渡平和自然

特稿报道往往会涉及诸多内容要素,包含错综复杂的因果关系,因此过渡技术是特稿写作中非常重要的技术。特别是报道容量较大的特稿,往往涉及问题很多,涵盖范围广阔,包含关系复杂,一篇报道中往往会有多个话题、多个角度。过渡是报道在不同话题之间进行连接的技术,也是报道在叙述角度发生转换之时进行导引的技术。一篇好的特稿报道,应该用这种过渡段落把整篇文章组织成一个自然和谐的整体。"就像高超的木工一样,特稿作者应该把素材整合得看不到接口。"(美国新闻学者沃尔特·福克斯)

5. 遣词造句生动活泼

语言的使用方式对特稿能否引人入胜是关键的环节。不要用落入俗套的语言,不要用故弄玄虚的语言,不要用华而不实的语言,不要用矫揉造作的语言。提醒自己换一种有新意义的表达方式去描述你要说的事情,平实直白的语言未必不能写出有新意的文章。

二、特稿素材的选择原则

1. 围绕主题

特稿所用的素材都应该紧紧围绕报道的主题。报道的素材应该是丰富多彩的，但是不应该是庞杂的，所有的素材都应该为说明和解释报道的主题服务。

2. 精彩引人

特稿往往是通过对新闻事件和新闻人物的详细描述发挥传播影响力的，因此，特稿报道素材的典型性、新颖性、生动性、奇异性对于报道写作的成功非常重要。

3. 角度多样

特稿的素材应该是来自不同的人群，不同的领域，让读者能够从不同的角度去观察新闻事实。“横看成岭侧成峰，远近高低各不同。”只有提供来自不同方面的事实，读者才能形成对新闻的整体的、立体的、动态的认识与了解，报道也才能更大程度地接近事实的原貌。

4. 切忌重复

特稿是以描写见长的文体，它的文字容量往往不像消息那样受到严格的限制。这时就容易给写作者一种错觉，认为多些胜于少些。这种想法如果用到写作中，会使报道因叠床架屋、拖泥带水而让读者失去阅读的兴趣与耐心。因此，要保证使用素材的唯一性，这种“唯一性”有两个方面的含义：一是保证一篇报道中不重复使用同一事实内容，二是说明报道主题的某个侧面时不重复使用同一类的事实内容。

三、特稿素材的种类

1. 典型故事

典型故事是写作特稿的重要的基础素材，典型的故事构成了新闻事件的核心内容，直接反映着新闻事件的深层意义，因此，典型故事必须是有代表性的，有情节的，生动的，有以一当十、以点带面的作用。新闻特稿中使用的这类素材有时是一个情节完整的故事，有时是一个故事的核心片段。

2. 生动细节

特稿写作中需要用各种细节素材让读者对新闻事件和新闻人物形成深刻的印象。这些细节包括场景细节、行为细节、神态细节、感情细节、思想细节、语言细节等。在细节的表现上,要造就一些能够让读者可感可触的有“镜头感”的画面,这种画面对于再现新闻事件的场景、新闻人物的经历往往都是非常有效的。细节在特稿中的作用不仅仅是提供形象的画面,更重要的是用形象的力量传递思想和情感,让读者更加接近新闻的真实。

3. 个性引语

在特稿中,所报道人物的直接引语对于表现人物的思想、感情、性格、特点是非常重要的。而且直接引语能够让读者立即进入新闻的场景,接触新闻中的人物,增强阅读的兴趣。

4. 概况资料

这是为了描述事件的一般概貌、深广背景而需要使用的事实资料。

让我们看看获得1999年美国报纸主编协会奖“有截稿时间限制新闻报道奖”的一篇特稿的开头部分是怎样运用各类素材的。

龙卷风袭击马尼拉

[阿肯色州马尼拉电]它先制造杀戮,然后闯入城市。

凌晨三点不到,几乎没有任何征兆,一场龙卷风在阿肯色州的北部地区从天而降。本星期四,在警报刚刚拉响之际,它就刮碎了五岁的布里塔基和两岁半的卡利斯·洛马克斯兄妹居住的拖车住房。(**故事。记者用一个最具悲剧色彩的事实说明这次龙卷风的破坏力**)

接着,它横穿过一块已经耕犁却还没有播种的土地,摧毁了一家刹车制造厂和一家百货一元店,横扫过奥林匹亚街时,像折断钢笔一样刮断了百年大树。(**细节。这种细节让读者对龙卷风的灾害产生某些直观印象**)

“风刮得呼呼响,咆哮声可了不得,”38岁的拉里·卡彭特说。他爬进了一台朗德罗牌干燥机躲过了这场风暴。(**引语。帮助读者感受灾难的现实场景**)

浑身泥泞、身体打着哆嗦的警察局长杰基·希尔后来说,洛马克斯兄妹在救援人员到来之前死去,他们的父母韦恩和坎迪·洛马克斯挪开了压在儿女尸体上的地板,孩子们已经被压碎了。(**画面和细节。这种细节和画面组合而成的信息,形成的冲击力是巨大的**)

“当你把两个孩子抱在怀中的时候,你的心也碎了,”他说。(**引语。人物的直接引语强调着灾难现场的悲剧气氛**)

这场狂风使21人受伤,其中一些人伤势严重。它破坏或毁坏了平时宁静的密西西比县小镇上163间房屋和25幢建筑,该镇位于孟菲斯西北70英里,人口为6 410人。(概况。这种概括性资料让读者能够俯瞰灾难的全貌,深化对新闻事件的了解)

由于报道内容的差异,在每篇特稿写作中,上述资料的使用比例会完全不同。但是,需要注意选择和运用素材种类的多样性,只有素材的种类丰富,报道才能生动,才能逼真,才能具有吸引力和冲击力。

在特稿写作中,需要不时地问自己:

报道是否能够吸引读者,让他们能够兴致勃勃地把报道从头到尾阅读完?开头部分是否引人入胜?主体部分是否有各式的高潮?人物形象是否鲜明?故事是否有震撼力?读者在什么地方可能会感到没有兴趣甚至感到疲惫?一旦发现这样的地方就想办法改变一下写法。

要有一种强烈的意识:所有的素材都是为了说明报道主题,所有的技术手段都是为了表现报道主题。在特稿写作中要做到:

- 明确地披露主题:是否在恰当的地方明确地将报道主题展示了出来。
- 充分地说明主题:是否运用了足够的素材对报道主题进行了多角度、多层面的说明。
- 有力地强调主题:是否用别具特色的素材和技术手段强调了报道主题。
- 巧妙地照应主题:是否在报道的结尾对报道主题进行了某种深化处理。

知识链接

特稿写作的技术要点:

- 展示正在做事的人;
- 让人物通过说话活跃起来;
- 让动作和对话构成全篇;
- 角色之间的互动;
- 让故事造成文章的波澜;
- 让报道在起伏中向前推进。

四、特稿写作的一般障碍

1. 华而不实的辞藻

这是不少刚刚从事新闻特稿写作的人容易陷入的泥潭。描写在特稿中是必不可少的技术手段，但是，特稿感染力的基础还是事实。要找到一种能够最适于说明事实的手段去写作，不要设想用华而不实的辞藻去填补事实的空白，去增加报道的趣味，这是不可能的。它只能引起读者的厌倦。

2. 资料繁杂，报道过量

一旦进入特稿的写作，有人会产生一种错觉，认为在行文之中可以泼墨如水了，可以任意驰骋了。这往往造成无序之中的庞杂，冗长之下的纷乱。新闻写作的一切规则在特稿中不仅是完全适用的，而且是必须坚持的，简洁在特稿的写作中仍然是成功的要则。对材料要精选，一切素材都要为说明报道主题服务，不使用重复性的素材和资料，丰富不是杂乱，起伏不是无序。

3. 陷入背景

背景对于新闻报道是必不可少的内容，对于新闻特稿就更为重要。但是，运用背景资料要适度，不能过量。要选择能够说明报道主题的背景资料。

4. 缺少实质内容

平淡乏味的特稿往往是因为没有能够真正吸引读者的事实内容而产生的。

五、为特稿进行采访的方法建议

1. "GOAL"采访方法系统

在一些美国新闻院系的教学中，教师们向学生推荐美国新闻教育工作者拉吕 · W. 吉尔兰(Larue W Gilleland)提出过的一个名为"GOAL"的采访方法系统。下面是这一方法的步骤：

- G—goals(目标)；
- O—obstacles (障碍)；
- A—achievements (成就)；
- L—logistics (行为过程、背景)。

美国阿拉斯加安克雷奇大学新闻学教授卡罗尔 · 里奇(Carole Rich)对记者在采访中运用这种方法提出了一些建议：

目标："你从事这项计划或这种职业的目标是什么？你想要取得什么样的

成就？你为什么要做这件事情？”即要努力了解采访对象的行为动机。

障碍：“你面临过或者正在面临什么困难？”争取捕捉到一些具体的例子和趣闻。可以问：“你能举例说明你经历的困难吗？”最好不要把问题限制在“最”字上。诸如“最大的困难是什么？最有趣或最快乐的时刻是什么？”人们通常很难判断什么是最好的、最坏的、最艰难的、最容易的、最高兴的、最悲伤的。他们需要你提供一定的线索来帮助思考，比如生活中一个特殊的、具体的时期。

成就：“你是如何克服这些困难的？你是怎样实现目标的（或者你是怎样计划去实现目标的）？”这时需要再次捕捉细节。

背景：“你或者这个计划是怎样发展到今天这个程度的？”这个问题要问的背景，是过去、现在和将来。“个人背景对你的目标、困难以及成就有什么样的影响？采访对象背景中的哪些要素与报道中的焦点问题相关联？有没有可以帮助读者理解这篇报道的事件顺序？”最好在有趣而适宜的地方将背景信息巧妙地编织到报道中去。

这是采访人物和某个事业发展成就的基本要点和提问范围。记者需要全面深入地了解：

- 一个人或者一个机构的行为目的，他们想做什么事情？他们有什么计划？他们为什么要做这些事情？他们的计划是怎样做出的？
- 在实现计划目标的过程中他们遇到了什么困难与障碍？要广泛深入地了解这些困难与障碍。
- 他们取得了什么样的成功或成果？这些成功和成果的意义是什么？
- 这个人物、机构、项目是怎样接近行为目标和计划目标的？他们是怎样克服困难与障碍的？在这个过程中发生过什么故事？了解报道对象与新闻报道相关的各种背景，包括历史、环境、原因、影响等能够全方位表现报道内容的事实要素。

此外，在采访的过程中，记者要注意捕捉故事、捕捉细节、捕捉具体的人的具体行为和个性言语。

了解了这些内容，新闻报道就有了核心素材。

“GOAL”的采访方法并不一定是在任何场合都适用的万能钥匙。但是，它提供的方法步骤确实在某种程度上具有以不变应万变的使用价值。它是你采访一个人物、一个机构、一个项目时非常实用的思路与方法。你按照这个方法系统进行采访得到的资料，往往会反映新闻的本质状况，会让你的报道具有充实的内容。

2.《华尔街日报》特稿写作方法

这种方法特别适用于人物访谈、典型报道和成就报道。

《华尔街日报》被国际新闻界公认是最会讲故事的媒体之一,它的头版刊登的特稿往往角度独到,素材奇特,立意新颖。它对专门为头版提供特稿的记者进行专业培训,这些内部培训的内容形成了一本教材《华尔街日报是如何讲故事的》。

这本教材讲述了写好新闻故事的各个重要工作环节。让我根据自己的理解和实际新闻工作中的体会,简单讲述一下这些技术要点。

第一步,如何找到好的新闻故事。

(1)推断法。运用推断思维训练自己,在毫无关系、各自独立的事件中,发现故事。

(2)综合法。找到不同信息之间可能存在的共性,挖掘产生故事的联系。

处理已经被报道过的故事:

● 具体化。只有形象的故事,才能让信息变得具体。

● 预测。忽略有关中心发展的细节报道,直接专注于故事的结果。

● 改变角度。

第二步,好故事如何构思。

最初的简单的报道意向不可能支撑起一个充实的报道。

你需要仔细思考:

● 报道主题是什么?

● 报道的范围有多大?

● 故事的因果关系复杂到什么程度?

● 如何表达?

(1)确定报道主题。选择故事地图上最重要的一块,用几句简单紧凑的话表达出来。把注意力集中在故事的主要发展上,这种发展导致的一两种可能的影响,以及这些影响可能产生的反作用,其他的元素都可以忽略。

(2)设定报道范围。设定报道的范围关系到报道的时空界线:①按照因果关系归纳故事的主题。②明确设置故事的范围。在绘制出了大致的范围区域图后,记者就能够根据自己拥有的时间和自己所处的空间,来制订一个可以实施的计划。

绘制因果关系图要考虑三个因素:时间、距离、影响对象。

(3)选择报道方式。

● 微缩型

优势:让抽象、复杂的事物变得具体化、生动和饶有兴趣。

危险：报道对象一旦失去典型性和趣味性，整个报道就成了垃圾。

● 综述型

优势：能够展示更广阔的范围，更多元的角度，更复杂的因果关系。

危险：因素材的短缺而空洞，因素材的庞杂而凌乱。

(4)把握报道角度。用小说家的思维来构思你的故事，寻找故事中潜在的喜剧、悲剧、讽刺或者冲突因素，在采访和写作的过程中强调这样的因素。尤其要重点关注故事主角和对手之间的紧张关系，要记住主角和对手并不一定都是个人。

第三步，寻找让故事吸引人的因素。

(1)时间。抓住过去和未来，我们的故事内容就得到了延展，就会有更多的读者喜欢。

(2)范围。考虑数量、地点、多样性和强度。

(3)变化。如何造成报道的波澜起伏以吸引读者，除了故事本身的元素之外，请注意下面两件重要的事情：

● 提供不同类型的信息源；

● 提供不同类型的论据。

(4)动感。最理想的动感，就是让故事的情节按照"发生/影响/反作用"的结构顺序自然发展。对立元素轮番出现，形成交锋的动感。

很多时候你报道的新闻本身不是这样一个完整的故事演进过程，那就需要你使用制造动感的技术制造报道的动感。最有效的方式就是让新闻中的各种对立元素轮番出现，形成一轮一轮内容不同却有内在联系的冲突与交锋，构成动感。

特别提醒：你需要在采访中有强烈的意识去捕捉冲突与交锋！否则，在报道中你就难为无米之炊！

第四步，计划与执行。

怎样开始进行你的报道，是需要一个程序的。这个程序的设计，不仅关系到报道的价值，而且关系工作的效率。

请记住六大计划向导：

第一，历史：新闻故事的演进过程。

这个故事是否牵扯到过去？如果是，牵扯到哪些方面？

这个新闻与过去有什么不同？不同在什么地方？

这个新闻是否是过去的延续？如果是，那是怎么延续的？

这些历史中有什么细节和报道的现实故事有关联并能够引起读者兴趣？

第二，范围：新闻故事的成因及影响涉及的范围。

定量因素:是否可以用数据描述事件的影响范围?

地理因素:事件的地理范围和热点所在地在哪里?

多样性因素:什么人以什么方式什么程度上与事件相关联?

强度因素:核心事件是增强还是减弱,集中还是扩散?

全面性因素:其他事件对核心事件的影响如何?

第三,原因:新闻故事发生的缘由。

是什么因素导致事件发生?宁肯把事情想得复杂,不要把事情想得简单!

考虑影响新闻故事的复杂因素,包括经济因素、社会因素、政治因素、法律因素、心理因素、感情因素等。

第四,影响:新闻故事导致的结果。

关注新闻影响的人的感受及状态。什么人得到好处?什么人受到伤害?

不同人和人们的不同心理反应是怎样的?

第五,作用:新闻事件中的冲突过程。

在新闻事件中,谁的抱怨最强烈?谁在抵消事件的影响?他们的行为方式和行为结果如何?

第六,未来:新闻事件的发展。

了解是否有对事件未来发展的专业研究和预测?注意事件当事人对事件未来发展的各种看法。你能够描述事件的未来状态吗?

第五步,组织材料和结构。

(1)全面阅读资料,把握事件的整体全貌。

写好主题陈述(这是报道写作中最为重要的环节!准确、简洁、清晰地说明新闻的核心内容。你的报道思路、报道结构、报道效果甚至报道导语都与此紧密相关!)。

(2)精读材料,标注索引。

还记得“六大计划”向导吗?按照它的路径把所有的资料进行分类,做出标识。

确定报道的叙述主线。三个结构模式可供参考:

板块结合:把相关的事实组合在一起。

时间推进:展示事件的发生过程。

主题神圣:一切资料围绕主题使用。

第六步,处理导语、数据和引语的秘笈。

好的导语的共同特征——“神秘”。不要空洞,不要烦琐,不要故弄玄虚。

导语要与主题一致，有吸引阅读的内在趣味。

（1）数据的使用原则：

● 科学合理；

● 简明易懂；

● 增强说服；

● 形象比喻。

（2）引语的挑选原则：

● 真实可信；

● 情感打动；

● 特色鲜明；

● 丰富多样。

挑选引语必须苛刻，使用引语必须考究。

第七步，让字和句抓住眼球。

按照精心打造的故事结构，安排段落的顺序和语句的关系，来给读者带来流畅、清晰、兴味昂然的阅读效果。

（1）词语使用的方法：

● 使用具体的名词；

● 谨慎使用形容词；

● 不要使用副词；

● 使用行为动词。

（2）提防三个毛病：

● 冗长段落；

● 烦琐背景；

● 多余解释。

第八步，有效修改。

三步修改法：

（1）内容的修改：看看文章的内容是否让自己满意，各方面的重要材料是不是已经都用上了。

（2）结论和连贯性修改：文章的各部分结构是否可以调整，各层表达的意思之间是否连贯。

（3）节奏和细节的修改：文字的节奏是否过慢或者过快，细节的描写是否到位。

如果想详细了解其中的内容，各位还是看一下《华尔街日报如何讲故事》这本书，我相信会受益颇多。

思考题

1. 特稿与消息的区别是什么？
2. 你怎样区分特稿的种类？
3. 你认为新闻特稿的报道要点通常包括哪些内容？
4. 你认为写作人物特稿的关键技术是什么？
5. 特稿的开头和结尾在整个报道中起什么作用？
6. 你认为在特稿写作中怎样处理文学性描写与新闻真实性之间的关系？

练习题

1. 阅读历年中国新闻奖获奖作品中的通讯报道，找出你认为写得好的通讯，分析这些报道感动你的原因。

2. 阅读普利策新闻奖特稿奖获奖作品，从中找出你认为精彩的报道，分析其写作方法。

3. 采访一个人物，写作一篇人物特稿。要求：报道具有明确的主题，动人的故事，精彩的引语，能够给人留下深刻印象的细节。

4. 根据你身边发生的具有新闻价值的事件，写一篇新闻特稿。

第七章　新闻背景的写作

1990 年夏天,我在宁夏回族自治区南部山区的泾源县采访。中国那句成语“泾渭分明”中说的泾河,就是从这里发源的。

在一个农户家,我问这家的男主人:“你们家里几口人?”

“7 口人。”

“几亩地?”

“12 亩。”

“去年一亩收了多少粮食?”

“600 斤。”

从这家出来,陪同我采访的当地民政部门的官员笑着对我说:“你不能相信他说的话。”

“为什么?”我问。

“因为他也不知道他说的对不对。不信,你再回去问他一遍。”

我迷惑了。那个男人是那个农民家庭中为人夫为人父的一家之主,他接受我采访时憨厚的神态让人根本不可能怀疑他说的话会有什么误差。

作为新闻记者,我知道真实的重要性。我重新回到了那个农民的家,面对那个男人,我又把刚才问过的几个问题重新问了一遍。让我吃惊的是,这一次,他的回答竟然没有一个数字与前一次相同!而他的神情仍然是那样的朴实和真诚。

我对眼前的事情大惑不解。

站在旁边的当地官员告诉我,他们管这样的人叫“半迷儿”,这些人不是人们通常见到的智力残疾人,但是他们的智力确实存在着障碍。

我问是什么原因？当地官员对我说："主要是近亲结婚导致。"

这样的解释对于我所要做的新闻报道来说肯定是太粗糙了。

我查阅了当地的历史资料，发现了一个充满悲剧色彩的故事。

我在后来的报道中写道：

无论今天的人们对曾经作过陕甘总督的清朝将领左宗棠的历史作用做出何等评价，他在1877年镇压陕西回民暴动后将9 800多回民驱赶至今天宁夏的泾源县内囚禁起来无疑造成了一场当地人类繁衍的悲剧。

当时的泾源是一片茂盛的原始森林，以泾源的资源，维持小农经济社会中一万人的生存似乎不成问题。但是，一个不能与外界沟通、无法与外界交流、更无从与外界融合的狭小封闭的环境就在泾源形成了。人们在这里维持着最简单的生存，通婚范围受到巨大限制，随着人口的增长，维系生命的物质资源日渐匮乏，生存在这片土地上的人们在体能和智能的发展中都受到了难以突破的束缚。

中国偏远农村地区老百姓的通婚区域之小是一种普遍存在的现象。但是，这个地区老百姓的婚姻状况却有着凄惨的历史缘由。

如果没有这样的背景解释，关于泾源县贫困问题的报道就不会深刻。人们就不会知道那里的人口问题、贫困问题究竟是怎样产生的。不会知道在那样一个偏远的山区，人们的命运是怎样与中国历史上发生的残酷事情相关联，今天中国农民状况的改变背负着何等沉重的历史负担。

第一节　什么是新闻背景

新闻背景指的是新闻事件与新闻人物酝酿与生成、存在与发展的环境与条件，它反映着新闻事件与新闻人物与社会各个领域发生相互作用与影响的原因和过程。

新闻背景是补充、反衬或烘托新闻事实和新闻主题的重要材料，是新闻报道的有机组成部分。

新闻中的背景材料是帮助人们理解新闻真实含义的相关事实资料。

新闻背景在新闻报道中实现着它的特殊功能，其中包括：

● 新闻事实发生的来龙去脉、前因后果；

- 分析新闻的现象与本质、局部与全局等关系；
- 说明新闻事件的意义；
- 展现新闻事实的特性；
- 表达记者对新闻本质的认知；
- 注释某些专有名词、专用术语。

现实世界中存在的任何事物，如果没有其背景的存在，事物本身就成为无源之水、无本之木。作为现实世界状况的反映，新闻报道中如果缺乏背景的交代，新闻的真相与意义就难以被真实、全面、深刻的描述。

新闻背景是新闻事实存在与发展的必然构成要素，因此也就成为新闻报道写作中不可缺少的元素。

美国华盛顿大学政治学教授 W·兰斯·贝内特(W. Lance Bennett)在他的《新闻:幻觉的政治》一书中说:

"经过当今记者笔下许多新闻报道的折射，日常生活的真实世界便被分解成含义不定、随波逐流的碎片了。在这一折射过程中，发端于同一政治动因或经济动因的诸多事件，常被视为仿佛彼此独立、互不相属。长期的趋向和历史的格局很少能够成为新闻的要素，因为它们难以像简单的新闻报道那样轻易说清。一个个孤立事件纷纷攘攘地充斥于截稿时刻。公众看到的不再是维系于历史、经济和政治的清晰潮流之中的那个相互关联的世界，展现在他们面前的是一个被看上去武断而神秘的力量驱入混沌之中的世界。"

他对新闻传播现状的评价是否有些过于悲观我们暂且不论，但是他所担忧的新闻传播中存在的一种危险性是值得职业新闻工作者重视的。从事新闻报道的人应该严肃地自问:

- 我是否真正了解了新闻事件的全貌?
- 我是否真正了解了新闻事件的成因?
- 我是否真正了解新闻事件对环境的影响?
- 我是否能够解释新闻事件含有的深层意义?
- 我是否可以让我的读者、观众和听众真正明白报道中的所有内容?

所有这些问题的完满解答，有赖于记者对与新闻事件相关的背景资料的获取、理解和运用。

在人类生存的这个世界上，任何一个具有新闻意义的客观变动都不可能是孤立的，它一定有着历史与环境的成因。新闻记者要想真实、客观、全面、深刻地进行报道,就必须考察与新闻事件相关的各种背景因素,从而写出高质量的新闻报道。

美国哥伦比亚大学新闻学院的教授麦尔文·门彻说过:不使用背景材料,几乎没有什么报道是全面的。忽视这个忠告的记者,绝不可能为读者和听众提供充分的情况。事件并不是没有缘由地突然间从天而降的。记者的任务就是发现它的起因,说明它的发展,而且最好是在一个最短的篇幅里做到这一点。

让我们看看下面一则新闻报道:

辽宁盘锦一大桥今晨因货车严重超载发生垮塌

××新闻网讯　今天早晨6:50,辽宁省盘锦市境内田庄台大桥突然发生垮塌。据悉,该桥位于盘锦与营口交界处,连接辽河两岸,桥长500余米。

据悉,整体坍塌长度至少为20米,营口开往盘锦方向的车辆已经绕行。据目击者称,司机坠入河中后逃生,事故原因可能为大货车严重超载(50吨)所致,目前事故伤亡人数不详。

事故发生后,辽宁省委、省政府及盘锦市委、市政府领导高度重视,已迅速赶往事发现场,指挥抢险工作。

如果仅仅是这样的一篇报道,读者会了解什么?这座桥梁是一座什么样的桥梁?它是什么时候建成的?当时为什么要建设这座桥梁?它为什么会突然间倒塌?它的倒塌对当地交通究竟有什么影响?对当地民众的生活有什么影响?所有这些信息如果不向读者交代清楚,这则消息实际上就没有体现大众传播的价值。

让我们看看有关这座大桥的相关背景资料:

田庄台大桥位于305国道——庄林公路营口至盘山段田庄台镇左侧的大辽河上,为盘锦市的南入口。大桥全长878.9米,是盘锦境内最长的特大桥梁,也是大辽河上最先建筑的特大桥梁。桥型宏伟壮观,犹如一道凌空而落的长虹,卧在碧波汹涌的河水之上,给古镇田庄台增添了一道亮丽的风景线,有大辽河第一大桥的美誉。

田庄台大桥由T型钢构、筒支梁、双曲拱三种混合结构组成。全桥22孔,主桥14孔,其中间6孔为T型钢构,其余为连接桥筒支梁,中间4孔跨径74.76米,两边过渡孔跨径48.48米。下部结构主桥主孔为重力式空心墩,边孔为双柱式墩。两侧引桥为跨径23.7米的8孔钢筋混凝土双曲拱结构。桥面净宽9

米，两侧各附 1.5 米宽的人行道。主桥与引桥之间用组合桥台连接，上建桥头堡，人行道上高设照明灯柱，边设有平身高护栏，主桥下为三级航道。

该桥是 1969 年经周恩来总理亲自批准的“07021 工程”，由国防经费投资修建的战备桥。大桥由营口市革命委员会成立建桥指挥部负责全面指挥，省公路局勘探设计院设计，省公路局施工。1972 年 6 月 20 日开工，1977 年 7 月 9 日通车，历时 5 年，总造价2 778.7万元，每延长米造价31 530元，是当时全省造价最高的桥梁。

该桥又是全省修建大跨径结构中，施工工艺最为复杂的一座桥。不仅结构多样，主桥跨度大，而且又受到潮差 4.86 米潮汐影响，曾使浇注桥墩的围堰遭到水毁和冰毁，仅打捞被毁落水的钢板柱就费时近两年。特别是又遭受 1975 年发生在营口、海城 7.3 级大地震的严重破坏，使总跨径缩短，桥墩偏斜或下沉。但经建桥者的艰苦奋战，不断采用新技术，克服各种困难，终于完成建桥任务。

田庄台大桥的建成，结束了盘锦境内大辽河全靠渡运的历史，便捷了通往辽南、辽西的途程，促进了公路运输的发展，对发展经济、开发辽河油田以及巩固国防起到了重要的作用。

如果记者能够依据上述背景资料写作田庄台大桥倒塌的事故报道，这则新闻就会达到另一种传播效果，人们就可能会为之震动，为之警觉，为之思考，新闻也才能实现自身的传播目标。

而在已经发表的简短的新闻报道中，我们看不到任何与田台庄大桥相关的背景资料。从报道的发表时间看，事件发生已经过去近 6 个小时，记者是有足够的时间获取相关背景资料的。当然，一个成熟的记者，平时就应该注意收集自己报道领域的相关背景资料，将其分门别类整理存放，至少应该知道哪些背景资料应该从什么地方去寻找。这样，一旦新闻事件发生的时候，就能自如应对。

有一点需要提示，记者永远不要认为读者了解的情况和自己知道的一样多。记者是专门去调查事件真相的，而读者没有从事这种工作，读者只是想看到记者的调查结果，看到记者对事实真相的确切描述。因此，记者有责任向读者解释一切他们可能提出的疑问和他们关心的一切问题。

第二节　新闻背景的作用

新闻背景在新闻报道中不是一种可有可无的东西，也不是一种可以任意添加的五香作料，它不是报道的装饰。新闻背景是新闻报道必不可少的成分，是保证新闻报道的完整性、深刻度与趣味性的重要支撑力量。

背景资料在新闻中的作用主要包括以下方面：

一、解释新闻事实

由于新闻传播环境的广大及受众构成的复杂，一个职业记者在从事新闻报道的过程中不能指望所有的受众和记者本人一样清晰地理解新闻的内容、术语、知识以及种种相关细节。新闻是一种为大众服务的信息，因此，在新闻报道中，记者的任务时时要像一个体贴入微的教师，通过使用能够顺畅地被一般人理解的语言，对各个领域具有专业性质的新闻事件进行描述和解释，以便使不同教育水平、不同文化背景的受众都能够顺利、准确地理解新闻报道。

在下面的报道中，我们可以看到背景资料所起的这种作用。

北晚新视觉综合人民日报、新华社消息　(2019 年)11 月 23 日，由中国航天科技集团有限公司一院抓总研制的长征三号乙运载火箭搭配远征一号上面级以“一箭双星”的方式将两颗北斗三号卫星成功送入预定轨道。

12 年来，长三甲系列火箭通过 37 次发射，将 51 颗北斗导航卫星送入预定轨道。

卫星导航系统，是一个国家重要的基础设施。中国于 20 世纪后期开始探索适合国情的卫星导航系统发展道路。

北斗三号导航卫星系统由 MEO 卫星(地球中圆轨道卫星)、GEO 卫星(地球静止轨道卫星)和 IGSO 卫星(倾斜地球同步轨道卫星)三种不同轨道的卫星组成。

这种由中国独创的三种不同轨道混合星座布局设计，是北斗系统独有、国际首创，既能覆盖全球，同时又能提供更高精度的定位和导航服务。

在明年六月份之前，整个北斗三号卫星系统的三大轨道，30 颗卫星有望全部组网完成，比原计划提前半年实现。

担任本次发射任务的火箭，是长征三号甲系列运载火箭中的长征三号乙型运载火箭。该系列下有长三甲、长三乙、长三丙三种构型。长三甲系列火箭成功执行过嫦娥工程、北斗导航、风云卫星发射等重大航天任务。

长征三号甲系列火箭总指挥金志强介绍，长三甲火箭入轨精度高，既可“一箭单星”发射，也可“一箭多星”发射；既可用于标准地球同步转移轨道发射，也可用于超同步转移轨道或低倾角同步转移轨道发射，火箭在飞行过程中能够实现侧向机动变轨、多次起旋、消旋、定向等，满足卫星不同的入轨要求。

本次发射，长征三号乙携带的不仅有两颗北斗三号卫星，还有“远征一号”上面级。所谓“上面级”，是一种运载工具，在原有的三级火箭上面，增加相对独立的一级，形成“四级火箭”。有人把上面级比作“太空摆渡车”，在没有这个“太空摆渡车”时，运载火箭把卫星送入“转移轨道”后，卫星要通过自身变轨到达工作轨道，这个过程需要消耗卫星燃料，有时甚至需要飞行数天。而“太空摆渡车”可以带着卫星在太空“接力”飞行，仅用几个小时就能把卫星送入工作轨道。

报道通过北斗卫星导航系统相关背景的介绍和中国太空运载工具的背景介绍，帮助公众了解北斗卫星导航系统的独特和中国航天运载能力的强大，从而对新闻产生兴趣，增进理解，引起关注。

当然，上述新闻中背景资料的交代是否充分是有待商议的。比如，中国北斗卫星导航系统的规划起因、实施过程、功能特性、使用目的，与美、俄两国卫星导航系统的差别及相互作用关系等都需要有扼要而清晰的说明。特别是对导航系统和运载工具两个不同事物进行背景提供之际，需要避免相互交叉中产生的凌乱。

美国新闻学者杰克·海敦告诫从事新闻写作的人们：“解释！解释！解释！不要让读者去猜测。”他还说：“记者应该懂得，他的职业是告诉读者情况，而不是让读者感到迷茫。他应该明白解释细节的重要性。他要解释技术名词之类的不常见的术语，并事先考虑到读者可能提出的问题。”

杰克·海敦认为报道中涉及的有可能引起读者疑问的一切细节，记者都有责任进行清晰的解释。

如果你在报道一次审判时引用法庭说法：根据刑法多少条多少款，你就应该交代这一条款的内容。

如果你提到了一次洪水已经接近了历史上的最高水位，你就应告诉读者历史上的最高水位是多少。

美联社在一次报道中引用了约翰逊总统的话说他知道当教员的滋味，接着就在报道中交代了约翰逊在得克萨斯州当过教员的经历。

通过背景资料去解释新闻,应该成为记者写作新闻的过程中的一种本能反应。

二、揭示新闻缘由

1997 年 6 月 27 日《健康报》报道了苏州中医院将门诊化验报告单分为"临检""免疫""细菌""生化"四个类别,分别把每一张化验单装入特制信封的新闻。

苏州中医院为什么要这样做?

新闻中这样交代了背景:

几十年来,我国医院都在沿用一种只方便医院操作却可能导致病人交叉感染的辨认化验单的发放模式。各种病人的化验单无论是查血验尿还是验血的,都放在一起,由病人自己去查找,原已污染的纸张间交叉感染不可避免。

如果没有这番背景交代,受众可能就不会知晓苏州中医院为化验单"穿衣"这个新闻事件的由来,也就无从理解这项专业工作的改革对广大患者所具有的意义。

三、展现新闻进程

1998 年 6 月,北京有关部门召开新闻发布会,告知社会各界,1957 年从国家重点文物保护单位北京云居寺出土的一万余块佛教石刻经板已经"严重风化"。为了保护这批中国的重点文物,决定 1999 年 9 月 9 日将这些石刻经板回归地穴珍藏。

记者在报道这个新闻事件时,使用了下面的背景描述:

据历史记载,最早主张把佛经刻在石头上的是北齐南岳天台宗高僧慧思。第一个将此事付诸实施的是他的弟子静琬。从1 300多年前的隋代大业年间开刻,历经辽、金、元、明数代千年,无数僧人辛勤劳作,共刻出佛经1 122部3 572卷,14 278块石经。完工后藏于云居寺附近石经山 9 个藏经和寺内压经塔下的地穴中。

静琬生前曾留下刻经主旨:"此经为未来佛法难时拟充经本,世若有经,愿勿辄开。"但后人未遵循此言。

上述历史背景的交代,帮助人们了解了北京云居寺石经的悠久历史和珍贵价值。但是似乎还有不足,就是北齐南岳天台宗高僧慧思萌生在石头上刻写佛经想法的背景还欠说明。

南北朝时,中国佛教经历北魏北周两次劫难(被佛教界人士称为“法难”),南岳慧思大师担忧东土藏教遭遇毁灭之灾,发愿刻写石经,秘封岩壑之中,“令佛法常得久住”。

如果记者能够用简洁的文字交代上述这一历史细节,人们就能够对中国佛教发展的坎坷历程有更加深入的了解,从而对石经的曲折命运和它回归地穴的意义有更加深刻的认识。

四、揭示新闻意义

1996 年 7 月 11 日上午 8 时,雷州市企水镇、纪家镇附近海域突然遭到风暴袭击,在这里捕鱼的多艘渔船被风浪掀翻,一些渔民落水,生命危急。当地村民闻讯后找到停泊在企水港的“渔政海监 905 号”船向船长求救。而船长说,要请示雷州市水产局副局长兼渔政海监大队大队长钟进。几经周折,两小时后找到钟进,而这位领导却说,一定要先收钱然后才能开船。无论当地民众和政府怎样恳求,怎样说明当时筹钱来不及,钟进仍然固执己见。这次海难致使 12 名渔民遇难。

《南方日报》在对此事进行报道时,在新闻的最后一个自然段交代了一段背景资料:

1979 年国家水产总局发布《渔政船管理暂行办法》的第一条第四款规定,渔政船有海难救助的义务。

就是这样一段背景资料提示人们,雷州市水产局副局长兼渔政海监大队大队长钟进的做法,不只是一般的道德问题,也不是一般的懈怠责任,而是在触犯相关法规。新闻事件的性质就在这样的背景资料的披露中被揭示出来。

再来看下面的报道:

2004 年 7 月,有关马六甲海盗活动猖獗的新闻报道充斥着媒体:

马六甲海盗活动猖獗　马来西亚海警采取行动

新华网吉隆坡 7 月 7 日电　马来西亚总理兼国内安全部部长巴达维 6 日在国会下议院说,为了打击马六甲海峡一带猖獗的海盗绑架犯罪活动,马来西亚海事警察正在采取一系列防范措施。

据介绍,马海警采取的措施包括:加强海警配备,加强重点海域的巡逻和延长巡逻时间,成立情报小组并加强与邻国的合作。

巴达维说,今年上半年共有23名马来西亚渔民在马六甲海峡一带遭海盗绑架,被索取赎金19万林吉特(3.8林吉特合1美元)。

另据马海警的记录,去年有22名马来西亚渔民被绑架,被索取赎金达60万林吉特。2002年遭绑架的马来西亚渔民有38名,被索取的赎金有12.9万林吉特。

马六甲海峡长约800公里,最窄处约40公里,是海盗经常出没的高风险海域之一。

然而,另一篇对马六甲海峡问题的报道,披露了更多的背景,让人们看到马六甲海峡问题对于中国的严重性。请注意用横线标示的背景资料,看过这样的背景资料,人们对马六甲海峡的海盗问题可能会有全新的认识。

中国石油马六甲之困:最大威胁非海盗猖獗

目前,中国有一半石油需要进口,而其中的80%要经过马六甲海峡。为摆脱命悬一线的脆弱局面,多个新的石油运输方案被摆上桌面。这些方案虽然都有优点,但细细分析下来,几乎每个都存在严重缺陷,甚至漏洞百出。

马六甲,这个距离中国大陆千里之外的海峡,几十年来,在中国人心中从未像今天那么重要。从1993年中国成为石油净进口国开始,马六甲海峡对于中国的经济政治意义迅速飙升,以至成为中国石油进口运输线的咽喉所在。不久前云南大学的三位学者提出了建设中缅石油管道的替代方案,再次引起各方对中国石油马六甲困局及其解决方案的关注。

过去十几年中,中国石油消费量增势猛烈。据国务院发展研究中心的专家预测,2005年中国石油消费量将超过2.6亿吨,2010年可能突破3亿吨。而与此同时,国内生产却跟不上。在过去10年中,中国石油生产年均增长速度约1.8%,大大低于5%的年均消费增长速度。

专家预测,到2020年,中国石油净进口量将达到至少4.5亿吨,石油的对外依存度有可能接近60%,与目前美国的水平相当(美国的石油对外依存度为58%)。中国石油供应的一大半将依赖国际资源,石油安全问题十分突出。

目前,从中东地区进口的石油数量约占中国进口石油总量的46%,从亚太地区进口的石油约占进口总量的19%，来自非洲的进口量占20%。海运是石油运输的最节省的方式，中国从上述三地区购买的原油自然主要走海路，而马六甲海峡则成为这条海路的必经之地。

马六甲海峡位于马来半岛和印度尼西亚的苏门答腊岛之间，是连接沟通太平洋与印度洋的咽喉要路。目前，中国进口原油的80%左右都通过此地。据测算，每天通过马六甲海峡的船只近六成是中国船只。过去，对中国而言，马六甲的航运安全问题几乎不存在，而在今天，它却成了中国牵一发而动全身的大问题。

首先，该地区海盗活动十分猖獗，已对通行船舶构成严重威胁。据统计，全球60%的海盗袭击都发生在这条海峡。仅2001年，在马六甲海峡就发生了600多起海盗劫船事件，经济损失100多亿美元。

其次，近年来，马六甲海峡还一直弥漫着海盗与恐怖组织联手制造恐怖事件的阴影。据有关专家预测，如果采用自杀性方式，攻击一艘装满几十万吨原油的油船，可以使马六甲海峡关闭一年以上。

再次，中石油集团经济技术研究中心副主任刘克雨在接受媒体采访时说，“抛开地缘政治和国际政治等因素，仅就马六甲海峡本身的运力来说也是够吃紧的。”“且不说遭遇恐怖袭击，如果只是一次普通的沉船事故，可能就会让马六甲海峡至少停运好几天，这个影响会很大。”

对中国而言，问题可能还不止如此简单。

中国航油（新加坡）股份有限公司执行董事兼CEO陈久霖认为：“对中国来说，最大的威胁或许不是海盗，而是这一地区复杂的国际关系。”

在美国的全球战略中，马六甲海峡是必须控制的世界16大咽喉水道之一。前美国总统安全事务顾问布热津斯基曾一针见血地指出：马六甲海峡是其控制亚太地区大国崛起的关键水域。

今年4月，驻亚太地区美军总司令托马斯·法戈上将在国会作证时，披露了美军方名为《区域海事安全计划》的反恐新方案。根据这项计划，美国将向马六甲海峡派驻海军陆战队和特种部队，以防范恐怖主义和海盗等犯罪活动。

除了美国外，印度也对马六甲地区虎视眈眈。印度的安达曼尼科巴群岛位于孟加拉湾正处于马六甲海峡的西部入口处。印度在该群岛修建了海军基地，并部署重兵扼守海峡西口。另外，印尼海军也宣布要在马六甲海峡部署军舰和战机执行巡逻任务。

环顾四周,中国的石油运输线"沿途几乎都是潜在竞争对手的控制范围,不出事则已,一旦出事就很麻烦"。中国社会科学院的专家任海平如是评价。

面对马六甲困局,各方提出了多种改道方案,其中,以中缅石油管道、泰国克拉地峡运河输油管方案最引人注目。

(《青年参考》 2004 年 7 月 22 日)

五、增加新闻趣味

1994 年新华社记者以《东北又闻虎啸声》为题,披露了世界濒危动物——东北虎又在中国东北山林中多次出现的新闻。在这篇新闻中,记者运用了大量的背景资料。

报道中包括对东北虎习性的介绍:

东北虎在全世界老虎的 8 个亚种中个体最大,主要生活在中国东北及俄罗斯的西伯利亚寒温地带。它们一般独居,以虎尿圈占地域,每只老虎需要 10 多平方公里的森林空间才能生存。而且东北虎的择偶性极强,一只发情的雌虎往往要走很长的路才能找到一只雄虎,如果一方不中意就不能交配。雌虎只好继续寻找,常常是还未找到"如意郎君",其发情期已过。

报道中还有对东北虎濒危状况的介绍:

由于自然繁殖困难、生态环境恶化、人类捕杀等原因,野生东北虎的数量本世纪(20 世纪)以来急剧下降。目前全世界已不足 300 只。国际野生动物基金会早就将东北虎列为世界十大濒危动物物种之一。

为了说明东北虎又在中国东北山林中多次出现的缘由,记者还从各个方面介绍了中国对东北虎的保护工程:

中国早在(20 世纪)50 年代就将东北虎列为国家一级重点保护动物,并禁止狩猎东北虎。

中国还建立了好几个东北虎森林自然保护区,总面积超过 10 万公顷,最早的一个在黑龙江,建于 1958 年。

1986 年,中国濒危珍稀野生动物管理办公室和黑龙江省有关部门在黑龙江海林县横道河子投资1 000万元人民币建立了猫科动物饲养繁育中心,人工饲养和繁育东北虎。

目前这个中心虎群总数已经从最初的10余只增至73只，成为世界上最大的东北虎饲养繁育中心。

这些相关背景资料的运用，使得报道读起来趣味盎然。

第三节　怎样选择背景资料

需要特别说明的是，新闻报道中使用的背景资料的基本成分是事实。这种事实要素需要记者通过各种渠道获取，其中包括历史文献、工具图书、网络数据库，以及对专业机构、专家学者和领导部门的采访所获取的相关资料。

一、背景知识的分类

有的美国新闻学者把背景知识分为两大类别：

1. 一般背景知识

这包括记者在新闻报道中需要运用的各方面知识。这是一个广阔的领域，通常人们会把一个人对这个知识领域的了解程度称为"知识面的宽度"。这种一般性的背景知识太浩瀚了，它可能要靠两个途径进行积累，一个途径是不间断地勤奋学习，另一个途径是生活阅历的积累。

2. 特定背景知识

这往往指构成新闻要素或与新闻事件直接相关的背景资料。如果你在写作刑事犯罪方面的报道，你可能就需要了解法学和犯罪学领域的相关知识；如果你从事的是遗传疾病方面的报道，你可能就需要了解医学特别是遗传学方面的专门知识；如果你从事的是农业政策方面的报道，你可能就需要了解农业、社会、政治等各个领域的知识。

这两类背景知识，对于写作新闻报道都是不可缺少的。

由于客观世界中任何一个事物的生成、存在与发展都有着复杂的因果关联，都与环境有着千丝万缕的联系，因此，在新闻写作中使用什么样的背景资料就成为一个时时会让记者感到困难的问题。与其说新闻背景的选择是一种技术，不如说是一种思维方法。在新闻报道中选择什么样的背景资料，取决于记者对新闻价值和传播效用的认识。一则新闻报道中可能会包括多重任务，你需要说明专业问题,需要解释技术术语,需要展示事件缘由,需要剖析事件影响,这些可能需要你调用不同的背景资料。你对新闻怎样认识,决定着你对什么样的背景资料感兴趣。

请记住:新闻价值是选择新闻背景资料的基础坐标。

二、选择背景资料的原则

下面的原则在选择背景资料时是普遍适用的:

1. 目的要明确

每个新闻报道都会表现出巨大的差异性,在每则新闻报道中,你运用背景资料是要让受众了解新闻报道中涉及的专业内容,还是让他们了解新闻事件酝酿生成的原因;是让他们了解新闻事件对环境的种种影响,还是让他们了解新闻事件所包含的深层意义?你要根据你写作新闻报道的目的决定使用什么样的背景资料。

2. 视野要开阔

客观事物的存在与发展有着无数的因果关系,一个成熟的记者,在考察新闻背景时,不会囿于一点一面、一时一事,而是会关注酝酿新闻生成的复杂的环境因素,关注与新闻相关的方方面面的联系与作用。在收集背景资料的过程中,记者的视野要开阔,历史背景、地理背景、人物背景、事件背景、知识背景、社会背景,都要收入视野,这样写作新闻时才能游刃有余。

3. 选材要机智

我们今天所处的信息时代,一方面为记者写作新闻报道提供了丰富的背景资料;另一方面也为记者选择新闻背景资料造成了困难。人类拥有的信息总量前所未有的丰富,已经对人们选择信息造成了越来越大的障碍。因此,新闻报道中对背景资料的选用要恰到好处,要选择那些对于解释和说明新闻最有意义的背景资料。绝对不能用"广种薄收""地毯式轰炸"的方法使用背景资料。

下面的建议可能有助于你恰到好处地运用背景资料:

- 根据不同的报道内容选择不同的背景资料;
- 根据不同的公众对象选择不同的背景资料;
- 永远以说明新闻主题为第一目标,不要让背景资料喧宾夺主;
- 要简明扼要地展示背景资料,不要叠床架屋,庞杂混乱;
- 运用背景资料时要灵活得当,不要牵强附会。

三、背景资料在新闻中的编织

背景资料的使用在新闻中无固定位置。写作一篇报道时，究竟把背景资料安排在什么位置，是没有硬性要求的。背景资料在新闻中的运用是极其灵活的。它既可以作为新闻要素的定语存在，也可以作为独立段落出现，一切只需按照新闻报道的展开节奏自然而然地呈现于公众眼前。

请记住下面的要求：按需而用，巧妙穿插，严密编织，与新闻浑然一体。

让我们看看新闻记者们是用什么技术手段在新闻报道中处理背景资料的。

下面的案例告诉我们记者是怎样把背景资料直接写在导语中的：

路透社罗马　(2001 年)12 月 12 日电　100 年前的今天，古列尔莫·马可尼在大西洋彼岸收到三声微弱的无线电信号，从此宣告无线电的诞生。而曾经拒绝向他提供资金的意大利今天举行活动，纪念这位 20 世纪最伟大的发明家。

下面是《纽约时报》一则新闻的导语，背景资料也放置在导语中。

陪审团昨天裁决，泛美航空公司应对洛克比空难的所有损失负责，因为其安全程序未能保护旅客的生命。1988 年，这些旅客乘坐的 103 航班在飞经苏格兰上空时发生爆炸，一颗炸弹夺去了 270 人的生命。

把背景资料放置在新闻主体中，是新闻报道最常用的方法，特别是在新闻背景比较复杂，记者需要交代诸多背景因素的情况下，这种技术就成为编织背景十分有效的途径。

美军展开夏季脉动演习测试七艘航母同时出航

中新网(2004 年)6 月 3 日电　据美联社消息，当地时间 6 月 2 日，美军航空母舰“杜鲁门”号驶离诺福克海军基地，美国海军代号为“夏季脉动 04”的演习也由此展开。据悉，同样驻扎在诺福克的另一艘航母“企业”号将于当地时间 6 月 3 日离开港口。

此次演习的主要目的是测试美国海军战力，检验海军是否有能力将全部 12 艘航母中的 7 艘同时派遣离港执行任务。

美方官员称，“夏季脉动 04”演习将一直进行到八月份，海军七艘航母将举行联合演习，还将与美洲、欧洲、非洲、澳大利亚和亚洲的盟国部队进行国际演习。

美国海军于去年十二月份宣布了“舰队反应计划”,改变航母传统上有规律的六个月执勤期,改为根据需要随时准备出发。而“夏季脉动04”就是根据此计划而进行的第一次演习。

海军渴望达到的目标是:当世界任意一个角落发生危机时,海军能在少于30天的时间内将6个航母战斗群派至事发区域,还要在三个月内将另两个航母战斗群准备完毕,用来支援或轮换已参战的航母战斗群,或是前往其他地点执行任务。

“杜鲁门”号指挥官格鲁索森称,在当今这个后“9·11”世界中,“舰队反应计划”能使敌方难以摸透美方的航母部署方案,因此敌对势力就“很难决定何时发动袭击”。

可是这也意味着士兵们早已定好的个人计划会被打乱。“杜鲁门”号上的一级士官托尼·赖斯抱怨说:“……没人喜欢这样。但作为水手你只能去适应它。因为长官教导我们要灵活地迎接那些意料之外的事情。”

“舰队反应计划”打破了美国海军长期以来的航母部署传统。在20世纪,一艘航母要远赴海外执勤6个月,之后返回美国本土修整18个月。在此期间,舰上水手进入海军学院学习,而航母则进行检查及维护。这样一来,每艘航母在每两年的循环周期中只有6个月的作战能力。除此航母外,海军最多只能再同时派出两艘航母执行任务。

据悉,除“杜鲁门”号及“企业”号外,参加“夏季脉动04”演习的美军航母还有“华盛顿”号、“斯坦尼斯”号、“小鹰”号、“肯尼迪”号和“里根”号。

在新闻写作中,对于背景资料高明的使用方法,是将新闻背景材料与主体新闻要素有机地“编织”起来,让背景资料的述说与主体新闻要素的展示浑然一体!这样的做法不仅为受众审视新闻打开视野与思路,而且保证着新闻报道展开的速度。

让我们看看《波士顿环球报》的一则新闻:

日前被指控曾在四月间用重棒击打其妻致死的××软件公司的负责人肯尼斯·G. 塞吉尔昨天被控谋杀了他的两个孩子。孩子的尸体是在其母亲的尸体被发现漂浮于沙特伯利河的3天后,在富兰克林县的一个池塘里找到的。

用下划线标示的文字属于背景资料,我们可以看到背景资料在这则新闻的导语中已经和主体新闻融为一体,似乎让人们不再感觉到背景的独立存在。一个事件已经被写成了一个故事的过程，而这一切又都是如此的和谐与简洁。这里记者熟练地运用了新闻写作的文字技巧——将新闻背景与新闻要素编织起来，在报道主体新闻事件的同时，把与事件相关的故事告诉给读者。这是一种炉火纯青的写作技术，用这种技术写成的新闻报道，保证了新闻故事的流畅展开，读者阅读这样的新闻没有阻碍，没有停顿。

在运用背景资料的过程中，需要注意避免两个极端的倾向：

一种倾向是缺乏在报道中充分交代新闻背景的意识。这是初入新闻界的记者需要特别引起注意的。当你关注于一个令人兴奋的新闻事件的时候，一定不要忘记，眼前这座漂浮于海面上的壮观的冰山，有五分之四埋藏在水下。而那正是它的根基。

下面的这条新闻是一条重要消息，但是，它的内容是否说明了作者想要说明的问题？

研究显示中国工人农民经济社会地位在下降

××网北京7月29日电　中国社会科学院28日发布的《当代中国社会流动》研究报告指出，在半个多世纪以来中国的五次社会大流动过程中，工人、农民的经济社会地位明显存在着下降的趋势。

据《经济参考报》报道，这份研究报告说，改革开放以前，农民作为一个整体享有较高的政治地位，是工人阶级的政治同盟军。但在1997年以后，农民尤其是农业劳动者阶层开始遭遇经济社会地位下降的趋势，这使得他们丧失了改革开放初期的优势，而转变为一个地位较低而且明显处于劣势的社会阶层。

一度在中国被称为“工人老大哥”的产业工人阶层境遇也很尴尬，自1992年以来，其经济社会地位也在继续下降。

而与此同时，中国社会非公有制经济高速发展，新社会阶层和群体地位迅速上升，这包括私营企业主阶层和个体工商户阶层。

我们在整篇报道中看不到对“半个多世纪以来中国的五次社会大流动”这样一个重要的社会环境也是新闻产生环境的重要背景的解释。

农民尤其是农业劳动者阶层“地位较低”“明显处于劣势”等用词，也是极不精确的说法，没有任何比较性数据来说明这个问题，这就使得这样一个重要的观察结论失去了支撑。

产业工人“境遇也很尴尬”“经济社会地位也在继续下降”这些论点都没有

任何论据的支持。

中国社会非公有制经济怎样“高速发展”了?“新社会阶层和群体地位”如何“迅速上升”了?这也没有任何事实材料的说明与支持。

这本来应该是一篇需要大量背景资料予以说明和解释的新闻,但是记者没有使用哪怕是最简单的一点背景资料。这就难免为读者了解新闻的意义造成了障碍。当然,这篇报道缺少的不只是背景,有些重要的主体新闻要素也不够完整。

这样的新闻读过之后,读者们能够了解什么?相信什么?思考什么?由于没有使用任何事实性背景资料,这篇报道实际上成为一个科研报告结论的摘编,而对公众来说,读后难免一片朦胧,一头雾水。

另一种倾向是过度沉浸在对新闻背景的烦琐堆砌之中。这是在新闻报道的专业领域不够成熟的另一种表现。如果新闻报道中的背景资料过于庞杂,过于烦琐,过于铺张,就会形成一种喧宾夺主的态势。“过度”堆砌的背景资料会让读者陷入迷茫和疲惫。

思考题

1. 什么是新闻背景?
2. 新闻背景在新闻报道中的作用是什么?
3. 选择新闻背景资料的原则是什么?

练习题

1. 从近日的媒体中找出5条不使用背景资料的新闻,分析不使用背景资料的报道有什么缺陷,并为这些报道寻找相关背景资料。

2. 从近日的媒体上找出5条使用了背景资料的新闻,分析这些背景资料在新闻报道中发挥的作用。

3. 阅读下面的报道,如果你是执行这次报道任务的记者,你会为这则新闻增添哪些方面的背景资料?

2018年我国水力发电量约1.2万亿千瓦时

科技日报(2019)1月9日报道 “据初步统计,至2018年底,我国水电总装机容量约 3.5 亿千瓦、年发电量约 1.2 万亿千瓦时，双双继续稳居世界第一。”8 日，在 2019 年中国水电发展论坛暨水电科技奖颁奖典礼上，中国水力发电工程学会理事长张野透露。

张野表示，世界第一高拱坝的锦屏一级水电站荣获菲迪克工程项目杰出成就奖，中国水电坝工技术继续领跑国际；三峡电站年发电量首破 1 000 亿千瓦时，澜沧江大华桥、黄登、里底水电站首台机组相继投产，青海连续 9 天以水风光等全清洁能源供电，龙羊峡水电站建成 30 年首次蓄水至正常蓄水位，水电在推动能源生产和消费革命，促进节能减排，高效调控和开发利用水资源等方面的综合效益持续显现。

据不完全统计，截至 2018 年底，我国大陆已建 5 万千瓦及以上大中型水电站约 640 座，总装机约 2.7 亿千瓦；中国企业参与的已建在建海外水电工程约 320 座，总装机 8 100 多万千瓦。（记者 付丽丽）

第八章 分类新闻的写作

在新闻报道的写作过程中,往往会出现这样的尴尬局面,你突然发现在采访的时候一个重要的新闻要素没有询问,一个重要的线索没有捕捉,需要重新采访一下。但是新闻现场已经消失,采访对象已经无处可找,编辑的截稿时间已到。总之,你已经没有补充采访的时间了。此时你只有后悔当时的工作没有做得更细致一些,更全面一些。但是当时,你确实是尽其所能了。

新闻事件会发生在社会生活的各个领域,任何记者在突然发生的新闻事件面前都很难做到滴水不漏、万无一失。没有丰富经验的记者在进入一个事件报道的时候,往往更会手忙脚乱,在混乱嘈杂的新闻现场,面对头绪繁多的事件要素往往会捉襟见肘、丢三落四,甚至会遗忘重要的采访内容,忽略重要的报道线索。

为了最大限度地避免这种状况的发生,我们就需要找出一个行之有效的方法系统。我们可以将不同领域发生的新闻事件进行分类,根据事件本身的一般特点与规律和从事新闻报道的需求与规律,确定各类新闻事件的报道要点,为记者提供分类新闻报道的操作系统。这样,就可以保证记者抓住新闻事件的核心,掌握新闻事件的全貌,了解新闻事件的意义,获得写作新闻的充足素材。

第一节　灾难新闻的写作（事故、火灾、自然灾害）

灾难是人们最不想看到的,但是,灾难新闻却是人们最渴望看到的。这并不矛盾,人们要以最快的速度、最详尽地了解灾难,其中一个潜藏心底的强烈渴望是为了从新闻报道中获取有关灾难的知识,从而避免灾难的威胁与侵害,减少在灾难中蒙受的损失。

对于新闻工作者来说,灾难是人们生存环境发生的重大变化,因此必须予以高度关注,并且及时、全面、深入地予以报道。

一、道路交通事故报道的写作

如今,道路交通事故已经成为人类生命面对的重大灾难之一。处在社会转型期的中国,机动车数量迅速增长。2018 年全国新注册登记机动车 3 172 万辆,机动车保有量已达 3. 27 亿辆,其中汽车 2. 4 亿辆,小型载客汽车首次突破 2 亿辆;机动车驾驶人突破 4 亿人,达 4. 09 亿人,其中汽车驾驶人 3. 69 亿人。无论是城市居民还是乡村农民,都在越来越多地使用和接触着各式各样的机动车辆。与此同时,由于中国特殊的国情,也使得中国成为世界道路交通事故死亡人数最高的国家。

据中国国家安全监管总局、交通运输部公布的数据,2017 年全国交通事故造成的死亡人数约 6. 3 万人。

据世卫组织(WHO)2018 年 12 月 7 日发布的报告,全世界每 24 秒就有 1 人因交通事故丧命,每年因交通事故丧命的人数达到 135 万人。由于道路交通事故直接关系到人的生命安危,因此对这类事故的报道往往受到社会各界的普遍关注。交通事故的报道对于日益走向现代化生活的人们有着重要的意义。

在交通事故的报道中,应该包括以下要点:

- ●事故的后果:死伤人数及情状,车辆损坏状况,对环境的破坏状况;
- ●死者和伤者的姓名、身份及年龄;
- ●导致伤亡的直接原因;
- ●发生事故的机动车车型;
- ●事故发生的时间;
- ●事故发生的地点;
- ●事故发生的原因(权威机构和人员的解释);
- ●目击者以及负责调查事故的官员的陈述;
- ●如果事故中有人违法,应注意报道警方的执法行动,注意了解警方对此行动的说法;
- ●事故发生时不寻常的天气状况、公路状况或者是其他环境状况;
- ●事故发生时车辆的车速、起点和终点;

●如果殃及他车,应该了解其他驾车者和乘客的姓名及身份;

●现场的抢救情况;

●是否有英雄行为。

上述各种内容要素在写作报道时并不一定需要全部交代,更不一定是要按照一成不变的顺序进行陈述。每次交通事故的原因是不同的,过程是不同的,结果也不尽相同,给读者的警示作用也不一样,记者进行报道时,要根据具体情况,找出每次事故的特点,体察事故的发人深省之处,写成有特色、有价值的报道。

在一些交通事故中,上述内容要点可能不是一下子可查清的,而是随着对事件的调查渐渐水落石出的,因此可能需要用连续报道的形式对事件进行完整的报道。

下面是一则交通事故的报道:

××报讯(2019年)3月22日19时15分许,湖南常长高速西往东方向119KM+655M处(常德市汉寿县太子庙服务区附近),一辆从河南郑州开出的柴油旅游大巴豫AZ8999(机动车所有人为河南迅驰汽车旅游服务有限公司)突然起火。该车核载59人,实载56人,其中乘客53人、司机2人、导游1人。事故造成26人死亡,28人受伤,2名司机已被控制。受伤人员已妥善安排在当地医院接受救治。事故原因正在调查之中。

据交通运输部消息,湖南常长高速客车突然起火事故发生后,交通运输部高度重视,部领导立即做出批示,已派出工作组紧急赶赴现场。

湖南省交通运输厅、高速公路集团第一时间赶到事故现场配合当地政府进行应急处置。河南省交通运输厅成立两个小组,一组赶赴现场,一组排查事故车辆及公司有关情况。

此外,河南省交通运输厅召开会议安排部署相关工作,下发《关于进一步加强道路运输安全监管工作的紧急通知》《关于进一步加强旅游包车客运安全管理的紧急通知》,组织召开全省交通运输安全生产紧急电视电话会议。同时,责令涉事企业河南迅驰汽车旅游服务有限公司停业整顿;责令该企业立即召回在外经营车辆,返回郑州开展整改。

据国家卫健委官方微博消息,受国家卫健委马晓伟主任委托,王贺胜副主任带领医政医管局和卫生应急办公室有关同志以及国家医疗卫生应急专家组,于3月23日下午赶赴湖南指导重症伤员会诊救治和心理干预工作。应急专家组由北京积水潭医院、北京天坛医院、中南大学湘雅二医院的烧伤科、骨科、神经外科、重症医学和精神心理专业的7名专家组成。

事故发生后,国家卫健委已连夜调派距事发地较近的中南大学湘雅医院和中山大学附属第一医院烧伤科、急诊科和重症医学6名专家组成应急专家组,赶到当地指导和支持紧急救治工作。目前,28名伤员分别收治在常德市两家医院,其中危重8人,伤情主要为烧伤和吸入性肺损伤。国家、省、市医疗专家已组成联合专家组,正在全力救治伤员。

我们读过这篇报道后会有什么感受?它是否告诉我们这场事故是怎样发生的?客车怎么就会突然起火?导致26人死亡的具体原因究竟是什么?同类事故的危险因素在长途客车中是否普遍存在?如果没有后续报道,这样的消息实在会让读者充满疑惑。因为读者真正需要了解的构成新闻的细节要素,记者几乎都没有交代。

在机动车事故的报道中,要特别注意事故中的特殊因素。

至于报道居然用一半以上的文字量讲述各级政府机构如何重视此事,这显然有公关信息的性质了。公众更关注的是交通事故本身的事实与真相。

下面这则交通事故的报道中构成新闻价值的显然不是人员伤亡,而是青藏公路在"五一"长假期间的全线拥堵。

青藏线多起车祸造成上千辆车堵在昆仑山口

××网拉萨5月3日报道　5月3日青藏两省区交接处降雪,导致青藏线中段路滑难行。记者当日在青藏线上看到三起车祸,导致青藏线全线多处拥堵,上千辆车被困寒风凛冽的昆仑山口。

记者早上7时从西藏安多县出发前往青海格尔木。上午10时左右记者到达唐古拉山兵站附近(109国道3 273公里处),发现两辆货车相撞,已有数百辆客货车被堵。记者的越野车从山坡上绕过,上午11时左右行至青藏线风火山附近,见四辆货车发生车祸。当时天上下着大雪,上百辆大型车辆被困。

记者的越野车绕行,下午1时到达昆仑山口时,看到上千辆车在青藏线上动弹不得。据从格尔木方向来的司机介绍,前方发生车祸因无交警疏导,加上个别司机强行超车,导致青藏线昆仑山口段双向堵车。这位货车司机无奈地说:"青藏线上经常发生这样的事情,也没人管,我们都习惯了。"

截至3日下午5时记者发稿时,上千辆车仍被困昆仑山口。记者在现场未见交警疏导交通。昆仑山口海拔4 000多米,寒风凛冽,气温在零下5摄氏度以下,据了解晚上气温将降至零下20摄氏度左右。

如果这条新闻能够加入青藏公路的相关背景,告诉人们这条公路的长度,现在每年、每天有多少汽车行驶在这条公路上,这条公路对中国西部的高原省区究竟有什么作用?甚至讲一下这种拥堵事故的发生频率、主要原因以及这种车辆长时间拥堵造成的经济和其他方面的严重后果,这条新闻就会有更强的可读性和更大的影响力。

有时交通事故会与刑事案件联系起来,这会让读者看到更为曲折的故事。下面这起机动车肇事事故报道是因一起被盗车辆引起的,最终警察击毙了肇事者。

下面是2004年4月19日北京一家媒体对当天事件的报道摘要:

河北省沽源县人杨伟18日上午盗抢一辆橘红色大货车,交通肇事后在八达岭高速公路逆行逃逸,连续撞坏20多辆汽车,造成8名群众受伤,被民警当场击毙。目前此案正在进一步调查中。

据目击者介绍,这辆拉土的大货车呈之字形在行车道上飞驰,两辆警车尾随其后,还有一辆洒水车也紧跟着,试图拦阻那辆逆行大货车。正在正常行驶的汽车猛然看到逆行大货车,都惊慌地向两边避让。尽管如此,还是有几辆车由于躲闪不及而遭殃,不一会儿,在辅路上就排起了一溜受伤车辆,足有七八辆之多。

9时18分,北京市公安局110报警服务台接到报警,在昌平区百善镇狮子营村有一男子抢走一辆橘红色大货车,车牌号是京G21056。

9时28分,122交通事故报警服务台接报,一辆车牌号为京G21056的大货车在昌平区沙河出京方向西辅路,与两辆正常行驶的小客车发生刮蹭后肇事逃逸。

警方接报后,迅速调集警力拦截。肇事大货车在逃逸中连闯4道警方设置的拦截岗。

9时40分左右,交管部门将八达岭高速公路封闭。

9时44分,肇事大货车行至八达岭高速公路进京方向清河收费总站时,犯罪嫌疑人见收费总站已设卡拦截,遂调头向北逆行逃逸,连续刮撞10辆汽车。为保护群众生命安全,警方采取果断措施,向犯罪嫌疑人鸣枪示警。

9 时 55 分,在北六环与八达岭高速公路进京方向交会处,肇事大货车又连撞两辆拦截警车、一辆洒水车和一辆停在路边的公共汽车后,肇事司机被民警当场击毙。部分伤员被送往昌平区医院急诊部紧急治疗。

下午 1 时 5 分恢复交通。

对这种与刑事案件有关的交通事故进行报道,记者很可能会被曲折的案情所吸引。但是,从对读者的信息传播价值考虑,记者需要更加关注造成事故的复杂原因以及事故对各个方面造成的严重后果,从而为人们提防突如其来的危险提供更多的警示。

如果交通事故中有社会名流在内,报道就会引起更大的关注度。

下面一起交通事故的肇事者在中国有不小的知名度,而且事故的原因是酒后驾车。

著名笑星牛振华车祸身亡

[××晚报报道] (2004 年)5 月 11 日深夜,著名演员牛振华在北京西直门外大街白石桥附近发生车祸,牛振华驾驶的奔驰小汽车和一辆河北大货车发生追尾,牛振华在车祸中丧生。

据目击者讲,当时撞击非常惨烈,奔驰轿车与大货相距大约有 30 米,奔驰撞上大货后被弹飞了有 10 米远,汽车落地后斜骑在马路崖上,奔驰车前盖完全破裂,发动机暴露在外,挡风玻璃碎裂一地。追尾发生时该目击者称未看到奔驰车有刹车迹象,并且路上也看不到明显的刹车痕迹。由于奔驰车主血肉模糊,警察一时难以确认死者身份。凌晨 4 点左右,该目击者得知死者是著名演员牛振华。据当时牛振华血液检测显示,他的血液中每百毫升酒精含量为 205 毫克,而根据交法规定,每百毫升血液中酒精含量超过 100 毫克即是醉酒驾车。而相撞的卡车司机以及另外两辆追尾车的司机酒精测试没有超标。

记者从牛振华在解放军艺术学院的同班同学卓林处了解到,牛振华的妻子不是娱乐圈内人,他们的女儿才 17 岁。

在机动车事故的报道中,要注意了解相关背景。如果这条新闻能够提供中国每年因酒后驾车发生事故的数量、死亡人数、此原因引发的交通事故与其他原因引发的交通事故导致死亡的比率是多少,中国的“社会名流”们酒后驾车的记录,酒后驾车事故发生率最高的地区和人群等与此起事故相关的背景资料，这条新闻会有更大的传播价值，对读者会有更大的启发。

从事交通领域报道的记者，需要在平日积累相关的数据统计资料。比如，对中国每年死于机动车事故的人数状况做系统分析，看看之中有多少是机动车的驾驶者，有多少是步行人。驾驶什么类型车辆的人在事故中的死亡比率最高？和世界其他国家相比，中国交通事故的死亡率如何？

记者应该尽可能多地收集类似的有关交通事故的统计分析资料，将其存放在自己的电脑里，以备使用。比如，酒后驾驶的事故比率，机械原因的事故比例，机动车事故中肇事者年龄的概率统计、性别的概率统计，事故发生地区的概率分布统计，事故发生时间的概率分布统计，肇事车辆的类别概率分布统计，甚至某个事故多发路段的详细状况及事故历史等，都要十分清楚，这样在写作一个机动车事故的报道时，就能够展示出事件与环境之间的关系，让公众领悟事件包含的更深刻意义。

二、飞机事故报道的写作

飞机这种现代化交通运输工具，因为它的时空移动的高效率，给人类带来了极大的便利。但是，飞机一旦发生事故，生命的悲剧就很难避免。对于新闻媒体来说，飞行安全事故往往是最被关注的重要新闻之一。

历史上最让人震惊的空难事件可能是“9·11”事件，一天中4架飞机被恐怖分子劫持，最终导致世界政治格局的激烈动荡。

有的航空飞行事故没有这样重大的政治因素掺入其中，甚至没有人员伤亡，但是，也会引人注目。

下面是《××晚报》的一则消息：

本报南京消息　昨天晚上，一架载有140人的大型客机，因飞机起落架发生故障，在南京禄口国际机场上空无法降落。盘旋了1个半小时后，飞机上的备份油即将耗尽，无奈之下经有关部门同意飞机采取迫降措施。迫降中飞机安全着陆，无人员伤亡。

昨天晚上8时10分，南方航空公司从大连飞往南京的6527航班MB82大型客机，到达南京禄口国际机场准备降落，当飞行员用目视导航系统确定了飞机着陆的跑道准备降落时，突然飞机的起落架发生故障，飞机无法降落地面。随即，飞机拉升，在空中盘旋，机组人员一方面向南京空管中心报告情况，一方面实施紧急抢险排除故障。然而，1个小时过去了，故障仍然没有被排除，飞机起落架无法放下。

晚上9时16分，眼看着飞机在空中盘旋1个多小时，地面抢救人员考虑到飞机上的备份油即将耗尽，他们立即向南京消防部门求援。南京安德门、长乐路和江宁东山消防中队的消防官兵紧急前往禄口机场。与此同时，抢救人员迅速向南京市急救中心和南京市公安局110指挥中心求援，做好飞机迫降准备。消防官兵赶到现场迅速在跑道上喷洒泡沫，"120"医护人员待命，"110"民警做好现场抢险一切准备。9时40分，空管中心接到机组报告：备份油已有限！在这关键时刻，抢救领导小组立即决定：6527航班飞机迫降！

由于准备充分，飞机迫降安全着陆，悬在人们心中的石头终于落下。事件中无人员伤亡，飞机也没有受损。

据了解，这架6527航班飞机，是昨天晚上6时47分从大连起飞的，晚上8时10分到达南京。

尽管有惊无险，中国的媒体还是纷纷在重要位置报道了这一消息。这说明此类事件能引起广大读者的关注。上述这则消息对主体新闻要素的表述是清晰的，但是对迫降过程的关键细节没有描述，如果记者平日有充分的准备，事件发生时有深入的采访，进一步披露飞机是否损坏、飞机投入使用的年限、飞行员的飞行经历、中国大型客机的迫降成功率、国际航空运输界大型客机的迫降成功率等相关因素，这篇报道会更加出色。最不应该出现的问题是报道中居然没有飞机的型号！"大型客机"——这样的概念太不明确了。在报道中，这种细节的粗疏会导致新闻真实性和可读性的降低。

在飞机发生事故特别是发生空难的时候，不仅事故现场会是一片惨状，就是航空公司和相关机构的所在地也会是一片混乱。这会为报道造成巨大的困难。因此，此时明确报道的内容要点，会极大提高采写新闻的效率。

飞机失事的报道要点包括：

- 伤亡人数、乘客和机组人员人数（要特别注意儿童和妇女的人数）；
- 事故发生的时间、地点；
- 航空公司和航班号；
- 飞机飞行的起点和终点；
- 官方公布的失事原因；
- 飞机的型号、生产厂家；
- 遇难者：姓名和身份；

● 生还者的名单；
● 受伤者的情况；
● 造成伤亡的直接原因：撞击、失火、爆炸、解体；
● 飞机发生故障时的海拔高度；
● 天气情况和飞行状况；
● 飞行员最后说的话；
● 现场的警方、消防队和急救队；
● 不寻常的事件：如英雄行为；
● 幸存者的目击陈述；
● 地面目击者的陈述；
● 空中交通管制员、政府官员和航空公司对事故的评论；
● 飞机的背景：出厂时间、运营时间、造价；
● 乘坐这趟班机的名人，他们的身份和旅行目的；
● 飞机坠毁造成的后果：地面人员的伤亡、火灾或其他破坏；
● 如果是相撞事故：相撞前飞机的飞行高度、速度和方向；
● 航班何时恢复；
● 如果飞机失踪了，飞机的残骸是怎样发现的；
● 遗物的发现情况；
● 官方的调查结论；
● 这一地区以前发生的航空运输事故；
● 同一型号的飞机或是同一家航空公司以前发生过的空难或飞行事故。

空难报道提供的消息特别需要具有权威性。下面的报道注意了这一点。

昨天，中国国际航空公司发布通告称，昨天上午9时35分，该公司北京飞往长沙的CA1343航班2590号飞机在起飞50分钟左右后，遭遇一名男性乘客赤手空拳劫机。9时50分，飞机在郑州机场安全备降，机上人员无伤亡。下午1时29分，飞机经过例行检查后飞往长沙。15时34分返飞北京。据了解，该男子名叫杨劲松，有精神病史。

杨劲松，1972年1月20日生，现为湖南省湘潭大学图书管理员。1999年曾因精神病住过一个月的医院。此次来北京他是一个人利用暑假来旅游，在返回的途中，发生了这起事件。

（《北京娱乐信报》 2004年7月27日）

在采写航空飞行事故特别是采写民用客机发生空难的报道过程中，要找准信息来源。这些来源包括：

- 发生事故的航空公司；
- 国家航空管理部门；
- 负责现场抢救的警方、军方和医疗机构；
- 发生事故的飞机生产公司；
- 承担保险责任的保险公司；
- 机上名人所在的机构。

构成信息来源的人物包括：

- 调查事故的负责人；
- 航空公司负责人；
- 事故处理负责人；
- 事故目击者；
- 事故幸存者；
- 遇难者亲友；
- 现场其他人员（消防员/医护人员/警察）。

让我们看看当一个国度内一天中连续发生两起空难事故这种近乎离奇的事情出现时，记者是怎样写作报道的。

俄图－134 客机坠毁　图－154 失踪　80 余人可能罹难

××网站消息：据俄塔社（2004 年）8 月 24 日报道，当地时间当天晚上10:56分左右，一架俄罗斯图－134 客机在莫斯科以南大约 200 公里的图拉地区坠毁，另一架图－154 客机差不多同时在莫斯科以南大约 960 公里的罗斯托夫附近失踪。目前，尚未有生还者的消息。

俄塔社援引俄罗斯紧急情况部的消息说，坠毁的图－134 客机上大约有 42 人，失踪的图－154 客机上可能有 44 人。此前，俄塔社报道说，图－154 客机在第一架飞机坠毁后 3 分钟也坠毁了。但后来改报说这架客机失踪，目前还没有找到。

坠毁的图－134 客机是从莫斯科飞往俄罗斯南部城市 Vologograd 的，失踪的图－154 客机则是从莫斯科飞往俄罗斯的黑海东岸港市索契的。目前，普京正在索契度假。

莫斯科的一名匿名空管官员表示,俄罗斯当局没有排除恐怖袭击的可能性。据报道,有目击者看到图－134客机在坠毁之前发生爆炸。

据美联社报道,俄罗斯驻联合国常驻代表杰尼索夫在获悉两架客机坠毁的最初报道后表示:"我们应该看看这是否是恐怖事件。"一名美国国务院高官在华盛顿表示:"我们非常关注这个消息。我们将密切关注事态发展,并找出原因。"目前,美国国土安全部密切关注事态进展,但没有加强美国的安全警戒措施。

8月29日,俄罗斯联邦车臣共和国将举行总统选举。今年5月份,车臣共和国总统卡德罗夫遭爆炸袭击身亡。最近几年来,俄罗斯多次发生爆炸事件,造成数百人死亡,其中大部分爆炸据称是车臣叛军所为。

"图－154"型和"图－134"型飞机是原苏联民航的主要机种,目前俄罗斯及前苏联国家的大多数民航仍在使用这种型号的飞机。

这则报道是在事件发生后很短的时间内发出的,而在这样短暂的时间里,记者对事件各个相关要素的捕捉却十分准确。记者非常注意引用权威部门的说法来对事件本身的情况加以描述。

值得我们注意的是,记者恰当地运用了俄罗斯国内与国际社会政治形势的相关背景资料,展示这个事件发生的环境,从而让人们对事件发生的复杂性有更加充分的认识。报道中对各种事实资料的调用与编织,使报道形成了一个严密的整体,不仅帮助人们了解了一个突发性事件的最新状态,而且引起了人们对这一事件深层意义的关注。

导致空难的原因是多种多样的,有的空难会给人们提供更多的教训。面对这样的事件,记者可能就要注意去写悲剧背后的事情了。

德俄飞机相撞造成71人丧生　灾难原因仍在调查中

新华网北京(2002年)7月2日电　综合新华社驻外记者报道,一架坐满学生的俄罗斯客机与一架运输机于当地时间1日午夜在德国南部1.2万米高空中相撞,目前,死亡人数推断为71人,德国警方已找到26具遇难者的遗体,灾难发生原因仍在调查中。

根据德国警方2日提供的情况,迎头相撞的是一架图－154客机和一架波音757运输机,相撞地点在博登湖附近的于伯林根上空。俄罗斯的这架客机属于巴什基尔航空公司,当时正从俄罗斯首都莫斯科飞往西班牙城市巴塞罗那。

而失事的波音757运输机归属敦豪国际快运公司，它是从波斯湾的巴林起飞途经意大利前往比利时首都布鲁塞尔。

当地警方负责人说，目前有约500名警察正在事发地区展开搜寻遇难者遗体和飞机残骸以及相关的调查工作，并还将从周围地区抽调更多的警力。但由于飞机是在高空相撞的，残骸散布在近30平方公里的范围内，因此搜寻工作进行得相当缓慢，可能还将持续较长的一段时间。

该负责人称，失事的图－154客机上共有乘客57人，机组人员12人。乘客中52人是未成年人，其中有9名12岁以下的儿童。他们在5名成人的陪同下前往巴塞罗那度假。波音757运输机上有正、副驾驶员各一人。警方表示，机上人员生还的可能性几乎为零。另外，飞机坠落的残骸引起地面上部分房屋起火，但没有造成人员伤亡。

据俄罗斯方面的消息，遇难的青少年是作为当地最优秀的学生被学校奖励前往西班牙旅游的。一位学生的母亲布拉特·比格洛在听到飞机失事消息后痛哭说："我儿子才14岁。他总是梦想去西班牙看大海。"目前，遇难学生的父母均已动身前往德国的失事地点。

敦豪国际快运公司证实，失事的运输机上的两名驾驶员分别是英国人和加拿大人。公司发言人表示，从目前情况看，飞行过程中运输机没有显示出任何技术及操作上的问题。

巴什基尔航空公司和敦豪国际快运公司都声称失事飞机机况良好，飞行员经验丰富。

另据瑞士通讯社报道，负责当时导航的瑞士空中导航公司2日在苏黎世召开新闻发布会，就飞机失事时的导航向媒体做了说明。该公司的地区控制中心负责人安通·马格说，在对失事飞机的导航中，该公司有关导航员行动正确，没有错误；是两架飞机同时降低飞行高度导致了相撞事故。

马格指出，瑞士空中导航员在出事前约5分钟接替德国同行对两架飞机进行导航，当时两机相距13至16公里，飞行高度为10 800米。瑞士导航员随即要求俄机降低飞行高度，但俄驾驶员在导航员第三次发出指令时才执行；与此同时，失事运输机的自动警报系统命令驾驶员降低飞行高度，而驾驶员没有得到导航员的许可，就执行了自动警报系统的指令。

他表示，目前有两个问题仍然需要进一步调查：一是为什么俄罗斯客机对导航员的指令反应那么慢，二是为什么运输机的自动警报系统指令飞行员下降。

德国警方宣布，目前已经在失事飞机的残骸中找到图－154客机的一个黑匣子——飞行数据纪录仪。事故发生的具体原因仍有待进一步调查。

德空难原因渐清：导航员休息＋系统关闭

瑞士航空部门官员7月3日承认，在7月1日德国南部上空两架飞机相撞前，瑞士导航塔内的一部自动警报系统没有正常工作，同时导航塔两名员工中的一名曾离岗休息。这一发现说明此次空难可能主要是由于地面导航失误引起的。

据《纽约时报》报道，瑞士苏黎世导航部门表示，负责为两架相撞飞机空中调度的一名导航员在飞机相撞前几分钟曾离开了雷达屏幕，同时，导航塔关闭了一部警报系统以便进行例行检查。

瑞士官员说，在正常情况下，导航员休息以及导航塔关闭一部警报系统都是可以允许的，但瑞士航空部门规定，当警报系统没有正常工作时，导航塔的两名员工应该同时在岗。

德国当地时间7月1日晚，一架图－154客机和一架波音757运输机在德国南部上空相撞，导致71人丧生。围绕此次空难发生的原因，瑞士和俄罗斯官员各执一词，并造成了不小的外交纠纷。俄罗斯官员表示，多种迹象表明，空难主要原因在于瑞士苏黎世机场飞行安全部门的指挥人员失职，撞机警告发出的时间太晚。而瑞士官员则说，他们的预警时间足够驾驶员采取措施避免两机相撞。

（中国日报网站　2002－07－04）

从上面的报道中，我们可以看到导致空难的原因往往是复杂的，第一时间了解到的对原因的解释哪怕出于权威部门也往往会有各式各样的偏差。当有关方面的说法相互冲突的时候，把他们的争论真实地描述出来是一个好办法。

采写空难新闻报道的提示：

1. 寻找各方权威消息来源；
2. 对于目击者的说法要特别警惕；
3. 不要在报道中过早地说明事故的原因。

三、火灾新闻报道的写作

火灾一般都是在没有任何预兆、所有人都毫无准备的时候突然发生的。火灾一旦发生，房屋、设施、财产以及最宝贵的人的生命就面临着毁灭的威胁。仅2017年1至10月，中国全国共接报火灾21.9万起，亡1 065人，伤679人，已核直接财产损失26.2亿元人民币。火灾报道是全社会关注的灾难新闻。

火灾新闻报道的要点包括：

- 人员伤亡情况；
- 火灾发生的地点和时间；
- 火灾发生的原因；
- 火灾从何处开始，怎样蔓延；
- 火势何时、通过什么手段得到了控制；
- 财产损失的情况；
- 房屋结构遭到破坏的情况；
- 火灾造成损失的价值；
- 受损房屋的建筑类型；
- 为保护公共安全而采取的措施；
- 救援行动的实施情况；
- 什么人最先发现了火灾、报警人及报警方式；
- 谁执行了灭火任务；
- 造成伤亡的直接原因；
- 火灾中伤亡人员的死伤原因及救治情况；
- 受害者的陈述，火灾对他们生活的影响；
- 目击者的描述与评论；
- 保险情况；
- 是否有纵火的嫌疑；
- 是否有人被逮捕；
- 火灾的不同寻常之处。

请看下面一则报道：

吉林市中百商厦火灾死亡人数增至53人

××社吉林（2004年）2月15日电　2月15日11时25分，吉林市中百商厦发生火灾,截至20时40分,死亡人数已增至53人,另有68名伤者在医院接受紧急治疗。

53名死者中,男29人,女24人。据火灾事故现场救援指挥部有关负责人透露,发生火灾的中百商厦为四层建筑,每层面积1 000平方米,一、二楼为商场,三楼为浴池,四楼包括舞厅、台球厅。商厦内有业户111户,业主有120人左右。经初步现场勘查,大火是从商厦后侧与锅炉房西侧相隔的临时仓库燃起的。

据了解,火灾发生后,吉林市出动60余台消防车和3台云梯车投入扑救工作,同时调集卫生部门进入火灾现场,开展救援工作。

大火于15时30分被扑灭。目前,现场指挥部正组织消防人员逐楼层、逐角落进行搜寻,查找遗留的伤亡人员。截至记者发稿时,现场已经救出190人,其中有68名伤者被立即送往医院。

目前,吉林市公安局正对商厦业主开展相关调查,试图从中了解火灾起因和事故责任情况。

这是一场发生在公共场所的火灾,记者力图用精确的数字清晰描述火灾造成的损失。然而,不知道是什么原因,记者竟然没有交代这些至关重要的人命伤亡数字的信息来源!这就使得这样一个结构清晰、文字简练的报道失去了它本来应该具有的可信度与权威度。

火灾报道往往是在极其紧张的气氛中进行的,特别是在火灾现场,记者的出现在众人眼中起码是一个多余的人,有人甚至会把记者看成是一个想借灾难找饭吃的角色。这没有什么奇怪。因为记者没有直接为救灾解难服务,而处于灾难中的人们也不会深刻地感受到记者是一个正在为社会公众提供服务的人。

现场的各方人士——无论是消防队员、警察、医生还是灾难受害者,在当时的境况下往往不会给记者太多的帮助。这就需要记者用自己的同情心和专业智慧打开获取信息的道路。

记者对于现场得到的任何消息,都必须认真核实,不要以为身在现场就接近了事实的真相,混乱之中,激荡的情绪之下,感觉的偏差是经常出现的。

寻找可靠的信息来源是保证火灾报道事实真实的重要环节。

火灾新闻报道应关注的新闻来源包括:

- 消防部门:主管、消防队员;
- 警察局:火灾现场负责人、现场警察;

● 医院:参加救助的医生、护士;

● 火灾的直接受害者;

● 火灾的目击者;

● 火灾发生地的邻居;

● 火灾发生地的负责人士;

● 参与救助行动的相关组织与机构。

每次火灾都有各自的原因,真实披露这些原因,对人们预防同类灾难往往具有重要意义。因此,了解火灾发生的背后原因,成为这类报道必不可少的工作环节,它往往比现场景象的描写需要花费更大的气力。

下面这场火灾距离上面吉林市发生的火灾仅仅 3 个小时,它的酿成原因引人注目。

浙江海宁特大火灾 40 余人死伤　主要责任人被公诉

新华网杭州(2004 年)4 月 2 日电　造成 40 余人死伤的海宁"2・15"特大火灾主要责任人陈建良、周和珍、卢珍宝、卢娟英,4 月 2 日由检察机关以失火罪向海宁市人民法院提起公诉,法院经审查,于当日受理了该案。

陈建良等四名被告人均是浙江省海宁市黄湾镇五丰村人。检察机关起诉指控:2003 年 3 至 4 月间,被告人周和珍、卢珍宝、卢娟英经商量准备在海宁市黄湾镇五丰村 20 组原"寄界庙"旧址搭建草棚,从事"拜忏"活动,并将此事告知被告人陈建良,得到了陈的认可,陈答应草棚建成后由他来主持"拜忏"活动。周和珍等三被告即雇用当地村民非法搭建了面积约 60 平方米的草棚。2004 年 2 月 15 日早晨,该草棚内聚集了附近前来"拜忏"的 60 余名老年妇女,由被告人陈建良在草棚内主持活动,草棚内点燃多支蜡烛,并将点燃的"香"插在草棚南侧门外的铁桶内。当"拜忏"活动进行到下午 14 时许,门外燃烧未尽的纸元宝被风吹到草棚上,引起草棚燃烧并坍塌,造成 39 人被当场烧死、1 人经抢救无效死亡、4 人受伤的特别严重后果。

检察机关认为,四被告人在已经预见到采用稻草、毛竹、布条等材料所搭建的草棚具有易燃危险性的情况下,仍组织、聚集大量人员在这一危险场所使用明火从事"拜忏"活动,并轻信可以避免火灾后果的发生,以致发生特大火灾,造成 40 人死亡、4 人受伤的特别严重的后果,其行为均已构成失火罪。目前该案正在审理中。

在报道火灾新闻时，要注意从火灾的起因、损失、影响种种背景因素里发掘一次火灾与历史上的火灾的不同之处，找到对人们有警示作用的事实要素，将其突出来，以提升报道的警示性和实用性。

四、自然灾害报道的写作

中国民政部近年公布的数字显示，近 10 年来，自然灾害每年给中国造成的经济损失都在1 000亿元人民币以上，常年受灾人口达 2 亿多人次，中国已成为世界上灾害频发、受灾面广、灾害损失严重的国家之一。

每年中国都会发生多种自然灾害，其中包括：洪涝、干旱、台风、地震、暴雨、雷击、病虫害、泥石流、山体滑坡等。

与自然环境的抗争与协调构成了人类文明史演进的基础。因此，自然灾害的报道往往会触动人们情感与理性的神经。

风暴、洪水等自然灾害新闻报道的要点包括：

- 受灾的人数和状况：和任何事故报道一样，人类生命的损失是记者最应该关注的；
- 死者的人数及原因；
- 伤者的人数及原因；
- 受到灾害影响或处在危险中的人数及状况，特别应该关注无家可归的人们，他们的数量及生存状况；
- 目击者陈述；
- 财产损失情况：包括房屋、家资、土地、公共设施等的损失情况；
- 灾害对环境的影响，包括对自然环境与社会环境的影响；
- 疏散的情况：人数、去向、生活状态；
- 救援和救济：政府与各种组织机构实施的救助行动、进程及效果；
- 英雄行为：注意救灾过程中出现的英雄事迹；
- 参与救灾的人员数量及成分构成，是否有军队参与，他们的兵种和数量；
- 救灾的措施：政策、技术、物资、经费及有什么不同以往的举措；
- 公告与警告：气象、交通、卫生、民政等各个政府主管部门发布的警告和公告；
- 灾区疾病控制的情况；
- 是否出现刑事犯罪及当地政府机构采取的预防犯罪的特殊防范措施；

- 灾害的影响：除了对灾区造成的影响，还应该关注灾害对社会生活方方面面的更大范围和更为深远的影响；
- 为抵消这种影响政府及各方采取的相关措施；
- 不要忘记弄清灾害产生的原因：自然原因、人为原因；
- 灾害历史：灾区发生同类灾害的历史记录和同类灾害在国内发生的频率记录。

2004 年夏天，一场强烈的台风袭击了中国的浙江，此事惊动了中国最高领导层。

国内一家新闻机构发布了一则灾情报道，报道的导语这样写道：

“截至 16 日 12 时的统计，今年第 14 号台风‘云娜’已在浙江造成 164 人不幸遇难，失踪 24 人，受灾人口达1 299万人，直接经济损失达 181.28 亿元。这是记者 17 日从浙江省人民政府召开的新闻发布会上了解到的。”

下面记者用三个段落构成新闻的主体部分：

据了解，浙江在 14 号台风中遇难的 164 人中，因房屋倒塌遇难的人数为 109 人，占到了三分之二，因山洪暴发、泥石流遇难的人数为 28 人，被风刮倒遇难的人数为 9 人，遭洪水而遇难的人数为 12 人，因电杆吹倒或触电遇难的人数为 5 人，其他原因遇难的人数为 1 人。在遇难的人数中，本地居民为 144 人，外来务工人员为 20 人。在此次台风中，浙江全省共有 75 个县（市、区）、765 个乡（镇）受灾。

今年第 14 号台风“云娜”于 8 月 12 日 20 时在浙江省温岭市石塘镇登陆，登陆时中心气压 950 百帕，近中心的最大风力达 12 级以上。经中国气象局认定，这次台风是 1956 年以来登陆我国大陆强度最大的台风。

面对强台风的正面袭击，浙江全省共紧急转移群众 46.79 万人，组织了9 900余艘出海船只回港避风，有效地减少了台风造成的损失。

这则新闻用当地政府发布的精确数据，报道了灾情。但是在写作中，仍有可商榷之处：

一是内容要素需要完整。这是台风袭击浙江后当地政府召开的第几次新闻发布会？在报道发出之际台风的态势如何？这是两个直接关系到主体新闻的内容。如果记者有所交代，会帮助人们更多地了解重要情况。记者不能指望每个读者都看到过连续报道，因此在这样权威部门宣布重大灾害结果的新闻中,更要注意信息的完整性。

二是内容细节应该精确。“组织了9 900余艘出海船只回港避风”,这是一个具有当地特色的救助行动,也是难度极大的救助行动。记者不仅没有交代是用什么方式“组织”这一行动的,而且没有交代一共有多少艘出海船只。没有对比,就难以说明问题。

三是报道用语需要专业化。“这是记者17日从浙江省人民政府召开的新闻发布会上了解到的。”记者不用把自己放置在这样重要的位置,在这里,真正的消息来源“浙江省人民政府”比记者要权威,此外记者不说是“记者了解到”,人们也会明白肯定是记者了解到的,不然不会有这个报道。“据了解”,这是不少新闻报道中常用的不够专业的说法,这种说法并没有交代从何处了解,也就是说没有交代真正的新闻来源,这就大大减弱了信息的权威度。“有效地减少了台风造成的损失。”这是评论用语,不是报道用语。报道应该说明减少台风造成的损失的事实,让读者看完报道后自己发出这样的感慨:政府的举措真是减少了灾害造成的损失。可能就是这样一句话,让记者失去了客观的立场,一篇新闻报道也就此露出了公文摘编的痕迹。

当然,一篇报道不可能包含一场灾害的全部内容,对于灾害的报道,往往是借连续报道的形式完成的。我们看看下面的两则报道,就能感到一场自然灾害造成的值得人们关注的问题是多方面的,但是在一篇报道中,与主体新闻相关的要素和重要的背景要素是不能缺少的,应该保证报道的完整性。

下面的报道不仅要素完整,而且是按照新闻报道的职业要求写作的。记者不仅注意捕捉人们最为关注的灾情信息,而且客观的文字表述增加了新闻报道的可信度。

云南盈江县再次发生泥石流滑坡

××社昆明(2004年)7月21日电　云南德宏傣族景颇族自治州盈江县7月20日凌晨发生泥石流滑坡灾害,截至20日22时已造成2人死亡,53人失踪,3人重伤。继德宏“7·5”特大洪涝泥石流灾害后,盈江县再度遭受重创。

据盈江县委办公室马方介绍,7月18日以来,大盈江、瑞丽江上游普降暴雨并一直持续,7月20日2时左右,盈江县支那乡及临近的盏西镇发生山体滑坡和泥石流灾害,芦山村、支东村、弄坡村等多个村庄受灾,2人死亡,49人当场被泥石流淹埋或卷走,蕨叶坝村3人重伤,通往上述村庄的道路、通信因山体滑坡和泥石流阻断。至7月20日晚,支那乡芦山村党支部书记余学佳等4人冒险徒步到支那乡政府报告灾情，当晚又发现4人失踪。

接到报告后，州、县党委、政府立即制订出具体的救援方案，州、县主要领导带队，由解放军、公安干警、武警、医卫人员组成2支救援小分队，连夜赶往灾区开展救灾工作，并调运了3.5万条编织袋、80吨大米、2吨面条、260多公斤猪肉、50袋衣服、500床被子、60瓶食用油，紧急运往受灾乡村。

据支那乡芦山村党支部书记余学佳介绍，目前救灾物资已运抵支那乡，但因进村道路中断，急需救灾物资只能靠人背送入，大量救灾物资无法及时送达，救援小分队已经到达芦山村、支东村等受灾最严重的地方，开展救援工作。经过1天多的艰苦工作，受泥石流灾害威胁的芦山、花鹿塘、蕨叶坝、拉马靠等村民小组248户747人已先后转移到安全地带，灾民情绪稳定，各项救灾工作正在紧张有序进行。

在灾情报道中，记者是很容易被眼前悲惨的景况所打动的。但是，请注意，不要让自已的感情影响了你的专业工作。新闻就是新闻。新闻要求你把自已的全部同情心与良知用你的专业语言包装起来。

美国一名记者深入一起矿难发生的现场进行报道，在现场，他被深深地打动了，那里有数百名矿工在井下被活埋，200具尸体已经挖出，井下的其他人也受到瓦斯毒气的威胁。记者的报道是这样开始的："今夜，上帝坐在一座小山上，俯瞰着灾难现场。"当主编从电报机上刚刚看到这几个字时，就大叫："停下！"接着让传送新闻的人给那位记者传话："别去管什么灾难了——去采访上帝去。"这对记者是一个讽刺，因为记者似乎已经忘记了职业工作的要求。

下面是一则关于青海草原发生大面积蝗虫灾害的报道。

××网青海频道西宁(2004年)8月5日电　8月3日，记者从青海省农牧厅获悉，青海省海南、黄南、海东等地区的高寒干草原区发生大面积蝗虫灾害，危害面积达540.22万亩。

经专业技术人员调查预测，草原蝗虫仍呈现大面积发生趋势，到目前，青海省草原蝗虫发生面积已达1 253.67万亩，危害面积达540.22万亩。主要危害地区分布在黄南、海南、海东地区的高寒干草原区，其中海南州的同德、贵南、贵德、兴海、共和等县，虫口密度平均为52.57头/m^2。黄南州有的县虫口密度达60头/m^2。海东地区的乐都、平安、循化、互助等县，虫口密度平均为31.81头/m^2，最高125头/m^2。据悉，由于牧区大部分地区气温正在回升，晚发种蝗虫才开始孵化，预计上述地区草原蝗虫的危害仍有扩大和蔓延的趋势。

这则报道中存在的问题也是自然灾害报道中需要注意的。

为了让读者了解草原蝗虫灾害的危害和特点以及这次灾害的严重程度，有一些要素是必须交代的。比如：

- 草原蝗灾的类别等级划分，一平方米有多少蝗虫就成为灾害；
- 此次发生蝗灾的草原面积在青海草原总面积中所占的比例是多少；
- 草原蝗灾对草原的影响是什么；
- 青海草原的蝗虫灾害对青海经济意味着什么；
- 青海畜牧业在中国国民经济中的位置，以此说明这次草原蝗灾对中国的影响；
- 此次青海草原蝗虫灾害扩大与蔓延的原因；
- 青海发生草原蝗虫灾害的历史。

如果这些原因不予说明，读者对这次青海省遭遇的自然灾害就很难有深刻的了解。因此，自然灾害报道需要全面地向读者说明相关的背景，不能把报道的内容局限于专业部门发布的公报之上。对新闻进行全面的解释是记者和媒体对读者必须履行的责任。

为了出色地完成对自然灾害新闻的报道，记者需要做好相应的准备。这主要包括：

- 查明灾害发生地的具体位置，选择到达灾害现场的途径与方式。
- 查明当地掌握灾情、主持救灾工作的政府部门和相关的机构，找到他们的具体联系方式，并且与他们取得联系。
- 根据灾害的性质准备好工作与生活所需的用品。永远不要想因为你是记者在灾区就能够受到特殊待遇。你在别人的眼中很可能是灾区的负担。你也不要认为只有洪水发生时一个地区才能停电。地震也会造成停电，这样你为了工作就可能需要为你的照相机和移动电话携带充足的电池。
- 在灾害现场，铅笔可能永远是最可靠的记录工具。还有一个比铅笔更加可靠的记录工具，就是在你专业观察和专业倾听基础上的你的大脑记忆力。
- 赶赴灾区进行采访的时候，你可能需要带上一台灵敏度较高的收音机，这可能是你了解灾区以外状况和其他媒体对灾区报道的最便利的工具。

● 进入灾区之前,你还应该对所报道的自然灾害的一般性质、特点、后果及其在特定地区的发生历史进行详细了解。把一些可能形成报道背景的相关资料存放在你的笔记本电脑或者是其他的记录工具里,以备在报道中使用。

在这里不可能把对自然灾害进行报道的全部准备写出来,因为很难做到这一点,灾害的情况是千变万化的。有一点要说明的是:充分的准备对于新闻报道永远不会多余。

我们在本书中谈到的新闻采写的一般原则与方法在自然灾害报道的采写中是完全适用的。不过,你在进行灾害新闻报道时需要对你的工作细节进行更为周全的思考和准备,因为灾难报道毕竟不同于一般新闻报道,灾难报道有着更多的不可预知因素和更多的艰难困苦。

第二节　科技新闻的写作

科学技术是改变公众生活方式,推动人类文明进程的重要动力。科学技术领域的探索与发现,已经引起社会各界人士的兴趣与关注。人们这种兴趣与关注的产生远远不只是因为科技成果本身的神奇,更重要的是这种成果给人们的生活方式带来的前所未有改变,给社会进步带来的前所未有的影响。

写作科技成果的报道要达到三个技术指标:

其一,用普通民众都能明白的语言把艰深的专业术语和专业技术解释清楚。

其二,说明科技成果对现实生活的作用与意义。

其三,找到一个恰当的角度把新闻写得兴致盎然。

要达到上述目标,记者就要做好两件事情:一是全面深刻地理解所要报道的科技成果;二是找到一种有效的报道方式。

美国新闻学者沃尔特·福克斯为科技报道的用语提出了下面的建议:

● 用常见词和短语来表达技术概念。

● 用读者能够理解的类比方式来描述复杂的技术过程。

● 当用到技术性术语时马上用通俗易懂的语言对其进行解释。

这样做的前提是记者已经完全明白了所面对的科学技术问题的细节和

本质。

下面是美国《波士顿环球报》记者蒙哥马利在一则报道中对蚊子的描写：

蚊子之喙看上去像是麦芒，而实际上它真的是一张嘴，有四组切削器，一个喷吐唾液的注射器，所有这些东西都很细很长，能轻而易举地刺入人的皮肤。进入皮肤后，切削器就在人体组织里来回运动，切开一个个小血管。如果不受驱赶，蚊子会把它的喙在人体上刺拨五到十次，直到吸足人血。酒足饭饱之后，它的肚子就会盛满相当于自身体液四倍的血量，那时看上去它就像一盏圣诞树上的小红灯，笨拙地向远处飘去。

我们读着这样的文字，就像是在看一部用微距镜头拍摄的蚊子的科教影片，记者用如此生动有趣的描述，向我们展示了动态画面，让我们从中了解了专业领域的知识。

当然，科技领域专业知识的艰深程度可能会远远大于蚊子的生理结构。对科技成果报道的难度也一定会远远大于对蚊子的观察。但是，在写作该类报道的技术上，蒙哥马利的写法对我们是一个启示。

下面是一则科学探索报道：

"惠更斯"进入土卫六大气层　探索地外生命

欧洲航天局官员(2005年)1月14日兴高采烈地宣布，告别卡西尼飞船近20天的"惠更斯"号探测器进入土卫六的大气层。人类对这颗土星卫星上是否真的有生命存在的研究将更进一步。

顺利进入大气层

欧洲航天局发言人说，"惠更斯"成功地重新启动了其系统，正确地进入大气层，并开始执行任务。发言人还说，"惠更斯"携带的降落伞已经打开，从而降低向表层降落的速度。根据欧洲航天局官方网站的消息，位于西弗吉尼亚的罗伯特·C. 伯德绿岸望远镜(GBT)在中部欧洲时间上午11:20到11:25，探测到"惠更斯"号开始进入大气层的信号，虽然信号非常微弱而且没有任何重要信息，但是也说明"惠更斯"号探测器仍然"活着"。

欧洲航天局科学主管戴维·索伍德表示，"惠更斯"已经度过了艰难而又关键的一步。他说："我们并没有保证我们能够实现这一步，我们只是在尽最大努力。"负责这个项目的科研人员在接收到"惠更斯"发射的信号之后热泪盈眶,他们为这一天的到来已经等待了7个年头。

“惠更斯”收集到的数据将被发送到卡西尼飞船,卡西尼再把它们传回设在加利福尼亚的美国航空航天局的太空跟踪网以及传送给在德国达姆施塔特的欧洲航天局控制中心。预计“惠更斯”号进入土卫六大气层的7个小时后,地球才能收到该探测器发回的第一批资料。

肩负两项任务

卡西尼携带的“惠更斯”号子探测器于美国东部时间12月24日午夜与“卡西尼”号成功分离,之后以自由落体方式开始独自踏上登陆土卫六的历程。这个探测器是以土卫六发现者、17世纪的荷兰天文学家克里斯蒂安·惠更斯的名字命名的。“惠更斯”号重705磅,形状像是一口锅,外面覆盖有隔热屏,确保它在进入大气层时不会被烧毁。

“惠更斯”的两项任务是收集有关土卫六大气层和表层的信息数据。“惠更斯”降落到土卫六的时间估计需要两个半小时,在这个过程中,探测器所携带的特别相机和仪器将收集大气层数据。欧洲航天局的科学家们希望,在“惠更斯”电池耗尽之前,它能够有至少3分钟的时间发回土卫六表层的信息和照片。

美国航空航天局的科学主管迪亚兹说,土卫六就是一个时间机器,它可能存在一些化合物,而这些化合物可能为地球上生命的开始提供了条件。这次探测的目的是了解土卫六大气层的组成,发现它是否有液体甲烷和乙烷构成的湖泊。科学家们试图了解地球上尚未诞生生命时究竟是什么样子,因为那时的地球与土卫六现在的状况很相似。

“卡西尼-惠更斯”计划耗资32亿美元,由美国航空航天局、欧洲航天局、意大利航天局联合开发研究。1997年10月15日,“卡西尼”号飞船在美国佛罗里达州卡纳维拉尔角航天中心第40号发射台成功发射升空。经过7年35亿公里的太空飞行,掠过金星和木星之后,于今年7月1日进入土星轨道。“惠更斯”探测器由法国阿尔卡特空间公司负责制造,该公司每过半年都会通过遥测检查“惠更斯”号的“身体状况”。

(2005年1月16日　中国日报网站孙玉庆)

这则新闻报道了一项太空科学探索项目的进展过程,清晰地说明了这个项目的目标、作用和意义。

让我们再看另一条科技消息:

俄科学家预测今晚将有强太阳磁暴袭击地球

××在线消息:俄罗斯科学家日前预测,莫斯科时间1月17日晚将会有强太阳磁暴“袭击”地球。

据“俄罗斯新闻网”1月16日报道,俄罗斯地球地磁电离层和无线电波传播学院的科学家们当天证实,在15日发生了一系列的太阳耀斑爆炸之后,最近将会有两次规模大、速度快的太阳磁暴“袭击”地球,预计第1次将于莫斯科时间17日晚间发生,第2次将于18日发生。专家们还预测,此次磁暴到达地球的速度将达到每秒钟几千公里。两次磁暴均会对地球磁场状况产生诸多不良影响。

科学家说,按照常规,每年的1月份是地球周围磁场的平静时期,但是今年的1月份非常特殊,磁场活动频繁。现在已经有3次关于磁暴发生的记录。

太阳磁暴是太阳因能量增加向空间释放出的大量带电粒子流形成的高速粒子流。由于太阳风暴中的气团主要是带电等离子体,并以每秒钟400公里到800公里的速度闯入太空,因此它会对地球的空间环境产生巨大的冲击。太阳磁暴发生时,包括电力系统、卫星和无线电通讯系统在内的诸多设施将受到严重影响,甚至破坏臭氧层。科学家们形象地把太阳磁暴比喻为太阳“打喷嚏”。太阳的活动对地球至关重要,因而太阳一“打喷嚏”,地球往往会发“高烧”。

太阳的活动对地球有着重大影响,这条新闻显然是关注到了太阳将要出现的反常状况,但是,整篇报道几乎是用高度专业化的语言表述的,报道中充满了专业术语,使报道更像是一个科技动态通报。如果记者能够用更通俗的语言对太阳强磁暴进行解释,对太阳强磁暴曾经给地球带来的影响进行具体、形象地说明,人们对这种自然现象的了解就会更准确、更深刻,阅读报道也可能会更有兴趣。如果记者能够采访相关领域的专家,对此次可能发生的太阳强磁暴的强度与历史上曾经发生过的太阳强磁暴的强度进行比较,或许会说明更多的问题。再勤快一些的记者,如果对中国天文学家进行采访,听听他们对俄罗斯专家的预测评价,新闻就能够提供更加广阔的视野,也会显得更加客观。

机智的类比方法在写作专业性强的科技新闻报道中永远是让读者深入理解报道内容的有效途径。

比如美国发射的火星探索者飞船从地球出发用了六个月的时间到达火星,

这是一个高精尖的科技举动。怎样描述这一工程的高精尖程度？记者会信手拈来一个比喻：这相当于打高尔夫球，从伦敦到东京，一杆进洞。

科技新闻报道的要点包括：

- 科技成果的名称及解释；
- 科技成果的意义说明；
- 科技成果的取得过程；
- 与国际范围内同类成果的比较；
- 科技成果的缺陷；
- 科技成果可能带来的负面效应；
- 科技成果的普及方式及可能性；
- 科技成果的发展趋势。

第三节 刑事犯罪新闻的写作

据2019年最高人民法院工作报告透露的数据，2018年，中国各级法院审结一审刑事案件119.8万件，判处罪犯142.9万人。各类刑事案件对人民的生命与生活构成严重的威胁与损害，社会公众出于自身安全的基本需求，会高度关注刑事犯罪的报道。

一、谋杀新闻报道要点

- 受害者的姓名、身份及相关背景；
- 死亡的时间和地点；
- 官方鉴定的死亡原因或权威的评论；
- 谁发现的尸体；
- 凶手使用的凶器；
- 可供破案的一切线索；
- 警方对犯罪动机的说法；
- 谋杀事件对受害者家庭和其他人产生的影响；
- 被捕者的姓名、身份及相关背景；
- 受害者的姓名，犯罪行为发生的时间和地点；
- 提起诉讼的确切罪名；

- 权威机构或权威人士认定的谋杀动机；
- 侦查过程；
- 权威机构提供的案情；
- 传讯的情况，是否保释；
- 犯罪嫌疑人的犯罪记录；
- 特别要注意案件的特殊性要素。

记者在进行刑事案件报道的过程中，不能仅仅关注案情，更要关注案件的背景。

2004年8月19日早晨，河北省邢台市发生一起爆炸案，被炸的是邢台市反贪局局长李会生的家。下面三家媒体四天之内对此事件的报道，从各个方面展现出事件的轮廓和相关背景。

河北邢台反贪局干部住宅爆炸

《燕赵晚报》(2004年)8月20日消息　19日早晨7时30分左右，邢台市金华小区邮电住宅3号楼3单元5层发生爆炸。爆炸造成至少一人受伤，该单元4户居民的房屋不同程度受损。目前当地警方正在调查此事，爆炸原因不明。据了解，5层西侧房屋是一名反贪局干部的家。

记者在事发现场看到，楼道内的木质扶手已被炸掉，5层西侧住户的房子受损最重。门前的混凝土地板被炸出一个直径约10厘米的洞，裸露出混凝土中锈迹斑驳的钢筋。该住户防盗门的下部也被炸裂而严重变形，厨房等处的玻璃被震碎，塑钢窗框掉到了楼下。爆炸产生的冲击波，将5层东侧住户的防盗门"冲进"了客厅内。爆炸还造成楼下4层两户居民的防盗门扭曲变形。

19日上午，5层东侧户主说起早晨的爆炸依然心有余悸："当时我正在餐厅吃油条，突然听见'咣'地一声巨响，抬头看见防盗门已经倒在客厅中间，再迟几分钟，我就要出门上班去，真说不准会怎么样。"

据目击者称，5层西侧房子的女主人受伤较严重，小腿血肉模糊，惨不忍睹。爆炸发生后，110、120相继迅速赶到现场，将伤者送往医院抢救。

河北反贪局长住宅爆炸案：警方认为是蓄意谋杀

(2004年8月24日　《法制晚报》)

本报讯(特派记者杨章怀河北邢台报道)"邢台反贪干部家中发生爆炸"一

事引起了社会各界的高度重视，昨日，记者在邢台市的有关部门了解到，被炸毁的是邢台市反贪局局长李会生的家，其妻子严重受伤，现在已经双腿截肢，眼部、面部伤势十分严重，目前正在邢台市第三医院住院治疗。由于犯罪嫌疑人在作案时曾坐过出租车，邢台公安机关正对全市2 800辆出租车进行一一排查，并出万元悬赏提供有用线索者。

“黑T恤”乘出租车进出现场

据知情人士透露，事发当天(19日)早上6点40分左右，一名身穿黑色T恤的男子曾乘坐出租车到金华小区门口，提着一个包就走进去了。在7点半左右，这名男子又神色慌张地走出小区，在路边拦了一辆出租车，“当车还没有停稳，这名穿黑T恤男子就钻进了出租车”，紧接着就传来反贪局长家爆炸的噩耗。

事发后，这名穿着黑色T恤的男子成了警方的侦控对象，事发当天，公交分局就组织大量警力在车站等重要路段，对全市2 800辆出租车进行一一排查。昨日记者在邢台发现，许多出租车的挡风玻璃的一角上都贴着巴掌大的白纸：“此车已查过 提供线索者经查实，奖励10 000元　电话……”在邢台市区一些重要路段，也可以看到警察在对出租车司机进行检查。检查过的出租车，警察都会给出租车贴上“此车已查过”的纸牌，以免重复检查。

反贪局长家的爆炸现场

金华小区距离邢台市区西北3公里，发生爆炸的是邮电住宅3号楼3单元5层西侧的房屋，住着市检察院党组成员、反贪局局长李会生一家三口。19日上午7点31分，反贪局局长李会生的妻子刘海云早起准备外出买早点，当她打开防盗门时，就突然“砰”的一声巨响，她家门前的楼道突然发生爆炸，楼道和楼顶棚各有一个大约有1平方米的大窟窿。刘女士应声倒在一片血泊之中不省人事。由于是大门前的楼道发生爆炸，中间还隔着一间客厅和卧室的反贪局局长李会生和孩子都毫发无损。

记者在邢台市第三医院了解到，6名被送到医院的邻居当天陆续出院，而刘女士的双腿已经被截肢，眼睛也严重受伤，现在仍然在医院治疗。

凶手是用触发式爆炸装置，使用烈性炸药

根据警察在现场勘察，警方认为这起爆炸案是一起蓄意谋杀案。凶手用的是一种触发式爆炸装置，一旦李家开门，接触到炸弹就会发生爆炸。凶手使用的炸药是烈性炸药。

居民反应

提起反贪局长家发生爆炸的事，当地的市民都有所耳闻，但不知道反贪局长的详细情况，连与反贪局长为邻的居民都只知道“他是一位平易近人、不经常露面的反贪干部”。

河北邢台反贪局长住宅被炸续：曾扳倒腐败副市长

（2004 年 8 月 24 日 《新京报》）

本报讯（特派邢台记者 钱昊平）河北邢台市反贪局局长李会生家被炸一案的凶手仍然在逃，昨天下午，记者在李会生家所在的金华小区看到，邢台市公安机关已在门口贴出征集线索启事，并许诺提供线索者能获得 5 万元奖金。记者了解到，李会生在办案过程中曾使该市一分管国土资源的副市长“落马”。昨天下午，一位曾在事发当日去现场勘察的警察透露，这起蓄意谋杀案使用了触发式爆炸装置，用的是炸药 TNT，这种炸药威力很大，常用于制造武器，兵工、军工企业使用较多。这位警察说，炸药放在门口，一旦有人开门，炸弹就会爆炸。记者看到，李会生家所住的第 5 层楼及楼下第 4 层共 4 户的房门全被炸毁。楼梯墙角也被炸出一道裂缝。

昨天下午，他的几个邻居正在修补房门。

记者了解到，李会生在办案过程中曾将该市一分管国土资源的副市长“扳倒”，该副市长后被关进监狱。邢台市检察院一党组成员证实了这个说法：“那是 2002 年土地大案发生时的事。”但这位党组成员没透露具体案情。

记者通过多方打听，对这件“土地大案”得到了这样的证实：2000 年一封举报信被投进河北省纪律检查委员会举报箱，信中反映邢台市国土局一些机关干部与该市一房产公司合伙违法为交通局征用土地，从中牟取暴利、大肆行贿受贿。

时任反贪局长的李会生当时成了专案组的主要办案人员，在这场由纪委、检察、公安、法院相继参加的反腐斗争中，检察机关共立案侦查了 27 件案件，共涉案 30 人，其中涉及县处级干部 9 人，涉及科级干部 12 人，并牵出那个分管副市长。

整个案件涉案金额高达3 000多万元。通过办案，追回赃款及非法所得 2 000多万元。但据检察院有关人士称，凶手尚未抓获，还不能证实爆炸事件与李会生的职务行为有关。

截至记者发稿时，邢台市公安局一名警察透露，河北省公安厅刑侦局有关领导已赶赴事发现场勘察，河北省厅也在关注案件的侦破进展。

8月19日7时30分左右，位于邢台市金华小区一栋楼第5层的邢台反贪局局长李会生家发生爆炸，造成其妻子严重受伤，现在已经双腿截肢，眼部、面部伤势十分严重。

此时，案件还没有侦破，但是记者已经开始了深入的调查采访，他们的工作就是发掘事实的真相和真相背后的真实原因。

谋杀犯罪往往具有极其复杂的背景，其中不少案件有强烈触动人们感情的故事。

北京两高三女孩登山遇害　警方悬赏10万征线索

《新京报》(2004年)8月8日讯　昨天，北京市公安局针对八大处公园两名女孩遇害案发布征集破案线索信息，警方将对提供线索直接破案者奖励10万元。

两个遇害女孩今年刚参加完高考，7月26日早6时一起去八大处公园爬山，当时身上带了200多元钱，临走时一女孩穿着红上衣。当日8时左右，家人因为担心她们的安全还打了红衣女孩的手机，孩子很开心地告诉家里已经到了公园。

下午1时左右，红衣女孩的家人再次拨打孩子手机，却发现已经关机。于是又拨打另外一女孩手机，手机接通铃响了几声之后便被挂断了。再拨打，也传来关机提示音。当天下午6时，红衣女孩家人报了警，并联系亲属上山寻找未果。此后的几天内，八大处保卫科的工作人员、当地派出所民警等50多人，曾先后参与寻找。

8月1日，一位采蘑菇的老人在西山林场发现了这两个女孩的尸体，该地方距离八大处公园差不多有两小时的路程。

昨天，北京警方向社会征集破案线索：请在7月26日早6时至下午1时期间到过八大处公园及周边景区的游客或本案的知情者速与北京警方联系；请曾经在案发地区或案发地附近遭到过不法侵害或发现过可疑情况的人速与北京警方联系。北京警方的联系电话是6404××××、6887××××、139×××××××；电子信箱：××××××@263.net.警方将视线索的重要程度对提供线索者给予奖励，对提供线索直接破案者将奖励10万元人民币。

这是一件惊动了京城的事件，两个刚刚完成高中学业正要步入大学学习的少女的生命就这样夭折了，而这样的事情就发生在北京一个著名的公园附近。这样的案件本身就有一种吸引读者的力量，记者在报道中要关注事件中最为牵动人心的要素。请注意，上述新闻中，记者在这样短小的篇幅里还是注意了细节：女孩穿的红色上衣，到达公园时很开心地与家长通话，采蘑菇的老人发现了两个女孩的尸体。

美国一位长年从事警事新闻报道的记者说过："我不是要写死亡，我要写生命的价值。"这位记者提示我们，在涉及生命悲剧的刑事案件的报道中，要特别关注无辜受害者的生命的价值。

二、入室盗窃、抢劫新闻报道要点

- 受害人身份及相关背景；
- 丢失的物品或金钱，它们的价值；
- 犯罪行为发生的时间及地点；
- 使用的工具或凶器；
- 如何进入他人住所、办公室等；
- 对受害者造成了什么伤害；
- 可以为侦破案件提供的线索；
- 不寻常的环境条件（被忽略的贵重物品，某地犯罪案件发生的频率或者针对某受害人的犯罪发生频率等）；
- 受害者、证人的陈述；
- 被捕者姓名及身份；
- 犯罪的细节；
- 武器从哪里获得；
- 是否有酒精和毒品的因素；
- 受害者和犯罪者之间是否认识；
- 逮捕现场的环境。

下面是一则不同寻常的盗窃案件的报道：

承德破获国宝监守自盗大案

据××社石家庄（2003年）6月18日电　河北省承德市最近破获一起国家珍贵文物监守自盗大案。初步查明，犯罪嫌疑人李海涛（外八庙文保部原主任)共盗窃走私国家珍贵文物158件,其中有数件国宝级的一级文物,其余分属二三级文物,堪称新中国成立以来文物监守自盗全国第一大案。警方在他家一次就起获尚未卖出的文物70件。已经卖出有望追回的有40多件,另有40余件尚不知下落。

李海涛从1990年担任承德外八庙文保部主任后,便开始利用职务之便盗窃贩卖文物,长达12年之久,但一直未被发现。问题的败露,是2002年10月国内文物界一位专家在香港访问期间,在嘉士得拍卖行发现有两件被拍卖文物为宫廷文物,上标着"故字留平某某号"字样标签。这位专家立即向国家有关部门进行了报告,国家文物总局便顺藤摸瓜,很快追到了承德。

据警方调查,李海涛的作案手段并不高明,他先是在外面做好赝品,然后到文物库换出真品。到后来,他看没有人查验,偷窃的胆子越来越大,干脆连赝品都不复制了,直接将文物拿出,就像从自家拿东西一样,然后将文物登记账一改了事。几年来,承德市文物局外八庙管理处换了5位处长,离任接任时从没有清点过文物。李海涛盗卖文物案发,也暴露了承德市文物管理上存在的重大漏洞和相关人员的严重失职。

这起盗窃案件包含着重要新闻价值。无论是被盗物品的价值还是犯罪嫌疑人的背景以及盗窃犯罪的手段,都有着明显的反常性。报道这样的新闻事件,背景的交代是非常重要的。比如承德是什么地方?外八庙是什么建筑?外八庙文保部主任是一个什么样的职务,负责什么样的工作?外八庙文保部一共掌管多少件文物?李海涛的背景是什么?他怎么当上了外八庙文保部主任?背景交代得越是清晰,这一事件的意义就越能够披露得深刻。

让我们再看下面的一则报道:

20名劫匪持枪夜抢工厂机器　警方连夜展开调查

(2004年8月28日　《××都市报》)

本报讯　昨日凌晨,近20名不明身份的男子手持铁棍枪支窜进白云区九佛镇某工厂内,捆住值班人员手脚,在半小时内将厂房内价值两万多元的十余台机器搬走,甚至门口十余袋肥料也被一并运走。案发后当地警方连夜展开调查。

被抢工厂位于白云区九佛镇九佛工业园内,主要生产塑料门窗。据该厂员工夏师傅介绍,昨日凌晨0时30分左右,他独自在厂房内值班,突然听到狗叫声，拉开厂房铁闸门后，一名手持铁棍的男子猛然窜进来，冲他脸上就是一巴掌。随即又上来两人，都拿着铁棍或自制土枪，对他一阵踢打，然后用胶带将其捆在床上，其间又有十几人进来。夏师傅说，这些人都讲粤语，来自东北的夏师傅完全听不懂。他们在厂房内将电焊机、压缩机、切割机等机器通通拆下来搬到门外的车上，连足足有250多公斤重的弯管机也被他们抬走了。

该厂刘经理称，总共有15台机器设备被抢走，甚至厂房门口装好的十余袋肥料也被一并运走，据估计全部损失26 000多元。

据刘经理介绍，该厂去年11月份兴建，今年4月投产，目前仍处于建设当中。前几个月，该厂已经发生过几起盗窃案。记者注意到，九佛工业园内目前只有三家工厂入驻，偌大的工业园显得非常空旷。而且，工业园紧邻公路，没有门卫等任何保卫措施，进出非常随便。

这是无疑是一个有新闻价值的案件。但是看过新闻报道之后，我们可能会产生一些疑问：这是什么性质的工厂？私有企业还是公有企业？一个生产塑料门窗的工厂为什么在厂房门口放置装好的十余袋肥料？这是什么肥料？案件发生后受害者是否报案？警方对此案有什么说法？警方采取了什么行动？所有这些问题在报道里都没有得到明确的解答。这样的新闻报道就难免让读者陷入迷茫。

第四节　司法新闻的写作

进行司法报道的记者要认真研究法律条款，要熟知进行司法报道的专业规范。

一、民事诉讼新闻报道要点

- 提起诉讼的个人或组织的身份；
- 原告的背景；
- 被告人的背景；
- 诉讼的内容，核心冲突是什么；
- 原告提出的诉讼内容；
- 起诉的时间；

● 受理案件的法院；
● 双方冲突的历史；
● 法院曾经审理过的类似案件；
● 该案件与同类案件的不同之处；
● 是否具有庭外和解的可能性；
● 该起诉的特殊性及对案件之外其他人的影响；
● 双方律师的情况；
● 审理的时间、法院；
● 法官的背景。

请看下面一则新闻报道：

中国电信终于坐上被告席　85 名磁卡用户拒绝换卡坚持起诉

(2001 年 10 月)23 日中午 11 时，北京市第一中级人民法院对磁卡用户秦汀状告中国电信一案，做出正式立案的决定。在长达 3 个半月时间内一直被纠缠在法律程序上的 85 名磁卡用户，终于进入实质性的诉讼程序。

据不完全统计，从 1994 年起，中国电信总共发行了约 90 亿元的全国通用电话磁卡。由于近年来磁卡电话逐渐被淘汰，大约有面值 30 亿元的磁卡“套”在了用户手中。

今年 7 月 9 日，85 名磁卡用户向北京市第一中级人民法院提出诉讼后，两级法院在法律程序上，即在是否正式立案受理这些原告起诉状问题上，审查了 3 个月之久。85 名磁卡用户始终被停滞在诉讼程序上，而实质性的问题一直未曾涉及，如：持卡人有无资格主张合同权利、应否与中国电信解除合同、中国电信是否应该承担违约责任、应不应该退钱、赔或不赔相关损失、换卡是否属于强制交易、换卡有无法律根据，等等。

10 月 9 日，85 名磁卡用户将自己名下的磁卡所有权，全部集中到其中一位用户秦汀名下，由秦汀一人向北京市第一中级人民法院递交了涉案标的额为 500 万元(包括银行利息和其他违约损失的赔偿)的民事起诉状，根据法律规定，北京市第一中级人民法院应该在 7 日之内决定是否立案受理这一电信磁卡服务合同的纠纷案件。但法院再一次没有在法定时间内立案，而是把立案时间拖到了 23 日。

记者注意到，就在 10 月 19 日，中国电信通过多家媒体宣布了将电话磁卡换成IC卡的具体方案和时间，该方案明确了将“套”在用户手中的磁卡换成等面值的IC卡。而这种换卡方案正是众多磁卡用户所极力反对的。磁卡用户们反对的理由是，这一方案没有体现磁卡用户的利息损失，并且目前市面上出售的IC卡打折厉害，等面值换卡显然让按面值购买磁卡的用户蒙受很大损失。此外，由于使用不便给用户带来的间接损失更是没有得到表示。

85名磁卡用户的首席代理律师北京市辽海律师事务所谷辽海今天接受记者采访时说：“不论是换卡还是退钱，或者抵值使用，或者采取其他的协商方案，我认为，解决磁卡用户与中国电信纷争，不论是诉讼还是非诉讼方式，总的原则应该是充分体现合同权利人尤其是弱势群体的意愿自治原则，也就是当事人完全自愿的原则，这也是国内外民事立法总的精神。中国电信所推出的换卡举措，在所有磁卡消费大众中，肯定会有一部分人表示赞同的，反对的也很自然。或者换卡或者退钱或者采取其他方案，只要尊重持卡人的选择，表达了他们的意愿自治原则，就是合情合理合法的。否则我认为就是一种强制交易，是对法律公平的践踏。这是与我国立法精神完全背道而驰的。”

这是一则有重要新闻价值的民事案件报道。记者注意到了法院没有在法定时间立案、中国电信发行全国通用电话磁卡的背景和将这种电话磁卡更换为IC卡的相关背景，还注意引用了律师对此案件涉及的相关法律问题的看法。这种报道的视野及方法就容易让读者了解案件的真相与意义。当然，如果把报道中“记者注意到”这种表述方式去掉，报道就会显得更加客观和专业。因为你报道的事实要素无疑就是你已经注意到的事情了。要想提醒读者特别关注，应该使用更客观的专业手法，比如把你想强调的要素在显要位置突出展现。

二、民事判决新闻报道要点

- 判决的内容；
- 原告和被告双方的背景；
- 法官的陈述；
- 原告的指控；
- 被告的争辩；
- 原告与被告任何一方的上诉、理由及背景。

请看下面一则新闻报道：

××网北京(2004年)12月29日电　耐克公司的广告中使用动画人物

"黑棍小人"形象，笔名"小小"的中国知名"闪客"朱志强以其网络动画作品主题人物均为"火柴棍小人"形象为由，状告美国耐克侵犯著作权结果胜诉。

北京市第一中级人民法院29日做出一审判决，判令被告耐克公司、耐克（苏州）体育用品有限公司立即停止侵权行为，被告北京元太世纪广告有限公司立即停止经营侵权广告，被告北京新浪信息技术有限公司立即停止发布侵权广告，被告耐克公司、耐克（苏州）体育用品有限公司在新浪网首页就其侵权行为发表致歉及消除影响的声明，并连带赔偿原告朱志强经济损失30万元。

据介绍，自2000年起，朱志强相继创作虚拟空间的网络动画《独孤求败》《小小3号》等作品，并分别进行了美术作品的著作权登记。这些虚拟空间的网络动画作品的主题人物形象均为"火柴棍小人"形象。2003年10月，耐克公司、苏州耐克公司等被告在宣传推广耐克新产品中使用了"黑棍小人"。通过对比，"黑棍小人"形象的基本构成要素与"火柴棍小人"完全一样，二者的头部均为黑色圆球体且没有面孔，二者身体的躯干、四肢和足部均由黑色线条构成，二者黑色线条的粗细、厚重、圆润程度以及给人的整体美感程度基本相似。法院认为，原告在设计"火柴棍小人"形象时，以自已独特的表现方式，对公共领域中通用的"线条小人"形象的线条及其组合方式进行了审美意义上的再创作，已构成中国著作权法意义上的"平面或者立体的造型艺术作品"即美术作品。且其在2000年4月完成并发表该动漫形象之前，公共领域并未出现过与该形象完全相同的动漫美术作品，"火柴棍小人"形象具有著作权法意义上的独创性，依法应受到中国法律保护。

上面这则消息清楚地说明了这一案件的判决过程。但是，没有说明被告的情况。耐克公司对这一判决的反应是什么，它的理由是什么，这之间无疑有人们关心的新闻内容。事实上，耐克公司根本不承认有侵权行为，其已经提出上诉。作为新闻记者，要注意报道的公正性，全面反映事件各方的观点，这样才能客观报道出事实真相。

三、刑事案件审判报道要点

- 起诉缘由；
- 被告身份及相关背景的介绍；
- 刑事案件的核心情节；
- 刑事案件发生的环境及相关因素；

● 审判前已经展开的司法程序的过程介绍；

● 专家的看法及分析。

下面的一则新闻给我们提供了刑事审判报道的典型样式：

平舆"11·12"特大系列杀人案罪犯黄勇一审被判死刑

新华网郑州(2003年)12月9日电　河南省"11·12"特大系列杀人案9日在平舆县公开审判，驻马店市中级人民法院当庭做出一审判决：被告人黄勇犯故意杀人罪，被判处死刑，剥夺政治权利终身。

平舆县特大系列杀人案罪犯黄勇，今年29岁，是平舆县玉皇庙乡曾庄村村民，因涉嫌故意杀人罪，于2003年11月12日被刑事拘留，同年11月22日被逮捕，驻马店市人民检察院于11月28日将本案起诉到驻马店市中级人民法院，法院决定于12月9日开庭对本案进行公开审理。

"11·12"特大系列杀人案侦破后，中央和河南省委省政府及驻马店市委市政府高度重视，对该案的查处和善后处理等工作提出了明确要求。要求依法从重、从快打击犯罪，维护社会治安秩序，抚慰被害者家属。庭审中邀请了各级人大代表、政协委员和受害者家属以及社会各界群众300多人参加了旁听。庭外，法院还专门安装了高音喇叭，让关注此案的2 000多名群众现场听到庭审情况，增加案件审判透明度。

法院经审理查明，2001年夏天，黄勇将自己家中的面条机改制成杀人的器械，取名所谓的"智能木马"。之后，他精心策划，决定实施杀人计划。自2001年9月至2003年11月，黄勇先后从网吧、游戏厅、录像厅等场所，以资助上学、外出旅游和介绍工作为诱饵，将受害人骗到自己家中，然后以"智能木马"测试为由，将受害人捆在木马上或先把受害人用酒灌醉，用布条将受害人勒死。直至案发后，黄勇共杀害无辜青少年17人，轻伤1人。

黄勇在短短两年多的时间连续杀人，犯罪性质恶劣，手段残忍，罪行极其严重，社会影响极坏。驻马店市中级人民法院公开开庭查明上述事实，依据《中华人民共和国刑法》第232条、第570条第一款，以故意杀人罪判处黄勇死刑，剥夺政治权利终身。

该报道的整体结构是清晰的，要素是完整的，语言是简洁的，构成新闻的重要内容有条不紊地展现在读者眼前。无论读者以前是否知道这个案件，对这个案件的情况了解多少，通过这篇报道都能够对案件的情况一览无余。

第五节　恐怖袭击事件新闻的写作

恐怖袭击事件已经成为影响国际政局和人们社会生活的最为引人注目的事情之一。恐怖袭击事件往往具有复杂的政治与文化背景,之中蕴含着尖锐的利益冲突。震惊世界的“9·11”事件以及由此引发的两次现代化区域战争不仅没有终结恐怖袭击活动,相反将恐怖袭击活动推进到了一个发生频率更高、波及范围更广、索取代价更大的阶段。

由于恐怖袭击难以预知,因此它对社会生活造成的影响是巨大的。中国也没有能够摆脱恐怖活动的威胁。

中国工人在阿富汗遇袭　死亡人数已增加到 11 人

新华网北京(2004 年)6 月 10 日电　记者从负责在阿富汗援建项目的中铁十四局集团公司获悉,10 日凌晨在阿富汗发生的中国工人遇袭事件的死亡人数已由 10 人增加到 11 人,该集团公司将在最短时间内派出紧急处理小组赶赴阿富汗处理遇袭事件。

阿富汗时间 10 日凌晨约 1 时左右(北京时间 10 日凌晨 4 时 30 分左右),中铁十四局在阿富汗负责施工的一处工地遭到一伙恐怖分子袭击,当场造成 10 名中国工人死亡,6 人受伤,其中 1 人生命垂危。

事发之后,记者电话采访总部设在济南的中铁十四局集团公司。该公司工程部一位负责人告诉记者,该公司在 10 日早晨 7 点左右接到其在阿富汗的海外分公司电话,得知此事,并获悉死亡人数已增加至 11 人。

他说,集团公司领导在 10 日上午召开紧急会议研究处理方案,并成立紧急处理小组,将在最短时间内赶赴阿富汗处理这一事件。同时,集团公司还成立了一个国内工作组负责该事件的善后处理。

据介绍,中铁十四局在阿富汗负责建设的这一项目系阿富汗从世行贷款的一个公路修复项目,总长 230 公里,位于阿富汗北部省份昆都士以南 36 公里处。中铁十四局集团公司的海外分公司于去年 10 月中标负责该项目的施工。由于阿富汗的工作条件非常艰苦,很多施工设备很难运进阿富汗,项目于今年上半年开始施工,有关施工设备直到最近才基本准备就绪。

恐怖袭击事件的报道要点包括：

- 袭击行为；
- 伤亡人数；
- 袭击发生的时间；
- 袭击发生的地点；
- 实施袭击的责任人；
- 袭击的原因；
- 袭击受害者及其亲属的反应；
- 官方的说法；
- 地区各界人士的反应；
- 更大范围的各界反应。

请看下面的一则报道：

马德里连遭10次爆炸　至少192人丧生千余人受伤

新华网消息：西班牙媒体11日报道，首都马德里至少3个火车站当日发生爆炸，造成至少192人死亡，此外还有1 240人受伤。据报道，当地时间早晨7点30分左右，炸弹在到达市中心阿托查火车站的列车上爆炸，当时正值交通高峰时段。在15分钟内，同一条线路上的圣欧亨尼娅和波索车站也发生爆炸。

西班牙消防部门负责人说，波索车站的损失最为惨重，一列双层列车被炸，约70人丧生。爆炸发生后不久，西班牙政府发言人指出，巴斯克分离组织“埃塔”是这几起爆炸事件的罪魁，并称这是该“犯罪团伙”制造的一次“大屠杀”。内政大臣阿塞韦斯说，马德里当天总共发生了10次炸弹爆炸事件，爆炸均发生在火车、火车站内或者车站附近，警方还引爆了另外3枚被发现的炸弹。政府在爆炸发生前没有接到任何袭击警告。阿塞韦斯还说，他“绝对肯定”爆炸案是“埃塔”所为。

据外电最新消息，一家总部设在伦敦的阿拉伯报纸收到一份署名为“基地组织”的电子邮件声明，声称对马德里连环爆炸事件负责。西班牙首相办公室一名高级官员表示政府已注意到这一报道，但他们仍然认为“埃塔”是幕后元凶。

由于西班牙议会和首相选举将于3月14日举行，警方已进入高度戒备状态，防止“埃塔”或其他恐怖组织制造新的暴力事件。西班牙各政治党派已宣布暂停竞选活动。

2月29日,西班牙国民警卫队在对一辆卡车进行检查时发现了超过500公斤可用来制造炸弹的化学品。西班牙官员认为,“巴斯克民族和自由组织”(“埃塔”)企图在马德里市中心制造大爆炸。

自1968年成立以来,“埃塔”为了争取北部巴斯克地区独立展开多年武装行动,迄今造成数百人死亡。如果11日发生的爆炸事件最终被证实是“埃塔”所为,这将是迄今“埃塔”单次袭击造成死亡人数最多的一次。1987年,“埃塔”分子炸毁巴塞罗那一家超级市场,导致21人死亡。“埃塔”已被西班牙、欧盟和美国列入了恐怖组织黑名单。

恐怖袭击事件的全部真相往往不是在事件发生时显现的。因此,追踪式的连续报道是揭开事件全貌的常用报道方式。

在西班牙遭遇的这次恐怖袭击事件中,事件的复杂背景不断浮出水面,与开始时人们的推断有很大的差异。新闻报道会随着事件的发展动态而展开,渐渐将事件真相描述出来。

在上述新闻事件中,西班牙官方最初认定是“埃塔”实施了这次列车爆炸案,后来发现,制造这一惨案的是基地组织。

第六节 体育新闻的写作

由于体育竞赛具有独特的对抗性、观赏性、艺术性、不可预知性以及对人类自身极限的挑战性,广大民众对体育的热衷与兴趣已经超越了文化、信仰、种族、宗教、性别的界限,重大体育赛事和体育明星往往成为万众瞩目的焦点。体育报道吸引着社会各个阶层的受众,在各种媒体上,体育报道已经占据了举足轻重的地位。

不过,由于体育赛事在限定时间内的激烈性和不可预知性,赛事报道需要记者有专业领域的知识,有对新闻的敏锐感受力,有一丝不苟的工作习惯,有在短时间内合成报道的写作能力。

体育赛事的报道要点主要包括:

- 赛事的名称及背景;
- 参赛队名称及主要运动员姓名;

- 运动类型和级别；
- 比赛的时间、地点；
- 比赛结果；
- 比赛过程：局势的转折点、取胜的关键策略、出人意料的变化；
- 比赛中的重要情节；
- 表现突出的队员；
- 得分与失误的细节；
- 对比赛过程中其他情况的描述；
- 参赛队或运动员的相关背景；
- 外部因素：天气、环境、观众；
- 观众的情况：上座率、倾向、行为方式；
- 运动员的伤病情况及后果；
- 相关统计数据；
- 各界对赛事的评论。

上述各项内容在报道中不是面面俱到的。报道应该抓住最能够反映比赛特点的内容进行描述，写出最具新闻价值的事实。

下面这篇有关一场体育赛事的新闻，其价值已经不是展示比赛的技术对抗过程与结局，而是一个超出体育比赛范围的人们未曾料想到的事件：

北京现代不满误判罢赛

新华网沈阳(2004年)10月2日电　10月2日20时51分，随着主裁判周伟新判罚北京现代队离场超过5分钟，主动退出比赛的三声长哨，中国足球职业联赛出现首次罢赛。

由于对当值主裁判周伟新在第84分钟时判罚的点球不满，北京现代足球队在2日进行的中国足球超级联赛第14轮客场与沈阳金德队的比赛中，中途退出比赛。

在沈阳金德与北京现代队比赛的前84分钟，双方战成1:1平。第84分钟时，沈阳队15号张杨带球突入禁区，在与北京队3号张帅的争抢过程中摔倒。主裁判周伟新立即判罚点球。此举引起了北京队队员和教练的强烈不满，所有场上队员当即退到场边。主教练杨祖武认为本队遭遇不公正判罚，在现场情绪激动地用手机打电话请示如何对待本场比赛。

杨祖武打完电话后即指示所有球员离场返回休息室。20 时 46 分，北京现代队全部教练员和运动员都走进了休息室。根据相关规则规定，离场超过 5 分钟即被判为罢赛。此时，主裁判周伟新开始计时。直到 20 时 51 分，周伟新见北京队球员仍未回到赛场，随即吹哨宣布比赛结束，沈阳金德队以3∶0获胜。

赛后，北京现代队主教练杨祖武拒绝出席新闻发布会，球队的大客车在现场警察的保护下离场。由于主队获胜，并且到场的观众很少，赛后并未出现意外情况。

这则新闻不仅是一则体育赛事报道，而且进一步引发了社会各界对中国足球现行运营体制的反思与批判。

第七节　演说与会议新闻的写作

演说与会议在形式上可能是单调的，一些内容甚至可能是枯燥的。但是，各种公众人物的演说和各种机构的会议往往会涉及与公众利益相关的重要问题。因此，演说与会议往往成为重要的新闻信息资源。

记者在报道演说与会议的过程中，应该把其中与公众关系最为密切的新闻要素报道出来，把公众最为关心的问题报道出来，而不要仅仅成为演说与会议内容的记录员。

一、演说报道要点

演说报道的要点包括：

- 发言人的主要观点；
- 发言人情况：姓名、身份、专业背景；
- 演说的环境；
- 与演说者或演说内容相关的背景资料；
- 与之相对立的观点；
- 任何不同寻常的事件。

江泽民陪同普京在北大发表演讲

本报北京(2002 年)12 月 3 日讯　走过百年历程的北京大学迎来一个极

具历史意义的时刻:中国国家主席江泽民和来访的俄罗斯总统普京今天上午共同出现在北大讲坛上,两国元首回顾了10年来双边关系的发展进程,畅谈两国友好的美好未来,勉励年轻一代继承和发展中俄睦邻友好和互利合作事业,为世界和平与发展做出应有的贡献。

上午11时5分,江泽民主席陪同普京总统来到北京大学,出席普京在这里举行的演讲会。

在热烈的掌声中,江泽民首先发表讲话。他说,普京总统选择到北大来向大学生们发表演讲,说明他具有政治家的战略眼光,因为中俄睦邻友好、世界各国人民的友好,归根到底要由年轻一代来继承和发展。中国的未来,俄罗斯的未来,世界的未来,都是属于年轻一代的。

江泽民说,俄罗斯是我们的友好邻邦。俄罗斯民族是一个伟大的民族。俄罗斯人民为人类文明做出了杰出贡献。俄罗斯人民在普京总统的领导下,正致力于推进民族复兴和国家富强,并不断取得新的成就。我相信,勤劳勇敢的俄罗斯人民,一定能够建设一个崭新的繁荣富强的俄罗斯。

江泽民指出,最近10年来,中俄关系一直沿着健康向上的轨道向前发展。6年前,中国和俄罗斯结成战略协作伙伴。两国政治互信日益加深,各领域的合作不断扩大,两国人民的传统友谊进一步发展,双方在国际事务中的协作和相互支持愈加有力。事实证明,中俄是好邻居、好伙伴、好朋友。

江泽民说,发展中俄战略协作伙伴关系,是两国人民的共同愿望,符合两国的根本利益,有利于维护世界的和平与稳定,有利于促进各国的共同发展和进步。

去年7月,江泽民主席和普京总统共同签署了《中俄睦邻友好合作条约》。这个条约的核心思想是:中俄长期致力于发展睦邻友好和互利合作,两国人民要"世代友好、永不为敌"。江泽民指出,在这个条约精神的指引下,两国友好合作不断迈出坚实的步伐。

江泽民说:"善邻胜远亲。"中俄两国都有这句古话。中华民族历来崇尚与邻为善、以邻为伴。中俄合作有着得天独厚的优势,蕴藏着巨大的发展潜力。当前,中俄都处在国家发展的新时期,双方的互利合作有着广阔的空间。我们要顺应时代潮流,把握好两国全方位合作的历史性机遇,共创两国关系更加美好的未来。

江泽民说,青年是祖国的未来,也是世界的希望。今天,这么多青年学生参加普京总统的演讲，使我看到了中俄友好发展的美好前景。我相信，今天这个演讲会，将会是你们一生中的一个美好回忆。我希望，你们牢记中俄两国人民世代友好的精神，以自己的蓬勃青春和聪明才智，为中俄睦邻友好和互利合作事业做出贡献。

普京在演讲开始前，向北京大学校长许智宏赠送了俄文版的《江泽民论有中国特色社会主义》一书。全体师生报以热烈掌声。

普京说，非常高兴到有崇高声誉和悠久历史的北京大学演讲。中国共产党十六大刚刚闭幕，确定了中国未来20年的现代化建设发展规划以及中国的外交方针，这对俄中关系的发展也具有继往开来的历史意义。

普京指出，俄罗斯与中国都是世界上独一无二的文明古国，这在很大程度上决定了两国关系的内涵和两国在国际事务中的地位。在20世纪，俄罗斯同中国都经历了深刻的社会变革，经受住了严峻的历史考验。今天两国在许多方面都面临相同或相似的任务。

他说：昨天，江泽民主席在会谈中对俄中关系10年来的发展进行了全面总结，我高度评价他对两国关系的深刻论述。这10年不仅是中国创新和复兴的伟大时代，也是两国关系创新和复兴的重要时期。在很短时间，两国关系发生了深刻变化，相互信任不断提高，成为名副其实的战略合作伙伴。基于两国关系中的这些原则，我与江泽民主席去年签署了《俄中睦邻友好合作条约》。我们不仅是好邻居，还是平等和相互尊重的好伙伴。

普京说，俄中双方都是联合国安理会常任理事国，对维护世界和平与稳定都肩负特殊责任。在当今全球化进程不断发展的时期，这一责任尤为重要。当前，俄中两国面临着一系列共同任务，主要包括：打击恐怖主义和分裂主义，避免地区冲突，打击跨国犯罪，尤其是保障中亚地区的和平与稳定。

他说，在反恐、防止大规模杀伤性武器扩散等方面，国际社会要加强合作，依照国际法和联合国宪章确定的准则，在联合国安理会决议框架下，积极利用政治和外交措施，采取多边机制解决这些问题。俄罗斯反对在这些方面搞双重标准和单边主义。在这些方面，俄中两国的立场和观点是完全一致的。

普京说，此次俄中高层会晤，是两国关系中具有划时代意义的事件，对两国在各个领域的交流与合作必将发挥重要的推动作用。目前，双方在环保、能源、高新科技、交通、人文等领域展开了富有成效的合作，两国地方间的直接交流也成为两国关系中的重要因素。

他说：我昨天与国家副主席胡锦涛进行了会晤。现在完全可以说，我已经和中国新一代领导人建立了良好的个人关系。

普京说：中国有句古话："前人栽树，后人乘凉。"我们两国种下的友谊树苗已经长成参天大树，年轻一代应该在已有成绩的基础上，做出自己的努力，造福于两国人民。

普京还就俄中两国文化交流、俄罗斯国内改革和北约东扩等问题，回答了学生们的提问。他说，他有两个女儿，都在学习中国武术，其中一个还开始学习汉语。如果一个16岁的俄罗斯姑娘能够自觉去学习汉语的话，这充分说明俄罗斯的年轻一代对中国的兴趣越来越浓厚，两国关系必将迎来更加美好的未来。

历时50分钟的演讲会在热烈的掌声中结束。

北京大学校长许智宏主持演讲会。北大师生代表600多人参加了演讲会。

这篇报道完整地反映了中俄两国首脑演讲的主要观点。如果报道能够对此次演讲的相关背景、演讲现场的环境状况进行适当交代，对北京大学学生向普京的提问以及普京的回答进行描述，报道的视野就会显得更加开阔，报道的可读性也会进一步增强。

二、会议报道要点

会议报道的要点包括：

- 会议的主要内容：投票、决议、采纳政策的情况；
- 会议的目的、涉及的事件、会议地点、会期长度；
- 会议议程；
- 评论和辩论的情况；
- 与会者和专家的看法及评论；
- 会议旁观者、权威人士和那些受决议、投票情况或政策影响的人的相关反应；
- 会议的相关背景；
- 与议程不符的内容；
- 下次会议的议程。

下面是一次会议报道，尽管是一次座谈会，但是涉及中国经济体制深化改革的重要问题。

温家宝:支持非公有制经济发展 保护私有财产

××网青岛(2004年)7月26日电 近日,国务院召开促进非公有制经济发展座谈会,中共中央政治局常委、国务院总理温家宝做出重要批示。温家宝指出,我国个体、私营等非公有制经济是社会主义市场经济的重要组成部分,是促进社会生产力发展的重要力量,对经济增长、扩大就业、活跃市场、增加财政收入发挥着重要作用。要按照党的十六大和宪法的要求,坚持公有制为主体、多种所有制经济共同发展的基本经济制度,毫不动摇地巩固和发展公有制经济,毫不动摇地鼓励、支持和引导非公有制经济发展。要抓紧研究制定鼓励、支持和引导非公有制经济发展的政策措施,清理和修订限制非公有制经济发展的法律法规和政策,消除体制性障碍,切实保护私有财产权,使非公有制企业与其他企业享受同等待遇,实现公平竞争。当前,国家实行的宏观调控,解决经济运行中的突出矛盾和问题,不仅有利于国民经济平稳较快发展,也有利于非公有制经济健康发展。

中共中央政治局委员、国务院副总理曾培炎出席座谈会并讲话。曾培炎强调,要认真贯彻党的十六大、十六届三中全会精神和宪法的规定,坚持"两个毫不动摇",认真总结各地发展非公有制经济的经验做法,抓紧研究制定鼓励、支持和引导非公有制经济发展的政策措施,完善有关法律法规,有针对性地解决影响非公有制经济发展的突出问题,促进非公有制经济发展。

座谈会上,曾培炎听取了有关部门、地方和企业对发展非公有制经济的意见和建议。曾培炎说,改革开放以来,以公有制为主体、多种所有制经济共同发展的基本经济制度不断完善,发展环境不断改善,非公有制经济较快发展,已成为社会主义市场经济的重要组成部分。但同时也要看到,制约非公有制经济发展的体制性、政策性障碍依然存在,有关法律法规不够完善,政府管理服务还不到位,企业素质有待提高。

曾培炎说,各地方、各部门要全面贯彻"三个代表"重要思想,充分认识发展非公有制经济的重要意义,把坚持公有制为主体,促进非公有制经济发展,统一于社会主义现代化建设的进程中,努力使各种所有制经济在市场竞争中发挥各自优势,相互促进,共同发展。他强调,要放宽市场准入,允许非公有资本进入法律法规未禁入的基础设施、公用事业及其他行业和领域。继续深化改革,保障非公有制企业在投融资、税收、土地使用和对外贸易等方面,与其他所有制企业享受同等待遇。深化金融体制改革,积极探索建立适应非公有制经济和中小企业发展需要的融资机制。支持非公有制中小企业的发展,鼓励有条件的企业做强做大。引导非公有制企业依法经营、提高素质,保障职工合法权益,维护正常的市场秩序。

曾培炎要求,各级政府部门要加快职能转变,加强和改进对非公有制企业的服务和监管,为非公有制经济发展创造条件。要把非公有制经济发展纳入到国民经济和社会发展总体规划之中,促进企业改善经营管理,不断提高发展的质量和水平。

曾培炎指出,当前,我国经济总体上保持了良好发展势头。中央加强和改善宏观调控的措施逐步落实并已见成效,防止了经济的大起大落,为非公有制经济创造了良好的发展环境。同时也要看到,宏观调控取得的成效还是初步的、阶段性的。各地方、各部门要进一步把思想和行动统一到中央对经济形势的正确判断上来,统一到树立和落实科学发展观的要求上来,统一到中央加强和改善宏观调控的政策措施上来,切实把各方面的积极性引导好、保护好、发挥好,确保宏观调控目标顺利实现。

会议结束后,曾培炎还考察了青岛大炼油工程、青岛前湾港集装箱码头和青岛高校软控股份有限公司。

这则报道主要披露了中国领导人的讲话内容。如果能够进一步披露这次会议在这个时间、这个地点召开的相关背景,描述一下中国非公有制经济发展的状况及在中国经济格局中的作用,讲述中国最高决策层支持非公有制经济发展、保护私有财产的决策动机,展示当今中国非公有制经济发展面临的困境与障碍,这则报道就会产生更大的传播影响力。报道中不少地方使用了诸如“坚持‘两个毫不动摇’”、“全面贯彻‘三个代表’重要思想”这种中国政治术语,使得这则报道的公文色彩过重。至于会议结束后曾培炎为什么要考察了青岛大炼油工程、青岛前湾港集装箱码头和青岛高校软控股份有限公司,也没有进行交代。

三、新闻发布会报道要点

新闻发布会的报道要点主要包括:

- 发言人讲话的要点;
- 发言人的姓名和身份;

- 发布会的目的、时间、地点和长度；
- 新闻发布会所涉及的核心内容的背景情况；
- 声明的要点，问答阶段的要点；
- 声明的结果。

在新闻发布会的报道中，重要的环节是关注相关的背景要素。有些记者只是简单地记录发布会上有关人士的说法，或者直接引用会议单位提供的新闻稿，这种做法常常使人们对新闻要素并不突出的会议新闻失去兴趣，使一些有着新闻价值的会议新闻成为最不受人关注甚至令人厌恶的"垃圾信息"。

在会议新闻的报道中，记者需要关注与会议相关的事实和背景，这样才能帮助受众了解会议与相关事业之间的关系、与社会进程之间的关系、与受众自身利益之间的关系，而不是仅仅了解一些人士的观点和倾向，更不仅仅是看到一些枯燥无味的公文。

让我们看看下面一则新闻是怎样介绍背景的：

布什接受中东电视台采访　称要查出虐待战俘真相

××日报网站消息：据美联社报道，美国总统布什在(2004年)5月5日接受了一家阿拉伯电视台的采访。布什指出，一些美军士兵虐待战俘的行为是"可恶的"，但是伊拉克人民"必须明白监狱里发生的一切不能代表我所知道的美国人"。布什要国防部长拉姆斯菲尔德"找出真相，向伊拉克人民和全世界公布真相。我们没什么可掩盖的"。

据美联社报道，采访布什的这家电视台是美国出资设立的"自由一台"(Al－Hurra)，采访于美国当地时间上午10点(北京时间晚上10点)左右开始，在白宫地图室举行。

采访中，谈到在阿布格莱布监狱发生的虐待事件时，布什称："会进行调查，人员会接受审判。"布什表示还会调查其他监狱是否也有类似事件发生，"我们想知道真相"。布什还指出，他对国防部长拉姆斯菲尔德仍有信心，5日早些时候他与拉氏进行了谈话，要这位国防部长"找出真相，向伊拉克人民和全世界公布真相。我们没什么可掩盖的"。

布什还表示，伊拉克人民也需要"明白不是每件事都是完美的"，错误行为已经犯了，但这些错误行为"会受到调查，人员会受到审判"。"少数人的行为不能反映美国人民的精神，当监狱里战俘裸体和美军士兵嬉笑的照片在全世界公布后,美国人民和伊拉克人民一样惊骇。"

布什还指出,美国将会与国际红十字会合作,处理好虐待战俘事件。

当被问及美国对其他国家的人权事务指手画脚的问题时,布什称:"我们也对其他政府说'清理好你们的行为',美国正在这样做。"

据悉,布什在接受自由一台采访后,稍后将接受总部位于迪拜的阿拉伯电视台的采访。

美军参谋长联席会议副主席彼得·佩斯上将5月5日在美国哥伦比亚广播公司的节目中表示,希望能够进一步扩大对虐待战俘事件的调查。

负责在伊拉克监狱事务的美军少将杰夫里·米勒5月5日代表美国和美国人民,为"一小撮"美军士兵在阿布格莱布监狱进行的"非法的和未授权的行为"道歉。据美联社报道,米勒少将表示:"我代表我们的国家和我们的军队,为一小撮士兵在阿布格莱布监狱进行的非法和未授权的行为致歉。""这些行为不仅违背了我们国家的政策,而且违背了我们作为国际社会成员的行为。""这些行为使我们所有士兵的所有努力蒙上了阴影。我们将尽全力让伊拉克人民恢复对联军的信任,让美国人重新树立对美国军队的信心。"

5月4日,白宫发言人麦克莱伦称:"对总统来说,这是一个直接与阿拉伯国家人民进行对话的机会,以便他们知道我们认为这些照片是可耻的、令人难以接受的。"他还指出,这些照片不代表美国的价值观,也不代表美军的高尚行为。美国向来尊重所有人,对他们一视同仁。他说:"我们有必要做出表态,让美国和整个世界都知道这件事是不可宽恕和令人震惊的。"

当记者5月4日问麦克莱伦,布什为什么不接受卡塔尔半岛电视台(Al - Jazeera)的采访时,麦克莱伦仅表示上述两家电视台在中东地区有着很高的收视率,而没有做进一步的解释。

迫于舆论压力,美国政府高官5月4日纷纷上阵就虐待战俘事件进行解释,声称美国必将严肃处理此事。当天,美国国防部长拉姆斯菲尔德专门就此举行了新闻发布会。拉姆斯菲尔德在会上表示,涉嫌参与虐待战俘的美军玷污了同仁及国家的声誉,必将受到严厉惩处。他还说,美国及美国人是优秀的,虐待战俘的美军是"一小撮"人,这"一小撮"人的虐待行为是不能让人接受的、非美国式的,无益于美国形象的。

布什的国家安全事务助理赖斯也接受了三家阿拉伯地区电视台的采访。这三家电视台分别是半岛电视台、阿拉伯电视台和黎巴嫩广播公司。她说:

"我们被这些照片玷污了……布什总统下定决心彻查到底,看阿布格莱布监狱事件是否是普遍现象。"她还指出,布什希望世界各国都了解虐待战俘事件并非是系统性的,而只是孤立的事件。

这些用线段标示的文字,都是与新闻相关的背景资料。这些资料更充分地说明了布什政府对美军虐待战俘事件的公开立场。当然,这些背景资料的内容具有过强的单一性,缺乏内容的丰富性和角度的多样性。

要想成功地进行会议报道,需要遵循下列原则:

- 保证所报道的会议内容准确无误;
- 报道会议的相关背景及环境要素;
- 披露与会者的相关背景;
- 注意会议现场出现的其他问题;
- 注意展示会议所涉及的问题中蕴含的矛盾与冲突。

第八节 公关新闻的写作

如今这个时代,社会各个领域的人们都已经知道媒体的力量和效能。越来越多的人希望利用媒体,新闻记者时常不用出门采访,很多新闻就会自动找上门来。这些新闻大多来自公关公司、企业单位、社会团体、组织机构等。它们会向新闻机构提供可供发表的信息,这些信息由他们亲自撰写,通常也按照新闻的表面格式进行包装。

尽管这些材料上面时常明确标注着"新闻稿"的字样,但是,它们并不是真正意义上的新闻。新闻界给它们的称呼是"宣传品"或者是"公关新闻稿"。

这种文字资料对新闻记者来说是有利有弊。有利的方面在于,它是一种信息来源,让记者几乎在不支付时间与资金成本的情况下就能够得到相关信息,这对于记者掌握情况、辨识新闻提供了便利。不利的方面在于,这些资料往往不够准确客观,甚至常常含有一些与真正的新闻背道而驰的因素,如果不加辨别,就容易被误导。因此,面对"公关新闻信息",有经验的记者不会断然拒绝,而是会根据新闻工作的需要对其进行甄别,进行核实和改写。

一、公关新闻的特点

公关新闻信息的常见内容集中在:宣传新产品、公布新策略、通报人事变动、预告某项活动、塑造机构或个人形象等。

这些信息通常具有下面的特点：

1. 强烈的宣传色彩

你会发现，大多数公关新闻信息都是在讲企业的创新、组织的诚信、机构的敬业、产品的优良，竭尽全力地向人们传递一种为自身的完美与优秀做着说明与佐证的信息。

2. 不平衡的信息来源

公关新闻往往是传递一个方面的信息，就是对信息制造者一方有利的信息。它一般不会提供与它对立的方面的观点，甚至都不会给任何质疑者提问的机会。在公关新闻中，人们看到的是"一边倒"的信息。

3. 过度专业化的描述

公关新闻往往出于非新闻专业人员之手，因此，它往往缺乏用新闻技术处理专业信息的意识和能力。一些专业名词、专业知识在公关新闻中往往得不到通俗解释，使这些信息看起来更像是专业部门的工作公告。

4. 缺乏相关背景

公关新闻通常会局限于自己希望传达的某些局部信息，而不会提供与此信息相关的更大范围的背景情况。而缺乏相关背景，就不可能把新闻的价值揭示出来。

5. 不解释与公众的关系

公关新闻置于首位的传播目标是让公众相信对公关者自己有利的信息，而不是对公众有用的信息。因此，这些新闻往往不会从公众需求的角度解释信息，而公众的需求恰恰是大众新闻传播的首要目标。

让我们看下面的一则报道：

移动多媒体技术联盟今日成立 9 家企业加盟

今天，中国将诞生首个移动多媒体产业联盟。据悉，由信息产业部电信研究院、中国移动、中国联通、中国电信、中国网通、中国普天、华为、中兴、中星微电子 9 家联合发起的"移动多媒体技术联盟"（MMTA）将于今天下午在北京正式宣布成立。

该联盟为自愿组成，将围绕移动多媒体产业技术进行标准的制定、推进与完善，促进企业间资源共享和互惠互利，并将建议政府制定有利于移动多媒体产业发展的重大产业政策，提升联盟内会员单位的群体竞争力。联盟还将整合移动通信多媒体产业链条上的各方力量，推动网络、终端和应用的创新与规范；提供一个公平合理的知识产权管理平台，加强国际合作，推动行业研发与产业化。

联盟各方今天还将发布《移动多媒体技术联盟章程》。根据该章程，具备独立法人资格，愿意或正在从事移动多媒体技术相关通信产品研发、制造和服务的国内外企事业单位均可入盟。

（《北京××商报》　2004 年 10 月 21 日）

这是一则典型的公关新闻。一般人看过之后可能仍然会提出下面的问题："移动多媒体技术联盟"为什么要在这个时候成立？它的成立对社会民众有什么意义？没有这个组织的情况下移动多媒体技术的运用领域有什么问题？目前中国和世界有多少人在使用移动多媒体技术？中国移动多媒体技术的应用与世界发达国家相比有什么特点？中国有多少机构从事着移动多媒体技术的产业经营？为什么发起成立这个联盟的是这 9 家机构？这 9 家机构在中国移动多媒体行业中占据什么地位？移动多媒体技术的实际应用会因为这个组织的成立发生什么变化？这些变化将为民众提供什么便利？这些变化会在什么时候出现？

这条新闻的主体段落只是用技术专业语言解释了移动多媒体技术联盟的成立意图，而上述所有可能真正被公众关注的问题在报道中都没有交代。这就是公关新闻的缺陷。

二、改写公关新闻的要则

改写公关新闻信息要掌握的最为重要的一个建议就是：必须重写！这不仅是方法，而且是原则。

看到公关新闻时，职业记者要有一个不可动摇的意识：它不是真正意义上的新闻。它只是一个新闻线索，是记者进入报道写作的开始。

1. 认真阅读原始资料，发现真正的新闻

公关新闻中是否包含着有新闻价值的资料，这是要认真辨识的。从那些宣传性的语言中找到对公众有用的信息是一件有意义的工作，也是新闻工作者的责任。

2. 严格核对事实

在处理公关新闻的过程中，坚持新闻工作的核实原则有着特别重要的意

义。不能轻信任何机构的自我描述、自我表白。对于公关新闻中涉及的所有可能进入报道的事实要素都要严格核实。不是向公关新闻的写作者核实,而是向能够证实事实真相的其他信息来源进行核实。一旦媒体发表了公关新闻提供的不实信息和虚假信息,媒体是没有任何借口加以推卸的。

3. 找出起平衡作用的事实要素

单向信息发布是公关新闻的一般特征,而真正的新闻应该提供多角度的观察,多方面的观点,特别是展示矛盾冲突,披露不同看法,这样才能真实反映客观事物充满矛盾发展运动的原貌和本质。

4. 警惕一切有自我吹嘘味道的言词

公关新闻中常见的自我夸耀、自我吹嘘的文字是这种信息的重要特性,不足为怪。但是一旦作为新闻出现在媒体上,就会引起麻烦,媒体的专业威信就会受到影响。因此,要以最锐利的目光,找出所有与新闻格格不入的言词,剔除它们,保持新闻的专业和纯洁。

5. 让视野扩大到公关资料之外的广阔领域

记者的任务不仅是告诉受众发生了什么,而且要告诉受众发生的事情与他们有什么关系。改写公关新闻过程中最为复杂的工作,就是发掘并解释专业机构提供的信息对于受众的意义。这就需要记者了解丰富的相关背景资料。如果是介绍一个新产品的新闻,就不仅要说明这个产品与这家企业的产品相比有什么特点,还需要说明它与市场上同类产品相比是否具有新的特点,并且说明这些新特点对使用者意味着什么。如果是对一个企业新的市场营销策略进行报道,就要考察这家企业历史上是否运用过同样的策略,结果如何,此次策略出台的幕后动机究竟是什么,等等。总之,一切要以受众的关心度为依据,提供受众渴望知道的信息。

请看下面这则新闻:

江铃登高企业百强　名至实归再展宏图

"第四届中国上市公司百强高峰论坛"在上海大剧院隆重举行。继在上届评选中获得殊荣后,江铃汽车股份有限公司("江铃汽车"000550、200550)在本次评选中蝉联中国上市公司百强殊荣,江铃汽车股份有限公司董事长王锡高也同时荣膺中国上市公司"十大杰出企业家"称号。

"中国上市公司百强高峰论坛"现已成为一年一度的中国财经精英的盛

会,其推出的“中国上市公司百强排行榜”是按 CBT100 指标体系,以利润总额作为主要指标排序,以主营业务收入、总资产、市场价值以及市场增加值为分排序,依次排列出中国上市公司前 100 强排行榜。由于 CBT100 排名的科学性,其一经推出,就引起了学术界、企业界和政府的广泛讨论和密切关注。

江铃本届上榜,是实力的再次彰显。江铃在轻卡、轻客、越野车和专用车多个领域延伸开发出许多适合中国市场的新车型,专用车的改装开发生产能力和销量排名全国第一。江铃生产的轻型卡车和全顺轻型客车,分别为这两个细分行业的最大品牌之一,连续两年位列中国上市公司百强和最具竞争力的汽车类上市公司之一。德国权威的《汽车杂志》(2004)发布的全球轻卡产销排行榜上,江铃汽车股份有限公司赫然位列第 20 名。自 2001 年以来,公司连续三年净利润增幅达到 50% 以上,据公司 2003 财年年报显示,公司不仅汽车销量大增至 5.8 万辆,净利润更大幅增长 56.5%,高达 4.49 亿元,利润额已超过了一些产销量达 10 万辆以上的轿车企业。2004 年上半年在市场增长放缓的情况下,江铃的净利润仍达到 2.48 亿元。

江铃汽车董事长在会上表示:江铃会充分利用国际资源,顺应全球企业重组的潮流,站在中国汽车业发展的潮头,服从江西在中部崛起的大局,做好南昌制造业的支柱,实践江铃做大做强的追求。目前公司除在国内建立了强大的销售网络外,在海外的销售网络已延伸至中东、中美洲的许多国家。

媒体在发表这则公关新闻的时候几乎没有进行过任何修改。报道完全用赞誉之词述说着企业业绩,从报道的标题、导语、主体一直到结尾,都是在宣传江铃汽车股份有限公司的辉煌业绩。

而受众可能更想知道的江铃汽车股份有限公司的生产能力、产品的技术水平、产品的覆盖地区与人群、所生产的汽车目前在全国范围内的保有量、企业在全国汽车行业中的排位、与国际同类企业相比的特点、市场对产品的评价、企业下一步的发展战略等这些更有新闻价值的事实要素,报道中几乎没有涉及。报道认为“中国上市公司百强排行榜”是权威的,可是就连江铃汽车股份有限公司在“中国上市公司百强排行榜”上的位次都没有说明。

再看看报道中的用语:“获得殊荣”“百强殊荣”“荣膺中国上市公司‘十大杰出企业家’称号”“精英的盛会”“实力的再次彰显”“赫然位列”“强大的销售网络”等等,这些用语已经使报道完全失去了新闻的客观与公正。

报道的结束段落引用的董事长的一席话也缺少具有新闻价值的实质性

内容。

对于这样的公关新闻稿件，记者必须进行改写。这是一项具有创新性质的工作，针对受众关心的问题，进行采访、查阅资料、深入研究，进而写出能够反映中国汽车行业中一个大企业的实力、意图，及它对中国汽车业的意义、对中国人进入汽车时代的作用等真正具有新闻价值的报道。

思考题

1. 你认为灾难性新闻报道中最重要的新闻要素是什么？

2. 写作灾难性报道最为重要的技术环节有哪些？

3. 自然灾难报道与人为灾难报道对于采访的要求有什么不同？

4. 进行司法案件报道应该注意哪些问题？

5. 在对刑事案件、民事案件、司法判决进行报道前，你会分别做什么样的准备？

6. 你认为怎样才能让会议报道吸引读者？

7. 体育新闻报道的特点是什么？你认为写好体育新闻需要注意什么问题？

8. 改写公关新闻的原则是什么？

练习题

1. 下面一则犯罪新闻报道是否有缺失的事实要素？你认为应该怎样改写这篇报道？

××新闻报道(2018年)7月17日，浙江嘉兴市中院对一起20年前的故意杀人案做出判决，潜逃近20年后落网的被告人宗德某被处死刑，缓期二年执行，剥夺政治权利终身。

公诉机关指控，1998年12月17日夜，被告人宗德某伙同宗吉某，在出租房内趁同住的被害人熟睡，由宗德某用榔头击打其头面部，宗吉某按住其双脚，共同将被害人杀死，将尸体沉入河中。

××新闻从法院获悉，宗德某与被害人是老乡，二人与宗吉某在嘉兴一起租住，后因琐事产生矛盾。作案不久，宗吉某被抓获，1999年被嘉兴市中院以故意杀人罪判处无期徒刑，剥夺政治权利终身，因在狱中表现良好，已减刑出狱。宗德某化名逃亡,2017 年 7 月在广东东莞落网。2018 年 2 月,该案提起公诉。

2. 根据2018 年李克强总理在两会闭幕时举行的中外记者招待会的实况转播(可从中国政府网、人民网、新华网上获取资料),写出一篇1 500 字的消息报道。

要求:

(1)突出一个报道主题。

(2)不少于10 条直接引语。

(3)来自5 个不同方面或不同角度的与报道主题相关的背景资料。

(4)必要的现场场景描写。

3. 分析下面一则消息在写作上有什么问题?改写这篇新闻报道。

要求:

(1)确定本次会议报道的主题。

(2)根据报道主题介绍中国网络新闻传播业发展的相关背景。

(3)根据报道主题介绍中国网络新闻媒体论坛的相关历史情况。

××网报道(2018 年)9 月 6 日,2018 中国网络媒体论坛在宁波举行。来自全国各地的700 多名网络大咖、专家、政府官员等齐聚宁波,共同研讨网络媒体未来发展趋势。诸多高屋建瓴的主题演讲,提供了不少新思路,也让与会者了解媒体发展的最新动态和前沿技术。

中央网络安全和信息化委员会办公室副主任、国家互联网信息办公室副主任高翔,浙江省委副书记、宁波市委书记郑栅洁,全国人大社会建设委员会副主任委员、中国网络社会组织联合会会长任贤良,中华全国新闻工作者协会党组书记、常务副主席胡孝汉,人民日报社副总编辑卢新宁,新华社副社长刘思扬,中央广播电视总台中央电视台副台长孙玉胜,中国工程院院士、清华大学计算机系主任吴建平,新浪董事长兼首席执行官、微博董事长曹国伟,宁波市领导万亚伟、施惠芳等出席开幕式。

本次论坛旨在深入贯彻落实全国宣传思想工作会议精神、全国网络安全和信息化工作会议精神,以"智能互联时代的媒体变革与发展"为主题,围绕坚持正确政治方向、舆论导向、价值取向,大力加强网上内容建设,做大做强正面宣传,巩固壮大网上主流舆论阵地,不断提高对互联网传播规律和新技术新应用的把握能力,促进中国网络媒体的健康有序发展。

郑栅洁感谢与会领导、嘉宾长期以来对浙江、对宁波的关心和支持。他说,本次论坛的举行，是贯彻落实全国宣传思想工作会议精神特别是习近平总书记重要讲话精神的实际行动，我们将充分吸收大家的金点子、好方子，不断创新推动媒体深度融合发展的机制和模式，进一步壮大主流思想舆论，让正能量更加充沛，主旋律更加高昂。郑栅洁真诚欢迎媒体朋友经常来宁波采访采风，发现宁波发展之好，感受宁波文明之美，体验宁波社会之和，助推宁波成为一座有较高知名度和美誉度的“网红城市”。

高翔在致辞时表示，要始终坚持以习近平新时代中国特色社会主义思想统领网络媒体建设，把互联网这个最大变量变成事业发展的最大增量。

要始终坚持创新正面宣传，努力提升网络媒体传播力、引导力、影响力和公信力。

要始终坚持融合发展，不断强化网络阵地建设，打造一批形态多样、手段先进、竞争力强的新型主流媒体。

高翔希望网络媒体坚守职责使命，讲好中国故事，传播好中国声音，携手打造网络新生态，在网络上凝聚起实现中华民族伟大复兴中国梦的强大力量。

第九章　连续报道与专题报道的写作

第一节　连续报道的写作

100 多年前,美国新闻界的先驱人物约瑟夫 · 普利策说过:“在一件事情的真相被彻底查清之前,决不放过它! 连续报道,连续报道!”

普利策看到了客观事物的发展规律,也找到了符合这一规律的新闻报道的一个重要方式。

连续报道是对新闻事件发展变化的最新状态进行追踪的报道。新闻事件是客观事物发展变化的一个过程,它随着时间的推移而移形变态。新闻工作者不可能等待新闻事件发展的过程全部终结之后再对事件予以报道,而他们往往是根据新闻事件发展的最新变化做出观察、描述和分析,他们要通过对新闻事件发展进程的追踪,将新闻事件的发展过程不间断地展示给受众,从而完成对新闻事件全貌的报道。面对社会生活中发生的重要新闻事件特别是突发性新闻事件,连续报道往往成为新闻报道的主要方式。

迄今为止,在普利策新闻奖的文字作品奖项中,除了特稿写作奖一个奖项是一篇报道参选外,其他奖项的参选作品全部是多篇稿件组成的专题报道集群。其中连续报道占有很大比重。这反映了美国新闻界对于新闻报道责任与新闻报道规律的认识。

连续报道的最重要的特征是:它随着新闻事件变动的客观进程而同步运行。事件刚刚发生的时候,可能是最简洁的报道,甚至是标题式的简讯。但是随着事态的进展,随着事件复杂性的显露,新闻报道的内容也会随之丰富起来。

连续报道往往是对重大突发性事件持续观察与描述的新闻报道方式。从事件发生的那一刻开始，新闻记者就会紧紧跟踪事件的发展变化，对事件的每一个新动向、新变化进行追踪报道，用不间断的连续报道，完成对事件全貌的描述和解释。

我们从新闻界对哈马斯精神领袖亚辛遇袭身亡事件的报道中，看一下连续报道的写作技术在实践中的应用。

事件刚刚发生的时候，新闻报道关注的是最为重要的新闻事实。

中新网(2004 年)3 月 22 日电 据美联社消息，当地时间星期一黎明之前以色列武装直升机向巴勒斯坦抵抗组织“哈马斯”精神领袖亚辛发动了导弹袭击，哈马斯官员及现场目击者表示亚辛已经被炸身亡。

目击者说，在亚辛和两名保镖离开清真寺时，以军直升机向他们发射了三枚导弹，亚辛等人当场身亡。哈马斯官员已证实亚辛的确已经死亡。另有目击者说，导弹袭击共造成 4 人死亡 12 人受伤。

目睹整个事件经过的 35 岁出租车司机哈达德说，他看到导弹击中了亚辛和保镖。他说：“他们的身体被炸成了碎片。”

哈马斯组织在证实亚辛死讯的同时表示：“沙龙打开了地狱之门，没有任何事能阻止我们割下他的项上人头。”

袭击发生后，多辆救护车和消防车迅速赶到现场，汽车警笛不停地鸣叫着，营救人员在现场寻找搜集着尸体的残肢碎片。

当主体新闻事件发生的时候，媒体在第一时间所做的报道，会描述事件的核心要素。从此时开始，记者就会紧紧盯住新闻事件的发展变化进程，展开连续报道。

写作连续报道的关键技术是在每一次报道中都要把最新的信息提供给受众。

新的内容和新的角度是采写连续报道的关键！记者可以从以下几方面去寻找新颖的报道内容和报道角度：

一、提供新闻事件的最新进展状态

这是连续报道最为重要的任务，连续报道要把新闻事件不断发展变化的状况告诉给民众，让民众及时知晓事件的变化状态。

我们仍以亚辛被刺杀这一事件为例，看看随之展开的连续报道。

下面的一则报道告诉读者以色列最高决策层的最新动向：

沙龙将访问美国　与布什就巴以冲突等进行磋商

新华网快讯:美国白宫发言人麦克莱伦26日宣布,以色列总理沙龙将于4月14日访问美国,并同美国总统布什着重就巴以冲突、中东局势和反恐等问题进行磋商。

(2004年3月27日8:17　新华网)

随后的报道告诉读者哈马斯对以色列的报复行动已经开始:

哈马斯首轮报复受挫　海上偷袭人弹袭击均失败

据新华社专电　巴勒斯坦伊斯兰抵抗运动(哈马斯)精神领袖亚辛遇刺身亡后,哈马斯一直声称要采取大规模的报复行动。然而该组织发动的第一轮袭击行动却被戒备森严的以色列军队挫败。不过哈马斯领导人26日称,这些袭击仅仅是报复行动的"开始"。

海上偷袭受挫

26日深夜,两名全副武装的哈马斯武装人员从海上潜入加沙南部的古什卡提夫定居点。他们上岸之后立刻采取行动,向一名定居点居民的汽车猛烈开火。听到枪声之后,驻守在定居点附近的以色列士兵立刻赶到现场并将两名哈马斯武装人员当场打死。"这次袭击是对暗杀谢赫·艾哈迈德·亚辛的报复行动的开始",哈马斯军事组织卡桑旅在随后散发的传单中说。

"人弹"袭击流产

利用"人弹"发动自杀式袭击是哈马斯和其他巴激进组织惯用的袭击手法,然而在26日策划的两次自杀式袭击却先后流产。以色列军队电台的报道说,在纳布卢斯的巴拉塔难民营,一名巴勒斯坦武装人员在26日的爆炸中丧生。据目击者称,这名巴武装人员因为绑在身上的自杀式腰带提前爆炸而殒命。当天下午,另一名巴武装人员也试图在加沙地区利用汽车炸弹发动袭击,但是由于炸弹提前爆炸而使得袭击行动流产。

(2004年3月28日5:16　《京华时报》)

几天后,新闻媒体报道了以色列政策发生的重大改变:

沙龙:不会伤害阿拉法特的许诺今后将不再有效

以色列总理沙龙周一说,他曾向美国许诺不会伤害阿拉法特,但这一承诺今后不再有效。巴解组织领导人阿拉法特和黎巴嫩真主党领袖哈桑·纳斯鲁拉目前都已进入了以军的瞄准器。这是自两年前宣布"阿拉法特为以色列的敌人"以来,沙龙政府对阿拉法特发出的最严厉和最明确的威胁。

沙龙是在接受以色列军事电台的采访时说出上述这番话的。他表示,3 年前,他曾答应布什总统不会伤害阿拉法特,但是现在情况发生了改变。

"当时,阿拉法特无论走到世界任何一个地方,都会受到'红地毯式'的欢迎,但现在,美国和世界上任何一个国家都清楚阿拉法特是什么样的人,"沙龙说。以色列和美国现在正准备与阿拉法特绝交,他应该对巴勒斯坦人的暴力行为负责。

沙龙表示,美国的认同已不再是以军袭击阿拉法特和哈桑·纳斯鲁拉的前提。

"我不再需要任何人的允许,"沙龙说,"我要重申袭击犹太人者必死的原则。"

3 月 22 日,就在"清除亚辛"行动之后,以色列军事电台也曾采访过沙龙,并问及阿拉法特和黎巴嫩真主党领袖哈桑·纳斯鲁拉是否也在袭击目标之列,沙龙当时回答:"无论谁要杀死犹太人,无论谁派'人弹'过来,都将被贴上死亡标签。"

沙龙谴责阿拉法特无视极端组织的活动,并鼓励他们袭击以色列人。而黎巴嫩真主党领袖哈桑·纳斯鲁拉早些时候说将帮助哈马斯为亚辛复仇,因此以军暗杀行动也更"关注"这个与其有着 18 年交战历史的组织的领导人。

(2004 年 4 月 6 日 2:22 《新闻晨报》)

重大新闻事件往往会出现新的动向,甚至是更为严重的后果。亚辛遇袭身亡不到一个月,事态发展进程中又出现一个重大突变:

哈马斯领导人兰提西遭以色列空袭丧生

新华网加沙 4 月 17 日电　以色列空军 17 日晚出动武装直升机向巴勒斯坦伊斯兰抵抗运动(哈马斯)加沙地带领导人兰提西乘坐的汽车发射一枚导弹,兰提西及车内两名保镖身亡。

据巴勒斯坦电台报道,兰提西与两名保镖乘坐的白色"标致"汽车当地时间晚 9 时左右行驶在加沙城中部一条繁华大街上。空袭中兰提西身受重伤,他被送到当地医院后不治身亡。

随后，大批巴勒斯坦人涌上街头聚集在被炸汽车周围，并高呼为兰提西复仇的口号。空袭发生前后，加沙全城停电。当天早些时候，哈马斯与阿克萨烈士旅联合实施一起针对加沙地带北部以色列工业区的自杀式袭击。

兰提西1947年出生于加沙地带南部罕尤尼斯难民营，曾在国外接受儿科医师和药剂师培训。1987年他与亚辛共同创建哈马斯，担任该组织发言人，在哈马斯内部享有很高声望。今年3月22日哈马斯创始人、精神领袖亚辛遇袭身亡后，兰提西当选为哈马斯加沙地带领导人。2003年6月兰提西曾遭到以色列导弹袭击，但侥幸逃脱。他被认为是哈马斯强硬派代表人物，主张通过暴力袭击，解放所有巴勒斯坦被占领土。

哈马斯称要对以色列进行“100次独特的报复”

新华网加沙4月18日电　在以色列暗杀了伊斯兰抵抗运动（哈马斯）新领导人兰提西之后，哈马斯18日发表声明说，要对以色列的这种行为进行“100次独特的报复”。

哈马斯通过其网站发表的这项声明说，该组织已在约旦河西岸和加沙地区实行“紧急状态”，直到报复行动结束为止。

哈马斯当天还宣布，该组织已选出新的领导人，但出于安全考虑，没有透露这位新领导人的姓名。哈马斯政治领导人哈立德·马沙尔在叙利亚接受媒体电话采访时表示，兰提西遇害不会削弱哈马斯的战斗力。

有评论说，目前已经不能确定哈马斯是否仍有能力开展报复性的大规模袭击活动。自哈马斯精神领袖亚辛在以军开展的“定点清除”行动中身亡以来，哈马斯已有3个星期没有开展袭击活动。

与此同时，约有20万巴勒斯坦人18日在加沙和约旦河西岸举行游行示威，对以色列暗杀兰提西的行为表示抗议和愤怒，并称这将打开“复仇的火山口”。示威者向以军士兵投掷石块，以军开枪还击，造成巴示威者1死1伤。很多示威者指责美国应该为兰提西的死负责，因为美国对以色列的暗杀活动采取了“放任”态度。据报道，以军暗杀兰提西事件18日当天在黎巴嫩、埃及、约旦、伊拉克、科威特和突尼斯等阿拉伯国家引发多起抗议活动，并招致很多国家的谴责，其中包括一些欧洲国家。

以色列总理沙龙18日在内阁会议上表示，他将坚持推进单边行动计划，并继续严厉打击“恐怖组织及其领导人”。

(2004 年 4 月 19 日　新华网)

二、提供前面报道未曾包括的事件细节与背景

在重大突发事件发生时,事件的种种细节未必能够被记者一一了解,很多细节在报道中都不会充分显现。那时人们关注的是事件的核心内容。但是,仅仅是概况的报道不可能满足受众的需求,他们需要知道事件的相关细节,进而深化对事件的了解和认识。

连续报道的一个重要任务是向受众提供媒体最新掌握的事件细节与背景。

下面这则刊登在 2004 年 4 月 3 日《北京青年报》上的报道,就提供了重大新闻事件的重要细节。

亚辛的最后 36 小时:预感到以军袭击不愿转移

3 月 22 日,哈马斯精神领袖亚辛被炸身亡,引起了巴勒斯坦内部及国际社会的强烈反响。亚辛遇害前究竟发生了什么事? 他是否预感到了危险? 新华社驻加沙记者周轶君通过采访再现了亚辛的最后 36 小时。

遇刺前一天无人驾驶侦察机就在附近

到 20 日,卫星电视信号已经接连两天受到干扰,屏幕上一片“马赛克”。一旦出现这种情况,加沙人都知道,以色列无人驾驶侦察机就在附近。

哈马斯创始人、精神领袖亚辛的子女们聚集到位于加沙城东南的亚辛家中,劝他出去躲躲,但遭到亚辛拒绝。“躲什么?”根据亚辛女儿拉赫玛的说法,亚辛当时笑着说:“为什么要躲避殉道呢?”一个亲戚来串门,亚辛开玩笑说,我家天花板用的水泥能防导弹。

20 日深夜,亚辛右眼炎症突然加剧,痛得他差点从轮椅上摔下来。随从们给他服了些药,但亚辛的情况越来越糟糕,一度呼吸困难,胸腔里嗡嗡作响。随从不敢延误,连夜将他送到加沙市中心的舍法医院。

遇刺前 36 小时预感自己快殉道了

舍法医院大夫仔细检查了亚辛的病情,开出药方,并建议他留院观察。随从们派人出去打探一番,发现天空中虽然看不见以色列飞机,但靠近医院的海滨公路上,以色列军队正在集结,已经抵达与加沙城相距半公里的地方。当下,他们决定离开医院,回到亚辛家。

几个小时过去了，亚辛仍然不能进食，但因为服了镇静剂，眼睛不似开始那般疼痛了。

21日太阳落山时，亚辛吃了些简单的食物，要求随从送他去住宅附近的清真寺礼拜。随从们与亚辛商定，21日晚在清真寺礼拜完毕后，将他转移到一个相对安全的地方，没想到，礼拜完毕亚辛却不愿意走了。当晚他在清真寺里召集子女及重要家庭成员，对他们说："我预感自己快殉道了，希望如此，我不想偷生。"亚辛妻子乌姆穆罕默德回忆说："他（亚辛）通知了家里所有人，唯独难以向我开口，宁可我从别人那里知道这个消息……"

遇刺前的晚上，在清真寺里整夜诵读《古兰经》

22日清晨4时，附近居民陆续来到清真寺晨礼。他们发现亚辛和他的家人、随从已经在那里坐着，好像等待大家到来。18岁的黑山姆阿卜杜阿里也在其中礼拜。他是在爆炸中受伤的15名巴勒斯坦人之一，至今还在舍法医院接受治疗。

阿里回忆说，亚辛在清晨5时10分礼拜结束后，向大家宣讲，鼓励大家"继续圣战，即使牺牲也在所不惜，直到恢复巴勒斯坦人所有的权益。我们希望能够殉道，我们来自于安拉，归于安拉（穆斯林遇到威胁生命的灾难，眼看无法避免时说的话）。"事后证实，那就是亚辛的遗言。随从说，有"巴奸"在亚辛乘坐的深绿色汽车上做了难以察觉的记号引导以飞机，所以亚辛决定不坐车走回去。像往常一样，亚辛最后一个离开清真寺。

走出清真寺大门时，天空中出现4架无人驾驶侦察机。随从再次提醒亚辛："头顶有飞机，我们回清真寺躲避吧。"亚辛鼓励他们说："我们不是准备要殉道的吗？"一名结束礼拜的巴勒斯坦人跟着亚辛的队伍。亚辛让助手告诉那人："不要跟着我，危险。"

阿里离开清真寺后，直接回家，刚进家门，突然听到外面爆炸响起，直觉告诉他，一定是亚辛，赶紧冲出去救人。等来到现场时，亚辛已经被炸得粉碎……赶来救人的礼拜者多人受伤。

三、提供事件的影响范围

重大新闻事件必然会对社会的各个群体、生活的各个领域发生影响。及时、客观地展示重大新闻事件对社会和人们的影响方式和影响程度，是新闻记者的责任，也是连续性报道的重要内容。

亚辛遇袭身亡后,巴勒斯坦民众做出强烈反应:

中新网 3 月 22 日电 据《华盛顿邮报》报道,据加沙清真寺的广播,以色列军用飞机是在亚辛做完星期一(22 日)早上的祈祷后发起攻击并杀死了他。

数千名巴勒斯坦人涌上加沙街头,手榴弹的爆炸声在城市里回响。有关他的死讯是在早上 5 点半的祈祷之后公布的。

以色列的"阿帕奇"武装直升机向 67 岁的亚辛发射了三枚导弹,杀死了亚辛和他的三名保镖,并至少炸伤了包括亚辛两个儿子在内的其他 15 人。医院官员说,其中的 7 名伤员伤势严重。

数百名愤怒的巴勒斯坦人包围了停放亚辛尸体的停尸房,一些人向空中鸣枪。22 岁的学生拉德说:"反应将是难以置信的,这一行为是以色列总理沙龙犯下的一个巨大错误。我们不会哭泣,我们将在特拉维夫的中心地区采取行动。"

以军电台说,沙龙在晚上被叫醒,并被告知以军正在准备发动针对亚辛的攻击行动。巴勒斯坦武装组织哈马斯已声称对数十起自杀式袭击事件和上百次对以色列平民和士兵的袭击行为负责。以军飞机曾于去年 9 月 6 日对亚辛发起过攻击,但没有成功。

40 岁的巴基斯坦商人萨米尔说:"他的死并不会导致哈马斯的死亡。他们不可能杀害他的精神和他的信仰。我们将最终赢得胜利。"另一位当地居民伊斯马里说:"这会使形势变得非常危险,我们准备应对更多的袭击。亚辛是一位像阿拉法特那样的领导人,哈马斯不会停止自杀式袭击。我们不会沉默。"

美国国务院星期天晚上说,美国已获悉有关亚辛之死的报道,并正在对具体情况进行调查。美国正在与以色列和巴勒斯坦官员取得联系。美国国务院的一位发言人说,美国呼吁双方保持克制。

亚辛领导的巴勒斯坦伊斯兰抵抗运动(哈马斯)新领导人用新的说法表明了立场:

哈马斯新领导人兰提西称布什为穆斯林的敌人

新华网消息 据法新社报道,巴勒斯坦伊斯兰抵抗运动(哈马斯)新领导人兰提西 28 日在一次集会上对支持者说,美国总统布什是"穆斯林的敌人"。

然而兰提西 3 月 24 日在加沙参加悼念亚辛的活动时称,哈马斯无意袭击美国目标。

（2004 年 3 月 28 日 新华网 ）

被美国视为恐怖活动领导者的拉登也表明了立场：

最新“拉登”录音带播放 发誓要为亚辛报仇

新华网消息 据路透社报道，总部设在迪拜的阿拉伯电视台 15 日播放了自称是本·拉登的一名男子的录音带。这名男子在录音中发誓要为 3 月 22 日被以色列炸死的哈马斯精神领袖亚辛报仇。

（2004 年 4 月 15 日 新华网 ）

在连续报道中，记者要关注到与事件相关的各个领域的影响。不仅需要注意观察事件的直接影响，也要注意观察事件的间接影响和持续影响。

下面的报道就展示出以色列暗杀亚辛事件对全球经济的影响：

以色列暗杀亚辛事件导致美欧股市大跌

新华网纽约 3 月 22 日电 巴勒斯坦伊斯兰抵抗运动（哈马斯）精神领袖亚辛遭以色列暗杀身亡的消息在西方股市上引起一片骚动。22 日美国和欧洲各主要股市纷纷大幅下跌，其中纽约股市道－琼斯指数收盘时跌幅超过 100 点，盘中甚至险些跌破万点大关。

以色列武装直升机 22 日突袭巴勒斯坦自治城市加沙，亚辛被炸死，哈马斯等巴激进组织随即发誓要对以色列进行报复。巴以局势恶化和恐怖威胁的增加令投资者倍感不安，美欧股市随即掀起抛售风潮。

22 日纽约股市收盘时，道－琼斯 30 种工业股票平均价格指数下跌 121.85 点，尾市收于10 064.75点；以技术股为主的纳斯达克综合指数下挫 30.56 点，收于1 909.91点；标准普尔 500 种股票指数下降 14.34 点，以1 095.44点报收，这是该指数去年年底以来首次跌破1 100点。

欧洲主要股市当天也大幅下跌。其中，伦敦股市《金融时报》100 种股票平均价格指数下跌 83.9 点，收于4 333.8点；法兰克福股市 DAX 指数下跌 89.92 点，收于3 729.23点；巴黎股市 CAC40 指数下跌 74.06 点，收于3 539.22点。

（2004 年 3 月 23 日 新华网）

四、提供各界对事件的反应，有时特别要关注本地各界人士的反应

社会各界对重大新闻事件的反应预示着事件对社会生活产生的震荡与影响。这些反应很可能成为环境发生新变化的前兆。

国际社会继续谴责以暗杀亚辛　呼吁停止暴力冲突

新华网北京3月24日电 综合新华社驻外记者报道：一些国家和国际组织继续对以色列暗杀巴勒斯坦伊斯兰抵抗运动（哈马斯）精神领袖亚辛的行径表示谴责，并呼吁中东地区有关各方停止暴力冲突，重启和平进程。

联合国第60届人权会议24日举行“巴勒斯坦被占领土形势”特别会议并通过了一项决议，强烈谴责以色列暗杀亚辛。决议说，以色列残忍地谋杀亚辛是在被占巴勒斯坦领土上继续严重侵犯人权。决议呼吁以色列停止在被占巴勒斯坦领土上的一切形式的侵犯人权行为。

非洲联盟（非盟）委员会23日发表新闻公报，谴责以色列暗杀亚辛。非盟委员会主席科纳雷说，以色列的暗杀行为违反了国际法准则，必将引发更多的暴力冲突，严重阻碍巴以之间进行对话和中东和平进程。

马来西亚外交部23日发表声明说，以色列的暗杀行动严重违背了国际法，是实行“国家恐怖主义”的行径，只能造成该地区暴力冲突升级。声明呼吁国际社会敦促以色列尊重国际法和联合国有关决议，要求中东问题有关四方——美国、欧盟、联合国和俄罗斯采取一切措施尽快恢复和平进程。

孟加拉国外交部发言人23日在接受新华社记者采访时表示，“孟加拉国一贯反对并谴责暗杀行为，尤其反对用暗杀手段对付非军事人员”。这位发言人呼吁中东和平进程有关各方停止暴力冲突，重启和谈。

孟加拉国伊斯兰大会党主席、工业部长尼扎米23日强烈谴责以色列暗杀亚辛，认为以色列的行为是“懦夫行为”。他敦促以色列“停止杀害中东平民”，呼吁有关各方重新启动和平进程，让巴勒斯坦人民早日重返自己的家园。

（2004年3月25日　新华网）

巴勒斯坦抗议美国动用否决权　纵容以色列杀戮

中国日报网站消息：3月26日，美国动用其否决权，致使安理会未能通过谴责以色列暗杀哈马斯领导人亚辛的决议。消息传出后，成千上万巴勒斯坦人

在约旦河西岸和加沙举行示威,抗议美国纵容以色列的杀戮行为。

据路透社报道,在加沙地带,约2 000名哈马斯支持者和武装分子表示,他们将加强对以色列特拉维夫和海法等城市的自杀袭击。他们称,已有成百上千名巴勒斯坦人随时准备牺牲,将以色列变成地狱。当天在伊朗首都德黑兰也爆发了约5 000人参加的示威游行。

巴内阁官员表示,美国动用否决权的做法会被以色列看作是一种保障,鼓励他们继续实施暴力暗杀行动,并再度占领巴勒斯坦领土。哈马斯一位官员也表示,否决权给以色列加强定点清除行动,对巴勒斯坦人发动"全面进攻"开了绿灯,他同时认为,这一做法进一步说明美国参与了刺杀亚辛的行动。

另据巴勒斯坦目击者称,当天在西岸城市伯利恒的一座难民营,一名巴勒斯坦人在抗议亚辛遇刺同以色列军队对峙时,被以军开枪打死。来自以色列军方的消息则称,在该地区巡逻的以军军车受到巴勒斯坦人投掷石块的袭击,以士兵随后开枪进行了还击。

(2004年3月27日　中国日报网站李新)

五、提供对事件意义的分析与预测

在对重大新闻事件的连续报道中,对事件意义的分析与预测也构成报道的重要内容。这个领域的报道,通常是通过对权威人士、相关专家的采访来完成的。

对于公众来说,重要新闻事件的连续报道往往是他们最为关注的新闻内容。美国密苏里新闻学院的教授们认为,在很多时候,连续报道是读者最想看到并且看得最仔细的报纸题材。

连续报道的核心原则是:对事件发展的最新动态做出及时准确的报道。

要想在实践中圆满地实施这一原则,记者就需要在新闻事件的发展进程中敏锐地捕捉最具有新闻价值的变动状况。

在连续性报道中,记者的勤奋是特别重要的,在重大新闻事件发生之际,记者需要全天候观察事态的发展。在实际工作中,这项艰巨的工作往往不可能是一个人独立承担的,不过,在重大新闻事件发生之时,每个担负着报道任务的记者,其工作压力都要比平日大上若干倍。你的上下班时间表开始完全失效,你的生活开始变得完全没有规律,你甚至不能断定这种紧张得近乎摧残自己健康的情景什么时候能够告一段落。我现在还记得从"9. 11"事件发生的那一刻开始,我连续在办公室工作了五天。

从事连续报道应该注意以下一些问题:

第一,每篇连续报道都要对新闻事件的发展历程与核心内容有所回顾。所有的连续报道都应该显示出它的“连续性”。一位美国新闻学者说:“即使每个人都看了昨天的报纸(事实上不可能),也仍然需要记者对事件进行某种回述,让读者了解背景材料。”事实上,不是每位读者、听众、观众、网民都已经了解了新闻事件的发生经过,更不是每个人都从头到尾看过你对某个新闻事件所做的全部报道。因此,在进行连续报道时,要有一个意识:在每一篇描述事件最新动态和最新发现的报道中,都要对事件的主要背景有所交代。这不是重复,而是对受众负责,是连续报道的完整性要求。请看下面的报道:

记者昨天从东方医院了解到,在近日一次跳伞训练中受伤的澳大利亚选手罗兰德·辛普森病情暂时没有出现进一步恶化的迹象。

据参加抢救工作的一位专家介绍,当患者被送进医院时,已处于深度昏迷状态,医院随即专门成立了由院长挂帅,急诊创伤科、神经内外科、呼吸科、麻醉科、肾脏科、骨科等科室8名专家共同参与的抢救治疗小组。

一起参加抢救治疗工作的长征医院的一位专家向记者介绍,从如此的高度坠落,脑部损伤肯定是很严重的,生命体征目前能够基本正常,已经很不容易了。

昨天,已是这名身受重伤的澳大利亚跳伞运动员被送进医院的第5天了。医院抢救小组的专家每天早晚都要召开一次病情讨论会,观察其病情。

这显然是一条连续报道,但是记者没有交代澳大利亚跳伞运动员受伤的经过。如果是第一次看到这条新闻的人,对新闻中提及的“当患者被送进医院时,已处于深度昏迷状态”“从如此的高度坠落,脑部损伤肯定是很严重的,生命体征目前能够基本正常,已经很不容易了”等说法无从理解。不交代主体新闻事件的概况,人们就不知道最新动态的由来。

如果这条新闻加上一个说明事故发生经过的简要背景描述,人们就会非常清楚地理解这则新闻的内容及意义。

“出色的报道与编辑技巧在于将背景资料或前一段的情况同今天的新闻糅和在一起而又不使其失去新鲜感。”这是合众国际社的报道信条之一。

构成连续报道的每一篇报道,都应该是一个完整的篇章,它必须用简洁的文字提供在这篇最新的报道发表之前主体新闻事件的大致过程与核心内容。

记者在从事连续报道写作时,要有一个意识:看这篇报道的人是第一次知道这件事情。为受众着想,定报道内容。记者永远不要以为受众对新闻事件的了解和自己一样充分,你做的是专业调查工作,而受众等待着你的报道。

第二,注意对事件的连续观察。有时一个事件会持续很长时间,中间长达数月甚至数年,似乎一切都平静了,但是实际上,事件还在由于自身的复杂因素而变化着。这时记者仍然需要具有对事件进行历史性观察的敏感。

2002 年 7 月 1 日在德国南部一架俄罗斯飞机与一架德国货机相撞的事故发生两年后,发生了一个与此相关的刑事案件:

2004 年 2 月 25 日消息:瑞士警方 24 日说,因工作失误而导致两架飞机空中相撞的一名丹麦籍导航员日前遇刺身亡。目前还不能确定这名导航员被杀是否与空难有关。

警方说,一名身份不明的男子到导航员家中拜访,短暂交谈后就用利器将他刺死。有线索显示,作案者约 50 岁,头发颜色较深,说一口不太流利的德语。警方目前正在寻找行凶者。

这名导航员受雇于瑞士空中导航公司,现年 36 岁。瑞士空中导航公司发言人说,此人曾负责为飞经德国南部博登湖地区上空的飞机导航。2002 年 7 月 1 日当地时间 23 时 35 分,俄罗斯巴什基尔航空公司的一架图－154 客机与敦豪国际快运公司的一架波音 757 运输机在博登湖附近的于伯林根上空相撞坠毁。两架飞机上的 71 人全部遇难,包括 52 名俄罗斯青少年。这名导航员在空难发生后不久向瑞士和德国报界发表书面声明,公开承认自己的错误,并向遇难者家属表示道歉。2002 年 7 月 9 日,他被瑞士联邦民航局暂停职务。

这条新闻会让人们发生太多的联想,因此会更加关注其后的连续报道,进而在不断丰富的事实之间了解社会的复杂与多变。

第二节　专题报道的写作

专题报道是深度报道的一种形式。它是全面深入揭露新闻事件起因、进程、影响的新闻报道形式。美国新闻学界有这样的说法:“专题报道是媒体深入时代的表现。进行专题报道的记者使报纸读者及时了解政府、企业或其他机构正在做些什么、将要做些什么,以及他们过去的所作所为对现在产生什么影响。”

然而，今天的专题报道的范围已经远远突破了政府新闻、企业新闻和社会机构新闻的领域，专题报道的题材已经扩展到政治、经济、军事、科技、文化、教育、体育、自然环境以及社会生活的各个领域，成为媒体向公众揭示其生存环境变化的深层原因、影响方式以及未来趋向的主要报道手段之一。

新闻报道的一切基本原则，在专题报道领域是完全适用的。不过，专题报道有自己一些专门的技术规则。

在对一些重大而复杂的事件性新闻和非事件性新闻进行报道的时候，由于事件内容的庞杂、内外关系的交错，有时长篇报道也显得无能为力。这时，专题报道是一种有效的报道组合方式。

专题报道是从不同角度对新闻进行解释与剖析的系列报道的组合。所谓的专题报道，是围绕一个报道主题而由数篇独立成章的报道组合而成的报道集群。它从不同角度、不同侧面、不同层次对新闻的主题进行描述、分析与说明。

专题报道适用于重大的、复杂的事件性新闻和非事件性新闻的报道。

专题报道的写作步骤包括：

一、确认报道主题

主题是专题报道的灵魂。它统率着专题报道的各个组成单元，是支配整个专题报道的中枢神经。与任何其他方式的新闻报道一样，确定报道主题对于专题报道来说也是第一步工作，是完成整个报道任务的基础。只是由于专题报道涉及的报道内容比较丰富而复杂，因此，对报道主题的价值判断就需要更为精准。这项工作建立在细致的采访、深入的研究以及平日对社会生活中的矛盾全面而深刻认识的基础之上。专题报道的内容不是一般的动态消息，不是一篇新闻特稿，它甚至不是一篇长篇报道。它应该瞄准社会生活中出现的重大问题，而且往往是人们没有感知，或者是没有深刻认识的问题，敏锐地察觉这些问题，深刻地认识这些问题，从而为公众准确而深刻地了解生存环境的重要变动提供有价值的信息参考。

二、切割报道角度

专题报道的主题确定之后，就要考虑从哪些角度对这一报道主题进行说明和解释。专题报道是由数篇报道组合而成的报道集群，每篇报道要从一个角度、一个侧面去说明和解释报道的主题，因此，就需要考虑从哪几个角度能够更清晰、更深刻地说明报道主题，同时又能够保证每个角度的报道都能够给受众耳目一新之感,从而吸引受众关注报道。这是一项对报道主题进行分解的工作,它要依据客观事实,找出说明和解释报道主题的不同角度、不同侧面、不同层次,使这些角度、侧面、层次构成一个个相对独立的报道单元,从而展示报道对象的全貌和本质。

三、归类报道素材

专题报道任务很可能是一个团队去完成的。各个方面获取的报道素材常常会呈现出凌乱的表象。因此,要根据报道主题,特别是报道角度的分工,将报道素材分门别类进行整理,让它们各自归位,处于报道所需的最恰当的位置上。

四、选择报道形式

在一个专题报道的群落中,不同角度组合而成的每一篇报道,风格可能是相同的,也可能是不同的。每一篇报道的形式要根据本篇自身担负的具体任务而定。有的可能需要描写曲折的故事,有的可能需要解释复杂的因果关系,有的可能是相关背景资料的展示,有的可能是各方观点的集成。报道内容不同,报道的形式与手段也会有很大差异。

五、形成报道集群

由于媒体形态的不同,专题报道集群的形成方式也会有很大的差异。如果是一家新闻周刊,它可能有足够的版面包容一组专题报道的全部内容;而如果是一家日报,它可能会在几天之中连续发表专题报道中的各篇文章。一起发表时,每篇报道如何排列;连续发表时,各篇报道的先后顺序如何,这些都会影响到专题报道的传播效果。

1986 年,《匹茨堡新闻报》记者小安德鲁·施奈特(Andrew Schneider, Jr.)和马修·布雷利斯(Matthew Dean Burns Brelis)采写的专题报道《飞机驾驶员座舱中的隐患》为该报赢得了普利策新闻奖中位置最为显赫的“为公众利益服务奖”。

这组专题报道披露了美国民用航空驾驶员因吸毒、酗酒和各种健康问题而影响飞行安全的内幕。报道的选题是从一个医生打给记者的电话开始的。这位医生告诉记者,由于他不能阻止一个因过量服用可卡因而几乎丧命的航空公司副驾驶员离开重症特护病区、重新驾驶喷气式客机而沮丧灰心。

这名飞机驾驶员的身上满是针眼,表明他使用毒品已有多年。记者对他的家庭和朋友的采访证实,这个飞机驾驶员有漫长的吸毒史。但是,病人的隐私权阻止着医生和医院管理部门向驾驶员所在的航空公司和美国联邦航空管理局(FAA)通报这名飞机驾驶员的吸毒情况。

记者随之展开了广泛深入的调查,他们发现了一系列严重的问题。

记者用14篇报道组合成这个专题报道系列。下面是构成这组专题报道的5篇报道,我们可以看出记者组织这样一个重点报道的分类方法。

飞机驾驶员吸毒——医生不得举报

安德鲁·施奈德

匹兹堡6个地区医院的医务人员透露,他们都曾治疗过美国航空公司过量服用可卡因的机组人员。但依照法律,他们却不能向有权禁止这些人上天的官员反映这一潜在的威胁安全的因素。

最近的一起此类事件发生在9月10日晚临近午夜的时候,30岁的美国航空公司(以下简称"美航")飞机驾驶员克里斯·戛纳斯被他的朋友送到了施恩医院的停车场。因为服用了过量的可卡因,他脸色泛青,奄奄一息。一名医生说:"他不再呼吸,已经濒临死亡了。"

一名医生和一名护士给他戴上橡胶面罩,将空气压进他休止的肺部。其他人则将他扶上担架,迅速地把他抬进了治疗室。片刻之后,两剂静脉注射液开始输入体内,辅助呼吸的管道也插上了。医生和护士围在他旁边,不停地用药。大量的药品是用来降低他失去控制的心率和血压,并力图抑制他体内大量的可卡因的。这些可卡因正在侵蚀他的肺、心脏和中枢神经系统。

让每个人都感到惊奇的是,戛纳斯活了,尽管如一名医生所说,他的血液和尿液样品表明,任何人都无法承受住这样高的毒品聚集量。事实上,33个小时后,他不顾医生的反对,抽掉了连接在身上的管道和传感器,离开了医院。

施恩医院和其他医院的一些医务人员认为,在其他情形下,他们完全乐于维护病人的隐私权。可是在眼下,这种合法的权利却成了绊脚石,使他们无法向有关的安全机构报告飞机驾驶员滥用毒品的情况。对此,他们感到愤怒、沮丧,还有恐惧。

这篇报道接着引用了许多曾经发现飞机驾驶员吸毒的医生和护士的亲身经历与感受,从各个角度披露了这样一个近乎荒谬的现实:飞机驾驶员吸毒——医生不得举报。

对一个失效体制的剖析

安德鲁·施奈德 马修·布雷利斯

查尔斯·约瑟夫·赫维兹达克既热爱飞行也喜欢饮酒。也许是这种结合导致了他在田纳西州一座山上的暴死。

安全调查员们说,为检测飞机驾驶员是否受毒品和酒精损害而专设的政府机构,是本应让赫维兹达克远离驾驶舱的。

到2月22日黎明后不久,赫维兹达克坠机身亡之时,他已经有7 500小时的飞行记录。在距田纳西州科珀希尔东北3.5英里的帕克山的半山腰,他的遗骸在坠毁燃烧的"比奇"18双引擎飞机的残骸中支离破碎。

在俄克拉何马城,联邦航空局(FAA)的病理学家报告说,对这位36岁驾驶员的血液检测结果显示:酒精含量达0.158,是FAA所允许的0.04的将近四倍。

"这可能是飞机坠毁的一个非常重要的因素,"FAA的法医毒理学研究所的一位技术人员说。但是,赫维兹达克暴饮的事实本不应该使FAA感到惊奇。

17个月以前,在威斯康星州的基诺沙,该市助理检察官罗伯特·詹博伊斯快步冲出法庭。在该地,赫维兹达克因为第七次酒后开车而被传讯。詹博伊斯本想使FAA对这个健康明显受损的驾驶员进行起诉,但这次努力以失败告终。

这篇报道接着讲述了一个曲折的故事,从这个故事中,披露了美国联邦航空局管理运行中的问题,提示人们关注这种运行体制对航空安全造成的威胁。

最高航空医务总管认可飞机驾驶员冒险飞行

安德鲁·施奈德 马修·布雷利斯

因可能致命的疾病和虚弱的身体状况,曾一度停飞的250多名职业的正、副飞机驾驶员,通过联邦航空医务处长小弗兰克·奥斯汀博士的担保,已经重返驾驶舱。这类决定常常是在不顾联邦航空局(FAA)的主要医学顾问和下属反对的情况下做出的。

作为联邦航空医务处长,奥斯汀对7 000名FAA指定的体检员做出的诊断决定掌握着最高决策权。这些体检员负责给全国700 049名飞机驾驶员逐个进行能否飞行的身体检查。

奥斯汀手下熟悉这些病例的医生们将这位国家最高航空医务长官的决定称为既危险又草率，说这是对安全的严重威胁，他的决定有可能危及上千人的生命。

这篇报道的矛头直指美国最高航空医务长官弗兰克·奥斯汀博士在专业领域的所作所为，用一系列证据揭示出这位身居要职的专业官员的行事方式给航空安全埋下的可怕隐患。

飞机驾驶员秘密接受可卡因中毒治疗被称为坏药方

安德鲁·施奈德

这篇报道用大量的事实和专家的观点，指出对吸毒飞机驾驶员进行秘密治疗是一件有百害而无一益之举。这种做法不仅危及航班安全，也有可能违反联邦法律。

“低度危险人物”——飞机机组人员轻松过海关

安德鲁·施奈德

［迈阿密电］每天有128条海外航线的班机抵达迈阿密国际机场，几乎所有这些班机上的乘客都要为在海关检查站上的遭遇抗议不已。在26个检查站，航空公司的人员在为他们预留的柜台边一字排开，乘客们的行李被捣捣戳戳，有时甚至乘客本人也要接受这样的检查。

训练有素的海关秘密检查组——“漫游者”——的负责人普罗斯佩罗·埃利斯说，检查员搜寻那些与贩毒分子不断变化的心理和生理特征相像的人“和看起来不太对劲的东西”。

在机场第一层的戒备森严、四面扩展的海关检查中心，每天大约有700名飞行人员和9 000名入境的国际乘客要经过这里。

来自海地、多米尼加共和国和加勒比地区其他地方的东方航空公司机组人员，来自南美的泛美航空公司机组人员，以及来自哥伦比亚的航班的阿维安娜航空公司机组人员，纷纷通过海关检查站，他们的行李甚至不用通过最形式化的检查，没有谁会因为要签一张报单而耽搁上几秒钟的。

埃利斯说：“飞机驾驶员和乘务员跟别人是一样的，他们为了金钱而携带毒品。但在大多数时间里我们是不会检查他们的，因为我们认为他们是风险中比较小的一群人。所以他们进来5次10次也不会检查他们。我们抓住他们并且用力摇晃。我们告诉他们说,这只是让他们保持诚实。”

目送最后一拨航空公司雇员向大门走去,一位在机组人员检查柜台工作的检查员说:“这些人应该受到更为严密的检查,因为他们熟悉这套制度,知道如何钻它的空子。就连波哥大来的航班到达时,我们也从来不检查他们。只要他们穿着制服,我们就只管挥手让他们通过,”他摇摇头说。

在这篇报道中,记者指出了美国海关检查存在的漏洞。而这种漏洞,恰恰与航空安全有着深刻的内在联系。

在掌握了大量素材的基础上,安德鲁·施奈特和马修·布雷利斯把“飞机驾驶舱里的安全隐患”这个关系着成千上万航空旅客生命安全的问题分解为一篇篇视角新颖、锋芒锐利的报道,他们通过一个个触目惊心的故事,一个个复杂激烈的冲突,一组组不可辩驳的数据,一段段活灵活现的引语,从各个角度、各个层面向公众说明了美国民用航空驾驶员的身体健康现状对飞行安全造成的巨大威胁,说明了这一问题的现状、原因和影响,让人们关注到一个过去未曾知道,然而却与自己的生命安全密切相关的重大问题。

安德鲁·施奈特和马修·布雷利斯的报道发表后,引起了各方人士对这一问题的关注:美国联邦医务处处长弗兰克·奥斯汀被解职;美国全国司机登记册被用来与飞机驾驶员的名单进行核对,美国联邦航空管理局对飞机驾驶员进行体检的范围更为广泛,机场和海关的安全检查措施也被不断改进并接受新的评估。

上面这组专题报道,让我们感到了这种报道集成方式具有的特殊能量。在一些关系到国计民生的重大问题的报道领域,专题报道是经常被采用的报道方式。

推荐读者看一下普利策奖历年获奖报道的专题集成(https://www.pulitzer.org/),《财经》杂志(2000－2008)的专题报道,中国新闻周刊(2002－2008)的封面报道。

从以上专题报道的组合框架中,我们可以看到新闻记者在报道一个重大问题时所具有的开阔眼界、细致调查、深入思考。专题报道属于深度报道范围,它需要记者能够从各种角度说明新闻的真相,解释新闻的意义。

思考题

1. 什么是连续报道？连续报道的技术方式通常在什么情况下使用？
2. 做好连续报道的技术原则是什么？
3. 什么是专题报道？专题报道的技术方式通常在什么情况下使用？
4. 做好专题报道要掌握好哪些重要的技术环节？

练习题

1. 连续报道练习

(1)分析两家有影响力的、不同形态的新闻媒体对新近发生的重大新闻事件的连续报道。从其报道的内容、报道的频率、报道的形式等方面，总结出连续报道具有的一般特点和报道的不同之处(如果有)。

(2)追踪你身边发生的一个新闻事件，写出3篇连续报道。要求：报道这一事件的最新动态，写出各方人士对这一事件的最新反应，披露这一事件对环境发生的最新影响。

请注意：在连续报道中回顾这一事件的主要过程和相关的背景资料。

2. 专题报道练习

(1)分析近期主流媒体发表的3组专题报道。看看组成这一专题报道的各篇报道的主题、角度、题材，总结一下专题报道的组合规律和技术方式。

(2)就近五年来中国金融领域犯罪这一社会现象制订出一个专题报道的计划。

要求：写明专题报道的总主题，至少从5个不同角度形成5篇报道。为每篇报道制定出标题和层次提纲，保证每篇报道有独特的角度和内容，能够从不同侧面说明和解释这组专题报道的总主题。

第十章　深度报道的写作

随着社会生活变化频率的加快,特别是社会生活各个领域之间相互作用关系的加强,受众了解其生存环境变动状况的需求也发生着巨大的变化。他们不仅需要了解发生了什么事件,更需要了解这些事件为什么发生,这些事件对自己意味着什么,对自己生存的环境已经产生了什么样的影响。他们甚至想了解这些事件还会向什么方向发展,发展的过程中还将引起什么样的连锁反应,对自己的生存环境将产生什么样的影响。受众之所以生成对新闻信息的这种"苛刻"的需求,不是因为他们有了更多的闲暇时间或者说有了更多的闲情逸致,而是因为如果不了解这些"深度信息",他们就不能了解自己的生存环境究竟发生着什么改变,不能准确地认识、理智地应对今天这个变化的世界,他们就不能实现他们生存与发展的人生追求,他们甚至会失去基本的安全感。

一、深度报道的历史溯源

如果要追溯深度报道的历史源头,20 世纪初期(1902 ~ 1918)美国的黑幕揭发运动或许应该是我们的着眼点。

19 世纪与 20 世纪之交,美国社会进入了历史转型期。美国历史学家说,1890 年是美国历史上的分水岭,这之前的美国是一个农业的美国,而这之后的美国开始演变成一个城市化的工业国家了。(亨利 · S. 康马杰:《美国精神》)

在这个处在转型期的社会中,贪污腐败、官商勾结、制假造假、营私舞弊等各种各样的丑恶现象与弊端出现在社会的各个领域,一个国度的人民在经历着社会文明发展进程带来的阵痛。

处于这一时代的美国新闻界锐意改革的精英人士，在 20 世纪初，发起了一场震撼美国历史的"黑幕揭发运动"。他们对当时美国社会出现的各种弊端和缺陷进行了无情的揭露和尖锐的抨击。

这一时期以林肯·斯蒂芬斯、艾达·塔贝尔、雷·斯坦纳德·贝克等为代表的一批具有强烈社会责任感的记者和撰稿人，通过对当时美国社会种种丑恶、弊端、黑幕的揭发，唤醒了公众觉悟，激活了社会良知，形成了正义舆论。据统计，1900～1915 年，黑幕揭发者们大约发表了2 000篇文章。这些文章大多发表于当时的杂志上，文章带有明显的时代文体特征，篇制浩瀚、长于描写、注重分析，特别是作者往往不加任何掩饰地直抒胸臆，喜怒哀乐，倾泻笔端。

这场甚至引起当时美国总统高度关注的运动有效地推进了 20 世纪初美国的政治经济改革，深刻地影响了美国的历史发展进程。1908 年 1 月美国《人人》杂志评价这场运动的成就时说："华尔街不能再像以前那样欺骗公众了，保险业的运行机制健全了，银行增加了新的防范措施。广告基本真实，药物和食品掺假将冒更大的风险。运输公司开始关注公民的人身安全。各州和城市更加致力于廉政建设，人们开始提名自己的候选人。弱势群体得到了保护。旧时政治老板的风光不再……"

一个保证社会良性运转的社会法律体系也在黑幕揭发运动的推动下开始在美国形成。美国"各市、州和国家的社会立法汹涌而至，几乎席卷公众所感兴趣的一切生活方式和一切活动方式"。[(美)查尔斯·爱德华·梅里亚姆：《美国政治思想》，朱曾汶译，商务印书馆 1988 年版]

这些改革性的法案包括：宪法第十六、第十七修正案(1913 年)、《纯净食品和药物管理法》(1906 年)、《肉食检查法》(1906 年)、打击放任自流式经济的《赫伯恩法》(1906 年)、《联邦储备法》(1914 年)、《克莱顿反托拉斯法》(1914 年)、《联邦贸易委员会法》(1914 年)以及各州、市涉及妇女选举权、创制权、复决权、罢免权、选民直接投票的预选、减少选任官人数、比例代表制、住房、教育、劳工、社会保险和社会福利等各方面改革的诸多法律。(李军主编：《美国社会历史百科全书》，陕西人民出版社 1992 年版)

"黑幕揭发确实为迈向社会民主的整个运动奠定了基础。"(约翰·钱伯林)

这场运动不仅深刻影响了美国社会的发展，而且深刻影响了美国新闻界的工作传统。

美国新闻界在深度报道领域的探索一直没有停止。第一次世界大战时期，美国记者发现他们更多地向读者报道了一个个的孤立事件,而没有能够向读者说明酿成事件的原因、事件内部与外部的复杂联系、事件对环境的作用以及事件的发展趋势,因此,他们的新闻报道往往不能让读者了解客观环境发生变化的全貌与意义。这之后,注重运用背景资料对新闻进行解释和通过调查对新闻进行说明的长篇报道出现了。

1929 年突然降临的全球经济危机、第二次世界大战、20 世纪中叶曾经造成美国历史黑暗期的麦卡锡主义,都曾经推动着美国新闻界对于深度报道的思维方式与技术方式的思考,促进了解释性报道和调查性报道这类深度报道的发展。

而深度报道形成美国主流媒体的主流报道技术,是 20 世纪 60 年代以后的事情。推动这一局面形成的重要原因来自两个方面。

一个原因是 20 世纪中叶电子媒体的迅速发展,特别是电视媒体的普及,不仅改变了新闻传播的方式,而且改变了媒体市场的竞争格局。

电视媒体出现后,传统的印刷媒体面临着来自两个方面的严峻挑战:一是电视媒体传播速度上的优势。电视媒体的信息合成过程比较印刷媒体更加迅捷,传播速度远远快于印刷媒体的传播速度,电视媒体甚至可以直播正在发生的新闻,这就极大地满足了广大受众希望在最快的时间里了解生活环境最新变动状况的需要。二是电视媒体的信息形态优势。电视信息是一种集动态影像、同步声音信息为一体的多媒体信息,精彩的画面和逼真的声响对受众的视觉和听觉系统产生了全方位的"征服力",被称为"平面媒体"的印刷媒体与电视信息传播模式相比,显示出"先天不足"的历史胎迹。

在电视媒体的冲击之下,印刷媒体是否还能够生存?是否还有必要生存?这已经成为时代的询问。

另一个原因就是社会环境的急剧变化导致受众对于新闻信息的需求发生了巨大变化。

人类进入 20 世纪中叶,处于冷战时代的整个世界表面上相互隔绝,实际上却冲突剧烈,美国国内各种社会矛盾也日益尖锐,社会生活的变化频率加快,各个领域间的相互联系加强,社会生活中一个具有新闻意义的变动往往影响到极其广阔的领域并且往往成为社会生活发生巨大改变的前兆。这个变化的社会环境使得受众不仅需要了解一时一地的新闻动态,而且更加关注每个新闻动态酝酿生成的环境,更加关注每个新闻动态所蕴含的意义、产生的影响和发展的趋向,从而对自己的生存环境有更加清晰、更加深刻的认识。以往新闻媒体对于新闻事件直接内容的有限描述已经不能满足受众的需求。

在上述各个方面因素的作用下,美国的报刊媒体再一次寻找到了"深度报道"这个专业利器。对于报刊媒体来说,它拥有从事深度报道的两个特别优势:一个优势是超越时空局限的表达优势。文字可以非常精确地表达一切与新闻相关的情节、语言、场景、思想、数字,特别是作为支撑深度报道的新闻背景要素,无论是现实景观还是历史画面,文字表述都不存在障碍,对于记者来说,这就赢得了报道手段上的自由。另一个优势是超越时空局限的记录优势。文字报道可以永久性地驻留于版面上,对于充满复杂矛盾关系的深度报道,读者不仅可以反复阅读而且可以跳跃阅读,以便了解新闻的全貌,洞察新闻的意义,这对读者来说就赢得了阅读的自由。美国报刊界的新闻从业者,正是利用了印刷媒体的这些优势,开拓了现代深度报道的新疆域。

美国报界对越南战争内幕的报道和对"水门事件"的报道奠定了现代深度报道的历史地位和技术模式。深度报道在美国历史上时隔半个多世纪,再一次成为社会民众与新闻记者共同关注的热点。1978 年美国《世界大百科全书》把深度报道列为美国新闻发展的一大趋势。1985 年,普利策新闻奖评选委员会设立了两个新的奖项:解释性新闻奖和调查性新闻奖,这被新闻学界认为是深度报道学术地位的最终确定。

对于深度报道发展的历史来说,这是一次螺旋式的发展,是更高基础上的重复。

二、中国深度报道的发展

中国现代深度报道兴起于 20 世纪 80 年代中期。这个时期,也正是中国社会发生历史性转折的时期。当一种新的社会运行机制取代一种旧的社会运行机制的时候,各式矛盾的碰撞、新旧势力的角逐、不同观念的交锋都出现在这个泥沙俱下、鱼龙混杂的变革时代,一个需要对眼前发生的种种前所未见的事情进行调查研究、进行说明解释、进行分析预测的时代到来了。大量深度报道作品在这时开始面世,其题材涉及政治、经济、教育、科技、文化、军事等各个领域。这些作品重要的共同特征是,关注中国社会发展进程中存在的问题,深入剖析问题出现的缘由,解释问题对社会产生的各种影响,探索解决问题的途径。强烈的社会责任感是这些作品的醒目精神标志。看看这些题目或许就能让你感受到些什么:《谁来保卫 2000 年的中国》《荒漠化:威胁中国的阴影》《面对民族繁衍的忧患》《中国的咽喉》《人妖之间》《西部地区贫困探源》《眼球:中国七百万盲人的呼救信号》《中国西部:历史与命运的抉择》《中国农药警示录》《农业机械化:梦想能否成真?》《中国抢建跨世纪交通运输动脉》《战略西移:中国命运的再度抉择》《世纪末:两亿农民的徘徊》《粮食:中国的世纪之忧》《耕海牧渔:中国加紧开发水中食物资源》……

1987 年全国第八届好新闻奖第一次设立了深度报道奖。随着 20 世纪 90 年代初期开始的中国报纸的纷纷扩版,深度报道获得了更多的表现空间。作为一种全新的报道方式,深度报道也从此时起大规模进入广播电视媒体。20 世纪 90 年代中后期以来,网络媒体成为推进深度报道的新的媒体平台,深度报道在其内容结构、写作方式和传播方式上都发生着巨大的改变。

面对电视媒体施加的商业竞争的灭顶之灾,印刷媒体的从业者发现文字在印刷媒体上的驻留性恰恰适合深度报道超越时空限制、调用资料和表现新闻中各种复杂联系的需求,使读者可以对阅读的内容和阅读的时间实行自主选择。面对一个矛盾重重因各种奇异的变动而显得一片混沌的世界,印刷媒体的从业者发现深度报道能够为读者提供认识环境变化的更为真实、更为全面、更为深刻的提示。

第一节　什么是深度报道

深度报道是对主体新闻的时空维度进行深度扩展的报道,它通过对主体新闻的生成背景、波及影响和发展趋势进行全面展示与剖析,从而深刻地反映客观环境的最新变动状态。

与非深度报道相比,深度报道不仅是要反映新闻的静态截面,而且要披露新闻的变化进程;不仅是观察一个新闻的内部关系,而且要揭示一个新闻的内部与外部的复杂关系。

辩证唯物论的认识论揭示的客观世界的运行规律有两个最重要的特征,一个是事物间的相互联系与相互作用,一个是事物的不断发展。而深度报道恰恰是在这两个认识世界的方法上与客观世界的运行规律达成了一致。因此,深度报道的思维方式是更科学的认知客观世界运行规律的思维方式,能够更加真实地反映客观世界的变动状况。深度报道的结构见图 10 - 1 所示。

图 10-1 深度报道的结构示意图

在这个示意图中，位于中心位置的是主体新闻，它无疑应该是我们关注的重点。一条水平线表示的是时间坐标，说明的是新闻酝酿和发展的过程，包括新闻产生的背景和发展的趋向。主体新闻部分的图形希望说明的是主体新闻对社会生活各个领域产生的影响，表现的是主体新闻存在的空间关系。

美国新闻学者说，深度报道"以昨天的背景说的今天的变动，从而指出明天的意义"。

让我们看一个案例：

1984 年，北京音乐厅建成。北京地区一家媒体刊登的新闻报道是由下面的内容要素构成的。

● 北京音乐厅建成的时间、地点、规模；

● 首场音乐会的演出盛况；

● 出席首场音乐会的各方人士。

美联社同时也对北京音乐厅建成的事件做了报道。其报道内容的构成与中国媒体不同。

● 导语：中国第一座适合于演奏欧洲古典音乐的音乐厅建成。

● 票房：根据票房提供的消息，北京音乐厅前十场音乐会的门票已经预售一空，这十场音乐会全部是古典音乐会。

● 上海：根据最新得到的上海音像市场传来的消息，古典音乐磁带的销量已经连续两个季度超过流行音乐。

● 判断：中国这样一个拥有数千年文明的国度不会抛弃人类的古典文明。

两则消息一对比就可以看出差异。前一则消息仅仅限于对音乐厅所在的一个事件空间的描述，后一则消息则调用了更大空间的同类新闻背景要素；前一则消息报道的仅仅是一个事件，后一则消息通过报道一个事件对一个民族文化价值的走向进行判断；前一则消息仅仅是报道一个国度内发生的一个事件性变动，后一则消息则对一个国度的文化环境变化趋向做出了描述与预测。

两种不同的报道思路形成的内容结构，对于公众认识环境的变化产生的作用是完全不同的。

知识链接

美国哥伦比亚大学新闻学院提出了三个层面的报道概念：

1. 对主体新闻事实的直接报道；
2. 发掘涉及主体新闻背后原因及实质的调查性报道；
3. 在调查性报道的基础上做出的解释性和分析性报道。

1985 年美国普利策新闻奖设立了两个新的奖项：调查性新闻奖和解释性新闻奖。这被新闻业人士视为“深度报道”的专门奖项。在新闻学界，人们也将调查性新闻报道和解释性新闻报道视为“深度报道”的典型体裁。

但是，我们不能把深度报道狭隘地理解为一种报道体裁，我们更应该把深度报道理解为一种思维方式和理念原则。今天的新闻工作者应该更加注重的是“深度报道”这种理念的内涵和在这种理念指导之下的新闻写作技术。

有了深度报道的理念，新闻写作会发生质的变化。哪怕是在一个篇幅短小的新闻报道中，深度报道的理念也会发生作用。让我们看一下 2003 年 3 月 20 日《洛杉矶时报》头版的这幅新闻图片下的文字说明（见图 10－2）。

图 10－2

Bombs fall on government buildings along the Tigris River today in central Baghdad, where at least two of Saddam Hussein's palaces are located. (LAT) PHOTOS

图片说明：

炸弹落在位于巴格达市中心底格里斯河畔的伊拉克政府大楼上。这儿附近至少坐落着两座萨达姆·侯赛因的宫殿。

换一种我们中国新闻工作者惯用的图片说明的写作方式为这幅图片写一个说明，可能会是这样：

当地时间3月20日午夜，伊拉克政府大楼在美军的首次空袭中倒塌。

两个图片说明的差异在于，《洛杉矶时报》有深度报道意识，我们这种写法缺乏深度报道意识。尽管我们写的这个图片说明没有任何违背新闻写作基本原则的地方，但是它没有注入深度报道的理念。

《洛杉矶时报》的图片说明却不同，它为这一事件加了两个地点状语，一个是“巴格达市中心”，告诉读者这一事件发生在“巴格达市中心”，这是要向读者说明这场现代化战争启动第一时间打击的精确度，上来摧毁的就是心脏地带、中枢神经。它要告诉人们，现代化战争已经改变了人类历史上以往的战争概念，它的开始就是结束。

第二个地点状语是“底格里斯河畔”，映射着战火硝烟的这片水面不是一般的小河小溪，那是底格里斯河。作为美国的主流大报，《洛杉矶时报》不管在政治上对战争是支持还是反对，都要在不同国度和不同文化的读者面前表示它的人文主义立场和历史观察的纵深眼界。它要向读者说明，战争是人类文明的悲剧。因为幼发拉底河和底格里斯河冲击形成的美索不达米亚平原诞生过人类最远古的文明。《洛杉矶时报》在这里要表现的是自己的人文情怀和文化修养。

报纸对图片内容的解释并没有到此为止，它在图片说明中进一步提供相关背景：告诉读者，在这座伊拉克政府大楼附近至少坐落着两座萨达姆的私人官邸。这个背景和伊拉克政府大楼的倒塌这个主体新闻没有关系。但是，不要小看这个背景提供，这里至少蕴藏着有两个作用：一是说明打掉萨达姆的居身之所没有任何障碍，这是GPS定位的精准打击，萨达姆已经没有在地面上存在的任何可能性，他的时代终结了。第二个作用就是说明萨达姆本人生活的奢侈。“至少两座”——报纸的倾向性就是这样在对事实的讲述之中向读者渗透的。

第二节　深度报道的作用

深度报道主要有以下作用：

第一，帮助公众及时、深刻、全面地了解生存环境的变化状况。

新闻的社会职能从本质上看就是帮助受众了解其生存环境的变化，从而为他们明智地选择自己的社会行为提供信息参考。重大新闻选题无疑是对社会环境与自然环境重大变化动向的报道。这样的报道往往最及时、最深刻、最全面地披露与分析受众生存环境发生的变化,从而让受众深入了解自己的生存环境,明智地为自己的利益做出各个层面的抉择。

第二,深刻地干预决策。

由于重大新闻选题往往展示与分析着现今社会与自然环境各个领域出现的重要动向,因此必然对社会的各级领导者的决策产生直接的影响。领导者对社会的发展进程负有重大的责任,他们更需要及时、准确、深刻、全面地了解社会发展进程中存在的矛盾与问题,需要找到解决这些矛盾与问题的有效途径。而作为"社会瞭望者"的新闻工作者所做的重大新闻报道,往往直接为社会领导层所关注。

第三,形成特殊传播效应,在媒体市场上拥有特殊竞争力。

一个媒体要想在读者中拥有自己独特的传播效应,在激烈的媒体竞争中拥有自己的特殊地位,往往需要通过重大的新闻报道展示自己对读者的特别价值。从另一个角度说,也只有在重大新闻报道中,一个新闻媒体才能更全面展示出自己在各个方面的实力,从而形成对读者的影响与召唤。当独家视角的报道已经替代了独家内容的报道成为今天独家报道的核心内涵时,深度报道恰恰开辟了媒体重点报道的特色空间。

第四,训练出高素质的新闻从业人员。

由于重大新闻选题本身具有的各方面的复杂性和它所应担负的传播使命,使得实现重大新闻报道的专业难度往往要大于常规性的新闻报道,它需要新闻从业人员具有更广博的知识,更缜密的思维,更敏锐的观察能力,更细致的调研作风,更高的专业工作水平,从而能够驾驭复杂的报道任务。正因为如此,实现重大新闻选题的过程,是对新闻工作者进行专业磨练的极好机会。高质量的新闻从业人员是在执行高难度的新闻报道任务中磨练出来的,而深度报道是新闻报道中难度最大的领域。

第三节 深度报道的选题方向与方法提示

一、深度报道的选题

确定深度报道选题,不仅关系到新闻传播的影响力,也关系到新闻媒体人力、物力、财力的投入。

深度报道的选题往往集中在对公众利益有重要影响的领域。以下四大领域通常是深度报道选题的生成地：

- 社会文明进步的重大动向；
- 政府做出的重大决策；
- 社会运行的重大缺陷及弊端；
- 重大突发事件。

1. 真实报道社会文明进步的重大动向

社会文明进步的成果往往造成受众生存环境的深刻改变，让人们知道自己生存环境的发展进程，会帮助他们准确认识自己生存环境的改善与自身命运改变之间的关系。这个领域报道的意义不仅在于鼓舞受众生活的信心，更重要的是可以帮助他们为满足自身日益增长的物质文化需求做出相应的决策判断，激发他们为改变自己的生活现状，提高自己的生活质量，进而推动社会的发展与进步而进行选择与创造。

1996 年，中国的一家媒体发表了一则新闻，报道了中国水产品获得丰收，达到平均每人每年 17 公斤的世界人均占有水平。

国外一些媒体机构立即对此做出反应，他们说，如果这是真实的，那么，12 亿人口的中国就将占有两千万吨以上的水产品，如果这个数字也是真实的，一个危机就不可避免：占世界人口 22% 的中国正在对人类的海洋资源形成威胁。

这里究竟有什么故事？

我带着这个疑问赶到中国农业部渔业局采访。我发现这件事情的背后，有一个以农业为生的民族为了更好地把握自己的命运而进行奋争的故事。后来我写成了下面的报道：

提要：中国发生的每一点变化都会震荡整个世界的神经。1996 年，当中国计划进口 150 亿公斤粮食时，有人便提出这样的疑问：占全球人口 22% 的中国人会不会对世界粮食安全构成威胁？同样，1996 年，当中国的水产品总量突破世界水产品总量的 1/4 时，有人又产生这样的疑问：这个人口最多的发展中国家会不会过度地掠夺世界海洋资源？

耕海牧渔：中国加紧开发水中食物资源

1996 年，中国的渔业生产获得了前所未有的丰收。水产品的总产量达到 2 850万吨，占全球水产品总产量的 1/4 以上。自 1990 年以来，中国的水产品总量已经连续6年居世界首位。今日中国已经成为世界水产品生产大国。

时至今日，海洋捕捞仍然是人类获取水产品的主要途径。今天，在占地球表面70%的海洋上，漂浮着大大小小350万条渔船，总吨位近3 000万吨。各种各样的网具伸向各个海域，从曾经孕育了人类的海洋中掠取着今天人类生存所需的各种水产资源。1996年，世界水产品的总量为1亿吨，之中80%来自对海洋自然资源的捕捞，也就是对大自然的直接索取。

中国是一个水产品生产大国，然而，在它每年所生产的2 850万吨水产品中，55%是通过人工养殖的方式获得的。记者近日从中国农业部渔业局了解到：从80年代中期以来，整整10年间，中国在自己的内陆与沿海的广大水域开展了一个规模浩大的水产养殖工程，正是这样一个工程，使一个曾经主要以五谷杂粮为生的农业民族在食品结构上逐渐发生了变化。

10年前，鱼，作为一种高档食品，只是节假日才出现在老百姓的餐桌上。那时，即便是在北京这样的大城市，市场上的鱼也是非常有限的。而如今，在中国的大小城市，各种淡水鱼和水产品一年四季货源充足、价格稳定，就连一些内陆地区的乡镇集市上，各种水产品也很充足。如今，在中国市场上，鲢鱼、鲤鱼、草鱼等各种淡水鱼的价格已经普遍低于各种肉类的价格。根据国家权威机构的统计，近些年来中国水产品的价格涨幅，一直低于全国物价的平均增长幅度。水产品这种低脂肪高蛋白的"健康食品"，已经被今天中国老百姓经常享用了。如今，中国水产品的人均占有量已经超过了世界平均水平。10年前，中国的水产品总量只有705万吨，10年后的今天，水产品的总量增加了近4倍。应该说，这一巨大的变迁连中国人自己都始料未及。

中国人不想"竭泽而渔"

农业部渔业局法规处的主管官员李建华先生在回首这一变迁的端始时，感慨于1985年国务院对中国渔业发展做出的一番重要决策。面对中国人口众多、水产品需求量巨大的特点，中国政府看到，仅仅依靠捕捞天然水产资源，不仅难以满足占世界人口22%的中国人对水产品的巨大需求，而且会加剧中国天然渔业资源的枯竭。

于是中国确定了以发展水产养殖为主，大幅度提高水产品总量的方针。中央提出要像重视耕地一样重视水域的开发，并决定结束水产品统购派购的历史，开放水产品价格，将中国的水产品完全推入市场。

中国人的智慧似乎就是在一瞬间被一种明智的政策唤醒了。他们发现，水产品不仅营养价值极高，而且经济价值极大。鱼，这种冷血动物能量消耗极低，水产养殖的饲料转化率远远高于肉禽，一般1～3公斤饲料就可以养一公斤鱼。让中国人欣慰的是，他们拥有可供水产养殖的辽阔水域。中国有浅海、滩涂和港湾面积260万公顷，内陆水域也十分广大，流域面积在1 000平方公里以上的河流达1 500多条，湖泊水库星罗棋布，面积在100平方公里以上的湖泊120多个。他们相信，借助这种丰厚的自然条件发展水产养殖，能够开拓新的农业资源，增加12亿人口的食物总量，改善中国人的食品结构。

科技带来的水中财富

从1985年开始，水产养殖业在中国的沿海和内地日益蓬勃地发展起来。经过10年的时间，目前中国的水产养殖总面积已扩大到500万公顷以上。进入90年代之后，中国的水产品每年以200万吨的速度增长，成为全球水产业增长速度最快的国家。到1995年，中国水产品的产量已经占全国肉类食物生产总量的1/3。中国的水产业已经对提高中国人的生存质量起着至关重要的作用。

中国渔业的迅速发展，无疑直接受到国家新政策的推动。但是农业部长刘江在1996年全国农业工作会议渔业专业会上，透露了中国渔业在10年之间取得惊人发展的另一层奥秘。他说："中国渔业是靠科学技术发展起来的。"

中国水产养殖的历史是悠久的，早在2 400多年前，战国时代的范蠡就曾撰写了养鱼经，记述了养殖鱼类的种种方法，使中国拥有了人类养殖鱼类的最早的专著。但是，那些传统的养鱼方法显然不能保证今天的12亿中国人获得他们生存所需的水产品。于是，中国人求助于现代科技。

国家农业部渔业局科技处的主管官员王衍亮先生告诉记者，过去，中国的海水养殖主要以贝类和藻类为主，而近些年，中国正借助现代科学技术快速发展海水鱼类的养殖。在山东沿海地区，已经建立起一些海水鱼类的养殖场地，为了增加海水鱼类的养殖产量，中国掌握了一些海洋鱼类的转季繁殖技术，使过去一年中仅在特定季节繁殖的鱼类一年四季都可以进行繁殖。

中国水产科学工作者还针对中国不同海域的特点，对各种海域的养殖容纳量进行了一系列的科学研究，对中上层水域直到海底进行了立体型的全盘养殖规划，使每一水域的养殖效益最大限度地得以实现。

为了增加水产品的经济效益，中国大力发展海珍品养殖业，借用一系列科学技术推广优质品种，增大养殖产量。辽宁沿海地区已经形成了规模化的贝类养殖基地，目前全省的滩涂贝类养殖面积已经达到147万亩，占全省滩涂总面积的60%，贝类的年产量已经达到25万吨以上。中国已经成为人工养殖贝类的重要出口国。

中国近些年水产品总量的迅速增长，主要得益于淡水养殖业的发展。因此在淡水养殖中推广科学技术受到特别的重视。中国各水产研究部门对在不同类型的湖泊中发展水产养殖进行了全面的研究，找出了适应内陆不同水域条件的各种科学养殖模式。为了增加淡水鱼的产量，中国全面推广了网箱养殖、网围养殖和网栏养殖技术。

为了增加农民的收入，90年代以来，中国大力推广经济价值较高的水产品养殖技术。内陆省份江西建立起很多鳗鱼养殖场，不少地区大力发展甲鱼养殖，1996年中国的甲鱼养殖产量已经突破3万吨。

增加粮食产量与增加农民收入一直是中国农业的理想。为了实现这一理想，中国在广大的农村推广了稻田养鱼工程，这一工程将传统的精耕细作农业、生态农业和高产优质高效低耗融为一体，使增粮、增鱼、增加农民收入直接结合在一个生产过程中，受到了广大农民的欢迎。1996年中国的稻田养鱼已经发展到2 000万亩。这一工程对提高中国淡水养殖的产量发挥了重要作用。

为了实现水产养殖业的可持续发展，中国还展开了种苗体系的建设。从海南岛到黑龙江，中国已建立起24个水产良种场，并在长江流域建立了淡水鱼类基因库。到目前为止，中国养殖的淡水鱼类几乎都是野生鱼类，为了防止鱼类发生种性退变，进而培育出更具经济效益的新品种，中国正利用高科技手段进行育种研究，目前已取得一些突破性进展。

据水产科研部门的统计，目前人工养殖的主要水生经济动植物的疾病约在200种以上，中国每年水产养殖有10%～15%的面积受到不同程度的病害影响，减产约50万～60万吨，直接经济损失达50多亿元。因此中国积极研究和推广先进的水产病害防治技术，并通过加强渔业环境监测预报和对渔药与饲料质量的监测，在中国建立起水产病害综合防治体系。

目前，中国已经通过科技手段，使曾经严重威胁过中国渔业生产的草鱼出血病完全得到了控制。曾在淡水渔业中一度肆虐的暴发性细菌病也因找到了疫苗而基本得到了控制。中国已经结束了大面积使用抗生素防治水产养殖病害的历史，现在对于水产养殖的病害防治已经向着免疫防治和生态防治的方向发展。

科学技术已经被中国人视为发展水产养殖业的重要法宝。在本世纪(指20世纪)最后的4年时间里,中国农业部计划在全国范围内推广一系列水产增殖技术。中国力图通过推广水产养殖病害防治技术使水产养殖减少损失80%以上,从而使水产品增产80万吨;通过在全国500万亩的池塘(之中在中国的北方和西部选择200万亩)推广高产优质高效水产养殖技术,以此保证增产水产品85万吨;通过重点在西南、中南、华南、华东和东北的20个省市推广稻田养鱼增产增效技术,建造规范稻田养鱼工程1 000万亩,增产水产品50万吨;在全国200万亩的内陆水域推广银鱼、河蟹名优产品的移植、增殖技术,推广网箱、网栏、网围养殖技术,在我国南方、北方池塘养鱼主要地区各建立起1万亩的池塘养殖高产机械化示范点,探索在中国进行高度机械化养鱼的经验。到2000年为止,农业部推广水产增殖技术的总面积将达到1 700万亩,以图达到增产水产品415万吨的目标。

现代科学技术推动的水产养殖业,不仅丰富着中国人的餐桌,而且也向世界提供着高档水产品,1996年,中国水产品的出口总额已经突破32亿美元。

随着国家大力发展水产养殖方针的确定,中国的水产科研也加速发展起来。目前全国已有192个水产研究机构,专业科研人员近3万人。为培养水产方面的各种专业人才,中国还建立起一个多层次的水产教育体系,目前全国有5所水产高等院校,在校生9 000人。此外,在40所综合性大学和农业高等院校中设有水产院系或专业。水产方面的中等专业学校有17所,另有20余所农业中专和其他中专学校中设置了水产专业。

在水上张开法律之网

中国人一度以为自己地大物博,拥有取之不尽的自然财富。而如今即便是面对无边无际的海洋,中国人也感到了自然资源的局限。1996年,中国在东海和黄海的伏季全面休渔进入第二个年头,这是中国为保护近海渔业资源采取的重大措施。东海和黄海曾经是中国捕捞大小黄鱼、墨鱼和带鱼四大经济鱼类的主要海域。然而由于多年的过度捕捞,近些年来,大小黄鱼和墨鱼已经不能形成鱼汛,而过去似乎取之不尽的带鱼资源也受到了相当严重的损害。农业部部长刘江到舟山考察时,那里的渔民告诉他,现在捞上来的带鱼,像面条一样粗细!这位农业部长痛心地说:“这样下去,我们不是自己砸自己的饭碗吗?”

中国从1995年开始在东海和黄海两大海区实行伏季全面休渔。在夏天的七、八两月间,沿海地区在各级政府的直接领导下,通过强制手段实现“船进港、人上岸、网入库”,停止一切海上捕捞作业,以保证带鱼的生长和其他鱼类的繁殖。即使是在韩国和日本等国不休渔的情况下,中国政府仍然一丝不苟地要求中国的沿海渔民坚决执行伏季休渔的法令。

1995 年实行第一次伏季休渔之后,东海和黄海的带鱼产量就比上一年增长了 14.2%,达到 74 万吨。比资源最好的 1974 年高出 20 万吨,达到历史最高水平。据有关部门透露,中国已经把东、黄海的伏期全面休渔作为一种永久性的制度,现在有关方面正在考虑在适当的时候将东、黄海的伏季休渔期从两个月延长到 3 个月。此外,为了保护对虾资源,中国已经明令禁止在盛产对虾的渤海使用拖网作业。

中国保护渔业资源的另一个举措是控制近海渔船数量的盲目增长。近些年,中国农村富裕劳动力迅速膨胀,大量内陆地区的农民涌向沿海,从事海洋捕捞已经成为他们的谋生手段。因此近些年沿海地区的渔船数量急剧增长,这便加速了近海渔业资源的衰退。据农业部渔业局的统计,八五期间,近海渔船的总马力,比控制指标超出了 43.1%。1995 年仅东海地区下海的渔船就比上一年增加了两千艘,新建的渔船大都是大马力的钢壳渔船,现有的捕捞强度远远超过了资源再生能力。有关方面正通过法律手段抑制这一趋势的发展。但是农村富裕劳动力谋求生存的迫切要求与此形成了尖锐的矛盾,从而使控制渔船增长的工作时时陷于进退两难之境。

中国为保护渔业资源而采取的最具火药味的行动是打击电鱼和炸鱼这类严重破坏水产资源的违法行为。近些年来,在中国南方沿海和内陆江河、湖泊、水库非法使用电力和炸药捕鱼的现象十分严重,对水产资源造成严重破坏。据有关方面调查,中国福建沿海有电、炸鱼船 4 000 余艘,广东沿海电捕鱼船约有 2 000 余艘,湖南洞庭湖区电捕鱼业十分猖獗,仅源江市就有电捕鱼船 300 余艘。在福建、湖南有的地方出现了“电鱼专业村”,有的地方甚至成立了“电鱼协会”,协会会员交纳费用互为担保。在中国,电、炸鱼活动的范围越来越大,有的甚至跨地区跨海区长年作业,其违法作业的方式也不断现代化。过去电捕鱼主要是用小型土造的电力装置,现在基本上使用专用电鱼机。过去电炸鱼船一般为小型船舶,而现在,福建、广东的电、炸鱼船已经达到 50 马力甚至 200 马力以上。电鱼机功率有的高达5 000瓦,炸鱼船过去一般一次只装载几十公斤上百公斤炸药,现在少则几百公斤,多则甚至数吨,雷管一次便装载数百枚。炸鱼作业不仅对鱼虾资源造成灭绝性的破坏,而且严重毁坏了水产养殖设施。从事电、炸捕鱼作业的人员,有的公然对抗渔政的执法管理,甚者投掷炸药向执法人员实施攻击,导致渔政检察艇被炸沉,渔政执法人员伤亡的事件。近些年来,中国将严厉打击电鱼、炸鱼的违法行为作为执法重点,在地方政府的领导下,公安、边防、渔政、工商等部门每年都要举行联合行动,对电鱼、炸鱼的多发区域进行重点防范、严格管治。

1996年是中国《渔业法》颁布实施的10周年。如今,中国已经建立起一支30 000多人、1 000余艘监督船艇的渔政、渔港监督执法队伍。他们的任务,就是要用法律这一国家强制力保护中国的渔业水产资源。近十多年来,中央和各省两级政府颁布的各类渔业法规和法规性文件已达200多个,在中国历史上第一次形成了以《渔业法》为骨干的渔业法律体系。农业部渔业局的官员认为,这一法律体系为中国渔业的可持续发展提供了法律保障。

1996年11月,各国首脑聚集罗马,探讨如何解救笼罩在人类命运之上的粮食危机时,中国总理李鹏抛给了世界一颗定心丸:他借助一番充满科学数据的论证告知世界:不仅在本世纪(指20世纪),就是在下个世纪(指21世纪)中国也完全有能力用中国大地上的粮食保证占世界人口22%的中国人健康地生存。然而,中国人渴求的不仅是要让自己吃饱,他们还想让自己吃得更好。这恐怕也是中国人在重视农田耕作的同时高度重视水域开发的深层动因。不过,对中国这样一个人口大国来说,水产业的前景并非一马平川。

1994年底,《联合国海洋法公约》已经生效。1995年,联合国大会又通过了关于跨界和高度洄游鱼类种群养护和管理协定。随着这些国际法规的生效,各国200海里专属经济区的设立以及公海渔业资源管理等新制度的建立实施,公海自由捕鱼的时代将很快随之结束。中国已经难以从海洋中获取更多的水产资源。

而目前,中国的渔业产量和人民的需要之间尚有较大的距离,据有关方面统计,如今中国农村人口的水产品消费量比城镇人口低70%左右,与肉、禽、蛋相比,水产品的城乡消费差距最大。中国人要想每人每年真正享用17公斤水产品,还有一段遥远的路程。

(1996年中文版首次刊登于《华声月报》,英文版首次刊登于《北京周报》)

在成就性报道中,切忌把这些专业领域的成就写成专业工作部门的报告,而是要把它写成人们感兴趣的新闻。做到这一点的关键是要把这些成就与老百姓之间的利益关系解释清楚,并且把这些成就写成人们想读的故事。

在进行成就报道时，记者不仅需要描述这些成就本身，而且特别需要关注这些成就背后的意义。

2. 深刻解释各级领导机构做出的重大决策

各级领导机构的重大决策往往直接影响着一个地区、一个领域、一条战线的发展进程，决定着一个事业的成败兴衰，从而直接影响着社会成员的利益得失与命运沉浮。因此各级政府的重要决策应该成为主流新闻传媒的关注重点。这个领域的新闻选题特别要关注的是真实、深刻、清晰地解释各级政府做出的重大决策与普通人民群众切身利益之间的关系，说明这些决策对整个国家或对某条战线、某个地区发展进程的影响。因此，各级领导机构的决策往往具有重要的新闻价值，是深度报道应该关注的重要领域。

1996年，中国最高决策层确定了"坚持区域经济协调发展，逐步缩小地区发展差距"的方针，提出了促进中国中西部经济与社会发展的国家战略。

这件事情在我心中引起的震动是强烈的。1990年至1991年，我曾经在中国西部进行了数月的采访，看到了中国地区发展的不平衡给这个民族、这个国家带来的种种问题。此时，中国最高决策层的这一重大决策对中国意味着什么？我写出了下面的解释性报道。

战略西移：中国命运的再度抉择

1995年9月间，中国社会科学院国情研究小组一位叫胡鞍钢的研究员和他的两位朋友（王绍光、康晓光）向社会公布了他们历经两年对中国地区间发展差距问题的研究成果。这是基于大量统计数据和实地考察所进行的一次规模浩大的研究。自中国改革开放以来，各界人士出自不同角度对中国大陆沿海与内地、城市与乡村、东部与西部发展差距所表示的种种忧虑，似乎被这三位学者所从事的研究提高到科学定量分析的高度。在他们撰著的那本长达44万字的题为《中国地区差距报告》的专著中，发出了一个近乎危言耸听的警告：中国在寻求经济发展的过程中，如果不高度重视并着手解决日益扩大的地区间差距，可能会导致像前南斯拉夫民族冲突、国家分裂的悲剧。

同样是在1995年9月，中共第十四届五中全会通过了"关于制定国民经济和社会发展'九五'计划和2010年远景目标的建议"，之中明确提出了"坚持区域经济协调发展，逐步缩小地区发展差距"的方针，认为逐步缩小地区发展差距和解决好社会分配不公，最终实现共同富裕，是保持社会稳定的重要条件，是体现社会主义本质的重要方面。李鹏对此的反应是:把重视和解决地区发展差距问题,作为一条重要的方针提出来,是适时和必要的。江泽民也表明了自己的看法:应当把缩小地区差距作为一条长期坚持的重要方针,这是今后改革和发展的一项战略任务。显然,中共最高决策层已经决定从"九五"期间起,着手解决长期以来困扰中国的地区发展失衡问题。

中国政界高层和中国学界高层在同一个时间维度里对同一个问题表现出的惊人共识,只是一种巧合吗?

不平衡发展的代价

本世纪(指20世纪)80年代初,中国开始的经济变革,改变了整个中国历史的方向。

最初的启动是艰难的,特别是中国这样长期封闭于计划经济体制之下的经济落后、人口众多又饱经政治动乱的大国,为了使中国经济在历史留下的重重困难与束缚之中获得最初起飞的加速度,以邓小平为首的最高决策层选择了不平衡发展战略,提出了让一些地区先富起来的经济改革思路。从80年代初期到90年代中期,中国采取了积极促进沿海地区率先发展、率先开放的政策,推动整个中国经济进入高速增长的阶段。10多年来,中国沿海地区的经济取得了突飞猛进的发展。然而,作为一种代价,在这一发展进程中本来已经存在的中国东部地区与中西部地区的差距,也急剧地扩大了。

据国家计委1995年3月所透露的资料:1981年,东、中、西部地区国有固定资产投资占全国的比重分别为45.9%、27.98%和17.49%,到1992年,这一比重为54.5%、26.64%和15.49%。显然,国家在投资上10多年来一直大幅度地向东部倾斜。与此同时,沿海地区在财政、税收、信贷及对外开放等诸多方面还获得了中西部所没有的特别的优惠政策,这就使它们在吸引外资和发展经济方面获得了特殊的优势。从1990年至1992年,东部地区实际利用外资为257.92亿美元,占全国的88.36%,中西部利用外资,分别为17.42亿和7.61亿美元,占全国的比重分别为6.75%和2.95%。

在改革开放的10多年中,与中国沿海地区经济腾飞相伴而生的是中国西部地区经济发展的相对滞后,地区差距的拉大。这种差距使得中国社会及经济的发展呈现出极不平衡的多元化特征。一位美国记者曾经发出这样的感慨:"在中国960万平方公里的国土上,你可以看到不同的社会形态甚至是人类所经历过的不同的时代。"

在中国东部沿海发达地区,各种现代化产业及商业正在迅猛发展,而在中国西部内陆地区,传统的农业仍然是支撑当地经济的主体骨架。据中国社会科学方面的专家分析,目前在中国东部发达地区,农业在产业结构中所占的比重大多仅在20%左右,其中京、津、沪三大城市的农业比重已降到10%以下,而在中国的西部地区,农业比重至今高达40%。这些地区以农业人口为主的就业结构特征十分明显,这种缺少现代工业滋养的经济结构,使得这些地区的经济发展速度及其水平尚处于工业化初期的低级阶段。

此外,在沿海发达地区,非国有经济占投资的比重迅速上升,多种渠道的投资已成趋势。浙江,国有经济占投资的比重是32.5%,集体经济占37%,个体经济占19.1%,外资占6.7%。广东,国有经济比重占41.4%,集体经济占19.5%,个体经济占9.2%,外资占26.1%。但是在中国的西部地区,国有经济仍然是投资总额的重头。青海,国有经济比重占到85.1%,贵州占到70%,甘肃达到74%,内蒙79.4%,宁夏76.6%,西藏则高达97.4%。

改革开放以来,中国沿海地区非国有经济的因素迅速增长,给这些地区的经济发展带来无限的活力,然而,在中国的西部内陆地区,尚未根本摆脱计划经济模式和国有经济为主要成分的传统所有制模式,市场化程度和非国有化程度都比较低。宁夏、内蒙、甘肃、云南、贵州国有经济占总产值比重都在70%~80%,青海达到82.4%。而与此同时,江苏和浙江国有企业占工业总产值的比重都不到30%,广东为32.5%,福建为33.2%。

国民生活差距拉大

经济结构的差异使沿海地区与西部地区的人均消费水平也呈现出巨大反差。1994年甘肃农民家庭的人均收入是727.73元,青海农民家庭的人均收入是869.34元,广东农民家庭的人均收入是2 181.52元,北京农民家庭的人均收入为2 400.69元。从整个地区的居民消费水平来看,1993年甘肃省人均消费水平为837元,陕西人均945元,宁夏1 033元,而北京为1 977元,广东1 973元,天津2 111元,上海4 162元,浙江1 653元。据专家分析,中国最富与最穷地区居民消费水平的相对差距与绝对差距都在急剧扩大。

中国西部地区大多财政自给能力不足,1992年宁夏自给率仅为48.7%,内蒙为54.2%,甘肃为74.7%,陕西为78.1%,青海为43.8%,西藏仅为6.54%。

西部各地区人均财政收入也远远低于全国的人均水平,1992年贵州只占40.6%,甘肃只占49.1%,四川只有36.5%,陕西42.5%,宁夏45.1%,内蒙

50.3%,新疆47%。

中国东部地区与西部地区的人均投资额相差也十分悬殊,上海与贵州人均全社会固定资产投资额1985年相差9倍,1993年扩大为14.9倍,1994年进而急骤扩大为21.2倍,两地人均投资额绝对差距1985年为884元,1993年为4 442元,1994年高达7 652元。

西部何以落伍?

近些年来,国内政界、学术界以及新闻界的各方人士对中国西部地区经济与社会发展滞后的原因进行了各方面的探索和分析。人们的看法不尽相同,但对以下三个方面的因素,是持有各种不同观点的人们都不能不予以重视的。

首先是中国西部所处的地理位置对西部发展造成的“先天束缚”。中国西北和西南的广大区域自然条件险恶,如西北的戈壁与沙漠地区,黄河流域的黄土高原地区,平均海拔4 000米以上的青藏高原地区,云贵高原的石山岩溶地区等,这些地区不仅对农业的发展造成巨大障碍,一些地区就是连人的生存也十分艰难。中国西部所处的这种自然地理环境,使这里的工业化进程受到极大的阻碍。直到今天,中国西部每平方公里拥有的铁路运营里程大约只占东部的1/5,公路网密度只有东部的1/4。对外开放在这样的自然环境中也受到了极大的限制。在西部诸省区中,只有广西一地有出海口,而这里的港口吞吐量直到1992年也不过456万吨,占全国吞吐量的0.1%。与此形成鲜明对照的是在中国收入最高的5个省市中,除北京外有4个省市有出海口,其港口吞吐量占全国的65.6%。地理位置无疑深刻地影响着中国西部地区的开放程度和走向市场经济的进程。

再就是漫长的历史间社会政治与经济的因素对中国西部形成的沉重的压抑。应该说,中国自近代以来的历届统治者,都没有为西部制定出适合当地需要的完整的持续不断的经济与社会发展规划。在漫长的历史间,中国西部一直是各种地方势力和各种政治势力相互角逐、厮杀的疆场。特别是近代以来,整个中国内忧外患,社会动荡,中国西部蓄积了更为复杂更为尖锐的阶级矛盾和民族冲突,这片广漠的荒僻之地,因此更深地落入了战乱、饥馑、贫瘠和愚昧之中……从晚清的洋务派到蒋介石的国民政府,谁也没有想在中国西部建立起现代工业的格局。因此新中国建立之时,中国77%的工业产值集中于占国土面积仅有11%左右的东部沿海地区。当时,西北和西南地区占国土面积的54%,而工业总产值只占全国的8%。

毛泽东为首的中共领导层一方面出于备战，一方面也确实想平衡历史留给中国的地区发展差距，于是从第一个五年计划开始，中国就将新的工业格局的建设重点置于中西部广阔的内陆地区。进入60年代中期，出于备战，中国进一步将发展工业的重点西移，仅1964年至1965年，西南、西北部署的新建、扩建和续建的大中型项目就达300余项，如果从1956年开始计算，到1978年西北和西南地区约有2 000多个大中型企业建立起来。鉴于中国西部内陆地区这一时期工业因素的迅速增长，一些社会经济学者将1978年以前中国区域经济建设方针称为“平衡发展战略”。但是，由于计划经济体制的束缚和以战备为目标建立起来的工业自身的性质，这样一种“平衡发展战略”并没有给中国西部经济与社会的发展带来全面而持久的推动力。至今，国家计委的官员在评价西部的工业格局时仍然认为，在那种历史条件下建立起来的“嵌入式”工业，与当地经济缺乏有机的衔接与搭配，因此难以发挥现代工业对地区经济发展的辐射和带动效应，以至成为传统农业经济海洋中的孤岛。

第三个无法回避的因素是中国自80年代初开始实行的促进东部沿海地区优先发展的“不平衡发展战略”，这一大战略之下的经济运行，使东西部的差距急剧拉大。各种政策上的优惠给予东部沿海地区之后，这个地区的经济迅速启动，并且以惊人的加速度腾飞起来。与此同时，本来起点就低的西部省区却没有获得国家政策所给予的优惠条件，致使这个地区的发展格外地滞重与缓慢。陕西省省长程安东表述了这样的看法：“国家政策的三个倾斜导致了中西部的三个滞后，投资重点向东部的倾斜导致中西部经济的滞后，开放政策的倾斜在利用外资方面导致了中西部开放的落后，改革试点城市的倾斜，导致了中西部商品经济发展的滞后。”

面对南斯拉夫前车之鉴

胡鞍钢等人按照中国各省、市、自治区人均国内生产总值与全国人均生产总值的比例，将中国大陆30个省、市、自治区划分为四个等级的收入组，其中中国西部地区的省份除新疆在中上等收入组，内蒙、青海置于下中等收入组外，其余的省区都分布在低收入组。这些研究者从浩繁的经济数据分析中得出这样的结论：

改革以来中国各地区人均国内生产总值的绝对差距不断扩大，总体绝对差异系数1978年为451元，1990年为1 133元。进入90年代以来，这一差距发生了更为引人注目的变化，仅从1990年至1993年，中国各地区人均国内生产总值的总体差异系数便从1 133元猛增至2 220元。在这三年中，最穷与最富地区的这一差异系数已经从1990年的5 785元增长至10 468元。

当这群研究者把中国地区间的差距拿到国际范围内与其他各国进行比较时，他们发现了更为令人惊愕的状况：目前中国的地区差距已经远远高于世界上以地区差距之大著称的南斯拉夫和印度的相应指标。中国目前的地区差距比发达国家历史上出现的最大值还要大。几乎是与这些研究者得出他们研究结论的同时，联合国在1994年根据衡量社会发展水平的综合性指标（包括人口平均预期寿命、人口平均受教育程度、成人识字率和实际人均国内生产总值等），列出了世界上4个地区差距最大的国家，中国就是其中之一。根据联合国的报告计算，上海和北京在世界上居第31位，而青海和西藏在世界上只能排到第110位和第131位。

胡鞍钢等人认为，南斯拉夫的分裂有两个致命性的因素，一个是中央汲取财政能力不断下降，致使无力实行财政转移支付，实现地区间平衡发展；二是地区经济相对差距不断扩大，致使地区矛盾和民族矛盾激化。在他们看来，进入80年代以来，中国出现的中央财力不断下降和地区差距不断扩大的趋势，已经类似南斯拉夫解体前的情形。于是，这群忧国忧民的知识分子在他们给予中国最高决策层的研究报告中郑重地提出了学者的警告：要全力避免南斯拉夫的悲剧在中国重演。

战略西移的决策背后

对中国地区差距的演进趋势怀有深重忧虑的不只是胡鞍钢这样的知识分子。1994年6月，中央统战部举办的民族宗教问题研讨班上，30多位省地级官员就中国地区差距问题接受问卷调查。面对“地区差距过大，可能带来的最坏后果是什么”这一问题，可以在三个答案中进行选择：①社会分配不公；②社会不稳定；③国家分裂。在场官员中有83.9%的人认为将导致社会不稳定，16.1%的人认为可能导致国家分裂，居然没有人认为地区差距过大仅仅会导致社会分配不公。

中国最高决策层对地区间差距日益加大的现实，并非熟视无睹。进入90年代之后，中共高层领导在诸多场合都谈到要缩小地区差距、抑制两极分化、实现共同富裕的想法。每年的人大和政协会上，代表们对地区发展差距问题都表现出强烈的关注。但是，直到1995年，具体对策仍然未见出台。

1996年，在八届人大第四次会议通过的“九五”计划和2010年远景目标规划中，中国终于正式提出了让国人瞩目的中西部发展战略。人们看到，在经济发展战略向沿海倾斜了15年之后，中国终于要提携那些远远落在其后的中西部地区了。

实际上，如果将目光延伸，人们会发现，这种经济发展战略的西移，其用心不只是要简单地平衡改革开放以来中国地区间出现的发展差距。据国家计委的知情官员透露，之中蕴藏着更深层的思考。

这种思考集中于两个方面，一是中国内陆地区特别是中国西部，蕴藏着巨大的能源和各种自然资源，1994年，全球最大的石油勘探公司瑞士的苏黎世AG联合公司发表了他们经过7年实地勘探得出的结论：新疆塔克拉玛干沙漠的石油储量达500亿吨，按中国1993年石油总产量1.5亿吨计算，可连续开采300年。在这片面积达33万平方公里的“死亡之海”里，石油储量占全世界已探明石油总储量的1/3，天然气储量达8亿立方米，是美国的两倍。在中国西部，已经探明的矿产达100多种，其中45种主要矿产的工业储量潜在价值占全国的49.3%。稀土、钛、汞、铂族金属、钾盐、石棉等矿产的储量占全国的90%以上，锌、锡、钡等矿产的储量占全国的60%～80%，锗、钴、锑等占全国储量的50%以上。这些资源对中国下个世纪（指21世纪）的经济发展十分重要，可以说，中国西部是中国东部乃至整个中国下个世纪寻求经济发展的能源和资源基地，现在，中国准备着手开发这个基地了。

中国提出中西部发展战略的另一个考虑是要继打开东部沿海开放通道之后，进而开辟中国内陆地区的对外开放通道。中国的陆地边境线长达2.1万公里，仅西北地区就与周边7个国家接壤。作为一个幅员辽阔的大国，如果只有东部一方的对外开放渠道，无疑是一个巨大的缺憾，无论是考虑到国际风云的变幻无常还是考虑到中国经济开放格局的扩展，中国都希望更多地建立起与世界各地的联系。一旦中国开辟出西部的对外开放通道，西南部便可以从广西借海路与东南亚地区相沟通，而大西北则可以借欧亚大陆桥与中亚、西亚及欧洲相连接。这样的全方位开放格局一旦形成，中国广大内陆地区的经济就会在一个新的动态环境中运行起来，从而形成继东部沿海地区经济腾飞之后中国经济发展的另一番景观。

西部经济从哪里启动?

“九五”计划和2010年远景目标规划中提出的中西部发展战略，主要内容包括：

——优先在中西部地区安排资源开发和基础设施项目,国家实行投资倾斜。

——调整加工业的布局,引导资源加工型和劳动密集型的产业向中西部地区转移。

——理顺资源性产品价格,增强中西部地区的自我发展能力。

——提高国家政策性贷款用于中西部地区的比重,国际金融组织和外国政府贷款60%以上用于中西部地区。

——鼓励东部沿海地区向中西部地区投资,加强东部与中西部的经济联合与技术合作。

目前国家计委的有关部门正着手将这些原则性的方针制作成为可以实际操作的方案。

这一次提出的发展中西部的规划,显然不是纸上文章,也不是为平衡社会心理反差所进行的宣传。中国已经在西北和西南地区大规模展开的跨省区的铁路和公路建设工程、正在加紧铺设的现代化通信光缆干线工程以及一系列已经开始上马的意在改善中国西部地区自然生态环境的水利、绿化和农业基础建设工程,都在告诉人们,中国西部经济在一个新的层面上的启动已经成为定局。

据政界知情人士透露,中央将改变以往对西部不发达地区进行困难补助式的资助方式,中央投资集中于两个原则之下,一是有助于国家资源的开发,一是有助于西部从根本上改变面貌。据了解,中央在“九五”期间仅对西北地区基础设施的投资就将达到800亿元人民币。

西部开放大潮将至

一个由政府直接推动的促进中西部地区对外经济合作的行动正在酝酿。今年10月,由中国海外交流协会主办,国家计委、国家经贸委、外经贸部、国务院侨务办公室和中西部14个省区及重庆市人民政府联合参加的“中国中西部地区对外经济技术合作洽谈会”,将揭开中西部地区引入外资、对外开放的序幕。这个洽谈会是经国务院直接批准的,因此很难把它看成是一个仅限于经济领域的业务活动。它昭示着中国政府经济发展战略的西移。国家经贸委副主任俞晓松宣称:中国将鼓励外商投资有利于发挥西部资源优势的基础产业,“九五”期间要扩大煤炭、电力、石油、天然气及矿产资源等领域利用外资的范围,中国政府将提供下面的优惠:

1. 放宽外商投资项目的审批权限;

2. 扩大基础产业、基础设施利用外资的形式，除一般的合资、合作以及独资方式外，要加快 BOT 方式（Build – Operate – Transfer 的简称，即“建设—经营—移交”）的试点，允许利用现有运营项目或项目收益权有条件地对外合资，允许现有电力、铁路运输企业出让股权的试点等；

3. 对于国家鼓励的基础项目，在用汇方面给予适当的照顾。

对外经济贸易合作部副司长王辽平也公开宣布，中国政府已经制定和正在制定着一些促进中西部地区利用外资的政策，对在中西部省区、省会城市、开放城市、经济技术开发区、高新技术开发区设立的外商投资企业将可依照国家政策规定，享受与沿海省市相同的待遇。

国务院侨务办公室副主任李海峰在谈到这次举办洽谈会的目的时说：这次活动一是要促进海外华侨华人、港、澳、台以及外国企业家和科技专家参与中国中西部地区的资源开发、技术转让和基础设施建设；二是要促进国际经济界、企业界对中国中西部地区的了解和交往，扩大这一地区的对外开放和对外合作。

这次洽谈会共邀请了2 500名世界各地的客商，并向他们提供了《中方企业合作项目目录》。经中西部 14 个省区的推荐，并经国家计委和国家经贸委等综合经济部门筛选确定了合作条件与发展前景较好的 700 家企业和 771 个项目。这之中包括 144 个轻工项目、125 个机械项目、110 个化工项目、71 个建材项目、53 个冶金项目、48 个纺织项目、46 个交通项目、43 个电力项目、35 个电子项目、33 个医药项目、28 个农牧业项目、13 个通讯项目、12 个煤炭项目、10 个旅游项目。这些项目涉及 10 多个行业，与中西部地区发展的资源优势、人才优势和国家重点支持的发展行业相吻合，已经成为中西部地区大规模对外开放初期阶段的重点领域。

谁向西部迁移？

100 多年前，美国人开始了开发西部的征程。那种伴随着剑与火穿越荒原峡谷向西的迁移，不仅凝结成一段悲壮的历史，而且奠基了今天美国西海岸的繁荣。而今天，谁去开发中国的西部？

1996 年，一个名为“中华企业扶贫基金会”的组织在北京筹建起来，这是一些具有相当实力的企业自发形成的一个组织。这些企业界的人士并非要去做那种捐款捐物之类的善事义举，他们的意图很明确，就是要去中国的西部发展自己有利可图的事业。他们中的很多人达成了这样一种共识：经济利益的驱动，完全可以与西部经济的振兴结合成为一个整体。在他们看来，在过去的年月中，政府对西部的财政支持，由于更多地考虑了社会效益，从而难以激发出西部自身经济发展的客观动力。这些企图向西部发展的企业家们认为，中国西部对于他们来说，有三个方面的巨大吸引力：第一是至今未能充分开发的广阔市场；第二是那里蕴藏的丰富资源；第三是低廉的投资成本。他们认为，在西部的开发过程中，除了国家行动之外，一定要有以企业为主体的现代经济活动作为支撑，这样才有可能将中国发达地区的资金、技术、设备、观念全方位地引入不发达地区，形成二者的有机结合，最终实现中国各地区间的优势互补，促成整个中国经济的良性发展。

这些企业的举动并不是孤立的。近些年，中国东部发达地区以至国外的一些企业出于追求更高的利润目标已经自发性地向中国西部地区移动。中国拥有8亿元资产的大企业万向集团1995年4月宣布向西部投资，他们"西进计划"的第一步就是投资1亿元，通过公开招标的方法，选择一批开发项目，以兼并、合资和收购等手段，联合西部的一些乡镇企业，在西部形成新的产业开发优势。泰国的正大集团也已经在西北立住阵脚，准备在中国的西部大规模"淘金"。

企业自发地向中国西部的转移，与政府开发西部的战略显然形成了一种客观上的呼应之势。

中国西部在整个中国历史发展的过程中，似乎始终带有一种神秘的色彩。它总是在这个国家处于非常变动的关键时刻，引起人们的关注。

60年前，《大公报》年轻的记者范长江曾只身考察中国西北地区，凭借新闻记者敏锐的观察力，确信中日战争一旦全面爆发，中国西部将成为中华民族最后的退守与再生之地。

随着国民党迁都西南，共产党扎根西北，在这片神秘的土地上最终酝酿出中国历史新的发展方向……

一个甲子过去了，在中国处于新世纪发展的关键时刻，发祥于陕北窑洞中的中国共产党人又一次回首西望，这种历史的交叠耐人寻味。

中国西部一旦崛起，整个中国及世界将感受到什么？

（1996年10月发表于《华声月报》）

3.用建设者的态度披露社会运行的重大缺陷及弊端

新闻工作者的重要使命之一是察觉并披露社会运行的矛盾、问题、缺陷和弊端，为扫除这些社会发展的障碍发出呼吁，寻找对策。

在中国社会所处的转型期,各种弊病、缺陷、丑恶不可避免地存在于社会的各个角落,以各种方式侵害着公众的利益,阻碍着社会的进步与发展,新闻工作者责无旁贷地担负着社会监督的责任。

2003 年,在中国记者节当天,中央电视台推出了“中国记者风云榜”,8 名中国记者榜上有名。这 8 名记者中有 6 名记者是因为从事揭露性报道而获得此项荣誉的。他们是:

《南方都市报》记者陈峰 他是第一个采访报道孙志刚事件的记者。他的深入采访和详细报道使社会公众了解了一个大学生因被毒打而惨死于国家城市收容站里的事实真相。陈峰的报道最终促成中国政府对社会救助制度实行重大改革,废止了沿用多年的《城市流浪乞讨人员收容遣送办法》,代之以更加符合法治精神、体现人文关怀的《城市生活无着的流浪乞讨人员救助管理办法》。

《中国经济时报》记者王克勤 他用了近半年时间,先后采访 100 多位出租车司机及众多出租公司和政府相关部门,披露了北京市出租车行业的垄断黑幕。国务院总理温家宝亲自对报道做了批示,责成北京市有关部门研究解决这一体制运行中的弊端。中国经济学家余晖评价此事时说:“王克勤先生凭借着记者高尚的职业道德,通过半年多的艰难细致的调研所撰写的这篇《北京出租车业垄断黑幕》调查,堪称政府管制失灵的一个经典案例。我断定,不管它对北京市政府未来出租车行业的管理将产生怎样的影响,它都将被载入我国政府管理体制改革的史册。”

《中央电视台》记者曲长缨 他根据一个并不明朗的新闻线索,坚持不懈地追踪山西省临汾市尧都区阳泉沟煤矿矿难中矿工死亡人数的实情,最终用铁一般的事实制作成《追踪矿难瞒报真相》和《死亡名单》两期电视节目,揭开了临汾这场重大矿难中当地矿主和有关部门瞒报死亡人数的黑幕,促动了中国国家安全生产管理体系的改革。

《华商报》记者江雪 她以第一手资料率先报道陕西“夫妻家中看黄碟”事件,并且以对国家法制进程的高度敏感和责任,对此事件进行了长达半年的持续报道和追踪评论,引发全国各类媒体对公民私权与国家公权边界问题的讨论,引发了社会各界(不仅是民众也包括政府部门)对公民权利的新思考。

《羊城晚报》记者赵世龙 他冒着生命危险,对广州市长洲戒毒所强卖戒毒女为娼案进行暗访披露,协助警方最终揭露出“戒毒所”犯罪真相,最终将社会上那些道貌岸然却为非作歹者送上法庭。

新华社记者朱玉　龙胆泄肝丸在中国是一种非处方中成药,任何人都可以随意在药店里买到。然而就是在这种药的配方里面含有名为“关木通”的一种有毒成分,致使服用这种药的许多人患上了难以治愈的尿毒症。朱玉用详实的报道,披露了这一重大生命悲剧的内情,最终导致国家药品管理部门修改了具有法律性质的管理文件,把这种药从非处方药的名单中删除。

上述这些“中国风云记者”写作的报道,其意义不仅是披露了社会存在的问题,也不仅是维护了弱势群体和无辜者的权益,更重要的是,他们的报道唤醒了人们对社会运行机制的思考,推进着中国社会的文明进程!

这些记者从事的工作不过是处于中国社会转型期的今天几十万中国记者们正在从事的工作的缩影。面对社会运行的缺陷与弊端,新闻记者责无旁贷,要挺身而出,以自己的专业工作对其加以反映。

早在2003年,中共中央政治局委员李长春在同省以上报纸总编、电台电视台台长学习“三个代表”重要思想、进行马克思主义新闻观教育培训班学员座谈时说到:

“舆论监督是社会主义民主政治建设的重要组成部分,是社会发展的客观要求,是人民群众的强烈愿望,是新闻宣传的重要职责,也是党和政府推动工作的重要手段。

正确开展舆论监督,有利于发展社会主义民主,加强社会主义民主法制建设;有利于反映人民群众的意见呼声,改进党和政府与人民群众的联系;有利于端正党风政风、反对腐败、加强党的思想作风建设,维护党和政府的良好形象;有利于弘扬正气,针砭时弊,理顺情绪,化解矛盾,维护社会安定团结。要认真开展舆论监督,有效开展舆论监督,不断改进舆论监督。当前舆论监督的重点应放在:党和政府方针政策的落实情况;切实维护人民利益的情况;党和政府明令禁止的不良行为;法律法规、党纪政令所不容的违纪违法行为;违背职业道德、社会公德、败坏社会风气以及人民群众所憎恶的各种不良行为等方面。”

李长春对新闻工作者和新闻媒体如何做好舆论监督工作,提出了7个方面的原则要求:

“要出于公心,站在党和人民的立场上,从大局出发,从维护人民的根本利益出发,着眼于帮助党和政府改进工作;

要服务大局,抓住群众关注、领导重视、有普遍意义的问题,促进改革发展,维护社会稳定;

要事实准确,深入调查研究,充分掌握材料,注意核实情况,用事实说话,防止以偏概全、炒作渲染、片面追求轰动效应；

要客观公正，以事实为依据，以党和国家有关政策、法律为准绳，善于听取不同意见，以理服人，防止主观武断、感情用事；

要注重效果，揭露问题要跟踪报道处理结果，向积极的方面引导，有利于改进工作，有利于团结、稳定、鼓劲；

要遵守纪律，恪守新闻职业道德，拿不准的问题要请示，涉及重要、敏感问题的稿件要送审，不宜公开报道的问题可以通过内参反映；

要加强学习，提高素质，正确看待舆论监督，切实端正监督的目的，真正摆正监督的位置，正确使用监督的权力，恰当运用好监督的形式，特别注意监督的效果。"

这是迄今为止我们看到的中国最高领导层成员对舆论监督的目的、意义、作用和方法所做的最为完整的阐述。这些观点，为中国新闻记者从事监督性报道提供了基本的思维方法与技术原则。

4. 掌握对重大突发事件报道的主动权

重大突发性事件往往指的是在人们的意料之外突然间发生的重大事件，它往往对社会生活产生突发性的巨大的震荡力，影响正常的生活秩序，对社会的正常运行产生种种难以预测的震荡与破坏。

中共中央政治局委员李长春 2003 年 9 月 23 日在同省以上报纸总编、电台电视台台长学习"三个代表"重要思想、进行马克思主义新闻观教育培训班学员座谈时说："改进和加强突发性事件的报道，关键是要开通大道，堵住小道，正确引导舆论，做到有利于党和政府开展工作，有利于组织社会力量共同行动，有利于人民群众自我保护，有利于保持社会稳定。要按照'及时主动、准确把握、正确引导、注重效果'的要求，加强突发事件新闻报道工作的组织协调和归口管理，建立和完善突发事件新闻发布制度，形成突发新闻事件报道工作的快速反应和应急协调机制。"

他说："对待各类突发事件和热点问题，一定要头脑清醒、正确分析、准确把握、妥善引导。"

人类进入 21 世纪之后，国际上重大突发性事件频频发生，我们生活的国度内，各种突发性事件也在各种领域、各个时段接二连三地发生。中国新闻界已经越来越清楚地看到，迅速、全面、深刻地对突发性事件进行报道，是新闻媒体不可回避的职业责任。基于这样的认识，中国媒体对突发性事件报道的技术操作日益成熟，经验也日渐丰富。

重大和突发事件报道是新闻媒体扩大自身影响、提升自身地位、参与舆论形成、左右传播方向、尽守社会责任的重要工作领域。

突发性事件报道的工作原则包括：

(1)快速反应。对于突发性事件的报道，首先是要快速反应。第一时间的报道不仅会为媒体赢得传播威信，而且会为媒体赢得报道全程的主动权。

(2)连续报道。由于突发性事件是一个不断演变的过程，这个演变过程往往又十分急剧，因此，记者需要及时追踪事态的最新发展，并且将变化的最新态势报道给受众，以此实现对事件全貌的描述。

(3)全面观察。对于构成事件的各方面要素，要全面了解，特别是对事件的深层缘由，需全力挖掘，以求对于事件的报道能够达及本质的真实。

(4)智慧引导。媒体是担负社会责任的。它对于突发性事件报道的目的是为了提示社会的警觉，完善相应的对策，促进社会的稳定运行。因此，在报道中，记者要站得更高、看得更远、想得更深，以深刻的洞察力和责任感支撑全程报道。

二、写作深度报道的方法提示

在深度报道的写作中，要强化三个意识，一是新闻背景的说明意识，二是新闻影响的展示意识，三是新闻发展的预测意识。新闻报道中只有交代了新闻的生成背景、新闻的社会影响、新闻的发展趋向这三个方面的事实内容，报道才能够深化。

要达到这个工作境界，下面两个工作环节特别需要关注：

1. 精心设计采访

和任何其他体裁的新闻报道一样，深度报道的质量取决于采访工作的质量。要想写出深度，就先要看到深度。采访是你走向新闻深处的第一通道。

我们在本书的第二章曾经谈及保证新闻采访成功的一般原则与工作方法。对于深度报道的采访来说，都是适用的。需要强调的是，为深度报道进行的采访，在采访范围的设定上一定要注意更加全面。

深度报道的采访对象通常需要包括：

- 主体新闻事件中涉及的人员、机构与环境因素；
- 主体新闻酝酿过程中涉及的人员、机构与环境因素；
- 受到主体新闻影响的人群与环境；

● 与主体新闻相关的背景资料集群；

● 主体新闻涉及的专业领域的专家。

2. 深入进行研究

深度报道要披露问题的来龙去脉，要说明事件的前因后果，要提示矛盾的内外关系，要指出事物的发展趋向，就有赖于记者对所报道的事物形成深刻的认识。深度报道是记者对问题进行深入研究的结果。

在深度报道中，新闻记者要洞察新闻背后的复杂关系、新闻波及的社会影响、新闻发展的趋势走向，就必须具有研究问题的能力，特别是需要具有对突然呈现于眼前的一切具有新闻价值的陌生事物进行深入研究的能力。

记者往往需要在限定的时间内，对复杂的事物形成专家级别的认识。这就需要养成研究问题的习惯，掌握研究问题的方法，根据自己的专业工作需要，学会调动各种研究资源，使用各种研究方法和工具，甚至要考虑在自己的工作范围内，建造起目标明确、分工清晰、效能实用的研究机制。

深度报道研究机制的构成要素包括：

● 开通信息资源渠道；

● 确定研究目标体系；

● 选择有效研究方法；

● 明确研究人员分工；

● 制定研究工作流程。

第四节　两种经典深度报道体裁的写作

本节着重介绍调查性报道与解释性报道这两种深度报道体裁的采写原则与方法。

一、调查性报道

调查性报道是致力于查明并披露与公众利益密切相关却由于各种复杂原因而被掩盖起来的深层事实真相的报道。

> 调查性报道是暴露报道。它暴露政府和公共机构中的腐败行为和丑事。
>
> ——杰克·海敦

由于调查性报道的特殊性质，就使得这种报道的写作具有特殊的困难。从记者进入调查性报道采访过程的那一刻起，他们就会处于各种压力、制约甚至是处于各种威胁之下。支持记者进行这种报道的力量是他们与邪恶势力不共戴天的正义感，是他们救助无辜者的同情心，是他们的职业责任。

美联社记者玛莎·门多萨的这篇调查性报道可以给我们一些如何写作调查性报道的启示：

漂亮的马

美联社记者　玛莎·门多萨

里诺，内华达州(美联社)　一项投资数百万美元旨在拯救野生马群的联邦计划却把成千上万的野马送进了屠宰场。在那里，它们被加工成了盘中美食。

在那些因此而获利的人中包括来自土地管理局的政府雇员，而该部门正是这个项目的管理机构。

以上是美联社对美国保护野生马群及野驴联邦计划的调查结果。自从25年前国会通过这项计划以来，已有16万5千匹野马及野驴被圈养，总投资已达2亿5千万美元。

这项计划的目的是为了保护及有效地管理生活在公有土地上的野生动物资源。因为在那里，它们经常与牛群争夺食物。具体的实施办法是：首先将部分野马圈养起来，然后让公众领养。

然而，法律却不禁止马匹的所有者在领养之后将它们卖给屠宰场。将年迈或者残疾的马匹送入屠宰场是合理的。但是根据屠宰场工作人员的记录，几乎所有被送入屠宰场的原属土地管理局的马匹都还是壮年和健康的。

按照该计划的规定，任何人都能够以每匹125美元的价格在一年内最多领养4匹健康并被注射过疫苗的野马。如果领养者能在领养后的一年里给予马匹良好的照料，他们将获得对马匹的所有权并得到土地管理局颁发的一纸精美的标有固定识别号码的证书，这个号码将印在每匹马的身上。

“我们的工作是为了使人们能为自己的马匹而感到骄傲，”土地管理局的一位女发言人戴伯·哈林顿在俄克拉何马称，“这些颁发的证书可以装在相框里挂在墙上。”

利用这些固定的识别号码和电脑记录，美联社跟踪调查了超过57匹来自土地管理局的野马。这些马匹从9月起便被卖往美国和加拿大的屠宰场,其中的80%都不足10岁,25%不足5岁。对于马来说,10岁并不老,许多20多岁的马仍然可以健步如飞。

位于俄勒冈州雷德蒙的西卡夫屠宰场场主帕斯卡·戴德从文件夹里拿出一捆土地管理局颁发的证书。据他解释,这些证书来自屠宰场近期屠宰的马匹。马肉制成品已被运往比利时了。在不远处,一匹原属土地管理局的马正被挂在肉钩上,屠夫正在将瘦肉切割成可包装的碎块。

"星期五屠宰,星期一加工,星期四我们就将产品装车并空运到欧洲,"戴德说,"星期一在比利时出售,星期二被食用,星期三又归入了尘土。"

"真是可悲,"居住在犹他州蒙特塞罗的土地管理局前雇员派特·斯蒂勒说道,"你把野马圈养了起来,但对它们感兴趣的却是一帮唯利是图的家伙。"

当被问及美联社的有关调查时,土地管理局负责每年投资1 600万美元保护野马及野驴计划的主管汤姆·伯格尼克承认,90%被圈养的马匹(每年有数千匹)遭到屠宰。

难道一项原本旨在拯救野马(美国国土的象征)的计划已演变为一套供应食用马肉的生产线?

"我们可以换一个角度来看这个问题,"伯格尼克说,"我们毕竟不能任由它们在野外生活,这些牲口必须离开那些牧场。"

美国怀俄明州前参议员克利福德·汉森当年是该计划的议案提出者。现在,他希望自己的名字能从这项法案中被永远删去。"这项法律是为了使人们认识到野马及野驴的重要性,结果却变成了对国家资金的浪费,"现已84岁的汉森说,"这是我听说过的最不可思议的事情。"

政府平均花费1 100美元用来圈养、接种、标识并寻找买主来领养每匹马。领养者购买一匹健康的马需要125美元,如果是残疾的马匹则只需25美元甚至免费。拥有马匹之后一年,领养者便可自行将它们卖给屠宰场,每匹马可获得700美元。

在每匹马身上,政府花费了1 100美元,而领养者可获利575美元。

卖主不愁没有需求,亚洲和欧洲对美国马肉一直有很大的需求。

现在,由于对疯牛病的恐惧,欧洲对马肉的需求有所上升。来自比利时的路克·冯·德米说,西卡夫屠宰场属于他的有100年历史的凡尔德马肉加工企业所有。

美国统计局的调查显示,1995 年的马肉出口数量是4 200万磅,平均价格为每磅62 美分。1996 年,这个价格升至80 美分而且还在继续上涨。法国和比利时是马肉最大的买主,其他还有日本、瑞士、意大利、荷兰、墨西哥、加拿大、瑞典、新西兰、澳大利亚、俄罗斯、巴林、阿根廷以及中国。

由于法律并没有禁止被领养的马匹被送往屠宰场,于是,对于土地管理局官员领养并出售野马是否合法,在有关政府官员中出现了完全相反的观点。

美联社将电脑中的马匹领养记录与土地管理局的雇员名单进行比对,结果发现200 多名管理局的现雇员领养了600 多匹野马。

面对美联社的询问,其中的一些雇员说自己并不知道这些牲口的去向,有些人承认其中的一些马匹被卖给了屠宰场。

在怀俄明州的罗克斯普林斯,维克多·麦克达蒙负责管理土地管理局的畜牧场,他的下属负责在怀俄明州的露天牧场圈养野马并进行标识和安排领养。他们拥有的野马数量大约有上万匹。

根据土地管理局数据库记录的显示,麦克达蒙领养了16 匹马,他的现任妻子领养了9 匹,他的孩子领养了至少6 匹,他的情人领养了4 匹,他的前妻领养了1 匹。他在畜牧场的同事以及他们的家人一共领养了54 匹。

他们领养马匹的价格是有折扣的,有的甚至是免费的。当一匹马受伤、年老或者不可能被领养时,它就会被折价出售。作为这里的负责人,麦克达蒙有权决定一匹马是否可以折价出售。

一匹据称将要"折价出售"的野马甚至曾为麦克达蒙在去年的全国马匹展示会上赢得了一等奖。但麦克达蒙称这匹马之所以被折价是因为它后来伤了一条腿。

在一个寒冷的日子里,马匹的水槽中弥漫着蒸汽。麦克达蒙正和他的经理们坐在被白雪覆盖的管理局办公室里。他说,他不能对自己领养的所有马匹负责。

"我不做跟踪调查,"他说。

他的妻子卡萝·麦克达蒙,一位酒店服务员说,她不知道大部分以自己名义领养马匹的去向。"我只是填表,维克(维克多·麦克达蒙)将它们带走,"她说。

一些马匹落到了德尼斯·吉夫德手中,他是怀俄明州洛弗尔的一个农场主和牛仔竞技承包人。由于非法圈养野马,他被禁止领养野马。根据法庭记录,他还被指控在没有州政府许可的情况下出售牲口。

他承认自己曾试图将麦克达蒙的野马驯养成竞技牲口而且他确定其中的一些遭到了屠宰。

“它们总要在某个地方死去,”吉夫德说。

一些麦克达蒙的同事知道所有领养马匹的去向。例如,吉姆·威廉姆斯便租借土地来饲养自己与朋友从亚利桑那州领养的野马。他在拍卖中出售多余的马匹,这些马匹将被用作运输工具。他每年靠马驹能赚几千元钱。

“我当然想赚钱,”威廉姆斯边说边跺着他那粘着泥土的靴子。

“这有什么错吗？这是合法的,不是吗?”他问道。

根据联邦法律,美国政府官员不允许假公济私。美国政府道德规范办公室称,这意味着土地管理局的雇员不得参与任何牵涉个人经济利益的属土地管理局管理的项目。

然而,内政部华盛顿特区道德规范办公室的官员盖博·鲍勒却称,对于管理局的雇员来说,领养、饲养野马直至获得所有权并出售获利是完全合理的。

事实上,1995 年 11 月的一份土地管理局内部备忘录写道:“鼓励雇员个人领养并驯养野马。”

“领养马匹时,他们的身份不是政府官员,”鲍勒说,“而是普通公民。”

“对于是否违法的问题,有关法律在这方面的规定显得含糊不清,”土地管理局女发言人哈林顿在俄克拉何马宣称。

于是,管理局的官员们可以继续领养野马。

来自俄勒冈州贝克城的管理局农场管理专家迈克尔·伍兹和他的妻子从 1992 年起领养并出售了 4 匹野马。其中,一匹头部有一块星形标记的黑色母马于 1992 年在东俄勒冈的高地平原被围捕时还是一匹马驹。根据美联社在加拿大阿尔伯达的麦克劳德堡的卡尔加利博瑞出口有限公司的屠宰场发现的标识牌,这匹马在 1996 年被屠宰。

伍兹称,去年这匹母马伤了腿并无法工作,所以他将其出售。

“我向你保证我并不想把它卖到屠宰场,”他说,“但当时唯一感兴趣的买主就是那些向屠宰场卖马的人。”

伍兹不愿说明自己花费了 125 美元领养的马匹的出售价格。

联邦政府正在重新审议土地管理局的这项计划,其间将进行两次审查并向国会提交两份报告,审议预计在 1997 年完成。

"我欢迎审查,"正在内华达州里诺市改装一座仓库的伯格尼克说道,"这将会起到一定的作用。"

伯格尼克说,他希望报告和审查能帮助他了解这15 600匹野马及野驴的去向,这些动物曾被土地管理局认为属于在西部的10个州游荡的"过剩资源"。

上述数量的野马不包括几年前因受到批评而关闭的俄克拉何马一养殖场里被屠宰的1 100多匹野马,也不包括在各地的领养安置中心里等待领养的数千匹野马。

从1992年起,土地管理局未能依照法律规定,每两年向国会提交有关野生马群及野驴保护计划的实施报告。自从克林顿总统执政以来,政府关于野生马群及野驴的咨询委员会就不曾召开过会议。土地管理局官员解释说,这是由于没有足够的工作人员。"我们在工作,因为我们关心这些动物,"伯格尼克说,"它们是美国的珍宝,我们要保护它们。当然,我们还有很多事需要做。"

比起那些赢得过普利策奖的鸿篇巨制的调查性报道来,玛莎·门多萨的这篇报道是一篇短文。但是它详实的调查、清晰的条理、锐利的剖析、广阔的视野使整个报道酣畅淋漓,浑然一体。

《怎样做顶尖记者——美联社工作手册》一书中对玛莎·门多萨的这次调查性报道的采写过程进行了记录。

当她第一次被派去出席新闻发布会时,玛莎·门多萨才进入美联社仅仅两个星期,其中还包括了在新墨西哥州的一个多星期。在新闻发布会上,一群激动的动物保护主义者宣称,他们有证据表明一项旨在保护野马及野驴的联邦计划已违背了初衷。他们称,如果有需要,他们将揭开这个黑幕。

参加这场新闻发布会对玛莎来说是一个巨大的失败。当她抵达那里的时候,一位组织者称她是一名联邦特工并禁止她入内。于是,她出示了自己那崭新的美联社工作证,但是他们不相信她。那位组织者指着她的牛仔裤说,如果她想混进发布会至少也应该换一身记者的服装。

玛莎被他吓坏了。她在报社工作过,也当过教师,但在美联社工作还是第一次,她不想因为自己的着装(我必须指出,穿着牛仔是当时的时尚)而不能完成这次简单的报道任务。于是,她恳求另外一位组织者给予帮助。

"当时,一位真正想混进场的人——一名伪装成电台记者的内政部工作人员——却被当场识破,"门多萨说,"动物保护主义者抓住了她,于是她便竭力地叫喊。此前信誓旦旦要揭开黑幕的那些人,听见尖叫声,就马上离开这栋建筑”，整个发布会很快变得一片混乱。

门多萨因此遭到了批评，但是她对这件事的兴趣却被激发了起来。之后的几个月里，她被派往阿尔伯克基分社担任负责人。但她却仍然关心那些关于野马的呼吁，并且读了不少关于土地管理局的那个计划的报道。

不久后的一个夜晚，她在办公室里收到一封信。这封信出自前面提到的那位想混进新闻发布会但被识破的内政部工作人员之手。她在信中说，检察官已经调查过有关野生马群及野驴保护计划的指控并断定能够找到“违法的证据”，但是尚未提出指控。所以，目前没有这方面的报道。

“违法的证据”一词引起了门多萨的注意。于是，她打电话给土地管理局的一些雇员、动物保护主义者以及屠宰场。她断定，其中必有蹊跷。

在自己过去报道的基础上，她建议美联社开展一项调查性项目。

“给我几个星期的时间，凭借言论自由法案的支持，我能掌握所有被圈养的野马及野驴的资料，这些野生动物此前曾被认为有了很好的归宿，”她说。“通过查阅政府雇员的资料，我能知道谁在土地管理局工作；美联社的电脑会帮助我了解其中的哪些雇员领养了野马。然后，从屠宰场那里，我可以搞清楚哪些野马被出售了而不是被带回马厩饲养。”

这就是她的计划。

美联社新闻编辑培训主管芭芭拉·金说，门多萨能开展如此规模的项目一点也不奇怪。当被问及谁是她职业生涯里接触过的最优秀的记者时，玛莎·门多萨是进入她脑海的第一个名字。

“她有强烈的求知欲以及对新闻报道的敏感性，”金说，“在报道中，她会尽力发掘所有的消息来源，不放过任何事件的背景资料。”

门多萨的报道计划获得了批准，但却不能马上开展，因为必须有人先临时代替她在阿尔伯克基的工作。

另外，她还需要时间进行报道前的准备工作。她必须首先了解言论自由法案的具体规定、制定行程以及与屠宰场取得联系以便自己能亲眼目睹野马是如何被加工成马肉制品的。

“我不知道自己会发现什么。有关提出指控的说法可能是捕风捉影。我和编辑非常清楚，我的目的不是去挑毛病而是了解这项计划是否反应了国会制定该法案时的初衷，”门多萨说。

报道过程持续了一个月，其间有过好几次反复。她本以为这种对一项未能正常运作的联邦计划的报道轻而易举，但她在纽约的编辑鲍伯·波特却十分清楚,这一切远没有那么简单。同时,马匹引起的浪漫主义幻想也赋予这个报道强烈的情感因素。

门多萨来到野外的野马围捕场。这里确实令人叹为观止:成群的野马在草原上呼啸,直升机在上空盘旋。与这些动物有着良好沟通的牛仔们以极大的耐心将它们驱赶上卡车。天气非常冷,门多萨吐出的唾液甚至在空气中就已经结冰了。

"屠宰场里的情景令人瞠目,这些马匹以惊人的速度和效率被屠宰了。马肉被保存在无菌的环境里,这里寒冷而且干净。装着马肉的暗红色的包装袋被运往比利时、法国以及其他地区供食用。一家屠宰场的场主——一名资深的兽医对野马也充满了同情:他不想它们遭受痛苦,他惊诧于认为食马肉是一种亵渎的美国人对于食用其他动物却无动于衷。"

她跟踪了那些为牟取私利而将过剩的马匹出售给屠宰场的为该保护计划工作的人员。有些人的态度十分粗暴,当一名工作人员逃进办公室与他的同事商量对策时,门多萨也跟了进去,并要求加入他们的谈话。

但其中的大多数人还是很有礼貌的:"当然,当被问及他们以 100 美元领养的野马是如何转手以 800 美元的价格卖给屠宰场的时候,他们就可能不会那么有礼貌了。但是,他们在为该计划工作时获得的薪水确实很低。因为仍在野外生活的野马大大超过了领养者的需求,对于这一情况,有关部门一直无法投入足够的资金。"

她是通过电脑中的有关记录找到这些雇员的。在这些记录中,甚至包括了每一匹被出售和被屠宰的野马的生理特征,如"脸上带有星形标记的黑色母马"。

"我的所见所闻只是为这篇文章起了润色的作用,它的核心内容却来自于各种记录,"她说。她不厌其烦地向土地管理局索取各项记录以至于管理局最终主动邀请她在官员的监督下自己翻阅档案。在亚利桑那州的办公室里,她用几天的时间来梳理这些记录。

"我们发现了是哪些人将马匹出售给了屠宰场。发现了这项计划竟然在 4 年里连一份年度报告也没有。发现了曾经开展过的,但至今尚无结论的一些调查。最后,我们在这个事件中,发现了所有调查类新闻共有的特征——没有反面人物,有的只有各种复杂的关系。"

"没错,有人可能违反了法律,而且该计划确实违背了国会的初衷。然而,事实上,执法部门的执法不力和资金的缺乏使国会的决议不可能得到切实的执行。动物保护主义者对屠宰场以加工马肉谋利感到愤怒也是有道理的——在他们看来,那些供食用的生物是美丽的、有思想的朋友。”

“然而,屠宰场也是在做它们分内的工作。除此之外,能用什么办法来处理这些被抛弃的马匹呢?谁在乎它们呢?哪里可以埋葬它们的尸体呢?”

报道这样的故事就像穿越雷场。“我们清楚该事件颇富争议性,我们想确保自己所做的是正确的,”门多萨说。她和编辑们紧密合作,写作并修改报道,高级编辑们还必须进行校对。每一个细节都经过反复的核实。

正如波特预计的那样,这个故事一石激起了千层浪:美国参议院立即就此展开了调查,该保护计划的主管被撤换,有关领养马匹的规定也做了修改。

但是也有意想不到的消息:门多萨曾造访的屠宰场被动物保护主义者烧毁。

门多萨继续她的报道。继这次成功的报道之后,她又投入到新的项目中:核废料问题、雇佣童工问题、普利策奖获奖新闻——对朝鲜战争中美国宪兵屠杀平民事件的调查。

看完门多萨这篇报道的内容和它写作的过程,我们或许能对采写调查性报道的要领加深一些理解。

第一,我们会感到调查性报道的采写比一般的报道要艰难得多!因为你要了解的事情是很多势力(有时甚至是巨大的权势力量)力图掩盖的事实真相。一旦真相公布,利益的天平就会发生倾斜。因此,了解真相的过程,对于记者来说往往是一场生死搏斗。

第二,我们可以看到责任心在调查性报道过程中有多么重要。被怀疑,甚至被你要帮助的人怀疑;被批评,甚至是你认为最应该支持你的人的批评;繁忙的日常工作,远离报道目标的工作调动,但是这一切都不能淡化一个记者的职业责任心!一定要披露事实的真相!

第三,我们可以看到调查性报道采访的触角伸展得何等深广。玛莎·门多萨采访调查的范围非常广阔,不仅向支持她的报道倾向的动物保护主义者做调查,也向她要披露的黑幕制造者进行调查;不仅有对野生马群被屠宰状况的调查,而且有对马肉在世界范围内需求量的调查;不仅有对政策实施过程中出现的悲惨结局的调查,而且有对这些问题产生的深层原因的调查。

第四,我们可以看到从事调查性报道所需要的严谨细致的工作作风。一组组铁一般不可以撼动的数字,对于野生马匹的丰富知识,对于从国家计划中牟取私利的过程的清晰展示,落成报道后的每一行文字都在告诉我们,记者严谨的工作态度和细致的工作作风多么有效地保证着一项调查性报道的成功!

第五,我们还可以看到客观的文字描述赋予调查性报道强大的说服力。看看这篇报道用作结尾的最后一个自然段,它说明了那样深刻的问题背景,这一背景把读者的目光引向了美国国家土地管理局,记者没有任何评论,没有任何指责,最后甚至用土地管理局官员的一段冠冕堂皇之语结束了报道。但是,正是这样客观的描述,让读者看到了更多的事情。

二、调查性报道的采写原则与方法

调查性报道无疑要遵守新闻报道写作的一般规则。但是与其他新闻报道的形式相比,它确实有一些特殊难度,为此,采写调查性报道时需要特别予以注意的方法包括:

1. 不断地质疑,不断地求证

这一点,本书引言中曾经作为记者的必备素质详细地谈到过。这里需要强调的是,质疑与求证是记者在调查性报道中推进工作成果的基本工作原则。在调查性报道的采写过程中,记者需要每时每刻地质疑你所接触到的每个人物、每个说法、每个细节,尊重你在调查过程中产生的一切疑虑!只能相信你在调查过程中查明的事实,永远用可靠的事实证据去解惑释疑。

2. 不要忽视任何线索和细节

在对山西临汾矿难死亡矿工人数的调查性报道中,中央电视台记者曲长缨就是从矿工们破烂不堪的住所的一个角落里发现了一个小小的电话号码本,他按照上面的电话一个个打过去,最终借助一个唯一拨通的电话打开了通向事实真相的重要通道。细节不仅是通向真相的航标,而且会成为你写作调查性报道的重要素材,它会提供证据,也会提供吸引读者把报道看下去的兴趣。

3. 借鉴侦探和律师的工作方法

支撑调查性报道的是事实与证据。因此记者要想方设法拿到披露问题真相的事实与证据。这就往往需要借助侦探的机智和律师的严谨。在这个领域工作的记者,要看一些介绍侦探与律师工作方法的书籍,以获得这些职业领域的专业知识与能力。

4. 在法律范围内行事

由于调查性报道是针对问题、弊端、黑幕作战的,因此,记者要特别注意自己工作行为的合法性,以获得法律的保护。记者在从事调查性报道的过程中,必须了解相关的法律规范,从而把握工作的主动权。

5. 勇气、毅力、百折不挠的精神

从事调查性报道，记者时时处处都会遇到意想不到的困难与障碍。因为事实真相对想掩盖它的人来说往往就是死亡的宣判书。而想查清事实真相的记者，就是在对企图掩盖真相的人书写这样的宣判书。采写调查性报道是为了维护正义而与邪恶展开的一场艰苦的战斗。记者要想把这场战斗进行到底，就必须用勇气、毅力和百折不挠的精神支撑自己。

6. 高度的警惕和防范

进入调查性报道之后，记者们需要特别注意，你的对手们不只是在明处与你作对，更多的时候是在你无从知觉的暗处与你抗衡。这个时候，高度的警惕与防范是你报道成功的重要保证条件之一。对你已经获取的各种证据、采访的原始记录都要妥善保管，重要的文件需要备份保存，你的行踪可能需要事先告知你的同事和你的领导，或者是让你的亲人知晓，你的联络方式可能需要加密和多样化。黑社会直接杀害记者的事情不只发生在美国，中国记者在从事黑幕揭发报道的过程中也接到过死亡恫吓，如揭发兰州证券黑幕的记者王克勤的人头就曾经被当地操纵证券黑市的人开价500万元人民币。

7. 用冷静客观的文笔披露不被人们所知的内幕

由于你最先知道了事实的真相，你可能比任何人都最先产生出对于黑幕的憎恶，你也可能会在自己毫无知觉之中产生一种“先知先觉”的优越感。这都会影响到你在报道中的遣词造句。你在报道的文字之中就有可能会渗入情绪、倾向，甚至可能会直接发表观点。这对一个职业记者的报道来说都是危险的。调查性报道更需要冷静客观的文笔。让读者和你一样了解事实真相的全过程，最终达及你的调查结果，认可你的调查结论，而不要让读者直接去听你对调查结果的评论，这是调查性报道的力量所在。

三、解释性报道

美国新闻学者杰克·海敦这样表述他对解释性报道的看法：“它是一种加有背景，揭示新闻更深一层意义的报道。”

他还说：“解释性报道是要告诉读者某则新闻的意义及其前因后果。它是对复杂的事件进行整理和解释。它比官方的材料和声明说得更深一些，它是一种追究动机的报道，解释集体或个人行动的原因。”

如同人们难以对任何一个事物在理论上的定义达成一致一样，迄今为止，新闻界对“解释性报道”的定义也没有一个国际范围的共识。美国新闻界一些人士

甚至公开反对使用这个概念,《华尔街日报》的前任主编弗蒙特·C. 罗伊斯特就说过:“我不用这个词(指解释性报道),因为所有好的报道都是解释性报道。”

但是包含解释因素的新闻报道和以解释新闻为其主要任务的报道毕竟是有区别的。以解释新闻的缘由、特点、影响、意义、趋势为其主要任务的解释性报道,是新闻报道中一种文体特征十分明显的报道形式。

1923 年美国报业巨头亨利·卢斯于 1923 年创办的《时代》周刊成为用解释性报道的武器履行职业责任的先驱。《时代》周刊对于重要新闻所做的深入细致的解释引起公众的广泛关注。

解释性报道成为美国报刊媒体的主流报道形式是 1929 年全球经济危机的产物。人们发现,在这场危机到来之前新闻界的报道并没有对那些本来预示着这场经济危机到来的种种新闻事件进行深入的解释,致使人们对这样一场经济危机的来临全无准备。新闻界的人们开始思考:那些表面看起来似乎没有联系的事件实际上有着深刻的相互作用关系,而洞察这些深层关系,不仅能够帮助受众深刻了解生存环境的现状,而且能够帮助他们看清环境的发展趋势。美国新闻界的政论家李普曼的一番话表达了新闻界在这一问题上的共识:“各种新闻事件接踵发生,而这些事件本身似乎是毫无意义的。于是,一个‘为什么’变得与‘是什么’同样重要的时代开始了。”

美国报纸编辑协会于 1933 年确认了“解释性报道”这一文体形式。

美国新闻出版自由委员会 20 世纪 40 年代后期提出:“要在环境中赋予每日事件以意义,对其进行真实、全面、睿智的报道。仅仅真实地报道事实是不够的。现在需要报道关于事实的真相!”他们的意图非常明确,不能只报道新闻事件本身,一定要说明新闻事件生成与发展的环境,从而真正揭示出新闻事件的真相。真相与表象之间是有深刻关系的,但是两者毕竟是大不相同的。

让美国新闻界感受到最强烈的刺激,从而深刻认识解释性报道内在价值的还是美国历史上出现的怪物——麦卡锡时代。

美国参议员麦卡锡为了他个人的私欲,在美国编造共产主义威胁的谣言,煽动起一场巨大的社会恐慌,致使整个美国冤狱遍地、人人自危、动乱频频,美国历史经历了一个极其荒谬的时代。麦卡锡垮台后,新闻界开始反思,它发现在麦卡锡时代新闻界奉行着纯客观主义的原则,对麦卡锡的次次演说、讲话都做了“客观报道”,但是,这些报道不仅没有告诉美国民众现实生活的本质的真实,而且是在帮助麦卡锡传播谎言甚至为虎作伥,最终和麦卡锡一样遭到民众的指责。

在这番惨痛的教训面前,美国新闻界对新闻的客观性原则有了更深刻的认识,其确信,仅仅报道新闻事实本身是不够的,重要的是要在环境中揭示新闻的意义,真正报道事实的真相。

从那时以来,解释性报道不仅作为一种新闻报道的文体,更重要的是作为一种报道的思维方式被美国新闻界予以高度重视,各种题材的解释性报道也随之成为美国主流媒体的主流报道形式之一。

随着中国社会的改革开放,解释性报道也越来越多地出现在中国的各种媒体上。如今,不仅是诸如《瞭望》《财经》《中国新闻周刊》这些杂志长于对中国发展进程中的重大新闻事件进行解释性报道,就连一些日报也非常重视解释性报道技术的运用。越来越多的中国新闻工作者已经开始生发了这样的意识:把新闻事件的生成环境描述出来,把新闻事件的影响范围揭示出来,把新闻事件的发展趋向剖析出来,把新闻事件对民众生活的意义展现出来。解释性报道正在中国社会新闻信息的传播中显示着它自身的重要效能。

如果为解释性报道下一个定义,我会这样描述它:解释性报道是对新闻事件的生成原因、影响范围、发展趋向和深层意义进行解释的报道。

对于那些公众关心的重大事件、存在着各种争议的重要事件、状态朦胧而意义重大的社会变化动向、对公众利益和社会发展进程有着重大影响的新事物,往往都需要新闻媒体对其进行深入浅出、中肯深刻的解释,以保证向民众说明那些需要他们透彻了解的新闻事件和新闻动向。

1996 年三峡工程开始建设之际,我曾经就人们关注的三峡水库未来水质的状况写过一篇解释性报道,以说明三峡水库环境面临的严峻挑战和各方采取的应对措施。

三峡:能否蓄起一方清水?

举世瞩目的三峡工程建设,眼下正在快马加鞭,日夜兼程。按照目前的工程进度,明年实施大江截流已成定局。如果一切顺利,这个将在世界第三大河上出现的面积达1 045平方公里、总库容 393 亿立方米的巨型水库,从 2003 年起就开始蓄水了。

随着工程的推进,决策之初对此项工程可能给长江环境造成的种种不利影响的估测,也渐渐变成了一种现实的紧迫压力。近日,记者在三峡工程建设委员会采访时得知,中国在加紧建设三峡水利枢纽的同时,正在同时展开一个环境保护工程。

库区两岸10亿吨污水入江

多年来,国内外各界人士对三峡水库环境问题最深重的忧虑之一就是水库的水会不会被污染。

这一担忧不无道理。从三峡坝址三斗坪至重庆的600余公里的长江干流沿岸,目前有三大岸边污染带,溯江而上的顺序为涪陵、万县、重庆(包括长寿)。这三大污染带正处于未来的三峡库区之中。经有关部门的调查核实,这三个市主要的工业污染源达1 324个,其中重点污染源有93个,这些污染源以化工、造纸、纺织和冶金行业为主。三个城市中对长江污染最为严重的是中国的西南工业重镇重庆,重庆市每年将大约10亿吨污水排入长江,其中工业废水达8亿吨。

在未建三峡水库的情况下,尽管污染严重,但是由于长江径流量大,复氧和自净能力强,仍能保证三峡库段的整体水质达到中国制定的地面水质量标准中的一级水标准。在漫长的历史中,正是长江的这一江清水,养育了长江流域富庶的农业和工业,使这里成为中国经济最发达的地区。然而,很多人担心,一旦三峡水库建成,重庆以下600公里江段变成库区,长江水流速度减慢,大量污染物质在库区内的滞留时间加长,日积月累,三峡水库的水质将会发生整体变化,这种变化将直接危害水库以下流域,对目前在中国经济格局中举足轻重的长江中下游地区造成种种不良影响。

应该说,为三峡水库水质而忧虑的不仅是对三峡工程抱有各种疑虑的人们,就是极力主张这一工程上马的人们对此也甚为关注。三峡建设委员会办公室的官员告诉记者,三峡水库的水质面临的威胁不仅是沿江城市的工业污水和生活污水,而且有大量的堆积在岸边的固体垃圾。此外,长江上的各种船只的漏油排油以及每年几百万客运人次直接向长江倾倒的生活垃圾也严重地污染着长江。

未来的三峡水库能否蓄起一池清水,已经成为中国人面对的严峻挑战。

高层官员督战治理污染

为了保护对中华民族生存发展至关重要的长江水质乃至整个长江流域的生态环境,三峡工程的决策层已经动用各方专家,制定了规模宏大的保护环境规划,并投入专项资金,推进这一计划与三峡工程建设同步实施。

治理库区沿岸城市的污水,成为三峡环境保护工程的重点。迄今为止,自重庆至三峡坝址的长江沿岸城镇,没有一座污水处理厂,长期以来,这些大小城镇借长江之利，几乎不在治理水污染上规划投资。三峡工程成为定局之后，这种局面已经不能继续下去。今年，国务院三峡建设委员会副主任郭树言两次去重庆、万县和涪陵一带，督促当地运筹治理水污染规划。

目前，重庆市已经和丹麦合作，在嘉陵江边的唐家桥建设一座现代化的污水处理厂，这是重庆有史以来建设的第一座污水处理厂，预计一年左右就可以投入运行，它的日处理污水能力可以达到4.8万吨。近期之内，重庆还计划建造桃花溪、杨公桥、南坪、化龙桥等污水处理厂。长期以来因占据上游地势之利对治理水污染漫不经心的重庆市终于在“九五”规划和未来15年发展设想中，第一次对整个城市的污水综合治理做出规划。按照这一规划，重庆市将被划分出26个排水区域，建设27个污水处理厂，从而使工业废水处理率从1990年的22.4%提高到60%。

三峡工程建设委员会的官员向记者透露，在三峡工程建设的未来年月里，政府计划陆续关闭库区内所有的小型造纸厂，集中财力物力建设具有完善污水处理设施的现代化造纸厂，从根本上断绝造纸的工业污水排入长江。在今后的10余年间，中国将投资40亿元人民币，在库区上游的城镇中建设一批现代化的污水处理厂。这次三峡库区中需要搬迁的企业有1 599个，之中不少是污染严重的小企业。依照三峡环境保护规划，所有发生水污染的企业，必须结合技术改造，对水污染进行治理，国家为此拨发5亿元人民币的技术改造贷款。

中国计划在三峡工程建成之时，使水库沿岸主要城市工业废水83%以上经过处理，生活污水的集中处理率达到25%。

随着人口的增长，城市的扩张，库区两岸堆放的固体垃圾废物也在与日俱增。据粗略统计，这些固体垃圾的总量达数百万吨。尽管从去年开始，沿江各城市已经在执行有关方面颁布的固体废物处理条例，但是，长期以来积存的固体废物仍然数量巨大，对未来三峡水库的水质形成威胁。为保证三峡水库的水不受这些固体垃圾的污染，在国家的统一规划下，各地已经制定处理这些固体垃圾的措施。三峡工程建设委员会办公室的官员说，在2000年之前，沿江堆放的固体废物将全部被清理完毕。据有关方面的专家分析，由于库区沿江两岸多为丘陵山地，因此，找到堆放这些固体废物的安全之所并不困难。

长江干流横贯中国东西部，水量充沛，终年不冻，干流通航里程达2 800多公里，是沟通中国东南沿海和西南腹地的交通运输动脉，在中国素有“黄金水道”之称。目前长江的年货运量近3亿吨。然而在长江之上航行的大大小小的船只,也构成了对江水的直接污染。污染物主要是两类,一是船只泄漏的工业用油,二是直接弃入江中的生活垃圾。长期以来,尽管有关部门采取各种措施,以图控制船只对江水的污染,但是没有取得根本性的进展。这次三峡工程作为国家重点工程启动之后,长江的水质问题在一个新的层面上引起国家关注。在长江环境保护的整体规划下,国家环保局和交通部正在联手行动,制定一系列相关措施,力图在1997年有效禁止船舶向长江丢弃垃圾,并最大限度地减少船舶油污对江水的污染。

三峡工程能否污染长江?

三峡工程究竟会不会给环境带来不利影响,这一直是国内外各方人士关心的问题。中国最后下决心建设三峡工程,是因为认定这一工程的兴建对中国来说利大于弊。对于有利因素的考虑主要是,三峡工程具有巨大的防洪效益,可以使中国七大江河中防洪标准最低的位于长江中游的荆江河段的抗洪能力从抵御十年一遇的洪水到抵御百年一遇的洪水,从而缓解长江洪水给百姓和政府造成的巨大的压力和威胁。此外,三峡水电站每年可以发电847亿千瓦,与火力发电相比,将少燃烧5 000万吨煤,在获取巨大能源的同时又可以不对环境造成污染。另外,三峡工程还可以使长江中下游枯水季节的流量增加,这就为长江珍稀动物和其他鱼类的安全过冬提供了有利条件,避免这些水中动物因水浅而发生意外死亡。

对三峡工程可能给生态和环境带来的各种不利影响,专家们认为可分为三类,一是不可逆转的影响,比如一些文物古迹和耕地被淹;二是影响较大但采取措施可以减轻的影响,比如城镇迁移和大量移民过程中产生的生态与环境问题;三是涉及范围和强度都较小的影响,诸如对人群健康和陆生动植物的影响。对于这种种可能影响生态与环境的因素,中国调集了各方专家系统研究了可能采取的对策。

这一系列对策中首先需要面对的就是三峡工程本身的建设可能对环境造成的危害。

三峡工程规模巨大,总工程量的土石方开挖约10 259万立方米,土石方填筑约2 932.9万立方米,土石方总量相当于葛洲坝工程的1.5倍。混凝土浇铸约2 714万立方米,相当于葛洲坝工程的2.7倍。据有关方面预测,三峡工程基坑排水会造成大量废水,二期围堰时的基坑排水量达到每天27万吨以上。进入三峡工程施工的机械设备总数达3 000台,之中多以燃油为动力,作业和维修中会产生大量的排油和渗漏。施工的高峰期将有4万人进入施工区,每日的生活垃圾和粪便就将达到92吨。施工造成的各种固体废弃物将达到4 380万立方米。在施工期间,因开挖爆破造成的粉尘高峰期日降尘量达到每平方公里1吨,各种运输及施工机械将消耗大量的燃油,最高年消耗量达到13.32万吨,每日排放铅化物320公斤,一氧化碳11 610公斤,氮氧化物7 460公斤,烃类2 160公斤。施工期间耗煤总量为17万吨,每日将排放烟尘300公斤,一氧化碳620公斤,氮氧化合物120公斤。上述的一切因素,都会对环境造成综合性污染。

如何最大限度地减小这样一个巨型工程在建设中对环境的不利影响,成为各方专家和三峡工程决策者所关注的重要问题。在三峡工程建设的同时,施工区内已经实施着一个专门的环境保护规划。按照这一规划,防治环境污染和破坏的设施与主体工程同时设计、同时施工、同时投产使用。到2000年,保证施工废水的处理率达到90%以上。

为了阻挡泥沙入江

引人关注的是,长江水质面临的威胁不仅来自工业化和城市化的污染,长江中上游地区日益严重的水土流失也已经成为长江之水面临的危机,这一状况将直接危及三峡水库。造成这种危机的直接原因,是长期以来对长江上游森林的过度砍伐。

长江上游区的森林资源十分富有,是仅次于中国东北的第二大林区,这一林区是长江水资源的天然保护屏障。但是,由于长期以来人们的超量采伐,长江上游的森林植被减少,土壤侵蚀面积与强度不断增大,泥石流、滑坡、山崩之类的灾害日趋严重。目前,整个长江上游的水土流失面积已经达到35.5万平方公里,占长江流域水土流失总面积的60%以上。

为了遏制水土流失对三峡水库乃至对整个长江的威胁,中国已经启动长江中上游防护林的营造工程。国家投资4.5亿元人民币,计划在今后5年里在长江中上游地区造林286万公顷。

寻求科学与法律的双重保护

三峡工程,是人类行为干预自然运行的重大举动。这一宏大的工程在今后漫长的岁月中究竟会对环境与生态造成什么影响和结果,恐怕今天的人们还难以尽知。

为了及时掌握三峡工程建坝之后长江流域生态与环境变化的情况及规

律，为库区的环境建设和监督管理提供依据，促进落实工程建设与运行中的环境保护对策与措施，中国建立了三峡工程生态与环境监测系统。这个监测系统覆盖了自上游库区、长江中下游直至长江河口受工程影响的整个地区。这是一个地区交织、部门交织、学科交织的监测网络，它要通过对受工程影响的广大地区的重要环境因子的监测，对监测资料进行系统分析，提出环境质量报告和年报，它要建立起生态与环境信息数据库对生态与环境的动态趋势进行分析，从而提出保护生态与环境的对策与措施，它要参与库区的污染防治和对生态与环境保护的监督管理，对各种突发性生态与环境事故进行调查处理和追踪监测。这个监测网分为气象、大气、水质、噪声、水文泥沙、水生生物、陆生动植物及物种资源、地震、库岸稳定性、土地资源和人群健康等10多个专业监测系统。

长江是中国的第一大河，在这条大江的流域，生活着中国35%的人口，工农业总产值占全国的40%。人们都希望着三峡工程的建设能够为大江流域的经济与社会发展带来新的促进力，然而，人们也对工程建成后可能给流域环境带来的种种不利影响而担忧。

中国决策层也处在对长江生态与环境的警觉之中。据了解，中国已经成立了由16个部门组成的三峡工程生态与环境保护协调小组，并从今年开始每年公布三峡工程的环境保护监测报告。

三峡工程建设委员会的官员告诉记者，中国最终将通过法律手段保护三峡和长江的生态与环境。去年，三峡工程建设委员会已委托国家环保局对三峡的整体环境保护进行立法研究，这项研究今年将拿出结果。最终出台究竟是一部法律还是一部有法律效应的管理条例目前还不得而知，但是中国要将三峡和长江的生态与环境置于专门法律的保护之下已无庸置疑。

三峡工程建设委员会办公室技术与国际合作司副司长吴国平说："当三峡水库蓄水到175米而江水入库流量又较小的冬季枯水期，沿岸的污染物质可能会对水质造成一定影响，但是水库的整体水质不会受到任何危害。"

这位80年代初曾在英国进修的环保专家似乎信心十足地对记者说："三峡水库的容量是393亿立方米，而坝址处的年流量平均为4 510亿立方米，年流量就达到库容量的10倍，水库内的水更新速度是很快的。正如中国的那句古语'流水不腐'，因此，三峡水库不会成为污水池。"

吴国平曾经在长江流域水资源保护局担任过8年局长，他说："长江的水污染多年来一直成为我们的心腹之患，尽管想了各种办法，采取了各种措施，但成效不大。这次三峡工程上马，可以说是为从根本上解决长江的水污染问题创造了条件。”

长江的明天如何？中国人在关注，世界也在关注……

（《华声月报》1996年8月号）

从这则报道中我们可以看到，在选题上，解释性报道是针对社会关注度较高的问题确定报道选题的。在写作上，解释性报道是运用各方面的事实说明人们需要知道而未曾知道的专业领域的问题。

四、解释性报道的采写原则与方法

1. 坚持用事实说话

坚持用事实说话是写作解释性新闻的基本原则！解释性报道对新闻所做的解释不是在议论中实现的，而是在对与新闻相关的各种事实的描述中实现的。

所谓解释性报道，就是要用各种事实要素对主体新闻进行多角度、多层面的说明，让人们从各种事实和事实间的相互作用中去了解新闻的全貌和意义。

记者在写作解释性报道的时候，一定是有自己的观点和倾向的，对于一个正直的记者来说，这种观点和倾向的形成要依据于事实，表述这些观点和倾向时也要依据事实。

2. 全面掌握与解释新闻相关的事实资料

“交代新闻背景并做出解释；讲明新闻事实在某些背景下的意义。”美国新闻学者杰克·海敦说出了解释性新闻报道写作的重要技术原则。

需要进行解释性报道的新闻一定有不容易被一般人理解的难点，而要说明这些难点，一个重要的前提条件是要充分掌握相关的事实资料，以此去解释和说明新闻。为此，掌握相关事实就成为写作能否成功的关键。在采写解释性报道的过程中，通常有五类构成解释新闻所需的事实：

（1）历史性事实：反映新闻发展过程的相关事实。这类事实会帮助你解释新闻发展的过程，从而揭示新闻的缘由。

（2）环境性事实：反映新闻产生和演进环境的相关事实。这类事实会帮助你解释新闻与环境之间的相互作用，从而揭示新闻的影响。

(3)简历性事实:反映新闻中人物的生平与机构简历的相关事实。这类事实会帮助你解释新闻中涉及的人物、机构的由来、特点,从而帮助你完整描述新闻中的主体人物或机构的形象。

(4)数据性事实:与新闻相关的各种统计和分析的数据。这类事实会为你提供解释新闻所需要的定量分析和基于这种定量分析的有说服力的结论。

(5)反应性事实:新闻在社会各界特别是在媒体所在地区的受众中引起的反响、评价。这类事实会帮助你解释新闻对社会各界产生的作用与影响。

3. 深刻理解报道涉及的专业领域的知识和与其相关的各个领域的知识

要想准确清晰地对主体新闻进行解释,记者就必须对主体新闻涉及的专业知识和相关知识有透彻的了解。不能"以其昏昏,使人昭昭"。要想解释清楚专业领域的问题,第一前提就是让自己先成为专家。只有这样,记者才有可能完成解释新闻的报道任务。

获得1987年度普利策新闻奖解释性报道奖的杰夫·莱昂(Jeff Lyon)和彼得·戈纳(Peter Gorner)采写的一组有关基因疗法问题的解释性报道,可以让我们看到记者对这样一个现代科学的前沿领域了解得是多么透彻。正是依靠对专业知识的深入了解,他们才写出了那样兴趣盎然并且激动人心的报道。

看看他们为理解这个专业领域的奥秘做了何等艰苦的工作:

作为记者,我们面临的更大的难题是题材的复杂性。在实验室里,什么也看不到,什么也摸不到,也没有什么可以描述的。整个实验室的中心就是一些奇怪的机器,石头盘子和电脑打出来的计算结果——有关基因分裂而形成的病毒和微生物的奇妙叙述。在这里,生命的形式是如此的微小,常常只能靠直觉才能感觉到它们的存在。

我们在芝加哥西北大学的医学图书馆开始了我们的研究,从电脑中调阅所有涉及分子医学的材料。我们得到了一张囊括500多篇专业论文的单子,这些还只是过去两年中人们撰写的论文。我们尽可能多地筛选出一批论文,但是我们发现这些文章难以辨识,在我们的眼中是一团乱麻。我们花了好几个月的时间才弄明白有关的术语,使我们能够分清什么是重要的论文,什么是无关紧要的材料。

我们研究的下一站是马里兰州贝塞斯达的全国健康研究所,在这里,DNA重组研究办公室——今后基因疗法的联邦管理机构——的负责人向我们介绍了基因研究领域的竞争者以及有关规定。

按照这一线索，我们制定了一长串旅行计划：到得克萨斯去采访贝勒大学的研究小组；到加利福尼亚去采访霍普城、加州理工学院、加州大学圣迭戈分校和脊髓灰质炎生物研究所的研究小组；到波士顿去采访哈佛大学、麻省理工学院、波士顿儿童医院和麻省总医院的研究小组。

最后我们整理出60多位科学家的采访录音，这些科学家每人都专攻这一难题的一个不同方面。此外，我们访问了数十名伦理学家、其他专家和许多家庭。为我们的报道提供了支持的机构还有芝加哥大学、威斯康星大学、约翰·霍普金斯大学、耶鲁大学、加州大学旧金山分校、犹他大学、哥伦比亚大学、宾夕法尼亚大学、乔治敦大学和全国癌症研究所。

——彼得·戈纳(Peter Gorner)、
杰夫·莱昂(Jeff Lyon)：《获奖者自述》

两位非医学专业人士，为完成此次解释性报道采访行程达12 000多英里，耗时几个月。正是基于这样深入的采访调查、学习研究，他们才能够对基因疗法有深刻的认识，写出高质量的解释性报道。

4. 不断地探究新闻的深层因果关系

任何事物都是由无数的因果链环关系构成的。要想把新闻解释清楚，就必须注意解释构成新闻的前因后果。

解释性报道，就是要对人们不容易理解而又需要透彻理解的事情进行说明、分析和解释。因此，就需要深入追寻事件的因果关系，对所要解释的问题的前因后果进行全面细致的考察和研究，这是写好解释性报道的关键环节。

5. 在事实中发现并建造解释新闻的逻辑关系

在写作的过程中，要运用事实建造起解释新闻的逻辑结构。一切复杂的因果关系都应该通过事实的描述进行展现与说明，你需要判断哪些事实能够说明新闻真相的意义，进一步决定这些事实在报道中如何排列、如何展开，以便读者了解新闻的意义。

6. 用通俗的语言完成对新闻的解释

需要解释的新闻往往出现在受众不熟悉的领域，甚至很可能是一般人极不了解的专业领域。这就需要记者在深刻理解了新闻的内涵与意义之后，用通俗的语言将新闻真实描述出来。特别是在对科技领域的新闻进行解释的过程中，这一技术就显得更加重要。

我们看一下杰夫·莱昂(Jeff Lyon)和彼得·戈纳(Peter Gorner)获得普利

策解释性报道奖的有关基因疗法的第一篇报道的开头,就能够感受到解释性报道应该如何进行表达:

[马里兰州贝塞斯电]在全国研究所散乱的院落中,一个实验室正在进行一项会彻底改变医学面貌的实验。

如果以最直接的方式进行描述,这项实验听起来很难让人觉得有什么重要性,可能还透着些古怪甚至是残忍。从9月初以来,研究人员一直在抽取罗猴的骨髓,故意使其感染上癌症病毒,然后再注回到罗猴的血液中。

但是实验的目的并不是让罗猴患上癌症。实际上,这些病毒都被改动过,不会导致肿瘤。其目的是为了缓解人类的疾病——以一种迄今为止只有上帝才拥有的力量来达到这一目的。

如果这项实验的负责人W·弗伦奇·奇德森得到了预期的结果,那么接下来的数月之内他会申请在另一类实验对象上进行同样的实验:一名儿童。

这样的写法,把一个正在推进中的科学前沿领域的进展动态描述成一般人都能理解,而且都能够在浓厚的兴趣中了解其意义的故事。这正是解释性报道的意义与价值所在。

五、写作解释性报道的注意事项

1. 最高的艺术:协调事实与主观判断之间的关系

解释性报道对新闻所做的解释是建立在记者对新闻的观察、分析和理解之上的。这是一个复杂的认识过程。在这个过程中应该依据事实去推进,记者必须依据查明的事实形成对新闻的判断,做出符合实际情况的结论,以此作为解释新闻的根本依据。任何人对任何事物的理解都是会有差异的、有倾向的。但是,请记住,无论你对新闻的观察和思考持有什么结论,在你对新闻进行解释性报道的过程中,只有一个判断坐标:依据事实;只有一个写作方法:用事实说话。

2. 最大的危险:直接发表议论

由于记者要对新闻进行解释,这一任务的性质会导致记者怀有一种将自己对新闻的理解表述出来的内心冲动。而这之中就蕴藏着一种伸张主观判断而不是叙述事实的危险。在写作解释性报道的过程中,任何时候都要切记用事实说话,不要直接发表议论,用对事实的叙述与描写去说明你想说明的事情,这是最有说服力的。

3. 最大的矛盾:时间、资金与报道成果

这可能不只是解释性新闻面对的矛盾,所有的深度报道都会面临这样的困境。深度报道需要更多的资金支持,要耗费更多的时间和精力,一些媒体面对这样的"资本"投入可能会感到犹豫。然而,面对这个矛盾的选择之所以艰难,其原因在于这种选择往往不是一种经济意义上的权衡,而是对媒体所担负的社会责任如何认定。

思考题

1. 深度报道的"深度"指的是什么?
2. 构成深度报道的核心要素是什么?
3. 深度报道与非深度报道的区别是什么?
4. 深度报道在新闻传播中的作用是什么?
5. 采写调查性新闻的关键技术是什么?
6. 采写解释性新闻的关键技术是什么?

练习题

1. 以中国粮食安全问题为主题,为下面一则新闻注入相关背景资料,说明与报道主题相关的原因、对公众的影响、可能的发展趋势,使之成为一篇深度报道。

中新社北京12月6日电　中国国家统计局6日公布的数据显示,2019年中国粮食总产量13 277亿斤,比2018年增加119亿斤,增长0.9%,创历史最高水平。

国家统计局农村司高级统计师黄秉信表示,2019年,各地深入推进农业供给侧结构性改革,在保障粮食生产能力不降低的同时,稳步推进耕地轮作休耕试点工作,调减低质低效作物种植,扩大大豆、杂粮等优质高效作物种植规模,因地制宜发展经济作物,中国粮、经、饲种植结构进一步优化。

初步统计,2019年中国粮食播种面积17.41亿亩,比上年减少1 462万亩,下降0.8%。同期,中国豆类播种面积1.66亿亩,比上年增加1 332万亩,增长8.7%,其中大豆播种面积1.40亿亩,比上年增加1 382万亩,增长10.9%。

粮食单产水平亦有所提高。2019年中国粮食单位面积产量381公斤/亩,

比 2018 年增加 6.6 公斤/亩,增长 1.8%。

2. 选择你所在的生活环境中存在的威胁公共安全或公众利益的问题,采写一篇或一组调查性报道。

3. 就人工智能在医学领域的应用写一篇或一组解释性报道。

第十一章　广播新闻的写作

第一节　广播新闻的特点

今天，广播与电视媒体已经在互联网平台上以全新的工作方式开辟了全新的传播渠道，但是作为音频信息和视频信息的经典传播形态，它们仍然以其专有特性发挥着特有功能。

在这一章里，我们把广播电视新闻视为通过播音员播发的新闻，讲述广播电视新闻的写作方法与技术。由于都是口语播发的形式，我们将其称为“广播新闻”。

广播电台的新闻和电视台的新闻在合成方式上是不同的，但是它们有一个共同特征，就是通过播音员播发。正是这一共同特征，使得广播电台的新闻与电视台的新闻在写作技术上具有一些共同规则。

一、广播新闻的优势

广播新闻的传播有自身的特点，主要包括：

1. 它是快速的

电波每秒钟的速度为 30 万公里。广播新闻信息可以即时抵达受众群体。这种传播速度是印刷媒体不能比拟的。在广播新闻传播的世界里，特别是在网络技术构建的天地间，人类生存的这颗星球距离已经消失。

2. 它是广泛的

广播新闻的广泛性表现在两个方面，一是信息传播覆盖的地理区域是广泛的。在环绕地球的太空中，各种广播电视卫星已经把世界的各个角落覆盖完毕。在中国，广播和电视信息传播对受众的覆盖率都已经达到 95% 以上。二是听众群体的构成范围是广泛的，能够听懂口头语言的听众都可以收听广播新闻，广播新闻对受众的教育程度和文化水平没有特殊要求，这与报刊新闻传播的受众构成有着明显差别。

3. 它是便捷的

听众可以随时随地收听广播新闻，不受场所条件的制约。人们甚至可以一边开车一边收听，一边走路一边收听，一边做着家务事一边收听。广播新闻是无处不在的信息传播，它可以便利地渗透到人们生活的各个角落和各个时段，从而赢得最大的空间与时间的自由。

4. 它是逼真的

由于广播新闻是由人的声音播送的，因此对听众来说这种信息具有天然的接近感、现场感，特别是电视新闻信息，有现场的动态平衡影像，更能够让受众对新闻身临其境。今天的广播和电视新闻已经全力追求着与新闻事件的发展进程同步运行。

二、广播新闻的局限

所谓“有利必有弊”。广播新闻在赢得高速度优势的同时，也不可避免地存在自身的局限。这些局限表现在：

1. 它是易逝的

广播新闻信息是转瞬即逝的。它在传播流程中发送的同时就是消失。它不能像印刷媒体的信息那样可以长久驻留，除非听众有意事先做好准备把它录制保存。而这样做显然不是一般受众收听广播新闻的意图与习惯。广播新闻信息的这种易逝特点，意味着受众必须对新闻信息一次听懂，如果不能一次听懂，就意味着不像阅读报刊时一次没有看懂可以非常便利地去阅读第二遍乃至更多遍，甚至也不像电视新闻那样可以得到影像信息的同步说明和解释。如果听众一次没有能够把新闻听明白，就意味着他们只能通过另一次信息传播过程或者是其他新闻传播渠道弥补自己的遗憾。

2. 它是单向的

尽管今天的广播新闻工作者建立起各种与受众之间进行即时交流的“热线”，但是，这种交流仍然局限于信息传播者与个别受众之间的互动。对于接收广播新闻的绝大多数听众来说，广播新闻仍然是一种不可能与受众即时互动的单向信息传播方式。这种线性传播的缺陷是明显的，对于受众来说，他们在接收信息的过程中选择的自由被局限于极其狭小的领域，在一个节目进程中，听众只拥有听与不听的选择,而不可能拥有听什么(对一则新闻中的某个部分有兴趣的时候的选择)、何时听(对适合自己需要的收听时间的选择)、怎样听(对新闻跳跃收听和重复收听的选择)的选择。更重要的是,信息传播者与信息收听者不能进行即时交流,这就有可能对听众理解新闻造成障碍。广播新闻工作者将这一缺陷称为"信息变异"。最明显的是汉语中的同音异义字词的使用,这些词语有可能造成听众对新闻产生歧义、误解。但是他们没有机会问询,因此也就没有机会澄清自己的"误听"。

3. 它是非限定的

这里所说的"限定性"是指两个方面的含义:一是对受众接收信息的感觉器官的限定,二是对受众接收信息的时间与空间稳定性条件的限定。无论是印刷媒体还是电视媒体,受众接收其传播的新闻时必须运用自身的视觉器官,也就是必须通过自己的眼睛才能接收到信息。眼睛作为人类接收外界信息的主要感觉器官,与其他感觉器官最大的不同就是它在使用的过程中伴随着人的大脑思维的专注性。而广播新闻是以声音信息作为传播介质的,人们是借用听觉器官接收它的。而听觉器官的使用往往不像视觉器官那样伴随着思维的高度专注性。此外,无论是印刷媒体还是电视媒体,受众在接收它们的信息时必须同时占据时间与空间关系的稳定条件。人要处于相对稳定的状态,才能阅刊读报,才能收看电视。而广播新闻不需要这样的稳定条件。人在走路时或干家务活时,都可以收听广播新闻。正因为如此,广播电视新闻学界的一些专家认为,广播对于受众来说,是一种自由度很高、随意性很强的信息传播方式。

认识广播新闻传播的特点,对于我们把握广播新闻的传播规律,掌握广播新闻的写作技巧是重要的。

第二节 广播新闻的写作原则

在广播新闻的写作过程中,一般新闻写作的基本原则和基本技术都是适用的,不仅适用,而且必须坚持。但是,由于广播新闻是一种借用声音传播的信息,有着它自身特定的传播重点及规律,因此,广播电视的新闻与印刷媒体的新闻在写作上有着一些不同之处。

中国新闻教育家恽逸群在 1947 年就说过:"广播应该有自己的风格,这个风格的主要特点是'短、浅、软'。短,大家都晓得了;浅,就是通俗,使人一听就懂；软，就是轻松、风趣，使听众在文化娱乐中不知不觉地接受你的观点。"

美国新闻学者认为："广播电视新闻的目的不同于报纸，其意图是简洁而快捷地给公众提供基本信息。广播电视新闻撰稿人的工作是在不用细节的条件下讲清楚报道思想。为了在短暂的时间里将发生的事件传播给受众，广播电视记者遵循着一套特殊的准则。"（麦尔文·门彻）

这之中"广播电视新闻撰稿人的工作是在不用细节的条件下讲清楚报道思想"的说法是否有些极端，我们可以商讨。但是可以说，这位美国新闻学者对广播新闻写作的整体看法，反映了在现代传媒分工日益细化的趋势下，人们对广播新闻传播功能定位的看法。

由于广播新闻与报刊新闻的传播方式不同，传播目标不同，受众群体不同，因此广播新闻的写作遵循着一套特殊的规律。这些规律要求记者在写作广播新闻稿件的时候，要坚持下面的原则：

一、追寻最新的内容

广播的信息容量比印刷媒体更大，广播的更新频率比印刷媒体更快。它具有即时播发最新新闻的全部优势，它甚至可以做到直播新闻事件的发展进程。因此，为广播媒体写作新闻时，需要具有更强的新闻意识。要全力寻找到最新的新闻和最新的新闻动态，在第一时间把最新的新闻传达给听众。这是广播新闻赢得听众、建立威望、占据市场的优势所在。

在现代社会的媒体功能分工中，广播新闻担负的主要任务是把最新的新闻用简洁明了的方式最快地传播给听众。广播新闻要争取在第一时间对听众的吸引力和影响力，往往是通过新闻核心内容所具有的重要性、新鲜度所实现的。

写作广播新闻稿件，首先要抓住最新的新闻事件和新闻动态，并且把它们放在报道中最重要的位置上。

二、建造简明的结构

由于广播新闻的易逝性，要想保证听众一次能够对新闻信息的理解准确无误，为报道建造起简明的结构是重要的。下面的方法可以有效地保证广播新闻稿件的结构简明、条理清晰。

在广播新闻稿件的写作中，要坚持单一线索的叙述原则，一般不要使用多头绪、多线索的复合型、交叉型的报道结构。在一则报道中，一般是说一件事情，而且是从头到尾，依次道来。与报道相关的要素，要一个个完整地交代清楚。也就是说，交代完一个要素，再交代另一个要素，不能“你中有我，我中有你”，否则就容易造成听众收听新闻的困难与障碍。

在叙述方式上，尽量不使用倒叙、插叙的叙述方法，而主要采用顺序法。如果需要使用倒叙、插叙的叙述方法，要做好铺垫，交代清楚，不能让听众对新闻报道中的人物、时间、情节的理解出现混乱和误差。

为了保证报道结构的简明清晰，对内容含量较大、关系因素复杂的新闻，需要进行适当的拆解，将其分解为相对独立而又相互关联的组合体。

三、采用短小的篇幅

在写作广播新闻稿件的时候，报道篇幅要尽可能短小精悍。短小的篇幅在广播新闻的传播过程中对于信息传播者与信息接收者都有重要意义。

第一，便于提高新闻的时效性和新鲜度。篇幅的短小，为写作新闻和播发新闻都赢得了宝贵的时间，因此也就赢得了新闻传播第一时间的主动权和对受众的影响力。

第二，便于增加新闻传播的信息容量。每一条新闻的篇幅短小之后，同样的传播时间里信息的条数就会增多，信息的总含量就会增大，人们在同样的时间里就能够了解更多的新闻信息。

第三，短小的篇幅便于引起听众对新闻核心内容的关注，便于听众在自由度较高的收听环境中短时间内集中精力收听新闻的重要内容。

第四，短小的篇幅也有助于增强听众在被动接受广播信息传播过程中的耐受力，即便听众对收听到的信息不感兴趣，但是，由于报道篇幅的短小，往往“一闪而过”，他们有可能有耐心等待着其他自己感兴趣的新闻的出现，从而相对延长收听新闻广播的时间。

至于报道的篇幅究竟控制到多少字为适宜，要根据新闻的内容、新闻价值的含量、受众的构成状况、媒体的传播意图等方面的因素综合分析后确定。

美国哥伦比亚大学新闻学院的新闻写作教科书中这样提示学生：“如同赛马师或注意自己体重的人对每一片面包都要再三掂量一样，广播电视记者对每一个单词和每一个观点的审视也会同样苛刻。用词过多，报道就可能挤掉另一条消息，观点太多，观众和听众就可能会感到困惑。”

四、使用通俗的语言

由于广播新闻信息在传播的过程中转瞬即逝以及听众群体构成的广泛性，

因此,要想让更多的听众一次听懂广播新闻内容,广播新闻稿件的写作就必须使用通俗的语言,让广播新闻浅明易懂。

请记住,听众没有任何机会去琢磨你的意思,他们只能在一次性收听中理解你想说的一切。哪怕是在你看来是再简单不过的新闻事件,也要保证听众在收听它的过程中不产生歧义和误解;至于专业性很强、涉及复杂矛盾关系的新闻事件,就更需要注意对其进行通俗的解释与分析,保证让尽可能多的听众最大限度的理解。

清朝戏剧理论家李渔说过:“能从浅处见才,方是文章高手。”在广播新闻的写作中,通俗不仅是写作的原则,也不仅是写作的才能,它甚至是记者的一种对听众负责、为听众服务的职业精神。追求语言的通俗易懂,应该成为广播新闻写作者运笔行文过程中的一种自觉意识。

美国杂志新闻工作者为自己提出的文字通俗度的准则是:不让任何一个接受过初中教育的读者在阅读中产生障碍。由此看来,广播新闻写作的通俗度标准应该更加宽松,因为广播覆盖的听众群体的范围更加广大。

第三节　广播新闻的写作技术

让我们先来看看美联社对写作广播电视新闻稿件的建议:

导语:

越短越好!不要在一个长而复杂的句子中概括出当天事情的主要进程。反过来,要为听众提供一个短小而让人动心从而吸引他们听下去的理由。

句子:

请牢记:有人不得不阅读并且要朗读你撰写的稿件。过长的句子特别是那些由众多从句组成的复合句,会让播音员磕磕巴巴。

如果一个句子在你的计算机屏幕上占了一行以上,它可能就太长了,问一下自己:你是否能够一口气把这个句子读完?

对于你能够在正常呼吸的情况下可以一口气读完的句子,你也要接着问自己:听众是否可以在一次收听后就能够清晰地理解这句话所要传达的全部信息?用两个更短的句子是否会更清楚地进行表达?如果是这样,就重写。

帮助播音员:

朗读你的稿件,修改错误的、不恰当的特别是不适合口语的措辞。在可能造成阅读困难的人名或者词语旁边做出发音提示。

广播新闻稿应该更为简明、通俗、流畅，便于广播员和主持人朗读，也保证受众能够收听一遍就能明白无误。美联社对广播电视新闻稿件写作的建议，可以让我们看到广播电视新闻写作的技术要领。

具体来说，广播新闻写作的技术可以包括以下方面：

一、使用谈话式的写作风格

这是说，要像与你的朋友谈话一样进行广播电视新闻的写作。由于广播电视新闻是通过播音传送的，因此它更加接近口语的表达方式。你平日用什么词语、句式、风格说话，你就用什么词语、句式、风格写作广播新闻稿件。当然，人在不同的场合会有不同的说话方式，在写作广播新闻稿件的时候，你要借用的说话方式应该是你向朋友叙述某个事情经过的时候采用的方式。

不要这样写：

中国足球迎回了2004年唯一也是最后一个亮点——世界青年女足锦标赛亚军。

可以这样写：

中国青年女子足球队获得世界青年女足锦标赛亚军。这是中国足球在2004年的国际比赛中赢得的唯一荣誉。

“最后一个亮点”的说法过于抽象，这种写法在广播新闻中不能让听众对新闻的意义一目了然。后面的写法就能很清楚地说明新闻的内容和意义。

广播报道写作最重要的技术是要按照新闻事件发展变化的逻辑顺序叙述事件的过程。

二、使用现在时态

由于广播新闻追求时效性和现场感，广播新闻稿件应该尽量使用现在时态。这是吸引读者的需要。使用现在时态，会让听众有新鲜感、有接近感，从而引起对新闻报道的关注。使用现在时态的前提是寻找到新闻的现在状态，因此，你要想方设法发现新闻的最新动态，广播新闻报道应该永远追求这样一个目标——从事件的最新动态开头。

不要这样写：

山西省小弯沟煤矿6日上午发生局部瓦斯爆炸事故,有10名遇难矿工的尸体今天清晨被运出井外,另有被困井下的5名矿工至今生死不明。

可以这样写:

今天(8日)清晨,山西省小弯沟煤矿10名遇难矿工的尸体被运出井外,另有被困井下的5名矿工生死不明。6日上午小弯沟煤矿发生瓦斯爆炸事故。

第一种写法首先是在重复报道已经发生的事件,而这样重大的灾难性事件,人们可能在事件发生之际已经通过各种渠道得知,即使不知道这一事件的听众,在听到广播电台用概述方式发几天前的新闻时,也难以引起关注。后面的写法用一个动人心弦的具体事实向听众说明了矿难事件最新的发展状态,这无疑能够使新闻具有更大的吸引力。同时,报道也简略地交代了这起矿难的发生背景,帮助以前不了解这个事件的听众掌握事件的来龙去脉。

三、使用短句

短句是保证内容明白易懂的重要环节。不要使用复杂的句式,在非使用复合句不可的时候,要注意把句子分割成短句。广播报道中的合理间歇,不仅能够为新闻播音员提供喘息的机会,也为听众更好地理解新闻提供了自由的空间。

不要这样写:

围绕乌克兰总统选举产生的政治危机目前已不仅仅牵扯到这个前苏联加盟共和国本身,与之相邻的俄罗斯和欧盟之间也因为不可回避的利害关系而卷入其中。

可以这样写:

乌克兰总统选举产生的政治危机已经对俄罗斯和欧盟的关系产生影响。俄罗斯总统普京的一名高级助手说,这场争端是对俄罗斯与西方关系的一次重大考验。

前一种写法存在几个问题:一是在一句话里想要交代的内容过多;二是最重要的新闻要素没有放置在最显要的地方;三是对核心内容的交代不够具体。

四、一个句子表达一个理念

广播新闻要做到简明易懂,在句子的构造上就要追求简洁明了。一个句子表达一个内容对于保证稿件的清晰度是非常重要的。不要企图在一句话里塞进更多的内容。一句话只讲述一个意思,让每句话简洁明了。不要面面俱到,省略一切可以省略的东西!

不要这样写:

《火舞》是一部融合了上百种来自不同地区的舞蹈和音乐的成分,并结合悠久的神话传说和历史文化背景,运用了当今世界上最先进的舞台制作手段而精心打造的一台鸿篇巨作。《火舞》讲述的是一个跌宕起伏的爱情故事,但是这个故事却不幸发生在战乱年代。通过剧情的发展,表现了战争中勇敢的民族逾越武器反对武装侵略的可歌可泣的感人故事。

可以这样写:

《火舞》是一部大型舞蹈史诗剧,它在深广的历史背景下讲述了一个战乱年代曲折的爱情故事。这部大型舞蹈史诗剧融合了上百种来自不同地区的舞蹈和音乐的成分,使用了当今世界上先进的舞台制作技术,被誉为"新世纪舞蹈界的一把燎原之火"。

我们可以看到前面的写法由于叙述的头绪繁杂,特别严重的是在一句话中想要表达的内容过多,因此让人们感到十分杂乱。后面的写法有了改变,有助于听众更清晰地了解这部大型舞蹈史诗剧的内容与特色。

五、使用主动语态

什么人做了什么事情——这是最便于人们理解的表述方式。在广播电视新闻的写作中,要尽量使用这样的表达方法。主语—谓语—宾语,这样的语态结构最便于听众清楚地理解信息。

不要这样写:

投资 1.5 亿元港币在香港兴建生产基地的计划将被"百年老店"同仁堂实施。预计明年上半年推出首批产品。

可以这样写:

"百年老店"同仁堂将投资 1.5 亿元港币在香港兴建生产基地,预计明年上半年推出首批产品。

前面的写法是一种书面语言的表达方式，不是人们讲述事件时的表达方式，因此也不符合人们倾听讲述的习惯。而且，在这种写法中，新闻的主体不够突出，后面的写法更接近口语表达方式，新闻的显著性、重要性也都得到更突出的体现。

六、消息来源前置

广播电视新闻也还是要交代消息来源的。但是与报纸不同，广播电视新闻写作时，消息来源的身份要放置在消息来源的说法前面进行说明。在报纸新闻写作中，通常是把消息来源所说的内容放置在前面，然后再告诉读者消息来源的身份。这是因为报纸的文字信息在同一空间位置上具有驻留性，能够保证读者清楚地看到是谁在说话。但是，广播电视新闻的写作中不能这样做，因为在没有重复的信息传播过程中，这样做可能会引起受众思维的混乱，为理解新闻造成障碍。

不要这样写：

"这是一场酒后驾车事故，"正在事故现场进行调查的警察说，"驾驶员的酒精测试含量已经超标3倍以上。"

可以这样写：

正在事故现场进行调查的警察说："这是一场酒后驾车事故。驾驶员的酒精测试含量已经超标3倍以上。"

七、将人物的头衔放置在人物姓名的前面

什么人做了什么事，说了什么话，按照这样的顺序进行叙述，便于听众清晰、顺畅地了解报道的内容。

不要这样写：

俞正声说："领导机关和领导干部所处的特殊地位，决定了他们的腐败会比社会其他腐败现象更具危害性。"俞正声现任中央政治局委员、湖北省委书记。

可以这样写：

中央政治局委员、湖北省委书记俞正声说："领导机关和领导干部所处的特殊地位，决定了他们的腐败会比社会其他腐败现象更具危害性。"

八、避免过度跳跃

广播新闻报道要注意叙述时的顺序性和连续性。在报道中如果出现时间与空间关系上的过度跳跃,可能会造成听众收听新闻的困难,甚至会让听众陷入困惑。

九、限制使用数词

数词在口语表达中是容易出现混乱的。在为广播电视写作新闻稿件的时候,不能像为报刊媒体写作时那样,将数字的全部细微之处和复杂之处都用文字展现出来。要在最重要的数字中强调最重要的成分。

有时你会遇到这样的数字:

"两亿三千七百零一十一万二千四百五十六元人民币"。

如果不是重要到非把具体数字详尽表现出来不可的地步,你就可以把它省略处理为:

"两亿三千七百万元人民币",甚至"两亿三千多万元人民币"。

在广播新闻报道中,过于详细的数字往往会对听众理解新闻的本质造成障碍和负担,甚至造成听众的厌倦与迷惑。

十、谨慎使用缩写

除了人们非常熟悉的相关机构与事物的简称和缩写之外,广播新闻中最好不使用缩写,因为广播媒体不像报刊那样能够很便利地在这些简称和缩写的后面加上注释。一旦使用一些不常见的缩写,可能会让听众陷入迷茫。

不要这样写:

今天清晨,当中青队捧着世青赛银牌凯旋时,守候在首都机场的北京球迷和媒体记者以及中国足协官员发出一片欢呼声。

要说明:

"中青队"是"中国青年女子足球队",她们得到的"世青赛银牌"是"世界青年女子足球锦标赛银牌"。

因为各种运动项目的"中青队"太多了,而各种类型的"世青赛"更是名目繁多。报刊媒体上由于有图片,有各种版面语言的铺垫,这样的省略可能对读者阅读新闻不会造成障碍,而且会提高版面的使用效率,但是在广播新闻中,这样的做法就会显得不太负责任了,因为听众可能是突然收听到广播中的这条消息,他们就会感到莫名其妙。

十一、不要使用生僻的词

为广播电视写作新闻稿件一定要使用常用词汇,不要使用生僻的词语。受众没有时间像阅读印刷媒体的新闻时那样能够看到文字,即使现在的电视配有字幕,受众也没有时间去查阅字典之类的工具书。此外,生僻的词语也会给播音员造成朗读的困难。

十二、不要使用让人费解的明喻和暗喻

一些不通俗易懂、不恰如其分的比喻容易造成听众理解上的误差。

不要这样写:

美国总统布什在他的演说中放了一炮。

要直接写布什在他的演说中说了什么!也就是写出你认为有大炮轰击效果的讲话内容。

不要这样写:

美军在伊拉克陷入沼泽。

要直接写美军在伊拉克遇到了什么麻烦。

不要这样写:

这是一场出人意料的悲剧。

要直接写这究竟是一场什么悲剧,让人们在目睹和倾听这场悲剧的过程中,感受到它的出人意料之处。

在广播电视新闻中,比喻如果使用不当,往往不能够让听众直接了解新闻内容,而且可能会让人们在理解新闻的时候产生歧义。但是,在一些涉及专门领域的报道时,有时需要用通俗的比喻解释和说明新闻。怎样运用比喻,要根据不同情况而定。一个原则是必须坚持的:比喻是为了更确切地说明新闻,而不是为人们了解新闻造成新的障碍。

十三、让报道便于朗读

广播新闻要用通俗易懂的语言写作。撰稿人一定要用朗读来检验自己的稿件。通过阅读,会发现用词、韵律、句式方面的问题,可以发现播音员在朗读这篇稿件的时候能否一口气读出一个完整的事实要素。稿件要保证广播员每换一口气能够读出一个要素,传达一个内容。

以上各种技术,在实际写作的过程中需要灵活应用。在写作广播电视新闻的时候,要有一种强烈的意识:将最能够吸引听众的新闻内容放在报道的最前面,按照事件发展的逻辑顺序描述事件的过程,让报道始终保持紧凑的节奏,使用简洁通俗的语言叙述整篇新闻。

广播电视新闻往往来源于其他媒体的报道。这些报道往往不是专门为广播电视媒体写作的。因此,在看到这样的新闻报道时,要有高度的专业警觉,把它们改写成适合于广播电视媒体使用的报道。

下面的报道来自报纸:

今天凌晨2时36分,京津塘高速公路进京方向16公里处,一辆运服装的货车撞到一辆运盐酸的大罐车的尾部,导致罐车内的30吨盐酸泄漏,高速公路封闭5小时。

据介绍,事故是货车司机疲劳驾驶所致,两车相撞后,导致盐酸罐破裂,罐车内30吨盐酸向外喷散。由于撞击猛烈,货车紧贴在罐车尾部,货车的驾驶室严重变形,司机和乘车人受伤被卡在车中。

此时,朝阳交通支队高速路队民警在巡逻中发现情况后,在警车的导引下,罐车司机将车缓缓开到进京12公里的空地上。此时盐酸不断流进货车的驾驶室,一时白烟四起,气味刺鼻,驾驶室中被困的2人面临被盐酸烧死的危险。前来驰援的民警带来了大量的防毒面具,民警们戴上面具钻进驾驶室,将伤者救出,随后交警继续戴着面具指挥交通。

随后赶来的消防中队、环卫部门赶到现场,救险人员让罐车内盐酸就地泄漏,消防人员不断地用两支水枪往泄漏点喷水稀释,早晨7点左右,交通逐步恢复正常。

广播电视新闻在开头部分不会交代这么多要素,它要把最重要的新闻要素浓缩起来:

昨天凌晨两点，京津塘高速公路发生一起两车追尾事故，被撞车辆运载的30吨盐酸泄漏，导致高速公路封闭了5小时。

事故发生在京津塘高速公路进京方向16公里处。一辆运服装的货车撞到一辆运盐酸的大罐车的尾部，导致盐酸罐破裂，罐车内30吨盐酸向外喷散。

由于撞击猛烈，货车紧贴在罐车尾部，货车的驾驶室严重变形，司机和乘车人受伤被卡在车中。

北京朝阳交通支队的民警在巡逻中发现这一情况后立即组织抢救，货车司机和乘车人及时脱险。随后赶来的救险人员让罐车内盐酸就地泄漏，消防人员用水枪往泄漏点喷水稀释。

早晨7点左右，京津塘高速公路的交通逐步恢复正常。

据警方透露：事故是货车司机疲劳驾驶所致。

在开头部分不必交代太多要素，而是要把最重要的新闻内容浓缩起来。精确的时间在这条新闻中不是那么重要，重要的是事故本身的特殊性和它造成的后果。至于是哪个属区的交警发现了这个情况、出动救险的有多少个部门、交警是否戴着防毒面具指挥交通等，也不会是受众关心的事情。

当然，一条广播电视新闻是否需要这么长，要根据时间限制、受众需求而定。如果是电视新闻稿，还要根据图像的画面确定文字的内容。

美国新闻学者默文·布洛克在《广播电视新闻写作——更短、更尖锐、更有力》一书中对广播电视新闻的写作提出了一系列建议，这些建议被业界称为广播电视新闻写作的核心技巧。下面是其中一些特别需要引起我们注意的建议：

- 起句有力。良好的开始是成功的一半。
- 阅读并理解消息来源。
- 在关键事实要素的下面画线，让这些事实显现在你的眼前。
- 思考。先不要动笔。思考。
- 按照你说话的方式写作。
- 有平实写作的勇气。
- 避免喋喋不休的烘托。
- 在短语前交代来源。
- 用主—谓—宾的结构行文。
- 一个句子限定表达一个意思。
- 使用短词和短句。

- 用常用词语组织常用语句。
- 让稿件人性化、本地化。
- 让稿件富有活力：使用主动语态和行为动词。
- 避免用"也许""可能""似乎"这样的不确定词汇。
- 使用肯定句。
- 在恰当的地方使用现在时态。
- 不要用一段引语和一个问题开头。
- 注意用连接词把句子连接成一个完整的结构。
- 将你最想强调的词语放置在句末。
- 谨慎使用省略词。
- 必要时使用转折词让稿件引起听众注意。
- 删除不必要的词。
- 只写最突出的内容。
- 不要照搬消息来源的稿件。
- 不写拿不准的内容。
- 不要涉及你回答不了的问题。
- 朗读稿件，让稿件适合于朗读。
- 写作的艺术在于修改你已经改写过的东西。

思考题

1. 广播新闻与报刊新闻有什么不同？
2. 广播新闻写作的原则是什么？
3. 广播新闻写作应该避免哪些问题？

练习题

将下面的新闻报道改写为广播新闻稿。

长生生物正召回有效期狂犬疫苗

新京报讯（记者李云琦）　深陷狂犬疫苗生产记录造假的长生生物，在7月16日跌停，报22.1元，对应总市值215亿元，缩水24亿元。今年以来，其股价不断上涨，最高达到29.99元/股，对应总市值暴涨超1倍。截止到7月13日收盘，报24.55元/股，对应总市值为239.04亿元，较年初总市值上涨70%。

昨日早间，长生生物发布公告称，吉林省食品药品监督管理局已收回子公司长春长生的药品GMP证书，同时长春长生已按要求停止狂犬疫苗的生产，长春长生正对有效期内所有批次的冻干人用狂犬病疫苗（Vero细胞）全部实施召回。

分析称记录造假或为降低成本

7月15日，国家食药监总局公告称，国家药品监督管理局组织对长春长生生物科技有限责任公司（简称长春长生）开展飞行检查，发现该企业冻干人用狂犬病疫苗生产存在记录造假等严重违反《药品生产质量管理规范》行为，责令长春长生停止生产狂犬疫苗。

7月16日，北京鼎臣医药资讯创始人史立臣对《新京报》记者称，企业会出现记录造假的范围较大，“疫苗生产比如说温度上的记录、数量上的记录、人员等涉及生产管理层面的，都有可能造假”，“GMP要求的对关键生产的数据一定要及时准确地记录下来”。

至于出现造假的原因，史立臣表示，一般是为了降低成本，“举个简单的例子，配料应该配100公斤却只用了80公斤，或者应该在某一个温度阶段放24小时，却只放了两个小时”。

《新京报》记者在7月16日多次致电长生生物了解相关情况，电话始终未能接通。

2017年卖出全国近1/4的狂犬疫苗

据中国产业信息网公布的2017年狂犬疫苗批签发及市场需求情况，目前市场主要生产企业是广州诺诚、辽宁成大、宁波荣安和长生生物，2017年4家企业合计批签发占比88.63%。在狂犬疫苗市场，长生生物2017年的狂犬疫苗销售量占我国市场的23.19%。

长生生物称，从批签数量看，其狂犬疫苗和水痘疫苗已经位于国内的第二位。根据长生生物2017年年度报告，公司一类疫苗和二类疫苗的批签发量分别为577万人份和1 011万人份，其中公司主要产品冻干人用狂犬疫苗（Vero细胞）、冻干水痘减毒活疫苗、流行性感冒裂解疫苗、冻干甲型肝炎减毒活疫苗的批签发数量分别为355万人份、360万人份、257万人份、272万人份。

2016年、2017年，长生生物的疫苗制品销售量分别达到了1 792.9万人份、1 784.7 万人份。

7 月 16 日早间，长生生物公告中称，因暂时无法预计准确的复产时间，此次冻干人用狂犬病疫苗（Vero 细胞）停产将对长春长生的生产、经营产生较大的影响。

记者了解到，虽然长生生物在狂犬疫苗中占有量较高，但长生生物的停止生产，不会造成我国市场上狂犬疫苗缺少的情况。

史立臣告诉《新京报》记者，目前国内生产狂犬疫苗的企业较多，"狂犬疫苗的生产数量不取决于企业本身的产能，而取决于相关部门的签发数量"。

焦点 1

实控人为一家三口，公司曾多次涉行贿

2015 年，长生生物作价 55 亿元，借壳江苏的上市公司黄海机械上市，后来黄海机械改名为长生生物，公司实际控制人为高俊芳、张洺豪、张友奎三人，分别持有长生生物 18.18%、17.88%、8.24% 的股权，三人是一致行动人。

根据当时的收购报告书，高俊芳、张友奎为夫妻关系，高俊芳、张洺豪为母子关系。《新京报》记者注意到，实际控制人之一的张友奎，曾任职长春生物制品研究所干事、副处长。高俊芳现为吉林省政协委员、长春市人大代表。

长生生物在市场推广上还存在采取非法行贿手段的情况。7 月 16 日，《新京报》记者在中国裁判文书网搜索到相关行贿案例有 11 个。例如中国裁判文书网 2017 年 12 月发布的一份刑事裁定书显示，河南宁陵县前防疫站药房科科长史某，在 2010 年至 2015 年，非法收受长春长生业务员吴玉海狂犬疫苗、水痘疫苗回扣款 164 000 元。另一曾任睢县疾病预防控制中心主任的宋某某，曾收受长春长生经销商吴某回扣款 124 680 元。

焦点 2

买上百亿理财产品，研发费用仅 1.22 亿元

2017 年，长生生物的营收达到 15.53 亿元，归属于上市公司股东的净利润为 5.66 亿元。据长生生物财务报告，公司销售疫苗的毛利率达到了 86.44%。

在赚钱的同时，长生生物 2017 年度委托理财发生总金额达到 111.58 亿元，其中募集的资金产生的理财发生额为 63.45 亿元，自有资金产生的理财发生额为 48 亿元。截止到 2017 年年底，长生生物仍有 20.5 亿元理财产品尚未到期。

在 2017 年度，长生生物的投资收益为 7 422.8 万元，占到公司利润总额比例的 11.17%。长生生物称，这是公司利用闲置资金和自有资金购买理财产品所致。

但反观长生生物的研发费用，却只有理财总额的1%。2017年，长生生物的研发费用只有营业收入的7.87%。数据显示，2017年长生生物的研发人员数量有153人，研发人员数量占比为14.96%，研发投入金额为1.22亿元。2016年，长生生物的研发投入金额为4 333.6万元。

焦点3

4月以来大股东频繁减持

自今年4月以来，长生生物的第四大股东，曲水卓瑞创业投资合伙企业(有限合伙)(下称:曲水卓瑞)频繁减持长生生物股票。

在2015年长生生物借壳黄海机械时，曲水卓瑞就是长生生物的第三大股东，持股10.92%。借壳成功后，曲水卓瑞成功跻身已经上市的长生生物前十大股东之中，最初持股比例达7.53%，是长生生物的第四大股东。

数据显示，截止到2018年3月底，曲水卓瑞持有长生生物6.77%的股权。今年4月19日、4月25日，曲水卓瑞分别减持长生生物股票50万股、50.8万股。今年6月，曲水卓瑞更为密集减持，分别在5日、6日、26日、29日4次减持手中长生生物股票。7月2日、6日又分别减持。

据长生生物7月10日公告，曲水卓瑞在4月以来通过大宗交易9次减持手中的长生生物股票，减持均价从18.7元到22.2元不等，累计减持数量1 723万股，占公司总股份的1.77%。

第十二章　网络新闻的写作

互联网无疑是人类文明史上一个能量巨大的科学技术发明。20 世纪 90 年代中期,中国新闻传播媒体开始步入网络信息传播时代。四分之一个世纪过去,中国网络新闻业从无到有,从简单的相互模仿到各种各样的独立创新,今天,报刊、广播、电视、通讯社已经在互联网上全面开发着网络新闻传播和相关信息服务的各种功能,国家中央级新闻媒体网站、国家各个部委的专业新闻门户网站、各省市自治区的新闻门户网站以及大型商业门户网站的新闻频道已经形成了多功能、多层次的网络媒体集群,一个规模宏大、形式多样、结构完整、能量强大的中国网络新闻传播的组合阵列已经呈现在社会生活中。

网络媒体已经成为今天各个阶层特别是青年一代和知识分子群体获取新闻的主流渠道。网络新闻的影响力正在改变着传统的新闻传播的技术格局、内容格局和市场格局。互联网已经成为公共信息传播的交流平台。

第一节　网络新闻传播的特点

在网络新闻传播领域,信息传播的技术方式、信息接收的环境条件、传播者与受众之间的关系与传统的新闻传播相比都发生了巨大的变化。

首先是传播信息的速度十分迅捷。这主要是由两个因素决定的:一是网络新闻的制作环节不像传统媒体那样烦琐,例如与印刷媒介相比,没有了烦琐的制作印刷程序,直接在电脑上制作后便可以送上网络投入传播,这就节省了大量的时间;第二个因素更为重要,这就是计算机网络传播信息的速度之快是其他传播媒体无法与之相比的。

网络新闻传播的第二大优势是极大地方便了读者。与印刷媒体相比，读者阅读网络电子刊物无须去邮局寄订单、订费，只需打开计算机接通互联网就可以直接浏览刊物内容。此外，由于网络信息“全天候”的驻留性，读者对自己需要的信息内容可以自主安排时间进行选择，而不必受广播电视播放时间或报刊邮发时间的限制。

网络新闻传播的第三大优势是与读者的联系更密切。计算机网络的信息传播有一个重要特点就是它的即时交互性，这一特点使得传播者和接受传播者随时可以进行交流。

网络新闻传播的第四个优势是可以同时传送文字、图像、声音以及各种动画，从而形成全媒体信息形态的集成，造成一种动态的立体传播效果，极大地吸引着公众。一个新闻机构一经上网，实际上就可以同时拥有一个报社、一个图片社、一个广播电台、一个电视台和一个动画制作工厂。媒体的传播能量被全面开掘出来。

网络新闻传播的第五个优势是可以不限时不限量地贮存信息，运行各种信息数据库，使得读者可以对历史文件随时进行检索。对新闻传播来说，网络传播的这一重要功能开拓了实施“深度报道”的纵深途径，它能够保证读者对新闻发生的广阔背景及所波及的影响进行全程观察，从而更准确地判断生存环境发生的真实变化。

网络新闻传播的第六个优势是能够对读者状况进行精确的定量级别的分析，帮助媒体从业者精确深入地了解受众情况，有效制定传播策略。目前对网站访问状况、社交媒体的运行动态进行分析的软件已经十分成熟，其精准程度已经达到可以满足全程定量分析的要求。这些统计软件可以向网络新闻传播者提供读者在一天 24 小时中各个时段的访问流量，一个时间段（诸如一周或一月）的读者访问总量，所有读者所在的国度和地区，网站中被访问最多和最少的专栏，读者进入网站后最常规的浏览路线，居于前位的将读者引导至本网站的中转网站等各方面的统计信息；可以精确统计社交媒体的热点所在，舆论的生成与发展，公众的感情倾向及复杂需求。这些信息提供了网民的全方位的状况，彻底改变了传统新闻传播过程中对受众状况不甚了解的被动局面，因此对网络新闻传播者及时有效地调整传播方略具有极其重要的意义。

网络新闻传播的第七个优势是低成本的运行。与传统媒体相比，网络新闻传播的性能价格比是最高的。报纸要想扩版，电视台要想开设新的频道，广播电台要想扩大功率，都要耗费巨额资金。相比之下，网络新闻传播扩大信息量，增设新的传播功能所需要的资金要比传播媒体实现同样的目的节省巨额的资金。

网络新闻传播过程中受众接收信息的心理机制和行为机制发生了一系列新的变化。这些变化对传统的新闻写作方式提出尖锐的挑战，认真研究网络新闻写作的特殊性，掌握网络新闻写作的特殊技巧，对于提高网络新闻传播的质量，增加网络新闻传播的影响力具有重要意义。

第二节 网络新闻传播过程中受众心理与行为方式的特征

一、受众的心理特征

网络新闻传播所处的时代是人类文明进程加快发展的时代，人类社会生活各个领域的相互联系及相互影响日益密切和深刻，人们的思维频率和行为频率日渐加快，信息总量迅速膨胀，传播技术日新月异。生成于这个时代的网络新闻传播，不仅拥有高速度、多媒体、交互性、数据库等诸多传统媒体未曾具有的信息传播上的性能优势，而且也存在诸如网络信息接收终端的物理特性所导致的屏幕的光刺激、页面第一视觉区域的有限、上网费用的消耗等各种阻碍信息传播的局限因素，在社会环境因素与网络新闻传播技术因素的综合作用下，致使受众接受网络信息传播的心理预期呈现下列特征：

1. 快速获取最新信息

进入网络新闻传播过程中的受众，往往需要快速了解自己生存环境发生的最新变化。目前以计算机上网和手机新闻订阅作为主流信息接收模式的受众群体，无论从职业构成还是年龄构成上看，通过网络高速获取最新新闻都是他们的普遍需求。

2. 主动选择有用信息

在网络新闻传播中，交互性信息传播的特性得到最充分的体现，受众因此对信息进行自主选择的欲望更加强烈，并且希望在最短的时间里以最便捷的方式获得自己最为需要的信息。

3. 精确接近深度信息

随着社会生活各个领域联系的加强,一个领域、一个地区发生的新变动往往会对社会各界产生广泛的影响。处在今天全球化的发展趋势之下,深度新闻报道已经成为广大受众索取新闻的普遍要求。在网络新闻传播领域,由于信息的"海量"存储、数据库检索、信息发布时间的多级梯度布列等全新技术手段的采用,使得网络媒体拥有了突破时间与空间限制,向受众提供全方位深度新闻信息的特殊优势。正因为如此,在网络新闻传播过程中,受众对精确接近深度信息怀有强烈的渴望。他们不仅希望了解主体新闻本身,而且渴望了解与主体新闻相关的各种背景、主体新闻对社会生活的各个领域产生的影响,以及主体新闻事件的发展趋向。

二、受众的行为方式特征

受众在网络新闻传播过程中拥有的上述心理预期,促使受众获取网络新闻的行为特征呈现出一些新的明显变化:

1. 对新闻标题的"第一依赖感"形成

标题已经成为受众识别新闻内容、判断新闻价值的第一信号,成为受众决定是否索取深层新闻信息的第一选择关口。每一次对于下一层网页链动结构的点击(即对深层新闻信息的选择和索取),对于读者来说,支付的不仅是时间,而且是金钱,因此,标题实际上也成为他们权衡自己获取新闻所支付成本的第一判断。标题在网络新闻传播中的重要性格外突出。

2. 扫描式阅读已经成为网络新闻阅读的主要方式

在网络新闻传播过程中,受众阅读信息的速度加快,从而导致阅读方式的改变。据美国学者的研究发现:79%的网络读者对内容是一扫而过,只有16%的人逐字逐句地阅读。网络新闻传播开辟了人类信息传播史上的扫描式阅读(潜阅读)的时代。扫描式阅读与读者对印刷媒体信息内容的阅读方式完全不同。这种阅读信息速度加快所导致的阅读方式的改变,除其社会环境发展变化的复杂因素之外,网络新闻传播的技术环境也是促进这一变化的重要原因。计算机屏幕作为网络新闻的主体接收终端,它的特殊优势与特殊局限并存。人们在享受着五彩缤纷的多媒体信息的同时,也忍受着屏幕光对眼睛的刺激;人们在享受着便携式计算机精巧的设计时,也感受着屏幕不能让人对全部版面一览无余的遗憾;人们在随时获取重大新闻事件的最新变动状况之际,又不能不为此支付昂贵的费用。或许正是由于这种原因,处在网络新闻传播中的受众抛弃了对印刷媒体逐字逐句的阅读方式，开始在扫描中阅读，在快速扫描的过程中去发现和感受对自己有用的信息。这种阅读带有极大的跳跃性、检索性、忽略性，如果新闻中没有醒目的关键词，没有清晰的提示与标志，没有引人注意的种种细节，就难以抓住读者飞速运行的眼球。

3. 阅读过程中自由选择信息内容的几率提高

互联网新闻传播不仅为传播者传播新闻提供了超越时空局限的种种便利，同时也为受众获取新闻提供了超越时空局限的种种便利。在新闻网站丰富的纵横链动结构中，受众完全可以根据自己的需求选择接收新闻的内容种类，决定浏览新闻的时间顺序和时间长度，对接收新闻的过程实施全方位地自由选择和调配。受众不仅可以在一个网站中浏览多个页面，甚至可以同时访问多个网站。面对受众在获取网络新闻中拥有的这种极大的自由度，网络媒体需要在内容的写作编排上建立起更加合理的链接组合系统，以保证信息传播的丰富度、深刻度，进而保证网络媒体多元化传播目标最大限度地实现。

上述这些新的特点已经在提示着网络新闻工作者，尽管网络新闻的写作要遵从新闻写作的一般规律，但是网络新闻的写作与传统媒体的新闻写作之间存在着巨大的差异。研究这些差异，探讨网络新闻写作的特殊规律，进而掌握网络新闻写作的特殊技巧，对于提高网络新闻传播的影响力有着重要意义。

三、目前中国网络新闻文字表现形态及结构的缺陷

目前中国网络媒体播发的文字新闻大都来自传统媒体，各个网站对这些来自传统媒体的新闻一般是原文转发，有时可能会对标题进行一下修改，至多是对原文进行一下删节，而很少对其进行适合网络新闻传播规律的结构性编改，致使新闻的文字描述方式和内容布局结构都无大的改变。因此中国网络媒体上发布的新闻大体呈现出单一的平面媒体新闻的结构形态。这种没有充分注意到网络受众特殊需求，没有按照网络新闻的特殊规律写作的新闻，对网络新闻传播的效果产生着种种负面影响：

首先是影响阅读效率。适合于平面媒体刊载的新闻往往不适合读者进行扫描式和跳跃式的阅读。而当读者必须用阅读印刷媒体文字新闻的方式按部就班甚至逐字逐句在网络上阅读这些新闻的时候，最先感到的可能就是疲惫，进而会与他们在互联网上高速阅读新闻、主动选择新闻、深度索取新闻的需求发生种种冲突，从而限制了读者在网络新闻传播中应该拥有的主动权的实现，影响了阅读的效率。

其次是影响查询效率。一个很简单的道理是,目前国际互联网上的大型搜索引擎一般是根据文章的前几十个字进行关键词语进行数据库信息的收集与编录的,而如果不能严格遵守诸如“重要结论前置”“重要的关键词前置”这类网络新闻写作的基本要求,再重要的新闻也难以在浩如烟海的网络信息数据库中崭露头角,难以在信息的再度利用领域有所作为。

最重要的则是会影响媒体的传播影响力。一个媒体传播的新闻信息如果在速度、深度、可读性、易读性、可用性等方面不能充分满足网络受众的需求,就难以增加对受众的吸引力,难以增强媒体的威望,难以实现传播目标。

第三节　怎样写作网络新闻

网络新闻也是新闻,因此需要遵从新闻写作的基本原则。但是鉴于受众在网络新闻传播过程中的心理及行为方式出现的新变化、新特点,网络新闻传播在遵循新闻写作基本原则的同时,也要遵循网络新闻传播的特殊规律,使用专门技术,运用特殊技巧,以保证更好地满足受众的需求,更好地实现传播目标。

一、精心制作新闻标题:建造引导读者向深层信息进入的第一航标

印刷媒体的标题由于其版面展示空间的完整性,读者可以在同一时间和空间看到新闻的主标题和副标题乃至主体新闻的提要等内容,因此,在标题的制作上可以调用各种文字技巧,比如,主标题借用了一个比喻,则可以用副标题对其进行解释和说明。而在网络新闻传播中,情况则有所不同。目前新闻媒体网站为增大信息容量通常采用新闻标题集中组合的引导式版面布局。在这样的版面结构下,最先呈现于受众眼前的是由大量新闻标题组成的链动集群,每条新闻的深层内容往往需要通过点击标题的链接才能索取。因此,新闻标题在网络新闻传播中的重要性就更加突出了。在网络新闻传播中,新闻标题已经成为受众决定是否索取网站深层内容的第一引导力量。好的标题会吸引、刺激、引导读者点击链动索取下一层新闻内容,而不好的标题则成为深层新闻内容展示的直接障碍。一个网络媒体要想吸引受众向网站的深层内容进入,就必须强化“标题意识”,在标题的制作上下大功夫,让新闻标题对受众具有“不可摆脱”的吸引力。

为此,网络新闻标题制作要达到以下的标准:

一是要清晰准确地说明一个新闻事实;

二是要突出一个新闻中最为重要的新闻因素;

三是要强调一个新闻中的最新变动;

四是要揭示新闻中最为重要的变动意义。

在实际操作中,这四个要求或许不能同时在一个新闻标题中实现。但是,在一个新闻标题中,这四个要素被集纳得越多,其新闻标题的质量就越高。

网络新闻标题制作特别需要强调以下原则:

1. 突出重点

2002 年,印度出台阻止中巴等国直接投资的规定。有的网站的新闻标题为:《印度阻止中巴等国直接投资》,而这样一个标题就不如《印度阻止中国等国直接投资》更能引起中国民众和关心中国事务的人们的关注。

2. 强调新意

2002 年江泽民访美期间,在纽约重申中国在台湾问题上的立场。中国驻美新闻机构发表的新闻标题多为《江泽民纽约谈台湾问题》之类,而新闻内容披露,江泽民在讲话中提到,为实现中国早日统一,陈水扁可以到北京谈判,我也可以去台北谈判。因此不如将标题制作为:《江泽民称:为促中国统一可去台北谈判》。后面这个标题不仅鲜明地反映出中国最高领导层争取祖国统一的诚意,而且极大地提高了新闻的可读性。

3. 简洁明快

2002 年 10 月 23 日,有这样一则新闻:318 国道湖北恩施段全面升级达标,由上海至拉萨,全长3 000多公里的长江公路大通道全面升级。一些网站的新闻标题为:《恩施段扩建完成:中国长江公路大通道全面升级》,这个标题的引题可能会让读者并不知道"恩施段"在什么地方,甚至不知道它的扩建意义。实际上在新闻内容中可以看到,湖北恩施地势险峻,公路建设投入又少,相当部分公路高程在1 200米以上,一到冬季,行车困难且危险,有时甚至无法通行。湖北恩施段已经成为中国长江公路大通道的"瓶颈"。为了更清晰地揭示新闻的意义,不如把标题改为:《湖北恩施"瓶颈"突破:中国长江公路大通道全面升级》。

4. 描述准确

2002 年 10 月 11 日,有这样一条消息:《我国第一座现代化斜拉桥成功爆破》。人们看到这个新闻标题会想到什么?很可能会产生这样的疑问:为什么要炸毁现代化桥梁？而且是第一座现代化桥梁？其实新闻内容是这样的：原涪江大桥是我国第一座预应力斜拉桥，始建于 1976 年年底，1980 年 10 月建成通车，设计寿命 20 年。大桥全长 560 米，斜拉桥身长 240 米，宽 10.08 米。2001 年 7 月和 2002 年 3 月，四川省交通厅、公路局委托重庆科研所和西南交大实验室对"超龄"的大桥检测鉴定后发现，该桥盐亭岸桥台的 4 根连杆支座已经有 3 根被拉断或脱落，桥塔也发生了 14 厘米偏移，斜拉索钢丝一定程度锈蚀。因此得出结论：拆除斜拉桥，在原桥位修建新桥，引桥保留。由此可见，新闻内容说的是我国第一座现代化斜拉桥寿命已到，要由新桥替代了。因此，上面的标题太容易让人产生歧义了！如果制作成这样的标题，可能更为准确：《使命完成：中国第一座现代化斜拉桥在爆破声中隐退》。

5. 寓意深刻

2003 年 3 月 27 日下午，国务院在北京召开廉政工作会议。中共中央政治局常委、国务院总理温家宝在会上强调，要进一步落实廉洁自律规定，规范从政行为。有的新闻网站在报道这条新闻时使用的标题是：《国务院在北京召开廉政工作会议》。而有的网站的标题是：《系列规定约束官员：温家宝总理昭示从严治政决心》。显然，后面的标题更为准确地反映出新一届政府廉政建设的决心。

网络新闻传播是以快速为其重要特征的，因此新闻编辑往往需要在十分短促的时间里完成新闻标题的制作，这就为标题制作造成了诸多困难。这就需要网络新闻工作者努力学习钻研，不断总结经验，提高自己的专业工作能力。

在制作网络新闻标题中有几点特别需要注意：

首先，不要使用卖弄的、夸张的、过分渲染之类的风格制作标题，因为读者在快速阅读中，这类标题会让读者不能准确地了解新闻的真实内容，甚至会让读者不得其解。

其次，不要使用隐喻、暗喻、比喻在标题中"标新立异"，因为这样的标题可能会造成读者理解上的障碍，甚至形成对读者的误导。

二、突出重点新闻要素：让新闻适合于扫描式阅读

网上读者阅读新闻的主要方式为扫描式阅读，在这种阅读方式下，要想保证读者能够容易、清晰、准确地捕捉新闻的核心内容，在写作上就要做到：一是将重要新闻因素用最清晰的文字方式描述出来，再就是要对重要新闻因素进行合理排列。

为此,以下几点在写作网络新闻时需要特别注意:

第一,注意要让关键词语突出,非常明确地强调它们。美国一个研究机构甚至认为,强调显要之处的文字用量要比你为印刷媒体写作时增多三倍。注意强调一些携带着重要信息的字词,避免去强调整个句子或者是一个段落,因为扫描状态中的眼睛一次只能掠取两三个词。

第二,注意用一个段落描述一个主要的内容,用另一个段落去描述另一个内容。因为读者的注意力是跳跃的,甚至经常会进行超越段落的跳跃。因此他们很难在一个段落中同时注意到两个重点。

第三,要注意用最重要的事实或者是观察的结论作为这一页新闻的开始,在处理文字较长的新闻时,应该为它写一个简短的概要。

第四,要高度简洁地表述最为重要的事实。为了让读者在最短的时间内尽可能准确、尽可能完整地了解最重要的新闻因素,需要在网页的第一视觉区域内完成对重要新闻的精准概括、描述和引导。

第五,将最重要的新闻要素置于最前面。无论是写作一篇新闻还是处理其中的一个段落,都要遵从重要者优先的原则。网络读者绝对不喜欢在文山字海中艰难跋涉,因此在任何时候都要把最重要的信息置于最前端。

第六,要想方设法让读者感到你提供的信息对他们有用。读者往往没有足够的耐心并且充满了怀疑态度与批判精神,他们不是为了你的杰出伟大而选择你的网站,而是他们要满足自己的某种需要才去访问你的网站。因此记者和编辑永远需要以"对读者有用的"的方式去进行写作,让读者很快发现他们想要的信息。

准确、简洁、突出——这三个要求在新闻主体的构造过程中需要同时完成。

三、建设合理的链动导航布局:分层展示新闻的深度信息

网络新闻的发布过程是一个逐层递进的过程。读者通常是根据自己的需求,一层一层去索取新闻信息的。因此,"倒金字塔"结构在网络新闻写作中不仅有印刷媒体常见的上下水平布局的平面结构关系,而且具有前后纵深布局的立体结构关系。

在网络新闻的写作中,记者和编辑要精确地判断新闻价值的层次结构,按照其读者的关注度、需求度,对纷繁复杂的新闻因素进行立体化的划分排列,不仅需要确定在一个页面里诸新闻要素的组合排列的关系,而且要确定在多层页面中诸新闻要素的组合排列关系。

目前中国新闻网站发布的绝大多数新闻还没有实行这样的分层处理和展示。大多数新闻网站的“纵深链接”往往是对“相关新闻”“背景资料”等外部相关信息的链接。这就使得主体新闻缺乏纵深度和广阔度。需要说明的是,造成这一缺陷的原因目前看来不仅是网络新闻结构处理技术上的问题,更重要的是我们的网络新闻从业者普遍缺乏对新闻进行深度开掘的意识。

从事网络新闻写作需要建立起分层表述的概念,特别是要建立起立体分层表述的意识。在印刷媒体上,一则新闻表现为一个整体,读者看到的是信息的全部,分层表述是重要的平面排列技术。而在网络媒体上,由于页面的限制、读者阅读习惯的特性等因素的制约,你可能需要把同样的信息拆分为独立的个体,制作成多重的超链接页面,因为读者不可能把一个很长的页面尽收眼底。

在进行“立体分层表述”的过程中,有两点需要注意:一是要对新闻的重点因素进行精确的分解,以确定哪些内容需要在第一页面呈现,哪些内容需要通过链动在第二、第三页面呈现。二是要保证让每个页面的内容具有相对独立的完整性,并且从一个侧面更详细、更深刻地解释主体新闻。因为在网络上,读者可以在他们选择的页面间自由移动,所以不要设想你的读者是在看过前一页后才来索取这一页面的内容,不要奢望你的读者能够按照严格的逻辑程序去点击各个链动。要让他们看到一页一页的相对完整的有着内在联系的信息群落,通过这些信息群落深刻了解网络媒体所要传达的整体信息。

通常实施链动的内容应该包括:新闻诸要素的详细描述与解释,支持结论的论据说明,直接背景资料,统计的表格与数据,问题的定义与专门机构的缩写解释以及更加广泛的参考资料,等等。

要对文本文件进行有序的组织,它的分层展示一般不要超过四层链接。

如果想要传达的信息能够在一个页面上简洁而完整地呈现,就不要使用超链接。

四、制作便于检索的导语和概要:让新闻在搜索引擎上脱颖而出

搜索引擎已经成为人们检索网上信息必须使用的重要工具,美国 SUN 公司研究机构发现,至少超过半数的网络使用者依赖于搜索引擎去发现自己需要阅读的网页。因此,让新闻更容易被受众检索和查寻,是扩大新闻传播的影响范围,增强新闻的再度利用率的重要条件。

当使用者从搜索引擎上看到一个网页的链接时,搜索引擎上展示的对这个

链接的简要说明应该能够保证他们立刻准确地了解这个网页的内容,清晰地判断这个网页与他们的需求之间有什么样的联系。

为了使新闻信息的本质内容能够在搜索引擎上清晰地显现,在新闻写作上要注意以下两个环节:

一是为新闻制作清晰明确的标题。新闻标题往往最先被搜索引擎捕捉,也是使用者识别与查找信息的最初标志,新闻标题的质量直接关系到新闻在搜索引擎上呈现的面貌。

除了前面说过的网络新闻标题的制作要求外,考虑到便于使用者通过搜索引擎进行检索,网络新闻标题还应该注意以下几个方面:

其一,从目前互联网接收终端所限定的版面布局结构上看,一则新闻需要有一个单独一行的、一般不要超过25个字的言简意赅的文字标题。要确保这个标题的前20个字能够描述这一新闻的本质性内容。

其二,标题的第一个词对于描述一则新闻或者是一页新闻的内容往往是非常重要的。

其三,新闻标题越是具有独特性,就越是容易在搜索引擎的列表中被使用者注意到,不要用套话和笼统的描述作为新闻标题。

其四,标题应该是在完全了解了文章的前后关系后做出的。

其五,每一个独立的网页都必须用醒目的标题进行标志。

二是为新闻制作精彩的导语或概要。在搜索引擎上,一则新闻最前端的数十个字往往作为这一新闻的全部内容的简明提示,使用者往往就是通过在搜索引擎上呈现的这数十个字的描述去判断这则新闻信息与自己需求之间的关系。为实现这一目的,以下几方面的技巧需要引起注意:

其一,使用能够引起人们注意的词汇和简洁的句式制作导语。

其二,如果是长篇的报道则需要使用能够引起人们注意的词汇和简洁的句式制作一个摘要,将其置于这一页面的最前端。在这个概要上设计链动,将读者引向报道的详细内容。这个摘要往往会成为在一些搜索引擎中显示为这页新闻内容的最为精要的提示。

其三,导语和概要描述必须准确反映全文的内在联系及本质含义。

其四,不要用夸张和浮华的语言描述导语和概要,把精力集中到事实上。

其五,概要描述应该控制在150字以内。

第四节　提高网络新闻传播影响力的策略建议

一、组织好滚动式报道

为满足受众快速获取信息的需求，网络新闻传播应提高对突发新闻和重大新闻滚动式报道的组织。

由于网络新闻传播极大突破了时间与空间的限制，在反映突发新闻和重大新闻动态方面拥有特别的优势，因此受众对通过网络媒体即时了解突发新闻和重大新闻变化进程的心理预期日渐强烈。近些年来，在国内外发生的重大新闻事件面前，网络媒体在大众媒体的阵列中担当了与众不同的重要角色，无论是科索沃战争还是“9・11”事件，无论是“4・15”空难还是伊拉克战争，网络新闻媒体都以最快的速度、最多样化的视角、最丰富的背景、最广泛的公众参与，对新闻事件的发展进程进行着报道、描述和分析。正是因为网络媒体在受众高度关注的新闻发生时所表现出的特殊传播能量，致使广大网络新闻受众在重大新闻发生时，希望即时即刻了解最新的新闻动态，形成对网络新闻媒体“滚动更新”的自然依赖。

媒体网站在实施滚动更新时需要注意的问题主要有：

1. 保证捕捉最新动态

要尽可能充分地建立起敏锐的捕捉新闻变动状态的渠道，保证能够及时了解新闻发展变化的进程。在重大新闻事件发生之际，这些渠道应该是多样的，以便于准确判断消息的真实性与重要性。要根据报道的需要，合理开辟信息来源渠道，配备专门的工作人员，比如在国际性新闻事件发生时，要注重对于国际性主流新闻媒体的观察，外语专业人员此时是非常重要的。

2. 不要淹没重点

滚动新闻的数量往往会在短时间内迅速积累、增大。如果处理不当，会淹没新闻事件发展进程中的重点信息。因此，需要网络新闻传播的从业者注意两个问题：一是准确识别新闻发展变化进程中的重点所在；二是合理设置滚动新闻的编辑布局，突出重点，让受众一目了然。以新浪网为例，在伊拉克战争的专题报道中，它在滚动新闻的结构布局上实施了“三重主体结构”，一是用文字滚动显示最新发生的新闻;二是在滚动新闻中设置“重点新闻”专栏,集中报道最新发生的最为重要的新闻;三是将最新新闻按照时段进行布列,让受众清晰、完整地了解战事的发展进程。可以说,新浪网在认真吸取国内外网络新闻传播的经验、认真研究受众需求、深入探索网络新闻传播规律的基础上所做出的这番全新探索,将重大新闻事件发生时网络滚动新闻的编辑水平提高到一个新的层次。

3. 注意滚动节奏

对滚动新闻进行分门别类的设置是一个好办法。这种分类一是可以考虑从新闻涉及的主要领域分类,比如在伊拉克战争专题中,可以对盟军、伊军、国际、阿盟各方动态划分专区给予即时展示;同时可以考虑对信息的种类进行区分标志,比如文字报道、图片报道、影像报道、声音报道。这样分门别类地处理滚动新闻,会给受众索取新闻造成极大的便利,从而使得受众在获取新闻的过程中拥有更大的主动权。

4. 注重新闻模式的多样性

在滚动新闻中,文字对新闻事件的反映是最快的,但是受众绝对不会满足于文字新闻的索取,他们需要见到最新的图片、听到最新的声音、看到最新的动态影像。对新闻传播者来说,多媒体信息的快速展示,更有利于对受众的吸引及对新闻进程进行全面而深刻的展示。

二、建立深度报道结构

为满足受众追求新闻深度的需求,网络新闻传播应建造起深度报道结构。

随着社会生活各个领域联系的加强,一个领域、一个地区发生的新变动往往会对社会各界产生广泛的影响。处在今天全球化的趋势之下,深度新闻报道已经成为广大受众索取新闻的普遍要求。在网络新闻传播领域,由于信息的“海量”存储、数据库检索、信息发布时间的多梯度并存等技术手段的采用,使得网络媒体拥有了突破时间与空间限制,向受众提供全方位深度报道的特殊优势。正因为如此,在网络新闻传播过程中,受众追求深度报道的需求也就随之表现得更加强烈、更加多样化。他们不仅希望了解主体新闻本身,而且渴望了解与主体新闻相关的各种背景,主体新闻对社会生活的各个领域产生的影响,以及新闻事件的发展趋向。随着中国网络新闻工作者对网络新闻传播规律认识的深化,近些年来,中国网络新闻媒体在新闻传播的过程中构造深度报道的意识在加强,网站上深度报道的构造也日渐合理。但是,从总体上看,我国网络新闻从业人员“深度报道”的意识还不够自觉，操作也不够娴熟。面对让受众及时、全面、深刻地了解其自身生存环境变化状况的职业使命，中国网络新闻从业者仍然需要付出更大的努力。

我们可以从下列方面入手提高网络新闻传播中深度报道的质量。

第一，注重基础信息数据库的建设，以保证各个领域重要新闻发生时，网络媒体拥有对主体新闻的时间与空间维度进行深层开掘的信息资源。我们可以看到，在重大新闻发生之际，美国网络新闻媒体往往会运用它们强大的数据库信息系统，对新闻报道实行有力的背景资料支持。比如，1999 年，美国总统克林顿访华时，美国广播公司的网站（ABCNEWS）开通了庞大的关于中国问题的专门数据库，将有关中国地理、历史、经济、社会、军事、中美关系等各个方面的信息提供给受众，对克林顿访华的专题报道做了充分的背景资料支持。应该说，近些年来，中国网络新闻传播业有了很快的发展，网站的数量、规模、运作水平都有了长足进步，但是中国新闻网站的传播影响力还有待提高。

要想提高新闻传播的影响力，其重要的手段是加强对新闻深度的开掘，以便于让受众更准确、更深刻地了解其生存环境变化的状态和意义。深度报道必须借助强大的信息资料系统才能实现。中国互联网对公众开放的时间与美国互联网对公众的开放时间相差无几，但是，两个国家互联网信息传播依赖的国家信息化水平却相差悬殊。美国国家信息数字化的工作是从 20 世纪 70 年代中期开始的，到互联网对公众开放使用的时候，美国国家信息数字化的工作已经大体完成。美国的网络新闻媒体在运行中拥有国家强大的数字化信息资源作为依托。而中国国家信息数字化的工程在 20 世纪 90 年代中后期刚刚提出，至今虽有快速发展，但是国家信息数字化的任务还远远没有完成。已经建成的各种专业数据库也大多处于相互隔离的状态，国家公共信息资源远远没有形成“共享”局面。目前，中国网络新闻媒体自己的信息资源系统也远远没有建成，因此在新闻传播中，缺乏深层信息能量的支持。处在今天这样一个日益强化的信息时代，一个媒体的传播影响力绝对不是“第一时间”的平面动态报道，因为这种往往只能比其他媒体提前几秒至多几十秒钟的简讯式报道，并不能形成对受众的深层吸引力。中国网络媒体要想提高自身的传播影响力，必须在深度报道上下工夫，要从开掘底层信息资源、建设各种专业数据库开始。

第二，强化“新闻背景说明意识”，充分说明主体新闻生成的内部与外部的原因及其酝酿的进程。今天的受众已经越来越需要了解重要新闻发生的缘由，知道一切究竟是“为什么”。新闻背景的清晰展示，不仅让受众了解新闻的来龙去脉，而且会显示出一个媒体的洞察力，从而为媒体赢得特殊的影响力。

第三，强化"新闻影响展示意识"，全面分析主体新闻对社会各阶层的人士、对社会生活的各个领域产生的影响。重要新闻必然会对受众的生存环境产生种种影响，从各个方面不同程度地影响到受众的切身利益。因此，对新闻波及的影响范围和程度的分析，往往是受众最为关注的热点，这个领域的工作如果做得好，会造成受众对媒体的信任与依赖。

第四，强化"新闻发展预测意识"，准确预测主体新闻的发展趋向。任何事物都是一个不断发展变化的过程，"明天会怎么样"是受众非常关注的问题。这种关注力的深层动因来自受众对未来生活的期待。根据客观环境已经发生的变化而去预测它的未来发展是可能的。在这个领域，需要更多地调动专家们的力量，加强媒体的研究机能。

三、支持交互性传播

为满足受众日益增长的参与新闻传播的需求，网络新闻传播要全方位支持交互性传播。

网络媒体的出现，彻底宣告了新闻媒体单向传播时代的终结。在网络新闻传播的过程中，受众作为信息单向接受体的被动位置已经完全改变。由于网络新闻传播具有强大的交互性功能，受众可以在接受信息传播的同时在媒体提供的交互性信息平台上直接表达自身的见解、情感和需求，甚至可以直接参与新闻信息的传播。在伊拉克战争开战的3天内，新浪网关于这场战争的专题报道引来的网民评论已经达到26万条。由于信息时代信息来源渠道的日益丰富，每个重大新闻事件发生的时候，网民往往也会从各自的渠道得到相关信息，他们也会把这些来自不同媒体的信息在媒体的交互平台或者是社交网络上进行发布。尽管网民发布这些信息的交互平台不是媒体的新闻发布平台，但是，客观上这些信息也投入到了大众传播的过程。

由于有了受众群体的全面参与，网络新闻传播就受到两个方面的影响：一是媒体从业者能够及时全面地了解受众的价值标准、情感趋向、利益需求，从而更有效地沟通与受众的联系，调整传播策略；另一方面就是网络新闻传播的多元性突出显现，实现传播目标过程中的干扰性因素增多，因而对媒体驾驭传播的专业能力提出更高的要求。

在交互性信息传播过程中，网络媒体要注意做好以下两方面工作：

首先，建立畅通的与受众进行即时交流的交互平台，保证及时客观地获取来自受众方面的信息,保证与受众交流的畅通。

其次,根据实现传播目标的需要,建立起高效的系统调节机制,以便趋利避害,一方面通过吸取受众营养克服自身缺陷而壮大自己的传播能量,一方面也防止干扰传播目标实现的因素膨胀与扩张。

四、建立起合理的纵横链动结构

为满足受众获取新闻的主动选择需求,网络新闻传播要建立起合理的纵横链动结构。

互联网新闻传播不仅为传播者传播新闻提供了超越时空局限的种种便利,同时也为受众获取新闻提供了超越时空局限的种种便利。在新闻网站丰富的纵横链动结构中,受众完全可以根据自己的需求选择接收新闻的内容和种类,决定浏览新闻的时间顺序,对接收新闻的过程实施全方位自由调配。受众不仅可以在一个网站中浏览多个页面,甚至可以同时访问多个网站。受众在获取网络新闻中拥有的这种完全的自由,也为网络媒体超越时空限制组合更加丰富的传播内容、建造更加复杂的网站结构、实现更加多元化的传播目标提供了可能性。

根据这一特点,网络新闻传播者在构建网站的内容结构和功能结构时特别需要注意以下几点:

第一,充分利用网络空间的无限性优势,用丰富的内容满足受众群体的多元化需求。如今媒体专业化的发展趋向日益明显,媒体往往明确设定了自己的特定受众群体,特定报道领域,即便如此,特定受众群体也有着多元化的需求,特定的报道领域也有着丰富的内容。因此,在网络新闻传播中,媒体从业人员要保证传播信息的丰富度,以此吸引受众。要记住:专业化绝对不意味着简陋!特定受众群体也绝对不意味着需求的狭窄!

第二,在版面设计上揭示相关信息之间的内在联系,为受众索取同类信息提供便利。由于网站可以实现内容与功能的大跨度组合,可以容纳无限的链动关系,因此,更需要把握好网站结构的有序性,在保证网站丰富性的同时,避免信息布局的凌乱和结构关系的割裂。要对同类相关信息进行明确的标识,以方便受众发现和索取。

第三,合理设计网站的整体结构,使网站形成一个有机整体,便于受众在网站的任何一个位置都可以看到网站的主体内容和主要功能,并且能够顺利地根据自身的需求在网站的不同板块间实现"自由跳跃"。只有建设合理的网站结构关系，在网站的主页、各个频道或专栏的分主页直至底层内容页直观地反映出这种结构关系，才能最大限度地利用网站资源，发挥网站功能，实现传播目标。

第四，利用社交网站的交互性优势，建立起与网民进行全方位沟通与交流的通道，详细深入地了解网民的状况与需求。借此达及三个工作目标：一是针对网民的需求，精准提供新闻信息，提高新闻传播的效能；二是建造起公众生活需求与社会资源之间的联系渠道，通过提供有效的信息服务，强化网民与媒体间的依存关联；三是开掘网民信息观察、信息描述和信息分析的能力，把网民的创造能量聚集到媒体传播的系统运行之中，扩大媒体传播的综合效能。

在网络新闻传播领域，媒体与受众的关系不仅是一种相互依存的关系，也是一种相互影响、相互促进的关系。二者在这种日益深刻的相互作用与相互影响之下，必然不断改变自身在网络新闻传播过程中所处的现状，从而推动网络新闻传播业向着更高阶段发展。

思考题

1. 网络新闻传播的特殊优势是什么？你认为应该如何利用这些优势？

2. 网络新闻传播过程中受众接受信息传播的习惯发生了什么变化？这些变化对新闻传播者意味着什么？

3. 网络新闻的结构方式与报刊媒体新闻的结构方式有何不同？

4. 为网络媒体写作新闻有什么特殊要求？

5. 为网络媒体写作新闻报道需要掌握哪些关键技术？

练习题

将下面的新闻报道改写成适合于网络媒体发布的报道。

卫生专家警告：中国血吸虫病防治工作形势严峻

（2004 年 5 月 16 日 14:45:38 来源：新华网）

新华网北京 5 月 16 日电 40 多年前，中国领袖毛泽东曾写下“借问瘟君欲何往，纸船明烛照天烧”的诗句，颂扬中国防治血吸虫病取得的突出成果。然而，随着近年来中国血吸虫病疫情的回升，卫生专家发出警告：血吸虫病存在大范围流行的可能,防治工作形势严峻。

中国疾控中心寄生虫病预防控制所研究员周晓农16日在接受记者采访时说,“病人数居高不下、钉螺扩散严重、新疫区不断增加、血吸虫病向城市蔓延”是中国血吸虫病防治工作面临的四方面挑战。

新中国成立后,中国共有12个省、自治区、直辖市流行血吸虫病。经过反复防治,广东、广西、福建、上海、浙江等5省区市达到流行阻断标准,全国疫情明显降低,钉螺面积大幅度减少。2003年中国共有血吸虫病推算病人数843 007人,较防治初期的1 161.2万人减少了92.74%。

“但近年来,由于多种原因,中国血吸虫病疫区范围有所扩大,部分地区疫情死灰复燃,”周晓农说。

统计数据显示,近5年中国慢性血吸虫病病人推算数一直维持在80万左右,大部分重流行区的人畜血吸虫病感染率在3%至5%,但局部地区人畜血吸虫感染率可高达68%。“2003年中国急性感染病人报告数为1 114,较2002年同期上升22%,”周晓农说。

血吸虫病是由于人或牛、羊、猪等哺乳动物感染了血吸虫所引起的一种传染病和寄生虫病。血吸虫生存繁殖离不开生长在潮湿草滩上和沟渠旁的钉螺。

周晓农说,近5年来中国钉螺面积也呈持续上升态势。2003年中国钉螺面积较2002年增加了2.68亿平方米,主要增加的地区在江湖洲滩地区。全国20个纵向监测点中,17个点内发现感染性钉螺,并扩散至人群聚集的垸内区,加大了人畜感染血吸虫病的危险因素。

钉螺面积的扩大导致部分已控制地区血吸虫病疫情严重回升。“近5年内,已有38个达到血吸虫病传播控制或传播阻断标准的县、市、区疫情出现了明显回升。20世纪90年代中,少数非流行县区新发现钉螺和当地感染病人,并出现急性感染病人,已阻断传播地区也发现有大片钉螺,”周晓农说。

此外,血吸虫病向城市蔓延也是一个不容忽视的危险因素。数据显示,近5年来,中国内地部分中小城市相继发现了感染性钉螺和新发血吸虫病病人。而少数已消灭血吸虫病的地区发现外地输入急性、慢性血吸虫病人,输入性病例在近3年呈上升趋势。

对于造成血吸虫病疫情回升的主要原因,周晓农说:“其中既有自然因素,也有人为因素。”

近年来,中国长江流域频发洪涝灾害,尤其是1998年特大洪水,使血吸虫病流行区钉螺扩散加剧。此外,周晓农说,国家为根治水患制定了“平垸行洪,退田还湖,移民建镇”的方针,使得许多过去通过围垦消灭钉螺的地区重新沦为适宜钉螺孳生的沼泽地。“防治经费投入不足、管理体制不够健全、科研滞后等也不同程度地制约了血吸虫病防治工作的开展,”他说。

周晓农说,血吸虫病疫情的回升已引起中央政府的高度关注。2004 年 2 月,以国务院副总理吴仪为组长的国务院血吸虫病防治工作领导小组成立。近期,国务院将召开血吸虫病防治工作会议,并出台相应的政策。“可以预见,血吸虫病的综合防治工作在不久的将来有望得到极大加强,”他说。

要求:

1. 制作吸引人们阅读的标题。

2. 分三层展示报道内容:提要、正文、相关背景资料。通过合理的链动结构设计,展示这三层内容。

3. 为这条新闻配发相关多背景资料,用多媒体方式展示。

第十三章 新闻报道的网络技术工具

比特[bit(binary digit)],作为信息时代新世界的DNA正迅速取代原子成为人类社会的基本要素。

——尼葛洛庞帝

1995年,尼葛洛庞帝的《数字化生存》中文版在中国世面。我们看到他的书中呈现出上面那段文字时,不免感到这位麻省理工学院的教授有点危言耸听。数字技术能量包括对人类文明的重要作用我们谁都不会怀疑,但是,它能够重要到成为构成人类社会的基本要素吗?那时,互联网刚刚对公众提供商业服务。

如今,人们使用互联网已经走过25年。今天,有多少人能够离开互联网?离开它我们还能高效率地工作和学习,还能有滋有味地生活吗?如果不能,就说明互联网已经成为支撑社会运行的基础设施,互联网信息传播和网络社会应用已经成为构成社会生活的基础环境。我们为此不能不感叹尼葛洛庞帝20多年前的洞察力。互联网时代到来之前,我们谈到新闻报道的资料辅助工具时,首先想到的可能是百科全书、辞典、年鉴这些印刷工具书,会想到官方机构、研究部门、高等院校这些聚集着权威人士和专业学者的地方,我们可能还会想到拥有丰富历史和现实资料的图书馆、博物馆、档案馆。在这些地方,我们能够看到与我们的报道内容相关的各种各样的背景资料,能够听到与我们的报道内容相关的各种各样的学术观点,能够找到支撑新闻报道的各种历史物证,从而深化我们对于新闻全貌及意义的认识。

而今天,上述一切资料可能同时存在于一个地方,去这个地方你不必跑路,不必社交,甚至不必支付昂贵的费用,它就是互联网。

今天的互联网信息传播的结构、功能、影响已经发生了重大变化。这种变化已经深刻改变了新闻记者的工作环境,使新闻记者获得了更广阔的视野、更敏锐的感知、更深刻的洞察和更有效的工具。

2009 年 2 月 5 日，中国二十四节气的立春刚过，谷歌中国的博客网志上一篇千字博文，宣布了“谷歌地球” 5.0 版本的诞生。

2005 年 6 月，“谷歌地球”面世的时候，人们看到的是一个呈现在计算机屏幕上的可以用鼠标放大缩小的数字化地球，那是一个卫星拍摄的地球表面图像。当人们可以在自己的计算机上看到自己家的房屋，看到地球表面七大洲四大洋的种种自然奇观，看到许多军事禁区的内幕景象时，惊奇与兴奋之后不免感叹：整个世界真的是可以超越时空握于股掌之中的吗？（图 13－1）

图 13－1　“谷歌地球”页面

十几年来，“谷歌地球”像我们生存的地球一样昼夜运行，它的功能演进昭示了人类信息传播功能与结构的变化趋势。

我们从“谷歌地球”的功能演进中看到信息传播的三个新的发展趋势，这便是：通过信息手段实现人类生存环境的数字化呈现；通过信息手段实现人类社会活动的数字化模拟；将人类迄今所认识的自然界和人类社会运行的一切细节放置在时间轴上，由此启动对人类文明进程镜像世界的建造。

第一节　对人类生存环境的数字化模拟

“谷歌海洋”是“谷歌地球”5.0 版本最引为荣耀的成果。基于专业数据库的大量的知识信息和研究成果，在“海洋状况”“海洋考察”“海洋保护区”“海滩景观”“海底特色”“海洋历史地图”“海洋运动”“海洋动物跟踪系统”“国际海洋生物普查计划”这些庞大的数据阵列的支持下，我们不仅可以看到占地球表面积70%的壮丽的洋面景观，而且可以潜入海底世界，观看水下地形，了解洋流状况。从海底沉船的位置，到海洋动物的运动，从海洋资源的分布，到海洋历史的演化，都可以一览无余。我们所达及的每一个海域都清晰地标识着它的经纬度和我们所在的深度。

联想到“谷歌地球”2007年推出的“谷歌天空”，我们就会对“谷歌地球”的宏图大志有更多认识。

“谷歌天空”收集了包括1亿多颗恒星和2亿个星系在内的海量高清图片，这些图片由专业机构和人士提供，其中包括“哈勃”太空望远镜拍摄的照片。“谷歌天空”把这些图片“无缝”连接在一起，使网民可以从地球上的任何地点观察到夜空的整体景象。

谷歌正在从天空到海洋全方位地描述人类认知的生存环境。这一用数字技术描述物质世界的宏大工程，几年来本着无限深入细节、永远保持动态的原则快速进行着。

2008年“谷歌地球”卫星图像大规模的更新就有8次。在对美国本土大中城市提供360度街景视图(Street View)的基础上，“谷歌地球”又陆续提供了欧洲、亚洲和澳洲部分城市的街景视图，它还提供了90多个国家和地区的新增道路及图层信息。“Panoramio”这个与“谷歌地球”关联的网络相册号称已经拥有1 300万张带有地理标签的图片，2008年，它更新了200万张图片，这些图片生动反映着大千世界多姿多彩的景观。

细心的人可以发现，“谷歌地球”4.3版本增设了一个“日光控制模式”，这个功能可以模拟太阳的运行，你可以设定任何一个时间点和时间长度，看太阳在你锁定的任何一个区域造成的光线变化，目睹那个地区的晨昏交割。这一功能不仅在模拟自然的真实性上跃进了一步，更重要的是在对人类生存的地理空间的描述中引入了时间概念。这就把人类生存的自然环境的动态属性深刻地展现出来了。人类生存的空间和时间终于在数字世界合二为一、虚拟还原。

今天的“谷歌地球”上已经可以看到2002年以来的云量分布图了。如果基于这种基础数据并将其关联起来，就可以模拟多少年来地球云量的动态变化过程。

如果人类在“谷歌地球”的平台上集成更为丰富的气候变化的信息，我们就能深化对自然环境变化过程的认知。如果再将其与地球上的生物演化的更为丰富的数据联系起来，我们就会深化对自然界变化的认知。如果我们把这种变化与人类活动的更为丰富的信息联系起来，我们就能深化对人类社会演进过程的认知。

第二节　对人类社会活动的数字化模拟

“谷歌地球”不仅是在建造一个数字化的地理应用工具，它还是在描述地球上存在的与人类相关的一切事情。与其他描述方式不同的是，它要对这些事情进行精准的时空定位，并发掘这些事情的时空关联，从而让人们真实地认识自己的生存环境和人类自身。

谷歌已经在全球范围内展开与各种非盈利组织和公益组织的合作，推出“谷歌地球 · Outreach 图层”，在“谷歌地球”平台上，描述环境保护、教育文化、全球事务、世界发展、公共卫生、社会服务等各个领域的问题与情态，形成了诸多专题信息组合，这些信息包括全球变暖、能源短缺、种族冲突、重大疾病、濒危物种等关系人类生存环境和发展命运的重大问题。

“谷歌地球”5.0 中文版中，谷歌已经把它所认定（不知是否基于它的搜索引擎运行结果的定量分析认定）的全球热点问题，置于“全球意识”这个醒目的图层之下，置于全球用户的眼前。

打开“谷歌地球 · 濒危物种”的图层，我们可以看到谷歌用精确的地理定位结构所展示的 Wildscreen、ARKive 这些非盈利组织和公益组织所提供的丰富的濒危物种的图片、影像、图表和文本信息。

保护物种的多元性是保护人类生存环境的重要举措。总部位于瑞士格朗的世界自然保护联盟 2007 年 9 月 12 日公布了 2007 年濒危物种“红色名单”，称目前全球有 1.6 万多个生物物种有灭绝危险。

这份“红色名单”显示，目前全球有 41 415 个物种面临生存威胁。其中，有 16 306 个物种有灭绝危险。近 500 年来，全球已有 785 个已知物种灭绝，另有 65 个物种通过圈养或人工培育存活。

据科学界的调查统计，人类有记录的物种约有 170 万个。世界自然保护联盟强调，目前地球上四分之一的哺乳动物、三分之一的两栖动物、70% 的植物物种正面临生存危险①。

在“谷歌地球”上，这些信息被置于精准的地理位置之上，濒危物种在全球各个地区的分布状况和演变形态都被清晰、生动地描述出来。

谷歌不仅关注着自然世界，还敏锐地关注着现实的人类社会。在谷歌“全球意识”的图层中就有“谷歌地球”和美国大屠杀纪念馆联手建造的一个“达尔富尔危机”的图层。这个图层里，清晰地标示出该地区 1 600 多个被毁灭的村庄的地理方位，当你双击鼠标点击这个图层时，旋转的地球就会精准定位在达尔富尔地区，接着，整个地区就会向你迎面而来，所有的情景，就在你的眼前逐渐放大、逐渐清晰。那些村庄的废墟、荒野的尸骨、惊恐的村民、野蛮的暴行都会通过视频、图片、声音、文字一一展示在你的眼前，你突然间会感到置身于这个动乱地区，置身于那些不幸的村庄，目睹着发生的一切，感受着人类的灾难。

尽管目前数字化信息的丰富度、精细度还远远不够，技术上的表现力还受到种种制约，但是，人们已经能够看到“谷歌地球”创造的一个新的信息组合结构，在这个信息结构中，人们看到的不再是环境变化的截面的、静止的、孤立的、零散的碎片，而是一个真实、生动、精确的事物演进的整体过程。

今天这个世界上，任何特定时空发生的事件都不是偶然的，不是孤立的，它是一个富有丰富关联的过程，让人们亲历事件的整个过程，感知事件的各个细节，思索事件的真实缘由，认识事件的深刻影响。这不是信息提供者特别是新闻信息提供者渴望达及的理想境界吗？

第三节　人类文明进程镜像世界的建造

曾在 1991 年出版了《镜像世界：或者当软件将整个宇宙装到鞋盒里的那天会发生什么？意味着什么？》一书的耶鲁大学计算机科学教授戴维·杰勒恩特，在 2009 年又对镜像世界做了这样的解读：“‘镜像世界’不应该只展示空间的表面信息，更重要的是逻辑架构（你需要打交道的社会机构）。”他说，“世界越复杂，就越需要‘高处视角’。镜像世界之所以能够给我们‘高处视角’，是因

① 科学网：《2007 濒危物种“红色名单”公布：全球 1.6 万多物种有灭绝危险》http://www.sciencenet.cn/html/shownews.aspx? id = 189532.

为它提供了所有层面的信息排列"①。

他进而描述了镜像世界的建造结构："我猜想会是分布式的。个人、组织、或者城市，会各自建造它们的镜像世界，并持续地添加细节，实时的数据流会持续增加。独立镜像世界的数量会持续增加，最终它们会聚集到一处，组成一个全球性的镜像世界。"②

2008 年 11 月，"谷歌地球"推出 3D 虚拟古罗马。"谷歌地球"用数字技术打造了一个时空隧道，让人们回到公元 320 年这个历史学家认定的古罗马帝国的全盛时期，领略这个古代帝国的神奇景观。

迄今为止，只有 300 座古罗马建筑的原始废墟屹立在现实空间。谷歌依据康斯坦丁大帝时期的学者专家和模型制造者们制作的古罗马的建筑模型，最终在计算机上构建了 6 700 座古罗马建筑的数字模型。这些建筑模型复原了古代罗马的壮丽景观，在虚拟古罗马中，各个建筑的地理位置都是根据历史记录设定的。人们在这个虚拟时空中，可以领略风光，体验感受，学习知识，思考问题。

参与了虚拟古罗马建造工作的弗吉尼亚大学人文学科高级技术研究所负责人伯纳德·弗里希（Bernard Frische）说："与'谷歌地球'的合作在打造一个虚拟时间机器方面又向前迈进了一步，我们的下一代以及下下一代将利用它研究罗马历史。"③

虚拟古罗马预示了建造人类文明的数字化世界的可能性。试想如果把那些古代建筑之中人的生活情景再度呈现出来，我们就看到了虚拟历史的进程。这种虚拟对于现代人类的意义就不仅是游览和观光，更重要的是把今天与昨天连接起来，让人们获得对于环境演变和自身命运的更全面、更深刻的认知。

中国人民大学哲学教授陈志良先生 20 年前曾预言："虚拟是一个新时代、新方式的出发点，它包含着极其丰富的未来哲学的原则和方式。虚拟是我们从现在的一级文明跃入到未来的二级文明的中介系统，是创造未来时代辉煌的工具。"④

"谷歌地球"5.0 版本再度印证了人类一定会通过数字技术建造另一个人类文明世界即数字世界的企图。它推出了一个"历史影像"的图层。这个功能

---

① 陈赛．专访耶鲁大学计算机科学教授戴维·杰勒恩特[J]．三联生活周刊，2009(2)．

② 陈赛．专访耶鲁大学计算机科学教授戴维·杰勒恩特[J]．三联生活周刊，2009(2)．

③ http://finance.sina.com.cn/money/collection/rollnews/20090115/18075766115.shtml.

④ 陈志良．虚拟：哲学必须面对的课题[N]．光明日报，2000－1－08.

提供了一个时间控制工具,你可以利用这个工具,看到一个特定地点几年以来甚至几十年以来的变化过程。你可以在"谷歌地球"上飞抵旧金山南部,点击工具栏上的"时钟"图标,启动时间轴,你就可以看到,在过去的 50 年间,美国硅谷怎样从一个农场,变成了今天全世界的高科技中心。

"谷歌地球"已经呈现出一个巨大的数字工程形态,这个工程就是人类生存环境的数字化建造和人类文明进程的数字化描述。这一工程最终将把人们随时随地置于任何一个三维空间和无限的时间运行之中,让人们开始超越生命本体的局限,感知和理解自己的个体生命与自然、与社会、与历史的全程时空关联。

"谷歌地球"提供的不仅是新的技术功能,它提供的还是一种新的信息传播结构,提供的是帮助人们认识世界、认识自身的新的思维、新的方法和新的工具。

"谷歌地球"让我们看到,未来的信息传播过程一定是由多元维度结构支撑的:从信息的组合方式上看,具有时空的多元维度;从信息的展示方式上看,具有媒体的多元维度;从信息的采制方式上看,具有工具的多元维度;从信息的获取方式上看,具有终端的多元维度;从信息的使用方式上看,具有目标的多元维度;从信息的生产方式上看,具有协作的多元维度。

一、未来的信息传播将是多重知识体系、多元认知视角和动态时空维度的聚合

"谷歌地球"今天提供的信息组合结构,已经让我们看到某个专业领域的信息是怎样与其他各个领域的信息进行着和谐的连接,以形成一个更加生动、更加细致、更加全面从而也更加真实的信息集群的。这也预示了未来新闻报道的组合模式。

在主体新闻事件的核心事实要素得以展现的同时,与新闻事件(新闻变动)相关联的自然环境、社会情状、专业知识、历史进程都将呈现于人们面前。新闻将最大限度地回归于它所具有的全部真实要素之中。

如果我们确认,新闻是客观环境发生质变的形态,是复杂原因综合作用的结果,是不断发展的客观演变过程,那么未来的新闻信息传播,一定会最大限度地真实展现这个变化过程的全部细节。它会有新闻发生的地理空间的精准定位,有各种事实要素包括作用于新闻形成的自然环境要素的多角度的观察与描述,丰富的数据库信息将提供观察新闻事件的各种因果联系与环境影响的解读。

那些截面的、静止的、视角单一和没有关联的报道模式，将在新的质量标准、技术模式和信息环境面前退出专业领域。

任何信息在一个日趋完善的数字化世界中，都将被人们自觉或不自觉地在三维空间和动态进程中进行描述。未来的信息结构将具有更为丰富的关联性，从而使信息的展示更真实、更生动、更深刻。

二、未来的信息传播将是社会智慧整体协作的过程

如何用数字技术建造浩瀚的人类文明的镜像世界？“谷歌地球”提供了解决这个矛盾的两个途径：一是依靠不断的技术进步，获得功能强大且操作简便的技术工具；二是依靠全新的创造模式，这种创造模式就是网际协作。

谷歌不仅和各种教育机构、研究机构、民间组织、媒体和网站进行各种信息合作，而且发动所有网民参与数字世界的建设工程。

目前“谷歌地球”里的三维模型是通过 SketchUp 创建的，每幢建筑都需要独立绘制，这是一个极其庞大的工程，任何个人乃至机构都难以独立完成它。谷歌为此采取了 WIKI 的创作模式，这就是组织全球网民的协作。

谷歌把 3D 建筑模型的创作工具 SketchUp 通过互联网交给了全球网民，让每个人都能够成为数字世界的建设者，加入数字世界的建造过程。谷歌的专业工作团队和普通的网民都可以使用同样的工具制作和上传世界各地的三维建筑模型。不断发展的技术可以把这些来自全球网民的参差不齐的创作修整为规范的信息元素，将其组合为一个不断丰富、不断细化、不断完善的宏伟的创造物。

2007 年 5 月，“谷歌地球”上的第一个 3D 虚拟城市德国首都柏林横空出世。44 000 个 3D 建筑物逼真地描绘出柏林的城市景观。

“谷歌地球”上出现的德国第二个 3D 数字化城市德累斯顿拥有 15 万个建筑物的数字立体模型，其建筑物的数量比第一个 3D 数字化城市柏林多了几乎四倍。参与这些模型制作的不仅有谷歌的专业技术人员，而且有更多的网民。

“Panoramio”这个与“谷歌地球”关联的网络相册，也完全是由网民创建的。

无须担心网民的创造热情，一个人即使没有描绘人类文化遗产的雄心大志，也会对描述自己曾经上过的小学、中学的校园和自己的家充满热情。在数字世界的建造过程中，农民的茅草小屋和帝王的琼楼玉宇有着同样的价值，它们都是真实世界的构成元素。

在信息技术的推动下，公民数字世界建造的时代已经到来。从新闻报道到

知识传授，从商业活动到娱乐消遣，从科学研究到社区建设，全球的网民们已经使用各种数字技术，全方位加入了信息传播活动。当个体生命的价值与尊严被社会理想和信息技术同时珍视之际，独立创造、网际协作的现代信息生产模式便应运而生了。

三、未来的信息传播将在技术的推进下走向融合与共享

谷歌已获得授权使用来自斯坦福大学的一项新技术：通过遥控一辆无人驾驶汽车，让汽车上的仪器自动捕捉四周建筑的形状及环境景观，所得数据在“谷歌地球”中自动进行模型建造和图像集成。这将极大提高数字地球的建造效率。

2008 年尼康推出了数码相机 D90，这是一部普及型单反数码相机。D90 除了添加了高清晰度的视频信息的录制功能之外，还加入了 GPS 定位功能，安装一个名为 GP－1 的配件之后，就能在影像的 Exif 数据中记录对所拍摄的图片的经纬度和海拔高度的信息，也就是说，我们可以为拍摄的每一幅图片进行精准的空间定位。

在人类文明的镜像世界建造的工程中，尼康 D90 相机作为一个微小的信息采集终端所具有的技术功能，完全可以和这个博大的人类文明的镜像世界相衔接。它不仅可以把摄取的图片信息贡献给这个镜像世界的建造，而且可以从这个已经建造的镜像世界中汲取丰富的信息资源，以丰富、深化和完善自身创造的信息元素。

可以想见，随着信息技术的再度发展，将尼康 D90 相机拍摄的有着精准时空定位的一幅新闻照片与它表现的特定时空位置的更为丰富的自然、历史、文化信息相连接，我们就将极大地扩展一幅新闻图片的时空维度，掌握图片深度报道的新的思维模式和技术规格。

当越来越多的人们认识到虚拟世界对人类的重大意义时，类似于 GPS 空间定位的功能或许不仅会成为今后数码相机的标准功能设置，甚至会成为今后所有信息采集工具的标准功能设置。而所有的信息创造将在各种有线与无线的多重互联网平台上融合起来。

共创与共享是现代信息传播的同一过程。“谷歌地球”在扩张数字世界建设规模的同时，极其关注信息共享途径的开辟。一个网民在“谷歌地球”上获得的任何一个新知识、新发现、新经历、新感受，都可以通过在线社区、电子邮件和无线手机与现实世界任何一个角落的网民实现信息共享。

今天，无线互联网、多媒体移动接收终端以及种种赋予人类信息传播更大自由的信息技术，正在推进人类创造的所有的信息单元告别孤立、片面、静止的

状态，走向与整个信息世界的融合，达及人类社会的共享。

迄今为止，全球已有4亿多网民下载了"谷歌地球"。人们正在熟悉这一新的数字平台所提供的新视角、新时空、新方法，已经有越来越多的人把自己镶嵌到这一新的数字化世界之中，体验着他们自己乃至人类以往的经历中都未曾有过的"数字化生存"。

数字信息技术使人类文明第一次拥有了两个存在形态，一个是现实空间的文明形态，一个是数字空间的文明形态。两个文明形态相互依存，进行着复杂的能量交换。它对人类未来命运的影响将是深刻的。

20年前陈志良先生的哲学思考今天仍然值得我们延续："从现实性哲学转换到虚拟性哲学，这将是我们时代哲学所发生的最为巨大的历史性转换。这一哲学框架的转换是时代转换的映现，是一个客观的不可逆的态势。"①

在谷歌高歌猛进之际，微软通过另一个渠道推进着人类信息世界的建造。

2008年7月31日，微软以迎接北京奥运会为契机推出了"人立方关系搜索"测试版（http://renlifang.msra.cn）。这个搜索引擎不只是对奥运会运动员们的战绩、家谱和历史进行描述，它实际上是在描述整个网络信息世界中呈现的人与人之间的社会关联。

微软亚洲研究院关系搜索研发小组对这一被他们称为"对象级别"（object-level）的互联网搜索技术进行了如下解释：

"人立方关系搜索从超过十亿的中文网页中自动抽取出人名、地名、机构名以及中文短语，并且通过算法自动地计算出它们之间存在关系的可能性；同时，人立方关系搜索还索引了支持它们之间关系的网页文字。此外，人立方关系搜索还自动地找出人名之间最可能的关系描述词，与人名最可能相关的称呼、作品等词条。人立方关系搜索从这些中文网页中自动地辨别出人名所对应的人物简介文字，并且按照这些文字是人物简介的可能性进行排序。

"当用户给定任意搜索关键词，它能够找出与关键词最可能相关的人名、地名和机构名，并且根据它们与关键词之间的相关度排序。除此之外，人立方关系搜索还提供基于人名的新闻浏览功能、可视化关系搜索功能等。"②

上述这些扑朔迷离的文字描述，在"人立方关系搜索"引擎的运行过程中，

---

① 陈志良．虚拟：哲学必须面对的课题[N]．光明日报，2000-1-18.

② 微软亚洲研究院关系搜索研发小组．微软人立方：时间轴上的关系搜索．2008-12-11 09:39:58. http://blog.sina.com.cn/s/blog_4caedc7a0100bukd.html.

最终变成了呈现于用户面前的一个个人物关系的图形绘制，一个个人物历程的时段记录，一个个人物活动的情景描述。

使用“人立方关系搜索”的用户，即使是面对那些并不精确的搜索结果，也会不同程度地感到惊异：难道一个人在现实空间的社会联系、社会活动乃至生命历程能够在人们不知不觉之中被互联网镜像得如此清晰？

数字应用技术的创造动机是务实的。“人立方关系搜索”脱胎于微软亚洲研究院2004年着手开发的一个名为“Libra学术搜索”的专业搜索引擎。这是微软亚洲研究院使用对象级别垂直搜索技术，达及深度搜索目标，提高网络信息搜索效率的专业搜索平台。

Libra学术搜索引擎通过在互联网上获取计算机科学领域内的学术信息，为专业工作者提供各种关于学术论文、专家学者、专业会议、学术期刊和专业领域的各种热点信息。它和传统的页面级搜索引擎不同，它通过智慧的算法，从浩如烟海的网络信息中抽象出信息学术价值的逻辑关系，帮助需要这类信息的人们：

- 找到学术领域内的顶尖科学家、会议和期刊；
- 了解学术兴趣圈的兴起与发展；
- 找到用户感兴趣的论文；
- 发现正在崛起的学术新星和热点论文。①

主持Libra学术搜索项目开发的微软亚洲研究院主管研究员聂再清博士说：“两年后，我觉得要走大众化路线才会有更多人用到我的研究成果，于是从2006年5月开始研究人的关系。”②

在Libra这一专业性学术对象级别搜索的研究成果，在技术创新思维的支持与推动下，自然演进成向综合性社会对象级别搜索的质变飞越。“人立方关系搜索”由此应运而生。

目前，“人立方关系搜索”提供的核心技术功能如下：

第一，展示人的社会关系的结构图景。

“人立方关系搜索”力图通过对人在特定时间和空间中的社会活动的信息记录，绘制出人的复杂的社会关系图景。在人立方搜索引擎上，对任何一个人物的搜索，都会得到与这个人物相关的人物、地点和机构三个类别的关系信息。

以搜索中国人民大学新闻学院院长赵启正为例，我们看到下面的搜索结果：

---

① 百度百科．Libra学术搜索．http://baike. baidu. com/view/1956597. htm? func = retitle.

② 朱文利．揭秘微软亚洲研究院：聂再清和人立方[N]．电脑报，2008-11-17.

(1)赵启正社会活动的人物关系图景(图 13－2)。

图 13－2

(2)赵启正社会活动的空间关系图景(图 13－3)。

图 13－3

(3)赵启正社会活动的机构关系图景(图 13-4)。

图 13-4

赵启正先生与各种人物、各个机构、各个地区之间的社会活动关系,都清晰地显现出来。

无论这个关系结构图现在具有多大的局限和误差,实际上,它已经创造了一种新的展现人的复杂社会关系及其运行状态的图解模式。

第二,描述人的社会关系的具体内容。

在"人立方关系搜索"中呈现的人与社会的复杂关系都是通过人的一个个具体的社会活动展现的。在人立方提供的关系联系图和时间进程图上,只要鼠标指定一个时间线条,一个时间线条上的一个节点,一个个鲜活的信息单元就会显示出来,精巧的超链接会把用户引向记录这个信息单元全部细节的原始网页,让用户"察看详情"。这些信息单元一般是公共活动空间发生的具有公共意义的事件和围绕这些公共事件而产生的相关事件。

这些被互联网记录的一个个具体事件,解释着人的复杂社会关系产生的缘由、存在的状态、产生的影响,从而解释着人与人之间各种联系的社会意义与价值。

第三,揭示人的社会关系的动态进程。

人立方之所以称为"立方",是它不仅力图揭示人的社会活动的空间关系,而且力图揭示人的社会活动的时间关系。它通过分析人的社会活动的信息,绘制了一张人物社会关系的动态进程图(图 13 -5)。

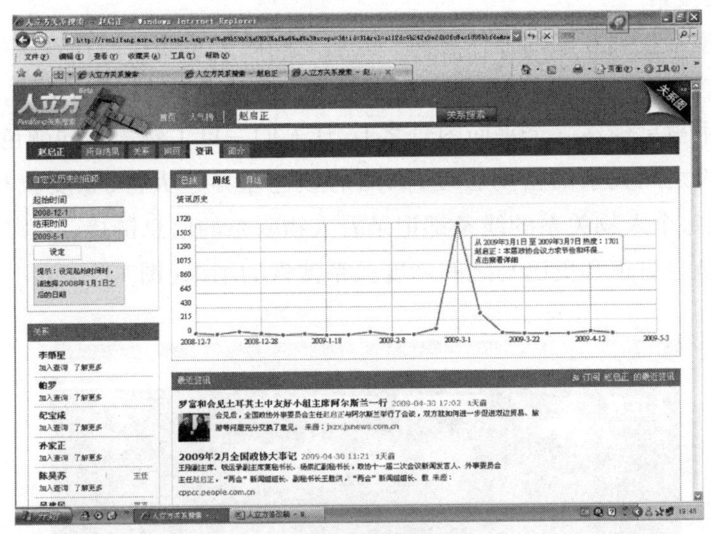

图 13 -5

这张依据历史数据梳理生成的人的社会关系的运行图,不仅记录着人的社会活动的历史信息,而且标示出人物的社会关注度的变化曲线。这个图景随着互联网信息的动态变化,每个瞬间都在改变之中,因此,现实生活中人与人之间、人与机构之间、人与地区之间、人与各类事务之间不断变化的关联状态就被真实地描述出来。人立方的"时间轴"也因此被微软亚洲研究院关系搜索研发小组视为"人立方真正可谓之'立方'的原因"①。

人立方为了把人的社会关系更加清晰地图景化,还推出了"六度搜索"。

美国社会心理学家斯坦利·米尔格拉姆(Stanley Milgram)于 20 世纪 60 年代提出了六度分隔(Six Degrees of Separation)理论。这个理论指出,"你和任何一个陌生人之间所间隔的人不会超过六个,也就是说,最多通过六个人你就能够认识任何一个陌生人"②。尽管这个理论本身和力图证实这个理论的各种实验引发了种种争议,但是,互联网的诸多应用技术框架的设计却是这个理论的信奉者。

---

① 微软亚洲研究院关系搜索研发小组. 微软人立方:时间轴上的关系搜索. 2008 -12 -11 09:39:58. http://blog.sina.com.cn/s/blog_4caedc7a0100bukd.html.

② 互动百科. 六度分离理论. http://www.hudong.com/wiki/%E5%85%AD%E5%BA%A6%E5%88%86%E7%A6%BB%E7%90%86%E8%AE%BA.

微软的技术人员声称，他们就是依照六度分割理论，在人立方关系网中推出了“六度搜索”。

六度搜索找到互联网上任意两个人名之间的关系路径。在现实生活中，因时间不同、空间不同、形态不同、密度不同的人与人之间的复杂关系，在人立方关系搜索中被呈现在一个平面图景之上，让人们一目了然。不同颜色的圆圈标示着人与人之间关系的密切程度，圆圈的颜色差异越大，关联度就相差越大。然而，连接每个人物关系的线条都记录着人物联系的信息链接。

下面是赵启正和奥巴马之间六度关系搜索的结果（图 13 – 6）。

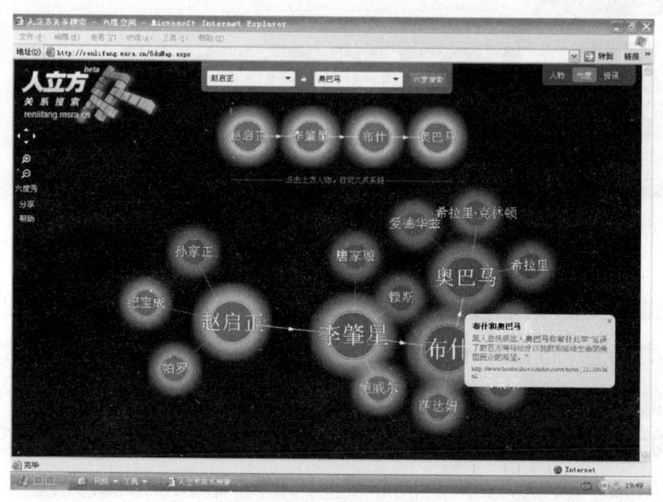

图 13 – 6

目前这个六度关系的图景还有种种失真，但是它预示了互联网信息分析蕴藏的深刻的社会洞察力。

“人的本质并不是单个人所固有的抽象物。在其现实性上，它是一切社会关系的总和。”①

人作为一种社会性的智慧动物，生存与发展的本能驱使它走向更为复杂的社会关联。人永远是在与其他社会成员的复杂关系中开掘着个体生命的潜能，从事着个体生命的追求，实现着个体生命的价值。正因为如此，人与人之间的关系构成了人的一切社会活动的基本形式和基本内容。人的社会活动的动机、

① 马克思．关于费尔巴哈的提纲．马克思恩格斯选集：第 1 卷[M]．北京：人民出版社，1995，54 – 57.

过程、结果乃至意义，主要取决于人的本能和理性所驱动的人与人之间的相互关联与相互作用。

认识了人与人之间的关系，就认识了社会运行的本质形态，也就认识了人的本质形态。

在现实生活中，人与人之间的关系结构是复杂的，所有的关系都在持续变动之中接近着它们的目标，体现着它们自身的本质特征。由于人与人之间关系结构的复杂性和变动的复杂性，因此在现实生活中，人与人之间关系的情态与实质是难以被人们清晰观察和深刻认知的。

微软开发的"人立方关系搜索"力图在全面分析互联网中记录人的社会活动信息的基础上，揭示人与人之间关系的动态结构图景，从而为人们观察和认识社会的关系结构和运行状态提供新的视角。

它在哲学思维层面和社会生活层面之间建造起一个技术的桥梁，对正在运行的社会中人的活动关系进行直观的图解，这一技术的创造、发展与完善，必将有效地帮助人们认知互联网世界所记录的现实社会中人与人之间的关系，认知人与人之间的关系所决定的社会运行的主流动态，认知人自身在社会普遍联系结构中的位置，认知整个社会联系与运动的过程对人的自身利益与命运的影响。这种致力于揭示人与人之间关系的全新的互联网信息搜索技术，对于解读和促进人类现实文明形态和数字文明形态之间的能量交换具有重要意义。

与谷歌、百度提供的综合性网页信息搜索的互联网搜索引擎不同，"人立方关系搜索"是将具体的人作为信息搜索的逻辑起点（对象级别的定义），把与此对象相关的信息收集起来，通过特殊的算法，将收集的信息按照相关的密切程度进行级别分类，其检索结果力图展示与搜索对象相关的各种信息之间的时间与空间关联，从而描述出相互关联的人与事在不同时间和空间的存在与变化的真实状态。这样的搜索逻辑，不仅提高着人们收集和查阅信息的有效性，而且启迪着人们对所需信息的认知广度与深度。

"人立方关系搜索"是搜索技术的革命，它的创新体现在：

- 直接锁定对象。这是由搜索对象的设定方式和搜索范围的划定原则决定的。"人立方关系搜索"设定的对象是具体的人，这就让搜索的结果更加精准，检索的信息更加有效。
- 深入揭示关联。以任何一个搜索对象为起点进行的信息追索，人立方都提供三个维度的相关分类信息：相关人物与搜索对象的联系、相关地点与搜索对象的联系、相关机构与搜索对象的联系。以此揭示人与人之间,人与事之间,人的活动与时间、空间之间的各种联系。

● 连续展示动态。互联网信息和人类社会一样,时刻处于运动状态之中。人立方信守了与客观规律之间的承诺,在搜索中敏锐捕捉着人的社会活动和人的相互关联的变化进程。

这样一个与辩证思维框架高度吻合的信息搜索工具所展现的信息结构,不仅可以描绘出人与人之间社会关联的线性布局,更重要的是,可以发掘出人的社会关联的密切程度、人的社会活动的影响范围以及人的社会经历的演进过程这些更为深刻的信息,从而描绘出反映这些深度关联的信息图景。

"人立方关系搜索"在思维方式上试图统一时间与空间的联系,在这种辩证法的思维原则之下(无论是否自觉)选择的技术路线,在结构方式上更加接近客观世界与人类社会的真实存在形态和基本运行规律,从而为人们认知现实社会各种事物之间的关联提供了信息引导。

无论"人立方关系搜索"的初始创造动机如何,它的各种应用功能实际上向着一个更宏大的目标接近,这就是:

以人的活动为主体的社会运行状态的描述;

以人的关系为核心的社会关联结构的展示;

以人的历程为线索的社会发展进程的瞭望。

"人立方关系搜索"预示:数字信息技术不仅试图记录人类的活动形态,而且正试图在此基础上揭示人与人之间的各种联系。由此而建造起来的人类文明的数字形态将与人类文明的现实形态在基础信息构成元素上日益接近和吻合,从而使数字镜像世界对人类社会的描绘与解读更加客观,更加清晰,更加生动,更加深刻。

诸如"人立方关系搜索"、谷歌地球、"第二人生"等技术,使人类文明第一次拥有了两个存在形态,一个是现实空间的文明形态,一个是数字空间的文明形态。两个文明形态相互依存,进行着复杂的能量交换。它对人类未来命运的影响将是深刻的。

第四节 "人立方关系搜索"的局限

"人立方关系搜索"的全部工作建筑在当今互联网的信息基础之上,这个信息基础本身的不完整性、不确定性、不连续性、不真实性限制着人立方的运行效果,甚至导致它的应用结果呈现出与它的预定目标相悖离的现象。

人立方上呈现的人与人之间相互关联的事件还限于互联网已经发布的相关信息的检索与集成,由于基础信息的数量及质量局限,人的全部社会活动内容并不能得到全程记录,甚至主要的社会活动内容也未能在互联网上体现,人与人之间的隐性形态的社会活动信息更是无从记录,特别是非公共人物的信息近乎贫乏,因此,现实社会中的人与人之间的复杂关联还不能得到真实的揭示。

我们通过人立方关系搜索得到的每个搜索结果,都可以看到之中的误差、片面以及不同程度的失真。人立方的缺陷表现在:

第一,信息的不完整性。

以中国为例,截至 2008 年底,中国网民规模达到 2.98 亿人,普及率达到 22.6%①。在这样的一个上网用户的数量级别上生成的互联网信息,是不可能反映中国社会人与人之间复杂的社会关联的。何况即使是目前中国互联网上的 16 086 370 233 个网页②的信息内容,"人立方关系搜索"也远远未能尽揽其中。更重要的是,构成人的深层社会关联的很多信息属于隐私范围、机密范围,这种信息不可能作为人立方搜索的基础分析数据。目前互联网信息源本身的不丰富、不细致、不连续、不系统,制约了人立方关系搜索的全面、客观和真实。

第二,信息的不确定性。

由于人的姓名的重复率很高,原始信息的不准确甚至虚假,网络世界情绪流的非理性,加之目前互联网搜索技术受到的各种主观与客观的制约所导致的局限,因此目前的搜索技术还不能准确通过互联网信息揭示现实生活中人物与事件的社会关注度,人与人之间关系的密切度,各种社会关联发展进程的精细度。

第三,信息的安全隐忧。

微软亚洲研究院在开发人立方的过程中,特别注意到隐私保护,它所展示的人与人之间的关系都是建筑在人的公开社会活动的信息记录之上的,并且想方设法屏蔽各种可能涉及个人隐私和公共安全的信息。但是即便如此,人的单一社会活动的被公开和所有社会关联的被披露对于个人的安全(包括心理安全)来说仍然是完全不同的事情。在个人网络信息发布技术日益普及的今天,

① 中国互联网络信息中心. 第 23 次中国互联网络发展状况统计报告.(2009 年 1 月)http://www.cnnic.net.cn/uploadfiles/doc/2009/1/13/92209.doc.

② 中国互联网络信息中心. 第 23 次中国互联网络发展状况统计报告.(2009 年 1 月)http://www.cnnic.net.cn/uploadfiles/doc/2009/1/13/92209.doc.

任何公众人物和非公众人物的个人信息的公共呈现都难以避免,现阶段的任何网络搜索技术也都不可能聪明到百分之百在法律法规和伦理道德的规范内实现目标运行。个人隐私的保护和社会安全的保护仍然是互联网信息应用带来的整个社会的普遍忧虑。

然而纵观网络数字技术的发展历程,可以看到一个事实:技术永远是按照人类的实践经历和理性追求不断修正着自身的缺陷,走向达及理想目标的更高技术境界的。面对目前因互联网发展进程导致的种种信息应用的缺点和局限,人立方无疑也会不断革故鼎新。

微软亚洲研究院主管研究员聂再清博士透露:"从几十亿的网页中自动地抽取结构化的知识并用于搜索中是一次全新的尝试。将来,我们会把索引网页从10亿扩大到100亿。那时我相信绝大部分的用户都会用人立方来查询与人相关的互联网信息。"①

WEB2.0时代的网络数字技术,推进着信息传播的两个发展趋向:

一是个体信息能量的深度开掘。RSS、博客、有文字记录功能和多媒体交互能的即时通信平台、标示地理定位信息的数码相机、有线与无线的各种信息传播渠道、千姿百态的个人信息接收终端,所有这些技术都使得个人信息的获取、创造、传播和使用获得了日益强大的技术支持。网络数字技术在满足个体信息需求的同时,正在深入开掘着个体的信息创造与信息传播能量。

二是网际信息能量的规模集成。以WIKI为其代表的网络信息建造的技术原则与技术模式,正在日益全面地聚集着网际信息的能量,推进着互联网信息的整合与整个网际范围的信息协作。互联网信息的全程连通、全程采集、全程分析、全程使用已经成为网络信息传播的趋势;基于个体信息创造的整个网际的信息协作已经成为今天宏大网络信息工程的主流建造方式。

随着WEB2.0时代将各种发布信息的技术平台直接提供给网民,网络信息的总量急剧增长,它造成的直接结果是对人的社会活动内容的更为丰富、更为全面、更为细致的记录。在此基础上,网络信息数据已经成为观察现实社会运行态势的直接参照物。基于这样的网络信息数据对人与人之间关系和人与自然之间关系的观察与描绘、解释与分析,正在得到诸如"人立方关系搜索""谷歌地球"这样新一代网络数字技术平台的支持。这些技术的商业意义是建立在信息应用基础之上的深度市场开发,其社会意义是数字镜像世界的细化

① 马荟. 微软人立方——搜索从DOS到WINDOWS的革命[N]. 互联网周刊,2008-9-18.

建设。

今天的互联网信息世界正在日渐丰富、日渐全面地反映出人类现实社会的真实情景。

在网络数字技术的推动下，新的互联网信息搜索引擎正在以满足人的信息需求为核心目标，以扩张个人的信息交流能力和强化社会的信息关联能力为主要途径，全面调整着互联网的信息创作机制、信息获取机制、信息整合机制和信息使用机制，而所有新的技术功能的开发和新的技术目标的实现，都依托于整个互联网世界信息协作机制的建设与完善。

半个世纪前，美国新闻自由委员会提出了其认为的新闻报道的理想境界：

“在环境中赋予每日事件以意义，对其进行真实、全面、睿智的报道。仅仅真实地报道事实是不够的。现在需要报道关于事实的真相！”①

什么是环境？环境是客观存在的一切事物的相互关联和此种关联的运动。这之间，对人类来说最具意义的，就是以人为主体所建构、所维系、所演进的人与自然和人与人之间的联系。今天的互联网正在从碎片信息的自由增长向着单元信息的有序集成和整体信息的专业分析过渡和演进。整个互联网应用技术正在推进着现实世界真实情状的描绘和复杂因果的解析。

面对这样一个普遍联系、变化运动的人类社会和大千世界，“谷歌地球”和人立方异曲同工地建设着同一伟业。它们一个是从描述自然世界为起点，去认识环境与人类的关系；一个是以解读人为起点，去认识人类与环境的关系。从人类社会到自然世界，二者最终殊途同归，融合于数字镜像世界之中，融合于现实文明与数字文明的始于连接、终于交互之中。

今天的网络数字技术正在不断打破着人们获取信息、传播信息、分析信息和使用信息的时空限制，正在把信息创造与信息使用的自由越来越多地给予每一个人。

搜索引擎作为互联网信息世界的基础应用工具，它所承载的信息采集技术、信息导航技术、信息整合技术、信息诠释技术将把每个社会成员与人类的数字世界连接起来，从而推进每一个生命的能量与整个人类文明能量之间的沟通与交互。

现在可能没有哪一个记者可以不依赖国际互联网而写作新闻报道了。互

---

① （美）新闻自由委员会．一个自由而负责的新闻界[M]．展江等，译．北京：中国人民大学出版社，2004.

联网已经成为全球最为浩瀚的信息海洋。这个信息资源不仅是最丰富的、最新颖的,而且对于使用者来说,它也往往是最容易调用的。

第五节　使用搜索引擎

在国际互联网的信息海洋中,搜索引擎是航行的罗盘和灯塔。记者每天要接触全新的情况,研究不同的问题,因此,熟练地使用搜索引擎,有助于记者在浩如烟海的信息海洋中快速识别并收集到有用的信息,从而提高工作效率。

一、了解搜索引擎

今天,搜索引擎的功能已经非常强大。它们搜索的范围越来越广,搜索的速度越来越快,提供的服务越来越完善。

像谷歌(Google)这样的搜索引擎,不仅已经成为互联网世界最为强大的信息导航系统,而且成为数字世界的强大的信息分析系统。

新闻记者使用搜索引擎更多的时候为的是找到从事新闻报道的相关信息。目前搜索引擎提供的主要检索服务包括:

1. 目录检索与关键词检索(Browsing & Searching Integration)

这是搜索引擎提供的最基本的服务项目。

2. 精确检索(Precise Search)

这项功能使你能够最终找到你最满意的资料。

3. 自然语言检索(Natural Language Search)

使用这种检索工具时用户可以对搜索引擎提出诸如"What is Jamestown?"之类的具体问题。能够进行自然语言检索的搜索引擎中功能出众的包括:Ask Jeeves、GoTo、InQuizit 和 LexiQuest 等。

4. 多语种检索(Multilingual)

用户可以在检索结果中限制检索结果的语言。在 AltaVista、HotBot、Excite、Infoseek/Go 中都提供这种检索服务。其中 Infoseek/Go 还提供检索结果的自动翻译服务。

5. 多媒体检索(Multimedia Search)

多媒体检索包括基于描述的多媒体检索和基于内容的多媒体检索。基于描述的多媒体检索就是用一个关键词来描述所要查找的图片或是音乐，比如可以用"classroom"这个词来查找教室的图片，也可以用"spring"这个词在 Lycos 的 MP3 搜索引擎中查找相关音乐。基于内容的多媒体检索就是用一些视觉特征来查找多媒体信息，这些视觉特征包括颜色、形状、纹理等。

6. 过滤检索（Filtered Search）

在检索中自动将一些网站信息过滤去掉，比如一些内容不健康的黄色网站信息，影响国家安全的政治反动网站信息等，这种检索服务技术受到父母们的欢迎，可以避免孩子们上网时受到不健康信息的影响。

7. 智能检索（Intelligent Search）

智能检索的含义就是检索系统能够自动地分析检索结果，为用户提供最满意的信息。

8. 检索结果修正（Search Midification）

检索结果的修正就是在上一次检索结果的范围内调整检索方案，以期达到更精确的相关信息。

9. 检索结果排序（New Ranking/Selection Techniques）

搜索引擎会自动分析查询到的页面，根据相关性算法将相关性最大的网页排在前面。

10. 提供最新收录的网站（Sites for Staying Current on Web Search Tools）

大部分搜索引擎都有新站通告，向用户公布搜索引擎收集了哪些网站的信息。

像谷歌这样的大型综合性的搜索引擎，功能是强大的。但是再强大的搜索引擎也有它的局限，要想高效地在互联网上查询信息资料，就需要了解不同的搜索引擎的功能。

下面是一些不同类别的搜索引擎：

● 综合搜索引擎：

http://www.google.com

http://www.infoseek.com

http://www.excite.com

http://www.netfind.com

http://www.lycos.com

http://www.directhit.com

http://www.infind.com

http://www.metafind.com

http://www.altavista.com

专业搜索引擎：

http://www.findwhat.com

这是一个提供产品和服务信息的搜索引擎

http://www.meta-list.net

这是一个提供邮件列表的搜索引擎

http://www.infojump.com

这是一个关于杂志和文章的搜索引擎

http://www.ditto.com

这是一个多媒体和图象搜索引擎

http://www.freefoto.com

这也是一个多媒体和图象搜索引擎

http://www.about.com

这是一个由各行各业专家参与的搜索引擎

http://www.refdesk.com/index.html

这是一个提供参考信息的搜索引擎

● 管理搜索引擎的搜索引擎：

http://www.searchenginecolossus.com

它收集了世界各国的搜索引擎目录

http://www.searchpower.com

世界上最大的搜索引擎目录

http://www.searchengineguide.com

一个强大的搜索引擎指南

● 下面的搜索引擎也能帮助你找到许多宝贵的信息资源：

http://search.cnet.com

http://www.easysearcher.com

http://www.search.com

在这么多的搜索引擎中，要找到自己用起来最为得心应手的工具，就要不断地摸索。不要只使用一个搜索引擎，哪怕它非常强大。试着使用不同的搜索引擎，特别要重视选用专业性搜索引擎，看看各种搜索引擎有什么长处和特点，通过对各种搜索引擎功能的深入了解，构造起适合自己需要的网络信息查询系统。

二、掌握有效的搜索方法

互联网的信息是丰富的，搜索引擎的功能是强大的。但是，不同的方法可能会得到完全不同的工作结果。

各种搜索引擎功能不同，使用的方法也多有差异。但是，一些基本技术是相通的，如同你已经学会了驾驶汽车，当驾驶不同型号的汽车时，你可能会感到在操作上有这样或那样的不同，但是，基本的驾驶方法是相通的。

1. 合理设置关键词

使用关键词进行搜索，是利用搜索引擎寻找所需信息的基本搜寻方法。能否在最短的时间里找到最适合你需要的资料，关键词是其成功的关键所在。

2. 设置关键词

关键词的范围既不能过于宽泛，也不能过于狭窄。一般说来，需要科学地限定最初的搜索范围，然后逐渐缩小这个范围，逐渐接近搜索的最终目标。

要想科学设置搜索所需的关键词，必须对你所要搜寻的领域有比较清晰的了解。你对你需要的信息认定得越是清晰，你对于搜索使用的关键词就会设置得越是准确和得当。

3. 用好搜索逻辑命令

下面是三种使用搜索引擎时的基本逻辑命令：

(1)“+”：精确限定搜索目标。用一个关键词搜索的结果往往会让你陷入信息海洋。让我们在谷歌上做一个搜索试验。

比如，你要寻找伊拉克战争中空袭情况的资料，如果你只用“伊拉克战争”作为搜索的关键词，你看到的搜索结果会是：

约有 1 620 000 项符合伊拉克战争的查询结果（搜索用时 0.06 秒）。

因此，通常要用两个乃至两个以上的关键词对搜索的内容进行限定。在这些关键词之间，你可以用“+”将它们连接，也可以用空格将它们分开。比如，你可以进一步设置这样的关键词组合“伊拉克战争　空袭”。这样你得到的搜索结果将是：

约有 94 900 项符合伊拉克战争空袭的查询结果（搜索用时 0.19 秒）。

如果你要搜索的是 2003 年美英对伊拉克战争的空袭情况，你还可以进一步对关键词的组合实施限定为“2003 年　美英　伊拉克战争　空袭”。这样你

得到的搜索结果会是:

约有 23 300 项符合 2003 年美英伊拉克战争空袭的查询结果(搜索用时 0.21秒)。

我们可以看到当关键词限制了搜索的范围时,搜索的结果有多么巨大的差异。

(2)" - ":排除不需要的信息。谷歌和一些大型综合性搜索引擎都用减号" - "表示逻辑"非"操作。"A - B"表示搜索那些包含 A 而不包含 B 的网页。这个方法对于精确寻找你需要的信息是非常有用的。

比如,我们要查询温家宝讲话,而不需要他所做的政府工作报告。我们可以用下面的命令:

搜索:温家宝讲话 - 政府工作报告

在谷歌上得到的搜索结果:

约有 125 000 项符合温家宝讲话 - 政府工作报告的查询结果(搜索用时 0.12秒)。

如果我们不用" - 政府工作报告"的命令,只是搜索"温家宝讲话",我们会得到下面的结果(在谷歌上得到):

约有 448 000 项符合温家宝讲话的查询结果(搜索用时 0.21 秒)。

我们可以发现其信息数量是限制搜索的三倍半以上。

提示:上述搜索逻辑命令中使用的" + "和" - "号,是英文字符,而不是中文字符的" + "和" - "。此外,操作符与所作用的关键字之间,不能有空格。

(3)"OR":给自己更多的选择。谷歌用大写的"OR"表示"逻辑"或"操作"。搜索"A OR B",意思是说,搜索的网页中,要么有 A,要么有 B,要么同时有 A 和 B。这种搜索方法可以给你提供更多的选择,但又不会让你得到的资料凌乱一片。

比如,我们要在新浪、搜狐、雅虎上查询中国 2004 年煤矿生产事故的报道。我们可以使用下面的搜索命令:

搜索:中国 2004 年煤矿生产事故新浪 OR 搜狐 OR 雅虎

在谷歌上得到的搜索结果:

约有 31 200 项符合 2004 年煤矿事故新浪 OR 搜狐 OR 雅虎的查询结果(搜索用时 0.57 秒)。

提示:"或"操作必须使用大写的"OR",而不是小写的"or"。

以上是三种使用搜索引擎时的基本逻辑命令,熟练地将搜索关键词与这些搜索逻辑命令结合使用,肯定能够让你大有收获。但是,仅仅知道这些简单的搜寻方法是不够的,还有一些特殊的搜索命令,对于我们搜寻相关资料也是非常重要的。

4. 强制搜索

一些搜索引擎会对一些网络上出现频率较高的英文单词以及一些符号作忽略处理。可是,在你搜索资料的过程中,一些东西是不能够被忽略的。

此外,搜索引擎对于你在通常形式下发布的关键词检索命令不会严格执行,比如,它不会严格遵守你设置的关键词的排列顺序。而对你来说,有时这种顺序可能是十分重要的。

遇到这种情况,你就需要使用更加严格的搜索逻辑命令,强制搜索引擎执行它在通常情况下不会执行的任务。

这种命令有两种方式:

一是在关键词前加上“+”号。

比如我们要搜寻“www 的技术”。

由于“www”这个符号在网络上出现的频率过高,因此“www”在搜索引擎上是被忽略的。“的”这个字也是被忽略的。如果你用一般逻辑命令查询,你得到的或许是有关“技术”方面的极其宽泛的资料,而不是“www 的技术”。

如果要对搜索引擎忽略的关键字进行强制搜索,则需要在关键字前加上“+”号。把搜索命令写成:+www+的技术

另一个强制搜索的方法是把上述的关键字用英文双引号引起来。

把搜索命令写成:“www 的技术”

因为被英文双引号引起来,搜索引擎就会把“www 的技术”视为一个特定关键词进行强制搜索。这种查询方法的查询结果更为集中。

强制搜索的方法也被称为“精确匹配搜索”“短语搜索”,是我们精确搜寻资料时必须掌握的方法。

当使用这些强制搜索方法时,要把一些基本的搜索逻辑命令结合起来使用,这样,就能够提高搜寻资料的效率。

5. 标题搜索

当你知道某些资料的标题时,使用标题搜索会提高搜寻的效率。多数搜索引擎都支持针对网页标题的搜索,逻辑命令是“title:”,在有的搜索引擎诸如 Yahoo 中是“t:”(注意:冒号为英文字符而且后面不要有空格)。在进行标题搜索时,前面提到的逻辑符号和精确匹配原则同样适用。因此,即使你不能确切

知道一些资料的确切标题,也可以借用不同的搜索逻辑命令寻找相关资料。请看下面的例子:

- title(或 t):中国人权白皮书
- title:中华人民共和国宪法 - 修正案
- title:"computer adventure games"

6. **网站搜索**

如果你要搜索某个网站的信息,可以使用网站搜索命令,命令是"site:"(Google)、"host:"(AltaVista)、"url:"(Infoseek)或"domain:"(HotBot)。其搜索结果会局限于某个具体网站或者网站频道,如"www.sina.com.cn""news.sina.com.cn",或者是某个域名,如"com""gov""cn"等。如果是要排除某网站或者域名范围内的页面,只需用"-网站/域名"。

如果想查找图行天下网站的所有网页,可以输入:

"site(或 host/url/domain):www.go2map.com"

如果要搜索中文教育科研网(edu.cn)上关于研究生招生工作的页面。可以使用下面的命令:

"研究生招生工作 site:edu.cn"

在谷歌上得到的搜索结果如下:

edu.cn 上约有 570 000 项符合研究生招生工作的查询结果(搜索用时0.30秒)。

特别提示:site 后的冒号为英文字符,而且,冒号后不能有空格,否则,"site:"将被作为一个搜索的关键字。此外,网站域名不能有"http://"前缀,也不能有任何"/"的目录后缀;网站频道则只局限于"频道名.域名"方式,而不能是"域名/频道名"方式。

7. **文件类型搜索**

"filetype:"是谷歌开发的非常强大实用的一个搜索语法。也就是说,谷歌不仅能搜索一般的文字页面,还能对某些二进制文档进行检索。目前,谷歌已经能检索微软的 Office 文档如.xls、.ppt、.doc、.rtf、WordPerfect 文档、Lotus1-2-3 文档,Adobe 的.pdf 文档,ShockWave 的.swf 文档(Flash 动画)等。其中最实用的文档搜索是 PDF 搜索。PDF 是 ADOBE 公司开发的电子文档格式,现在已经成为互联网的电子化出版标准。目前谷歌检索的 PDF 文档大约占所有索引的二进制文档数量的80%。PDF 文档通常是一些图文并茂的综合性文档,提供的资讯一般比较集中全面。

比如,我们需要搜索一些中国对外贸易状况的 Office 文档。

搜索:"中国对外贸易 filetype:doc OR filetype:xls OR filetype:ppt"

在谷歌上得到的搜索结果:

约有 8 300 项符合中国对外贸易 filetype:doc OR filetype:xls OR filetype:ppt 的查询结果(搜索用时 0.22 秒)。

提示:下载的 Office 文件中可能含有宏病毒,要注意安全防护。

8. 链接搜索

在谷歌和 AltaVista 中,用户均可通过"link:"命令来查找某个网站的外部导入链接(inbound links)。如果我们想看一下有多少网站对新华网做了链接,可以用下面的命令:

link:www.xinhuanet.com/

其他一些引擎也有同样的功能,只不过命令格式稍有区别。你可以用这个命令来查看是谁以及有多少网站与你想查找的网站做了链接。

另外此命令还有一个重要作用,就是可以帮助你找到很多同类型的网站,扩大你的专业信息资源。因为与一个网站做链接的网站往往具有共性,这就扩大了你的同类信息来源。

9. 媒体信息形态分类搜索

今天,谷歌、百度这种互联网综合性搜索引擎已经把各种信息形态精确分类提供。网页信息、图片信息、视频信息、地图信息、卫星信息等分门别类清晰地展示在用户面前。你可以根据你的需求,对你所要了解情况的信息进行多来源、多层面、多时空维度地搜索。

在一个搜索主题之下,你可以获得多媒体信息资源。

比如,在一篇关于北京湿地保护的报道中,一位管理湿地的官员提到了"香蒲"这种湿地植物。你想知道"香蒲"是什么东西,它是什么样子吗?进入谷歌,使用它的图片搜索引擎搜索一下,你马上就能够看到各种各样的"香蒲"。

为了使用方便,在图片搜索中,你还可以根据自己的需要,对图像的文件格式进行搜索限定。

在搜索文本信息过程中使用的基本搜索命令,在搜索图片信息和视频信息时大多也是完全适用的。

10. 目录检索

如果不想搜索互联网上浩如烟海的网页,而是想寻找一些主题集中的专题网站,你可以使用搜索引擎上的目录检索系统,访问搜索引擎上已经建造好的分类目录。这些分类目录眉目清晰,每类目录下面都收集了主题明确的网站,可以说,这里是同类信息的集散地。

进行目录检索需要你对查询的专业领域比较熟悉,知道你要查询的资料属于什么学科、什么分支,然后一级一级查询。

谷歌的分类目录地址是:http://directory.Google.com/。

谷歌使用的分类目录采用了ODP(Open Directory Project)的技术方式。它是由世界各地的义务编辑人员来审核挑选网页,并依照网页的性质及内容对其分门别类。与此同时,谷歌根据它特有的"网页级别"(Page Rank)技术,对目录中登录的网站进行排序,可以让检索更具效率。

利用目录查询,其结果往往比普通的关键词检索更有效率,因为在分类"互联网络"下进行搜索,删除了很多与检索目标不相关的信息。

第六节　掌握网络专用工具

除了搜索引擎之外,在互联网上,还有不少对新闻记者的工作特别有用的工具。熟练地掌握这些专用工具的使用方法,会对你的新闻采访与写作大有助益。

地图信息网站:在互联网上,提供地图信息服务的网站已经达到很高的技术水平。在Yahoo网站上,如果你要寻找在美国国内从某地到某地的行车路线,只需将两地的地名输入数据库对话框,网站马上会向你提供一张行车路线图。中国一个名为"go2map"的地图服务网站也向人们提供着各种精彩的服务。这个网站,支撑着中国许多需要地图服务的专业网站,北京公共交通系统的网站就使用着它提供的服务。

气象服务网站:气象服务已经遍及互联网的各类网站。但是,作为记者,可能需要更精确的气象服务信息。因此,你可能需要锁定专业气象机构的网站页面,随时掌握与你的工作和报道相关的气象信息。

交通信息网站:飞机、火车、汽车、轮船,都是新闻记者经常要使用的交通工具。为了提高工作效率,要掌握提供这些交通信息的权威网站。从这些网站中了解相关信息,你会节省很多时间。

宾馆住宿网站:现在,你在中国任何一个机场的候机厅,都会接到免费发送的宾馆预订网卡。网上预订旅馆和酒店已经成为今天的一个行业运营形式。这种方式可以为人们提供各种便利。经常外出的记者,应该了解这个系统的运行方式,以便必要时使用它。

语言翻译网站:世界正在变成一个村庄。而语言的障碍往往造成了隔阂。现在,各种各样的机器翻译工具从各个方面帮助着人们。网络在线翻译的功能更显示出它的巨大能量。如今一些大型搜索引擎都支持多种语言,谷歌已经支持一百多种语言。它的英语翻译机器 24 小时运转着。如果你想看看"journalist"这个单词是什么意思,你只需要在谷歌的搜索栏中写入"FY journalist",你马上就可以得到答案。性能良好的机器翻译网站数量可观,"read world"就是其中颇具特色的一个。这个网站不仅可以帮助你翻译整篇的文本文字,而且可以帮助你把英文的网站瞬间变成中文的面貌,当然,这个面貌有时会显得不够和谐,但是,它确实为人们打破语言障碍提供了强有力的工具。

图书资料网站:目前,美国国会图书馆、英国国家图书馆等世界各大图书馆都已经建立网站,各种百科全书、专业工具书,也都以不同的方式开展着网上服务。中国国家图书馆的查询系统已经建成并开始对公众服务,这个远程查询系统与世界数十家著名的国家图书馆使用的查询系统是一样的。中国大百科全书也已经上网,并且出版了光盘。维基百科这种全新架构的人类历史上最为浩瀚的知识工具体系也在互联网上生成了。维基百科已经拥有 250 多种语言版本,词条总量接近千万条,内容的丰富已经远远超过世界最为著名的号称"A、B、C"的三大百科全书的内容总和。这些网上资料系统为新闻记者的工作提供了丰富而权威的信息资源。

邮政编码网站:尽管网络已经无处不在,但是,传统的邮政递送仍然是需要的。应该掌握最新的邮政编码,而网上的专业机构提供的此类信息可以帮助你节省许多东翻西找的时间。

电话号码网站:网上的电话号码簿往往是动态更新的。目前中国的网上电话号码系统还存在各种缺陷,不能够像美国的网上电话号码系统那样,输入一个人的名字就能够知道他(或她)的电话号码。但是,我们可以相信,信息社会运行的基本趋向就是实用和便捷。只要有需求,就会有市场,只要有需求,就会有进步。

政府机构网站:政府信息系统对于新闻记者永远是最重要的信息资源。记者不仅需要掌握各个政府工作部门的联系方式,而且应该了解政府各个部门的运作方式。特别是需要了解与自己的报道领域密切相关的政府部门的工作内容、工作规程和种种工作细节。今天,中国政府的上网工程已经日臻完善,根据自己的报道需要了解相关政府部门网站的运行结构和运行方式对工作是十分有益的。

科研机构网站：专业科研机构是新闻记者写作专业新闻报道的高级教师。这些机构的专业人士不仅能够向记者解释专业问题，而且往往会告诉记者一些观察专业问题的方法，甚至会提供一些重要的观点和看法。这些专业机构对于新闻记者的价值，不仅在于他们解释新闻的能力，而且，这些机构也往往直接构成新闻要素甚至可能成为新闻信息的直接来源。

专业组织网站：各种专业组织也是记者需要掌握的信息资源。当今社会中，行业的分工日趋明显，行业组织的作用也日益加大。在专线报道分工方式仍然成为今天中国新闻媒体主要的分工方式的情况下，掌握专业组织的信息资源对于新闻报道具有特别重要的意义。

上述所有网站都可以通过搜索引擎寻找。通过持续的工作，任何人都可以建造起为新闻报道所用的互联网信息资源库。

第七节　深入网络社区掌握专业信息

记者有时需要找到对同一类问题感兴趣、有研究的人，听到他们对某个问题的看法和观点。没有国际互联网的时候，要想做到这一点会有诸多困难。

国际互联网提供了一个可能，各种各样的网络社区、专业论坛、聊天室、俱乐部里聚集了各种各样的讨论主题，在这些网上信息交流场所，记者可以做不干预式观察，也可以做干预式观察。这些地方的信息可能有很大的随意性、情绪性，甚至是不同程度的不负责任性。但是，这是了解人们对某些领域的事件、问题看法的便利渠道。

通过搜索引擎，可以接近与自己报道领域相关的网络社区和群体，了解那里丰富的信息。你还可以直接作为社区中的成员，和社区人群进行深入的交流。这里不仅是捕捉新闻线索的区域，也是深化专业认知的课堂，在这里可以结识朋友，扩展采访，展开研究，完成相关任务。

在各大搜索引擎上，你可以看到新闻组的板块。这些新闻组将不同的主题分门别类展示出来，某些主题还有专人管理和编辑，具有大量的有价值信息。由于新闻组包含的信息浩如烟海，因此必须利用搜索工具进行检索。DEJA 一直是新闻组搜索引擎中的佼佼者。2001 年 2 月，谷歌将 DEJA 收购并提供了所有 DEJA 的功能。现在，除了搜索之外，谷歌还支持新闻组的 WEB 方式浏览和张贴功能。

进入谷歌新闻组“http://groups. Google. com/”，你有两种信息查找方式。一种是按照目录一级一级地点击，直至进入特定主题讨论组。另一种则是通过搜索引擎直接搜索你寻找的主题讨论组。

因为新闻组中的帖子浩如烟海，而且又涉及一些普通搜索所没有的语法，所以你最好是使用“高级群组搜寻”进入高级搜索界面。新闻组高级搜索提供留言内容、分类主题、标题、留言者、留言代码、语言和发布日期作为条件进行搜索。

各种专业论坛也能够让记者收集到许多专业信息。“物以类聚，人以群分”，互联网的专业论坛证实了这一道理。各种专业网站都有专业人士和具有专业爱好的人们组成的专业论坛。这些动态论坛永远在讨论着专业领域的前沿问题，交流着专业领域的最新信息。

在专业论坛中，你会看到很多观点和信息。这些观点和信息不仅可以为你提供丰富的资料，而且可以启发你的思路，甚至对你的新闻选题也会有所帮助。

第八节　建造专业报道数据库

专业报道数据库是指从事专业报道所需的各个方面的基础数据。当一个新闻事件发生的时候，这些专业数据能够帮助你认识新闻的背景，判断新闻的影响，理解新闻的意义。任何一个记者都需要建立自己的专业报道数据库。这是写作独家视角报道的信息资源基础。没有这个基础，就不会有深度报道，就不会有独家特色的报道。

专业报道数据库的信息结构应该是多元化的。它不仅要反映专业领域的现状，而且要反映专业领域的历史，不仅要包含基础的统计数据，而且要包括重要的学术观点，不仅要反映一般概况，而且要掌握典型案例，不仅有客观状况的实录，而且有对这些客观状况的分析。

这种数据库通常要包括下面各类信息：

专业领域基础知识信息；

专业领域领导机构的决策信息；

专业领域研究机构的研究信息；

专业领域的历史发展进程信息；

专业领域的前沿动态信息；

专业领域的工作成果信息；

专业领域的重要人物信息；

专业领域重要的数据分析结果；

与专业领域问题相关的其他领域的信息资源。

如果你是一个报道农业新闻的记者，你可能需要从下面的信息资源中寻找你所需要的专业报道基础信息：

中华人民共和国农业部网站；

中国农业科研机构网站；

中国农业高等院校网站；

中国农业新闻媒体网站；

中国农业专业组织网站；

中国经济信息中心网站。

利用搜索引擎，你能够很快找到这些机构的网址，然后，你需要按照自己的工作需要，做下面的信息采集工作：

收集农业概况信息；

收集中国的农业政策信息；

收集农业领域重要的地址信息；

收集农业发展进程的历史资料信息；

收集农业领域重要人物的相关信息；

收集农业成就的相关信息；

收集农业科研成果信息；

收集农业科研进展状况的信息；

收集农业前沿问题的各种有代表性的观点；

收集国外农业发展状况的信息（发达国家和发展中国家的相关信息）；

收集重要的网址和网页。

数据库不是简单堆积资料的仓库，它应该是各种专业信息的科学组合，因此需要对收集的信息进行专业级别的分析。这些分析信息的工作是饱含创造力的，是充满个性的。其结果，一定是因人而异。

比如，你收集到了近十年来中国农业粮食产量的具体数据，你可能就需要对其变化状况进行详细的分解，不仅要看到增加与下降的变化曲线，而且要看到变化的幅度和规律，再找出其中的原因，将其归纳出来。这样，一旦遇到与粮食问题相关的新闻事件，诸如中国农业政策调整特别是针对种粮农民的政策调整时,你就会立即拿出属于你自己的独家背景信息充实你的报道。这种信息来自你的分析和研究,因此在报道中会具有特别价值。

一个记者必须知道当一个新闻事件发生的时候,到什么地方能够找到相关的背景资料,但是一个职业记者也绝对不会把报道的成功寄希望于这种临时行动之上。

职业记者需要在平日积累自己所需的专业信息,分析这些信息,在信息的基础上形成自己对专业领域历史进程和前沿问题的独特认识,建造起高质量的专业信息数据库。

新闻记者的报道数据库应该具有下述功能:

提供新闻涉及的专业领域的一般知识;

提供新闻涉及的专业领域的历史及现状的详尽描述;

提供新闻涉及的专业领域的国内及国际状况的核心资料;

提供新闻涉及的专业领域的权威人士特别是专家学者的观点;

提供新闻涉及的专业领域的重要采访对象的多种联系方式;

提供新闻涉及的专业领域的重要数据及其独家分析结果。

当然,对新闻报道的辅助功能远远不止上面说到的领域。比如,电子信件为记者开通了便捷的渠道,网络动态数据库技术也为记者从事专业调查开辟了更加广阔的工作空间。

今天,谷歌趋势、百度指数这些基于全球互联网数据的信息对社会各个领域情状的观察和分析为我们精确掌握专业领域发生的具有新闻意义的变动提供了更为强大的技术支持。

网络技术的发展,正在为新闻记者的专业工作提供着越来越多的便利工具。这些专业工具改变了时间和空间的概念,拓展了记者的工作范围,提高着记者的工作效率。今天的记者必须学习计算机领域的新技术,掌握各种专业工具,以应对新闻报道工作的全新挑战与机遇。

可能对你从事新闻报道工作有用的网站:

中国国家统计局

http://www.stats.gov.cn/tjsj/

中国国情网

http://www.cnnc.info/

中国政府网站导航

http://www1.cei.gov.cn/govinfo/

中国科技数据库

http://www.sdb.ac.cn/

中国科技信息

http://www.chinainfo.gov.cn/

中国国家科技成果网

http://www.nast.org.cn/

中国农业信息网

http://www.agri.gov.cn/

中国教育和科研计算机网

http://www.cernet.edu.cn/

中国交通信息网

http://www.transdata.com.cn/

中国气象科技网

http://www.metech.org.cn/

中国气象局

http://www.cma.gov.cn/

中国中央气象台

http://www.nmc.gov.cn/

中国可持续发展信息网

http://www.sdinfo.net.cn

中国法律网

http://www.chinalawnet.com

中国法院网

http://www.chinacourt.org

中国普法网

http://www.legalinfo.gov.cn

中国公民身份号码核查系统

http://www.id5.cn

(美)调查性记者与编辑协会

http://www.ire.org

(美)事实网

http://www.factsnet.org

第九节　使用网络数据信息分析工具

作为新闻报道的技术工具，谷歌趋势和百度指数已经显示出对于社会运行状态的强大的观察力与分析力。这些基于互联网全程信息数据对网民关注的热点事件及问题、网民的价值判断与意志趋向、社会舆论的形成征兆及发展态势、社会生活的变化过程等都进行着即时的观察分析和记录展示。

这种网络数据分析工具，正在力图告诉人们：人类在思考什么，整个世界在如何变化。

下面是百度对它的“百度指数”这一网络数据分析工具的说明：

互联网上的信息爆炸已经让人们迷失方向，越来越多的用户迫切需要从海量的信息中发现和挖掘有价值的知识。百度指数将这个过程变得简单和可依赖。

百度指数以全球最权威的中文检索数据为基础，通过科学、标准的运算，并且以直观的图形界面展现，帮助用户最大化地获取有价值的信息。

通过百度指数，您可以：

开放式检索，发现和追踪社会热点和话题；

跟踪新闻事件点，预知媒体热点（图 13－7～图 13－9）；

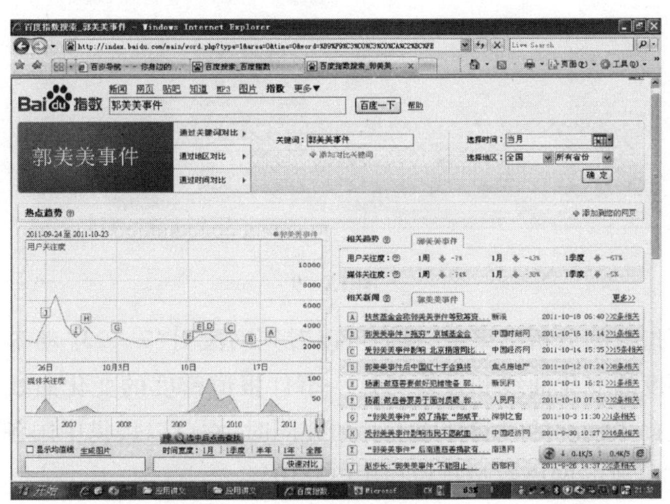

图 13－7

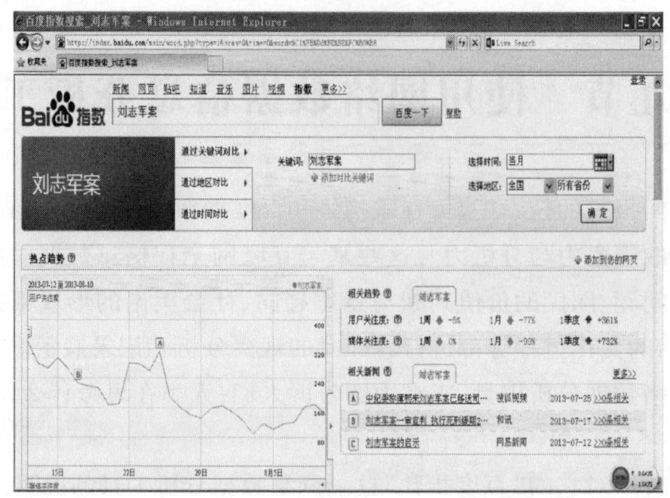

图 13－8

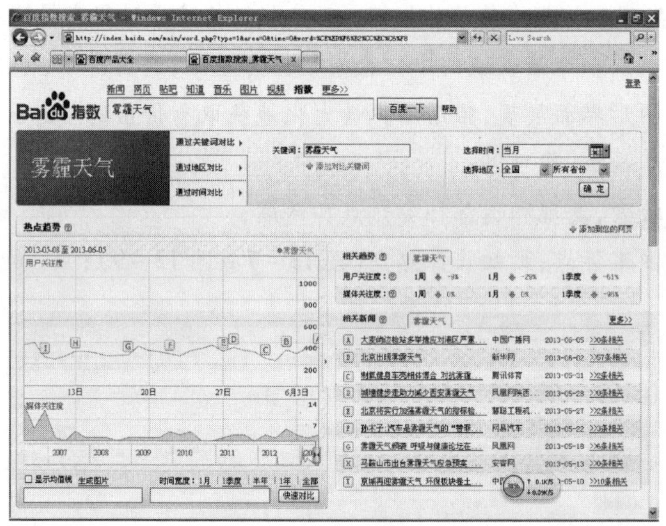

图 13－9

在百度指数的分析结果中,我们可以看到网民对“7 · 23”动车事故这一事件的关注热度的变化曲线和媒体对这一事件报道密度的变化曲线。这些社会舆情状况被置于精准的时间轴之上。与此同时,它可以提供中国各大城市关注“7.23”动车事故的网民数量排位(图 13－10)。

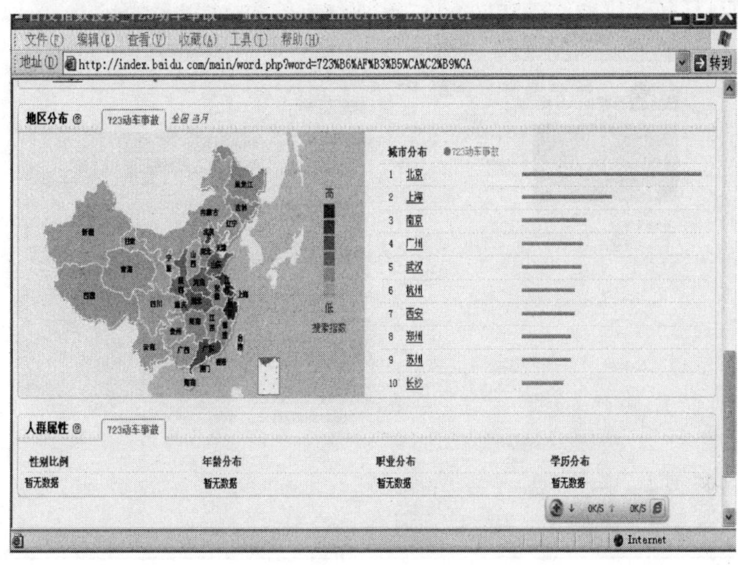

图 13－10

中国社会的各个热点事件、热点问题，我们都能在这个数据分析工具里看到社会舆情的动态定量分析（图 13－11、图 13－12）。

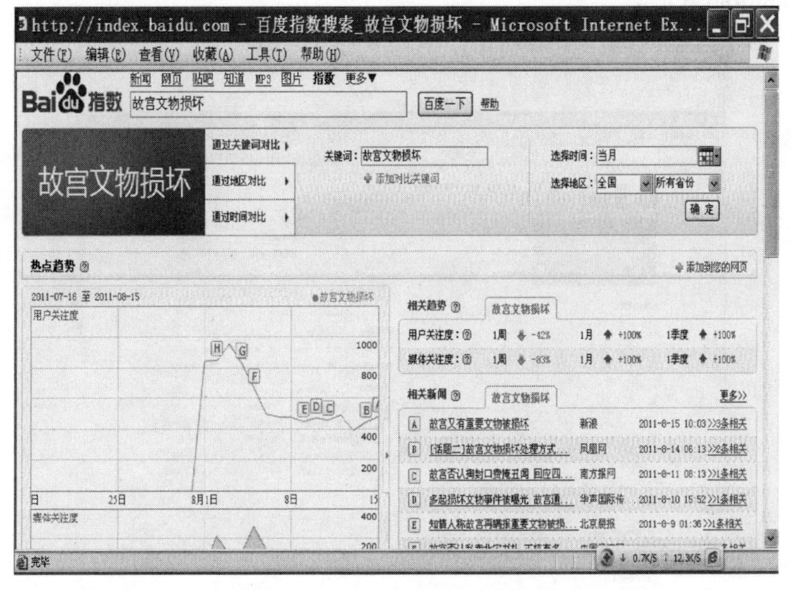

图 13－11

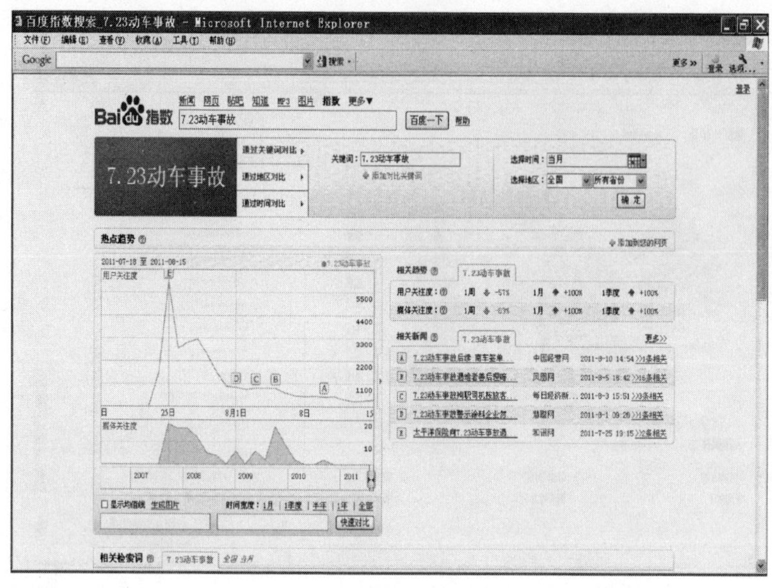

图 13－12

社会各个领域发生的热点事件，民众关心的各个领域的问题，我们都能够在百度指数这个数据分析工具中看到社会舆情状况的动态定量分析。看一下它的功能和能量：

“7.23”甬温线动车事故（图 13－13～图 13－18）。

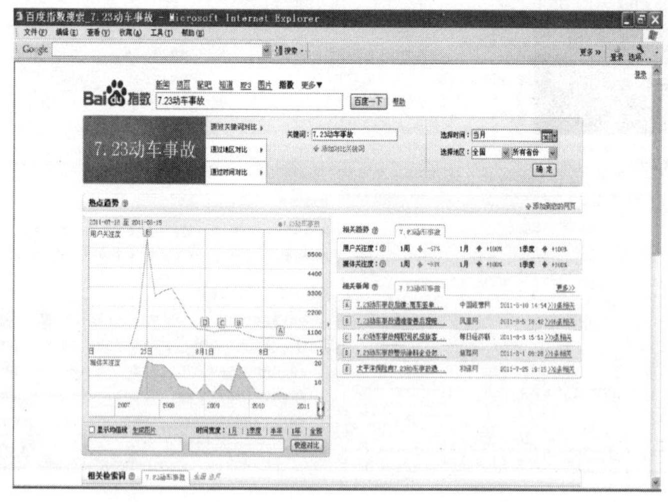

图 13－13

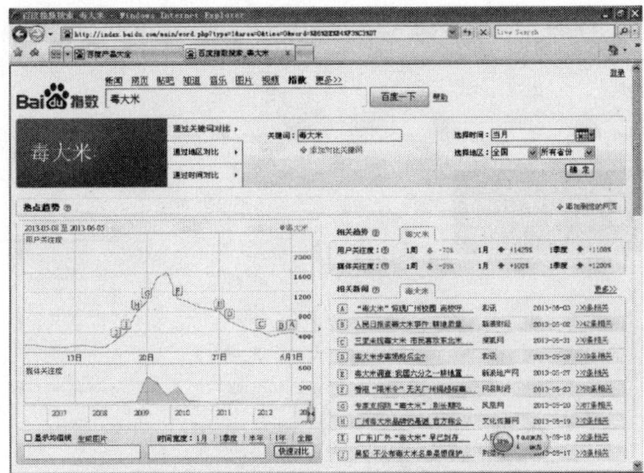

图 13－14

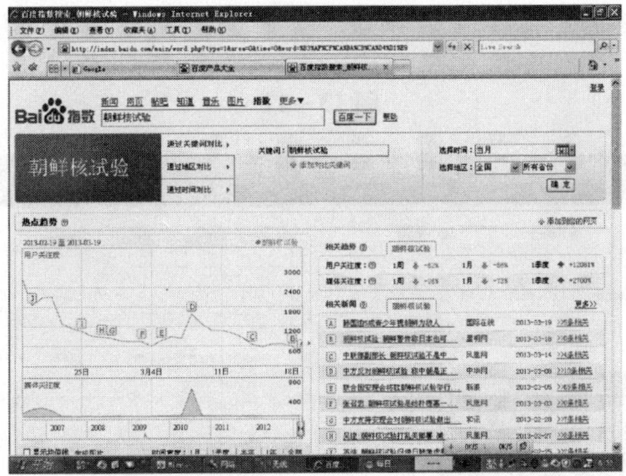

图 13－15

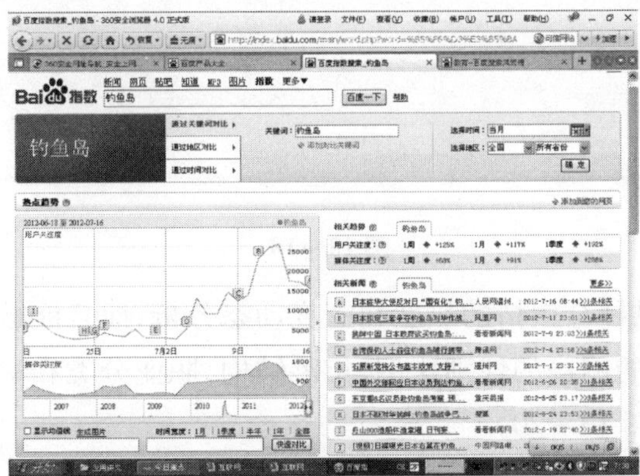

图 13－16

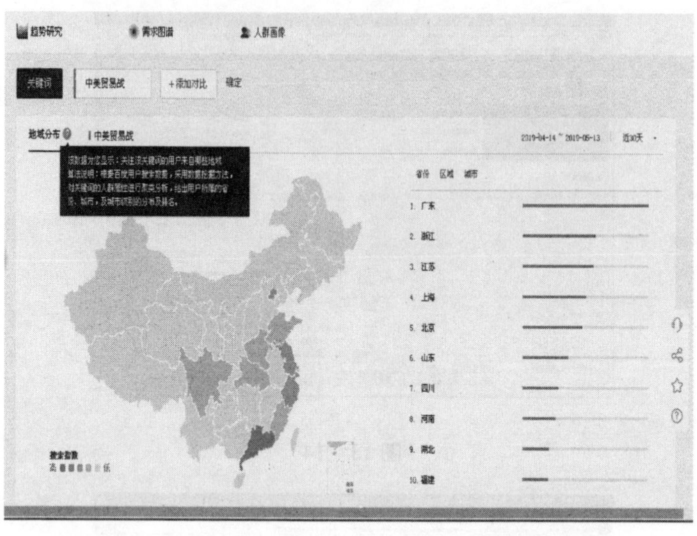

图 13－17

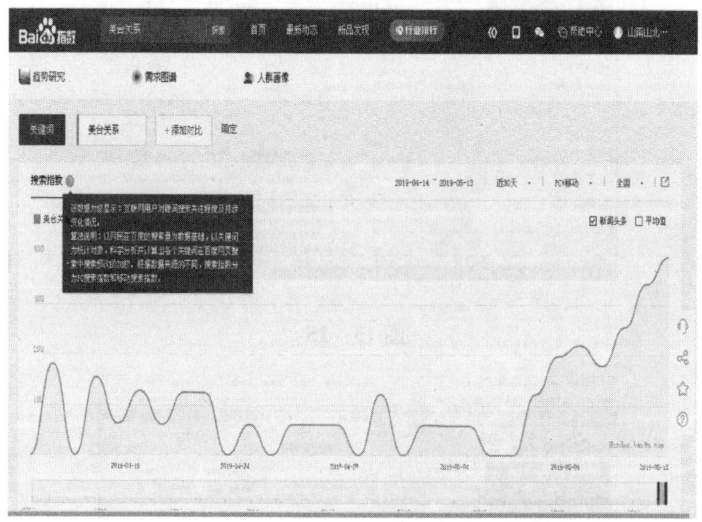

图 13－18

不仅能够提供社会舆情的热度和密度动态分析，而且能够提供关注这些热点事件、热点问题的网民的性别比例、年龄结构、职业分类和学历层次等方面的情状（图 13－19、图 13－20）。

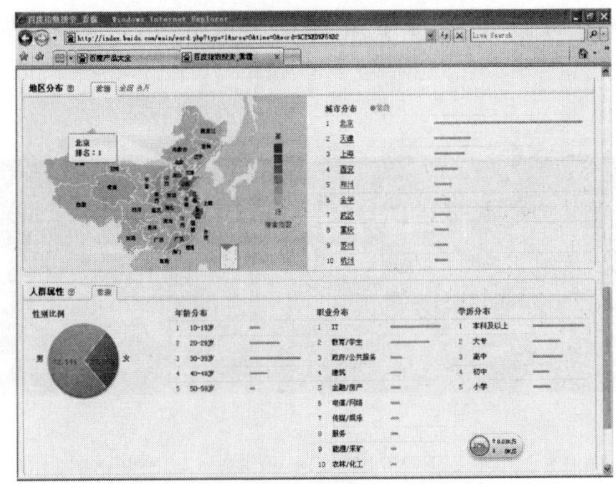

图 13－19

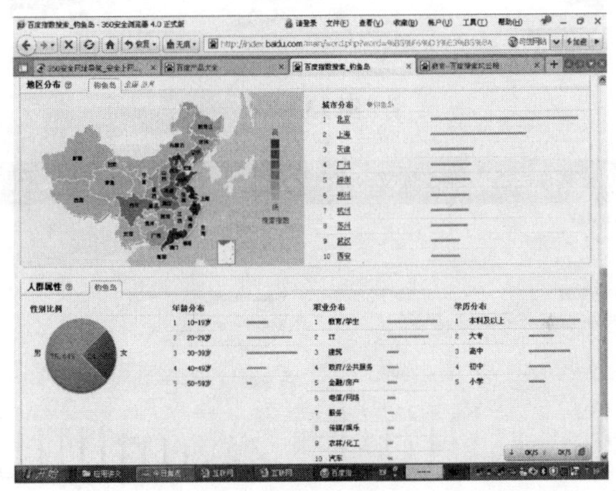

图 13－20

试想，一个关注某个新闻事件进程的记者，通过这样的互联网全程数据的分析，将能够获取多么重要的信息。

如果记者使用这种网络数据采集及分析的专业工具对新闻报道进行辅助，一定会极大地扩展自己调查研究的时空维度，获得更为丰富的资料，更为全面的观察，更为深刻的分析。

这种观察环境变动状况的视野广度、分析深度、认知精度，在过去传统的采访调查的方法体系中是难以实现的。

谷歌趋势是另一个强大的网络数据信息的分析工具，它能够提供每年、每月、每周的社会热点排行，包括各个领域的热点问题排行。这种基于互联网信息数据的全程分析可以让记者了解环境变化的热点与趋势(图 13－21、图 13－22)。

图 13－21

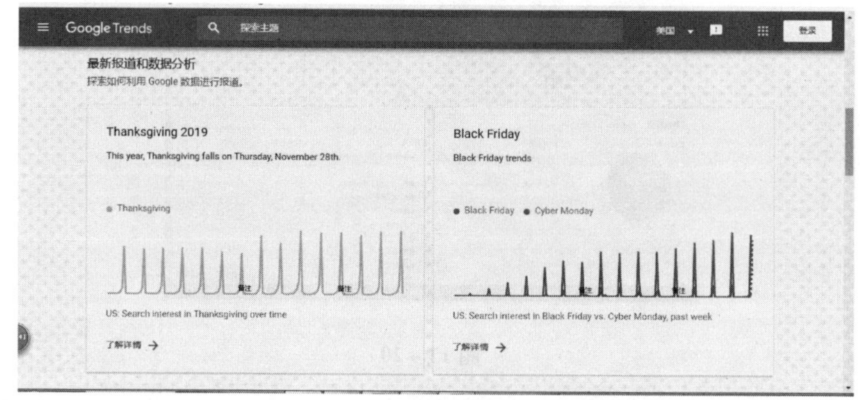

图 13－22

以谷歌趋势和百度指数为代表的网络数据信息分析工具为今天的新闻报道开辟了全新的观察与分析路径,为提高新闻报道的质量提供着强大的技术工具支持。

谷歌趋势和百度指数都提供了如何使用这种数据分析工具的方法和技巧。对新闻工作者来说,重要的是明确自己的工作目标,设定合理的分析框架,选择可行的技术路线。

谷歌基于这种数据分析技术和其他的网络数字技术,在 2015 年创造了“新闻实验室”(News Lab)(图 13－23、图 13－24)。

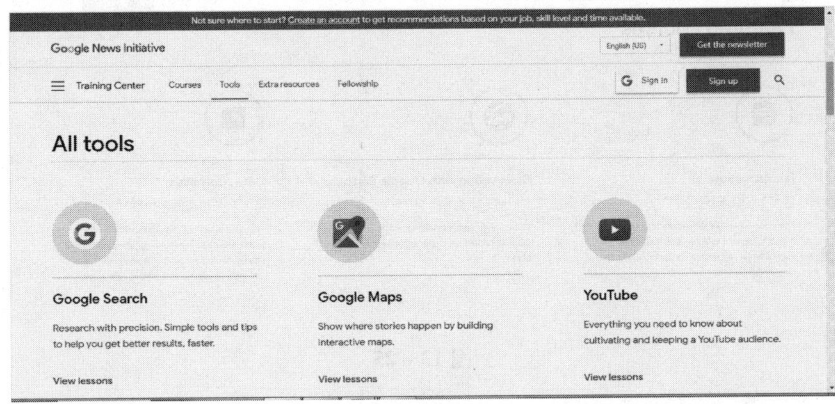

图 13－23

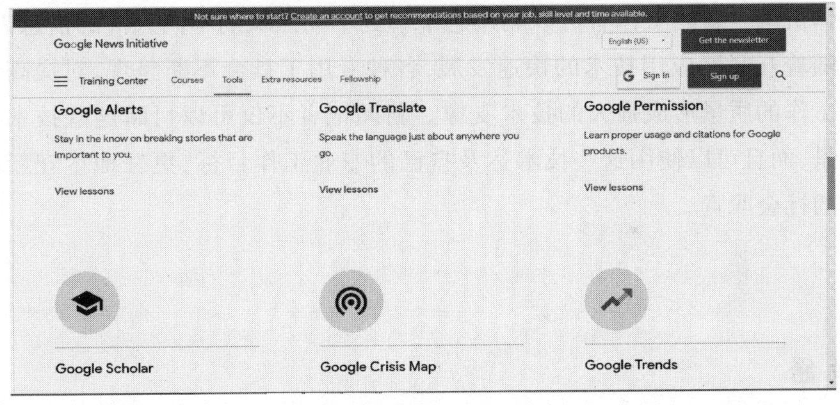

图 13－24

作为一个数据搜集整合产品，新闻实验室被定义为记者的工作枢纽，为记者的新闻报道提供资源，记者们可以通过它访问来自谷歌整合的所有平台数据、新闻工具和应用支持。

新闻实验室的新闻工具包括谷歌地图、Google Fusion Tables(谷歌云计算数据库)、YouTube 以及谷歌搜索等 11 项产品，还有日常报道所需的数字化工具，如可视化工具、社交工具和分析工具等，同时配备了教大家怎样充分利用这些产品的教程(图 13－25)。

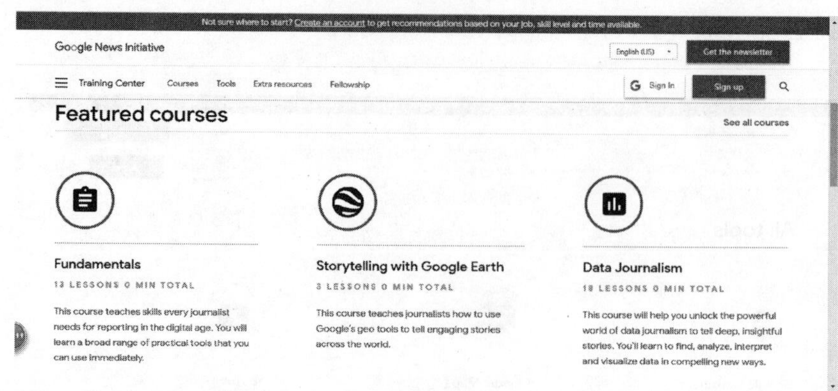

图 13 – 25

谷歌新闻实验室背后的信息库谷歌趋势(Google Trends)在其中扮演着提供资料的角色,它会从每天来自互联网的信息资源中识别重点,推送给各大新闻媒体机构。新闻工作者可以利用它了解到不同区域的不同人群的信息需求。

随着互联网应用技术的快速发展,各种专用工具会不断呈现,对提高新闻报道工作的质量形成强大的技术支撑。新闻记者不仅可以目睹这些技术奇迹的美景,而且可以使用这些技术达及自己的专业工作目标,更好地尽守新闻工作者的社会职责。

思考题

1. 互联网搜索引擎对新闻记者有什么作用?
2. 你怎样看数据库对写作新闻报道的作用。
3. 建立专业报道数据库的原则是什么?
4. 你怎样判断网络信息的真实性?
5. 你会怎样通过社交媒体为你的报道收集相关资料?

练习

一、下载“谷歌地球”

在网络上查找并阅读有关“谷歌地球”运行原理及使用方法的文章,使用“谷歌地球”,深入了解谷歌地球的主要功能。

二、访问百度指数

http://index.baidu.com/v2/index.html#/在网络上查找并阅读有关百度指数运行原理及使用方法的文章。

三、运用网络工具和网络信息资料完成下列任务：

1.查询民用航空飞行安全的相关资料。

要求：收集近五年来中国民用航空运输的事故报道，按照年份做出统计表格，包括事故数量、事故原因、飞机机型、事故后果等。找出同一时期美国民用航空运输的事故统计资料，将两个国家的航空飞行安全状况进行比对，得出你的结论。

2.围绕你所在的地区发生的一起酒后驾车事故，查询中国交通事故的相关背景资料。

要求：收集关于酒后驾车的法律规定，每年酒后驾车的事故发生率；中国汽车的保有量，与国民人数的比例；近五年交通事故的发生率，按照年份列出；各类交通事故的发生比例，这一比例近五年的变化情况等资料。将上述中国的情况与美国的同类状况进行比较。

3.建立一个关于中国刑事犯罪情况的小型专业数据库。

要求：包括中国刑事犯罪的概况，罪犯的年龄划分、性别划分、职业划分；中国刑事犯罪近五年的发生率变化，破案率变化，结案总数变化；中国警察的概况，总数、平均年龄、性别、学历情况、专业分工、平均寿命、与人口的比例、每年因公殉职的人数；国外相关的情况。

4.进入社交网站，了解人们对中美贸易摩擦的看法。

后记

这本教材出版至今已经过去15年了。我深知新闻传播技术的发展之迅速,新闻传播实践变革之急剧,在媒体传播面对的历史巨变中,传统新闻实务教材很快就会显出它的局限和陈旧。教材是需要及时修订的。可是,这部教材出版的当年,我就开始担任中国人民大学新闻学院的行政职务,加上教学科研任务的繁重,我没有时间和精力对这部教材进行修改。期间,我多次请求出版社终止这部教材的发行。作为教师,我怕误人子弟。

不过,出版社方面给我的回复是,这部教材每年的发行量稳定。于是,持续发行了15年。这让我感到极其不安。市场经济的力量,绝对不是人的意志可以抗衡的。2019年,我终于如愿退休。此时想到的重要的事情之一就是修订这部教材。

这次修改主要是对一些素材进行了更新,对一些案例进行了调整,对一些练习进行了设计,特别是根据我在中国人民大学讲授新闻采访写作课的经验形成的新的认知,对新闻报道的写作方法进行了一些新的归纳和表述。这次修订还增加了"新闻报道的网络技术工具"一章,想为读者提供互联网环境中提高新闻报道写作质量的技术路径与方法。

15年前写完这本教材的时候,我在后记里写道:"如果让我重新写一次这本书,很可能会是另一番模样。不仅案例会变,我对一些问题的叙述方式也会变。"如今完成修订稿,我仍然是这种感觉。新闻工作做得太久之后,追求变动似乎已成为人的一种本能。新闻本身就是变动,新闻的学问就是研究变动的学问。这可能也是新闻职业的魅力所在——它永远在更新着人们的感觉,更新着人们的认识,在向公众告知生活环境变化的同时,也催促着新闻工作者自身的改变。

新闻是一个让人兴奋、让人激动的职业。今天的中国和明天的中国都需要真正的职业新闻工作者。他们不仅需要了解新闻报道的理念原则,而且需要掌握新闻报道的操作方法。新闻采访与写作向来被学界视为新闻学领域的

“术”,与其“道”相比,层次不高。不过,在新闻传播的实践中,我们能够看到,一条新闻的影响力,一位记者的影响力,一家媒体的影响力,往往就是被这种划归于实务新闻学领域的“术”所决定的。“术非道而含道,术非道而行道”,这是难有争议的道理。我想,这或许也是我还想修改一下这本教材的动力所在。

我20岁那年进入北京大学中文系学习新闻专业。那时,中国正陷入“文化大革命”的荒谬与动乱之中。但是我的老师们用他们的品格和知识引导着我,影响着我,把我领上新闻之路,让我此生体验着新闻工作的神圣与荣耀。

我深深感谢成美老师、何梓华老师、秦圭老师、郑兴东老师、方汉奇老师、张隆栋老师、张绍宗老师、陈仁风老师、王泰玄老师、郑超然老师、甘惜芬老师、胡文龙老师、蓝洪文老师、肖绪珊老师、徐国兴老师、傅显明老师、李宝瑾老师、张之华老师、劳沫芝老师和为我的成长付出过心血的北京大学和中国人民大学的老师们。他们的善良、宽容、渊博的学识和正直的品格永远是置于我眼前的人生教科书。

我要感谢成全了我从事新闻教育工作理想的中国人民大学新闻学院的郭庆光院长、刘夏阳书记、涂光晋教授、喻国明教授以及中国人民大学新闻学院的各位同事们,感谢新闻学界和业界的各位朋友。感谢他们对我的帮助和支持,他们的专业才智和真挚情谊给我的启迪、帮助、鼓舞和鞭策是我此生的宝贵财富。

我要感谢撰写了《新闻报道与写作》一书的美国哥伦比亚大学新闻学院的麦尔文·门彻教授和撰写了《新闻写作教程》一书的美国密苏里新闻学院的教授们。这些至今未能谋面的同行在专业领域的探索,为我们认识新闻报道的技术规律提供了参考和启发。本书“分类新闻的写作”一章中一些专业领域新闻报道要点的组合系统,几乎就是直接来自他们的真知灼见。

我要感谢新闻界的同人们。他们的专业工作实践,不仅推动着社会的文明进程,也为新闻学的发展提供了原始动力。我对本书案例中涉及的所有新闻报道的同行们怀有真诚的敬意,无论我在教学中是宣讲着他们的经验还是与他们商讨着报道中存在的问题,我都深知他们的工作对社会进步和对新闻教育的价值,都对他们充满敬意。

我也要感谢所有学生们。他们的纯洁、真诚、求知欲和进取心,时时让我在忐忑不安之中审视自己的工作,体验着古代先人们描述的“教学相长”的意境,感受着教育工作的意义和人生的乐趣。

我要特别感谢本书的责任编辑孟岩岭先生。他的真诚的催促是我当年撰写这本教材的直接起因,也是这次我修订这本教材的动因。在编辑本书的过程中,他表现出的一丝不苟的职业精神,让我目睹了一个图书编辑将责任意识与专业能量完美结合的精彩案例。

我更要感谢我的亲人们。他们对我永远像大地对草木的滋养,无声无息,却提供着生命的依托。

时间过得真快。这本教材当年终稿之时,是中国农历乙酉年的春节前夕,而这次修订完成已经临近中国农历庚子年春节了。

时光飞逝,中国新闻传播业正在网络技术与社会变革的双重作用之下发生着日新月异的改变。网络数字技术已经开启了人类信息传播的新纪元。新闻机构为主体的新闻信息传播已经向着民众普遍参与的大众传播的方向演进。

纵观人类的发展历史,信息革命往往成为社会变革的前导力量。印刷术的发明曾经敲响了黑暗的中世纪的丧钟。今天,互联网络、移动终端、人工智能、数据分析的融合运用不仅改变了人类信息传播的传统结构与模式,而且正在重新组合着人类的社会关系,重新建构着社会的运行方式。

我相信,在这个大变局之中,经典新闻报道的理念原则和基本技术仍然具有相对稳定的价值。当然,我同样相信,只要新闻实践在不断发展,人们对于这些原则与技术的认识和使用,就一定会有新的改变。

“变则通,通则久。”中国古人的智慧今天仍然是我们行动的启迪。实践推动创新,创新推动发展。新闻报道方法与技术的探索应该集成更多新闻工作者的在丰富的新闻实践中凝结的经验和智慧。我看到互联网上已经生成了一个汇集世界范围内新闻记者探讨新闻报道方法与技术的交互网站。那里的知识是新鲜的、丰富的、实用的。我期望中国新闻学界和业界也能在互联网上建造起这样的知识传播和经验交流的平台,那样或许就能更大程度上突破目前这种印刷版教材的内容局限和纸上谈兵的悬虚。

高　钢

2020 年 1 月于美国亚利桑那州凤凰城

推荐阅读书目

一、宣言、公约、宪法

[1]世界人权宣言 http://www.un.org/chinese/work/rights/rights.htm.

[2]经济、社会、文化权利国际公约 http://www1.china.com.cn/chinese/zhuanti/zgqy/924864.htm.

[3]公民权利和政治权利国际公约 http://www.china.com.cn/chinese/zhuanti/zgqy/924987.htm.

[4]发展权利宣言 http://www.un.org/chinese/esa/social/youth/development.htm.

[5]中华人民共和国宪法 http://www.gov.cn/test/2005-06/14/content_6310.htm.

二、历史类

[1](以色列)尤瓦尔·赫拉利. 人类简史:从动物到上帝[M]. 林俊宏,译. 北京:中信出版社, 2017.

[2](美)斯塔夫里阿诺斯. 全球通史(两卷本)[M]. 吴象婴,梁赤民,译. 上海:上海社会科学出版社,1988,1992.

[3]齐世荣. 人类文明的演进[M]. 北京:中国青年出版社,2001.

[4](英)阿诺德·汤因比. 历史研究[M]. 郭晓凌,等,译. 上海:上海人民出版社,2000.

[5](英)阿诺德·汤因比. 人类与大地母亲[M]. 徐波,马小军,译. 上海:上海人民出版社,2001.

[6](英)A. J. P. 泰勒. 第二次世界大战的起源[M]. 潘人杰,等,译. 上海:华东师范大学出版社,1991.

[7]易中天. 易中天中华史(多卷本)[M]. 杭州:浙江文艺出版社,2016.

[8]苏叔阳. 中国读本[M]. 沈阳:辽宁教育出版社,2007.

[9]王家范. 中国历史通论[M]. 上海:华东师范大学出版社,2000.

[10]樊树志. 国史概要[M]. 上海:复旦大学出版社出版社,2018.

[11]孙方民,等. 科学发展史[M]. 郑州:郑州大学出版社,2006.

[12](英)李约瑟. 中国科学思想史[M]. 陈立夫,等,译. 南昌:江西人民出版社,2006.

[13]丁笃本. 中外历史大事年表[M]. 长沙:湖南人民出版社,1998.

三、国学类

[1]梁启超. 国学入门书要目及其读法[M]. 郑州:中州古籍出版社,2016.

[2]杨伯峻. 论语译注[M]. 北京:中华书局,2004.

[3]杨伯峻. 孟子译注[M]. 北京:中华书局,2005.

[4]王国轩. 大学·中庸[M]. 北京:中华书局,2006.

[5]臧守虎.《易经》读本[M]. 北京:中华书局,2007.

[6]程俊英,蒋见元. 诗经注析[M]. 北京:中华书局,2017.

[7]杨伯峻. 春秋左传注[M]. 北京:中华书局,1995.

四、政治与哲学类

[1]柏拉图. 理想国[M]. 郭斌和,张竹明,译. 北京:商务印书馆,1986.

[2]亚里士多德. 政治学[M]. 颜一,秦典华,译. 北京:中国人民大学出版社,2003.

[3]贡斯当. 古代人的自由与现代人的自由[M]. 阎克文,刘满贵,冯克利,译. 上海:上海人民出版社,2017.

[4]卢梭. 社会契约论[M]. 何兆武,译. 北京:商务印书馆,1980.

[5]霍布豪斯. 自由主义[M]. 朱曾汶,译. 北京: 商务印书馆,2002.

[6]恩格斯. 路德维希·费尔巴哈和德国古典哲学的终结[M]. 中共中央马克思、恩格斯、列宁、斯大林著作编译局,译. 北京:人民出版社,2018.

[7](英)罗素. 西方哲学史[M]. 何兆武,李约瑟,译. 北京:商务印书馆,2004.

[8](美)L. J. 宾克莱. 理想的冲突——西方社会中变化着的价值观念[M]. 马元德,译. 北京:商务印书馆,1983.

[9]洪汉鼎. 斯宾诺莎读本[M]. 北京:中央编译出版社,2007.

[10]霍布豪斯. 社会正义要素[M]. 孔兆政,译. 长春:吉林人民出版社,2006.

[11](美)弗姆. 道德百科全书[M]. 戴杨毅,等,译. 长沙:湖南人民出版社,1988.

[12]韦伯. 民族国家与经济政策[M]. 甘阳,译. 北京:生活·读书·新知三联书店,1997.

[13](美)曼库尔·奥尔森. 国家兴衰探源:经济增长、滞胀与社会僵化[M]. 吕应中,陈槐庆,译. 北京:商务印书馆,1993.

[14](美)安东尼·奥罗姆. 政治社会学[M]. 张华青,等,译. 上海:上海人民出版社,2014.

[15](美)巴林顿·摩尔. 民主与专制的社会起源[M]. 拓夫,张东东,等,译. 北京:华夏出版社,1988.

[16](英)约翰·布克. 剑桥插图宗教史[M]. 王立新,石梅芳,刘佳,译. 济南:山东画报出版社,2005.

[17]侯外庐,赵纪彬,杜国庠. 中国思想通史(多卷本)[M]. 北京:人民出版社,2011.

[18]萧公权. 中国政治思想史[M]. 台北:台北联经出版公司,1984.

[19]孔多塞. 人类精神进步史表纲要[M]. 何兆武,译. 北京:读书·生活·新知三联书店,2003.

[20]徐翰林. 最伟大的演说辞(汉英珍藏版)[M]. 北京:中国对外翻译出版公司,2006.

五、法学类

[1](美)约翰·麦·赞恩. 法律的故事[M]. 刘昕,胡凝,译. 南京:江苏人民出版社,1998.

[2](法)孟德斯鸠. 论法的精神[M]. 孙立坚,孙丕强,樊瑞庆,译. 西安:陕西人民出版社,2001.

[3](英) 哈特. 法律的概念[M]. 张文显,等,译. 北京:中国大百科全书出版社,2003 .

六、经济学类

[1](美)保罗·萨缪尔森. 经济学. 第17版[M]. 萧琛,译. 北京:人民邮电出版社,2004.

[2](美)曼昆. 经济学原理[M]. 梁小民,译. 北京:北京大学出版社,2006.

七、社会学类

[1](美)卡尔甘,巴兰坦. 社会学基础读本. 第9版[M]. 北京:北京大学出版社,2005.

[2]贾春增. 外国社会学史[M]. 北京:中国人民大学出版社,2000.

[3](美)艾尔·巴比.社会研究方法.第10版[M].邱泽奇,译.北京:华夏出版社,2005.

[4]费孝通.江村经济[M].戴可景,译.北京:北京商务印书馆,2001.

[5]费孝通.乡土中国[M].北京:北京大学出版社,1998.

[6](美)玛格丽特·米德.萨摩亚人的成年——为西方文明所作的原始人类的青年心理研究[M].周晓虹,李姚军,译.杭州:浙江人民出版社,1983.

[7]戴维·迈尔斯.社会心理学.第8版[M].张智勇,乐国安,侯玉波,等译.北京:人民邮电出版社,2006.

[8](美)伯格.人格心理学.第6版[M].陈会昌,译.北京:中国轻工业出版社,2004.

[9](美)考斯林.心理学:大脑、人、世界.第2版[M].北京:北京大学出版社,2004.

[10](美)布伦南.心理学的历史与体系.第6版[M].北京:北京大学出版社,2004.

[11](美)托马斯·库恩.科学革命的结构[M].金吾伦,胡新,译.北京:北京大学出版社,2004.

[12]尼葛洛庞帝.数字化生存[M].胡泳,范海燕,译.海口:海南出版社,1997.

八、中国文学类

按照《中国文学史》提供的线索,阅读各个时期的经典文学作品,包括小说、戏剧、诗歌、散文。

九、世界文学类

按照《世界文学史》提供的线索,阅读各个时期的经典文学作品,包括小说、戏剧、诗歌、散文。

十、新闻传播学类

[1]韦尔伯·施拉姆.人类传播史[M].游梓翔,吴韵仪,译.台北:远流出版公司,1994.

[2]程之行.新闻传播史[M].台北:台湾亚太图书出版社,1995.

[3]李瞻.世界新闻史[M].台北:台湾三民书局,1983.

[4]李明水.世界新闻传播发展史[M].台北:台湾大华晚报社,1985.

[5](美)约翰·梅里尔.世界新闻大观[M].杜跃进,张晓崧,等译.郑州:河南人民出版,1988.

[6]洛特菲·马赫兹.世界传播概览[M].师淑云,译.北京:中国对外翻译出版公司,1999.

[7]迈克尔·埃默里,等.美国新闻史:大众传播媒介解释史[M].展江,殷文,译.北京:新华出版社,2001.

[8]方汉奇.中国新闻事业通史[M].北京:中国人民大学出版社,1996.

[9](美)李普曼.舆论学[M].林珊,译.北京:华夏出版社,1989.

[10](美)威尔伯·施拉姆,威廉·波特.传播学概论[M].陈亮,周立方,李启,译.北京:新华出版社,1984.

[11](英)丹尼斯·麦奎尔,斯文·温德尔.大众传播模式论[M].祝建华,译.上海:上海译文出版社,1997.

[12](美)梅尔文·德弗勒,桑德拉·鲍尔.大众传播学诸论[M].杜立平,译.北京:新华出版社,1990.

[13](加)麦克卢汉.人的延伸:媒介通论[M].何道宽,译.成都:四川人民出版社,1992.

[14](美)斯蒂文·小约翰.传播理论[M].陈德民,叶晓辉,译.北京:中国社会科学出版社,1999.

[15](美)沃纳·赛佛林,小詹姆斯·坦卡德.传播理论:起源、方法与应用[M].郭镇之,孟颖,等,译.北京:华夏出版社,2000.

[16]联合国教科文组织.一个世界,多种声音(麦克布莱德报告)[M].北京:对外翻译出版公司,教科文组织出版办公室,1981.

十一、新闻写作类

[1](美)比尔·科瓦奇,等.新闻的十大基本原则:新闻从业者须知和公众的期待[M].刘海龙,连晓东,译.北京:北京大学出版社,2014.

[2](美)麦尔文·门彻.新闻报道与写作[M].展江,译.北京:华夏出版社,2003.

[3](美)布雷恩·S.布鲁克,等.新闻报道与写作[M].范红,译.北京:新华出版社,2007.

[4](美)杰里·施瓦茨.如何成为顶级记者——美联社新闻报道手册[M].曹俊,王蕊,译.北京:中央编译出版社,2003.

[5](美)威廉·E.布隆代尔.《华尔街日报》是如何讲故事的[M].徐扬,译.北京:华夏出版社,2018.

[6](美)杰克·海敦.怎样当好新闻记者[M].伍任,译.北京:新华出版

社,1984.

[7](美)凯利·莱特尔.全能记者必备.第7版[M].宋铁军,译.北京:中国人民大学出版社,2005.

[8](美)迈克·华莱士,贝丝·诺伯尔.光与热:新一代媒体人不可不知的新闻法则[M].华超超,许坤,译.北京:中国人民大学出版社,2017.

[9](美)马克·克雷默,温迪·考尔.哈佛非虚构写作课[M].王宇光,译.北京:中国文史出版社,2015.

[10](美)威廉·津瑟.写作法宝:非虚构写作指南[M].朱源,译.北京:中国人民大学出版社,2013.

Cet ouvrage est le fruit d'une coopération franco-chinoise originale destinée à guider les opérateurs financiers dans leurs décisions d'accompagnement des investissements dans les énergies vertes et l'efficacité énergétique. Ce marché est porteur d'opportunités de croissance durable, notre défi commun du 21ème siècle, pour laquelle notre responsabilité d'acteurs économiques est engagée. Ce recueil y contribue. J'en suis heureux et vous souhaite, au nom de l'AFD et du FFEM, plein succès !

法国开发署署长
Jean-Michel SEVERINO

本手册是中法之间富有创新意义的一次合作的结晶。它旨在帮助银行人员在能效和绿色能源领域作出更好的融资决定。节能减排是我们在21世纪共同面临的挑战，也是我们共同承担的责任，而该领域又充满了可持续的发展机遇。我谨代表法国开发署和法国全球环境基金对该手册的面世表示衷心的祝贺，也希望它在中国绿色金融事业的发展中起到应有的作用。

中国财政部与法国开发署合作实施中间信贷项目，目的是引进优惠资金、先进技术和经验，促进我国银行业提高绿色信贷业务能力。该项目当前进展顺利，实现了预期效果。《能效及可再生能源项目融资指导手册》作为该项目中双方技术合作的成果，主要介绍了重点节能领域的节能潜力、技术和成功案例，可为我国银行业拓展绿色信贷提供有益借鉴。希望中法双方总结已有的成功经验，不断创新合作方式和领域，今后取得更多更好的合作成果。

中国财政部金融司司长
孙晓霞

中国国家发改委外资司巡视员
刘旭红

法国开发署贷款是我国目前借用的近20个国别（类别）外国政府贷款之一，主要用于提高能效，开发清洁和可再生能源，保护大气与环境等领域。一般情况下，贷款通过国内大中银行转贷给地方政府提出的项目。2007年和2008年，我们安排了两期银行中间信贷项目，以国内中小银行为外国政府贷款的项目单位，最终用款的项目由银行自行选择。我们希望以中间信贷项目为载体，引进发达国家在绿色信贷和中小企业贷款领域的好的理念和做法，提高有关中小银行在上述领域的能力，也为工业企业节能减排项目借用外国政府贷款创造更多的机会。我们相信，适度开展中间信贷项目是对我国借用外国政府贷款形式的有益补充，也有利于进一步发挥外国政府贷款的作用。

工业是我国能源消耗的重点领域。通过绿色信贷，支持企业实施节能技术改造，提高能源利用效率，是实现工业可持续发展的重要措施之一。本书介绍了部分重点用能行业的能源消耗情况、重点节能技术的原理、节能效果、技术经济指标以及应用案例等，对银行业进一步了解节能项目的技术特点和实施后的经济、社会效益会有所帮助。也希望银行业的朋友们通过对节能技术的了解，加大对工业企业实施节能技术改造项目的支持力度，为推进节能技术进步，实现我国经济的又好又快发展做出新贡献。

中国工信部节能司司长
周长益

中国人民银行总行研究局副研究员
梁猛

《能效及可再生能源项目融资指导手册》为低碳金融的发展提供了一个坚实的基础。建设低碳经济离不开金融的支持，只有金融资源向低碳上进行配置，低碳经济转型才具有实质性的内容。我国金融业在低碳问题上是十分积极的，但从风险控制的角度，他们需要知道哪些企业、项目和技术属于低碳范畴，需要有公信力的部门来告诉他们。“指导手册”恰好做了这项基础的、但却非常重要和不可或缺的工作，意义非凡。我们期待着“指导手册”能够及时更新和更加充实，为我国低碳经济建设发挥更重要的作用。

能效及可再生能源项目融资指导手册

国家发展和改革委员会能源研究所 编

中国环境科学出版社·北京

图书在版编目(CIP)数据

能效及可再生能源项目融资指导手册 / 国家发展和改革委员会能源研究所编. —北京: 中国环境科学出版社,2010.3

ISBN 978-7-5111-0222-5

Ⅰ. 能… Ⅱ.国… Ⅲ.再生资源—能源发展—基本建设—项目—融资—中国 Ⅳ.F426.2

中国版本图书馆 CIP 数据核字(2010)第 049934 号

责任编辑 高 峰
责任校对 扣志红
封面设计 兆远书装

出版发行 中国环境科学出版社
(100062 北京崇文区广渠门内大街 16 号)
网 址:http://www.cesp.cn
联系电话:010-67112739(第三出版中心)
发行热线:010-67125803
印 刷 北京东海印刷有限公司
经 销 各地新华书店
版 次 2010 年 5 月第 1 版
印 次 2010 年 5 月第 1 次印刷
开 本 787×1092 1/16
印 张 19.2
字 数 350 千字
定 价 68.00 元

前 言

能源等自然资源是国民经济不可或缺的物质基础，也是经济社会可持续发展的重要制约因素。虽然20世纪90年代后期中国能源供应一度出现了相对宽松状况，但进入21世纪后，能源供应再显紧缺。“十五”后四年里，全国能源供应全面紧张，能源约束矛盾成为了经济社会生活中的主要矛盾之一。能源供求形势逆转的现实再次提醒我们，尽管改革开放以来中国能源工业取得了长足发展，能源生产规模已位居世界第二，节能降耗工作也取得了较大成效，但能源制约经济社会发展的局面并没有得到根本扭转，粗放型经济增长方式尚未发生重大转变；保证能源供给依然是未来必须长期面对的复杂问题，尽快转变经济增长方式、努力减少经济发展对能源的依赖性是当前面临的一项迫切任务。

改革开放以来的20多年，在多种政策引导和促进，以及全社会的共同努力下，中国节能工作取得了明显成效，能源利用效率水平逐步提高。但与发达国家相比，目前中国能源利用效率水平仍然较低，其产值能耗、主要工业产品单耗、单位建筑面积能耗与国际先进水平仍有明显差距，节能降耗仍有巨大潜力。

国家“十一五”规划纲要中，明确提出了2010年单位GDP能耗比“十五”期末降低20%左右的约束性节能指标。“十一五”时期中国处在一个新的关键发展阶段，经济社会发展面临的基本形势是：工业化和城市化进入加速发展阶段，消费结构将进一步升级，社会主义新农村建设将全面推进。这些意味着“十一五”期间影响能源消费的因素较“十五”将有增无减，节能降耗工作面临多方面的困难和挑战，节能形势十分严峻，实现20%节能目标的任务十分艰巨。要实现20%节能目标，要求全面、充分挖掘节能潜力。

然而，在社会主义市场经济条件下，当前中国节能工作的推进面临诸多障碍，大量技术可行、经济合理的节能项目难以得到及时和普遍实施，许多成熟的、先进的节能技术尚未得到推广应用。在妨碍节能项目实施、节能技术推广应用的诸多障碍中，节能融资障碍是其中的一项重大障碍。

基于此，2007 年，法国开发署以主权贷款的形式向中国财政部提供了 6 000 万欧元的绿色中间信贷，专门用于推动节能减排领域的投资，为能效和可再生能源的项目提供资金渠道。该优惠贷款由三家合作银行——华夏银行、招商银行、上海浦东发展银行以低于市场利率的贷款条件发放给贷款申请企业。同时，为加强国内银行在节能及可再生能源项目信贷方面的能力建设，帮助银行培养一支服务于绿色银行体系的业务团队，法国全球环境基金提供了 60 万欧元的赠款，专门用于该绿色中间信贷项下的集中性技术援助。自 2008 年起，法国开发署和法国全球环境基金组织了来自中国国家发展和改革委员会能源研究所（ERI）和法国能源企业研究协会（CAPENERGIES）的专家人员为银行及其客户提供了高质量和积极的技术援助，帮助银行对项目的能效进行分析，确定项目的合格性，并对项目的技术改进提出建议。2009 年，在该绿色中间信贷项目集中性技术援助的框架下，国家发展和改革委员会能源研究所组织有关机构和专家编写了这本《能效及可再生能源项目融资指导手册》，以期提高银行对中国节能和可再生能源发展现状及未来趋势的认识，为其在以后开展相关的节能及可再生能源项目融资评估提供指导和帮助。

本手册包括以下几方面内容：一、介绍了中国能源生产、消费的现状、特点和未来发展趋势，就各类能效指标进行了国际比较，并分析了“十一五”各部门的节能潜力及发展趋势和发展空间；二、对钢铁、水泥、石化化工、有色金属、电力等几个高耗能工业行业的发展现状、主要耗能环节进行了描述，对当前各行业重要能效技术的原理、技术特点、节能效果、技术经济指标、市场应用状况等进行了分析，并给出了若干成功的应用案例；三、对当前建筑节能领域的发展概况及未来趋势进行了综述，对重点建筑节能技术进行了介绍和分析，并给出了一些实际应用案例；四、对生物质发电行业的现状进行了综述，对资源总量、发展潜力及有关政策规定进行了分析，同时对当前生物质发电技术的研发现状进行了介绍，对未来发展趋势进行了预测，并给出了若干应用案例；五、对 CDM 项目开发、合同能源管理及节能量的确认和监测程序等一些专业服务进行了介绍。另外，为方便使用者查阅相关文件，本手册还提供了一个附录，包括国家新近节能及可再生能源政策目录及查询地址，《产业结构调整指导目录（2007 年本）》对相关行业鼓励类、限制类和淘汰类项目的规定，22 项工业产品能耗限额标准、《国家重点节能技术推广目录》（第一、二批）等政策文件的整理和总结等。

本手册的编写得到中国能源研究会能效与投资评估专业委员会、中国水泥协会、中国化工节能技术协会、中国有色金属工业协会、中国钢铁工业协会、国家发改委节能信息传播中心、国家发改委能源研究所可再生能源中心等机构和专家的大力支持，在此表示衷心的感谢。

该书已在网站上发布链接如下：

http://www.afd-chine.org/jahia/Jahia/op/preview/lang/zh_CN/home/Qui-Sommes-Nous/Filiales-et-reseau/reseau/PortailChine/pid/640

《能效及可再生能源项目融资指导手册》编写组

项目组成员

指导委员会

戴彦德	国家发改委能源研究所	副所长
周伏秋	国家发改委能源研究所能源效率中心	副主任
Edouard Danjoy	法国开发署北京代表处	首席代表
Eric Francoz	法国开发署	项目经理
Philippe Percheron	法国开发署北京代表处	能源部负责人
邹　萍	法国开发署北京代表处	项目官员
Ghislain Rieb	法国全球环境基金	项目经理
姜　慧	法国电力公司亚太区—中国分部	项目经理
刘　渺	华夏银行公司业务部—集团客户部	高级经理
李伟荣	招商银行总行公司银行部	高级经理
郑大卫	上海浦东发展银行公司及投资银行总部投行业务部结构性融资团队	主管

项目负责人

戴彦德	国家发改委能源研究所	副所长,研究员
邹　萍	法国开发署北京代表处	项目官员
熊华文	国家发改委能源研究所能源效率中心	助理研究员

编写组成员

焦　健	中国能源研究会能效与投资评估专业委员会	副秘书长
黄　导	中国钢铁工业协会科技环保部	处长
曾学敏	中国水泥协会	常务副会长
王文堂	中国化工节能技术协会	秘书长
杨云博	中国有色金属工业协会综合业务部	主任
康艳兵	国家发改委节能信息传播中心	副处长,副研究员
秦世平	国家发改委能源研究所可再生能源中心	副研究员

目　　录

第 1 章　中国能源消费现状与节能潜力

第 2 章　钢铁行业重点能效技术与应用案例

第 3 章 水泥行业重点能效技术与应用案例

第 4 章 石油化工行业重点能效技术与应用案例

第 5 章　有色金属行业重点能效技术与应用案例

第 6 章　电力行业重点能效技术与应用案例

第 8 章 生物质发电技术与应用案例

第 9 章 专业服务

首字母缩略词

GDP	Gross Domestic Product	国内生产总值
PPP	Purchasing Power Parity	购买力平价
WSA	The World Steel Association	国际钢铁协会
GEF	Global Environmental Foundation	全球环境基金
WB	World Bank	世界银行
OECD	Organization for Economic Cooperation and Development	经济合作与发展组织
UNDP	United Nations Development Programme	联合国开发计划署
EB	Excutive Board	CDM 执行理事会
CDM	Clean Development Mechanism	清洁发展机制
EMCo	Energy Management Company	节能服务公司
tce	ton of coal–equivalent	吨标准煤
toe	ton of oil–equivalent	吨标准油
kWh	kilo–Watt.hour	千瓦小时
GJ	Giga–joule	吉焦（10^9 焦耳）
MJ	Mega–joule	兆焦（10^6 焦耳）
MW	Mega–watt	兆瓦（10^6 瓦）
EPC	Engineer–Procure–Construct	工程总承包
BOT	Building–Operation–Transfer	建设—运营—转交
CDQ	Coke dry quenching	干法熄焦
CCPP	Combined Cycle Power Plant	蒸气联合循环发电
HTAC	High Temperature Air Combustion	蓄热式高温空气燃烧技术
SP	Suspending preheater	窑头悬浮预热器
AQC	Air Quick Cooler	窑尾篦冷机
DCS	Distributed Control System	集散控制系统
PLC	Programmable logic Controller	可编程逻辑控制器
DSA	Dimensional Stable Anode	隔膜法烧碱金属阳极
SVC	Static Var Compensator	输电网无功补偿设备
IGCC	Integrated Gasification Combined Cycle	整体煤气化联合循环

USPU	Ultra Supercritical Pressure Unit	超超临界发电机组
PI	Plasma Ignition Technique	等离子点火技术
CCT	Clean Coal Technology	洁净煤技术
FBC	Fluidized Bed Combustion	流化床燃烧
CHP	Combined Heat and Power	热电联产
LPG	Liquefied Petroleum Gas	液化石油气
COP	Coefficient of Performance	空调能效系数
CER	Certification Emission Reduction	经核证的减排量

第1章 中国能源消费现状与节能潜力

1.1 能源消费现状及特点

1.1.1 “十五”能源生产、供应及消费情况

“十五”以来,我国能源供求形势发生了重大变化。能源需求出现了前所未有的高速增长态势。2008 年我国能源消费总量达到 28.5 亿 tce,与 2000 年相比增长了 106%,年均增长率达到 9.4%。2003—2005 年能源消费弹性系数连续 3 年大于 1,能源供求关系全面紧张;2006 年以后虽有所缓和,但能源消费弹性系数仍保持在 0.8 左右。

为了满足需求的高速增长,国内能源生产和国际进口都创下了历史新高。2008 年,国内一次能源生产量达到 26 亿 tce,与 2000 年相比增长了 102%,年平均增长 9.2%。其中:原煤产量达到 27.9 亿 t,原油产量达到 1.9 亿 t,天然气生产量达到 761 亿 m^3,分别比 2000 年增长了 115%、16.4%和 180%,年平均增长率分别为 10.1%、1.9%和 13.7%。2008 年,石油净进口量达到 20 067 万 t,石油的对外依存度高达 50%左右。

伴随着能源需求的高速增长,电力需求也在迅猛增长。2008 年,全社会用电量达 34 380 亿 kWh,与 2000 年相比,增长 155%,平均年增长 12.4%,8 年平均电力消费弹性系数达到 1.21。为满足电力消费的迅猛增长,从 2000 年以来电力工业一直在提速发展。2008 年全国发电装机容量达到 79 273 万 kW,与 2000 年相比,增长了 148%,年均增长 12.0%,年均新增装机容量接近 6 000 万 kW。尽管电力建设高速发展,但由于电力需求增长更快,供需难以平衡,出现了较大范围的缺电情况,2004 年先后有 24 个省拉闸限电,2005 年电力供应缺口虽有所缩小,供应紧张形势日趋缓和,但仍有 20 多个省实施了拉闸限电。电力工业的火电平均利用小时数也在不断提高,2004 年已达 5 991 h,2005 年虽有所降低,但仍高达 5 865 h。发电用煤也在高速增长,2008 年达到约 14 亿 t,占全国煤炭消费量的一半左右。

表 1.1、表 1.2 列出了最近几年我国能源生产和消费的状况,表 1.3 列出了近几年我国电力建设、生产和消费的变化情况,表 1.4 列出了能源消费弹性系数和电力消费弹性系数的变化情况。

表 1.1 中国能源生产总量及构成

年份	能源生产总量/万 tce	构成(能源生产总量=100)			
		原煤	原油	天然气	水核电
2000	128 978	72.0	18.1	2.8	7.2
2003	163 842	75.1	14.8	2.8	7.3
2004	187 341	76.0	13.4	2.9	7.7
2005	205 876	76.5	12.6	3.2	7.7
2006	221 056	76.7	11.9	3.5	7.9
2007	235 415	76.6	11.3	3.9	8.2
2008	260 000	76.7	10.4	3.9	9.0

资料来源:国家统计局《中国统计摘要 2009》,2009 年 5 月。

表 1.2 能源消费总量和品种构成

年份	能源消费总量/万 tce	构成(能源消费总量=100)			
		煤炭	石油	天然气	水核电
2000	138 553	67.8	23.2	2.4	6.7
2003	174 990	68.4	22.2	2.6	6.8
2004	203 227	68.0	22.3	2.6	7.1
2005	224 682	69.1	21.0	2.8	7.1
2006	246 270	69.4	20.4	3.0	7.2
2007	265 583	69.5	19.7	3.5	7.3
2008	285 000	68.7	18.7	3.8	8.9

资料来源:国家统计局《中国统计摘要 2009》,2009 年 5 月。

表 1.3 我国电力建设、生产和消费状况

年份	发电量/亿 kWh	用电量/亿 kWh	电力装机/万 kW	其中		
				火电	水电	核电及其他
1995	10 077	10 023	21 722	16 294(75%)	5 218(24%)	210(1%)
2000	13 556	13 471	31 932	23 754(74.4%)	7 935(24.9%)	243(0.7%)
2005	25 003	24 940	51 719	39 138(75.7%)	11 739(22.7%)	842(1.6%)
2007	32 816	32 712	71 822	55 607(77.4%)	14 823(20.6%)	1 304(1.8%)
2008	34 510	34 380	79 273	60 286(76.0%)	17 260(21.8%)	1 724(2.2%)

资料来源:《中国能源统计年鉴 2008》,2008 年数据来自中电联发布的全国电力统计年报。

表 1.4　我国能源 / 电力消费弹性系数

年份	能源消费比上年增长 / %	电力消费比上年增长 / %	GDP 比上年增长 / %	能源消费弹性系数	电力消费弹性系数
2000	3.5	9.5	8.4	0.42	1.13
2001	3.4	9.3	8.3	0.41	1.12
2002	6.0	11.8	9.1	0.66	1.30
2003	15.3	15.6	10.0	1.53	1.56
2004	16.1	15.4	10.1	1.59	1.52
2005	10.6	13.5	10.4	1.02	1.30
2006	9.6	14.6	11.6	0.83	1.26
2007	7.8	14.4	13.0	0.60	1.11
2008	4.0	5.6	9.0	0.44	0.62

资料来源:国家统计局《中国统计摘要 2009》,2009 年 5 月。

1.1.2　能源消费特点

1.1.2.1　能源消费以煤为主,能源环境问题突出

从国内能源资源条件来看,中国煤炭资源比较丰富,但石油、天然气资源相对十分贫乏。截至 2000 年末,中国煤炭探明可采储量占世界储量的 11.6%,石油只占 2.3%,天然气仅占 0.9%。由于人口基数巨大,中国人均能源资源占有量远比世界平均值要低,人均能源资源占有量煤炭仅约为世界人均水平的 1/2,石油仅约 1/10,天然气约 1/20。

受国内能源资源条件限制,加上以往能源发展重能力增长、忽视质量结构优化,致使长期以来中国煤炭在一次能源消费结构中居主导地位。1997 年以前,煤炭占中国一次能源消费总量的比重一直维持在 70%以上的水平。近年来中国开始重视能源结构优化问题,煤炭占中国一次能源消费总量的比重有所下降,但仍维持在 68%以上。

2008 年,中国一次能源消费构成为:煤炭 68.7%、石油 18.7%、天然气 3.8%、水电(含核电)占 8.9%;而同期世界一次能源消费构成为:煤炭 25.5%、石油 37.4%、天然气 24.3%、水电和核电 12.8%。相比之下,中国以煤为主的一次能源消费结构严重偏离了世界能源发展的主流。

中国巨大的能源消费规模、以煤为主的一次能源消费结构带来了一系列的环境问题,而且问题日益突出。中国每年消费的煤炭中,近 70%的原煤没有经过洗选直接燃烧,燃煤造成的二氧化硫和烟尘排放量占全国排放量的 70% ~ 80%,二氧化硫排放形成的酸雨面积已占国土面积的 1/3。煤炭等化

表 1.5　2008 年世界主要国家一次能源消费结构

国家	煤炭 / %	石油 / %	天然气 / %	水电及核电 / %
中国	68.7	18.7	3.8	8.9
美国	24.15	39.00	26.20	10.64
日本	20.67	47.62	13.68	18.02
德国	25.68	38.62	22.56	13.08
印度	55.61	30.05	7.81	6.55
俄罗斯	15.39	19.20	54.61	10.81
澳大利亚	27.89	33.66	19.13	19.32
巴西	6.76	48.11	6.93	38.20
世界平均	25.50	37.45	24.26	12.79

资料来源:《世界能源数据提要 2008》;《中国统计年鉴》。

石燃料的使用引起的二氧化碳排放是中国温室气体的主要来源,目前中国已是世界第二大温室气排放国。

1.1.2.2　能源利用效率呈上升趋势,但仍较低

中国单位 GDP 能耗处于下降态势, 由 2001 年的 11 .47 tce / 万美元降低到 2007 年的 8.06 tce / 万美元,年均下降率为 5.7%。尤其是 2004 年以来下降更快,2004—2007 年 4 年间单位 GDP 能耗下降了 3.89 tce / 万美元, 年均下降率为 12.3%。这表明近年来国家十分重视节能减排的工作,并取得了很大的成效。但与世界其他国家相比,中国的能源利用效率还比较低,2006 年中国单位 GDP 能耗是世界平均水平的 2.9 倍, 分别是美国和日本的 3.7 倍和 5.4 倍,是印度和巴西的 1.4 倍和 3.3 倍(图 1.1)。

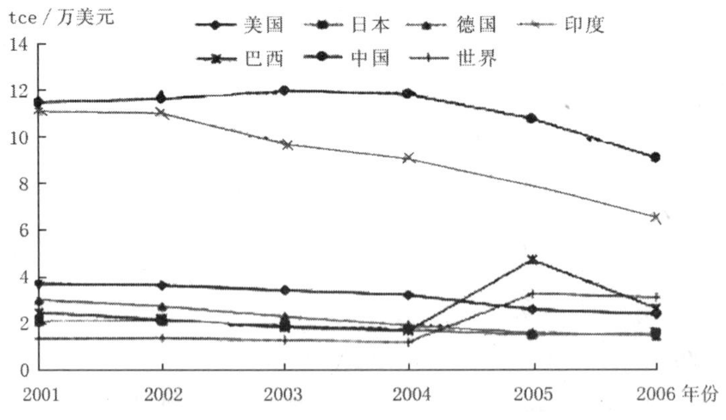

图 1.1　世界主要国家单位 GDP 能耗的比较

单位产品能耗方面，中国主要工业产品的生产能耗普遍比国外高，一般高出 20% ~ 90%，平均比国外高出 40%，究其原因主要是生产规模、工艺路线、技术装备、管理运行等方面同国外相比存在着差异。2005 年中国电力、钢铁、有色、石化、建材、化工、轻工、纺织 8 个行业主要产品单位能耗平均比国际先进水平高 40%，如火电供电煤耗高 22.5%，大中型钢铁企业吨钢可比能耗高 21.4%，铜冶炼综合能耗高 65%，水泥综合能耗高 45.3%，大型合成氨综合能耗高 31.2%，纸和纸板综合能耗高 120%。

就主要耗能设备能源效率而言，2005 年，中国燃煤工业锅炉平均运行效率 70%左右，比国际先进水平低 15 ~ 20 个百分点；中小电动机平均效率 87%，风机、水泵平均设计效率 75%，均比国际先进水平低 5 个百分点，系统运行效率低近 20 个百分点；机动车燃油经济性水平比欧洲低 25%，比日本低 20%，比美国整体水平低 10%；载货汽车百吨公里油耗 7.6 L，比国外先进水平高 1 倍以上；内河运输船舶油耗比国外先进水平高 10% ~ 20%。

1.1.2.3　人均能源消费水平相对较低

虽然中国是世界第二大能源消费国，但由于人口基数巨大，人均能源消费水平还相对较低。2006 年世界人均一次能源消费量 1.63 toe，其中美国人均消费高达 7.75 toe；OECD 国家人均消费 4.71 toe；日本和韩国的人均消费大致相同，分别为 4.13 toe、4.47 toe；中国人均消费量 1.26 toe，约为世界平均水平的 77%、美国的 1/6、韩国的 1/4。中国人均能源消费量的相对低水平，反映了中国经济发展和人民生活水平同发达国家的差距（表 1.6）。2006 年世界人均一次能源消费量国际比较如图 1.2 所示。

表 1.6　1990—2007 年中国人均能源消费量

年份	人均能源消费量 / tce	人均生活能源消费量 / kgce
1990	0.86	139
1995	1.08	131
2000	1.03	118
2005	1.72	179
2006	1.88	195
2007	2.02	203

资料来源：《中国能源统计年鉴 2008》。

1.1.2.4　中国能源消费趋向集中，加工转换效率总体不高

中国六大高能耗产业（石油加工、炼焦及核燃料加工业，化学原料及化学

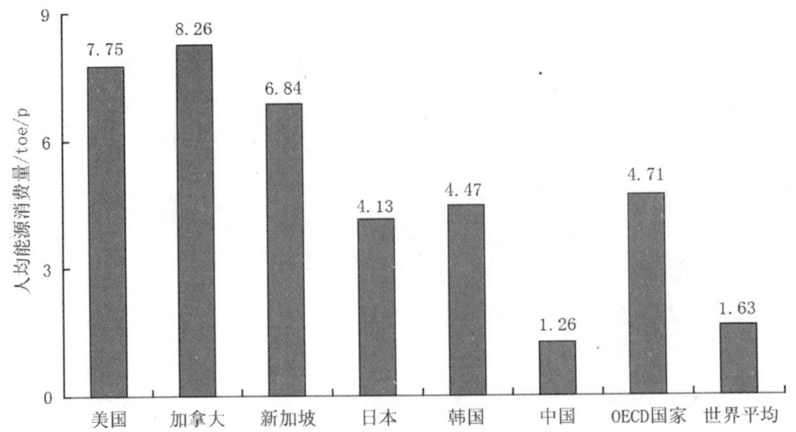

图 1.2 2006 年世界人均一次能源消费量国际比较

资料来源:《能源经济统计手册》,日本能源经济研究所,2009。

制品制造业,非金属矿物制品业,黑色金属冶炼及压延加工业,有色金属冶炼及压延加工业,电力、热力的生产和供应业)的能源消费迅速增长,2006 年其总量为 12.60 亿 tce,是 2001 年的 2.1 倍,年均增长 15.4%,高于 11%的能源消费增长率。六大高能耗产业的能耗占中国总能耗的比例也在不断上长,由 2001 年的 42.9%增至 2006 年的 51.1%,已经超过了中国能源消费的一半,能源消费的集中度进一步增强。图 1.3 为 2000—2007 年高耗能行业能耗增长情况。

近几年,中国能源加工转换效率变化不大,其总效率从 2001—2006 年仅

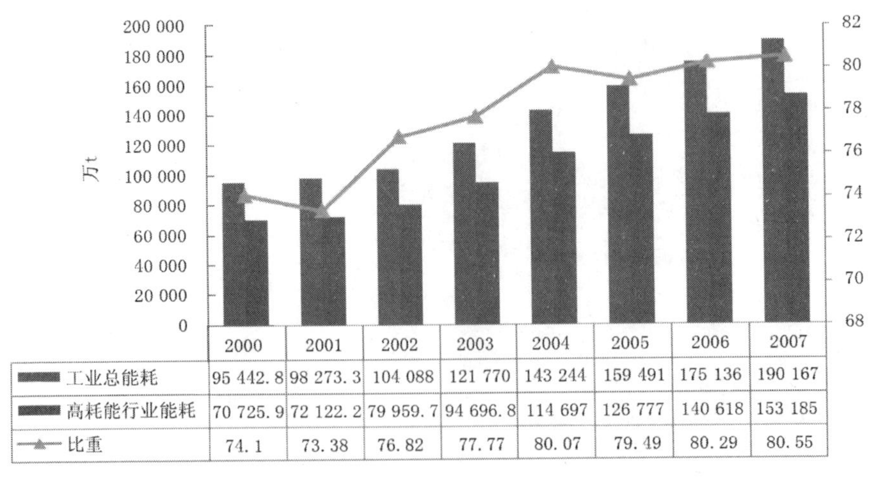

	2000	2001	2002	2003	2004	2005	2006	2007
工业总能耗	95 442.8	98 273.3	104 088	121 770	143 244	159 491	175 136	190 167
高耗能行业能耗	70 725.9	72 122.2	79 959.7	94 696.8	114 697	126 777	140 618	153 185
比重	74.1	73.38	76.82	77.77	80.07	79.49	80.29	80.55

图 1.3 2000—2007 年高耗能行业能耗增长情况

资料来源:根据 2002—2008 年中国能源统计年鉴中的数据进行整理。

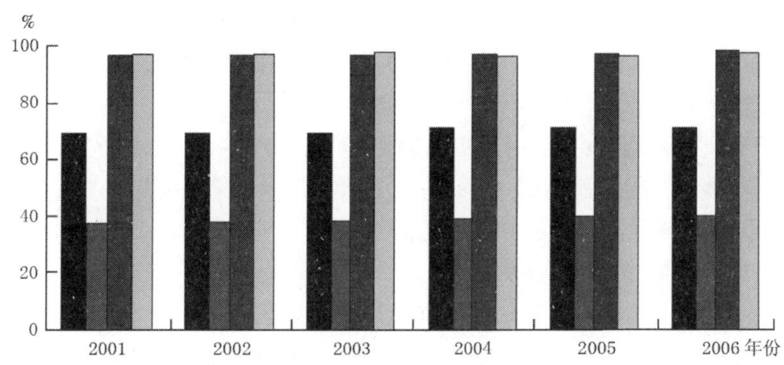

图 1.4　中国能源加工转换效率变化趋势

提高了 2.2 个百分点，在 70%上下浮动，总体水平不高。其中发电及电站供热的能源加工转换效率尤其低，2006 年最高仅为 39.87%，5 年来的平均值为 39%（图 1.4）。

1.1.3　能源消费发展趋势

1.1.3.1　能源消费规模发展趋势

中国共产党第十六次全国代表大会提出了全面建设小康社会的国家长远发展目标，要求今后 20 年国内生产总值实现年均 7.2%的增长，2020 年 GDP 在 2000 年基础上翻两番。这意味着未来中国经济规模将不断扩大，人民生活水平将不断提高；钢铁、水泥、化肥等高耗能工业产品的需求量将大幅度增加，建筑物年新增面积将在 20 亿 m^2 左右，汽车将大量进入家庭。所有这些因素将推动中国能源需求继续增长，预计未来中国消费规模将有较大幅度的扩张。

中国实现 2020 年 GDP 翻两番这一经济发展目标究竟需要多少能源来支撑，国内外多家机构对此进行了预测，虽然所得出的 2020 年中国能源需求的预测结果存在差异，低者为 20 多亿 tce，高者近 40 亿 tce，但方向性结论趋同，即：在实现 GDP 翻两番这一经济发展目标的前提下，2020 年能源需求将会在 2000 年基础上有显著增长。中国政府的目标是以 1 倍的能源增长，来支撑 GDP 翻两番目标的实现，力争将 2020 年能源消费规模大体控制在 30 亿 tce 的水平。

第一产业在国民经济中的比重将趋于下降，其能耗占全国能源消费量的比重将有所下降。鉴于目前第一产业能耗占全国能源消费量的比重已经很低，故下降幅度将很有限。

未来十多年，中国将处于快速工业化和城镇化阶段，第二产业中的工业将快速发展，钢铁、化工、建材等传统高耗能行业仍将有明显扩张，工业在国民经济中仍将占有相当大的比重，是推动未来中国能源消费规模扩大的主要动力。然而，随着中国产业结构调整和升级工作的不断推进，工业能耗占全国能源消费量的比重将趋于下降。

第三产业将稳步发展，特别是交通、电信、旅游、教育以及新型服务业将得到快速发展，其在国民经济中所占比重将明显上升。相应地，第三产业能耗占全国能源消费量的比重将趋于上升，第三产业中的交通运输业将是推动未来能源消费规模扩大的重要力量。

随着经济的不断发展和城镇化的快速推进，城市人口将不断增加，城乡居民收入和生活水平将不断提高，生活方式和消费结构将发生明显变化。居民消费支出中，食品、衣着类支出的比例将趋于下降，而住房、交通、旅游等方面的支出比例将明显上升。未来居民收入增长和消费结构的这种变化，将推动生活能源消费逐步增长。

1.1.3.2 能源消费结构变动趋势

中国能源资源总量比较丰富，至少在未来十多年里，中国主要将靠加大开发国内能源资源的力度来满足本国不断增长的能源需求。中国政府正努力追求能源供应的多样化、清洁化，但限于国内能源资源条件，未来中国一次能源消费仍将以煤炭为主。预计未来煤炭消费规模将明显扩张，但其占全国一次能源消费量的比重将趋于下降，但不会有根本性的改变。一般的估计是，2020 年煤炭占全国一次能源消费量的比重仍将在 50%以上。

未来石油、天然气、电力等优质能源的消费规模将明显扩张。预计 2020 年中国石油消费需求为 4.5 亿 ~ 6 亿 t，但石油占一次能源消费的比重不会有大的改变。2020 年以前，中国国内原油年产量只能基本维持在 1.6 亿 ~ 2.0 亿 t 的水平或略有增加；未来石油供需缺口将依靠国际能源市场来弥补，2020 年石油进口依存度有可能接近 60%。目前中国天然气只占一次能源消费量的 2.8%，远低于发达国家和世界平均水平。中国国内天然气资源具有较大的开发潜力，周边国家也有丰富的天然气资源可供利用。近年来，中国政府加大了天然气开发力度，包括实施“西气东输”工程等。预计 2020 年天然气占一次能源消费的比重将有明显增加。电力消费将显著增长，有预测表明，2020 年中国电力消费需求将达 44 000 亿 kWh。

1.2 主要能效指标现状与国际比较

在衡量和评价一个国家或地区的能源效率水平，或者分析节能潜力时，通常会采用单位产值（或增加值）能耗、全社会能源利用效率、单位产品能耗、单位服务量能耗、通用产品的能源效率等指标。其中，单位产值（或增加值）能耗属于能源经济效率指标，而全社会能源利用效率、单位产品能耗、单位服务量能耗等属于能源技术效率指标。

1.2.1　单位 GDP 能耗

采用“单位 GDP 能耗”进行国际比较最大的难题在于如何进行各国货币价值之间的换算。官方汇率常常不能准确反映各国的实际经济价值状况。汇率的变化可以使一些国家的 GDP 能耗一下子就可以出现巨大的变化。有意见认为按购买力平价(PPP)计算可能比较接近实际,但中外学者对 PPP 的折算系数也有不同见解。图 1.5 给出了按官方汇率和购买力平价两种方法计算的主要国家单位 GDP 能耗。

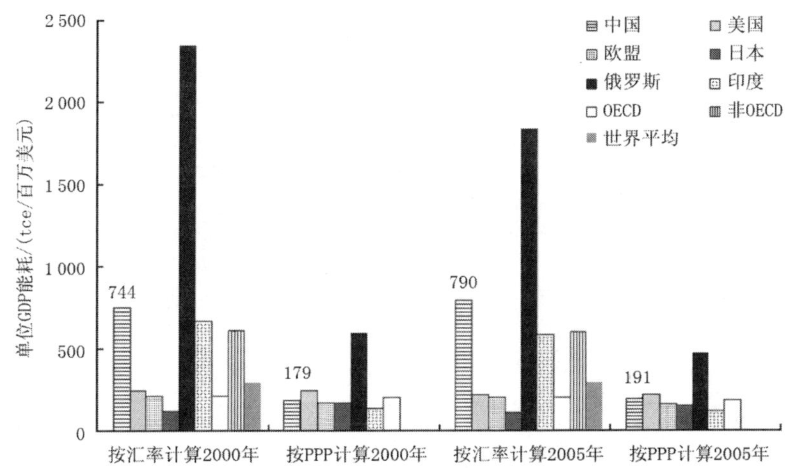

图 1.5　2000 年、2005 年单位 GDP 能耗国际比较

注:1. 美元为 2000 年价。

2. 能耗为一次能源消费量,其中水电按热功当量计算,核电按 33%的转换效率计算。

资料来源:日本能源经济研究所,《日本能源与经济统计手册》(2008)。

由图 1.5 可以看出,不同方法计算的单位 GDP 能耗相差很大,不能反映各国实际能源效率的差异。在进行国家能源效率水平对比时不宜单一采用能源经济效率指标。

1.2.2　全社会能源利用效率

目前,我国还没有正式的能源系统效率数据,国际上对计算方法、数据基础等也还存在不同认识,其用于国际比较的可比性还有待进一步提高。据专家测算, 不考虑资源开发环节,2005 年我国能源系统效率大概为 34.1%,比 1995 年提高了 2 个百分点,如表 1.7 所示,与世界主要发达国家 20 世纪 70 年代水平相当,如图 1.6 所示。

表 1.7 中国能源利用效率计算比较

单位:%

	1980 年①	1992 年②	1995 年①	1997 年②	2000 年②	2005 年③
1.中间环节效率	77.4	70.3	71.1*	68.8	67.8	71.1
一次能源投入与输送	97.6	—	98.6	—	—	—
加工	—	—	—	—	—	—
转换	95.8	—	96.9	—	—	—
中心电站转换	84.4	—	80.06	—	—	—
输送与分配	98.2	—	99.14	—	—	—
2.终端利用效率	33.4	41.2	45.2	45.3	49.2	48.0
农业	23.3	30.0	29.5	30.5	32.0	33.0
工业	33.7	44.5	44.16	46.3	49.6	45.8
交通运输	15.6	25.4	30.0	28.9	28.1	31.0
民用与商业	23.5	42.5	45.0	54.8	66.2	71.5
3.全社会能源效率(1×2)	25.9	29.0	32.1*	31.2	33.4	34.1

注:* 为最新修正数。

资料来源:① 周凤起,周大地.《中国中长期能源战略》,北京:中国计划出版社。

② 王庆一教授计算。

③ 国家能源办《中国能源效率分析与国际比较研究》内部报告。

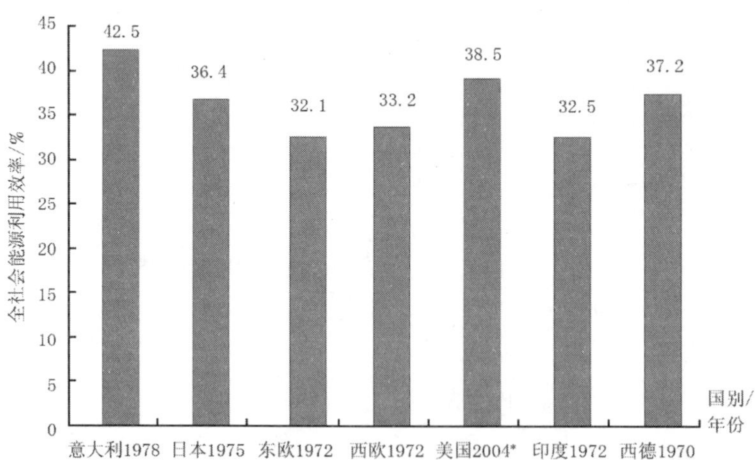

图 1.6 部分国家的全社会能源系统效率

注:* 美国数据来自相关研究。

资料来源:周凤起,周大地.《中国中长期能源战略》,北京:中国计划出版社。

1.2.3　主要工业产品单位能耗

在工业领域,采用单位产品能耗能够直观反映某一生产过程能源利用水平的高低,具有较好的可比性。表 1.8 列出了我国主要耗能产品的能耗与世界先进水平的差距比较。

从表 1.8 可见,我国高耗能工业能源利用水平与国际先进水平相比还有一定差距。按能耗加权平均粗略估算,我国单位工业品能耗国内平均水平比国际先进水平高 16%左右。

表 1.8　我国主要耗能工业产品能耗与国际比较

种类	中国				国际	2007 年能耗
	2000 年	2005 年	2006 年	2007 年	先进	差距 / + %
煤炭生产电耗 / (kWh / t)	30.9	26.7	24.4	24.0	17.0	41.2
火电发电煤耗 / (gce / kWh)	363	343	342	333	299	11.4
火电供电煤耗 / (gce / kWh)	392	370	367	356	312	14.1
钢可比能耗 / (kgce / t)(大中型企业)	784	714	676	668	610	9.5
电解铝交流电耗 / (kWh / t)	15 480	14 680	14 671	14 488	14 100	2.8
铜冶炼综合能耗 / (kgce / t)	1 277	780	729	610	500	22.0
水泥综合能耗 / (kgce / t)	181	167	161	158	127	24.4
平板玻璃综合能耗 / (kgce / 重量箱)	25	22	19	17	15	13.3
原油加工综合能耗 / (kgce / t)	118	114	112	110	73	50.7
乙烯综合能耗 / (kgce / t)	1 125	1 073	1 013	984	629	56.4
合成氨综合能耗 / (kgce / t)	1 699	1 650	1 581	1 553	1 000	55.3
烧碱综合能耗 / (kgce / t)	1 435	1 297	1 248	1 203	910	32.2
纯碱综合能耗 / (kgce / t)	406	396	370	363	310	17.1
电石电耗 / (kWh / t)		3 450		3 418	3 030	12.8
纸和纸板综合能耗 / (kgce / t)	1 540	1 380	1 290		640	115.6*

注:1. * 为 2006 年。

2. 国际先进是居世界领先水平的国家的平均值。

3. 中国产品综合能耗中,电耗按发电煤耗计算,代表国际先进水平的日本按 2 150 kcal / kWh 计算。

4. 钢、建材、石化、纸和纸板 2006—2007 年能耗为估算值。

资料来源:国家统计局;中国煤炭工业协会;中国石油和化学工业协会;中国有色金属工业协会;中国国际工程咨询公司,我国高耗能产业单位能耗与国外对比研究,1997 年 4 月;周大地主编,2020 中国可持续能源情景,北京:中国环境科学出版社,2003 年 8 月。

1.2.4 建筑物领域能源利用效率

由于缺乏系统统一的统计资料和比较方法，进行国际间建筑物能耗比较是困难的。通常采用的单位建筑面积能源消耗量由于受气候、室内舒适型要求、生活水平、消费模式等因素影响，可比性较差，该值的大小并不直接对应建筑物能源利用效率的高低（表 1.9 列出了中国、美国、日本单位面积建筑能耗对比）。

表 1.9 中国、美国、日本单位面积建筑能耗对比（典型调查数）

	住宅			商业建筑		
	单位面积采暖能耗值 /（kgce / m²·a）	单位面积非采暖能耗值		单位面积采暖能耗值 /（kgce / m²·a）	单位面积非采暖能耗值	
		热耗 /（kgce / m²·a）	电耗 /（kWh / m²·a）		热耗 /（kgce / m²·a）	电耗 /（kWh / m²·a）
美国	9.7	3.85	49.6	9.5	5.5	205
日本	5.3	6.58	61.1	7.4	11.3	165
中国城市	10.2	2.6	15.6	10.2	—	120

资料来源：美国数据，Building energy data book 2006；
日本数据，Handbook of energy & economic statistics of Japan；
中国数据，典型调查和计算。

表 1.10、表 1.11、表 1.12 列出了某些可比性较强的数据说明了中国在建筑节能方面与发达国家的差距。

表 1.10 城镇住宅采暖能耗的国际比较

	采暖度日数	采暖能耗 / [kWh /(m² · a)]	修正为北京气候条件的采暖能耗 / [kWh /(m² · a)]
中国北京（2004）	2 450	83	83
德国（1998）	3 430	57	41
芬兰（1998）	5 303	55	25
日本（1998）	2 507	23	23
美国（1998）	3 767	75	49

资料来源：清华大学建筑节能研究中心，2008。

表 1.11　国内外典型办公建筑能耗比较

办公建筑	建筑面积 / m^2	耗能量 / [kWh /(m^2 · a)]
清华学堂	4 650	34
清华美术学院	6.4 万	65.7
北京政府办公楼 A	1.6 万	70.1
北京政府办公楼 B	3.7 万	113
上海某大厦	28.7 万	215
美国 UPENN 办公楼 A	6 425	364
美国 UPENN 办公楼 B	3 万	356
法国里昂政府办公楼	1.7 万	165

表 1.12　国内外标准中居住建筑围护结构传热系数限值的比较

单位：W / (m^2·℃)

国家和地区		屋顶	外墙	外窗
中国	北京居住建筑	0.45(4 层及以下)； 0.60(5 层及以下)	0.45(4 层及以下)； 0.60(5 层及以下)	2.80
	夏热冬冷地区	0.8 ~ 1.0	1.0 ~ 1.5	2.5 ~ 4.7
英国		0.16	0.35	2.0
德国		0.20	0.20 ~ 0.30	2.0
美国		0.19	0.32(内保温) 0.45(外保温)	2.04
瑞典		0.12	0.17	2.0

此类数据如 2004 年北京市燃煤锅炉供热能耗是德国最新建筑允许采暖能耗标准的 1.8 ~ 3.1 倍，我国大型酒店能耗是日本商用建筑能耗的 1.4 ~ 3.1 倍，也说明了我国在北方采暖能耗和大型公共建筑方面与国外的差距。

1.2.5　交通领域能源利用效率

我国交通运输领域主要能源效率指标与国际比较也有较大差距，特别是载货汽车、航空运输和水路运输的单耗水平，如表 1.13 所示。

表 1.13 中铁路运输和公路运营客车单位运输服务量的能耗水平低于国际先进水平并不意味在这方面中国技术水平和能源效率更高，而是存在诸如超载、舒适性低等较多非技术性因素，指标可比性差。

表 1.14 列出了中国主流车型与国外发达国家车辆性能及燃油经济性的

表 1.13 交通领域能源效率指标的国际比较

		2005 年	2006 年	2007 年	国际先进
铁路	内燃机车油耗 / 万 t-km	24.6	24.3	24.6	44
	电力车电耗 / kWh / 万 t-km	111.8	110.0	109.5	371.9
公路 / (L / 100 t-km)	私人轿车		10.8	8.85	
	运营客车				
	汽油车	13.2	12.8		14.5
	柴油车	11.6	11.2		—
	货运				
	汽油车	8.0	7.9		—
	柴油车	6.3	6.5		3.54
水路 / kg(燃料油)/ 1 000 t-km	内河	3.98	3.69		2.29
	海洋	7.08	5.92		6.5
民航运输 / t(燃油)/ 万 t-km			3.54		2

比较。可以看出,中国车辆比发达国家更小,但耗油量比日本和欧盟的车辆高,接近美国车辆的耗油量。对同种车型,中国新型车辆的燃油经济性比欧洲车低 10% ~ 15%,比美国车低 5% ~ 20%,比日本车低 20% ~ 25%。

表 1.14 中国车辆与发达国家车辆特性及燃油经济性的比较

国家	车辆净重 / kg	发动机排量 / mL	发动机额定功率 / kW	传动装置	耗油量 / (L / 100 km)
中国	1 187	1 650	73	23% – AT(A4, A3) 76% – MT(M4, M5) 1% – CVT	9.1
美国	1 472	2 900	145	70% – AT(A4, A5) 30% – MT(M5, M6)	9.7
德国	1 349	1 898	97	61% – AT(A4, A5) 38% – MT(M5, M6) 1% – CVT	8.5
日本	1 329	1 999	111	64% – AT(A4, A5) 22% – MT(M5, M6) 14% – CVT	7.9

注:AT 为自动变速,MT 为手动变速,CVT 为无极变速。

资料来源:中国可持续交通课题组,《城市交通可持续发展——要素、挑战及对策》,北京:人民交通出版社,2008。

1.3　各部门节能潜力分析

1.3.1　工业部门节能潜力

对于每一个具体的工业子行业，其产品有多种，生产各种产品的单位能耗也不同，不同单位产品带来的增加值也有高有低。如果各产品占子行业增加值的比重保持不变，通过适当措施来改进生产工艺和技术、降低产品单耗，则可导致子行业能源强度的下降，此即通常意义上的技术节能。

如果现有各产品的单耗保持不变，但通过子行业产品结构调整，如提高现有的低单耗、高附加值产品占子行业增加值的比重，或者是通过技术创新开发并生产出新的低单耗、高附加值产品，也可导致子行业能源强度的下降。对于由子行业产品结构调整带来的节能效果，有人将其归为广义结构节能，也有人将其归为广义技术节能。

本研究对工业部门节能潜力的分析，也是从技术进步节能和产品结构调整节能两方面展开。鉴于冶金、建材、电力、石油石化、有色、造纸等高耗能行业的能源消耗占整个工业部门的 70%左右，因此，我们着重对高耗能行业的技术进步节能和产品结构调整节能进行分析。其中，对技术进步节能，主要从以下几方面进行考虑：

（1）新增工业产能的能效控制

考虑到“十一五”将是我国工业化进程加快的阶段，预期工业产能将会明显扩张，对新增工业产能、特别是新增高耗能产能是否实施严格的能效控制，将对“十一五”工业部门能源需求产生重大影响，所带来的节能量也不尽相同。

（2）淘汰现有落后工业产能

当前我国主要工业产品单耗与国际先进水平相比之所以仍有明显差距，落后工业产能在工业产能中占有相当比重是一个突出影响因素。当前高耗能行业产能过剩，能否把握这一淘汰落后的有利时机，加快淘汰现有落后工业产能，会对“十一五”工业能源需求产生影响，这也是工业技术节能分析的重点之一。

（3）现有工业产能技术改造

现有工业产能中，能效水平居于中游的产能占有较大比重。“十一五”要淘汰这一部分产能固然不现实，从经济的角度看也是不合理的。这一部分工业产能具有不同程度的能效提升潜力，对其实施节能技术改造，将会缓解“十一五”工业部门能源需求增长势头。

对于高耗能行业的产品结构调整节能，我们主要从分析其产品结构调整节能入手。鉴于大多数高耗能行业产品众多、结构复杂；要对每一个高耗能行业逐一测算“十一五”产品结构调整所具有的节能潜力是一项非常复杂的工作，也缺乏足够的数据支持。有色金属行业、钢铁行业和造纸行业由于产品类别近似，产量可以累加，我们选择这三个行业，测算其历史上产品结构调整对降低这些行业能源强度的贡献率，来大致推算“十一五”期间高耗能行业结构调整所具有的节能潜力。推算的基本思路是：对有色、钢铁、造纸三个行业，先分别计算出“九五”“十五”期间由于提高技术水平、推动单位产品平均综合能耗下降所形成的技术节能量，以同期单位行业增加值能耗下降所形成的节能量为行业总节能量，两者的差值则可认为产品结构调整节能量。

要探讨高耗能行业的技术节能潜力，首先要了解不同高耗能行业的技术水平状况，包括工艺技术、装备水平、单耗水平，在国内的地位，与国内外先进水平的差距等。然后根据这些行业的“十一五”发展目标，从新增工业产能的能效控制，淘汰现有落后工业产能、现有工业产能技术改造等几方面入手，测算实现相关行业发展目标下可能形成的技术节能潜力。

测算结果表明，如果“十一五”期间，相关高耗能行业市场准入条件和国家产业结构调整指导目录能够得到严格执行，即高耗能行业新增产能能效控制能够达到预期目标，则“十一五”末，该部分的技术节能量可达 5 437 万 tce（见表 1.15），仅此一项，对实现全国“十一五”规划方案下节能目标的贡献度为 8.5%；如果淘汰的产能被新增的先进产能所填补，到 2010 年则可形成 5 711 万 tce 的节能量，约占规划方案下“十一五”总节能量的 8.9%（见表 1.16）；如果对现有产能进行技术改造，“十一五”末则可取得 2 194 万 tce 的节能量，约占届时节能量的 3.4%（见表 1.17）。

对高耗能行业的产品结构节能潜力而言，“九五”“十五”期间高耗能行业产品结构调整节能量占总节能量比重在不同行业有较大差距，平均在 40%左右，在规划方案下，预计“十一五”期间高耗能行业产品结构调整的步伐将因行业的产能过剩而加快，产品结构调整对降低这些行业能源强度的作用很可能较过去 10 年里为强，据此，我们测算了“十一五”期间高耗能行业产品结构调整的节能潜力估计为 8 895 万 tce，对实现全国“十一五”规划方案下节能目标的贡献度约为 13.9%。

对其他工业行业节能潜力的测算。经专家估算，除高耗能行业外，轻工、纺织、采矿等行业的同口径技术节能潜力约为 2 000 万 tce。如果按产品结构调整和技术进步各占一半的比例推算，则轻工、纺织、采矿等行业的产品结构调整带来的节能潜力也约为 2 000 万 tce。

此外，在高附加值和非高耗能产业部门（医药、电子、汽车等），节能技术进步、产品结构调整也具有相当的节能潜力。经分析，“十一五”期间如果政策到位、措施得力的话，到 2010 年这些部门的万元增加值能耗可比 2005 年再

表 1.15 "十一五"高耗能行业新增产能能效控制具体内容及预期节能效果

行业	能效控制具体内容	2005 年平均能耗水平	新建项目能效水平	纯新增产能	预期节能效果 / 万 tce
水泥	5 000 t / d 以上规模新型干法线	150 kgce / t	106 kgce / t	20 000 万 t	880
平板玻璃	700 t / d 以上规模浮法线	22 kgce / 重箱	17 kgce / 重箱	19 000 万重箱	9.5
合成氨	30 万 t / a 以上规模	1 650 kgce / t	1 260 kgce / t	230 万 t	90
烧碱	20 万 t / a 以上规模离子膜	1 373 kgce / t	1 000 kgce / t	100 万 t	37
纯碱	100 万 t / a（氨碱）和 30 万 t /a（联碱）以上	381 kgce / t	360 kgce / t	100 万 t	2.1
炼油	1 000 万 t / a 以上规模炼厂	73 kgoe / t	62 kgoe / t	5 000 万 t	78
乙烯	80 万 t / a 以上单线规模	690 kgoe / t	550 kgoe / t（按国内计算标准）	700 万 t	140
钢铁	"十一五"期间不考虑新建钢铁项目				
电解铝	20 万 t / a 以上规模、300 kA 及以上预焙槽	9 200 kgce / t	8 600 kgce / t	200 万 t	120
铜冶炼	10 万 t / a 以上规模	4 400 kgce / t	4 200 kgce / t	150 万 t	30
火力发电	60 万 kW 及以上凝气式机组；30 万 kW 级供热机组	343 gce / kWh	289 gce / kWh	1.5 亿装机，7 500 亿 kWh	4 050
合计					5 437

表 1.16 “十一五”高耗能行业淘汰落后产能的内容、目标及预期节能效果

行业	淘汰落后的内容	淘汰的产能	落后产能的能效水平	替代产能的能效水平(符合新增产能的市场准入条件)	预期节能效果 / 万 tce
水泥	部分立窑	23 000 万 t	160 kgce / t	106 kgce / t	1 242
墙体材料	部分中小型实心黏土砖生产设备	1 000 亿块	1 060 kgce / 亿块	740 kgce / 亿块	320
合成氨	中型油头和煤焦头装置	200 万 t	1 860 kgce / t	1 260 kgce / t	120
	小型油头和煤焦头装置	500 万 t	1 760 kgce / t	1 260 kgce / t	250
烧碱	所有苛化法装置和部分落后隔膜法装置	380 万 t	1 480 kgce / t	1 000 kgce / t	182
炼油	200 万 t / a 炼厂及配套设备	6 000 万 t	86 kgoe / t	62 kgoe / t	206
乙烯	全部 15 万 t / a 以下装置	105 万 t	750 kgoe / t	550 kgoe / t	30
钢铁	< 300 m^3 高炉炼铁能力，< 30 t 电、转炉炼钢能力	10 000 万 t	890 kgce / t	670 kgce / t	2 200
火力发电	5 万 kW 以下常规燃煤和燃油机组	2 200 万 kW，900 亿 kWh 发电量	418 gce / kWh	289 gce / kWh	1 161
合计					5 711

表 1.17 “十一五”高耗能行业现有产能技术改造的预期节能效果

行业	改造的装置对象	可改造的产能	改造前平均能耗水平	改造后平均能耗水平	预期节能效果 / 万 tce
水泥	2 500 ~ 4 000 t / d 新型干法线	18 000 万 t	130 kgce / t	121 kgce / t	162
合成氨	10 万 t / a 规模以上的中小型合成氨装置	1 200 万 t	1 860 kgce / t	1 710 kgce / t	180
烧碱	5 万 t / a 以上隔膜法生产线	500 万 t	1 460 kgce / t	1 430 kgce / t	15
炼油	300 万 ~ 500 万 t / a 常减压装置，100 万 t / a 以上催化裂化装置等	18 000 万 t	73 kgoe / t	69 kgoe / t	103
乙烯	40 万 ~ 60 万 t / a 中型装置	110 万 t	690 kgoe / t	650 kgoe / t	6.3
钢铁	500 m^3 以上高炉、40 t 以上转炉等	16 000 万 t	740 kgce / t	690 kgce / t	800
铜冶炼	5 万 ~ 10 万 t / a 中型装置	80 万 t	4 400 kgce / t	4 310 kgce / t	7.2
火力发电	10 万 kW、20 万 kW 级机组	8 000 万 kW 装机 4 000 亿 kWh 电量	350 gce / kWh	330 gce / kWh	800
	部分服役年限较长的 30 万 kW 级机组	3 000 万 kW 装机 1 500 亿 kWh 电量	310 gce / kWh	302 gce / kWh	120
合计					2 194

下降 20% ~ 25%,可实现 7 000 万 tce 左右的节能潜力,其中产品结构调整节能量约为 4 200 万 tce 。

综上所述,"十一五"期间,工业部门内部的各行业,通过技术进步和产品结构的调整,初步估算,可实现的节能潜力约为 3.32 亿 tce。

1.3.2 建筑物节能潜力

由于目前尚没有详尽的建筑物能耗统计体系,国内学者对建筑物能耗的定义(使用过程中的能耗)以及能源系统的分析方法也存在不同观点,对建筑物能耗占全国能源消费的比例说法也不尽相同, 有 27.6%(原建设部),25%(能源研究会),20.7%(清华大学)之说,我们根据全国能源消费总量的情况和建筑物能耗的特点,推算了 2005 年建筑物终端能耗。

根据推算, 2005 年建筑物能耗约为 2.7 亿 tce, 折合为一次能源约为 4 亿 tce (见表 1.18), 占全国能源消费总量的比重约为 18%, 其中采暖和空调能耗占 50% ~ 60%。北方地区的采暖能耗超过了当地建筑物总能耗的 40%。

近年来形成电力尖峰负荷的空调设备快速增长,许多大城市的夏季空调负荷占高峰期电力负荷的 30% ~ 40%,是我国"十五"期间电力紧张、拉闸限电的主要原因之一。此外,冬季采暖和夏季空调制冷,已成为城市大气环境的一个主要污染源。尽管我国的建筑物能耗在不断增长,但是因为目前建筑能源服务水平还比较低,人均建筑物能耗仅 0.3 tce,不到美国的 1 / 10。随着经济的发展和居民生活水平的日益提高,建筑物用能将成为我国未来能源消费的主要增长点。

对建筑物的节能潜力分析和测算, 我们主要采取终端用能分析的方式,从两方面的措施和途径入手。一是引导合理的消费模式,即所谓的"节约型"消费模式,二是采取技术节能措施,包括对新增建筑物及各种建筑能源系统 / 设备能效水平进行控制,对既有建筑物和建筑用能系统 / 设备的改造来提高建筑物的能源利用效率。

测算结果表明,"十一五"期间,在 GDP 年均增长速度为 7.5%的情况下,如果不采取任何节能措施,2010 年建筑物能源需求总量将达到 7.24 亿 tce,但如果对新增建筑物实施严格的能效管理措施(见表 1.19)、对已有的建筑物进行节能改造(见表 1.20),同时对居民消费进行合理的引导,到 2010 年,其能源需求总量可控制在 5.32 亿 tce 的水平上。与冻结方案下 5.84 亿 tce 的建筑物能源需求总量相比,规划方案下的建筑物能源需求少了 5 186 万 tce(见图 1.7),相当于对实现"十一五"节能目标的贡献度为 8.1%。

表 1.18　建筑能耗的总体分类

	面积 / 亿 m^2	特点	能耗
北方城镇建筑采暖能耗	70	70%以上为集中供热 单位面积采暖能耗为 14 ~ 25 kgce / (a·m^2)，平均约为 20 kgce / (a·m^2) 与建筑物的保温水平、采暖方式和系统状况有关	约 1.4 亿 tce
城镇居民生活用电	145	包括照明、家电、空调和长江流域及长江以南地区的分散采暖用电 单位面积平均用电量水平 10 ~ 30 kWh / (a·m^2)，与发达国家[60 ~ 100 kWh / (a·m^2)]存在很大差距 目前呈现快速上升的趋势	约 2 000 亿 kWh
农村居民生活用能	220	包括采暖、炊事、照明及家用电器 采暖炊事燃料正在从薪柴向煤炭、LPG(炊事用)、电(采暖用)方向升级 当前的能源服务水平很低，有很大的提升潜力	约 1.1 亿 tce (含居民生活用电量 1 100 亿 kWh 此外，消耗生物质能源约 2 亿 tce
大型公共建筑用电	5 ~ 6	包括高档办公楼、宾馆、大型购物中心、综合商厦、交通枢纽等(单栋超过 2 万 m^2，采用中央空调供冷方式）的空调、照明、电器、动力设备用电量 单位建筑面积耗电量为 100 ~ 300 kWh / (a·m^2)，是城镇住宅的 10 ~ 15 倍 此类建筑在新建公共建筑中比例呈快速增加趋势，是导致近几年我国大部分城镇夏季用电量急剧上升的主要原因之一	约 1 000 亿 kWh
一般公共建筑用电	约 50	包括一般的办公室、商店、饭店、宾馆、教室等的照明、办公用电设备、饮水设备、空调用电等 单位建筑面积耗电量为 20 ~ 60 kWh / (m^2·a)，平均用电水平目前低于发达国家，上升空间也较大	约 1 500 亿 kWh

续表

	面积/亿 m^2	特点	能耗
其他		包括城镇居民和公共建筑的热水和炊事用能等	约 3 000 万 tce
总计	420	平均单位面积能耗 8 ~ 10 kgce/(a·m^2)	约 4 亿 tce(商品能源)

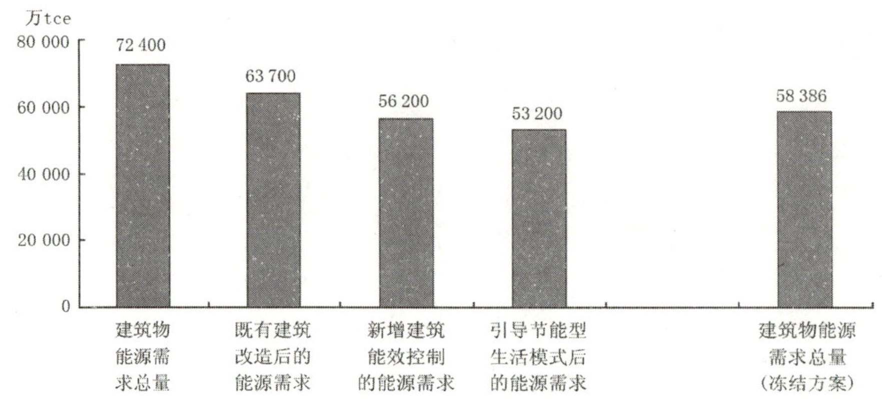

图 1.7 采取不同节能措施后的建筑物能源需求变化情况

表 1.19　新增建筑物及各种建筑能源系统/设备节能潜力

用能方式	活动水平增量	如果不采取措施能耗增量	采取措施后能耗增量	节能量 / 万 tce	关键技术措施	关键政策措施	通用的政策措施
北方城镇建筑采暖能耗	新增建筑 30 亿 ~ 40 亿 m^2，舒适性有所提高	0.6 亿 ~ 0.8 亿 tce	0.4 亿 ~ 0.55 亿 tce	2 300	围护结构保温隔热 供热系统优化运行控制 供热系统末端可调 采取高效采暖方式（水源 / 地源 / 污水源热泵、天然气采暖等）	贯彻实施采暖居住建筑节能 50%和 65%（直辖市）的节能设计标准 深化供热体制改革 鼓励高效节能的供热技术	（一）对新建建筑物和新增用能设备的最低能效标准和能效（耗）标识政策—— 不同气候区的居住建筑；各种电器设备；锅炉和电机等通用设备 （二）对新增节能建筑和节能设备的经济激励政策（能源价格、补贴、贴息、减免税、融资等） （三）节能宣传
长江流域新增采暖能耗	新增建筑10 亿 ~ 20 亿 m^2，舒适性大幅度提高	0.15 亿 ~ 0.3 亿 tce	100 亿 ~ 200 亿 kWh 电（折合 370 万 ~ 750 万 tce）	2 000	引导采用分散式的热泵型供热方式 严格控制采用集中供热方式 鼓励高效节能的供热方式（水源 / 地源 / 浅表水源 / 污水源热泵等）	贯彻实施夏热冬冷地区建筑节能标准 推行建筑能耗标识制度	

续表

用能方式	活动水平增量	如果不采取措施能耗增量	采取措施后能耗增量	节能量 / 万 tce	关键技术措施	关键政策措施	通用的政策措施
城镇居民生活用电	新增住宅 55 亿 m^2,生活用电服务水平较快速度增长	1 500 亿 kWh（折合约 5 000 万 tce）	1 000 亿 kWh（折合约 3 300 万 tce）	1 700	节能空调、照明、冰箱等高效技术 在夏热冬冷和夏热冬暖地区推广遮阳、自然通风措施	各种家用电器设备的能效标准和能效标识	
农村居民生活用能	新增住宅 10 亿～15 亿 m^2,能源服务水平快速提高	1 000 万 tce（含居民生活用电量 100 亿 kWh）	800 万 tce（含居民生活用电量 70 亿 kWh）	200	燃料升级 太阳能热水器 沼气利用 秸秆固化 / 气化利用	新能源和可再生能源利用政策	
大型公共建筑用电	新增 2 亿 m^2,服务水平略有上升	400 亿 kWh（折合约 1 500 万 tce）	250 亿 kWh（折合约 900 万 tce）	600	空调系统和照明系统的节能优化设计和运行管理 电器设备节能技术 建筑物的节能设计	贯彻实施公共建筑节能设计标准和照明、空调等电器设备能效标准	
一般公共建筑用电	新增 15 亿 m^2,服务水平快速提高	600 亿 kWh（折合约 2 200 万 tce）	450 亿 kWh（折合约 1 600 万 tce）	600	照明、空调、电器设备的节能设计及运行 建筑围护结构节能技术	贯彻实施公共建筑节能设计标准	

续表

用能方式	活动水平增量	如果不采取措施能耗增量	采取措施后能耗增量	节能量 / 万 tce	关键技术措施	关键政策措施	通用的政策措施
其他	新增城镇居民和公共建筑的热水 / 炊事服务水平比较快速提高	500 万 tce	400 万 tce	100	太阳能热水器 节能型热水供应方式（如热泵型热水器等） 节能型炊具	相关设备能效标准 可再生能源利用政策	
总计	新增民用建筑面积 85 亿 m^2，能源服务水平根据不同用能方式和建筑类型呈现不同程度增长	1.97 亿 tce	1.22 亿 tce	7 500			

表 1.20　既有建筑能源系统/设备和建筑物节能改造潜力

	活动水平	如果不采取措施所需能耗	采取措施后所需能耗	节能量/万 tce	技术措施	政策措施
北方城镇建筑采暖能耗能耗	既有面积 70 亿 m^2，采暖舒适性有所提高	1.5 亿 tce	1.1 亿 tce	4 000	供热系统[包括热源(锅炉房、热电厂)、热网、末端]节能改造和优化运行管理 供热系统末端可调技术 部分建筑围护结构的局部节能改造(节能窗、外保温等)	深化供热体制改革(北方地区供热系统和建筑节能改造) 鼓励节能改造的经济激励政策(能源价格、补贴、贴息、减免税、融资等) 鼓励节能服务公司实施节能改造的优惠政策
城镇居民生活用电	既有面积 145 亿 m^2，生活用电服务水平较快速度增长	3 000 亿 kWh (折合约 1.12 亿 tce)	2 500 亿 kWh (折合约 0.94 亿 tce)	1 800	低效空调、照明、冰箱等设备的淘汰更新 在夏热冬冷和夏热冬暖地区推广遮阳、自然通风措施 燃料升级	
农村居民生活用能	既有面积 220 亿 m^2，能源服务水平快速提高	1.3 亿 tce	1.2 亿 tce	1 000	太阳能热水器 沼气利用 秸秆固化 / 气化利用	
大型公共建筑用电	既有面积 5 亿 ~ 6 亿 m^2，能源服务水平略有提高	1 200 亿 kWh (折合约 0.45 亿 tce)	900 亿 kWh (折合约 0.35 亿 tce)	1 000	空调系统和照明系统的节能改造和优化 运行管理 低效电器设备的淘汰更新	

续表

	活动水平	如果不采取措施所需能耗	采取措施后所需能耗	节能量 / 万 tce	技术措施	政策措施
一般公共建筑用电	既有面积约 60 亿 m^2，能源服务水平比较快速增长	2 000 亿 kWh（折合约 0.75 亿 tce）	1 800 亿 kWh（折合约 0.67 亿 tce）	800	低效电器设备的淘汰更新 高效电器设备的推广应用	
其他	城镇居民和公共建筑的热水 / 炊事服务水平比较快速提高	3 500 万 tce	3 400 万 tce	100	太阳能热水器 节能型热水供应方式（如热泵型热水器等） 节能型炊具	
总计	既有民用建筑面积 420 亿 m^2，能源服务水平根据不同用能方式和建筑联系呈现不同程度增长	5.47 亿 tce	4.6 亿 tce	8 700		

第 2 章　钢铁行业重点能效技术与应用案例

2.1　行业发展概况

钢铁工业是中国国民经济的重要基础产业和实现新型工业化的支柱产业。在强劲的市场需求拉动下，“十五”期间中国钢铁工业高速发展，粗钢产量年平均增长 22.4%；“十一五”期间继续增长，到 2008 年粗钢产量突破 5 亿 t，达到 5.01 亿 t，比 2005 年增加 1.48 亿 t，年均增长 12.3%；生产生铁 4.71 亿 t，比 2005 年增加 1.27 亿 t，年均增长 11.1%；分别占全球粗钢、生铁产量的 37.7%和 48.8%，为全球第一大钢铁生产国(图 2.1)。

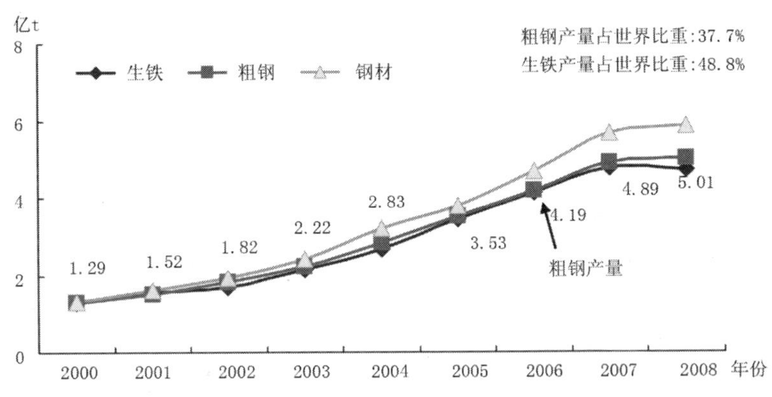

图 2.1　2000—2008 年中国钢铁产量增长情况

国际钢铁协会(IISI)有关统计数据显示，2008 年全球 67 个主要产钢国家和地区粗钢总产量为 13.3 亿 t，同比下降 1.2%，产量连续第二年超过 13 亿 t。欧盟、北美、南美和独联体等主要产钢国和地区粗钢产量均有所下降，但中东及亚洲特别是中国钢产量有所提高。2008 年，亚洲粗钢产量为 7.7 亿 t，同比增长 1.9%，占世界总产量的 58%；中国钢铁产量连续 12 年保持世界第一，并且遥遥领先于其他国家。中国钢铁产量比排名 2 ~ 8 位的日本、美国、俄罗斯、印度、韩国、德国、乌克兰 7 个国家的总和还多。

2.2　能源消耗现状

钢铁工业属于资源、能源密集型产业。中国钢铁行业是传统的能耗大户，

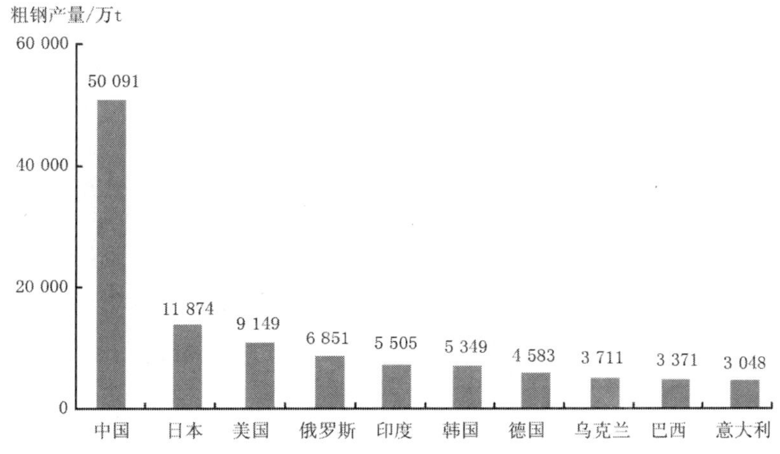

图 2.2 2008 年世界十大钢铁生产国的粗钢产量

国家能源局统计数据显示，全行业总能耗约占全国总能耗的 14.71%，每年煤资源和资源消耗均列各行业之首。自 2001 年起，国家大力发展循环经济，节能减排在钢铁行业内全面展开，钢铁行业整体能源利用效率有了显著的提高，单位能耗与排放量也不断降低，钢铁行业吨钢综合能耗从 2000 年的 920 kgce 降至 2008 年的 629.93 kgce，吨钢可比能耗从 2000 年的 760 kgce 降至 2008 年的 609.61 kgce，降幅均超过两位数(图 2.3)。

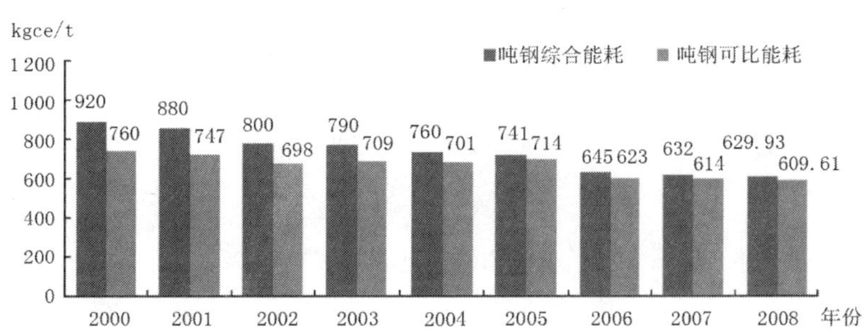

图 2.3 2000—2008 年钢铁行业吨钢综合能耗和吨钢可比能耗

根据中国钢铁工业协会最新发布的《2008 年中国钢铁行业节能减排研究报告》显示，2008 年大中型钢铁企业总能耗 22 324.49 万 t，比上年增长 0.01%，比粗钢产量增幅低 1.12 个百分点；万元工业增加值能耗 5.13 t，比上年下降 2.41%；吨钢可比能耗比上年下降 0.77%；吨钢耗用新水 5.09 m^3，比上年下降 5.11%。在排污方面，外排废水中的化学耗氧量比上年下降 28.99%，二氧化硫排放量下降 3.82%，工业烟尘排放量下降 7.48%，工业粉尘排放量下降12.06%。与2007年相比，钢铁企业的能源消耗率和污染物排放量的下降速度都有所加快，各工序能耗对比详见表2.1。

表2.1 2007—2008年全国重点钢铁企业能源消耗对比

单位：kgce / t

年份	烧结	球团	焦化	炼铁	转炉	电炉	轧钢
2007	55.47	30.12	126.89	428.28	6.32	80.94	59.52
2008	55.49	30.29	119.97	427.72	5.74	81.52	59.22

从能源结构上来看，中国与世界主要产钢国钢铁工业的相比，煤炭所占比例远远高于其他国家，而天然气和燃料油的比重则明显低于发达国家（见图2.4）。

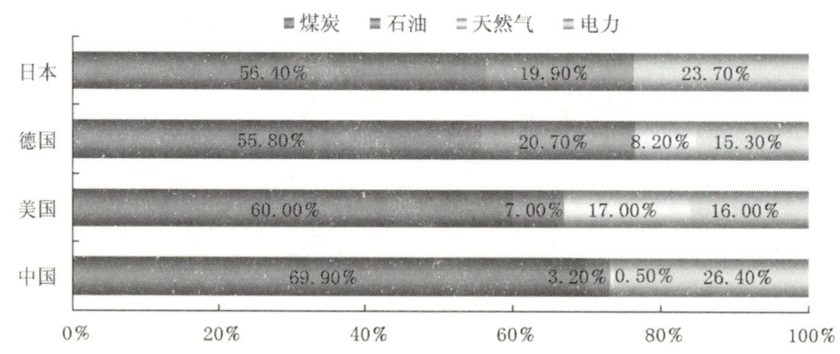

图2.4 部分产钢国家钢铁工业能源结构对比

数据来源：中国钢铁工业协会。

2.3 生产过程能耗与节能技术

2.3.1 概述

钢铁行业主要工序能耗及其适用节能技术的节能量和技术经济分析等如表2.2所示。

2.3.2 焦化工序

2.3.2.1 工序能耗

焦化工序是钢铁生产的重点能源与资源（新水）消耗工序，其能耗包括煤耗和电耗，资源消耗为新水消耗。目前，重点钢铁企业的焦化工序煤耗为70 kgce / t，电耗在38 kWh / t左右，耗新水在1.6 m^3 / t左右。2008年焦化工序能耗的先进值为61.33 kgce / t、最高值为335.05 kgce / t。

表 2.2　钢铁行业主要工序能耗及其适用节能技术

一、炼焦	
(1) 工序内容	将炼焦煤在密闭的焦炉内隔绝空气高温加热放出水分和吸附气体,随后分解产生煤气和焦油等,剩下以炭为主体的焦炭
(2) 工序能耗	重点钢铁企业的焦化工序煤耗为 70 kgce / t, 电耗在 38 kWh / t 左右,耗新水在 1.6 m^3 / t 左右
(3) 节能技术(A)	炼焦煤调湿风选技术
技术内容简述	采用流化床技术,利用焦炉烟道废气,对炼焦煤料水分进行调整,并按其粒度和密度的不同进行选择粉碎,以达到提高焦炭质量、降低炼焦耗热量等目的
适用条件	所有机械化焦炉
典型节能量	可使吨焦能耗下降 326 MJ;百万吨焦炭厂年节能 1.48 万 tce
典型投资额	120 万 ~ 150 万 t /a 规模焦化厂需投资 6 000 万元
投资回收期	约 4 年
市场潜力	目前只有少数应用,按推广 30%计算,共需投资 42 亿元,节能潜力为 117 万 tce
节能技术(B)	干熄焦技术(CDQ)
技术内容简述	干法熄焦是用循环惰性气体做热载体,由循环风机将冷的循环气体输入到红焦冷却室冷却,高温焦炭至 250℃以下排出。吸收焦炭显热后的循环热气导入废热锅炉回收热量产生蒸气而发电和供热。循环气体冷却、除尘后再经风机返回冷却室,如此循环冷却红焦
适用条件	熄焦能力 2 × 140 t / h 及以上
典型节能量	每吨焦可发电 75 kWh,年发电量可达到 1.5 亿 kWh
典型投资额	约 2 亿元
投资回收期	约 3.5 年
市场潜力	已应用约 50%,若按再推广 20%比例计算,共需投资 60 亿元,节能潜力为 45 亿 kWh
二、烧结	
(1) 工序内容	炼铁领域内的烧结是指把铁矿粉和其他含铁物料通过熔化物固结成具有良好冶金性能的人造块矿的过程,它的产生物就是烧结矿
(2) 工序能耗	该工序能耗约占总能耗的 10%。重点钢铁企业煤耗平均值为 72 kgce / t,电耗平均值为 38 kWh / t

续表

(3) 节能技术	烧结机余热发电技术
(4) 技术内容简述	烧结工序余热回收的重点为烧结废(烟)气余热和烧结矿显热回收。通过回收烧结机尾落矿风箱及烧结冷却机密闭段的烟气加热余热锅炉来回收低品位余热能源(200～400℃),结合低温余热发电技术,用余热锅炉的过热蒸气来推动低参数的汽轮发电机组做功发电的成套技术
(5) 适用条件	200～400℃ 的低温烟气
(6) 典型节能量	每吨烧结矿可发电 12 kWh,千万吨级烧结厂年发电量可达 1.4 亿 kWh
(7) 典型投资额	1.7 亿元
(8) 投资回收期	2.5 年
(9) 市场潜力	目前仅有少数应用,按推广比例 20%计算,约需总投资 10 亿元,年发电量可达到 12 亿 kWh
三、球团	
(1) 工序内容	目前钢铁企业的球团生产有三种工艺,即竖炉、链篦机—回转转窑和带式焙烧结,其中链篦机—回转窑工艺生产球团矿的质量和能耗均比竖炉具有显著的优势
(2) 工序能耗	重点钢铁企业球团工序的固体燃料消耗平均值为 18 kgce / t,煤气消耗为 137 m^3 / t,电力消耗为 34 kWh / t,吨球耗新水为 0.3 m^3 / t
(3) 节能技术	小球团烧结技术
(4) 技术内容简述	通过改变现有混合机工艺参数及内部结构,延长混合料在混合机内的有效滚动距离,改善混合料在混合机内的滚动状态,使烧结混合料造成 3 mm 以上小球 > 75%,通过蒸气预热,燃料分加,偏析布料,提高料层厚度等方法,实现厚料层、低温、匀温、高氧化性气分烧结
(5) 适用条件	大、中、小型球团生产车间的技术改造和新厂建设
(6) 典型节能量	吨球固体燃料消耗降低 2 kgce 左右,百万吨级球团车间可节能 2 000 tce
(7) 典型投资额	90 m^2 烧结机改造投资 120 万元
(8) 投资回收期	0.5 年左右
(9) 市场潜力	若推广应用 50%,总投资 1 亿元,每年可节煤 10 万 tce
四、炼铁	
(1) 工序内容	将铁从其自然形态中还原出来的过程。炼铁方法主要有高炉法、直接还原法、熔融还原法等,其原理是铁矿石在特定的气氛中(还原物质 CO、H_2、C;适宜温度等)通过物化反应获取还原后的生铁。生铁除了少部分用于铸造外,绝大部分是作为炼钢原料

续表

(2) 工序能耗	炼铁是钢铁生产过程中能耗和资源消耗最大的工序，占钢铁联合企业总能耗的 60%。重点钢铁企业炼铁工序平均热耗为 376 kgce / t,电耗为 70 kWh / t,耗新水为 2.2 m^3 / t 左右
(3) 节能技术(A)	高炉炉顶煤气压差发电技术(TRT)
技术内容简述 适用条件 典型节能量 典型投资额 投资回收期 市场潜力	利用高炉炉顶煤气的余压余热导入透平膨胀机驱动发电机发电 400 m^3 以上高炉(国家重点支持 1 000 m^3 以上高炉),炉顶煤气压力大于 120 kPa 吨铁发电量可达到 40 kWh,420 m^3 高炉每年可发电 2 000 万 kWh,4 000 m^3 高炉每年可发电 1.6 亿 kWh 每千瓦装机投资 7 500 元,400 m^3 高炉装备 TRT 约需 2 000 万元 2 年左右 目前 1 000 m^3 以上高炉 TRT 普及率达到 90%以上，但干式 TRT 只有十几套。若将干式 TRT 比例提高到 60% ~ 70%,则需总投资 12 亿元,年发电量达到 40 亿 kWh
节能技术(B)	高炉煤气全干法除尘技术
技术内容简述 适用条件 典型节能量 典型投资额 投资回收期 市场潜力	荒煤气经过粗除尘,除掉大颗粒粉尘,然后进行精除尘,经过净化的高炉煤气不仅可以用于余压发电,还可以提供给热风炉等用户进行再利用 300 ~ 1 000 m^3 的大中型高炉 吨铁可节约电耗 18.5 kWh,节约焦炭 6 kg。一个 500 m^3 高炉每年可节约电耗 1 000 万 kWh,可节约焦炭 3 240 t 500 m^3 高炉约需投资 1 000 万元 1 年左右 目前在 300 ~ 1 000 m^3 高炉应用不多,若全部普及,需投资 40 亿元左右,每年可节约新水 0.5 亿 m^3、节约循环水 15 亿 m^3,节电 50 亿 kWh,节省焦炭 160 万 t
节能技术(C)	低热值高炉煤气燃气—蒸气联合循环发电(CCPP)
技术内容简述 适用条件 典型节能量	合理、高效、无污染地利用钢铁厂剩余的低热值高炉煤气发电和供热。燃气蒸汽联合循环发电装置是燃气循环机组与蒸汽循环机组的联合体,燃气轮机燃烧做功,排出的烟气再通过余热锅炉产生蒸汽而做功发电 1 000 m^3 以上高炉，煤气流量大于 1 700 m^3 / min,装机一般不小于 15 MW 每立方高炉煤气可发电 1 kWh,装机 15 万 kW 可发电 9.4 亿 kWh

续表

典型投资额	每千瓦装机投资 3 500～4 500 元，300 MW 装机需投资 9 亿元左右
投资回收期	7～8 年
市场潜力	目前只有少数几家企业采用。按推广 25%计算，投资总额为 10 亿元，每年可发电 20 亿 kWh
五、炼钢	
(1) 工序内容	根据所炼钢种的要求把生铁中的含碳量去除到规定范围，并使其他元素的含量减少或增加到规定范围的过程。简单地说，是对生铁降碳、去硫磷、调硅锰含量的过程。这一过程基本上是一个氧化过程，是用不同来源的氧(如空气中的氧、纯氧气、铁矿石中的氧)来氧化铁水中的碳、硅、锰等元素
(2) 工序能耗	重点钢铁企业转炉工序能耗为 5.74 kgce / t，电炉钢工序能耗为 81.52 kgce / t
(3) 节能技术(A)	转炉负能炼钢工艺集成技术
技术内容简述	传统"负能炼钢技术"定义是一个工程概念，体现了生产过程转炉烟气节能、环保综合利用的技术集成。转炉负能炼钢意味着转炉炼钢工序消耗的总能量小于回收的总能量
适用条件	所有转炉
典型节能量	转炉煤气平均回收量可达到 90 m³ / t 钢，蒸气平均回收量达到 80 kg / t 钢。吨产品节能量为 23.6 kgce / t 钢
典型投资额	
投资回收期	2 年左右
市场潜力	目前大型转炉负能炼钢技术已日益成熟；中型转炉已逐步实现负能炼钢；小型转炉也初步具备相应生产装备条件。按新增 2 亿 t 负能炼钢产能计算，年节能量为 472 万 tce
节能技术(B)	转炉煤气干法(LT 法)净化回收技术
技术内容简述	由烟气冷却、净化回收、粉尘压块三部分组成。采用电除尘净化转炉运转时的热烟气，并回收煤气，收集的除尘灰，进行热压块后又回到转炉中，作为转炉的冷却剂。转炉煤气干法烟气除尘处理、煤气回收及粉尘压块回收利用可以部分或全部补偿转炉炼钢过程中的能耗
适用条件	大、中、小型转炉
典型节能量	吨钢电耗下降 2 kWh 左右，水耗降低 60%，吨钢平均多回收煤气 20 m³，煤气热值在 1 800 kcal 左右

续表

典型投资额	1亿元
投资回收期	2.5～3年
市场潜力	现有大型转炉企业19家,中型转炉企业42家,预计2010年将有一半企业应用该技术,投资总额30亿元,年节能量可达500万tce
六、轧钢	
(1)工序内容	为了得到需要的形状或为了改善钢的内部质量,提高钢的力学性能,在旋转的轧辊间改变钢锭,钢坯形状的压力加工过程
(2)工序能耗	在轧钢企业之间进行工序能耗对标存在着诸多方面的不可比性,相对比较科学的方法是只能就单位设备、某一品种进行对比
(3)节能技术	蓄热式燃烧技术(HTAC)
(4)技术内容简述	高温空气燃烧技术把回收烟气余热与高效燃烧及NO_x减排等技术有机地结合起来,达到节能减排的目的
(5)适用条件	所有加热炉改造
(6)典型节能量	热回收率达80%,可节能30%以上,每台加热炉每年可节能3万tce
(7)典型投资额	每台加热炉改造需新增投资300万～400万元
(8)投资回收期	1.5年
(9)市场潜力	目前已在130台套设备上成功应用,按每年改造40座、到2013年共改造200座计算,共需投资8亿元,年节能量500万tce

干法熄焦技术是钢铁行业节能降耗的有效手段,可回收红焦显热的80%,可降低焦化工序能耗约75 kWh / t,是钢铁企业节能(二次能耗回收量)效果最好的技术之一。目前中国已有干熄焦技术装备(CDQ)49套,在建设的项目约有40套。干熄焦还可大大提高炭质量,对高炉炼铁有好的增产节焦的效果。

2.3.2.2　节能技术

◆ 炼焦煤调湿风选技术

(1)技术原理

"煤调湿"是"装炉煤水分控制工艺"的简称,是将炼焦煤料在装炉前去除一部分水分,保持装炉煤水分稳定在6%左右,然后装炉炼焦。

炼焦煤风选调湿技术是以高于200℃的焦炉烟道废气为热源,首先在流化床上对炼焦煤进行干燥处理,使炼焦煤水分降低3%～4%;然后按炼焦煤粒度和密度的不同对其进行风选处理,分离出30%～50%适宜炼焦粒度的细粒煤不再粉碎,减少粉碎机的处理能力,实现节能;同时将除尘器分离出来的最易扬尘的细煤尘压制成型煤,入炉炼焦。本工艺技术具有设备布置紧凑、占地面积小、操作简单、运行平稳、操作费用低、充分利用废热等优点。

装炉煤水分的降低，使焦炉炭化室的装煤量增加，从而提高焦炉生产能力；提高焦炭质量；降低炼焦耗热量；有利于焦炉连续稳定操作，延长焦炉使用寿命。

（2）关键技术

流化床的设备结构，包括床体开孔率、材质和构造；

抽送焦炉烟道废气的热风系统；

本系统生产操作的除尘；

焦炉采用调湿煤的装煤过程除尘；

风选煤料的开路循环和闭路循环。

（3）工艺流程

配合煤经带式输送机送至流化床风选分离干燥机，进行适度干燥处理及粒度分级，将配合煤的水分降至6.5%；同时将配合煤分为细粒煤和粗粒煤二级。其中，细粒煤从流化床风选分离干燥机下部排出，经带式输送机送至煤塔顶供焦炉炼焦生产使用。粗粒煤从干燥机前部排出，经带式输送机送至粉碎机室进行粉碎处理。粉碎处理后的煤料可以采用开路循环或者闭路循环：在闭路循环流程中，粉碎处理后的煤料再回送至流化床风选分离干燥机，进行粒度的再分级及适度干燥处理，最后以细粒煤形式从流化床风选分离干燥机下部排出；在开路循环流程中，粉碎处理后的煤料直接与细粒煤混合，一起送至煤塔顶供焦炉炼焦生产使用。

流化床风选分离干燥机采用高于200℃的焦炉烟道废气进行风选及干燥处理的。从干燥机排出的废气经袋式除尘器净化后通过烟囱排放，袋式除尘器收集的细煤尘压制成型煤，入炉炼焦。

（4）主要技术指标

降低炼焦煤水分3%～4%，能分出细粒原煤可达总量的30%～50%，调湿分级后炼焦煤温度预热到50℃以上。采用该工艺技术，可以将装炉煤水分从10%降至6.5%。炼焦煤水分每降低1%，可降低炼焦耗热量33.5 kJ / kg湿煤。

（5）技术应用情况

目前，国内只有济钢焦化厂采用以焦炉烟道废气为热源的调湿风选技术。宝钢、太钢和攀钢正在建设以用途不大的低压蒸气为热源的煤调湿技术。

（6）典型用户及投资效益

以年产焦炭100万t焦化厂的煤调湿装置为例：

炼焦煤水分由10%降至7%（降低3%），一年炼焦耗热量可减少1.5×108 MJ，折合标煤约5 126 t。

可用便宜的弱黏结性煤替代高价优质炼焦煤比例约 5%；可提高焦炉生产能力 3%～10%；可减少炼焦产生的废水量 5 万 t；可降低备煤粉碎机电耗约 40%；由此可创直接经济效益约 1 500 万元/a。

◆ 干熄焦技术（CDQ）

（1）技术原理

干法熄焦是目前国外较广泛应用的一项节能技术，其英文名称为 Coke Dry Quenching，简称 CDQ。干熄焦技术是利用冷的惰性气体(燃烧后的废气)，在干熄炉中与赤热红焦换热从而冷却红焦。吸收了红焦热量的惰性气体将热量传给干熄焦锅炉产生蒸气，被冷却的惰性气体再由循环风机鼓入干熄炉冷却红焦。干熄焦锅炉产生的蒸气或并入厂内蒸气管网或送去发电（图 2.5）。

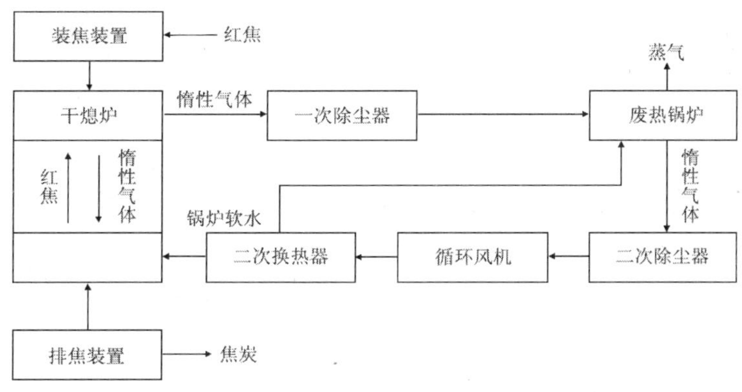

图 2.5　干熄焦（CDQ）技术流程图

（2）技术特点

干熄焦（CDQ）技术具有以下突出的特点：

① 回收红焦显热。出炉的红焦显热占焦炉能耗的 35%～40%，这部分能量相当于炼焦煤能量的 5%，如将其回收和利用，可大大降低冶金产品成本，起到节能降耗的作用。采用干熄焦可回收 80%的红焦显热，平均每熄 1 t 焦炭可回收 3.9 MPa/450℃的蒸气 0.45～0.6 t。

② 减少环境污染。由于干熄焦能够产生蒸气（5～6 t 蒸气需要 1 t 动力煤），并可用于发电，可以避免生产相同数量蒸气的锅炉燃煤对大气的污染，尤其减少了 SO_2、CO_2 向大气的排放。对规模为年产 100 万 t 焦炭的焦化厂而言，采用干熄焦每年可以减少 8 万～10 万 t 动力煤燃烧向大气排放的各种污染物。

③ 可改善焦炭质量。大型高炉采用干熄焦焦炭可使其焦比降低 2%，使高炉生产能力提高 1%，已经得到国际上公认。在保持原焦炭质量不变的条

件下，采用干熄焦可以降低强黏结性的焦、肥煤配入量 10% ~ 20%，有利于保护资源和降低焦炭成本。

（3）典型用户及投资效益

马钢煤焦化公司，投资约 2 亿元，安装了中温中压强制循环干熄焦余热锅炉及汽轮发电机组，干熄焦能力为 125 t / h，日发电 30 万 kWh，年回收热能折标煤 52 020 t，投资回收期 4 年。

沙钢集团，投资约 2 亿元，安装了中温高压强制循环干熄焦余热锅炉及汽轮发电机组，年发电 1.5 亿 kWh，取得经济效益 8 000 万元，投资回收期 2.5 年。

（4）技术的利用现状和市场潜力

目前中国的干熄焦技术普及率较低，且大部分为中低压干熄焦，高压干熄焦的推广潜力很大。“十一五”期间该技术在行业能推广到的比例为 20%，总投资约为 60 亿元，年可发电量 45 亿 kWh。

2.3.3 烧结工序

2.3.3.1 工序能耗

在钢铁生产过程中，烧结工序的能耗约占总能耗的 10%，仅次于炼铁工序，位居第二。通常烧结工序的能耗包括煤耗和电耗，其中固体燃料消耗占总能耗的 75% ~ 80%，点火燃耗占 5% ~ 10%，电力占 13% ~ 20%。2008 年，在中国钢铁生产企业烧结工序能耗中，固体燃耗先进值一般是在 40 ~ 50 kgce / t（最先进是 39.04 kgce / t），而大多数的企业烧结工序能耗为 72 kgce / t，落后企业的值高达 91.21 kgce / t。

因此，降低烧结工序能耗首先要从降低固体燃耗上着手，烧结工序的节能降耗可以采用的主要方式有：余热回收，可使烧结工序能耗得到 8 ~ 10 kgce / t 的节能效果；采用先进的线型或无火焰点火器，可大大降低烧结点火煤气消耗；对一、二级风箱余热进行回收，可用于热风烧结还可以有节约煤气的作用；使用添加剂，有促进烧结节能和提高质量的效果，可降低工序能耗约 2 kgce / t。

其次是降低烧结工序的电耗。主要方法是努力降低烧结机的漏风率和对大电机采用变频调速技术。目前已经成熟的陶瓷密封和相应软密封材料，可使烧结机的漏风率在 40%以下。

2.3.3.2 节能技术

◆ 烧结机余热发电技术

（1）技术原理

在烧结工序总能耗中，有近 50%的热能以烧结烟气和冷却机废气的显热形式排入大气。由于烧结冷却机废气的温度不高,仅 150 ~ 450℃,加上以前余热回收技术的局限,余热回收项目往往被忽略。烧结冷却机余热的回收是通过回收烧结机尾落矿风箱及烧结冷却机密闭段的烟气加热余热锅炉来回收低品位余热能源,结合低温余热发电技术,用余热锅炉的过热蒸气来推动低参数的汽轮发电机组做功发电的成套技术。

具体流程是:给水经给水泵进入余热锅炉,经废气加热后,一部分变为过热蒸气,进入汽轮机做功发电。另一部分经余热锅炉低温段加热后,产生过热或饱和蒸气进入汽轮机相应低压进气口做功发电。冷凝水经低压省煤器后由中压锅炉给水泵供给低压汽包,低压汽包具有自除氧功能,实现一个完整的热力循环。

(2) 技术特点

烧结冷却机烟气具有如下特点:

① 烧结余热热源品质整体较低,低温部分占比例大;

② 烧结过程中,随着烧结矿在烧结机上的烧成情况不同,其烟气温度也不同;

③ 在烧结生产中由于设备运行的不确定性,短时间停机不可避免,造成烧结烟气不连续性。

因此,要求发电系统:

① 汽轮机必须带有前压调节装置,当机组在正常运行时,以汽轮机的进口压力作为主要控制参数,来调节机组输出功率以保证压力基本稳定,这种方式可适应废气余热参数的变化,使整个系统有较高的适应性和可靠性;

② 用于余热利用的汽轮发电机的特点是以汽定电, 所以要求带负荷的能力可在较大范围内波动,尤其是发电机的选型要考虑能超过设计发电量的15%左右。

(3) 国内应用

马钢二炼的两套 300 m^2 烧结机(装机 17.5 MW)于 2005 年 9 月投运;济钢二烧的一套 320 m^2 烧结机(装机 8.2 MW)于 2007 年 3 月投运;安阳钢厂和山东宏达的两套 132 m^2 烧结机(装机 6 MW)于 2007 年 3 月投运;玉钢、昆钢烧结余热发电项目在建设中。

(4) 经济社会效益

从能源利用角度原来生产线 24%左右的热能随废气排放到大气中,不仅造成能源的浪费,同时产生温室效应。建设余热发电项目后,不仅节约能源而且减少排放。以 360 m^2 烧结机余热电站为例,总投资为 1.7 亿元,每年可发电 1.4 亿 kWh,产生净经济效益 7 000 万元,投资回收期为 2.5 年。

2.3.4 球团工序

2.3.4.1 工序能耗

球团工序的主要能耗是煤耗、煤气消耗和电耗，资源消耗为新水消耗，目前重点钢铁生产企业中，球团生产固体燃料消耗约 18 kgce / t，煤气消耗约 137 m^3 / t，电力消耗约 34 kWh / t，吨球耗新水约 0.3 m^3 / t。而 2008 年，球团工序能耗的先进值为 17.44 kgce / t，能耗高的企业达 49.44 kgce / t，两者相差近 3 倍。

目前钢铁企业的球团生产有三种工艺，即竖炉、链篦机—回转转窑和带式焙烧结，其中链篦机—回转窑工艺生产球团矿的质量和能耗均比竖炉具有显著的优势。2007 年链篦机—回转窑工艺生产能力已占球团总能力的 54.66%，其实际产量已达到总产量的 57%。因此，球团生产技术发展的大方向是，逐步淘汰落后的小竖炉，加快发展链篦机—回转窑工艺技术。

2.3.4.2 节能技术

◆ 小球团烧结技术

（1）技术原理

通过改变现有混合机工艺参数及内部结构，延长混合料在混合机内的有效滚动距离，改善混合料在混合机内的滚动状态，使烧结混合料造成 3 mm 以上小球 > 75%，通过蒸气预热，燃料分加，偏析布料，提高料层厚度等方法，实现厚料层、低温、匀温、高氧化性气分烧结。通过这种方法烧出的烧结矿，上下层烧结矿质量均匀。烧结矿主要固结方式为：针状、柱状铁酸钙固结及 Fe_2O_3 再结晶形成的晶桥固结，兼有高碱度烧结矿和球团矿的优点，因此这种烧结矿强度高、还原性好。

（2）节能效果

实验室研究和生产实践证明："小球团烧结法" 不仅可以提高烧结机产量，同时可降低烧结能耗、提高烧结矿质量。根据混合料成球性不同，一般可提高烧结机产量 5% ~ 15%，降低烧结固体燃料消耗 5% ~ 15%，提高烧结矿还原性 2% ~ 5%（绝对值），提高烧结矿 ISO 转鼓强度 2% ~ 5%（绝对值）。

（3）经济效果

按改造一台 90 m^2 烧结机进行测算：

① 改造费用：包括硬件改造费 96 万元（不包括安装费、燃料分加改造费用及更换烧结机台车拦板费用）和软件费用 15 万元，费用合计为 111 万元。

② 经济效益：完成本系统改造后，每吨烧结矿可节省固体燃料消耗 5 kg 以上，烧结机利用系数提高 5% ~ 10%，烧结矿 FeO 可降低 2% ~ 3%，烧结矿 ISO 转鼓强度可提高 2%，烧结矿中 < 10 mm 粒级和可明显减少。如烧结机利

用系数为 1.5 t / m^2 h，一台烧结机每年可烧结矿 106 万 t，每年对产生经济效益计算如下：

对烧结厂：每吨烧结矿可节省固体燃料消耗 5 kg，则全年可节省固体燃料 5 300 t。如每吨焦粉成本为 280 元，价值 148.4 万元。烧结机利用系数提高 5%，每年可多产烧结矿 5.3 万 t，如每吨烧结矿加工费 30 元，每年效益 159 万元。两项合计，烧结厂每年可获纯利 307.4 万元。

对炼铁厂：① 106 万 t 烧结矿可产 60 万 t 生铁，烧结矿 FeO 每降低 1% 高炉焦比降低 1.5%，如高炉焦比为 550 kg / t，则每年可节焦 4 950 t，如每吨入炉焦成本为 480 元，则每年可节省焦炭费 237.6 万元；② 烧结矿 ISO 转鼓强度提高 2%，烧结矿中 <10 mm 粒级减少，预计可提高高炉利用系数 3%，焦比降低 1%左右，年效益约为 250 万元。炼铁年效益合计为 487.6 万元。

烧结、炼铁年效益总计为 795 万元，也就是说改造投产后的 3 个月内即可收回改造成本。

2.3.5　炼铁工序

2.3.5.1　工序能耗

炼铁工序是钢铁生产过程中能耗和资源消耗最大的工序，其中能耗包括煤耗、电耗及热耗，资源消耗为新水消耗。通常炼铁系统占钢铁联合企业总能耗的 78%，污染物排放占 2 / 3，高炉工序能耗占 59%。中国重点钢铁企业炼铁工序的能耗为 376 kgce / t，电耗在 70 kWh / t，耗新水约 2.2 m^3 / t。2008 年全国重点钢铁企业炼铁工序能耗先进值为 363.85 kgce / t，炼铁工序能耗高的企业达 530.74 kgce / t。

高炉炼铁的能量来源 78%是碳素燃烧提供的，热风带进的热量约占 19%，其他为物料化学反应热。炼铁所消耗的碳素体现在燃料比方面。2008 年中国重点钢铁企业热风温度大多为 1 133℃，比上年度升高 8℃，是近年来升幅最大的一年，促进了炼铁节能。通常情况下，热风温度提高 100℃，可降低炼铁燃料比 15 ~ 20 kg / t。2008 年中国重点企业之中只有 7 个单位热风温度超过 1 150℃，有 43 个单位热风温度低于 1 100℃，甚至有 3 个企业热风温度不足 1 000℃。目前，中国高炉技术指标之中与国际先进水平差距最大的地方就是，热风温度偏低。相差在 100 ~ 150℃。因此，降低炼铁工序能耗工作的重点就是，努力提高热风温度水平。

炼铁工序的节能主要技术有，高炉炉顶煤气压差发电技术（TRT）（可回收高炉鼓风功能的 30%）和煤气采用干法除尘（还可提高 30%的发电能力）。高炉高压操作是实现高炉高效化的重要手段，是高炉炼铁工艺设计规范中予以强制执行的条款。

在炉顶煤气压力小于 1.0 kg / cm^2 以下时，提高顶压 0.1 kg / cm^2，可以增加产量 20%，同时可降低焦比 3% ~ 5%，有利于冶炼低硅铁，也可提高 TRT 发电能力。其原因是：顶压提高后，煤气流速变低，有利于煤气的热量传递给炉料，提高矿石的间接还原率，同时也增加鼓风量。提高顶压要求鼓风机和送风系统要能适应，高炉煤气压差降低，就要适当调整高炉操作数据。

高炉炉顶煤气压力大于 120 kPa 就应安装 TRT 装置，现在，两座小高炉也可以共用一套 TRT，炉顶煤气稳压装置成功应用可使煤气压力波动从 5%降到 1.5%，大大提高了 TRT 功效。TRT 技术已经成为炼铁工序二次能源回收利用的重点技术，不仅提高了炼铁工序能效，还促进了整个钢铁行业的节能。

2.3.5.2 节能技术

◆ 高炉余压发电(TRT)技术

(1) 技术原理

高炉煤气余压能量回收透平发电装置（Blast-Furnace Top Pressure Recovery Turbine Unit，TRT），也是目前国际上公认的最有价值的二次能源回收装置之一。其利用高炉的副产品——高炉煤气具有的压力能及热能，使煤气通过透平膨胀机做功，将其转化为机械能，驱动发电机发电的一种二次能量回收装置。如采取干法煤气除尘技术，可使发电量增加 30%左右。采用 TRT 装置，吨铁发电量平均在 20 ~ 40 kWh，经济效益可观，是炼铁工序重大节能项目(见图 2.6)。

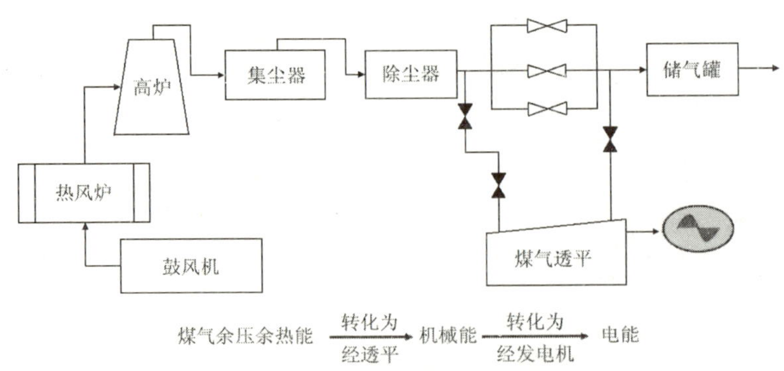

图 2.6 安装 TRT 装置的高炉炼铁管路系统

高炉煤气余压能量回收透平发电装置的显著特点为：

① 产生新的能量。利用高炉产生的煤气余热、余压，不消耗煤气也不降低煤气品质。

② 环保。在透平工作过程中，煤气通过透平机组，替代减压阀组，减少气

流噪声。

③ 净化煤气。煤气流经透平机组时由于离心作用以及压力降低，煤气中的粉尘在透平机体内沉积。

④ 提高高炉产量。煤气流经透平时，其流量、压力是经过透平静叶角度无级调节改变的，可以随时控制煤气压力在一个很小的波动范围内，使得炉顶压力相对稳定，提高高炉利用系数从而提高高炉产量。

（2）TRT 工艺利用现状和市场潜力

在中国钢铁联合企业中，炼铁系统所用能耗一般要占企业总能耗的 70%左右，其中大约 55%消耗在高炉冶炼系统上。因此，高炉的节能对钢铁联合企业是至关重要的。中国是钢铁生产大国，目前，中国有 1 300 多座高炉，大于 1 000 m^3 容积高炉约有150 座，其中 4 000 m^3 级高炉 11 座，300 ~ 1 000 m^3 的高炉 500 多座，小于 300 m^3 的高炉有 600 多座。全国已有 400 多套 TRT 装置正在运行之中，1 000 m^3 以上高炉 90%已拥有 TRT 发电设备，尚有 1 000 m^3 以上 15 座大型高炉有条件建设 TRT 装置，但一直未能落实，使得高炉煤气余压被白白浪费。这些高炉建设 TRT 装置后，其装机容量可达到 12 万 kW，预计年发电 7.7 亿 kWh，相当于节能约 31 万 tce；若采用干式 TRT 系统，年回收电力将提高到 10 亿 kWh，较湿式 TRT 系统增加 2.3 亿 kWh，同时年节约煤气除尘用电 0.25 亿 kWh，节水 3.5 亿 t，减少污水排放，改善环境质量。

◆ 高炉煤气全干法除尘技术

（1）技术原理

高炉煤气是高炉炼铁过程中产生的气体，一氧化碳含量很高，是一种毒性很强的低热值气体，也是钢铁企业内部生产使用的重要二次能源。吨铁煤气热量相当于 170 ~ 180 kgce，充分利用高炉煤气是钢厂节能降耗的重要工作之一。高炉煤气中夹带着很多粉尘，称为荒煤气，不进行除尘净化将无法使用。因此，荒煤气的净化是高炉煤气利用不可缺少的环节。这首先要经过粗除尘，除掉大颗粒粉尘，然后进行精除尘，精除尘后的煤气称为净煤气。一般情况下，煤气用户要求净煤气含尘量小于 10 mg / m^3，经过净化的高炉煤气不仅可以用于余压发电，还可以提供给热风炉等用户进行再利用。

高炉煤气经过重力除尘器除尘后，进入干式除尘器本体，经过滤袋的过滤，煤气中较细尘粒被黏附在滤袋表面形成灰膜。当除尘器工作一段时间后，滤袋吸附的瓦斯灰层厚度增加，其阻力亦增大，此时应对滤袋进行清灰，使除尘器又可以恢复正常工作。

（2）工艺流程

正压外滤式除尘器由灰斗、气流分布装置、脉冲喷吹装置、滤袋及骨架、泄爆孔等组成。工作时,煤气经重力除尘器、旋风除尘器后按切线方向进入干法滤袋除尘器,粗尘粒被沉降到灰斗,细尘粒随荒煤气气流进入气流分布装置后均匀上升到滤袋区,最终被阻挡在滤袋外表面,过滤后的净煤气集于顶部导出,进入净煤气总管,完成煤气除尘工艺要求。

(3) 节能效果及经济效益

如果对 300 ~ 1 000 m^3 的 500 多座大中型高炉普遍装备这一技术后,每年可节约新水 0.5 亿 m^3、节约循环水 15 亿 m^3,节电 50 亿 kWh,节省焦炭 160 万 t,创造直接经济效益 32 亿元。

◆ 低热值高炉煤气燃气—蒸气联合循环发电(CCPP)

(1) 技术原理

高炉煤气等低热值煤气燃汽轮机 CCPP 技术是充分利用钢铁联合企业高炉等副产煤气,最大可能地提高能源利用效率,发挥煤气—蒸气联合循环优势的先进技术。

CCPP 是由燃气轮机发电和蒸气轮机发电叠加组合起来的联合循环发电装置。在 CCPP 装置中,有燃气—蒸气两个热力循环,即:燃气勃莱敦热力循环和蒸气朗肯热力循环。在燃气勃莱敦热力循环中,燃料燃烧产生的高温高压烟气在状态变化时可以做功发电。而燃气勃莱敦循环排出的较高温度烟气(500 ~ 600℃)仍然可以用来加热蒸气至 450 ~ 540℃用于发电。因此,将燃气勃莱敦热力循环和蒸气朗肯热力循环叠加组合起来,先用高温高压烟气驱动燃气轮机发电;再将排出的 500 ~ 600℃的烟气用于余热锅炉产生蒸气,产生的蒸气驱动汽轮机发电。这就组成了燃气—蒸气联合循环发电。

(2) CCPP 的工艺流程

CCPP 的工艺流程为:燃料(油或天然气)经净化后进入加压机加压至 1.5 ~ 2.4 MPa。燃烧用的空气也经空气过滤器净化至含尘量≤1 mg / m^3,然后进入压气机加压至 1.5 ~ 2.4 MPa。加压后的燃料和空气进入燃气轮机的燃烧室内混合燃烧。燃烧产生的 1.5 ~ 2.4 MPa,1 000 ~ 1 500℃的高温高压烟气进入燃气轮机的涡轮机冲动涡轮机发电。涡轮机排出的 5 000 ~ 6 000 Pa,500 ~ 600℃烟气进入余热锅炉产生 3.82 ~ 6.5 MPa,450 ~ 520℃的蒸气,蒸气再送入汽轮机发电。余热锅炉排出的约 130℃的烟气经烟囱排入大气。

(3) 节能效果

与常规蒸气发电相比 CCPP 有以下特点:

① CCPP 发电效率高、成本低、经济效益好。CCPP 发电效率高,目前最高可达 58%以上,并且还可以进一步提高。以钢铁厂 50 MW 规模机组为例,CCPP 发电效率可达 40% ~ 46%,而同规模锅炉蒸气发电效率为 23% ~ 30%,CCPP 的热效率高出 80%以上。

② CCPP 发电冷却水量少。一套 CCPP 由一台燃气轮机和一台蒸气轮机组成，燃气轮机发电占 CCPP 发电的 60%，蒸气轮机发电只占 40%。燃气轮机发电不需要冷却水。因此，CCPP 的冷却水量只有同规模锅炉蒸气发电机组的 40%。

③ 气轮机的发电环保性能好。燃气轮机排气污染小，由于燃气和空气均净化至含尘量约 1 mg / m^3 进入燃气轮机，所以排气含尘量仅 1 mg / m^3、NO_x 含量为 30 ppm，远低于常规锅炉 1 000 mg / m^3 以上的排气 NO_x 含量。

④ 燃气轮机负荷调节范围大。燃气轮机负荷调节范围可达 30% ~ 100%，而常规蒸气发电厂负荷调节范围 70% ~ 100%。所以，调节灵活，负荷适应能力强是其突出的特点。

(4) 经济效果

① CCPP 发电工程的造价相对较低。对于烧低热值高炉煤气的 CCPP 发电装置，其投资额约为 800 美元 / kW。而 50 MW 以油或天然气为燃料的燃气轮机发电厂工程造价为 1.9 亿 ~ 2.6 亿元人民币，为 4 000 ~ 5 200 元 / kW。以高炉煤气为燃料的燃气轮机，因低热值煤气容积流量的加大，煤气清洁和压缩的费用比燃油机组大，投资有所增加。通钢上马的 56 MW 机组大多为国产设备，总投资约为 2.6 亿元，单位投资仅为 4 643 元 / kW。

② CCPP 的供电成本低。一般钢铁厂 CCPP 在回收的高炉煤气不计费时，供电成本仅为 0.07 ~ 0.08 元 / kWh。

(5) 风险分析

采用高炉煤气等低热值煤气燃汽轮机 CCPP 技术前提条件是钢铁企业必须具有完善的煤气平衡计划，避免因煤气流量不足而使机组负荷不足，而影响效能发挥。

由于高炉煤气热值低，需要大流量高效率的煤气压缩机，同时高炉煤气中含尘量大，在进入煤气压缩机之前需要进行除尘。与常规燃气轮机相比，燃料系统增加了压缩机、除尘器，因而其调节系统比较复杂，调节的参数多，调节的精度要求高。如热值、压力、H_2 含量、O_2 含量、清洁度等，不允许有很大波动。煤气燃烧后产生烟气也要进行后处理，减少对后部烟道和余热锅炉等发电设备的影响。

如果高炉煤气不足而大量使用焦炉煤气补充，经济上是不合算的，没有低成本的副产煤气燃料和较好的上网电价政策支持，企业经济效益会受严重影响。

目前世界上以天然气为燃料的大型 CCPP 的热电转换效率高达 50% ~ 58%，而以低热值煤气为燃料的 CCPP 只有 45% ~ 52%。低热值煤气燃烧技术只被少数公司掌握，一种是 ABB、新比隆公司及日本川崎的单管燃烧室燃气轮机技术;另一种是 GE 公司与三菱公司的分管燃烧室的燃机,国内目前已采用此项引进或合资联合制造技术设备的有宝山钢铁公司、通化钢铁公司和济南钢铁公司。

(6) 市场潜力

目前在中国钢铁行业中,采用 CCPP 技术的只有少数几家,由于 CCPP 技术可以有效解决煤气放散问题,且发电效益大大提高。因此,对于目前钢铁企业节能降耗起到很大的推动作用,推广潜力巨大。"十一五"期间,该技术在行业内的推广比例达到 20% ~ 30%,需要总投入将超过 10 亿元人民币,年可发电 20 亿 kWh。

2.3.6 炼钢工序

2.3.6.1 工序能耗

2008 年中国重点钢铁企业转炉工序能耗为 5.74 kgce / t, 与国际先进水平相差 14.62 kgce / t, 是目前中国钢铁工业各工序能耗中与国际先进水平相比差距最大的一个工序(主要在转炉冶炼部分)。国际先进水平的转炉冶炼工序是负能耗,也就是说该工序应该是能量输出工序。但是在中国,由于转炉工序的转炉煤气和蒸气回收利用水平较低, 一些小转炉甚至就没有回收装置(2008 年有 12 企业没有回收转炉煤气), 而转炉煤气的热值比高炉煤气高 1 倍以上,不对其进行回收利用既是能源的浪费,又造成环境污染。基于转炉是间断式进行生产方式,因此转炉煤气的回收也只能采取间断方式进行,所以就必须要建设转炉煤气回收柜,以平衡供给用户,保证连续供给。其中要特别指出的是,影响煤气回收水平的重要因素之一是转炉煤气除尘,即在同等条件下,转炉煤气除尘效果越好,煤气回收越高。

2008 年,中国重点钢铁行业企业电炉工序能耗为 81.52 kgce / t,比上年升高 0.58 kgce / t。而电炉吨钢热铁水消耗较低值为 436 kg / t,使用热铁水比例最高的企业达 845 kg / t,差别极大。通常电炉用热铁水在 30%以下较为合理,其既替代部分价格贵的废钢,且相对洁净,有害杂质含量低,还可以节电;当热铁水比例过高时,电炉炼钢工序能耗与转炉炼钢工艺相比就有点得不偿失。因为转炉可以实现负能炼钢,且冶炼时间短;加之炉外精炼设备匹配后,可冶炼的钢种大幅增加,因此从成本、生产率、钢的质量控制等方面相比转炉较电炉更具优势(太钢已经拥有利用转炉工艺生产不锈钢的成功案例)。

2.3.6.2 节能技术

◆ 转炉负能炼钢工艺技术

(1) 技术原理

转炉实现负能炼钢是衡量一个现代化炼钢厂生产技术水平的重要标志,

转炉负能炼钢意味着转炉炼钢工序消耗的总能量小于回收的总能量，即转炉炼钢工序能耗小于零。转炉炼钢工序过程中支出的能量主要包括：氧气、氮气、焦炉煤气、电和使用外厂蒸气，而转炉回收的能量主要包括：转炉煤气和蒸气回收。传统“负能炼钢技术”定义是一个工程概念，体现了生产过程转炉烟气节能、环保综合利用的技术集成。

（2）简单工艺流程

转炉负能炼钢工艺技术在转炉生产流程中体现，能量变化指标从消耗部分与支出部分折算而来。最初提出负能炼钢技术时，转炉炼钢工序定义为从铁水进厂至钢水上连铸平台的转炉生产全部工艺过程。随着炼钢技术的发展，炼钢厂增加了铁水脱硫预处理、炉外精炼等新技术，而炉外精炼特别是 LF 炉能耗较高，整体计算，实现负能炼钢难度大大增加，但从提升转炉炼钢整体技术水平出发，评价负能炼钢技术水平应包括炉外精炼等。

（3）节能效果

转炉负能炼钢技术清洁生产指标如表 2.3 所示。

表 2.3　转炉负能炼钢技术清洁生产指标

煤气平均回收量	90 m^3 / t 钢	煤气平均回收量	90 m^3 / t 钢
回收煤气的热值应大于	7 MJ / m^3	蒸气平均回收量	80 kg / t 钢
	（CO 含量应大于 55%）	排放烟气含尘量	10 mg / m^3

若按全面推广应用转炉负能炼钢技术，单位产品节能 23.6 kgce / t 钢计算，今后若转炉钢生产 2 亿 t 左右规模时，全年将节能 472 万 tce。

（4）应用情况

中国大型转炉负能炼钢技术已日益成熟，宝钢等企业已达到国际领先水平；中型转炉已逐步实现负能炼钢；小型转炉也初步具备相应生产装备条件，通过加强煤气回收也可实现负能炼钢。相关企业在应用转炉负能炼钢技术过程中取得的经验包括：提高转炉作业率，缩短冶炼周期可降低冶炼电耗；优化二次除尘风机运行参数，实现节电；采用计算机终点控制等技术，降低氧气消耗；加强设备维护，加强煤气回收，减少转炉煤气放散率；采用蓄热燃烧技术烘烤钢包，有效增加转炉煤气用户；缩短冶炼时间，提高生产效率；合理优化工艺流程等。

（5）发展前景

为进一步提高转炉负能炼钢技术应用，在提高煤气回收质量和减少蒸气放散量方面：应优化锅炉设计，提高蒸气压力和品质；开发真空精炼应用转炉蒸气的工艺技术，增加炼钢厂本身利用蒸气能力；发展低压蒸气发电技术，提高电能转化效率。在优化转炉工艺方面：可采用高效供氧技术，缩短冶炼时间，加快钢包周转；努力降低铁钢比，增加废钢用量；采用铁水“三脱”预处理技术减少转炉渣；优化复合吹炼工艺，降低氧耗，提高金属收得率；采用自动炼钢技术，实现不倒炉出钢；改善铁钢界面，提高铁水温度；采用单一铁水罐进行铁水运输，降低铁水温降损失等。

“负能炼钢”并未全部涵盖炼钢全工艺过程能量转换与能量平衡，不能作为整体评价炼钢工序能耗水平的唯一标准，但国际先进钢铁企业都已经把实现转炉负能作为重要指标。中国转炉钢比例超过 80%，因此转炉负能炼钢技术全面推广对钢铁行业清洁生产意义重大。

◆ 转炉煤气干法（LT 法）净化回收技术

（1）技术原理

转炉吹炼时，产生含有高浓度 CO 和烟尘的转炉煤气（烟气）。为了回收利用高热值的转炉煤气，须对其进行净化。首先将转炉煤气经过废气冷却系统，然后进入蒸发冷却器，喷水蒸发使烟气得到冷却，并由于烟气在蒸发器中得到减速，使其粗颗粒的粉尘沉降下来。此后将烟气导入设有四个电场的静电除尘器，在电场作用下，使得粉尘和雾状颗粒吸附在收尘极板上，这样得到精净化。当符合煤气回收条件时，回收侧的阀自动开启，高温净煤气进入煤气冷却器喷淋降温至约 73℃，而后进入煤气储柜。经加压机加压后将高洁度的转炉煤气（含尘 10 mg / Nm^3）提供给用户使用。

（2）国内外概况和发展趋势

随着氧气转炉炼钢生产的发展，炼钢工艺的日趋完善，相应的除尘技术也在不断地发展完善。目前，氧气转炉炼钢的净化回收主要有两种方法，一种是煤气湿法（OG 法）净化回收系统，另一种是煤气干法（LT 法）净化回收系统。

日本新日铁和川崎公司于 20 世纪 60 年代联合开发研制成功 OG 法转炉煤气净化回收技术。该技术存在的缺点：一是处理后的煤气含尘量较高，达 100 mg / m^3 以上，要利用此煤气，需在后部设置湿法电除尘器进行精除尘，将其含尘质量浓度降至 10 mg / m^3 以下；二是系统存在二次污染，其污水需进行处理；三是系统阻损大，所以能耗大，占地面积大，环保治理及管理难度较大。

鉴于以上情况，德国鲁奇公司和蒂森钢厂在 20 世纪 60 年代末联合开发了转炉煤气干法（LT 法）净化回收技术。LT 法与 OG 法相比的主要优点：一是除尘净化效率高，粉尘质量浓度降至 10 mg / m^3 以下；二是该系统全部采用干法处理，不存在二次污染和污水处理；三是系统阻损小，煤气发热值高，回收粉尘可直接利用，降低了能耗；四是系统简化，占地面积小，便于管理和维护。因此，LT 法干法除尘技术比 OG 法湿法除尘技术有更高的经济效益和环境效益，从而获得世界各国的普遍重视和采用。

LT 法净化回收技术在国际上已被认定为今后的发展方向，它可以部分或完全补偿转炉炼钢过程的全部能耗，有望实现转炉无能耗炼钢的目标，另外，从更加严格的环保要求和节能要求看，由于 OG 法净化回收系统存在着较多的缺点，它将逐渐被 LT 法净化回收系统取代。

中国到目前为止，除宝钢三期工程转炉煤气净化回收系统采用引进的 LT 法净化回收技术之外，基本上都采用 OG 法净化回收系统，除尘效果均不够理想，影响用户对煤气的使用，因此许多厂家在系统后部另设置了湿式电除尘器进行精除尘，以保证含尘质量浓度降至 10 mg / m^3 以下。国内许多钢铁公司已经意识到 LT 法净化回收技术的优越性。莱芜钢铁公司 2003 年 8 月与德国鲁奇公司、西安重型机械研究所合作，建设 120 t 转炉煤气干法净化回收系统，2004 年投入使用，经济效益显著。目前，包头钢铁公司和太原钢铁公司的转炉煤气干法（LT 法）净化回收系统正在建设中，宝钢、攀钢、首钢和天铁等企业也准备采用此项技术。

（3）节能效果及经济效益

根据宝钢转炉煤气湿法净化回收系统及干法净化回收系统运行的经验，采用干法电除尘技术，每吨钢可节约电 1.1 kWh，节水 3 t，并可回收 10.5 kg 含铁 75%以上的烟尘和相当于约 20 L 燃料油的优质煤气。中国目前广泛采用的转炉湿式除尘系统，除宝钢外，一般大、中型转炉除尘吨钢耗电平均为 6 kWh，小型转炉除尘耗电平均 10 ~ 15 kWh。转炉煤气的回收率很低，转炉除尘的污水处理复杂，污泥均未合理地综合利用。

如果一个年产 300 万 t 钢的大型氧气转炉炼钢车间由 OG 法改用 LT 法干式电除尘，假定它们回收的能量和烟尘相等，仅节电、节水和节约生产费用 3 项合计的年经济效益，按保守估计也在 1 700 万元以上。其中，节约工业用电 900 万元，节约工业用水 132 万元，节约生产费用 750 万元。此外，含铁粉尘压球后代替转炉废钢和矿石也将是一笔可观的附加收入。

（4）市场前景

中国自 20 世纪 60 年代发展氧气转炉以来，截至 1989 年，已先后建设投产的转炉达 137 余座，转炉钢产量占全国钢产量的 60% ~ 70%，其中 150 ~ 300 t 大型转炉 8 座，产钢量占转炉的 20%，50 ~ 120 t 中型转炉 17 座，产钢量占转炉的 24%，而小于 50 t 的小型转炉达 112 座，占转炉钢产量的 56%（尚未考虑近几年新建转炉项目）。以上转炉一部分采用湿法净化回收系统，除尘系统大部分能耗高，转炉煤气回收率低，污水处理复杂，污泥均未合理地综合回收利用,而另一部分转炉根本没有转炉煤气净化回收装置。

如果普遍推行转炉煤气干法(LT 法)净化回收技术,全年除尘耗电可减少近 3 亿 kWh;若将转炉可回收的煤气与蒸气都综合起来,每吨钢可回收约 35 kgce,可实现低能或无能炼钢。特别是干法回收的粉尘,热压块成型后可直接返回转炉代替废钢或矿石作冷却剂,直接回收其金属铁,可增加年钢产量 30 万 t。因此,转炉上积极推广转炉煤气干法(LT)净化回收技术具有很宽广的应用前景。

2.3.7 轧钢工序

2.3.7.1 工序能耗

由于轧钢制成品种类很多(大致可分为板、管、丝、带、型等),产品规格更多,因此通常是根据产品的种类和规格不同,而选择不同的轧钢生产工艺(如热轧、冷轧、涂镀层、冷拔、挤压等)。所以,在轧钢企业之间进行工序能耗对标存在着诸多方面的不可比性,相对比较科学的方法是只能就单位设备、某一品种进行对比(表 2.4)。

表 2.4 2008 年中国重点钢铁企业轧机工序能耗情况

单位:kgce / t

	平均能耗	最低工序能耗	最高工序能耗
大型轧机工序	69.52	47.17	130.35
中型轧机工序	54.34	36.07	189.94
小型轧机工序	50.04	32.5	145.38
线材轧机工序	56.15	42.66	120.78
中厚板轧机	74.81	54.04	161.61
热轧无缝管轧机	117.83	77.29	187.65
热轧工序	59.61	45.73	261.01
冷轧工序	81.85	43.57	297.85

2.3.7.2 节能技术

◆ 蓄热式燃烧技术(HTAC)

(1) 技术原理

蓄热式高温空气燃烧技术 HTAC(High Temperature Air Combustion)是通过高效蓄热材料将助燃空气从室温预热至前所未有的 800℃高温,同时大幅度降低 NO_x 排放量,使排烟温度控制在露点以上、150℃以下范围内,最大限度地回收烟气余热,使炉内燃烧温度更趋均匀。蓄热式加热炉实质上是高效蓄热式换热器与常规加热炉的结合体，主要由加热炉炉体、蓄热室、换向系统以及燃料、供风和排烟系统构成。蓄热室是蓄热式加热炉烟气余热回收的主体，它是填满蓄热体的室状空间，是烟气和空气流动通道的一部分。在加热炉中，蓄热室总是成对使用，一台炉子可以用一对，也可以用几对，甚至几十对。在国内的一些大型加热炉上，最多用到四十几对。在蓄热式加热炉中，换向阀起到了至关重要的作用。为配合换向阀安全准确地工作，必须配备一套可简可繁的控制系统。蓄热体通常采用直径 12 ~ 15 mm 的 Al_2O_3 质陶瓷球或壁厚 1 mm 以下的陶瓷蜂窝体。

（2）节能效果

① 采用蓄热式烟气余热回收装置，交替切换烟气和空气 / 煤气，使之流经蓄热体，能够最大限度地回收高温烟气的物理热，大幅度节约能源（一般节能 10% ~ 70%）、提高热工设备的热效率，同时减少 CO_2 排放（10% ~ 70%）。

② 通过组织贫氧燃烧，扩展了火焰燃烧区域，火焰边界几乎扩展到炉膛边界，使得炉内温度分布均匀，烟气中 NO_x 的排放可减少 40%以上。

③ 炉内平均温度增加，加强了炉内的传热，导致相同尺寸的热工设备，其产量可提高 20%以上，降低了设备的造价。

④ 低热值燃料借助高温预热的空气或高温预热的燃气可获得较高的炉温，扩展了低热值燃料的应用范围。

（3）技术利用现状和市场潜力

热工设备是消耗工业燃料的主要用户，中国主要的热工设备是用于各行各业的各种工业炉窑及热水、蒸气及发电锅炉。这些设备的平均热效率仅为 23%左右，其产品平均能耗比日本等发达国家高出 30% ~ 70%。这些热工设备燃烧后烟气所带走的热损失大是热效率不高的主要原因。由于传统的热工设备上普遍采用金属换热器，其效率在 50% ~ 60%，大量的烟气余热得不到充分利用。另外，因换热器满足不了某些热工设备高风温的预热要求，有些企业不得不花高价外购高热值燃料，而来源丰富、价格低廉、热值较低的燃料得不到充分利用，甚至被放散。

目前，国内只有少数企业应用了该技术，如邯郸钢铁公司投产了中国第一座蓄热式烧嘴加热炉，燃料为热值 1 600 kcal / Nm^3 的高焦炉混合煤气，与技术改造前相比节能达 40%以上。另外，涟源钢铁公司投产的蓄热与换热组合式轧钢加热炉节能率达到 33%；石家庄钢铁公司投产的空气煤气、高炉煤气双预热组合式蓄热烧嘴加热炉节能率高达 50%以上。

HTAC 技术如能在中国各行业的热工设备上得到推广应用，每年可节约能源 3 000 多万 tce，为企业带来 300 亿元以上的经济效益。

2.4 案例

2.4.1 混合煤气回收利用

(1) 案例名称

莱芜钢铁集团混合煤气回收利用。

(2) 案例业主

莱芜钢铁集团有限公司是国内大型钢铁联合企业，包括矿山、采选、焦化、烧结、炼铁、炼钢及轧钢等十几个分厂，多种产品获国家级、部级和省级优质产品荣誉称号，是财务信誉 AAA 级企业。

(3) 案例摘要

本案例是对某特钢厂 54 万 t/a 的开坯加热炉实施由燃油改烧混合煤气的改造。工程投资 1 341.81 万元，建成 41 820 tce/a 的节能能力；每年可获得节能效益 789.00 万元，简单投资回收期 1.7 年；形成 26 006 t C/a 的二氧化碳减排能力和 753 t/a 及 585 t/a 的二氧化硫及总悬浮颗粒物的减排能力。

合同金额为 1 341.81 万元，部分资金为世界银行贷款，部分资金由实施者自筹。项目采用合同能源管理模式，合同类型为节能效益分享型，实施者在 2 年内从分享节能效益中收回投资。项目投资回收期 1.7 年，年节能量 41 820 tce，节能效益 789 万元/a 。

(4) 案例内容

本案例于 1999 年 10 月签订节能服务合同，2000 年 10 月投入运行。目的是将加热炉燃用重油改为燃用混合煤气，具体内容如下：

① 改造 54 万 t/a 的开坯加热炉，由燃重油改为燃烧混合煤气炉；

② 在煤气加压站至特钢厂开坯车间新建一条 3 700 m 长的混合煤气管道，供加热炉使用；

③ 沿新建混合煤气管道铺设一条 D108 × 4 蒸气管道，作为维修时的混合煤气管道吹刷和冬季排水器保温使用；

④ 购装配套的检测和控制系统；

⑤ 系统调试及试运行。

(5) 节能减排效果(表 2.5)

表 2.5 年节能量及年节能效益

原系统年耗能		新系统回收混合煤气/	年节能量/	年节能效果/
年耗重油量/(t/a)	加热重油耗能/(t/a)	(10^8 m^3/a)	(tce/a)	(万元/a)
27 586	2 400	1.42	41 820	789

(6) 项目风险分析

实践证明,莱芜钢铁集团实施的混合煤气回收利用项目,没有技术风险,已在既定项目投资回收期内实现了投资回报。

只是项目实施单位需要把握合同能源管理在实施过程将可能出现包括测算、计量和回款等一些技术问题。

2.4.2　烧结机余热回收

(1) 案例名称

莱芜钢铁集团烧结机余热回收利用。

(2) 案例业主

莱芜钢铁集团有限公司是国内大型钢铁联合企业, 包括矿山、焦化、烧结、炼铁、炼钢及轧钢等十几个分厂,多种产品荣获国家级、部级和省级优质产品荣誉称号,是财务信誉 AAA 级企业。

(3) 案例摘要

本案例是利用 2 台热管式 5 t / h 余热锅炉回收烧结带冷机冷却工艺中高温烟气的余热,产生蒸气用于生产,合同额为 359.72 万元,部分资金为世界银行贷款,部分资金由实施者自筹。项目采用合同能源管理模式,合同类型为节能效益分享型,实施者在 2 年内从分享节能效益中收回投资。项目投资回收期 1.1 年。节能量 8 367 tce / a,节能效益 333.09 万元 / a。

(4) 案例内容

本案例是在 2 台带式冷却机上分别安装高效热管式余热锅炉以回收带式冷却机系统中产生的烟气热量; 同时提供一套软化水系统给余热锅炉供水。项目 1999 年 9 月签订节能服务合同, 2001 年 3 月投入运行,具体内容如下:

购装 2 台 5 t / h 余热锅炉(包括蒸气发生器、过热器及预热器等), 蒸气发生器安装在 A 风罩与烧结机之间,拆除原烟囱,发生器与风罩连接;汽包架于 A 风罩和 B 风罩之间,将原有钢柱加高加固;在带冷机头溜槽内安装蒸气过热器;购装软化水系统,包括钠离子交换器、软水箱及锅炉给水泵等;购装检测仪表及电控设备;系统调试及试运行等。

(5) 节能减排效果

① 年节能量及年节能效益, 案例实施后, 年节能量及节能效益如表 2.6 所示。

② 节能量的确认

案例实施者与业主共同确认, 以案例实施前 1998 年烧结厂烧结矿的产量 232 万 t 为基准数据;案例实施后,用蒸气流量表、蒸气压力表、温度计及

表 2.6 年节能量及年节能效益

年回收热量/(GJ/a)	年产蒸气量/(t/a)	年耗电量/(10^4 kWh/a)	年节能量/(tce/a)	年节能效益/(万元/a)
110 160	62 236	20.46	8 367	333.09

注:蒸气价格为 55 元/t;购电价格为 0.45 元/kWh。

电度表,计量一个正常生产时段余热锅炉的产汽量和耗电量,用基准数据折算出年节能量。

③ 寿命期节能量

案例使用的设备案例寿命期按 10 年计,寿命期节能量可达 83 670 tce。

案例实施后,主要大气污染物的减排效果如表 2.7 所示。

表 2.7 主要大气污染物减排效果

年减排量			寿命期减排量		
CO_2/(t-c/a)	SO_2/(t/a)	TSP/(t/a)	CO_2/(t-c)	SO_2/t	TSP/t
5 957	151	117	59 570	1 510	1 170

(6) 项目风险分析

实践证明,莱芜钢铁集团实施的烧结机余热回收项目,没有技术风险,已在既定项目投资回收期内实现了投资回报。

只是项目实施单位需要把握合同能源管理在实施过程将可能出现包括测算、计量和回款等一些技术问题。

第3章 水泥行业重点能效技术与应用案例

3.1 行业发展概况

自2000年以来,由于全社会固定资产投资的快速增长,强劲拉动了国内的水泥消费,水泥进入新一轮高速增长期。2000年中国水泥产量5.9亿t,到2007年水泥产量增长到13.6亿t,7年净增7.7亿t,年平均增长率达到12.7%。进入2008年,虽然受全球金融危机影响,水泥产量增速放缓,但仍增长了2.9%,水泥产量达到14亿t,占世界水泥总产量的48%。

与此同时,国家采取了一系列宏观调控措施,使水泥工业结构调整取得突破性进展,新型干法水泥生产能力迅速增长,其占水泥总产量的比重大幅提高。2000年,中国新型干法水泥产量为7 775万t,产量比重为13.1%,到2008年新型干法水泥产量已达到9.1亿t,产量比重达到65%,比2000年提高了近52个百分点。

图3.1为2000—2008年中国水泥总产量及新型干法水泥比重变化情况。

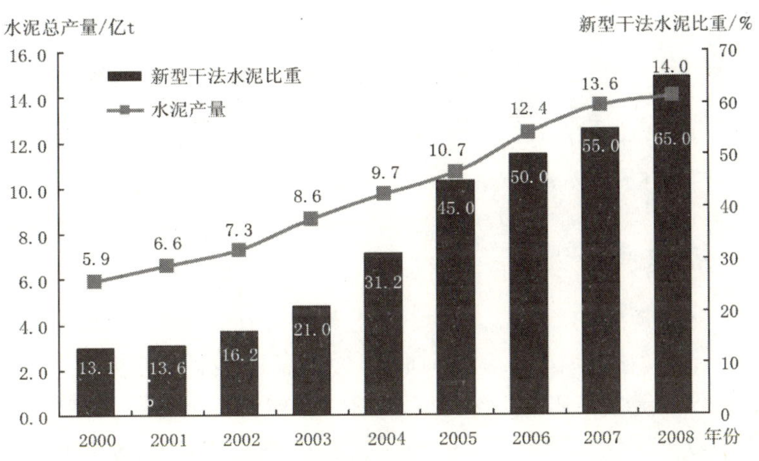

图3.1 2000—2008年中国水泥总产量及新型干法水泥比重变化情况

截至2008年底,中国共有14家企业水泥产量超过千万吨,比2005年的6家增长了1倍多;排名前10位的企业市场份额达到30%以上,远高于2005年的15%,大型水泥集团快速成长,生产集中度迅速提高。投产的新型干法生产线规模不断提高,技术装备的大型化、先进化趋势明显:2006 年所有新型干法水泥生产线中,日产 4 000 t 及以上生产线产量比重为 39%,当年新投产生产线平均规模为 3 000 t / d;到 2008 年日产 4 000 t 及以上生产线的产量比重已达到 55%以上,当年新投产生产线平均规模为 4 000 t / d。

自 1985 年以来,中国水泥产量已连续 23 年保持世界第一,所占比重也由约 10%提升至约 50%。2000 年以来全球水泥生产保持了较快的增长速度,年均增长率达到 7%; 中国水泥生产增长速度更快, 比世界平均水平高出 5 个百分点左右,占全球总产量的比重也由 2000 年的 35.5%上升至 2008 年的 48%。

2008 年,中国水泥产量分别是位居世界第 2、第 3 位的印度和美国产量的 8 倍和 17 倍,生产规模远远高出其他国家。

图 3.2 为 2000—2008 年世界水泥总产量及中国所占比重。

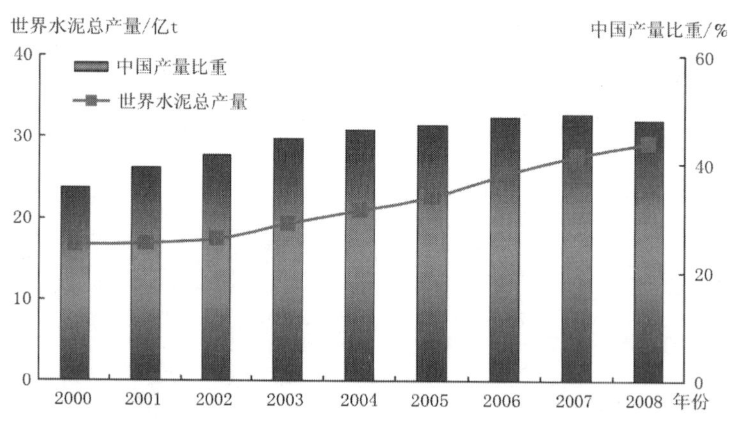

图 3.2 2000—2008 年世界水泥总产量及中国所占比重

3.2 能源消耗现状

水泥行业是典型的高耗能行业,其能源消耗在建材工业和整个工业部门中占有相当比重。据中国建筑材料联合会信息部统计,2007 年,中国水泥制造业能源消费总量为 1.43 亿 tce(电力按发电煤耗折算),占建材工业能源消费量的比重为 73.4%,占整个工业部门能源消费量的比重为 7.5%,占全国能源消费总量的比重为 5.4%。与 2000 年相比,2007 年水泥行业能源消费量增长了 96.9%,净增 7 000 万 tce,年均增长率达到 10.2%。

图 3.3 为 2000—2007 年中国水泥行业能源消费量及占全国比重。

有关资料显示,在当前技术水平条件下,中国水泥生产部门每生产 1 t 水泥会产生直接 CO_2 排放 0.815 t,其中 0.390 t 是由于燃料燃烧产生的,0.425 t

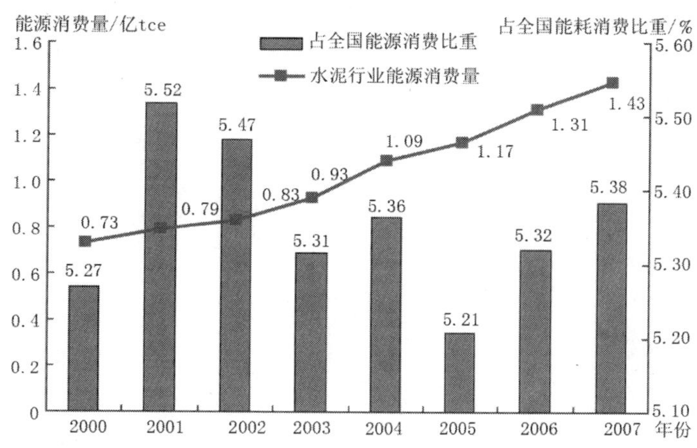

图 3.3　2000—2007 年中国水泥行业能源消费量及占全国比重

是由于原料中的碳酸盐分解产生的；由于电力消耗，每生产 1 t 水泥还会产生间接 CO_2 排放约 0.07 t。据此，可估计 2008 年中国水泥工业的直接 CO_2 排放约为 11.4 亿 t，由于电力消耗所产生的间接 CO_2 排放约为 1 亿 t；占全社会排放总量的比重为 18%～22%，比其能源消费占全国的比重高出 10 个百分点以上。

从水泥单位产品综合能耗看，由于新型干法水泥比重不断提高、生产线规模不断扩大，以及多项节能技术的推广应用，2007 年产品单耗比 2002 年下降了 18 kgce / t，降幅 10.2%，年均下降率达到 2.1%。同时，由于水泥行业增加值增速高于能源消费增速，其单位增加值能耗也不断下降。2002—2007 年，水泥制造业单位增加值能耗下降了 28.1%，年均下降率达到 6.5%，高于工业行业的平均下降率。上述两项指标表明中国水泥行业能源利用效率和效益不断提高，推动了全行业的低碳发展。图 3.4 为 2002—2007 年中国水泥行业单位增加值能耗和单位产品变化情况。

3.3　生产过程能耗与节能技术

3.3.1　概述

水泥行业主要耗能环节及其适用节能技术的节能量和技术经济分析等如表 3.1 所示。

3.3.2　水泥生产的重点能耗

在水泥生产过程中，能源的主要消耗为煤与电，分别反映为热耗与电耗两大类，其中热耗包括由原材料烘干（烘干热耗）、熟料煅烧消耗的热量（烧成热耗）和混合材烘干消耗的热量（混合材烘干热耗）组成，电耗包括由水泥

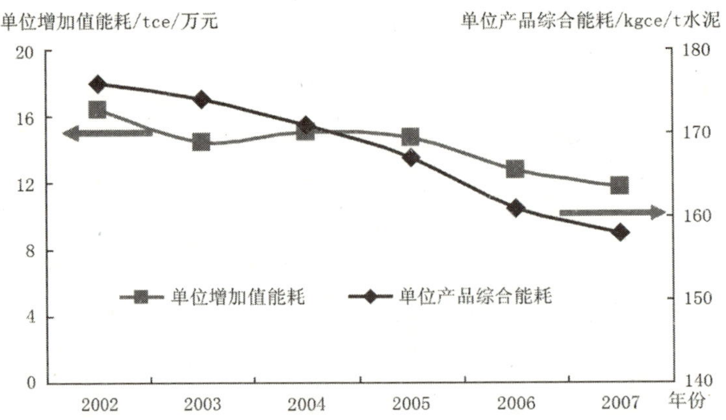

图 3.4 2002—2007 年中国水泥行业单位增加值能耗和单位产品能耗变化情况

生产过程中生料制备、熟料煅烧、水泥粉磨所消耗的电能(电耗)组成。

2008 年,水泥中煤炭和电力的消耗分别占到水泥总成本的 41%和 24%,是水泥生产成本的主要来源,具体的热耗和电耗表现为以下几方面。

3.3.2.1 水泥生产的主要热耗

(1) 熟料煅烧热耗

熟料煅烧热耗是水泥生产中最大的能耗所在,约占总能耗的七至八成。水泥熟料煅烧过程的热耗不仅与水泥熟料煅烧的方式有关,也与煅烧装备中的预热器分解炉系统、回转窑、篦冷机、燃烧器的形式有关,还与原燃料性能有关。由于中国水泥企业技术结构的多元化,各种形式生产线的生产装备也各不尽相同,因此,生产过程中热耗差别很大(见图 3.5)。

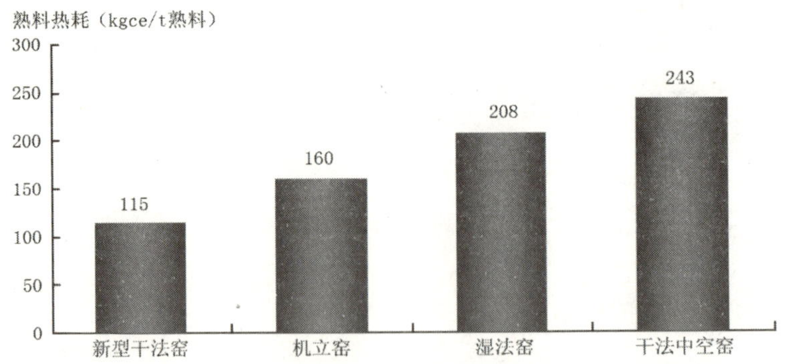

图 3.5 中国各类水泥窑平均熟料热耗对比

数据来源:国家发展和改革委员会。

表 3.1　水泥行业主要耗能环节及其适用节能技术

一、熟料煅烧热耗	
(1) 工序内容	混合后的生料经计量、加水、制球进预热器预热，去除部分水分，再经旋风分离器分离后进入旋转窑升温至 1 450℃，进行化学反应，得到水泥熟料
(2) 工序能耗	熟料煅烧是水泥生产中最大的能耗所在，约占总能耗的七至八成。新型干法窑熟料热耗平均值为 115 kgce / t，机立窑为 160 kgce / t，湿法窑高达 208 kgce / t
(3) 节能技术	水泥窑纯低温余热发电技术
(4) 技术内容简述	利用水泥窑低于 350℃的废气的余热生产 0.8 ~ 2.5MPa 的低压蒸气，推动汽轮机做功发电。窑头和窑尾余热锅炉生产的主蒸气及低压蒸气，进入汽轮机做功，做功后的蒸气被冷却凝结成水并除氧，之后由给水泵再输送给窑头和窑尾余热锅炉再生产蒸气。汽轮机做功带动发电机发电，最后电量输送到工厂总降压站
(5) 适用条件	1 000 t / d 及以上规模的新型干法水泥生产线
(6) 典型节能量	吨熟料发电量可达 37 ~ 45 kWh，一条 5 000 t / d 线每年可发电 6 400 万 kWh，相当于节约标准煤 2.2 万 t
(7) 典型投资额	单位装机投资 6 500 ~ 7 000 元 / kW，一条 5 000 t / d 线需投资约 6 000 万元
(8) 投资回收期	3.5 ~ 4 年
(9) 市场潜力	截至 2008 年底，安装余热发电机组的生产线共 263 条，占所有新型干法水泥产能的比重为 32.8%，装机总容量达到 1 662 MW。预计至“十二五”末，还将有 700 余条生产线装备余热电站，装机容量可达 5 000 MW，总投资需求 325 亿元，年发电量 360 亿 kWh
二、生料粉磨电耗	
(1) 工序内容	水泥生产原料按不同的工艺配方分入生料磨机内研磨达到要求的质量规格后，提升至生料堆场，再根据不同的需求进行生料场化处理后备用
(2) 工序能耗	采用球磨系统，生料粉磨电耗为 26 kWh / t，若采用立磨系统，可使电耗降低 5 ~ 6 kWh / t
(3) 节能技术	立式磨装备及技术
(4) 技术内容简述	采用料床粉磨原理，有效提高粉磨效率，减少过粉磨现象，降低能耗
(5) 适用条件	用于对采用球磨设备的生料制备系统的改造和替换
(6) 典型节能量	可比球磨系统节电 30%，对于年产 100 万 t 熟料的水泥厂而言，每年可节约电力消耗 750 万 kWh
(7) 典型投资额	2 500 t / d 水泥熟料生产线采用 HRM3400 原料立式磨，产量 210 t / h，技改投资额 1 400 万元

续表

(8) 投资回收期	3～4年
(9) 市场潜力	目前已推广300余台套,若按"十一五"期间普及率为50%计算,总投资需求10.8亿元,年节电量5亿kWh
三、熟料烧成电耗	
(1) 工序内容	为从生料出均化库库底小仓到熟料入熟料库整个熟料烧成过程消耗的电量。包括回转窑主电机、窑尾高温风机、窑头排风机、窑头冷却机传动和冷却风机、窑头和窑尾一次风机、生料喂料设备以及送煤罗茨风机等电耗
(2) 工序能耗	对于1 000～2 000 t/d规模生产线, 熟料烧成的电耗平均值为31 kWh/t;对于2 000～4 000 t/d规模生产线,熟料烧成的电耗平均值为28 kWh/t;对于4 000 t/d以上规模生产线,熟料烧成的电耗平均值为25 kWh/t
(3) 节能技术	变频器调速节能技术
(4) 技术内容简述	对电动机有矢量、磁场、直接转矩控制;有滑模变结构,模型参考自适应技术;有模糊控制、神经元网络、专家系统和各种各样的自优化、自诊断技术等
(5) 适用条件	低压变频器:电压范围为交流1 kV以下,输入侧变频为50Hz或60Hz,负载侧频率达600Hz 高压变频器:电压范围为交流1～35 kV,输入侧频率50Hz或60Hz,负载侧频率达600Hz
(6) 典型节能量	可节电30%～40%
(7) 典型投资额	每千瓦时技改投资约3 500元, 一条5 000 t/d生产线全部进行变频节能改造,约需投资2 500万元
(8) 投资回收期	3年左右
(9) 市场潜力	目前新型干法水泥生产线的大中型电机拖动系统中仅有5%～7%实施了变频调速节能改造。到2010年,若变频调速改造普及率达到40%,总投资需求为52亿元,可实现节电量38亿kWh,折合标准煤136万t
四、煤粉制备电耗	
(1) 工序内容	将进厂的块状燃料进行破碎和粉磨至适当细度,以满足熟料煅烧要求的过程的电力消耗
(2) 工序能耗	采用球磨系统,电耗平均值为30～32 kWh/t,若采用立磨系统,电耗可下降至23～25 kWh/t
(3) 节能技术	
(4) 技术内容简述	

续表

(5) 适用条件	
(6) 典型节能量	
(7) 典型投资额	
(8) 投资回收期	
(9) 市场潜力	
五、水泥粉磨电耗	
(1) 工序内容	用于水泥粉磨过程的电力消耗，为从水泥熟料、石膏和各混合材配料库库底开始到水泥入水泥库整个水泥粉磨过程消耗的电量
(2) 工序能耗	采用球磨系统，平均电耗为 44 kWh / t，若采用先进的辊压机系统，可使电耗降至 32 kWh / t 左右
(3) 节能技术	辊压机粉磨系统
(4) 技术内容简述	采用高压挤压料层粉碎原理，配以适当的打散分级装置，明显降低能耗
(5) 适用条件	用于水泥粉磨系统采用球磨设备的改造
(6) 典型节能量	同比采用球磨机，节电 30%以上(8～10 kWh / t 水泥)。一条 5 000 t / d 生产线每年可节电 1 600 万 kWh
(7) 典型投资额	一条 5 000 t / d 生产线进行技术改造，投资额约 2 000 万元
(8) 投资回收期	3～3.5 年
(9) 市场潜力	目前已推广 400 余套，应用比例达到 60%。“十一五”末推广比例达到 80%，总投资需求 10 亿元，每年可节电 8 亿 kWh
六、原、燃料烘干热耗	
(1) 工序内容	烘干原、燃材料
(2) 工序能耗	新型干法预分解窑的废气可用于烘干原燃材料，正常生产时不需使用单独烘干装置，湿法窑和半干法窑的原料不需烘干，立窑和部分传统回转窑生产线，需设置烘干装备烘干原料，立窑生产线平均吨熟料烘干原燃材料的煤耗为 6.25 kgce / t 熟料，折合水泥的生产能耗约为 5 kgce / t 水泥。传统回转窑平均吨熟料烘干原燃材料的煤耗约为 7 kgce / t 熟料，折合水泥的生产能耗约 5.5 kgce / t 水泥
七、混合材烘干热耗	
(1) 工序内容	矿渣等混合材需要烘干
(2) 工序能耗	假定矿渣含水量为 10%，则蒸发每千克水分所需热量为 5 018 kJ / kg 水分，折合耗标煤量为 0.171 kgce / kg 水分

(2) 烘干热耗

新型干法预分解窑的废气可用于烘干原燃材料,除窑系统试运行阶段需热风炉对原料和燃料进行烘干以外,正常生产时不需使用单独烘干装置,湿法窑和半干法窑的原料不需烘干,立窑和部分传统回转窑生产线,需设置烘干装备烘干原料。

1) 原燃料烘干热耗:根据生产统计,立窑生产线平均吨熟料烘干原燃材料的煤耗为 6.25 kgce / t 熟料,折合水泥的生产能耗约为 5 kgce / t 水泥。传统回转窑平均吨熟料烘干原燃材料的煤耗约为 7 kgce / t 熟料,折合水泥的生产能耗约 5.5 kgce / t 水泥。

2) 混合材烘干热耗:水泥与水泥制品行业综合利用各种废弃物的方法可分为三大类,即废弃物的水泥原料化、废弃物的水泥燃料化和废弃物的混合材化。其中下水道焚烧灰、造纸焚烧灰、河道污泥、粉煤灰、高炉矿渣、氟化钙污泥、硅藻土、煤矸石、废石膏等均可作为水泥的代用原料,而废轮胎、废橡胶、废塑料、废油、活性炭污泥、废白土、造纸污泥、焦炭等均可作为水泥的代用燃料。粉煤灰、高炉矿渣和煤矸石等具有潜在胶凝性的废弃物也作为混合材或辅助性胶凝材料,用于生产水泥制品或混凝土。目前国内水泥掺入的混合材料,主要是矿渣、火山灰、粉煤灰、石灰石等,需要烘干的主要是矿渣等混合材,烘干蒸发水分所需的热量见表 3.2。

表 3.2 物料水分烘干所需的热量

水分含量 / %	5	10	15	20
每 1 000 kg 干物料水分 / kg	53	111	176	250
蒸发每千克水分所需热量 / (kJ / kg 水分)	6 189	5 018	4 642	4 432
耗煤量 / (kgce / kg 水分)	0.211	0.171	0.158	0.151

3.3.2.2 水泥生产的主要电耗

水泥生产过程中,电能消耗与生产线的装备型式、熟料煅烧方法、自动化程度、环保要求、原燃料性能和水泥细度等因素有关,不同型式的生产线生产的熟料和水泥耗用电能差别较大。

(1) 大中型新型干法预分解窑生产线的水泥电耗

大中型新型干法预分解窑的自动化程度高,环保要求严格,熟料致密,电耗相应高。一般说来,采用辊压机、辊式磨的大型熟料生产线,生产电耗为 90 ~ 100 kWh / t 水泥,若选用球磨机,则为 100 ~ 110 kWh / t 水泥。各工序耗电及比重如图 3.6 所示。

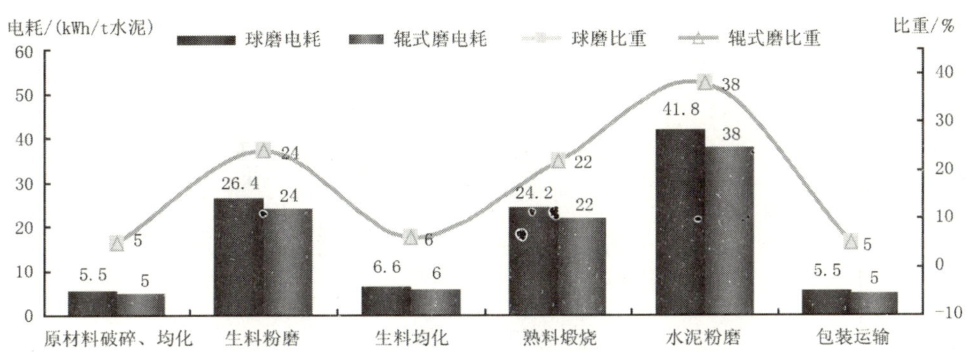

图 3.6　大中型新型干法生产线工序电耗及其比重

资料来源：天津水泥工业设计研究院(上述数据为“十五”期间统计平均数)。

(2) 传统回转窑、小型预热器预分解窑等生产线的水泥电耗

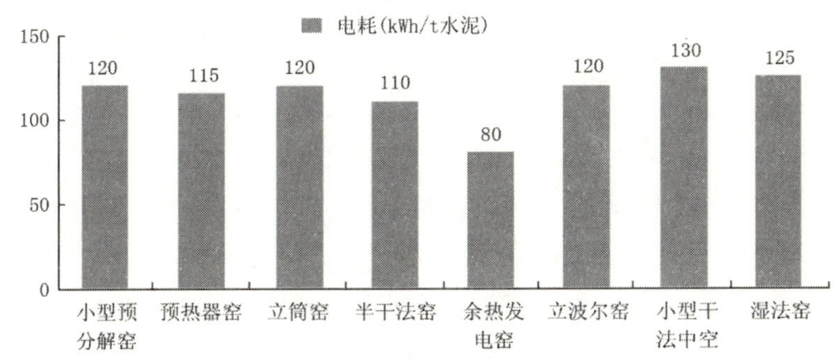

图 3.7　传统回转窑、小型预热器、预分解窑等生产线水泥电耗

资料来源：国家发展和改革委员会。

从图 3.7 可以清晰地看出传统回转窑、小型预热器预分解窑等不同技术生产线水泥电耗，差别较大。

3.3.2.3　不同规模生产线的单位综合能耗及与国外的比较

目前国内熟料产量 1 000 t / d 以上的生产线基本均为新型干法生产线，受原材料、燃料等因素的影响，同一规模生产线的熟料烧成热耗也有一定波动。但是，更为突出的是不同规模生产线的熟料烧成热耗和水泥综合电耗相差较大，生产线规模越大，熟料烧成热耗和水泥综合电耗越低。从近几年新增生产能力看，中国大中型新型干法水泥生产线的能耗水平已达到国际先进水平，尤其是 10 000 t / d 规模生产线的技术水平和能耗水平已成为世界领先水平(见图 3.8)。

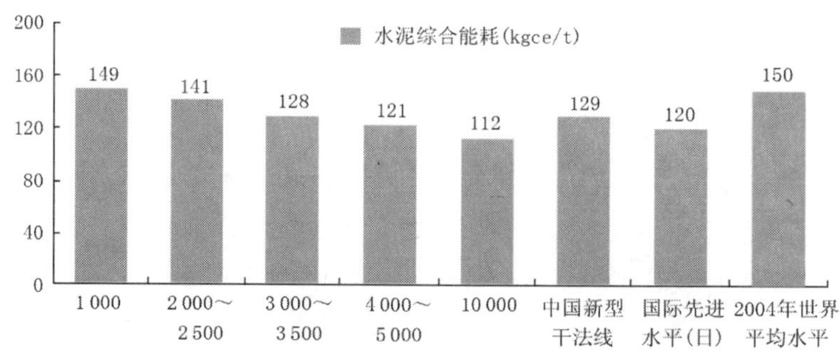

图 3.8 近几年不同规模生产线的综合能耗指标(已建项目平均值)

注:国际先进水平是日本所有水泥生产线的平均水平。

资料来源:天津水泥工业设计研究院。

3.3.3 水泥行业重点节能技术

在水泥生产过程中由于煤电消耗是其主要的能源消耗,同时煤电成本占产品成本的比重很高。因此,如何根据企业实际情况,因地制宜、有的放矢地采用何种节煤、节电高效技术,又怎样甄别这些技术的优劣与节能减排效果,以及判断其市场潜力,成为投资者所普遍关心的问题。

3.3.3.1 推广新型干法水泥生产线余热发电

水泥行业充分利用余热发电,既可以最大限度地满足企业终身的用电和供热需求,减少外购电量和煤炭,又可以降低水泥制造成本,提高经济效益,已成为世界水泥工业发展的趋势。中国水泥余热发电经历了高温余热发电、带补燃炉的中低温余热发电和目前的纯低温余热发电三个阶段,其中纯低温余热发电由于是不用燃料的余热利用,所以更符合节能环保的要求,也得到了政府重点鼓励与支持。

目前国内最先进的水泥生产线工艺,仍有大量的350℃以下的烟气排放,若配套建设纯低温余热发电系统,则其发电能力可达到每吨熟料30～40 kWh。充分回收熟料生产过程中的这些余热,相当于提高整个系统热能利用效率的30%左右。因此,利用余热进行供热或发电,是既经济实用又节能环保的有效途径。

(1)纯低温余热发电技术简单原理

水泥窑纯低温余热发电技术是指在新型干法水泥熟料生产线生产过程中,通过余热回收装置——余热锅炉将水泥窑窑头、窑尾排出大量的低品位废气余热进行热交换回收,即通过安装余热锅炉,分别称为AQC锅炉(窑头炉)和SP锅炉(窑尾炉)。在余热锅炉内,废气与水进行热交换,使水产生一定温度和压力的过热蒸气,推动汽轮机实现热能向机械能的转换,从而带动

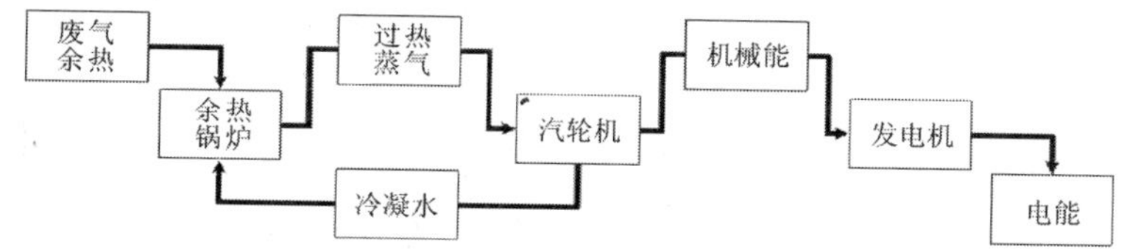

图 3.9　纯低温余热发电技术原理

发电机发出电能，所发电能供水泥生产过程中使用（见图 3.9）。

（2）国内外纯低温余热发电技术比较

中国经过 10 余年的开发、研究和大量的实际工程实践，纯低温余热发电技术无论是热力循环系统还是国产化设备都已成熟可靠，尤其是补气式汽轮机的研制成功，使中国的余热发电技术及装备除了汽轮机本体效率比日本产品略低外，总体技术水平已达到国际先进水平。当前，中国自主开发的纯低温余热发电技术基本成熟，投资成本大幅下降，已具备为水泥行业提供纯低温余热发电技术和服务的综合能力。

在发达国家从事水泥窑纯低温余热发电技术及装备研究、开发、推广应用工作的国家主要有日本、荷兰、以色列、德国等，其中尤以日本钢管（JFE）、日本川崎重工（KHI）的技术装备在国际上推广应用的比重最大。中国第二代水泥窑纯低温余热发电技术与发达国家先进技术的比较见表 3.3。

表 3.3　中国第二代水泥窑纯低温余热发电技术与发达国家先进技术比较

项目	日本钢管或川崎重工	中国第二代技术
利用的废气余热	窑尾 350～200℃，熟料冷却机 400～90℃	窑尾 350～200℃，熟料冷却机 400～90℃
主蒸气参数	0.69～2.4 MPa；280～340℃	0.98～2.45 MPa；310～390℃
低压补气参数	0.13～0.25 MPa—饱和蒸气	0.15～0.25 MPa—饱和至 160℃
主要设备	SP 锅炉、AQC 锅炉、补气式汽轮机、发电机	SP 锅炉、AQC 锅炉、ASH 过热器、补气式汽轮机、发电机
汽轮机效率	83%～90%	80%～87%
吨熟料发电量	36～45 kWh	38～42 kWh
年运转率	比水泥窑低 5%	比水泥窑低 5%
每千瓦装机投资	9 000～12 000 元人民币	5 500～6 500 元人民币
发电成本（含折旧）	0.16～0.2 元 / kWh	0.10～0.14 元 / kWh
投资回收期	4～8 年	2～4 年

资料来源：唐金泉，中国水泥窑余热发电技术，2007 年 4 月。

(3) 几种不同纯低温余热发电技术的比对

目前,中国水泥窑纯低温余热发电技术,其热力系统的构成主要有如下三种模式:

① 单压系统。SP 锅炉和 AQC 锅炉生产相同或相近参数的主蒸气(相对较低的压力和温度),两者混合后进入单级进汽式汽轮机,属单压不补气型(见图 3.10);

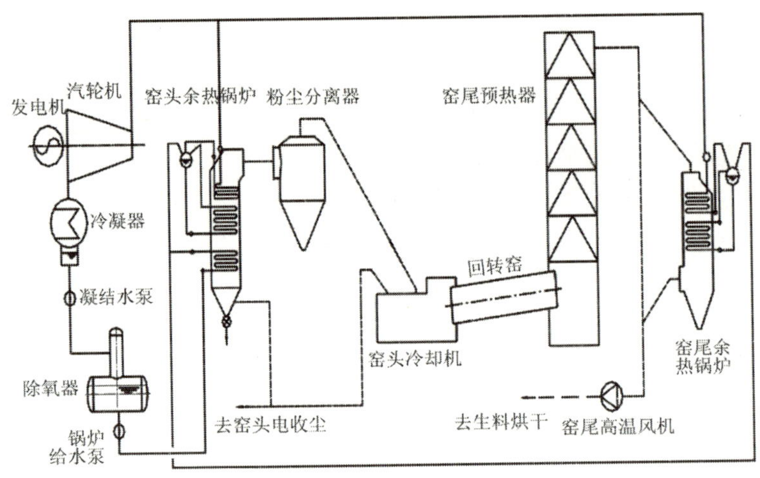

图 3.10 单压余热发电热力系统示意图

② 复合闪蒸系统。采用补气式汽轮机的复合闪蒸单级补气系统,AQC 炉生产主蒸气的同时产生高温热水,再将高温热水降压产生二次蒸气补入汽轮机,主蒸气仍属低压低温范围(见图 3.11);

③ 双压补气系统。采用补气式汽轮机的双压单级补气系统,AQC 炉产生两种不同压力的蒸气,高压的为主蒸气,低压的则用于补气,主蒸气参数属次中压中温范围(见图 3.12)。

上述三种水泥窑余热发电技术模式的主要区别在于输入汽轮机的蒸气参数和方式。单压系统窑头锅炉和窑尾锅炉只生产参数相同或相近的主蒸气,混合后进入汽轮机,主蒸气在汽轮机内做功带动发电机发电。该系统的特点是汽轮机只设置一个进气口。

闪蒸余热发电系统就是在发电热力系统配置中应用了闪蒸机理,即根据废气余热品质的不同而生产一定压力的主蒸气和热水,主蒸气进入汽轮机高压进气口,而热水经过闪蒸,生产出低压饱和蒸气,补入补气式汽轮机的低压进气口,主蒸气和低压蒸气在汽轮机内做功,共同产生电能。

双压系统是根据水泥窑废气余热的品位不同,余热锅炉分别生产较高压

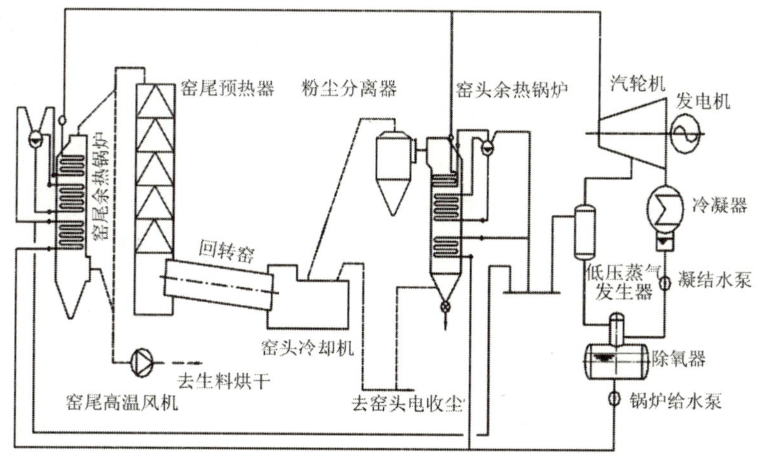

图 3.11　复合闪蒸余热发电热力系统示意图

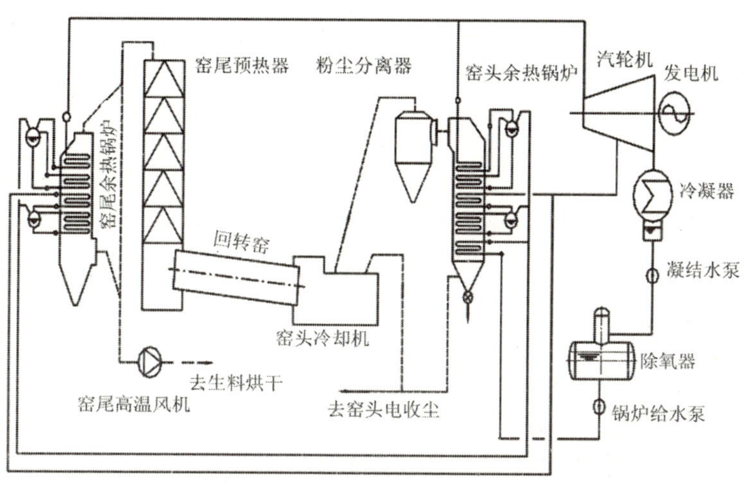

图 3.12　双压补气余热发电热力系统示意图

力和较低压力两路蒸气。较高压力蒸气作为主蒸气进入汽轮机主进气口推动汽轮机做功发电；余热锅炉生产出较高压力蒸气后，烟气温度降低，余热品位降低，再生产较低压力的低压蒸气进入汽轮机低压进气口，辅助主蒸气一起推动汽轮机做功发电。

从三种系统的发电效率和余热利用效率看，采用单压系统，产生主蒸气后的烟气低温废气余热无法利用，导致 AQC 锅炉的排烟温度较高，余热没有得到充分利用，发电效率相对较低；采用双压单极补气系统，可以将预热器废气温度经 SP 锅炉降至原燃料烘干所需要的温度，熟料冷却机废气经 AQC 锅炉产生主蒸气和较低压力蒸气后降至经济温度（80 ~ 100℃），余热按不同能级得到了充分利用，发电能力最高；采用复合闪蒸系统，其发电能力和余热利用水平介于单压和双压两种系统之间（见表 3.4）。

表 3.4　5 000 t/d 水泥生产线的三种余热发电技术的技术比对

热力系统配置	单压系统	复合闪蒸系统	双压系统
主蒸气参数 /（MPa-℃-t / h）	窑头：1.35 – 345 – 17.16 窑尾：1.35 – 305 – 28.87	窑头：1.35 – 345 – 17.16 窑尾：1.35 – 305 – 28.87	窑头：1.35 – 345 – 17.16 窑尾：1.35 – 305 – 28.87
闪蒸系统低压蒸气参数 /（MPa-℃-t / h）	—	窑头：0.137 – 109 – 2.37 窑尾：0.137 – 109 – 0.71	—
双压系统低压蒸气参数 /（MPa-℃-t / h）	—	—	窑头：0.15 – 140 – 4.92
锅炉实际排烟温度 / ℃	窑头：102 窑尾：205	窑头：80 窑尾：185	窑头：77 窑尾：185
发电功率 / kW	9 326	9 643	9 705
吸收烟气热量 /（10^4 kJ / h）	13 980	14 868	14 950
吨熟料余热发电量 /（kWh / t）	38.59	39.90	40.16

从对水泥窑生产操作参数波动的适应性及其系统内部参数间的可调性与协调性上看，通常情况是双压优于闪蒸，闪蒸优于单压。

从各技术的投资效益看，其投资差别主要集中在三大主机上。对 5 000 t / d 水泥熟料生产线而言，双压系统和复合闪蒸系统的投资将比单压系统高 100 万元左右，占总投资的 2%左右；但由于双压系统和复合闪蒸系统的单位熟料发电能力高于单压系统，这三者的单位装机容量投资基本相同；投资效益基本相当。

总体上，无论哪种技术路线，在技术原理、工艺设计、设备制造及操作运行等各方面都是成熟的，很难判断这三种技术路线孰优孰劣，都可以进行大规模的市场推广和应用，关键是需要根据具体条件进行优化选择，应综合考虑发电能力、余热利用效率、与水泥主体生产工艺匹配程度、系统复杂性、投资效益等多方面因素（见表 3.5）。

目前，单压系统的主要代表是天津水泥工业设计研究院，双压系统的代表是中信重型机械公司和大连易世达能源工程公司，复合闪蒸系统的代表是海螺川崎工程公司和华效资源公司。

表 3.5　三种余热发电技术的技术经济比较

项目	单压系统	复合闪蒸系统	双压系统
发电能力	低	中	高
余热利用效率	低	中	高
对水泥窑生产操作参数波动的适应性	差	较好	最好
系统复杂程度及可靠性	系统简洁、可靠性高	系统复杂	系统复杂
技术及装备成熟度	技术和装备非常成熟	设备要求高,多采用国外技术装备,技术较为成熟	设备要求高,仅少数厂家能够制造,技术较为成熟
运行成本	低	较高	较高
投资效益	总体投资低,单位装机容量投资相当	总体投资较高,单位装机容量投资相当	总体投资较高,单位装机容量投资相当

（4）纯低温余热发电现状

从 1997—2005 年近 10 年间，中国水泥行业建设投入运行的纯低温余热发电新型干法生产线仅为 13 条、机组 14 台、装机容量 50 MW;进入“十一五”,水泥纯低温余热发电的建设快速发展，每年呈几何级数上升。2006 年投运了 15 条生产线、14 台机组、装机容量 66 MW;2007 年投入运行的余热发电生产线 86 条、安装发电机组 59 台、装机容量 571 MW;2008 年投入运行的余热发电生产线 149 条、安装发电机组 106 台、装机容量 975.2 MW;2009 年预计投入运行的余热发电生产线 232 条、安装发电机组 181 台、装机容量 1 677 MW；预计 2009 年投运的余热电站装机总容量将超过历年的总和(见图 3.13、图 3.14)。

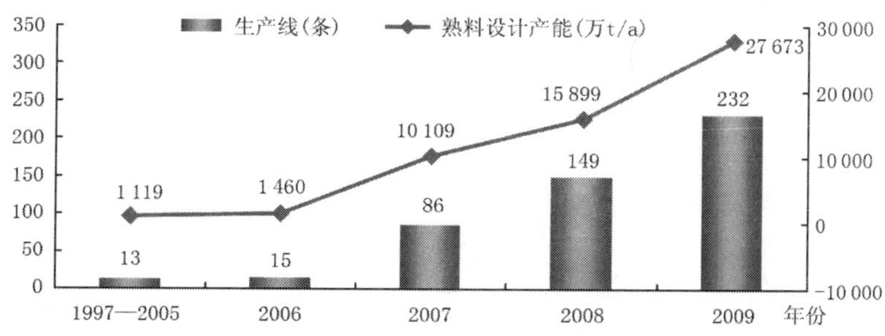

图 3.13　1997—2009 年中国余热发电熟料生产线数量与产能

资料来源:中国水泥协会。

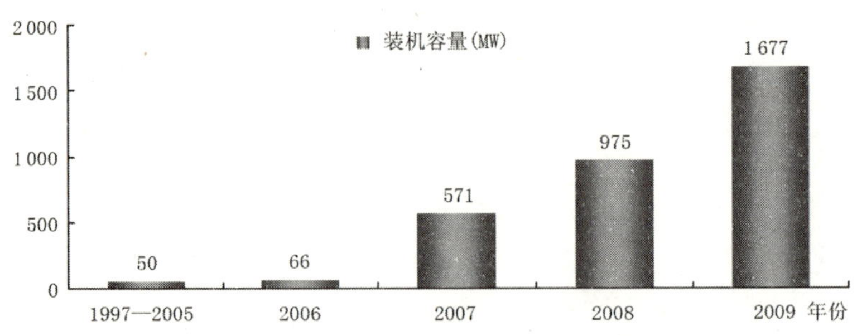

图 3.14 1997—2009 年中国水泥余热发电装机容量

资料来源:中国水泥协会。

(5) 纯低温余热发电经济效益分析

采用国产技术与装备纯低温余热发电项目投资，每千瓦装机需投入 6 500 ~ 7 000 元。纯低温余热发电的供电成本通常在 0.12 ~ 0.16 元 / kWh(其中折旧费占 37% ~ 39%，维修费占 25% ~ 28%,其他费用占 18% ~ 22%)。余热发电的供电可满足水泥生产用电的 1 / 3 ~ 1 / 4，吨水泥成本可降低 12 ~ 15 元。投资回收期为 3 ~ 4 年。

2008 年余热发电创造的经济效益可以按装机容量和吨熟料余热发电量两种方法进行计算。若 2008 年投运的机组能力发挥率按 30%计算,机组的运转率按 7 000 h 计算,2008 年余热发电量为 71 亿 kWh,按电力购进价格平均为 0.63 元 / kWh(数据来源:中国建材联合会),余热发电的供电成本平均按 0.14 元 / kWh 计算,每千瓦时的利润为 0.49 元,则 2008 年余热发电创造的经济效益为 34.8 亿元;若吨熟料余热发电量按 36 kWh 计算,2008 年投入运行的发电机组相对应熟料生产能力的发挥率仍按 30%计算，熟料生产能力为 17 947 万 t,发电量为 64.7 亿 kWh,创造的经济效益为 31.7 亿元。综合各种因素,2008 年余热发电所创造的实际经济效益为 33 亿元，约占全行业利润总额的 12.6%。

(6) CDM 效益

利用清洁发展机制项目(CDM)可使企业获得部分额外收益。以一条 5 000 t / d 生产线,配套建设 9 MW 余热发电机组为例,每年约减排 2 万多吨的 CO_2，按目前国际平均价格 10 欧元 / t – CO_2 计算，每年可给企业增收约 150 万 ~ 200 万元人民币。

截至 2009 年 2 月 6 日,国家发改委审批的 CDM 项目涉及余热发电和电石渣配料制水泥的项目 152 个,共减排 1 095 万 t CO_2,目前已有 24 个项目获 EB 审批,减排 205.4 万 t CO_2,按交易价格 10 美元计算,汇率以 6.8 元 / 美元计算,则水泥行业每年增收 1.4 亿元人民币(见图 3.15)。

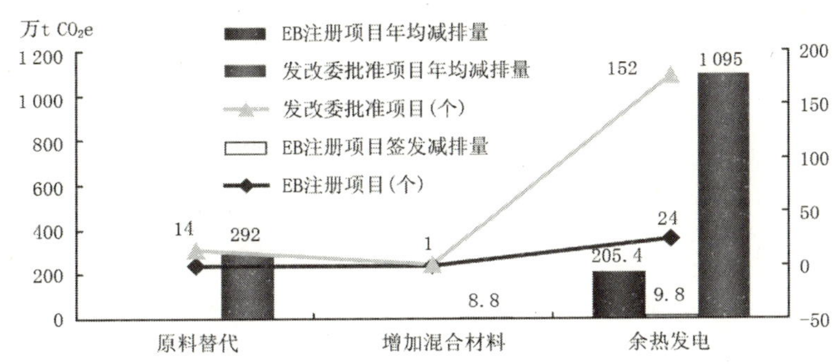

图 3.15　中国水泥行业 CDM 项目统计

数据来源: 国家发展和改革委员会。

(7) 环境效益

纯低温余热发电的余热锅炉的降尘作用及窑头冷却机余热锅炉炉前配置的预除尘装置，进一步提高了收尘效果，具有一定的减排作用。经计算 5 000 t / d 规模窑头余热锅炉减排粉尘约为 50.05 t / a，窑尾余热锅炉减排粉尘为 11.45 t / a，也就是说 9 MW 机组的两台锅炉的降尘作用，使水泥窑年减排粉尘为 61.50 t。由此推算，截至 2008 年底因余热发电（装机容量:1 662 MW）的投入运行，使水泥窑废气粉尘排放量年减少了 11 357 t。

水泥窑利用余热发电满足生产线部分供电需求，相当于减少了燃煤发电量，等于减少了燃煤产生的 SO_2、CO_2、NO_x 等有害气体对大气的污染。2008 年水泥行业利用余热发电量按 71 亿 kWh 计，水泥行业余热发电相当减排 CO_2 710 万 t；利用废气经余热锅炉进行热交换后，排入大气的温度大幅度降低，从而减小了对周围环境的热污染。

(8) 水泥余热发电投资建设模式

水泥余热发电建设模式通常有三种。第一种是传统模式，由设计单位提供技术方案和电站设计，企业自已安排建设和管理。设计单位只承担设计，工作量较大，利润较薄，一些设计单位不愿意提供这种模式的服务。由于目前余热发电建设是买方市场，这种服务模式的比例逐年下降。

第二种是 EPC 模式，就是人们常说的工程总承包模式。目前水泥余热发电建设采用 EPC(总承包)模式比较普遍，市场占有率大约 60%。采用这种模式主要原因是水泥余热发电市场比较火暴，技术供应商希望以工程总承包方式承接任务；另一方面水泥生产企业对水泥余热发电的设备采购、技术管理比较生疏，这方面正是技术供应商的优势。一般采用 EPC 模式时将土建工程拿出去，由业主自行招标。

第三种即是 BOT 模式，是一种由出资方建设—运营—转交的模式，也是今后的发展方向。采用这种模式，水泥企业利用拥有废气资源优势，由电站的承建方全部投资进行建设和管理。企业可以解决资金短缺造成的窘迫，近期可以获得优惠电价，最终可以获得电站。投资方依靠资金、技术、配套、CDM、管理等方面的优势，可以有效规避投资风险和取得较好经济效益。这种模式目前应用不够普遍，大概占 10%。这种模式双方合作的条款是比较灵活的，关键是条款的内容双方均能接受。一般来说，后两种模式总体经济性评价是双赢的，可以优势克服弱势，实现双方盈利。

（9）余热发电市场潜力

“十一五”期间是新型干法熟料生产线发展最快时期，也是余热发电发展最快时期。据中国水泥协会数字水泥网统计，截至 2008 年底，已投产的新型干法熟料生产线为 935 条，熟料生产能力为 76 881 万 t。其中，2008 年投产的生产线为 133 条，熟料生产能力为 14 917 万 t。截至 2008 年底，安装余热发电机组的生产线 263 条，装机总容量达到 1 662 MW。另有 3 条生产线分别为烘干污泥、供热和供气，总计利用废热的生产线为 266 条。

预计 2009 年投产的熟料生产线仍为 100 条左右，2010 年有 50 条左右，届时投产的新型干法熟料生产线预计为 1 080 条左右，相应熟料生产能力约为 9 亿 t。这两年投运电站的生产线按每年按 250 条计算，届时投运电站的生产线预计为 760 余条，装机容量达到 5 200 MW。

按国家发展和改革委员会《关于加快水泥工业结构调整的若干意见》，到 2010 年要在 40%的新型干法生产线上装备纯低温余热发电。按 2010 年中国水泥熟料产能 10 亿 t、新型干法水泥比重达到 70%计算，2007—2010 年仍需在 2.4 亿 t 熟料产能的新型干法生产线上装备余热发电，以吨熟料发电能力达到 37.3 kWh 计，到 2010 年年均发电量将达到 89.52 亿 kWh，按电站自用电率 8%计算，年供电量约为 82.36 亿 kWh。如按供电煤耗每度 360 gce 计算，折合标准煤 294.8 万 t，减少粉尘排放约 4.28 万 t、减少 CO_2 排放约 823.6

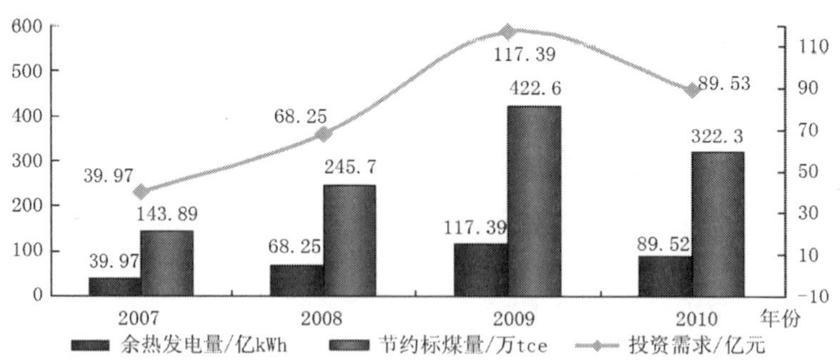

图 3.16 推广余热发电项目的节能潜力与投资需求

资料来源：国家发展和改革委员会。

万 t、减少 SO_2 排放约 5.36 万 t、减少 NO_x 排放约 4.81 万 t。图 3.16 为 2007—2010 年中国推广余热发电项目的节能潜力与投资需求。

新型干法熟料生产线中约有 200 条不宜配套建设余热电站，有 220 条熟料生产线建设余热电站的任务将在"十二五"完成。"十二五"期间，新型干法熟料生产线和余热发电建设高峰已经过去。但是，随着余热发电技术装备的不断创新，水平不断提高，老机组的技术改造任务将不断增多，余热利用的方式和用途也不断增多，届时不宜建设余热发电的生产线将会找到自己的用武之地，余热利用仍然有一定潜在市场。

同时值得关注的是国际水泥余热发电市场，除日本和中国台湾以外，其他国家水泥余热发电的普及率并不高，努力开拓国际市场，必将会为中国水泥余热发电企业带来丰厚的收益。

（10）余热利用的未来发展

对于余热发电技术，无论是循环系统、循环工质，还是各种专用设备（余热锅炉、补燃锅炉、汽轮机、锅炉给水除氧设备等）仍然有进一步发展、提高的余地，同时也存在着余热发电技术如何与水泥熟料煅烧技术进一步结合以开发出带有纯低温余热发电的更加节能的新型干法水泥生产系统的问题。

从技术角度而言，目前吨熟料发电量大多数在 35 ~ 38 kWh / t-cl 之间，与理论计算值 38 ~ 42 kWh / t-cl 还有较大的差距，如何进一步提高纯低温余热发电系统热效率的途径和措施，在不增加熟料单位热耗的前提下，谋求从篦冷机、预热器和窑头胴体等处获取少量高温气体来提高吨熟料余热发电能力，进一步提升余热发电技术水平，提高余热发电系统热效率，尚有潜力可挖。

单从余热利用的方式上看，均集中在余热发电上，欠缺对余热利用的其他方式的研究，造成所有生产线的余热利用，不管规模大小，都拥挤在一条通道上。企业可以根据自身实际情况，择优选择利用废热方式，供气、供暖、制冷、烘干、出售等。

再从技术推广的层面讲，近年来提供水泥余热发电技术的设计公司，在废热利用上创新了技术，积累了经验，服务对象不只是在水泥行业，还在钢铁、有色、化工、焦炭、建材，甚至是垃圾废气等行业均承担了很多余热利用电站的建设项目，相同的技术原理，值得在更多的行业推广应用，从而获得更为广阔、潜力巨大的余热回收利用市场。

（11）存在的问题与风险

水泥余热发电是中国十大节能工程之一。水泥厂余热发电原则是并网不上网，所发电量全部自用。目前水泥厂余热发电并网仍然为普遍存在的问题。

水泥余热发电作为是非常有效的节能减排途径，因此国家给予节能量财政奖励。但是2006年以后建设的生产线配套余热发电,其节能量目前不予奖励。

为规范水泥厂余热发电的设计工作,《水泥工厂余热发电设计规范》正在编制之中。针对业内以吨熟料发电量评价发电技术的现象,"水泥余热发电技术评价方法与标准"和基于"并网问题"的"余热发电并网(如审批、管理费、优惠政策)管理办法"等政策规定有待进一步完善。

3.3.3.2 推广高效粉磨设备及技术

在水泥行业中,粉磨设备主要应用于生料制备、煤粉制备和水泥粉磨等环节。其电量消耗占水泥生产综合电耗的一半左右,生产1 t水泥需粉磨近3.8 t物料。

目前中国水泥工业粉磨装备的选型主要有四种:(1) 立磨 + 风机 + 收尘器等组成的粉磨系统;(2)球(管)磨 + 选粉机 + 收尘器 + 风机等组成圈流系统;(3)辊压机 + 打散机 + 选粉机 + 收尘器等组成的终粉磨系统,以及辊压机 + 球磨机 + 选粉机 + 收尘器等组成的联合粉磨系统;(4) 筒辊磨 + 风机 + 收尘器等组成的粉磨系统。图3.17显示了2001—2005年水泥工业粉磨装备的选型统计。

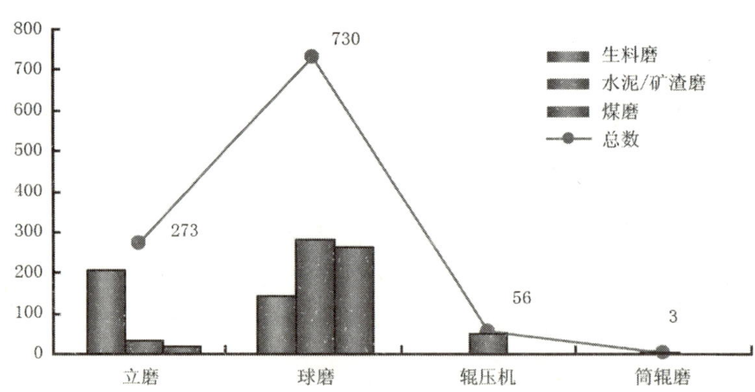

图3.17 2001—2005年水泥工业粉磨装备选型统计(台数)

资料来源: 高长明,当代水泥工业粉磨装备选型趋势分析。

上述各类型粉磨设备具有不同的优缺点。球磨机在水泥和煤粉磨方面具有较高的选用率,主要原因是研磨出的水泥颗粒形状规则、质量好,但其缺点是能耗高、占地大;辊压机系统的粉磨强度大、利用效率高、能耗低,但其缺点是设备复杂、可靠性差、故障率高;立磨作为当前水泥工业粉磨作业中的主导设备,其优点是技术成熟、系统简单、可靠性和运转率高、占地小、能耗低,且随着选粉技术的完善和当料圈、导风环等的改进,其对水泥颗粒组成及各项

表 3.6 各类型粉磨装备及系统的特点比较

	单位	粉磨物料	立磨	球磨	辊压机	筒辊磨
粉磨机理			挤压 / 研磨	冲撞 / 摩擦	压碎	挤压 / 研磨
粉磨动强度	MPa		1.5	—	4.5	2.5
允许最大喂料水分	%	生料 / 矿渣	28	3 ~ 8	15	< 10
产品细度	cm^2 / g 勃氏	水泥	> 6 000	> 6 000	> 5 500	> 5 000
生产多品种水泥时			最灵活	不灵活	中等	中等
研磨件平均寿命	年	水泥	> 2	> 3	> 2	> 1.5
占地			最少	较多	最多	较少
平均年运转率	%		85 ~ 90	80 ~ 95	80 ~ 85	75 ~ 80
3 500 cm^2 / g 时,系统总电耗	kWh / t		21	35	20	22
相当总投资(球磨 = 100)			110	100	120	130

性能的调控手段和调控精度更为强化。各类粉磨系统的性能比较见表 3.6。

从当前各类型粉磨系统的发展趋势看,在粉磨系统推行节能降耗,其主要途径包括:(1)在生料粉磨系统用高效立磨替代球磨机;(2)在 2 000 t / d 中小型生产线上用辊压机联合粉磨系统替代球磨机(用于水泥粉磨);(3)在条件合适情况下,在水泥 / 矿渣粉磨系统中用大型高效立磨替代球磨机;(4)用高效立式煤磨替代部分落后风扫式球磨(用于研磨煤粉)。

如果到 2010 年将有 60%的落后球磨机由高效立磨或辊压机联合粉磨系统替代,则可实现 22.7 亿 kWh 的节电量,相当于节约标准煤 81.3 万 t。

3.3.3.3 电机拖动系统变频调速节能改造

水泥生产线装备有大量的电机、风机等用电设备,用于原料破碎、物料粉磨、输送设备和主体烧成设备等。不同规模新型干法水泥生产线配置的大型风机参数和装机功率示例见表 3.7。

据中国水泥协会统计,当前中国新型干法水泥生产线的大中型电机拖动系统(风机)共有装机容量 350 万 kW,其中仅有 5% ~ 7%的设备实施了变频调速节能改造。未来 5 年,水泥行业电机拖动系统的节能改造仍以实施变频调速为主,辅以对电机、风机进行性能优化和更新改造,节电率可达到 30%以上。到 2010 年,在既有设备中若有 40%实施了大型风机系统节能改造,则可实现节电量 38 亿 kWh,折合标准煤 136 万 t。

表 3.7 不同规模新型干法水泥生产线配置的大型风机参数和装机功率

风机名称	技术参数	单位	1 000 t / d 生产线	2 500 t / d 生产线	5 000 t / d 生产线	10 000 t / d 生产线
窑头排风机	流量	m^3/h	180 000	300 000	620 000	1 150 000
	全压	Pa	2 000	2 000	2 000	2 000
	装机功率	kW	160	250	710	1 250
高温风机	流量	m^3/h	210 000	450 000	860 000	850 000
	全压	Pa	7 500	7 600	7 700	7 500
	装机功率	kW	710	1 250	2 500	2 500(2 套)
循环风机	流量	m^3/h	220 000	400 000	860 000	
	全压	Pa	10 000	10 000	10 000	
	装机功率	kW	800	1 000 ~ 1 700	3 550	
尾排风机	流量	m^3/h	210 000	450 000	920 000	1 000 000
	全压	Pa	2 000	2 000	2 000	11 000
	装机功率	kW	185	450	710 ~ 800	3 800(2 套)
冷却机风机	数量	台	8	12	15	24
	装机功率	kW	457	800	1 672	2 994

资料来源:国家发展和改革委员会等编,《电力需求侧管理实施指南》,2007。

3.4 案例

3.4.1 余热发电项目

(1) 案例名称

天津振兴水泥有限公司纯低温余热发电项目。

(2) 案例业主

天津振兴水泥有限公司是生产"正通牌"水泥的国有股份制企业。

(3) 案例摘要

本案例用天津振兴水泥有限公司两条 2 000 t / d 熟料生产线窑尾预热器及窑头熟料冷却机废气余热生产低压过热蒸气进行发电，发电装机容量为 2 × 4.5 MW,项目投资 5 953.98 万元,实现年节电能力 5 461 万 kWh,年节标煤 2.01 万 t,年减排 CO_2 1.44 万 t;项目全投资回收期(所得税后)4.23 年(含建设期)。

(4) 案例内容

在各条线水泥窑窑头冷却机中部废气出口与电收尘器间均设窑头余热

锅炉一台,利用窑头熟料冷却机的废气余热和窑尾预热器的废气余热建设电站。所有余热锅炉产生的过热蒸气作为汽轮机的进气供给汽轮机用于发电。

(5) 项目技术方案简述

根据目前国内纯余热发电技术及装备现状,结合水泥窑生产线余热资源情况,并根据公司对供热热源及热负荷的要求,本工程装机方案采用纯低温余热发电技术。

综合考虑目前 2 条水泥生产线窑头、窑尾的余热资源分布情况和水泥窑的运行状况,在充分利用余热的前提下,以“稳定、可靠、技术先进、不影响水泥生产”为原则,确定热力系统及装机方案如下:

本系统主机包括 4 台余热锅炉及两套凝气式汽轮发电机组,装机容量为 2 × 4.5 MW。

在水泥窑窑头号熟料冷却机中部的废气出口与窑头废气电收尘器间设余热锅炉一台,即 AQC 炉。保留冷却机原有烟道作为 AQC 炉低温段的排风烟道,当 AQC 炉故障检修时,水泥烧成系统可以继续运行,不影响水泥线的正常生产。AQC 炉一段生产 1.6 MPa - 340℃的过热蒸气,AQC 炉二段生产 190℃的热水。

在窑尾预热器废气出口与窑尾高温风机间设余热锅炉一台,SP 炉生产 1.6MPa - 320℃的过热蒸气。

与 4 台余热锅炉配套, 设置两台 N4.5 - 1.25 型抽气凝气式汽轮发电机组。

AQC 炉一段、SP 炉生产的蒸气共同作为汽轮机的主进气推动汽轮机做功,AQC 炉二段生产的高温热水作为 AQC 炉一段、SP 炉的给水。

(6) 节能减排效果(见表 3.8)

表 3.8　节能减排效果

经济技术指标	项目实施后	经济技术指标	项目实施后
节电能力	5 461 万 kWh / a	减排二氧化碳	1.44 万 t C / a
节能量(标准煤)	2.04 万 t / a		

注:年节电能力 = 单台持续运转功率 × 台数 × 运转时间 - 自耗电量

节能量(折合标准煤) = 年节电能力 × 0.374

减排量(吨碳) = 年节能量(标煤) × 0.704

(7) 项目风险分析

对项目风险的单因素敏感性分析结果表明,电价是最敏感的因素,但即使电价降低 15%,项目仍有较好的投资回报,说明利用余热进行发电的效益非常明显，风险很小。

按照设定的筹资条件，借款总额为 3 870 万元，偿还期 3.58 年，即自项目投产年起 2.58 年还清。以上说明本项目的清偿能力较强，债务风险不大。

3.4.2 电机节能改造项目

(1) 案例名称

亚泰集团水泥产业电机节能改造项目。

(2) 案例业主

吉林亚泰（集团）股份有限公司（以下简称亚泰集团）是国有控股的综合类绩优上市公司。亚泰集团的支柱产业之一是水泥产业，亚泰水泥公司的第一条水泥生产线，集中代表了中国新型干法窑外分解熟料生产线的先进水平，被誉为“中国第一线”。其拳头产品“鼎鹿”牌为“吉林名牌产品”和国家质量免检产品。

(3) 案例摘要

本案例在满足生产工艺要求的前提下，对有节能潜力的设备主要是风机类负载，如窑尾废气处理排风机、窑头排风机、煤磨排风机及篦冷机组等。采用变频调速技术实现工艺控制，自动调节系统风量和风压的大小，从而达到满足生产工艺要求及节能的目的，并确保设备运行的可靠性和生产过程的连续性。在现有总装机容量 12 726 kW，95 台电机应用变频调速技术，功率为 8 864 kW。项目投资 2 858.52 万元，年节电 1 550 万 kWh，年节标煤 0.58 万 t，年减排 CO_2 0.41 万 t，年运行维护费用约 20 万元，项目全投资回收期（所得税后）4.5 年（含建设期）。

(4) 案例内容及投资估算（见表 3.9）

(5) 项目技术方案简述

根据工艺要求控制系统调节风门的开度来调节风量。导致系统风压偏高，电能浪费严重，噪声也比较大。加装变频节能柜分别带动电动机驱动所对应的风机。风门的开度设置为 100%，变频节能柜接收 DCS 或 PLC 的风量信号来改变变频器的输出频率，调节风机（电动机）的转速，达到按工艺要求调节风量的目的。为不增加原系统模拟量输出点数和不改变系统组态，风量信号可用原系统的开度信号替代，通过安装电机节电控制器，调整电机转速满足负荷变化情况，达到节电效果。

(6) 节能减排效果（见表 3.10）

(7) 项目风险

无论是国产还是进口的低压变频器质量都已过关，性能可靠，应用于流体负载上节电效果明显。

表 3.9　案例内容及投资估算

序号	项目名称	计划投资（万元）	备注
1	发电车间风机电机节能改造	720	4 台风机利用高压变频技术节电改造
2	空压机节电改造	95	5 台空压机安装电机节电控制器
3	高压风机应用变频调速改造	347.28	8 台风机应用变频调速改造
4	窑尾风机用高压变频节电技术改造	346	2 台窑尾风机应用高压变频技术节电
5	烧二车间篦冷机风机用变频调速技术节能改造	107.36	11 台风机应用变频调速器节电改造项目
6	烧一车间篦冷机风机用变频调速技术节能改造	131.48	9 台风机应用变频调速器节电改造项目
7	2# 窑窑尾风机、煤磨风机、篦冷机排风机节能改造	343	利用斩波内反馈串级调速技术
8	窑尾及磨尾风机用变频器改造	768.4	单一工频电源供电改造为工频变频双电源供电
	合计	2 858.52	

表 3.10　节能减排效果

经济技术指标	项目实施前	项目实施后
节电能力	—	1 550 万 kWh / a
节能量 / 标准煤	—	0.58 万 t / a
减排二氧化碳	—	0.41 万 tC/ a

注:年节电能力 = 单台持续运转功率 × 台数 × 运转时间 − 自耗电量

节能量(折合标准煤) = 年节电能力 × 0.374

减排量(吨碳) = 年节能量(标煤) × 0.704

斩波内反馈串级调速装置已经是成熟的节电产品,并被广泛应用到高压风机和水泵电机节电实际中,该设备运行稳定,节电效果明显。

按照设定的筹资条件,借款总额为 2 000 万元,偿还期 3.05 年,即自项目投产年起 2.05 年还清。说明本项目的清偿能力较强,债务风险不大。

第4章　石油化工行业重点能效技术与应用案例

4.1　行业发展概况

石油和化学工业是能源工业和基本原材料工业，是生产农用化学品、有机和无机基本原料、合成材料、精细与专用化学品等多类产品的重要行业，为国民经济各部门提供能源和基础原材料及配套产品，在经济建设、国防事业和人民生活中发挥着极其重要的作用。中国石油和化学工业经过50多年的建设，特别是近几年的快速发展，已经形成了石油天然气开采、石油化工、化学矿山、化学肥料、无机化学品、纯碱、氯碱、基本有机原料、农药、燃料、涂料、精细化学品、橡胶加工、新型材料等主要行业的门类比较齐全、品种大体配套、具有相当规模和基础的工业体系。

石油和化学工业是中国国民经济的重要支柱产业之一，据统计，2008年全行业规模以上生产企业共29 900家，累计实现工业总产值（现价，下同）6.58万亿元，比上年增长24.0%。其中，油气开采行业实现产值1.04万亿元，比上年增长32.1%；炼油行业实现产值1.84万亿元，比上年增长18.0%；化工行业实现产值3.55万亿元，比上年增长24.1%。

2008年中国原油产量18 972.8万t，天然气产量760.8亿m^3，原油加工量3.42亿t，成品油产量2.08亿t，化肥总产量（折纯）5 867.6万t，农药产量（折100%）190.2万t。有机化学品中的乙烯产量1 025.6万t，纯苯产量403.4万t，甲醇产量1 126.3万t。无机化工原料中的硫酸产量5 110.1万t，纯碱产量1 881.3万t，烧碱产量（折100%）1 852.1万t，电石产量1 360.8万t。三大合成材料中的合成树脂产量3 129.6万t，合成橡胶产量238.3万t，合成纤维产量2 241.3万t。轮胎外胎产量5.46亿条，胶鞋产量21.28亿双。

2008年，全国石油和化学工业综合能源消费量为4.3亿tce，占全国总能耗的15.1%，占工业能源消费量的20.5%，这充分说明石油和化工行业确实是一个能源消费大户。

石油化工行业能源消费具有以下特点：

（1）石油和化学工业是一个高能耗的产业部门，能源对于石油和化学工业来讲，不仅作为燃料和动力，而且是一些化工产品的主要原料，目前用做原料的能源占化学工业总能耗的 40%左右。石油和化学工业高能耗的产品主要集中在合成氨、氯碱、纯碱、电石、黄磷、乙烯和石油加工等行业。

（2）由于化工单位产品能耗高，能源费用在化工产品成本中占很大比重。如化学肥料制造业能源费用占生产成本的 60% ~ 70%；烧碱产品能源成本占 60%以上；黄磷产品能源成本占 60%以上；纯碱产品能源成本占 20%；电石的能源成本占 75%以上；有机化学品制造业能源成本也占 10%以上。

（3）化学工业能源消费以煤为主，占化工总能源消耗的 50%以上。其次是电力，化工用电由 20 世纪 90 年代初占化工总能耗量 28%，上升到目前的 33%左右。与国外化学工业以石油、天然气为主的能源结构相比，中国化学工业的用能结构是属于低品质的能源结构。因此，化学工业的能源利用效率与国外相比还有较大差距。

（4）高能耗、低价值或低增加值的产品在化工产品中所占的比重较大。产品生产中间投入原、燃料很多，工业增加值较低，这样的产业结构是造成全行业单位工业增加值的能源消费量较大的根本原因之一。进行行业结构调整需要一定的时间，也存在资金等问题，难度较大。

（5）化学工业现有生产布局与能源资源分布不相适应。在能源生产比较集中的西部地区，能耗仅占全行业能耗的 11%，而在能源资源相对贫乏的华东、中南地区，能源消费量占全行业消费量的 50%以上，进而造成全行业使用能源大多需要长距离运输。

从生产与能源消费量来看，石油和化工工业中的能源消费量主要集中在石油化工、化学肥料和基本无机化学品等行业，其中化学肥料和基本无机化学品能源消费占整个化工行业能源消费的 70%以上，而氮肥和烧碱的能源消费又占整个化学工业能源消费量的 50%左右。由于化工产品种类繁多，不能一一详细叙述，在本报告中，选取能耗较高的几个产品加以介绍，包括合成氨、烧碱、纯碱、电石、黄磷、炼油、乙烯。

4.2 生产过程能耗与节能技术

4.2.1 概述

石油化工行业主要产品的能耗状况及其适用节能技术的节能量和技术经济分析等如表 4.1 所示。

4.2.2 合成氨

目前，中国合成氨的生产能力和产量居世界第一，是世界上合成氨产量增长最快的地区之一。中国现有合成氨生产企业 550 多个，据中国氮肥工业协会统计，2008 年全国合成氨产量为 4 995 万 t，约占世界总产量的 33%。

表 4.1 石油化工行业主要产品能耗及其适用节能技术

一、合成氨	
(1)生产流程	合成氨是以煤、天然气、重油等为原料制取氨的过程。主要工序包括:造气(或转化)、脱硫、变换、压缩、脱碳、合成等
(2)产品能耗	不同的原料和生产过程,能耗有很大差别。煤头合成氨生产能耗平均约为 1 800 kgce / t,而国内先进水平约为 1 600 kgce / t 气头合成氨生产能耗平均约为 1 253 kgce / t,国内最好水平为 1 044 kgce / t
(3)节能技术(A)	氨合成回路分子筛节能技术
技术内容简述 适用条件 典型节能量 典型投资额 投资回收期 市场潜力	合成氨是采用分子筛直接脱除合成氨新鲜气中水及 CO_2+CO,进而改变合成氨分离位置,从而降低压缩机功耗和系统冷量消耗 大中型氮肥企业合成氨装置节能改造,采用离心式压缩机的装置 吨氨能耗降低 0.67 GJ,30 万 t 合成氨厂每年可节能 9 500 tce 一个年产 30 万 t 合成氨的企业的技改投资为 1 729 元 2 年 该技术最早由国外开发,目前已在几家大型合成氨企业应用,效果良好。按既有大型合成氨企业的推广应用率为 80%计算,总投资需求为 5 亿元,可形成年节能能力 120 万 tce
节能技术(B)	节能改造综合技术
技术内容简述	吹风气(等三气)余热回收副产蒸气及供锅炉生产蒸气,先发电后供生产用气,实现能量优化。关键技术:①余热发电;②降低合成压力;③净化工艺;④低位能余热吸收制冷;⑤变压吸附脱碳;⑥涡轮机组回收动力;⑦提高变换压力;⑧机泵变频调速
适用条件	以煤为原料的中小型氮肥企业
典型节能量	吨氨节电 200 ~ 400 kWh。一个 10 万 t 的合成氨厂每年可节电 3 000 万 kWh 左右
典型投资额	年产 10 万 t 合成氨的企业,投资 3 000 万 ~ 6 000 万元
投资回收期	2 年
市场潜力	若有 50%的中小氮肥企业应用该技术,总的投资需求为 35 亿元,可形成年节电能力 80 亿 kWh
二、烧碱	
(1)生产流程	氯碱生产(电解法)是以食盐为原料,通过电解制取烧碱(NaOH)和氯气的过程。主要工序包括盐水精制、电解、蒸发、固碱、氯氢处理、合成盐酸、液氯等

续表

(2) 产品能耗	烧碱生产以离子膜法和隔膜法为主。烧碱的单位综合能耗平均为 1 325 kgce / t 碱，其中隔膜法烧碱能耗 1 503 kgce / t 碱，离子膜法烧碱能耗 1 030 kgce / t 碱
(3) 节能技术(A)	余热型溴化锂吸收式冷水机组
技术内容简述 适用条件 典型节能量 典型投资额 投资回收期 市场潜力	机组以生产工艺中废气废热作为驱动热源，加热机组内的溴化锂溶液产生水蒸气，水蒸气被冷凝后变为冷剂水，利用水在真空状态下低沸点的特性，在蒸发器里吸热蒸发，制取冷水 适用于盐酸合成炉装置 11 台蒸气和热水型溴化锂吸收式冷水机组，总制冷量达到 37 164 kW，每年可节电 6 607 万 kWh 6 500 万元 1.5 ~ 2 年
节能技术(B)	离子膜电解槽膜极距技术
技术内容简述 适用条件 典型节能量 典型投资额 投资回收期 市场潜力	在原有 NBH–2.7 型高电流密度自然循环复极式离子膜电解槽基础上，通过对国外各种零极距和小极距离子膜电解槽技术的研究，综合各家技术优点，解决了原材料、加工件、涂层技术和组装技术的难点，制造出适合中国用户的膜极距自然循环离子膜电解槽 离子膜烧碱企业技术改造 膜极距单元槽电压比原有单元槽下降 140 ~ 180 mV，吨碱直流电耗降低 100 ~ 120 kWh。年产 3 万 t 烧碱企业每年可节电 300 万 kWh 年产 3 万 t 烧碱企业技改投资 400 万元 2.5 ~ 3 年 目前已有数家企业开始应用此技术。假定 30%的中型离子膜烧碱厂应用该技术，则总的投资需求为 1.5 亿元，可形成年节电能力 1.1 亿 kWh
节能技术(C)	扩张阳极与改性隔膜技术
技术内容简述	扩张阳极是在导电铜钛复合棒与钛网上焊一块具有弹性的钛板并设有凹槽，阴极、阳极间采用 Φ3 聚四氟乙烯隔离棒隔离。这样，极距可缩小到 3 mm，从而降低电压降 改性隔膜是在优质石棉隔膜中加入一定量能耐高温、耐电解槽环境化学腐蚀和机械磨损的热塑性聚合物，再通过干燥及高温烧结生成弹性好、强度高且形状稳定的隔膜

续表

适用条件	应用于隔膜法烧碱生产企业
典型节能量	吨碱可节约直流电 147 kWh。应用此技术，一个年产 10 万 t 烧碱厂每年可节电 1 500 万 kWh
典型投资额	一个隔膜电解槽改造投资约 2 万元，年产 10 万 t 烧碱厂总投资为 600 万元左右
投资回收期	0.8 年
市场潜力	已有国内许多厂家成功应用。假定 60%的隔膜法烧碱厂应用此技术，总投资需求为 2.7 亿元，可形成年节电能力 6.5 亿 kWh
三、纯碱	
(1) 生产流程	目前中国纯碱生产主要采用氨碱法和联合制碱法两种生产工艺，少量以天然碱为原料加工制作。氨碱法因不需要配套合成氨装置，纯碱产品质量优异而备受欢迎，目前国内大规模的纯碱生产装置仍以氨碱法为主
(2) 产品能耗	当前联碱法工厂全国平均为 9 500 MJ / t，与世界先进水平 8 000 MJ / t 相比，每吨纯碱仍有 1 554 MJ 的节能潜力 中国氨碱法纯碱单耗平均值为 15 600 MJ / t，与国际先进水平 10 100 MJ / t 相比，仍有 5 500 MJ / t 的节能潜力
(3) 节能技术(A)	蒸气凝结水闭式回收装置
技术内容简述	该技术通过系统分析蒸气管网的压力等级和次序，采用梯次加压、分段回收，彻底解决了各种管路压力不同造成的汽水混合，管道受阻现象，使得凝聚水回收顺畅
适用条件	所有纯碱企业蒸气回收系统
典型节能量	系统热效率提高 15% ~ 30%，凝结水回收率提高 10% ~ 20%。一个蒸发量为 20 t / h 的企业每年由此产生的节能效益在 144 万 ~ 192 万元
典型投资额	20 t / h 的锅炉系统进行改造需投资 70 万元
投资回收期	0.5 年
市场潜力	目前中国工业锅炉保有量约 100 万台，其中 70%为蒸气锅炉。按每年 20%的速度改造为闭式凝结水回收系统计算，每年大约需要闭式凝结水回收装置 3.5 万套，投资需求为 140 亿元，年节能量为 35 万蒸吨
节能技术(B)	新型变换气制碱技术
技术内容简述	该技术依据低温循环制碱理论，改传统的三塔一组制碱为单塔制碱，改内换热为外换热，提高了重碱结晶质量，降低了洗水当量，延长了制碱塔作业周期，实现了联碱系统废液零排放，降低阻力，节约能源，可比单位综合能耗在同行业处于领先水平

续表

适用条件	所有变换气制碱企业
典型节能量	采用该技术可使吨碱能耗降低 2 ~ 7 GJ / t 碱,原料盐利用率达 99%,原料氨利用率达 96%。一个 30 万 t 碱厂每年可节能 5 万 tce
典型投资额	30 万 t 新型变换气制碱节能技改项目,投资 1.5 亿元
投资回收期	3.5 年
市场潜力	现在国内已推广 10 家,节能效果显著。预计“十一五”期间普及率由 15%提高到 50%左右,总投资需求为 35 亿元,可取得节能量 2 亿 MJ
四、电石	
(1) 生产流程	电石生产过程包含电石炉原料石灰和焦炭进入界区经过干燥、破碎、筛分后进入电石生产系统,再经过电石炉配料、冶炼、产品冷却、破碎、筛分和包装等一系列单元操作制成合格的电石产品的过程
(2) 产品能耗	目前国内代表电石生产技术现代化水平的全密闭电石炉在产能上仅占总量的 20%左右。中国电石工艺能耗: 敞开炉平均能耗 2 200 kgce / t, 密闭炉 1 950 kgce / t;敞开炉改密闭炉,吨电石有节能潜力 250 kgce
(3) 节能技术(A)	密闭环保节能型电石生产装置
技术内容简述	通过对炉料进行特殊处理,提高炉料的比电阻,从而提高电石炉的自然功率因数,节约电能
适用条件	密闭型电石炉的改造
典型节能量	采用新技术后,自然功率因数可由 0.7 上升到 0.88 左右,电石综合能耗降低 20% ~ 25%,吨电石综合能耗低于 1.2 tce,吨电石可节能 300 kgce,年产 10 万 t 电石厂每年可节能 3 万 tce
典型投资额	1.03 亿元
投资回收期	4 年左右
市场潜力	假定该技术普及率为 50%,则可形成年节能能力 200 万 tce
节能技术(B)	电石炉低压补偿
技术内容简述	低压补偿是利用现代控制技术和短网技术将大容量、大电流的超低压电力电容器接入电石炉的二次侧的无功补偿装置
适用条件	所有电石炉
典型节能量	25 000 kVA 的电石炉上安装二次低压补偿装置,年节电 670 万 kWh
典型投资额	185 万元
投资回收期	10.5 个月

续表

市场潜力	已经应用约10%。若该比例提高到50%,则总投资需求为1.5亿元,可形成年节电能力5.4亿kWh
节能技术(C)	密闭电石炉尾气热能利用及除尘
技术内容简述 适用条件 典型节能量 典型投资额 投资回收期 市场潜力	将电石炉的含尘尾气直接引入特别设计的余热锅炉燃烧，充分利用电石炉尾气的显热,可燃体的燃烧热和尾气中部分粉尘的燃烧来产生蒸气,以满足化工生产中热源的需要 大型密闭电石炉 18 000 kVA密闭电石炉余热利用后每年可产生蒸气5万t,相当于节约标准煤0.6万t 900万元 1.5年 已有多家企业使用了该技术。若应用率提高到50%,则总的资金需求为15亿元,可形成年节能能力100万tce
五、黄磷	
(1)生产流程	黄磷通常采用电炉法生产。电炉法的工艺过程包含磷矿原料的破碎筛分(或球磨)、烘干(或烧结)配料、电炉电解、产品的冷却和净化(如碎渣、沥水、收磷、精制等)直至储存和包装等生产过程
(2)产品能耗	中国黄磷生产综合能耗平均水平7 400 kgce/t左右，其中电炉耗电14 700 kWh/t，耗焦炭1 600 kg/t；全国先进水平电炉电耗14 000 kWh/t，耗焦炭1 470 kg/t
(3)节能技术(A)	黄磷炉尾气净化提纯生产甲酸钠技术
技术内容简述 适用条件 典型节能量 典型投资额 投资回收期 市场潜力	黄磷炉尾气经除尘、水洗后,一氧化碳含量大约80%,用压缩机压缩一氧化碳气体进入合成反应器,与烧碱溶液合成甲酸钠 所有黄磷生产企业 尾气除尘净化后每标方的成本低于0.03元；甲酸钠生产成本每吨低于1 500元,低于煤气炉法33%,成本利润率>66%。回收1 t黄磷生产中所产生的尾气相当于回收标准煤200 kg 7万t甲酸钠生产装置投资1.2亿元 1年左右

续表

节能技术(B)	三相六根石墨电极黄磷电炉
技术内容简述	提供一种采用多根石墨电极的黄磷电炉,包括一个由炉盖封闭的炉体,炉盖上有电极穿过,所述的电极由三根以上石墨电极在炉内同一圆周上均匀分布
适用条件	适用于 7 500 t / a 以上黄磷电炉
典型节能量	与三相三根石墨电极 10 000 t /a 电炉相比:①年产量增加 1 200 t / a,同比增长 25%;②电耗 14 000 kWh / t 黄磷,同比下降 8.9%;③电极消耗 18 kg / t 黄磷,同比下降 31%
典型投资额	10 000 t / a 电炉投资约 2 000 万元
投资回收期	2 年
市场潜力	已在多台电炉上应用。若再在 20 台大型黄磷电炉上推广应用,则总的资金需求为 4 亿元,可形成年节电能力 2.8 亿 kWh
六、炼油	
(1) 生产流程	炼油过程是根据原油中各组分的沸点不同,首先对原油进行常减压蒸馏,在常压塔的不同位置抽出不同沸点的组分,得到需要的产品或根据需要进一步加工。进一步加工的典型装置有催化裂化、柴油加氢精制、重整装置、气分装置、延迟焦化等
(2) 产品能耗	目前中国炼油企业平均综合能耗为 73 kgoe / t 左右,而国外的最好水平已经达到 53.2 kgoe / t。单就装置的能耗水平而言,目前中国常减压蒸馏装置的能耗平均先进水平为 11.5 kgoe / t,国外先进水平为 10 kgoe / t;催化裂化装置能耗平均先进水平为 65.21 kgoe / t,国外先进水平为 42.5 kgoe / t;加氢裂化装置能耗平均先进水平为 49.3 kgoe / t,国外先进水平为 40 kgoe / t 左右
(3) 节能技术(A)	气分装置深度热联合技术及低温热利用技术
技术内容简述	在 130 ~ 140℃的催化顶循环油输送到气体分馏装置,直接作为气体分馏装置脱丙烷塔的热源,既降低了催化裂化装置的冷却负荷,也降低了气体分馏装置的蒸气消耗
适用条件	适用于炼油厂的催化裂化装置和气体分馏装置
典型节能量	气分装置蒸气单耗由 1.26 t / t 降低到 0.68 t / t,节约蒸气 23.8 t / h,每年可节约蒸气 21 万 t
典型投资额	3 000 万元
投资回收期	1 年
市场潜力	已有多家企业采用了该技术。若继续推广到 15 家企业,则总的投资需求为 5 亿元,每年可形成节能能力 50 万 tce

续表

节能技术(B)	加热炉炉管在线烧焦技术
技术内容简述	在加热炉整体不停炉的情况下，将其炉管结焦的某一炉室切出，顺利完成对该室的停炉、检查、烧焦和投炉，通过空气—蒸气进行烧焦
适用条件	适用于炼油厂的延迟焦化装置
典型节能量	加热炉热效率由 86.3%提高到 90.5%，每年节约燃料油 700 t
典型投资额	100 万元
投资回收期	1 年
市场潜力	2005 年首次应用。若再推广应用 20 套，则总的资金需求为 2 亿元，每年节约燃料油 1.4 万 t
节能技术(C)	膜法富氧设备及富氧助燃技术
技术内容简述	膜法富氧系利用空气中各组分透过膜时的渗透速率不同，在压力差驱动下，使空气中的氧气优先通过膜来得到的
适用条件	所有加热炉、锅炉
典型节能量	一般能节约燃料 3%～30%，平均节约燃料 11.8%，增产 10.2%
典型投资额	三台 45 t / h 的锅炉技改投资 320 万元
投资回收期	1 年左右
市场潜力	在 50%的加热炉、锅炉上应用该技术，总的资金需求约 20 亿元，可形成年节能能力 210 万 tce
七、乙烯	
(1) 生产流程	原料经加热后进入裂解炉，产生的高温裂解气先入急冷锅炉快速降温(产生的高压水蒸气可带动压缩机)，然后再用冷油和水降温，冷却后的气体进分离工序
(2) 产品能耗	目前中国乙烯吨产品能耗在 690 kgoe / t 左右，而国外发达国家如日本、韩国乙烯能耗在 500 kgoe / t(石脑油为原料)和 550 kgoe / t 左右(轻柴油为原料)
(3) 节能技术(A)	裂解炉空气预热节能技术
技术内容简述	通过提高裂解炉助燃空气温度，减少燃料消耗。充分利用厂内余热资源，加热裂解炉助燃空气
适用条件	所有乙烯生产企业
典型节能量	助燃空气提高 50℃以上，生产 1 t 乙烯可节约标准油 12 kg。一个年产 100 万 t 乙烯企业每年可节约燃料油 1.2 万 t
典型投资额	一个年产 100 万 t 乙烯企业技改投资 200 万元
投资回收期	1 年左右

续表

市场潜力	预计“十一五”期间该技术普及率由目前的 20%提高到 90%，总的资金需求为 1.4 亿元，每年可节约燃料油 8 万 t
节能技术(B)	乙烯裂解炉扭曲片管强化传热技术
技术内容简述	该技术是将扭曲片管加在裂解炉辐射段炉管上的一种管内带有扭曲片管的精密整铸管，它可以强迫裂解炉管内的流体从原来的柱塞流改变成旋转流，对裂解炉炉管管壁有一个强烈的横向冲刷作用，从而减薄炉管内的边界滞留层，减缓辐射段炉管内壁的结焦趋势，达到强化传热、延长裂解炉运转周期的目的
适用条件	所有乙烯生产企业
典型节能量	3 万 t / a 的裂解炉采用该技术后，全年共减少烧焦次数 4 次，增加实际生产时间 150 h，节省燃料气 78.9 t，少耗用稀释蒸气 800 t 左右
典型投资额	30 万元
投资回收期	0.8 年
市场潜力	目前，中石化集团公司下属企业中有 9 家乙烯企业的 12 种炉型采用该技术，产能约 200 万 t。若“十一五”期间应用比例提高到 60%，则总的资金需求为 4 000 万元
节能技术(C)	水动风机冷却塔
技术内容简述	以专用的微型高效水轮机取代电机（包括传动轴、减速机）作为风机动力，使风机驱动方式由电力改为水力
适用条件	所有冷却塔
典型节能量	一台冷却水量为 1 500 t / h 的冷却塔每年可节电 44 万 kWh
典型投资额	一台冷却水量为 1 500 t / h 的冷却塔技改投资为 39 万元
投资回收期	1.5 年
市场潜力	目前已有数十家企业开始应用该技术。若“十一五”期间该技术普及率达到 50%，则总的资金需求为 6 亿元，可形成年节电能力 8 亿 kWh

4.2.2.1　产品能耗与节能潜力

目前煤头合成氨生产能耗平均约为 1 800 kgce / t，而国内先进水平约为 1 600 kgce / t。

气头合成氨生产能耗平均约为 1 253 kgce / t，国内最好水平为 1 044 kgce / t。

中国合成氨产品能耗与国外先进水平比，有较大的差距，节能潜力很大。

造成中国合成氨能耗高的原因，归纳起来有以下四个方面：

（1）中国合成氨生产以煤、焦为主，是造成能耗高的重要原因。国外以天然气为原料生产的化肥占80%～90%，美国为98%，前苏联为92%，中国只有20.1%左右。煤、气、油三种原料生产合成氨，以气为最低。气头合成氨吨氨能耗，世界上先进水平为29 GJ / t－NH_3，中国引进装置能耗平均仍在35 GJ / t－NH_3左右。

以煤、焦为原料制氨，世界上与中国大中型同类型的企业很少，缺少对比资料，只能以引进煤头30万t和国外30万t煤头合成氨能耗对比。中国引进装置吨氨能耗在53～54 GJ / t－NH_3，世界先进水平为46～49 GJ / t－NH_3，折标准煤1 570～1 670 kgce。

（2）企业生产规模小，也是能耗高的另一个原因。中国合成氨生产从目前看仍以中小型企业为主。像合成氨这样的产品，规模上不去，成本上无法竞争，因为在热回收利用和热功结合使用方面，装置规模大型化，效率必然好于小型装置。

（3）单机效率低，工艺技术落后。引进装置使用高效的单系列大型设备，较突出的是压缩机、风机、水泵，静止设备大型化之后，也减少动力损失，便于热能回收和综合利用。中小型合成氨装置目前造气炉技术仍是20世纪五六十年代的水平，气化率低，碳的利用率也低；另外压缩机技术落后，效率低，能量得不到充分利用。工艺过程的单元操作，也是传统方法，只在近几年才有了较大进步。

（4）管理落后。规模小，技术落后，使用煤炭为主的低品质能源是综合能耗高的根本原因。而管理上的原因也是重要的，国内同类型企业，即使在使用原料、技术、装置、生产规模基本相同的情况下，能耗差距可达40%～50%。以先进厂为例，吨氨能耗1 600 kgce，电耗可降到1 000 kWh；而落后厂吨氨能耗高达3 000 kgce左右，电耗也在1 500～1 600 kWh。

4.2.2.2 重点节能技术

◆ 氨合成回路分子筛节能技术

（1）技术概述

合成气中各种含氧化合物（H_2O、CO及CO_2等）会导致氨合成催化剂“中毒”，并进而导致催化剂失活。为避免催化剂中毒，必须脱除含氧化合物，氨合成经典流程在合成气进氨合成塔之前采用水冷和氨冷方法，在分离氨的同时一并脱除含氧化合物。氨合成回路分子筛节能技术，是采用分子筛直接脱除合成氨新鲜气中的H_2O、CO_2和CO，进而改变合成氨分离位置，从而降低压缩机功耗和系统冷量消耗。该技术主要适用于大中型氮肥企业合成氨装置节能改造。

该技术基本原理是在压缩机循环段之前分离氨，降低氨合成回路中压缩机循环段入口合成气流量及氨分离的冷量达到降低能耗的目的。其关键在于：利用分子筛脱除新鲜合成气中水分和残余 CO_2 + CO，并将合成氨装置氨合成回路的氨分离位置由合成塔前改为合成塔后，再进循环段前。

基本工艺流程为新鲜合成气经合成气压缩机低压段压缩，进入分子筛干燥器脱除 H_2O、CO 及 CO_2 等含氧化合物。干燥后的新鲜合成气经压缩机高压段升压与分氨后的循环气混合，经压缩机循环段压缩后，再经油分离器除油、与出塔气换热后进入氨合成塔，出合成塔气经过一系列换热及水、氨冷却分离氨后，再进入压缩机循环段。

技术特点：

① 增加分子筛，改变分氨流程，氨在压缩机之前分离，压缩机循环气量降低 9%左右，节约压缩机能耗。

② 新鲜气与循环气一起不经氨冷器而直接进入合成塔，使冷冻负荷下降，降低了氨冷及水冷能耗。

③ 经分子筛吸附后，入塔气中 H_2O、CO_2 和 CO 含量显著下降，即气体质量提高，进而增加催化剂的活性，延长催化剂寿命。

④ 使用分子筛后，使回路的“冷”“热”位置合理，弛放气位置在分氨之后，位置更合理，可以省下弛放气氨冷器的冷量。

主要技术指标：

分子筛干燥后新鲜气含氧化合物总量（以氧原子计）≤10 ppm（V）；

吨氨能耗降低 0.67 GJ。

（2）应用及市场状况

该技术最早由国外开发并应用于现代氨厂建设，中石化巴陵公司合成氨回路节能改造中也应用此技术。目前国内已经由上海国际化建工程咨询公司成功开发并应用于中国大型化肥装置。

（3）技术经济分析

中国石化湖北化肥分公司应用情况如下：

湖北化肥合成氨装置为 20 世纪 70 年代中国从美国凯洛格公司引进的，设计能力年产合成氨 30 万 t。2005 年采用该技术对合成氨回路进行节能改造，主要是增加分子筛系统和高效除油器，改造投资 1 728.6 万元，建设期 3 个月。改造后效益明显，吨氨高压蒸气消耗降低 0.144 t、中压蒸气降低 0.072 9 t，每年节省标煤 9 500 t，经测算每年可实现效益 1 044 万元。

（4）未来发展趋势及市场潜力预测

中国主要大中型合成氨装置基本上采用经典冷却分离除水方式和塔前分氨流程，这些装置均可以采用该技术进行节能改造，对于新建和扩建合成装置更可以采用该技术进行节能设计。目前，中国合成氨年生产能力将近5 000万t，全部改造后年可节能120万tce。

◆ 节能改造综合技术

（1）技术概述

吹风气（等三气）余热回收副产蒸气及供锅炉生产蒸气，先发电后供生产用气，实现能量优化。关键技术：①余热发电；②降低合成压力；③净化工艺；④低位能余热吸收制冷；⑤变压吸附脱碳；⑥涡轮机组回收动力；⑦提高变换压力；⑧机泵变频调速。吨氨节电200～400 kWh。

（2）应用及市场状况

适用范围：以煤为原料的中小型氮肥企业。

（3）技术经济分析

某年产10万t合成氨企业，投资3 000万～6 000万元，年节电2 000万～4 000万kWh，另外年增产6 000 t合成氨，创利600万元。

（4）未来发展趋势及市场潜力预测

如全国半数氮肥企业实施本项工程，年节电80亿kWh。

4.2.3 烧碱

目前，中国烧碱的生产能力和产量居世界第一。根据中国氯碱工业协会统计，截至2008年底，烧碱产能达2 472万t/a，隔膜法烧碱产能占总产能的比重为31%，离子膜法烧碱占68%。2008年全国烧碱总产量为1 852.1万t（折100%）。

4.2.3.1 产品能耗与节能潜力

烧碱生产方法主要有电解法和苛化法两种。电解法又分为隔膜法、离子膜法和水银法三种。目前，中国烧碱生产以离子膜法和隔膜法为主，占总产量的99%以上，苛化法烧碱产量较少（因此本报告仅涉及电解法）。2000年淘汰了水银法，2004年淘汰了石墨阳极隔膜法，均由离子膜电解槽、金属阳极（DSA）隔膜电解槽所取代。

烧碱生产过程中消耗大量电能，中国烧碱生产用电占全国总用电量的1.44%左右。电解和碱液蒸发是主要耗能工序。电解工序中的电耗约为吨碱电耗的90%，液碱蒸发中的蒸气消耗占吨碱蒸气消耗的74%以上。

烧碱是高能耗产品，能耗占产品成本的70%以上，能耗的高低直接影响烧碱的经济效益。从总体上看烧碱的综合能耗约为60%在电耗上，40%在蒸气消耗上。随着电力、煤炭等能源价格的上涨，烧碱成本上升。同时，烧碱生产技术与装备的先进性是决定能耗高低的主要因素。因此，发展离子膜法烧碱，完善提高金属阳极（DSA）隔膜电解技术，不断减少与国外能耗水平的差距，成为当前烧碱技术结构调整、生产装置技术改造的重要任务。

2006 年隔膜电解法和离子膜法烧碱的单位综合能耗平均为 1 325 kgce / t 碱，其中隔膜法烧碱能耗 1 503 kgce / t 碱，离子膜法烧碱能耗 1 030 kgce / t 碱（碱折 100%）。

中国烧碱能耗水平与国外的差距，主要反映在隔膜法烧碱生产方面。国外生产装置的规模一般在 20 万 t / a 以上，DSA 隔膜电解槽（以 MDC－55 为例）的结构采用扩张阳极、改性隔膜，生产强度比中国的 DSA 隔膜电解槽高 40%；与 26 个重点氯碱企业平均电耗相比，相同电流密度下，国外的直流电耗低 260 kWh / t。国外烧碱蒸发普遍采用四效或三效逆流强制循环蒸发技术，生产 50%浓度的烧碱，吨碱气耗 2.2～2.6 t；国内烧碱生产一般采用三效顺流部分强制循环蒸发技术，生产 30%～42%浓度的液碱，平均吨碱汽耗 3.6 t，高于国外 1.0 t 以上。仅计算电耗、气耗两项，国内隔膜法烧碱的综合能耗，比国外高约 250 kgce / t 碱。

经过初步分析和测算，烧碱企业通过改造，约三分之一的普通 DSA 隔膜电解槽改为节能型电解槽，再加上一半烧碱生产改为离子膜法以及整流、变电和蒸发新技术的采用，则每吨烧碱的平均综合能耗可降低 136 kgce，整个烧碱行业每年可节约 200 万 tce。同时，还可减少大量的“三废”排放，其经济效益和社会效益相当可观。

4.2.3.2　重点节能技术

◆ 余热型溴化锂吸收式冷水机组

（1）技术概述

机组以生产工艺中废气废热作为驱动热源，加热机组内的溴化锂溶液产生水蒸气，水蒸气被冷凝后变为冷剂水，利用水在真空状态下低沸点的特性，在蒸发器里吸热蒸发，制取冷水。对于应用工艺系统中的废气余热制冷的项目，制冷系统投资得以降低，同时主机运行无须主要驱动能源蒸气热水开支，具有非常好的经济效益。溴化锂吸收式制冷机组，无须对环境有害的氟利昂等制冷剂，及环保型的缓蚀剂等系列措施的应用，使机组的环境效益也得到了提升。

（2）应用及市场状况

可广泛适用于钢铁行业的高炉鼓风除湿、焦化行业焦炉煤气净化、橡胶行业硫化机、氯碱行业盐酸合成炉、合成氨行业合成热、石化行业的催化裂化装置等。

（3）技术经济分析

某公司使用了 11 台蒸气和热水型溴化锂吸收式冷水机组，总制冷量达到 37 164 kW，可以保证每年 8 000 h 的供冷需求，同采用以电能驱动的离心式或螺杆式制冷机相比,每年可节电 6 607 万 kWh。

(4) 未来发展趋势及市场潜力预测

该机组的应用, 实现了可再生能源的有效利用, 替代了工业项目中众多给余(废)热进行冷却降温的装置,大幅削减用电量, 减少对环境的热污染, 同时还可以免费得到低温冷水,节能前景广阔,广泛适用于新建或技改化工项目。

◆ 离子膜电解槽膜极距技术

(1) 技术概述

该技术是由蓝星 (北京) 化工机械有限公司自行设计研发的, 在原有 NBH - 2.7 型高电流密度自然循环复极式离子膜电解槽基础上, 通过对国外各种零极距和小极距离子膜电解槽技术的研究,综合各家技术优点,解决了原材料、加工件、涂层技术和组装技术的难点,制造出适合中国用户的膜极距自然循环离子膜电解槽。该电解槽分别在 12.15 kA 和 13.8 kA,槽温 88℃,碱浓度 32%条件下, 膜极距单元槽电压比原有单元槽下降 140 mV 和 180 mV, 吨碱直流电耗降低约 100 kWh 和 120 kWh。

(2) 应用及市场状况

NBZ - 2.7 自然循环离子膜电解槽膜极距技术自 2005 年开始研究,历时三年时间, 先后于 2008 年 9 月 13 日在河北冀衡化学股份有限公司和 2008 年 12 月 12 日在宁波东港电化有限责任公司进行工业化生产运行考核。实际运行表明,该产品性能优良,已经达到了国际同类产品领先水平。

(3) 技术经济分析

在河北冀衡化学股份有限公司,每吨烧碱可节电 100 kWh,3 万 t 的烧碱装置每年可节电 300 万 kWh,节能收益约为 150 万元。

(4) 未来发展趋势及市场潜力预测

蓝星(北京)化工机械有限公司自主开发、制造的膜极距电解槽,性能优良,已经达到了国际同类产品领先水平,其显著的节能降耗性能将在氯碱行业中被大力推广和应用。

◆ 扩张阳极与改性隔膜技术

(1) 技术概述

对隔膜电解槽而言,槽电压是一项重要的技术经济指标,它直接影响烧碱直流电耗的高低。槽电压由以下 6 部分组成:①理论分解电压;②过电压;③第一类导体电压降;④电解质电压降;⑤隔膜电压降;⑥接触电压降。要降低电耗必须降低槽电压。在电解槽确定的情况下,只能采取措施降低隔膜和电解质电压降。

普通的盒式阳极与阴极之间极距通常为 8.5 ~ 11.5 mm。扩张阳极是在导电铜钛复合棒与钛网上焊一块具有弹性的钛板并设有凹槽，阴极、阳极间采用 φ3 聚四氟乙烯隔离棒隔离。这样，极间距可缩小到 3 mm，从而降低电压降。

所谓改性隔膜是在优质石棉隔膜中加入一定量能耐高温、耐电解槽环境化学腐蚀和机械磨损的热塑性聚合物，再通过干燥及高温烧结生成弹性好、强度高且形状稳定的隔膜。该种隔膜使用寿命长，不易溶胀，且较薄。由于改性隔膜比普通隔膜薄，孔隙率比普通隔膜高，隔膜电压降低。

扩张阳极与改性隔膜电解槽的特点：①改性隔膜尺寸稳定，极间距小，可以获得阳极表面与隔膜距离为 3 mm 的间距；②隔膜比普通隔膜薄 25%左右，膜电压降低，单槽石棉用量少；③改性隔膜具有一定的机械强度，弹性高，渗透性好，使用寿命长；④改性隔膜溶胀率不足 25%，是普通隔膜的 20%左右；⑤单槽电压低且稳定，在运行周期内受电流波动影响小；⑥氯中含氢少且稳定。

（2）应用及市场状况

目前，改性隔膜扩张阳极技术不断成熟，国内许多厂家已成功应用。

（3）技术经济分析

某公司 108 个隔膜电解槽全部改造，投资约为 220 万元，年可节电 657 万 kWh，节电效益约为 262 万元。

（4）未来发展趋势及市场潜力预测

采用扩张阳极和改性隔膜理论上可使槽电压下降 0.21 V，槽电压每降低 0.1 V 每吨碱可以节约直流电 70 kWh，按此计算每吨碱可节约直流电 147 kWh。按 100 kWh 计算，生产碱按 450 万 t 计算，年可节电近 45 000 万 kWh，经济效益十分可观。

4.2.4　纯碱

纯碱作为最重要和最基础的化工原料之一，广泛用于建材、化工、冶金、日化、农药等行业中，被称为工业之母。全球现有纯碱年产能约 4 700 万 t，截至 2008 年底，中国纯碱生产能力约为 2 100 万 t。2008 年纯碱产量为 1 881.3 万 t，同比增长 6.4%。

4.2.4.1　产品能耗与节能潜力

由于中国引进了几套大型纯碱生产装置和技术，又开发了一批新的技术和装备，对老企业进行了改造。因此，中国大中型纯碱厂的技术装备水平，基本达到目前国际平均水平；而小型厂设备能力偏小，技术装备水平较差。

当前联碱法工厂全国平均为 9 500 MJ / t，有的工厂已下降到 8 000 MJ / t 左右，与当前的国际先进水平相当。联碱生产能耗达到世界先进水平 8 000

MJ / t，每吨纯碱可有节能潜力 1 554 MJ / t，折 53 kgce；中国氨碱法生产的工厂尽管应用了不少节能技术，也充分显示了一定的节能效果，但与世界先进水平相比仍有不小的差距。氨碱生产能耗的国际先进水平为 10 100 MJ / t，中国吨碱能耗 15 600 MJ / t，中国比国际先进水平每吨碱多耗能 5 500 MJ / t（188 kgce）。

4.2.4.2 重点节能技术

◆ 蒸气凝结水闭式回收装置

（1）技术概述

在蒸气管网中，各路蒸气的压力不同，高压凝结水会阻止低压凝结水进入回收管网，造成封闭回收不利，若将凝结水封闭增压输送，难以解决气水混合的受阻、憋压及水击问题，甚至会导致回收系统无法正常工作。使用电泵加压输送，除会增加电能消耗外，还会产生防爆达不到要求，造成电泵叶轮汽蚀现象。该技术通过系统分析蒸气管网的压力等级和次序，采用梯次加压，分段回收，彻底解决了各种管路压力不同造成的气水混合，管道受阻现象，使得凝结水回收顺畅。解决了蒸气凝结水加压输送中的气水混合受阻、憋压、水击等问题。采用凝结水自动泵远距离输送凝结水，彻底解决了防爆、气蚀等问题。

闭式回收装置完全消除了二次闪蒸气的对空排放，能够百分之百地回收凝结水和闪蒸气，使蒸气凝结水所包含的热能、水量充分回收，系统热效率提高 15%～30%。与开式系统相比，凝结水回收率提高 10%～20%；改善疏水工况，确保管网畅通，延长疏水阀寿命，减少了故障频率；避免了氧气及二氧化碳等气体对凝结水的二次污染及其引起的对下游设备的氧化腐蚀，改善生产环境，节能、节水等综合经济效益显著，减少了有害气体和烟尘的排放，有利于环境保护。

（2）应用及市场状况

蒸气凝结水闭式回收装置已在多家石化化工取得了应用，整体运行良好，达到了设计的性能指标，为企业带来了良好的节能效益。

（3）技术经济分析

以每小时蒸气消耗量为 20 t，年运行 8 000 h 的蒸气系统为例计算，如果采用闭式凝结水回收装置提高凝结水回收率 50%，全套设备投资约 68 万元，年节气回水价值可达 150 万元，5.5 个月即可收回设备投资成本，经济效益明显。

（4）未来发展趋势及市场潜力预测

目前，中国工业锅炉保有量约 100 万台，其中 70% 为蒸气锅炉，预计年增长量仍将保持在 12 万蒸 t 左右，尤其是大容量、高参数的工业锅炉增长速度较快。但是由于蒸气凝结水回收技术的落后，目前的凝结水回收率仅为

30%～50%，采用闭式回收之后，回收率可以提高到 80%～95%，可以节约 9～12 元/蒸 t，对于一个蒸发量在 20 t/h 的中小企业，节能效益在 144 万～192 万元/a。

产品市场非常巨大，如果按照现有蒸气锅炉保有量以每年 20%的速度改造为闭式凝结水回收系统计算，每年大约需要闭式凝结水回收装置 3.5 万套（10 t/套）。

◆ 新型变换气制碱技术

（1）技术概述

该技术依据低温循环制碱理论，改传统的三塔一组制碱为单塔制碱，改内换热为外换热，提高了重碱结晶质量，降低了洗水当量，延长了制碱塔作业周期，实现了联碱系统废液零排放，降低阻力，节约能源，可比单位综合能耗在同行业处于领先水平。

新型的变换气循环制碱技术，将合成氨系统脱碳与联碱制碱两道工序合二为一，省去合成氨系统脱碳工序的投资，降低了能耗，生产系统为闭路循环系统，无废水排放。

目前中国重点大型联合制碱企业能耗为：10～15 GJ/t 碱。采用该技术可使吨碱能耗降低 2～7 GJ/t 碱，原料盐利用率达 99%，原料氨利用率达 96%。

（2）应用及市场状况

国内首创，国际领先，现在国内已推广 10 家，节能效果显著。

（3）技术经济份额

石家庄双联化工有限责任公司 30 万 t 新型变换气制碱节能技改项目，投资 1.5 亿元，年新增利税 6 000 万元，新增利润 4 000 万元，投资回收期 3.5 年。

（4）未来发展趋势及市场潜力分析

该技术适合所有变换气制碱企业，中国纯碱工业协会已开始相关推广工作。该技术目前在行业内的普及率 15%左右，预计“十一五”期间能达到 50%，可取得节能量 2 亿 MJ。

4.2.5　电石

中国是世界电石第一生产大国。2008 年全国电石产量为 1 361 万 t，占全世界电石总产量的 90%以上。

4.2.5.1　产品能耗与节能潜力

中国电石行业经过多年的发展和进步，特别是通过对引进技术的消化吸收，行业技术水平有了很大的提高；在此基础上也创造出一些拥有自己特色的知识产权和技术管理方法。但与国外相比，由于具有落后装备的小企业的大量存在,国内的整体技术装备水平仍然比较落后。目前国内代表电石生产技术现代化水平的全密闭电石炉在产能上仅占总量的20%左右,大量使用的仍然是内燃式炉。这些落后的电石炉在中国数量多、规模小、能耗高、污染严重。具体表现为它们的工艺电耗高,没有采用空心电极系统回收利用粉料;没有采用微机控制系统进行生产操作。

中国主要电石生产企业,吨电石综合能耗 2.4 tce 左右。其中电耗国外先进水平 3 000 kWh / t,中国多数企业 3 500 kWh / t 左右,高出 16.7%。中国电石工艺能耗:敞开炉平均能耗 2 200 kgce / t,密闭炉 1 950 kgce / t;敞开炉改密闭炉,吨电石有节能潜力 250 kgce。

4.2.5.2 重点节能技术

◆ 密闭环保节能型电石生产装置

(1) 技术概述

通过对炉料进行特殊处理,提高炉料的比电阻,从而提高电石炉的自然功率因数,节约电能。关键技术:①炉料比电阻提高技术;②空心电极;③炉气净化;④短网结构;⑤连续出炉。主要指标:吨电石综合能耗可达到 1.2 tce 以下。

(2) 应用及市场状况

目前国内最大电石炉为贵州有机化工厂引进的日本 35 000 kVA 电石炉,自然功率因数只能达到 0.70。采用新技术后,自然功率因数可达 0.83 ~ 0.88。

(3) 技术经济分析

青海东胜化工有限公司,投资 10 300 万元,电石综合能耗降低 20% ~ 25%,吨电石综合能耗低于 1.2 tce(此处电石综合能耗中电耗按 0.122 9 折算,下同)。

(4) 未来发展趋势及市场潜力预测

目前国内电石产能 1 700 万 t / a,平均综合能耗为 1.5 tce,按 2008 年实际产量 1 361 万 t 计算,年可节约标准煤 408 万 t。

◆ 电石炉低压补偿

(1) 技术概述

低压补偿是利用现代控制技术和短网技术将大容量、大电流的超低压电力电容器接入电石炉的二次侧的无功补偿装置。该装置不仅是无功功率补偿原理的最好体现,还可以使电石炉的功率因数在较高值运行,降低短网和一次侧的无功消耗,消除 3 次、5 次、7 次谐波。调平三相功率,提高变压器的输出能力。控制的重点使三相功率不平衡度下降,达到三相功率相等,使电石炉的功率中心、热力中心和炉膛中心相重合。使坩埚扩大,热量集中,提高炉面温度，使反应加快，达到提高产品质量、降耗和增产的目的。

（2）应用及市场状况

近年来，由于低压补偿装置技术逐渐成熟，设计日趋完善，体积大为减小。电石生产厂家也认识到了其在提高电石炉经济效益方面显现的突出性，低压补偿装置已在电石炉上大量应用。

（3）技术经济分析

某公司在容量为25 000 kVA的电石炉上安装二次低压补偿装置，投资185万元，年节电收益212.45万元，项目简单投资回收期10.5个月。该项目年节电670万kWh，折算年节约标准煤2 422 t，年减排二氧化碳1 377 t-C。

（4）未来发展趋势及市场潜力预测

中国是电石生产大国，该项技术市场潜力较大。

◆ 密闭电石炉尾气热能利用及除尘

（1）技术概述

将大型密闭电石炉的含尘尾气（含尘浓度150 ~ 250 g / Nm^3）直接引入特别设计的余热锅炉燃烧，充分利用电石炉尾气的显热（尾气温度600 ~ 1 000℃），可燃体（$CO + H_2$，含量80%）的燃烧热和尾气中部分粉尘的燃烧来产生蒸气，以满足化工生产中热源的需要。同时通过锅炉炉膛、烟道落灰斗重力沉降及特别设计的电除尘器对烟气进行除尘处理，达到电石炉尾气热能利用及干法除尘的双重目的。

（2）应用及市场状况

目前国内已有多家企业使用了该技术。

（3）技术经济分析

湖南省湘维有限公司现有18 000 kVA密闭电石炉两座，其排放的电石炉尾气分别用该技术成果进行了回收利用及除尘处理，所产蒸气用于公司生产，除下的粉尘相当于100# 水泥，可作简单的建材使用。多年来，这两套装置一直稳定运行，工艺十分成熟，平均每年为公司产蒸气10万t以上，相当于节约标准煤1.2万t以上，且烟气排放浓度低于国家规定排放标准。真正做到了变废为宝，达到了循环利用和环保的目的。

（4）未来发展趋势及市场潜力预测

中国电石和黄磷生产能力都很大，该技术可推广应用到密闭电石炉和黄磷炉。

4.2.6 黄磷

截至2007年底，中国的黄磷产能减至187.65万t / a，黄磷电炉数量减为379台，电炉变压器容量减为385.88万kVA。中国黄磷产能目前可达到180

万 t,产能占世界产能的 70%。国内黄磷产能突飞猛进地增长已经导致严重的产能过剩,2008 年全国黄磷产量突破 90 万 t,国际金融危机的到来,直接让国内黄磷库存达到 20 万 t。

4.2.6.1 产品能耗与节能潜力

中国黄磷生产经历过三次阶段性的变化:在 20 世纪 80 年代初,企业从集中于沿海和内地缺少磷资源的地区逐步向磷矿和水电资源丰富的西部地区转移, 这期间建设的黄磷装置多为 1 000 ~ 2 000 t / a 装置, 吨产品能耗为 350 ~ 370 GJ; 90 年代中后期开始, 黄磷生产规模逐步向大型化、自动化方面进一步发展, 进行行业重组, 走磷、矿、电结合的道路, 这期间建设了若干 3 万 ~ 5 万 t / a 的黄磷装置, 接近发达国家装置水平, 吨产品能耗降为 258 ~ 290 GJ;进入 21 世纪以来,国内装置进一步向大型化方面发展,通过兼并、收购、合作形成了一批大型企业,最大的黄磷企业产能已达到 9 万 t / a,集约化程度明显提高,能耗也进一步降低。但目前从总体而言,全国的制磷电炉大多数仍为小型炉,原料加工简单,自动化水平低,产品单一,生产附加值低,污染较严重。

中国黄磷生产综合能耗平均水平 7 400 kgce / t 左右, 其中电炉电 14 700 kWh / t, 耗焦炭 1 600 kg / t; 全国先进水平电炉电耗 14 000 kWh / t, 耗焦炭 1 470 kg / t。国外先进水平电炉耗电 13 000 ~ 13 500 kWh / t,耗焦炭 1 300 ~ 1 400 kg / t。中国平均水平的电耗、焦耗分别比国外高 13%和 15%,先进水平的电耗、焦耗也分别高 7%和 13%。因此,黄磷的节能潜力也是很大的。

4.2.6.2 重点节能技术

◆ 黄磷炉尾气净化提纯生产甲酸钠技术

(1) 技术概述

黄磷炉尾气(粉尘含量 100 ~ 250 g / Nm^3)由引风机引出,经换热器降温,再进入 1 ~ 4 级干法脱尘旋风分离器,分离效果达 80% ~ 95%,尾气中粉尘的含量下降到 20 ~ 50 g / Nm^3;然后进入 1 ~ 4 级湿法水洗塔水洗脱尘,系统动力由水环泵提供, 再进入 2 ~ 6 级湿法水洗塔, 脱尘后炉气含尘量在 1 ~ 10 mg / Nm^3 以下,一氧化碳含量大约 80%,用压缩机压缩一氧化碳气体进入合成反应器,与烧碱溶液合成甲酸钠。

从沉淀池中起获的炭泥和干法脱尘得到的粉尘混合后,送入燃煤锅炉燃烧,可燃物燃烧,其中氰钙盐在高温燃烧过程中分解为无害的物质。不存在固体废弃物的环境污染。

主要经济技术指标:

① 电石炉、黄磷炉尾气净化提纯生产甲酸钠技术设备使用寿命 10 年以上;

② 电石炉尾气除尘净化后的含尘量 10 mg / Nm^3 以下；

③ 电石炉尾气一氧化碳含量大于 80%。

（2）应用及市场状况

设计生产规模年产 7 万 t 甲酸钠生产装置一次试车成功，已在山东海力化工公司正常运转，工艺及安全状况良好，产品质量达到优级品标准，产品受到用户好评，全部尽产尽销，投产数月即可收回全部投资。

（3）技术经济分析

电石炉尾气除尘净化后每标方的成本低于 0.03 元；甲酸钠生产成本每吨低于 1 500 元，低于煤气炉法 33%，成本利润率大于 66%。

生产 1 t 电石，要排放 90%浓度的一氧化碳气体 400 m^3，相当于浪费 200 kgce；按 2007 年电石产量 1 400 万 t 计算，如回收利用尾气，可节约标煤 280 万 t，减排粉尘 0.28 万 t，减排 CO_2 气体 79.2 亿 m^3；甲酸钠可以进一步生产乙二醇，替代石油产品。

（4）未来发展趋势及市场潜力预测

适用于电石和黄磷行业，市场潜力较大。

◆ 三相六根石墨电极黄磷电炉

（1）技术概述

目前国内中小型黄磷电炉多采用三相三根石墨棒作电极，电极电流密度推荐值为 4 ~ 6 A / cm^2，如果电流密度过大，则电极消耗加快；如果加大石墨电极直径，石墨电极的价格昂贵，使产品生产成本提高；另外采用自焙电极工艺技术生产黄磷，虽然能解决电极电流密度大的问题，但是生产的黄磷油分含量高、产品质量较差，生产成本高。

三相六根石墨电极黄磷电炉就是要解决现有技术问题，提供一种采用多根石墨电极的黄磷电炉。技术方案是：一种黄磷电炉，包括一个由炉盖封闭的炉体，炉盖上有电极穿过，所述的电极由三根以上石墨电极在炉内同一圆周上均匀分布。

由于采用多根石墨电极的结构，相当于增大石墨电极的截面面积，可有效降低电流密度，降低生产成本，又由于多根石墨电极均匀分布，使得电极做功均匀，消除炉内“死角”或“冷区”，减少炉内挂料、结拱及搭桥等不良现象发生。

（2）应用及市场状况

已在多台 7 500 t / a 和 10 000 t / a 黄磷电炉使用，并取得了很好的效果。

（3）技术经济分析

与三相三根石墨电极 10 000 t / a 电炉相比：①年产量增加 1 200 t / a，同比增长 25%；②电耗 14 000 kWh / t 黄磷，同比下降 8.9%；③电极消耗18 kg / t

黄磷，同比下降 31%。单台装置年节约资金 1 000 万元以上。

（4）未来发展趋势及市场潜力预测

黄磷生产必须向大型化发展，凡新建厂均应建 7 000 t 以上的大电炉，而制约大黄磷发展的主要因素是电极。该项技术打破了大容量黄磷电炉只能用自焙电极的"禁区"，填补了国内大容量石墨电极黄磷电炉的空白，从而推动了中国黄磷事业进一步向前发展。

4.2.7 炼油

2008 年世界炼油总能力 42.8 亿 t / a，中国占 7.53%，居世界第二位（仅次于美国）；世界炼厂总数 655 座，中国为 53 座，占 8.1%。

4.2.7.1 产品能耗与节能潜力

近十多年来，中国炼油技术发展迅速，成绩不小。但是能耗、物耗方面与国外先进水平相比仍有一定差距。近年新建的大型炼油装置，技术水平、能耗水平已处于或接近国际先进水平，但之前建设的炼油装置能耗水平还较高。目前中国炼油企业平均综合能耗为 73 kgoe / t 左右，而国外的最好水平已经达到 53.2 kgoe / t。单就装置的能耗水平而言，目前中国常减压蒸馏装置的能耗平均先进水平为 11.5 kgoe / t，国外先进水平为 10 kgoe / t；催化裂化装置能耗平均先进水平为 65.21 kgoe / t，国外先进水平为 42.5 kgoe / t；加氢裂化装置能耗平均先进水平为 49.3 kgoe / t，国外先进水平为 40 kgoe / t 左右。

国内炼厂能耗较高的原因之一是部分炼油装置规模小，单位加工量能耗较高，另一因素是两者的统计口径不完全一致。此外，还有炼油轻质油收率偏低、装置运行周期短等原因。

4.2.7.2 重点节能技术

◆ 气分装置深度热联合技术及低温热利用技术

（1）技术概述

在 130 ~ 140℃的催化顶循环油输送到气体分馏装置，直接作为气体分馏装置脱丙烷塔的热源，既降低了催化裂化装置的冷却负荷，也降低了气体分馏装置的蒸气消耗。并对低温余热回收不充分、催化裂化装置除盐水预热、气体分馏装置脱乙烷塔和脱丙烯塔底的重沸器仍需要补入大量蒸气等问题，优化催化裂化等装置的换热网络，充分回收低温余热，降低蒸气补入量。

（2）应用及市场状况

国内已有多家企业采用了该技术，节能效果十分显著。

（3）技术经济分析

某公司气分与催化装置进行热联合后，气分装置蒸气单耗由 1.26 t / t 降低到 0.68 t / t，节约蒸气：0.68 t / t × 35 t / h = 23.8 t / h。蒸气按 150 元 / t 计算，年节约蒸气效益为：150 × 23.8 × 8 800 = 3 141.6 万元。

（4）未来发展趋势及市场潜力预测

催化裂化装置和气体分馏装置是炼油厂的重要装置。目前，催化裂化装置已成为炼厂工艺装置耗能大户。该项技术若在整个行业进行推广，既可节约大量高温热源，又会减少大量冷却水耗。

◆ 加热炉炉管在线烧焦技术

（1）技术概述

加热炉是实现延迟焦化装置“安稳长满优”（安全、稳定、长期、满负荷、优质）运行的首要关键设备，加热炉炉管的结焦速率，在一定程度上决定着延迟焦化装置正常运转的周期，制约着装置的生产能力，炉管结焦一直是困扰延迟焦化装置的“老大难”问题。

所谓在线烧焦就是在加热炉整体不停炉的情况下，将其炉管结焦的某一炉室切出，顺利完成对该室的停炉、检查、烧焦和投炉，通过空气—蒸气进行烧焦。在烧焦过程中，炉管内的结焦（焦炭和盐垢），在高温下和通入的工厂风接触燃烧，利用蒸气控制烧焦的速度并带走多余的热量，防止局部过热、保护炉管。同时，由于工厂风、蒸气和燃烧的气体以较高的速度在炉管内流动，将崩裂和粉碎的焦粉和盐垢，一同带出炉管。采用该技术后，减少了停工检修次数，大大地延长了焦化加热炉的连续运行时间，提高了装置的经济效益。

（2）应用及市场状况

2005 年扬子石化首次应用“160 万 t/a 延迟焦化装置加热炉在线烧焦”技术取得成功。

（3）技术经济分析

在线烧焦技术在扬子石化炉管结焦的应用，减少了停工检修次数，消除了制约加热炉长周期运行的瓶颈，避免了停车事故，节约费用 250 万元；加热炉热效率由 86.3%提高到 90.5%，有效地降低了燃料消耗，提高了加热炉热效率，达到设计要求，以提高加热炉热效率 4%计算，全年可节约燃料 700 t，创经济效益 133 万元。

（4）未来发展趋势及市场潜力预测

随着国内市场对轻质燃料油需求量的增加及国内各炼油厂一次加工能力的提高，预计中国将有较多的渣油需要通过现有的焦化装置来处理，该装置在线烧焦技术的成功实施，消除了制约加热炉长周期运行的瓶颈，提高了延迟焦化炉的处理能力，可有效地解决因炉管结焦需整体停车处理所带来的损失，社会效益显著。

◆ 膜法富氧设备及富氧助燃技术

（1）技术概述

膜法富氧是利用空气中各组分透过膜时的渗透速率不同，在压力差驱动下，使空气中的氧气优先通过膜来得到的。优点：流程简单、体积小、无相变、能耗低、操作方便和安全、灵活性高、膜组件寿命长，且免维护、规模可小可中、投资较少。富氧助燃是用富氧代替空气助燃，不仅能使火焰变短，提高燃烧强度，加快燃烧速度，降低燃料燃点，增加释放热量，获得较好的热传导，适当降低空气过剩系数，同时提高了火焰温度，有利于燃烧反应完全，因而从源头消除污染，降低排烟热损失，从而节约能源。

一般能节约燃料 3%～30%，平均节约燃料 11.8%，增产 10.2%，产品质量也有提高，炉窑寿命相应延长，而且用富氧后烟气排放全部低于环保标准，一般几个月就能收回全部投资。

（2）应用及市场状况

大庆油田燃气加热炉，使用后与使用前比较：排烟处过剩空气系数下降了 0.56；排烟处排烟温度降低了 35℃；加热炉热效率提高了 12.07%；节气率达到 9.36%。

某公司抛煤机炉，使用后与使用前比较：锅炉热效率由 66.27%提高到了 75.62%；排烟温度由 180℃降低到 126℃；炉渣含碳量由 20.05%降低到 11.85%；节能率达到 14.1%。

（3）技术经济分析

如 3 台 45 t / h 的锅炉，实施改造后，年可节约 19 440 t 原煤，折标煤 13 886 t，减排 CO_2 34 714 t。投资约为 320 万元，不到 1 年即可收回。

（4）未来发展趋势及市场潜力预测

该项技术应用范围非常广，大小锅炉均可以使用。油田应用的潜力非常大，因为油田有很多加热炉、锅炉。中国石油天然气集团公司现有加热炉超过 18 000 台，其中大庆油田现有加热炉超过 6 000 台。而且加热炉效率都比较低，比如大庆油田的加热炉效率只有 70%多，通过膜法富氧技术，节能率可达到 12%左右。富氧技术另一个大的市场是催化裂化装置富氧再生，目前国内的催化裂化装置有 100 多套，主要集中在中石化和中石油。

4.2.8 乙烯

乙烯是合成纤维、合成橡胶、合成塑料（聚乙烯及聚氯乙烯）、合成乙醇（酒精）的基本化工原料，也用于制造氯乙烯、苯乙烯、环氧乙烷、醋酸、乙醛、乙醇和炸药等，还可用作水果和蔬菜的催熟剂，是一种已证实的植物激素。

2008 年中国乙烯产量 1 025.6 万 t，居世界第二位，仅次于美国。

4.2.8.1　产品能耗与节能潜力

裂解炉的能量消耗在整个乙烯装置的燃动能耗中占很大比例，一般在60%左右,是乙烯装置节能工作的重点。

目前中国乙烯吨产品能耗在 690 kgoe / t 左右，而国外发达国家如日本、韩国乙烯能耗在 500 kgoe / t(石脑油为原料)和 550 kgoe / t 左右(轻柴油为原料),这其中应考虑数据计算方法方面存在差异。但中国乙烯的能耗水平和国外先进水平相比仍有一定的差距，这主要是受中国石化行业管理水平较低、装置规模较小、开工率低、工艺技术相对落后、原料品质不够优化、加工流程较长、加工损失率较高等因素的影响。

4.2.8.2　重点节能技术

◆ 裂解炉空气预热节能技术

(1) 技术概述

通过提高裂解炉助燃空气温度,减少燃料消耗。充分利用厂内余热资源,加热裂解炉助燃空气：

① 利用急冷水做热源,可使空气升温 50℃；

② 利用蒸气冷凝液做热源,可使空气升温 60℃；

③ 利用低压蒸气做热源,可使空气升温 90℃。

助燃空气提高 50℃以上,节燃料 12 kgoe / t 乙烯。

(2) 应用及市场状况

该技术在中石油集团乙烯装置上已有应用,在中石化集团乙烯装置上也开始试点,效果显著。

(3) 技术经济分析

在茂名乙烯厂 4 万 t / a 裂解炉采用,投资 38 万元节约燃料气 133 kg / h,达 5.26%。

中石化集团 100 台裂解炉,适合改造的有 85 台,492 万 t / a 生产能力。投资资金 9 000 万元后,全部改造后可节约燃料 6.5 万 t / a,每吨按 2 000 元计算,获效益 1.24 亿元 /a。

(4) 未来发展趋势及市场潜力预测

该技术目前在行业内的普及率为 20%左右,预计“十一五”期间能达到90%,可取得年节能量 8 万 toe。

◆ 乙烯裂解炉扭曲片管强化传热技术

(1) 技术概述

据介绍,乙烯裂解炉扭曲片管强化传热技术是将扭曲片管加在裂解炉辐射段炉管上的一种管内带有扭曲片管的精密整铸管,它可以强迫裂解炉管内的流体从原来的柱塞流改变成旋转流,对裂解炉炉管管壁有一个强烈的横向冲刷作用,从而减薄炉管内的边界滞留层,减缓辐射段炉管内壁的结焦趋势,达到强化传热、延长裂解炉运转周期的目的。

该技术成果的创新之处在于，通过改变流体的流动状况来达到强化传热,而辐射段炉管增加的阻力降很小。同时由于扭曲片管只占整体炉管的一小部分,因此制造成本低。此外,该强化传热技术对于轻重裂解原料都有很好的适应性,在一定程度上延长了裂解炉运行周期,提高了单炉处理量,对裂解炉操作和运行没有不利影响。

(2) 应用及市场状况

目前，中石化集团公司下属企业中现已有 9 家乙烯企业的 12 种炉型采用该技术,产能约 200 万 t。

(3) 技术经济分析

燕山 BA1104 炉是 SRT－IV（高能力）型裂解炉，乙烯年产量为 6 万 t，平均运行周期为 45 天，使用强化传热技术以后，每年可以减少烧焦次数 3 次，延长裂解炉寿命，提高石脑油处理量，每年多产乙烯约 3 400 t 和丙烯约 1 900 t;东方化工厂 F103 炉是 GK－V 型裂解炉,乙烯年产量为 3 万 t,平均运行周期为 45 天,使用强化传热技术以后,第一个周期为 87 天,第二个周期为 112天,创下了该裂解炉的运行纪录,全年共减少烧焦次数 4 次,增加实际生产时间 150 h,节省燃料气 78.9 t,少耗用稀释蒸气 800 t 左右。

乙烯裂解炉扭曲片管强化传热技术试验成功后,首先在燕山石化得到推广应用。到目前为止,已经有 BA－106、BA－113、BA－112、BA－110 裂解炉开始使用扭曲片管。在工业生产上投用后,实际气体炉的平均运行周期得到有效延长,每台气体炉每年减少烧焦 2 次,每台裂解炉由此节省费用 120 万元/a。其他裂解炉也准备用扭曲片管进行改造。

(4) 未来发展趋势及市场潜力预测

强化传热技术将在中国石化所有乙烯企业中应用实施,该项技术提高了乙烯裂解炉的运行周期、减少烧焦成本、提高乙烯产量、节约燃料和延长裂解炉寿命,为乙烯企业的良性发展提供了捷径,可谓是乙烯行业发展的一次重大技术突破。

◆ 水动风机冷却塔

(1) 技术概述

水动风机冷却塔的核心技术就是以专用的微型高效水轮机取代电机(包括转动轴、减速机)作为风机动力,使风机驱动方式由电力改为水力。同时,相应地修改循环冷却水上塔管道的配管,增设旁通管道。经过改造,循环冷却回水先通过水轮机后,再进入冷却塔的配水系统,而专用水轮机的工作动力来源于整个冷却循环水系统中的富余能量。在保证原系统设计、使用参数不变和设备正常使用的前提下，在保证原系统水泵电流不增加的基础上，水轮机的输出轴直接与风机相连接而带动其旋转，以达到彻底取消原电机的节能目的。

水轮机应用于冷却塔不论是改造也好，整台新塔也好，优点在于：

① 节能。该塔利用水轮机取代风叶电机，完全节省了风叶电机的运行电耗，且没有增加循环水泵的负担。

② 无噪声。水轮机的能量转换是在水流道内完成的；控制湍振的雷诺数，使水轮机不会发出干扰的噪声。

③ 高效。水轮机轴直接输出风叶，不需再通过其他减速器等，且随着水流量的变化而风量相应变化，始终稳定在较好的气水比。

④ 使用寿命长。水轮机结构简单，运转平稳，因此只要达到材料设计强度和密封，其寿命是长期的。一旦出现故障，维修也极为简单，更换一些标准件即可，比电机减速器的维修要省去许多麻烦。

⑤ 安全。冷却塔电机有漏电伤人，火花爆炸的潜在危险，水轮机不用电，且质量轻，高处作业不再为起吊卸下电机减速器而为难，增加了冷却塔的运行环境安全性。

⑥ 适用。对任何形式的冷却塔都适用，特别适用于特大型的冷却塔。越大越可靠。

（2）应用及市场状况

目前已经有仪征化纤、扬子石化、巴陵石化、吉林石化、天津石化、沧州大化，以及韩泰轮胎、旭阳焦化、山东东大化工、大成农药等大中型企业开始使用水动风机冷却塔。经过长时间运行，用户对其效能给予高度评价。

（3）技术经济分析

以一台冷却水量约 1 500 t / h 冷却塔为例，所配电机功率约为 55 kW，按一年工作 8 000 h 计算，每年所耗电能在 44 万 kWh 左右。电价按 0.6 元 / kWh 计算，则每年节约 26.4 万元。

改造费的价格：(不包括布水器、填料)260 元 / t，则 1 500 t / h 冷却塔需要的改造费用为 39 万元人民币，一年多即可收回投资成本。

以中石化巴陵石化分公司为例，如果所有冷却塔改造完毕，一年可以节省电费 2 100 万元。

（4）未来发展趋势及市场潜力预测

凡是使用传统冷却塔的场合，都可以采用水动风机冷却塔来冷却，市场潜力巨大。中国按 200 t / h 标准塔折算有 50 万台，200 t / h 标准塔的电耗以国家标准规定的 0.04 kW / t 为 7.5 kW，宏观的全部改成水轮机来驱动风叶，每年则可节电 240 亿 kWh，电费按 0.6 元 / kWh 计算，每年节约 144 亿元。

4.3　案例

4.3.1　膜法局部富氧助燃设备技术

(1) 项目简介

膜法局部富氧助燃设备技术使用富氧量仅为所需空气量的 1% ~ 10%，鼓风量和引风量均要显著下降(减少 5% ~ 50%)。在燃油、燃煤和燃气等炉窑进行了实践，社会效益和经济效益均十分显著：平均节约燃料 10.9%，增产 9.2%，产品质量也有提高，窑炉寿命也相应延长，由于燃料充分燃烧，显著改善环境状况，烟气排放全部低于国家环保标准(用富氧前曾冒黑烟)，投资回收期一般小于一年。

(2) 技术方案

对于燃煤锅炉，可以采用 S 形燃烧技术。富氧喷嘴加在燃煤炉的两侧墙。原则是两侧墙的富氧喷嘴必须交叉布置，使烟气在炉膛中形成"S 形"走向、延长烟气的停留时间，用最少的氧来达到强化燃烧、提高火焰温度、促进燃烧完全，减少废气和粉尘的排放，减少烟气对锅炉的冲刷，从而节能减排和延长炉龄等。2006 年 9 月，南阳油田采用局部增氧 S 形燃烧技术对 4 t/h 燃煤锅炉进行了改造。

(3) 技术经济评价

经中石化河南分公司节能监测站对比测试，平均节煤 29.74%，而且热效率平均提高 15.96%，最高达 17.44%。平均负荷提高 17.69%，蒸气压力提高 39%，炉渣可燃物含量下降 53.9%，排烟处 CO 下降 96.4%，固体没完全燃烧热损失下降 48.5%等，空气过剩系数下降 26.9%。

项目总投资 16 万元。该项目节煤 420 t/a，节约资金至少 20 万元/a。投资回收期小于 0.8 a。

4.3.2　余热溴化锂吸收式冷水机组在 PVC 生产中的应用

(1) 项目简介

在 PVC 生产中，HCl 合成炉是采用空气散热来达到冷却目的，以完成 HCl 的合成，但这种冷却方式存在不少问题：

① 合成炉必须放在室外，对炉体外壁腐蚀较大，致使合成炉使用寿命大为缩短。

② 由于靠自然冷却，因此受天气影响较大冷却情况不稳定，HCl 合成效率低，合成炉能力不能得到充分发挥。

③ HCl 合成过程中的热量全部散掉，白白地浪费，不能利用。余热溴化锂吸收式冷水机组可回收这部分热量用于制冷。

（2）技术方案或内容

河北盛华化工有限公司在 PVC 合成工序采用热水型溴化锂制冷工艺，将 HCl 的生成热转变为冷能用于生产工艺，并且通过完善工艺设计和设备的设计制造，形成了一种新的生产工艺流程。

溴化锂制冷机组制取的冷能不仅可以用于生产，也可以替代厂内用电空调，还可为其他工序，如凉水塔等供应冷水，大大减少凉水塔水蒸发消耗量，是节能节水的有力措施。

（3）技术经济评价

200 万 kcal / h 溴化锂制冷工程投资共计 520 万元，其中设备投资 420 万元，安装和基建投资 100 万元。

该项目建成后，达到以下效果：

① 节约水资源。溴化锂冷水机组投入生产运行后，氯碱生产的部分冷却用水使用机组生产的 10℃冷水，实现闭路循环，每台机组减少循环水散失 5 m^3 / h。每年运行时间按8 000 h，水按 2 元 / t 计算，每台机组年节约水费 5 m^3 / h × 8 000 h × 10 元 / t = 40 万元。

② 回收利用余热减少热污染 8.6 × 106 kJ / h，折原煤 4 000 t。

③ 节电。200 万 kcal / h 冷量对应的电压缩制冷用电量为 683 kWh，使用余热制冷后每小时节电 683 kWh，年节电 573.72 万 kWh，电费按 0.5 元 / kWh 计算，年节约电费 286.86 万元。

④ 溴化锂冷水机组生产的 10℃冷水，水质好，不结垢，用于氯碱冷却，设备冷却效率高，生产稳定，设备维修周期延长，间接效益明显。

以上合计实现经济效益 326.86 万元，2 年内即可收回全部投资。

4.3.3　蒸气凝结水闭式回收装置

（1）项目简介

中国石油兰州石化分公司合成橡胶厂改造装置开车产生工艺凝液约 20 t / h，主要由装置使用中压蒸气后产生，凝液温度一般在 115℃左右，热焓值极高。而装置的物料管线原采用低压蒸气伴热，保持物料在冬季具有良好的流动性，伴热后疏水器凝液现场排放。因此，完全可以利用工艺凝液的热量进行伴热，节约消耗的低压蒸气。实际困难是三路工艺凝液回水压力不同，采用简单闭式回收会造成自身压力小的凝液被压力高的凝液顶回去，造成流动困难和无法回收的现象，所以多年以来均用开式回收，凝液热量损失后不能满足伴热温度要求。

（2）技术方案或内容

结合改造装置高温凝液产生特点，在改造过程中有针对性地选择闭式回收系统的配件。装置生产过程产生的三路高温蒸气凝液压力为 0.3 ~ 0.5 MPa,回收过程必然造成气顶。因此在进入回收罐前,将其管路按压力由高到低、由远及近布置,并且安装共网器消除气顶现象。

在回收低海拔位置凝液(如物料罐区疏水器出口凝液)过程中,将所有疏水器重新布置,抬高其安装位置 50 mm,充分利用凝液中所夹带蒸气的爬升动力,减少了凝液回流过程的阻力。同样在回收罐入口安装共网器消除气顶现象,从凝液输送泵出口引一根管线将高压凝液作喷射流,为共网器内部提供了足够的负压,保证进入共网器的任何一路凝液都不会被气顶。

(3) 技术经济评价

改用蒸气凝液替代低压蒸气伴热后,比改造前节约蒸气凝液约 18 万 t/a,直接经济效益 107.21 万元/a,并且具有较大的社会和环境效益。投资约为 100 万元。

4.3.4 氨合成回路分子筛节能技术

(1) 项目简介

中国石化湖北化肥分公司现有的合成氨装置为 20 世纪 70 年代从 Kellogg 公司引进的,以天然气为原料,年产合成氨 300 kt (即 1 000 t/d)。由于天然气气源不足,装置在建设过程中,将原料由天然气改为石脑油,日产合成氨能力也下降到 850 t。20 世纪 80 年代后期,采用丹麦 Topsφe 公司的 Insitu S-200 技术,对合成氨装置中原 Kellogg 四床层轴向冷激型氨合成塔进行了改造,合成氨产量基本达到 1 000 t/d 的原设计指标。2005 年,随着油改煤工程的实施,为配合该项目,采用上海国际化建工程咨询公司的氨合成回路分子筛节能技术对合成氨装置进行了增产节能改造。

(2) 技术方案或内容

合成氨增产节能改造主要有以下两项:①合成气压缩机段间新增分子筛干燥净化系统;②将现有的氨合成回路塔前分氨改为塔后分氨,并增设高效油过滤器和防湍振水冷器,以达到日产 1 200 t 液氨的增产要求。氨合成回路改造中的新增设备均按日产 1 500 t 液氨能力设计,以使装置在经进一步改造后达到 1 500 t/d 的生产能力时,此次改造中新增的设备无须进行再次改造或更换。

新增分子筛干燥系统均为新增设备,主要有分子筛干燥器 2 台、粉尘过滤器 2 台和再生气加热器 1 台,以及特殊管件 1 个。现有氨合成回路的设备,除弛放气氨冷器和弛放气分离器可去除外,其余设备留用,新增设备有高效油过滤器 1 台和防湍振水冷器 1 台。

(3) 技术经济评价

改造投资 1 728.6 万元，建设期 3 个月。改造后效益明显，吨氨高压蒸气消耗降低 0.144 t、中压蒸气降低 0.072 9 t，每年节省标煤 9 500 t，经测算每年可实现效益 1 044 万元。

4.3.5　扩张阳极与改性隔膜技术

(1) 项目简介

近几年，随着国家政策的倾斜，节能型、高清洁工艺的离子膜生产装置呈快速发展趋势，特别是近期投产的氯碱装置多选择离子膜工艺；但隔膜法烧碱工艺仍以其投资省、见效快、易管理、经济实用的优势在国内烧碱生产技术中占有重要地位。因此各氯碱生产企业都在力争寻求节能降耗的新途径使隔膜法烧碱成本降低，以增强企业的竞争力。采用改性隔膜与扩张阳极技术是国内金属阳极电解槽降低电耗的有效措施。

(2) 技术方案或内容

青岛海晶化工集团有限公司现有 30 – Ⅱ型、30 – Ⅲ型金属阳极电解槽共 108 个，2003 年 8 月开始采用动态吸附改性隔膜扩张阳极技术，对现有的电解槽进行改制，通过运行，已逐渐摸索出了一套较成熟的隔膜吸附方法，各项经济指标运行良好，降低了槽电压，提高了电流效率，节电效果显著。

(3) 技术经济评价

改造完成后，改性隔膜扩张阳极电解槽电压也比原普通隔膜电解槽电压降低 0.15 V 左右，生产 1 t 烧碱可节电 105 kWh。

以运行电流 51 kA，年生产 350 天，108 个电解槽全部改性，电费 0.40 元 / kWh 为计算依据。

① 制作 1 个改性隔膜电解槽使用改性剂 6 kg，改性剂价格按 50 元 / kg 计算，隔膜烧结耗电 1 500 kWh，比一个普通隔膜成本高出 900 元，计算如下：

$6 \times 50 + 1500 \times 0.4 = 900$(元)

② 青岛海晶采用到期需重涂的旧阳极片送往江阴安凯特公司改制成扩张阳极片，每片比普通阳极片增加费用 400 元左右(每个隔膜电解槽需 48 张阳极片)：按 10 年折旧，每年费用为 1 920 元。计算如下：

$400 \times 48 = 19\,200$(元)

③ 共用 96 根聚四氟乙烯隔离棒，每根 9 元，使用 2 年，则聚四氟乙烯棒费用 432 元，计算如下：

$96 \times 9 \div 2 = 432$(元)

④ 每个电解槽按年产 580 t 计算，年节电费用 24 360 元，计算如下：

$580 \times 105 \times 0.4 = 24\,360$(元)

每个电解槽年节约成本 21 108 元，计算如下：

24 360 –（900 + 1 920 + 432）= 21 108（元）

青岛海晶全部改完 108 个电解槽，每年将节约费用：21 108 × 108 = 227.9（万元）。

4.3.6 电石炉低压补偿

（1）项目简介

某厂有三台电石炉，其中 12 500 kVA 两台、16 500 kVA 一台，分别经相同容量的电石炉变压器接在 35 kV 母线上。根据运行资料，两台 12 500 kVA 的电石炉功率因数为 0.77，16 500 kVA 的电石炉功率因数为 0.84；向电网注入 2、3、4、5、6、7 次谐波，其中 3、5 次谐波超过了国家标准规定的上限值。因此，要对电石炉负荷进行无功补偿和谐波抑制。

（2）技术方案或内容

按照补偿装置安装位置，有高压补偿、中压补偿和低压补偿三种，分别以接入电石炉变压器高、中低压侧而得名。该厂的电石炉变压器均为两个绕组故只考虑高压和低压补偿。

高压补偿设备简单，投资少，补偿装置故障电流不通过电石炉变压器，不受电石炉变压器接线及电石炉其他方面变化的影响。但高压补偿提高的只是进线的功率因数，达到电网要求。对提高电石炉变压器的效率，减少炉变和短网损耗没有补偿作用。低压补偿把补偿装置接到短网末端，不让无功电流经过短网和电石炉变压器，不仅提高功率因数，对于节能增效有明显的效果。虽然低压补偿比高压补偿要贵一倍，但是由于节能效果很明显，不到一年就可以收回成本。相反高压补偿的投资回收周期却很长，因此该厂采用低压补偿。

（3）技术经济评价

电石炉消耗的无功功率大部分由低压补偿装置提供而不流经电石炉变压器，使电石炉变压器的电流减小，损耗降低。表 4.2 是补偿前三台电石炉变压器铜损，表 4.3 是补偿后三台电石炉变压器铜损，由表可以看出，补偿后在获得相同有功功率的情况下，三台电石炉变压器总的有功损耗降低了 147 kW。

如果电石炉一年当中有 300 h 在运行，那么补偿后一年就可以节电：147 × 24 × 300 = 1 058 400（kWh）。

由此可见，低压侧补偿后的经济效益是很明显的。另外，低压侧补偿使电石炉在保持产量的同时，使各自的电石炉变压器高压侧电流降低 30 A 以上，减轻了其过载的程度，对设备安全运行，延长设备使用寿命都有好处。最后，低压侧补偿使得电石炉变压器在需要时具备过载余量。

表 4.2　补偿前电石炉变压器铜损

设备编号	有功功率 / kW	高压侧电流 / A	变压器等值电阻 /Ω	功耗 / kW
1#	13 189	281	0.776	184
2#	13 189	281	0.776	184
3#	16 164	316	0.623	186

表 4.3　补偿后电石炉变压器铜损

设备编号	有功功率 / kW	高压侧电流 / A	变压器等值电阻 /Ω	功耗 / kW
1#	13 189	234	0.776	127
2#	13 189	234	0.776	127
3#	16 164	287	0.623	154

4.3.7　加热炉炉管在线烧焦技术的应用

（1）项目简介

加热炉是实现延迟焦化装置“安稳长满优”运行的首要关键设备，加热炉炉管的结焦速率，在一定程度上决定着延迟焦化装置正常运转的周期，制约着装置的生产能力，炉管结焦一直是困扰延迟焦化装置的老大难问题，扬子石油化工股份有限公司（以下简称扬子石化）炼油厂 1.6 Mt / a 延迟焦化装置是目前国内在运单套处理能力最大的重油加工装置，为典型的“一炉两塔”流程，加热炉为相对独立的“三炉膛”结构。该装置自 2004 年底一次开车成功以来，已经正常运行近一年，但由于装置生产负荷大幅度调整时，加热炉第二室多次切出和停进料一次，升降温频繁，第二室出现了重油加工装置普遍存在的炉管结焦状况，如何既不影响全厂生产又能较好地解决加热炉炉管结焦问题，扬子石化炼油厂大胆进行了装置不停车在线烧焦的尝试，第一次在线烧焦取得圆满成功。

（2）技术方案或内容

扬子石化新建 16 Mt / a 延迟焦化装置的一炉三室六程加热炉在线烧焦技术的应用在国内尚属首次，其三个炉膛共用一个鼓、引风机、风道和烟道。所谓在线烧焦就是在加热炉整体不停炉的情况下，将其炉管结焦的某一炉室切出，顺利完成对该室的停炉、检查、烧焦和投炉，通过空气—蒸气进行烧焦。在烧焦过程中，炉管内的结焦（焦炭和盐垢），在高温下和通入的工厂风接触燃烧，利用蒸气控制烧焦的速度并带走多余的热量，防止局部过热、保护炉管。同时，由于工厂风、蒸气和燃烧的气体以较高的速度在炉管内流动，将崩裂和粉碎的焦粉和盐垢，一同带出炉管。采用该技术后，减少了停工检修次数，大大地延长了焦化加热炉的连续运行时间，提高了装置的经济效益。

（3）技术经济评价

在线烧焦技术在扬子石化炉管结焦的应用，减少了停工检修次数，消除了制约加热炉长周期运行的瓶颈，避免了停车事故，节约费用 250 万元；加热炉热效率由 86.3%提高到 90.5%，有效地降低了燃料消耗，提高了加热炉热效率，达到设计要求，以提高加热炉热效率 4%计算，全年可节约燃料 700 t，创经济效益 133 万元。

4.3.8 催化与气分装置热联合运行技术的应用

（1）项目简介

哈尔滨石化公司 1 200 kt / a 催化裂化装置原有低温位系统由于夏季没有二级用户使用，运行方式一直采用冬季运行，夏季停运，用循环水和空气进行冷却，不仅造成能量的浪费，而且使装置能耗居高不下，拉大了与同类规模先进装置的差距。2004 年，利用装置大修改造有利时机，对低温位系统进行了改造，实现了催化—气分装置热联合，2005 年 5 月投运后，大大地降低了两个装置的能耗。

（2）技术方案或内容

自管网来的压力 0.5 ~ 0.7 MPa，温度 60 ~ 70℃低温位水经第 3 换热站泵加压后，与催化装置内 E – 206 / 1 ~ 7、E – 202 / 1 ~ 2、E – 201 / 1 ~ 6、E – 311 / 1 ~ 2 换热使温度达到 80 ~ 90℃后，从低温位 DN300 管线引入气分装置，经过 TIC444 与 FIC411A 串级调节来控制丙烯塔底温度，从 E – 404 出口来的低温位水由 DN300 管线回至管网低温位阀组，返回低温位管网。热联合设计每年夏季 5 ~ 9 月份投用，冬季因低温位热量不足停用，但 2005 年实际运行时间为 5 ~ 12 月中旬。

（3）技术经济评价

2005 年为了完成 3 000 kt / a 的加工量，公司大部分生产装置都是满负荷运行，水、电、汽、风都比较紧张，热联合 2005 年共运行了 7 个月，投运后催化节约了大量的循环水和空冷用电，缓解了供需矛盾，气分装置节约了大量 1.0 MPa 蒸气，热联合创造的直接经济效益如下：

$S_{热} = S_{水} + S_{电} + S_{汽} = 13\,300 \times 214 \times 0.38 + 1\,200\,000 \times 0.5 + 12\,500 \times 7 \times 80 = 868$（万元）

4.3.9 空气预热器技术在乙烯装置裂解炉的应用

（1）项目简介

乙烯裂解炉是耗能大户，为提高中国乙烯产品在国际上的竞争力，必须从降低乙烯能耗、物耗，降低乙烯生产成本，提高设备效率入手。

利用乙烯厂区的低压放空蒸气、中压凝液和自身循环的急冷水作为加热介质预热空气技术可大大降低乙烯裂解炉的能耗。该技术适用于裂解炉底部燃烧器，通过在裂解炉底部燃烧器处增设空气预热器加热入口空气，使进入炉膛的空气获得温升，从而降低裂解炉的燃料消耗。此项新技术的核心之处是它的节能性，即选用的加热介质是装置余热，节能系统不增加公用工程水、电、气、汽的消耗；用裂解炉本身设备储备的动力余量来推动节能系统的正常运转，即仅消耗很少的原动力即可满足运行要求。原装置裂解炉底部火嘴和侧壁火嘴引风是直接从环境中吸入空气，进入炉膛助燃。空气中含量占 80%的氮气不参与燃烧反应，离开辐射段时温度达到 1 080℃左右，温度升高所吸收的热量来自燃料的燃烧。在冬天，空气温度低，用于加热空气所消耗的燃料量就更大。

2006 年该技术应用于中国石化齐鲁分公司烯烃厂的 15 台乙烯裂解炉。

(2) 技术方案或内容

在满足乙烯装置裂解炉生产的前提下，利用乙烯装置及冷水、0.35 MPa 蒸气、锅炉排污水作为热源，通过增设在裂解炉底部燃烧器的冷空气获得预热，节省了一部分燃料气，达到乙烯裂解炉节能降耗的目的。

本设计系统不增加外界能耗设备，也不需自动控制，完全利用裂解炉自身的潜力及热源的内能，来推动该节能系统的正常运行。投用后可改善炉内燃料的燃烧状况，降低排烟温度，从而提高炉子的热效率。

本项目使用的热源有 3 种：乙烯裂解炉冷却产生的急冷水、锅炉汽包排污水、富余的低压蒸气。

(3) 技术经济评价

该项目仅需投资 1 000 万元，每年即可节约燃料约 8 000 t，创造经济效益在 1 500 万元以上。

第 5 章 有色金属行业重点能效技术与应用案例

5.1 行业发展概况

有色金属工业是发展国民经济、提高人民生活水平和维护国家安全的基础性原材料工业，是以开发利用矿产资源为主的传统产业。有色金属的发展与消费水平已成为衡量一个国家社会进步的重要标志。

中国有色金属工业经过 50 多年的建设，特别是近 20 年的快速发展，10 种常用有色金属的产量已于 2002 年超过美国当年的产量，跃居世界第一。2007 年中国 10 种有色金属产量达到 2 370 万 t，已连续 6 年总产量居世界第一。10 种有色金属产量中，铜 349.94 万 t，铝 1 258.83 万 t，铅 278.83 万 t，锌 374.26 万 t，镍 11.57 万 t，锡 14.88 万 t，锑 14.66 万 t，汞 798 t，镁 62.47 万 t，海绵钛 4.52 万 t。科技进步是中国有色金属工业快速发展的主要支撑力量。改革开放以来，在国家的支持下，经过持续科技攻关与开发创新，有色金属工业主要生产领域采矿、选矿、冶炼和加工方面的技术和装备已经大大缩短了与国外的差距，特别是大型骨干企业主要生产工序的技术、装备已经达到或接近国际先进水平。

“十一五”以来，国务院发布了加强节能工作的决定，制定了促进节能减排的一系列政策措施。有色金属工业是资源和能源消耗行业，加强节能减排和资源综合利用对有色金属工业提高效益和可持续发展具有重要意义。近年来，国家通过政策引导、技术改造、结构调整，有色金属行业主要产品单位能耗大幅下降，一些主要的技术经济指标接近或达到世界先进水平，大大提高了中国有色金属工业的国际竞争力。

5.2 能源消耗现状

2005 年中国有色金属工业年消费标准煤超过 8 000 万 t，约占国内能源消费总量的 3.8%，占国内企业能源消费总量的 6%。按照 2005 年综合能耗指标和技术经济指标进行推算，冶炼产品总能耗为 5 867.4 万 tce，占能源总消费量的 67.37%，其中铜冶炼总能耗 135.3 万 tce，铝冶炼总能耗 4 636.9 万 tce，铅冶炼总能耗 121.4 万 tce，精锌冶炼总能耗 144.2 万 tce，电锌总能耗

333.2 万 tce,分别占能源总消费量的 1.55%、53.24%、1.39%、1.66%和 3.83%;氧化铝总能耗为 852.1 万 tce, 占能源总消费量的 9.78%; 加工材总能耗为 845.1 万 t,占能源总消费量的 9.7%,其中铜加工材总能耗 361.7 万 tce,铝加工材总能耗 483.4 万 tce,分别占能源总消费量的 4.15%和 5.55%;矿山产品总能耗为 407.45 万 tce,占能源总消费量的 4.68%。2007 年中国有色金属工业综合能源消费量 7 411 万 tce(由于折标系数变化与 2005 年无可比性,折标系数由老系数 0.404 kgce / kWh 调为新系数 0.122 9 kgce / kWh)。

"十五"时期,经过大规模的技术改造和淘汰落后生产能力,有色金属工业节能降耗成效显著。2007 年有色金属工业主要产品单位能耗继续下降,一些主要技术经济指标接近或达到世界先进水平。2000—2007 年主要有色金属能耗指标见表 5.1。

表 5.1　2000—2007 年主要有色金属能耗指标

品种	单位	2000 年	2001 年	2004 年	2005 年	2006 年	2007 年
铜冶炼综合能耗	kg / t	1 277.2	1 079.5	1 056.2	733.1	594.8	485.8
氧化铝综合能耗	kg / t	1 212	1 180	1 023.4	998.2	802.7	868.1
铝锭综合交流电耗	kWh / t	15 480	15 470	14 795	14 575	14 697	14 441
铅冶炼综合能耗	kg / t	721.0	685.4	633.4	654.6	542.3	551.3
锌冶炼综合能耗　电解锌	kg / t	2 306.9	2 050.2	2 013.1	1 953.1	1 247.5	1 063.3
锌冶炼综合能耗　精锌	kg / t	2 234.1	2 222.9	2 404.1	2 397.1	2 246.6	2 023.9
锡冶炼综合能耗	kg / t	2 680.4	2 489.3	2 531.3	2 444.6	2 380.7	1 813.0
锑冶炼综合能耗	kg / t	3 922.1	2 294.8	2 138.5	1 646.3	2 071.7	2 080.3
铜加工材综合能耗	kg / t	1 106.8	925.1	958.9	719.9	531.4	565.1
铝加工材综合能耗	kg / t	1 139.5	1 111.8	985.0	746.2	538.8	450.6

5.2.1　铝锭综合交流电耗已达到国际原铝协会制定的 2010 年节能目标

2003 年 3 月, 中国有色金属工业协会在国家发展改革委、国家环保总局的支持下,在电解铝行业内率先发起有影响的 8 家骨干企业带头淘汰落后自焙槽生产工艺, 并提出了到 2005 年末淘汰落后自焙槽生产工艺的目标。到 2005 年底, 全国基本淘汰了落后自焙槽生产工艺,共淘汰自焙槽产能 154 万 t,仅此按产能替代计算,年节电 18.9 亿 kWh,取得了明显的效果。2005 年中国铝锭综合交流电耗下降到 14 575 kWh / t, 比 2000 年下降 905 kWh / t。2006 年中国铝锭综合交流电耗 14 697 kWh / t, 比 2000 年下降 783 kWh / t。

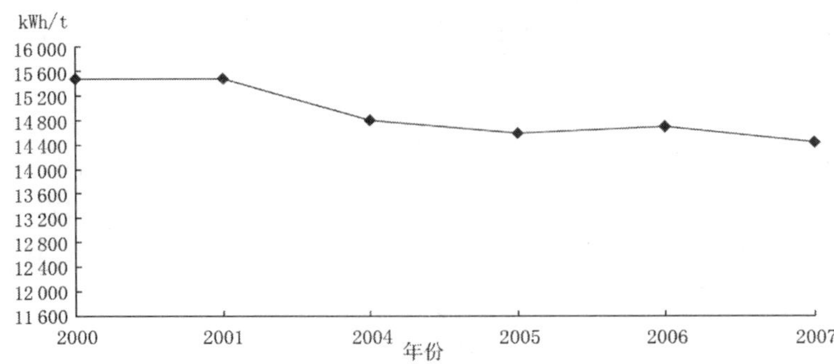

图 5.1　2000—2007 年铝锭综合交流电耗变化趋势

2007 年中国铝锭综合交流电耗 14 441 kWh / t，实现了国际原铝协会制定的铝锭综合交流电耗到 2010 年降低到 14 600 kWh / t 的节能目标，见图 5.1。

5.2.2　氧化铝综合能耗降到 1 000 kgce / t 以下

"十五"时期，新建项目均采用低能耗的拜耳法生产工艺，单位产品能耗比烧结法降低一半以上。2005 年氧化铝综合能耗首次降到 1 000 kgce / t 以下，为 998.2 kgce / t，比 2000 年下降 214 kgce / t，下降 17.7%。2007 年中国氧化铝平均综合能耗为 868.1 kgce / t，见图 5.2。

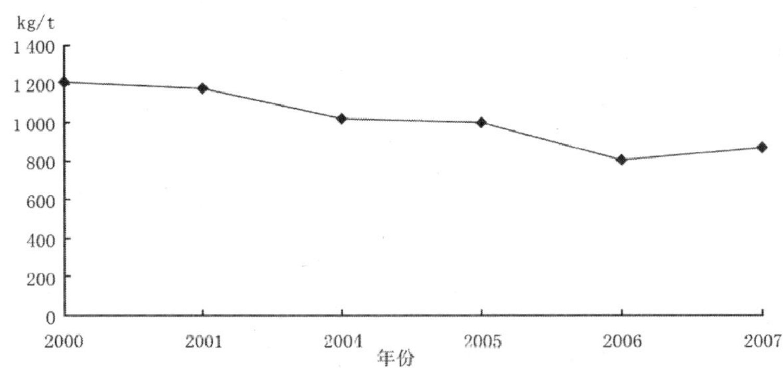

图 5.2　2000—2007 年氧化铝综合能耗变化趋势

5.2.3　铜冶炼骨干企业综合能耗已接近或达到国际先进水平

随着铜冶炼骨干企业不断进行技术改造，先进工艺生产所占份额不断扩大，能耗不断降低。2005 年铜冶炼综合能耗降到 733.1 kgce / t，比 2000 年下降 544.1 kgce / t，下降 42.6%。2007 年中国铜冶炼综合能耗大幅度下降到 485.8 kgce / t，见图 5.3。

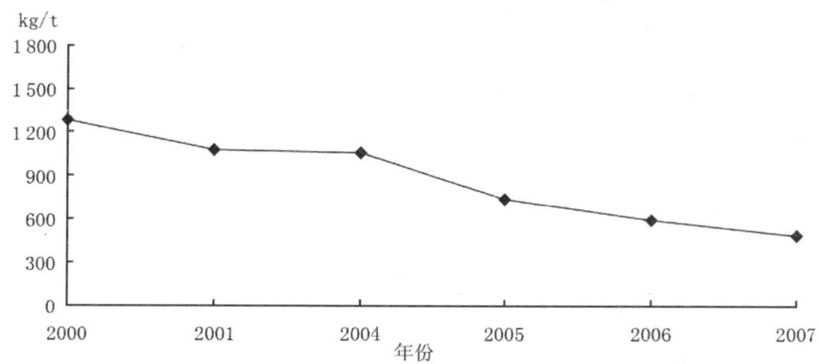

图 5.3　2000—2007 年铜冶炼综合能耗变化趋势

5.2.4　铅锌冶炼综合能耗均呈下降趋势

2005 年铅冶炼综合能耗降到 654.6 kgce / t，比 2000 年下降 66.4 kgce / t，下降幅度为 9.2%。2005 年电解锌综合能耗降到 1 996.7 kgce / t，比 2000 年下降 353.8 kgce / t，下降幅度为 15.3%。2007 年中国铅锌行业技术进步继续取得重要进展，铅锌冶炼综合能耗均呈下降态势。几个具有世界先进水平的铅锌冶炼技术得到工业化应用，行业平均技术和装备水平相应提高。云南冶金集团引进的艾萨炉炼铅技术获得成功，具有中国自主知识产权的 SKS 氧气底吹——鼓风炉炼铅技术继续在国内迅速普及；氧压浸出炼锌工艺研究和工业化应用取得突破。

2007 年铅冶炼综合能耗降到 551.3 kgce / t，比 2005 年下降 15.8%，下降趋势见图 5.4。

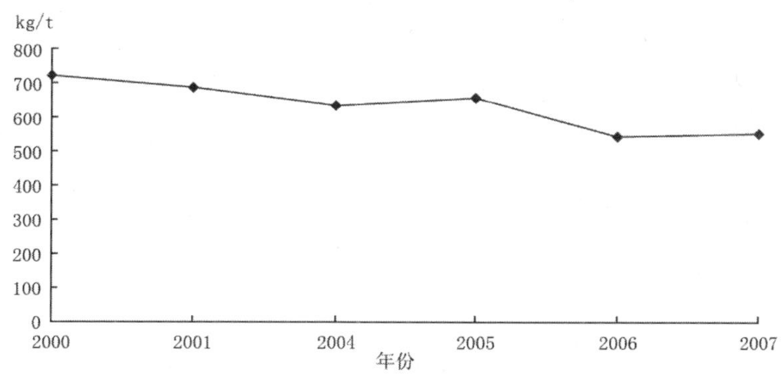

图 5.4　2000—2007 年铅冶炼综合能耗变化趋势

2007 年电解锌综合能耗为 1 063.3 kgce / t，与 2006 年相比下降 14.8%。下降趋势见图 5.5。

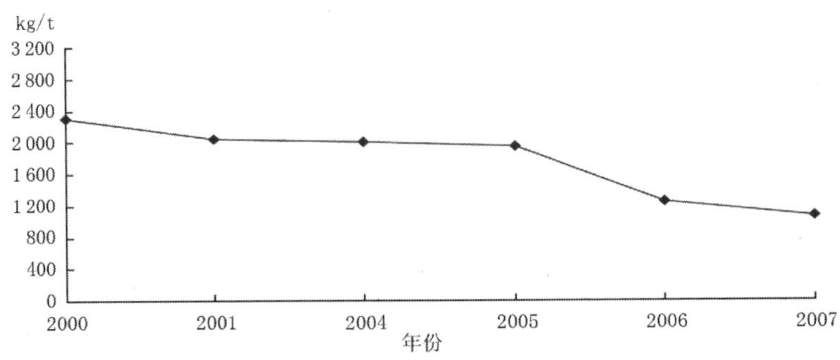

图 5.5 2000—2007 年电解锌综合能耗变化趋势

5.2.5 锡冶炼综合能耗稳定下降，锑基本稳定

2007 年锡冶炼综合能耗为 1 813.0 kgce / t，下降趋势见图 5.6。

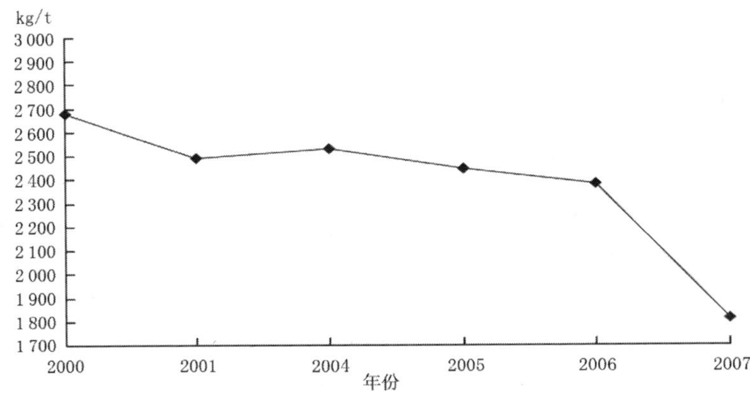

图 5.6 2000—2007 年锡冶炼综合能耗变化趋势

锑冶炼综合能耗与 2000 年相比也有大幅下降。2007 年锑冶炼综合能耗降到 2 080.3 kgce / t，下降趋势见图 5.7。

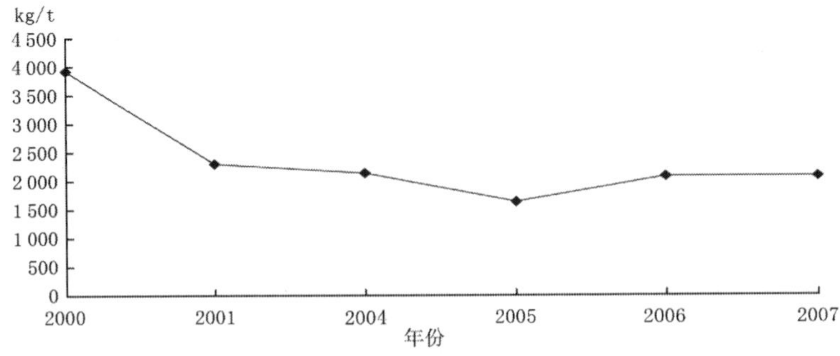

图 5.7 2000—2007 年锑冶炼综合能耗变化趋势

5.3　有色金属行业重点节能技术

5.3.1　概述

有色金属行业主要产品的能耗状况及其适用节能技术的节能量和技术经济分析等如表 5.2 所示。

表 5.2　有色金属行业主要产品能耗及其适用节能技术

一、电解铝	
(1) 产品能耗	到 2005 年底，全国基本淘汰了落后自焙槽生产工艺。2005 年中国铝锭综合交流电耗下降到 14 575 kWh / t，比 2000 年下降 905 kWh / t。2007 年中国铝锭综合交流电耗 14 441 kWh / t，实现了国际原铝协会制定的铝锭综合交流电耗到 2010 年降低到 14 600 kWh / t 的节能目标
(2) 节能技术(A)	新型阴极结构高效节能铝电解与装备工程
技术内容简述	该技术集中了铝液和火焰焙烧的优点，不仅提高了电解槽的焙烧质量，而且大大缩短了焙烧时间，降低了能耗和焙烧费用
适用条件	160 kA 以上大中型预焙槽改造
典型节能量	可使槽电压降低 0.3 V；电流效率平均提高 1.36%；直流电耗达到 12 281 kWh / t 铝，吨铝平均电耗下降 1 112 kWh。对于一个 30 万 t 铝厂，每年可节电 3.3 亿 kWh
典型投资额	一个 30 万 t 电解铝厂技改投资为 1.8 亿元，平均单台电解槽投资约 200 万元
投资回收期	1.5 年
市场潜力	该技术已在 3 台电解槽上进行试验，近期将在 5 个系列共 150 台电解槽上应用。假定未来 3 年推广到 30 家企业，总的投资需求为 50 亿元，可形成年节电能力 50 亿 kWh
节能技术(B)	铝电解系列不停电停(开)槽技术及装备
技术内容简述	通过对铝电解槽大电流动态转换过程分析与研究，采用大电流分流及大电流通、断技术控制电解槽大电流转移动态过程，从而完成电解槽在全电流状态下，电流回路的切换，实现不停电大修
适用条件	适用于所有的电解铝企业，小容量单台设备也适合电解铜企业
典型节能量	降低吨铝直流电耗 40 kWh 以上，增产 1.2%左右。一个 25 万 t 电解铝厂每年可节电 1 000 万 kWh，增加铝产量 3 000 多 t
典型投资额	一个 25 万 t 电解铝厂节能技改投资额 500 万 ~ 800 万元

续表

投资回收期	0.5年左右
市场潜力	目前，已有20多家电解铝厂进行了工业应用。若全部推广，总的资金需求为5亿元，可形成年节电能力8亿kWh，节约重油5万t
节能技术(C)	铝电解用铝钢复合结构阳极钢爪等节能装置
技术内容简述	通过降低铝电解槽阳极导电装置结构的传导电阻，达到降低电解铝的生产电耗的目的。同时，通过消除现通用的弧板压接式小盒卡具对铝导杆压接沟痕，减少铝导杆与阳极大母线的接触压降，以实现降低电解铝的生产电耗
适用条件	大型电解铝企业
典型节能量	可使传导电压降平均降低20 mV，吨铝可节电约320 kWh。一个20万t规模的电解铝厂每年可降低电耗6 400万kWh
典型投资额	一个20万t规模的电解铝厂技改投资为1 500万元
投资回收期	0.5年
市场潜力	未来3～5年内在全国30家大型企业进行推广，总的投资需求4.5亿元，可形成年节电能力19.2亿kWh
二、氧化铝	
(1)产品能耗	“十五”时期，新建项目均采用低能耗的拜耳法生产工艺。2005年氧化铝综合能耗首次降到1 000 kgce/t以下，比2000年下降214 kgce/t，下降17.7%。2007年中国氧化铝平均综合能耗为868.1 kgce/t
(2)节能技术	
(3)技术内容简述	
(4)适用条件	
(5)典型节能量	
(6)典型投资额	
(7)投资回收期	
(8)市场潜力	
三、铜冶炼	
(1)产品能耗	2005年铜冶炼综合能耗降到733.1 kgce/t，比2000年下降544.1 kgce/t，下
(2)节能技术	降42.6%。2007年中国铜冶炼综合能耗大幅度下降到485.8 kgce/t 有色冶金烟气余热利用项目
(3)技术内容简述	利用强制循环余热锅炉回收冶炼烟气余热，生产中压饱和蒸气，配套饱和蒸气汽轮机组，发电机组抽汽供热，实现供热、电联产，最大限度地提高余热蒸气利用效率

续表

(4) 适用条件	各大、中型冶炼厂
(5) 典型节能量	降低吨铜能耗 310 kgce，每吨粗铜生产可回收蒸气 2 ~ 3 t
(6) 典型投资额	每千瓦装机投资 6 500 元左右。规模为 10 万 t 左右的铜冶炼厂需投资 6 000 万 ~ 7 000 万元
(7) 投资回收期	3 ~ 4 年
(8)市场潜力	“十一五”期间，该技术推广率达 85%，总投资需求为 2 亿 ~ 3 亿元，可形成年节能能力 44 万 tce
四、铅冶炼	
(1) 产品能耗	2005 年铅冶炼综合能耗降到 654.6 kgce / t，比 2000 年下降 66.4 kgce / t，下降幅度为 9.2%。2007 年铅冶炼综合能耗降到 551.3 kgce / t
(2) 节能技术	氧气底吹熔炼技术
(3) 技术内容简述	采用氧气底吹熔炼技术取代铅烧结工艺，实现了自热熔炼，硫化矿物的反应热通过余热锅炉回收余热得以充分利用，冶炼强度大大提高，从而大大降低能耗
(4) 适用条件	大中型铅冶炼企业
(5) 典型节能量	吨铅生产能耗降低 150 kgce，一个年产 8 万 t 粗铅的企业每年可节能 1.2 万 tce
(6) 典型投资额	一个年产 8 万 t 粗铅的企业技改投资 1.8 亿元
(7) 投资回收期	4 年
(8)市场潜力	已有 10 家企业采用并投产。若将该技术继续推广至 10 ~ 15 家企业，则总的投资需求为 30 亿元，可形成年节能能力 19.5 万 tce
五、电解锌	
(1) 产品能耗	2005 年电解锌综合能耗降到 1 996.7 kgce / t，比 2000 年下降 353.8 kgce / t，下降幅度为 15.3%。2007 年电解锌综合能耗为 1 063.3 kgce / t
(2) 节能技术	
(3) 技术内容简述	
(4) 适用条件	
(5) 典型节能量	
(6) 典型投资额	
(7) 投资回收期	
(8)市场潜力	

续表

六、镁冶炼	
(1) 产品能耗	高效节能与深度环保的金属镁生产技术
(2) 节能技术	其主要流程：白云石连续竖窑煅烧→煅白造球→蓄热式还原→连续高温空
(3) 技术内容简述	气燃烧的高效精炼。流程主要特点包括：煅烧工序，采用了高效连续竖窑技术和骤冷余热回收及提高煅白活性技术；还原工序，采用了蓄热燃烧技术和还原炉大型化技术；精炼工序，采用了连续高温空气燃烧技术和直接合金化技术
(4) 适用条件	适用于整个金属镁生产行业
(5) 典型节能量	可使吨镁生产煤耗降低 5.6 t，一个 8 万 t 镁生产企业每年可节约煤炭消耗 45 万 t
(6) 典型投资额	一个 8 万 t 规模的镁生产企业技改投资约 3 亿元
(7) 投资回收期	1.2 年
(8)市场潜力	“十一五”期间推广到 5 家企业，总投资需求 10 亿元，可形成年节能能力 93 万 tce

5.3.2 新型阴极结构高效节能铝电解技术与装备工程

(1) 项目必要性

铝是仅次于钢铁的第二大金属。目前中国铝电解生产所消耗的电能占全国电能消耗的 5.5%以上，占整个有色金属电能消耗的 85%以上。尽管近 20 年，中国铝电解技术取得了重大进步，电解槽的容量从 60 ~ 200 kA 发展到现在的 300 ~ 400 kA，但铝电解生产的直流电耗一直徘徊在 13 000 ~ 13 300 kWh / t，与世界先进水平仍有较大差距。在节能和电价不断上涨的压力下，为保持中国电解铝持续发展，努力降低电耗十分必要。

(2) 技术现状

从 2008 年初开始，东北大学和重庆天泰铝业有限公司合作，采用《新型阴极结构高效节能铝电解槽试验与研制》和与此相配套的《铝电解槽火焰—铝液二段焙烧新技术》在三台 168 kA 大型预焙槽上进行试验。结果，5 月 1 日—8 月 31 日四个月稳定运行的技术经济指标比对比系列电解槽的槽电压降低 0.3 V，达到 3.80 V(包括效应分摊电压)；电流效率平均提高 1.36%；直流电耗达到 12 281 kWh / T – Al，比其他 127 台电解槽的平均直流电耗降低了 1 112 kWh / T – Al，节能效果显著。该项目属国内外首创，整体技术达到国际领先水平。2008 年 9 月通过了中国有色金属工业协会组织的专家鉴定，并已申请国家专利。火焰—铝液二段焙烧技术集中了铝液和火焰焙烧的优点，不仅提高了电解槽的焙烧质量，而且大大缩短了焙烧时间，降低了能耗和焙烧费用。

（3）项目内容

目前 160 kA、240 kA、300 kA、350 kA 和 400 kA 系列电解槽，代表了中国电解铝厂的整体技术与装备水平。为了节约投资，本项目从上述系列中选择使用时间较长，已超过服务期的电解槽中各 30 台改造，全部采用东北大学冯乃祥教授发明的，并已在重庆天泰铝厂 168 kA 电解槽上试验成功的新型阴极结构铝电解技术与装备专利技术。

（4）项目目标

本技术在重庆天泰铝业公司 160 kA 电解槽系列、湖南晟通集团创元铝业的 240 kA 电解槽系列、东方希望包头稀土铝业的 300 kA 电解槽系列、宁夏青铜峡铝业公司 350 kA 系列和霍林河鸿骏铝电集团 400 kA 系列上各选 30 台电解槽推广应用基础上，力争再用 3 年左右的时间，使应用本项目的国内企业达 30 ~ 50 家，年节电 45 亿 ~ 75 亿 kWh。

5.3.3　铝电解系列不停电停（开）槽技术及装备

（1）项目必要性

由于电解铝系列设计和生产具有多台电解槽串联电路和周期性停槽大修两个特点，传统生产中不得不经常系列停电进行停槽和开槽操作，从而带来以下影响（以年产 25 万 t 电解铝系列为例）：

① 对电网冲击大。全系列停电对电网负荷影响超过 50 万 kW，达到一个中型城市的用电负荷，对电网系统的运行非常不利。

② 增加能耗。系列停电后，多数电解槽会发生阳极效应，产生效应无功电耗，另外，电解槽系列停电或恢复供电过程中，当电解槽几何平均电流密度约 0.47 A / mm^2 以下时，电解槽系列产生的无功电耗，年多耗电 2 000 余万 kWh。

③ 影响产量。一般情况下，开停槽时，系列零电流时间约 15 min；开槽时，系列零电流时间约 20 min，此时整个电解槽系列完全不产铝；另外，在电解槽系列降电流和升电流过程中，当电解槽几何平均电流密度约 0.47 A / mm^2 以下时，电流效率几乎为零，整个系列电也不产铝，年影响产铝 2 300 余 t。

④ 对环境不利。由于停、开槽时全系列停电破坏电解槽的能量平衡，造成阳极效应增加，会产生大量全氟化碳（PFC）温室效应气体——CF_4 和 C_2F_6（与 CO_2 比较，CF_4 的温室效应是 CO_2 的 6 500 倍，C_2F_4 是 CO_2 的 9 200 倍），相

当于5万多t当量二氧化碳排放量。

随着国家产业政策对节能和环保要求的日益苛刻,电解铝生产的节能与环保形势日趋严峻,对电解铝传统的系列频繁停电造成的巨大能源浪费及废物废气排放增加进行技术改造已刻不容缓,同时,技术改造对企业带来的经济效益,也将对企业进行改造带来巨大的动力。

(2) 项目技术现状

解决这一问题,目前由两个团队分别完成了两种技术与装置。

河南中孚实业股份有限公司、郑州中实赛尔科技有限公司等单位完成的"铝电解不停电停(开)槽技术及装备"(赛尔开关)获得了国家发明专利,并于2006年11月通过科技成果鉴定,解决了长期困扰电解铝生产的世界性难题,已被列为《国家重点推广的节能技术目录》(第一批),在此后的2年时间里,该技术及装备迅速在国内外20多家电解铝厂进行了工业应用,取得了良好的经济效益和巨大的节能效果,技术及装备成熟可靠。

由中铝国际贵阳分公司、中铝遵义铝业公司等单位研制的铝电解不停电开停槽开关装置获得了国家专利,并于2008年7月通过科技成果鉴定,鉴定专家一致认为:装置使用安全可靠,性能稳定,可有效降低能耗,并建议加强推广应用。该装置具有体积小、重量轻、造价低、操作安全、易安装、不受磁场影响等特点, 目前已在国内3家电解铝厂投入实际使用近半年时间,对200 kA级、320 kA级,甚至400 kA级电解系列进行了数百次开、停槽操作,使用安全、方便、节能、增产,企业反映良好。

以上两项成果均具备了在国内外全面推广的条件。

(3) 项目主要内容

① 按照不停电停(开)槽技术要求,对现有电解铝系列的槽母线和短路系统进行全面测试和设计,并进行相应的改造。

② 设计,制造满足要求的开关装置、短路口机械开闭装置和控制系统。

③ 完成开关装置在生产现场的安装、调试和应用试验。

(4) 项目目标

河南中孚实业股份有限公司、郑州中实赛尔科技有限公司等单位完成的铝电解不停电停(开)槽技术及装备主要在中铝公司以外的企业进行推广。拟通过3年左右时间, 在目前国内20多家铝电解企业采用本项技术装备的基础上,使国内市场推广率达到60%,年节电3亿kWh,增产电解铝4万t。实现成套技术和装备向西方市场出口。

中铝公司电解铝企业(共有各种容量电解槽约7 000台、产量约3 800 kt,每年需大修槽约1 450台),拟全部采用由中铝国际贵阳分公司、中铝遵义铝业公司等单位研制的铝电解不停电开停槽开关装置。中国铝业公司每年可多产铝 28 484 t，节电 1 亿 kWh / a，则可新增产值约 5.127 亿元 / a（吨铝售价按 18 000 元 / t 计），实现总利润增加约 9 000 万元 / a，同时，减少当量二氧化碳排放约 96 万 t / a。实现成套技术和装备向国际市场出口。

5.3.4 高效节能与深度环保的金属镁生产技术

（1）必要性

中国是世界上第一产镁大国（已占世界原镁产量的 80%左右），在中国的原镁生产中，99%以上是采用硅热法（皮江法）生产。传统的硅热法具有能耗大，环境污染严重、产量低等问题，限制了硅热法的发展。高效节能与深度环保的金属镁生产成套示范工程针对这些问题对传统硅热法炼镁工艺进行了改进和优化，取得明显进展。

（2）技术概述

在热法炼镁方面，国内技术已明显优于国外的镁生产企业，因此无须与国外热法炼镁企业进行对比。

高效节能与深度环保的金属镁冶炼成套示范工程由北京科技大学和北京沃克能源科技有限公司完成，已在国内多家企业投产使用。主要流程：白云石连续竖窑煅烧→煅白造球→蓄热式还原→连续高温空气燃烧的高效精炼。流程主要特点包括：煅烧工序，采用了高效连续竖窑技术和骤冷余热回收及提高煅白活性技术；还原工序，采用了蓄热燃烧技术和还原炉大型化技术；精炼工序，采用了连续高温空气燃烧技术和直接合金化技术。最后，该工程使用多种节材技术，如还原罐体的保护、降低硅铁消耗技术等达到了节约原料、降低成本的目的。大量燃煤排放的 SO_2，NO_x 以及悬浮颗粒物已经在中国形成了极大的危害。由于改造实现的节约燃料，每年可以减少 CO_2 的生成约 115.5 万 t，减少 SO_2（中国煤平均硫分含量为 1.1%）的生成约 0.9 万 t。

（3）经济效益

作为国内大型金属镁生产企业，山西银光镁业年产镁约 8 万 t，改造前需要燃料煤 85 万 t，改造后需要燃料煤 40 万 t，每年节约燃料煤 45 万 t，按吨煤价格 800 元计，每年仅燃料就可以节约 3.6 亿元。吨镁成本可比传统热法生产线下降 5 300 元，如果按全国镁产能 100 万 t 计算，则可取得额外的经济效益 53 亿元。

（4）应用前景

该技术具有广泛的应用前景，适用于整个金属镁生产行业，其潜在客户约 100 多家企业单位。近期目标：今后 3 ~ 5 年分年度推广计划如表 5.3 所示。

表 5.3 年度推广计划

企业名单	投资 / 亿元	完成时间	预期目标
山西闻喜八达镁业有限公司	1.5	2010 年	单炉产量提高 100%以上、亿元投资产能提高 100%以上、全系统的能源利用率提高 100%以上、还原罐和精炼坩埚寿命提高 100%以上、废渣利用率达到 100%、硅铁消耗降低 10%以上、生产周期缩短 20%以上、污染物排放减少 50%以上
临江镁业集团有限公司	1.5	2010 年	
维恩克(鹤壁)镁基材料	2.0	2010 年	
山西金星镁业	2.0	2010 年	
山西广灵精华镁业	3.0	2010 年	

5.3.5 氧气底吹熔炼——鼓风炉还原炼铅新工艺及成套装置

(1) 必要性

中国 2002 年以前 100%、世界至今 80%以上的铅冶炼采用传统的烧结——鼓风炉工艺。根据统计，氧气底吹新工艺单位能耗只有传统工艺的 62.5%，单位硫酸产量接近传统工艺的 2 倍，烟气排放量接近减半，烟尘及 SO_2 排放量减少 6 ~ 60 倍。由此可知，开发与采用新工艺替代传统落后工艺，是实现节能减排最重要和最有效的手段。中国吨铅能耗 2005 年为 908 kgce，2006 年为 651 kgce，2007 年降至 520 kgce，随着氧气底吹熔炼——鼓风炉还原炼铅新工艺的开发及不断推广应用，中国铅冶炼技术装备水平有了很大提高。全面推广本技术，可以实现年节能 42 万 tce，意义重大。

(2) 技术概述

氧气底吹熔炼——鼓风炉还原炼铅法是中国有色工程设计研究总院和水口山有色金属公司联合开发的具有国际先进水平的炼铅技术，该工艺获得了国家科技进步二等奖和中国有色金属工业科技进步一等奖。主要建设内容：

① 氧气底吹熔炼炉替代烧结，包括氧气底吹熔炼炉等主体设备及与配套的附属工艺设备改造；

② 在现有传统工艺鼓风炉工艺设备的基础上，增设高铅渣铸锭机；

③ 增设制氧系统、制酸系统等主体设备及附属设备；

④ 增设过程监测与控制。

(3) 应用状况

氧气底吹熔炼——鼓风炉还原炼铅新工艺及成套装置开发成功后，市场推广迅速。目前已有 10 个铅冶炼厂采用该技术建成投产、6 个冶炼厂处在施工建设阶段、8 个厂家在设计中。市场普及率达 50%左右。

(4) 典型技术经济分析

将现有 3 万 t 传统的烧结机(锅)—鼓风炉工艺改造成该工艺 10 万 t 规模，投资 3 亿～4 亿元，粗铅综合单位能耗可由 630 kgce / t 降低为 380 kgce / t，年节能 2.5 万 tce。

从生产运行的情况看，该工艺具有许多优点：投资省、综合能耗低、环保好、金属回收率高、生产成本比传统工艺低。

(5) 市场前景

三年时间内继续推广到 10～15 家企业，总的资金需求为 30 亿元，可取得总节能量 19.5 万 tce。

5.3.6　有色冶金烟气余热利用项目

(1) 项目必要性

中国有色冶金企业各种炉窑设备在其冶炼生产过程中会产生大量的高温烟气，这些高温烟气必须进行冷却后才能满足后续工艺的要求。对于烟气的冷却，过去往往采用水冷或风冷，配套余热锅炉和余热发电站等烟气余热利用设施的企业较少，全国采用余热发电的有色企业不足 15 家，余热利用水平低。烟气的热量不但没有回收，反倒消耗大量的水和电能，同时由于结渣和腐蚀的问题，致使设备利用率低，维修频繁，给生产造成诸多不利的影响。余热回收利用，不仅节水、节能，还可减少烟气泄漏，从而减少 SO_2 等有毒气体和重金属烟尘的排放。因此推广有色冶金烟气余热利用技术对于降低能耗，实现国家节能减排目标是十分必要的。

(2) 技术装备现状

通过技术引进、吸收和自主创新，已设计开发了数十台与各类有色冶金炉窑相匹配的余热锅炉，这些余热锅炉有如下技术特点：

① 合理组织烟气流动、控制烟气流速，减少烟尘的粘结和受热面的磨损。

② 合理控制余热锅炉的运行压力，使锅炉壁温始终处于烟气露点温度以上，防止受热面的低温腐蚀。

③ 余热锅炉炉墙采用膜式水冷壁，既可以使余热锅炉炉体的密封性得到根本改善，又便于采用振打清灰。

④ 可靠的清灰装置是有色冶金炉窑余热锅炉的关键设备，可以及时有效地在线清除余热锅炉受热面上的积灰和结渣。

(3) 主要建设内容

① 冶金炉窑余热锅炉，这是本技术改造的核心。

② 余热发电站，使蒸汽热量得到充分利用。

③ 化学水处理站,为余热锅炉提供合格给水。

(4) 应用情况

本技术可用于有色行业的各个大、中型冶炼厂,要求余热锅炉蒸气量大于 5 t/h,压力大于 1.0 MPa。

"十一五"期间,该技术在大、中型企业推广率可达 85%以上,需要总投入为 2 亿~3 亿元,可取得总节能量 44.4 万 tce/a(按中等容量估算)。

5.3.7 铜材料短流程生产技术

(1) 必要性

当前国内外铜材料生产的传统工艺是:合金熔炼铸锭—热加工—冷加工三段式,其中热加工主要有热轧、热挤压等,热加工工序中铸锭加热是重要耗能工序,能源类型有煤气、天燃气、电能等,其能耗约占铜材生产能耗的 1/3。传统工艺吨铜材平均耗电为 1 200 kWh。在确保产品质量的条件下,如改用短流程工艺,取消热加工工序,吨铜材耗电仅为 800 kWh,节能显著。

(2) 技术现状

近 3 年来,中国铜加工技术创新活跃,其中铜材料短流程生产技术取得显著成绩,在节能中发挥重要作用,主要产业化应用项目有:

① 上引铜盘条——连续挤压管、棒、型、线(大连交通大学);

② 水平连铸纯铜管坯——行星轧制——盘拉(国内精密铜管企业);

③ 潜流多面铸造合金管棒型——拉伸(金田铜业集团);

④ 无氧铜带材水平连铸——高精冷轧(江苏万宝铜业集团)。

上述项目技术成熟可靠,通过部科技成果鉴定,并获部科技进步二等以上奖励;这些技术已在铜及合金管、棒、板、带产品产业化生产中应用,对全行业节能、减排具有广泛的应用前景。

(3) 建设主要内容

① 上引铜杆——连续挤压:基本取代现有热孔型轧制生产方法。

② 水平连铸——行星轧制——盘拉:压缩建筑水道管、空调管原热加工生产方法生产能力。

③ 潜流式多面连铸黄铜棒型:基本取代建筑五金、卫生洁具、制锁等用铜合金产品原热加工方法。

④ 水平连铸卷坯——高精冷轧无氧铜生产线。

(4) 推广目标

3~5 年内推广铜加工短流程技术的目标是:使用该法生产铜材占传统方法的 10%,规划为 70 万 t,总节能为 2.8 亿 kWh。其中:

① 连续挤压法生产纯铜导电棒、型、排占传统方法 85%;约为 10 万 t 产能。

② 水平连铸——行星轧制法生产纯铜管占传统方法25%,约为30万t。

③ 潜流铸造生产黄铜棒型占传统方法20%,20万t。

④ 无氧铜带坯水平连铸——高精冷轧法占传统方法20%,约10万t。

5.3.8 铝电解用铝钢复合结构阳极钢爪等节能装置

(1) 必要性

中国铝电解槽的阳极导电装置——阳极钢爪为铸钢结构,因钢比铝导电性差,增加了铝电解生产中的电耗,本项目通过降低铝电解槽阳极导电装置结构的传导电阻,达到降低电解铝的生产电耗的目的。

同时,通过消除现通用的弧板压接式小盒卡具对铝导杆压接沟痕,减少铝导杆与阳极大母线的接触压降,以实现降低电解铝的生产电耗。利用铝电解槽大电流测试导电材料和部件电压降,达到节电目的。采用新型绝缘结构和材料替代现通用铝电解树脂绝缘材料结构,减少电解槽的无功电耗,提高电流效率,达到降低电解铝生产电耗的目的。

(2) 技术主要内容

① 铝钢复合结构阳极钢爪替代现通用的铸钢阳极钢爪。将原铸钢阳极钢爪横梁变为钢包铝铝包钢的铝钢复合结构阳极钢爪横梁,利用铝的导电性能优于钢的特点,取消过度连接用的爆炸焊片,减少阳极钢爪横梁作为导电结构的传导电阻,降低阳极导电结构的电压降,达到降低电解铝生产电耗的目的。

② 采用平板式小盒卡具替代现通用铝导杆弧板式小盒卡具。

③ 利用电流调控装置,对铝电解槽所用材料部件在常温状态下和未投入电解槽运行前进行电压降检测,进行质量和工艺控制。

④ 根据铝电解槽低电压、大电流和不同的高温、冲击荷载力等使用工况条件,采用高性能耐火材料做绝缘介质,用有机或无机的粘结材料做黏剂,和钢质金属材料结构复合成型的工艺制作出专用的绝缘连接件。

(3) 技术现状

铝电解生产是高耗能产业,生产吨铝直流电耗平均约在13 200 kWh。

① 节能型铝钢复合结构阳极钢爪的电压降铸钢的为45 mV,铝钢复合结构的为25 mV,传导电压降平均降低了20 mV,吨铝可节电约70 kWh。该产品的机械强度指标可以满足铝电解生产的要求。该项目于2004年4月通过中国有色金属工业协会组织的科技成果鉴定,专家鉴定认为:节能型铝钢复合结构阳极钢爪为国内外首创,达到国际先进水平。已获发明专利1项、实用新型专利2项,申请发明专利1项。现已在中铝广西分公司、青海分公司、山东分公司、中铝包头股份有限公司、河南中孚铝业公司进行了试验性工业应

用。并已出口国外,应用到伊朗电解铝的工程。其节能效果被认可。

② 用平板式小盒卡具替代现通用的弧板式小盒卡具，其主要技术指标铝导杆与大母线的接触电压降平均降低了 7 mV,吨铝节电 20 kWh 以上。

③ 由于国内外现无技术手段，有效控制铝电解槽导电结构在构造过程中的质量,在投入电解槽生产前,无法测量评价阳极碳块、阴极碳块、阴极钢棒和钢爪等材料以及部件的阴极钢棒组和阳极碳块钢爪组的电阻值或电压降值,造成电解槽结构电压较高,平均吨铝因电解槽导电结构的质量控制偏差造成的电耗吨铝约 500 kWh。

④ 铝电解现通用的绝缘技术与材料在高温和冲击力的作用下易产生损坏，造成阴阳极电流短路致使电解槽电流效率降低 1%，平均每吨铝因绝缘不良造成的无功损耗电在 130 kWh。本项目新型绝缘材料及结构已进行了工业应用试验,其机械强度和绝缘性能完全符合铝电解槽工况要求,并在山西太原新东方铝业电解槽上进行生产应用,节能效果得到实际验证。

（4）预期技术目标

① 该项目以生产 10 万 t 的规模电解铝为例：按吨铝节电 70 kWh 计,每年可降低电耗 700 万 kWh,经济效益 280 万元。

② 用平板式小盒卡具替代现通用的弧板式小盒卡具，年产能 10 万 t 的电解铝厂,按吨铝节电 20 kWh 计,年节电 200 万 kWh,经济效益 80 万元。

③ 采用大电流检测设备装置对电解槽导电结构的导电性能进行质量评定与控制,按吨铝节电 200 kWh 计,可为 10 万 t 产能的电解铝厂节电 2 000 万 kWh,经济效益 800 万元。

④ 在电解槽上用新型绝缘结构与材料替代现通用绝缘结构与材料,其主要技术指标以生产 10 万 t 规模电解铝厂为例:提高电流效率 0.6%,按吨铝节电 30 kWh 计,年节电 300 万 kWh，经济效益 120 万元。

以上 4 项铝电解节能技术及装置,以合计吨铝节电 320 kWh 计,以规模化生产 20 万 t 规模电解铝厂为例，年节电 6 400 万 kWh，经济效益 2 560 万元。若在 30 家 20 万 t / a 的大型电解铝企业进行推广,则可形成年节电能力 19.2 亿 kWh。

5.4 案例

5.4.1 氧气底吹炼铅技术成功案例

5.4.1.1 概述

(1) 技术简介

氧气底吹熔炼——鼓风炉还原炼铅法是中国有色工程设计研究总院和

水口山有色金属公司联合开发的具有国际先进水平的炼铅新工艺，该工艺获得了 2003 年中国有色金属工业科学技术一等奖和 2004 年国家科技进步二等奖，有关专利技术已获国家授权。

氧气底吹熔炼——鼓风炉还原炼铅技术有以下优点:

① 熔炼过程在密闭的熔炼炉中进行，生产中能稳定控制熔炼炉微负压操作，避免了 SO_2 烟气外逸，同时产出的 SO_2 浓度高，烟气制酸条件好，经二转二吸制酸后，尾气排放完全达到环保要求。

② 氧气底吹炉采用纯氧熔炼，当精矿含硫 >16%时，实现完全自热，不需配煤补热。

③ 利用氧化熔炼过程中的交互反应产出一次粗铅以及富铅渣，鼓风炉的处理料量大大减小，相应焦耗大幅减少。

④ 鼓风炉技术成熟，熔炼过程具有温度梯度，热能利用率高。具有还原梯度，渣含铅可控制在 3%以下，铅回收率高。

⑤ 由于铅是贵金属很好的捕集剂，氧气底吹熔炼——鼓风炉还原炼铅技术两次成铅两次捕集，贵金属的回收率较高。

自 2002 年以来，中国共有 11 条氧气底吹炼铅生产线相继建成投产，产能已达到 90 万 t/a 。另外，还有 12 家铅厂正在建设中，其中包括在国外应用的第一个项目——印度德里巴(Dariba)10 万 t/a 铅冶炼工程，设计能力总计 98 万 t/a，同时 9 家处在设计咨询阶段。

(2) 项目简介

河南豫光金铅集团公司原炼铅工艺有烧结锅—鼓风炉，能力 5 万 t。率先建设氧气底吹熔炼——鼓风炉还原炼铅技术工业化示范工程，淘汰原有工艺，并于 2002 年建成投产，设计规模 5 万 t/a;实际产能达到 8 万 t/a。

5.4.1.2　技术方案内容

主要设备有 φ3.8 m×11.5 m 氧气底吹熔炼炉以及 6 m^2 鼓风炉，其生产流程见图 5.8。

5.4.1.3　技术经济指标评价

河南豫光粗铅熔炼分两个系统:系统 Ⅰ 为烧结机烧结—鼓风炉还原炼铅工艺，烧结机配套非稳态烟气制酸装置；系统 Ⅱ 为氧气底吹熔炼——鼓风炉还原炼铅工艺，底吹炉配套两转两吸烟气制酸装置。两个系统的鼓风炉还原熔炼工艺和装备相似，产量、能耗、排放等技术经济指标相近，主要差别在于烧结机产出的烧结块全部要通过鼓风炉还原冶炼成粗铅，而氧气底吹炉熔炼直接产出部分粗铅和部分高铅氧化渣，只是这部分高铅氧化渣需要经鼓风炉还原熔炼成粗铅。因此，系统 Ⅱ 全部产品粗铅的平均能耗较低。

氧气底吹熔炼——鼓风炉还原炼铅工艺生产的单位粗铅综合能耗为

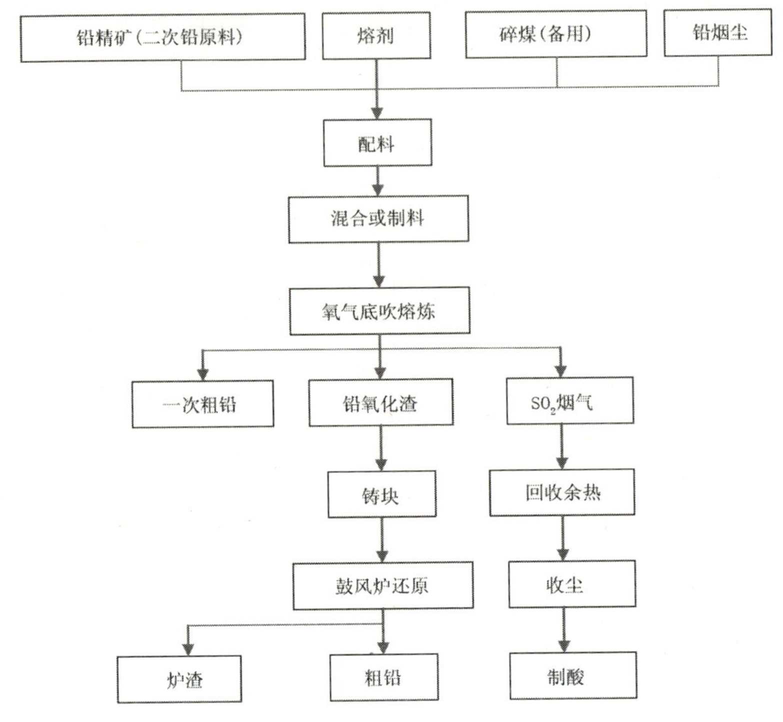

图 5.8 氧气底吹炼铅生产流程

328 kgce / t,优于现行标准《铅冶炼企业产品能耗》(YS / T 102.1—2003)中规定的粗铅工序能源单耗等级指标一级标准 365 kgce / t,为《铅锌行业准入条件》规定值的 72.9%;而烧结机烧结—鼓风炉还原炼铅工艺生产的单位粗铅综合能耗为 524 kgce / t,略低于标准中规定的粗铅工序能源单耗等级指标四级标准 530 kgce / t,超出准入条件规定值的 16.4%。氧气底吹炼铅工艺的单位粗铅综合能耗仅为传统工艺的 62.7%。焦炭平均单耗更低,仅有 120 kg / t,为准入条件规定值的 34.3%。

河南豫光氧气底吹熔炼——鼓风炉还原炼铅工艺主要经济技术指标见表5.4。

5.4.1.4 环保效益评价

氧气底吹熔炼工艺的烟气量、铅烟尘、SO_2 排放量均显著低于烧结工艺。

其中,按生产单位产品粗铅的全流程 SO_2 排放量计,烧结机烧结—鼓风炉还原工艺粗铅生产系统为 48 kg / t - Pb;而氧气底吹熔炼——鼓风炉还原工艺粗铅生产系统为 1.4 kg / t - Pb,仅为前者的 2.9%;按制酸流程单位产品硫酸的 SO_2 排放量计,烧结机烧结 + 非稳态制酸生产系统为 101 kg / t - 酸;而氧气底吹炉熔炼 + 两转两吸制酸生产系统为 1.65 kg / t - 酸,仅为前者的

表 5.4　河南豫光氧气底吹熔炼工艺主要经济技术指标

项目	单位	指标	备注
铅精矿量	t / h	17 ~ 21	
粗铅产量	t / a	80 000 ~ 90 000	
硫酸产量	t / a	70 000 ~ 75 000	
铅精矿 Pb	%	50 ~ 54	
烟尘率	%	10 ~ 15	
一次粗铅 Pb 品位	%	98	
一次粗铅产出率	%	45 ~ 55	
铅氧化渣含 Pb	%	40 ~ 45	
氧耗	m^3 / t	250 ~ 270	
焦耗	kg / t	170 ~ 180	每吨粗铅计
电耗	kWh / t	80 ~ 90	
油耗	kg / t	0.15 ~ 0.2	
新水消耗	t / t	1.2 ~ 1.5	
余热蒸气量	t / t	0.3 ~ 0.35	
综合能耗	kgce / t	328	
劳动生产率	320 ~ 340 t 粗铅 /(人 · a)		
Pb 回收率	%	96.5	
Cu 回收率	%	80	
Ag 回收率	%	>97	
Au 回收率	%	>97	

1.6%。

粉尘排放，尤其是含铅粉尘的排放是铅冶炼厂对环境和操作场所的又一严重污染形式。氧气底吹熔炼工艺采用完善的除尘、密封、负压操作等措施，使排烟含尘和各操作岗位粉尘量大幅度降低。经环保部门检测，底吹炉操作岗位粉尘含量 7 mg / m^3(其中铅尘含量 0.3 mg / m^3)，收尘系统出口烟气含尘低达 5 mg / m^3，实现了铅冶炼的清洁生产要求(≤10 mg / m^3)，改善了铅冶炼工厂的操作条件，避免了铅厂工人及工厂周围居民的铅中毒现象。

烧结过程处理大量干燥的粉粒状原辅材料和返粉，烧结产物要破碎筛分，合格烧结块仅占烧结产物总量的 1 / 3，因此烧结流程中产生烟气和粉尘的环节较多，难以处理。

5.4.1.5 投资、成本及经济效益评价

河南豫光氧气底吹熔炼——鼓风炉还原示范工程基建投资总额为1.9亿元(当时价格),与烧结机—鼓风炉系统投资总额相当。

据多年统计,氧气底吹熔炼——鼓风炉还原工艺比烧结机烧结—鼓风炉还原工艺每吨粗铅成本降低200元左右,多产优质硫酸多盈利1 300万元/a,合计每年新增效益约3 000万元。

5.4.2 高效节能与深度环保的先进镁冶金技术

5.4.2.1 主要技术内容

技术来源:主要是在学习国外的同类型产品的先进技术的基础上,总结在钢铁冶金行业应用的成功经验,结合国内热法镁生产企业实际生产的工艺要求,自主研发,是高效节能与深度环保的国际先进的镁冶金技术。

关键技术和创新点:

(1) U形直接蓄热煅烧窑

直接蓄热煅烧主要是指顺流煅烧,逆流蓄热技术。能够合理、成功使用这一技术的白云石煅烧设备的只有U形直接蓄热煅烧窑。它有两个窑身,窑身的上部有换向系统,用于交替轮换使用两个窑身。在窑身煅烧带的下部设有彼此连通的通道。废气通过连接通道从燃烧筒进入非燃烧筒,废气在非燃烧筒内将热传导至原料层。

主要有以下几个特点:

① 热效率高。每个生产周期都有一个窑膛成为蓄热室,窑气和原料间进行充分的接触,直接快速预热原料,无须转换,并大幅度降低废气排放温度,实现极限节能,窑顶排烟温度只有75~85℃,热效率可以达到85%以上。

② 炉膛内料石相对稳定,相互冲击的机械强度低,白云石煅烧过程中不易破碎。

③ 煅白活性度高。独特的U形煅烧曲线,物料在预热带内外进行匀速升温,在加热带进行低温透烧,在冷却带快速降温,产品活性度高,水化活性度可达到35%以上。

④ 煅白灼减低。窑体设计使气固现两相良好的接触,窑内各段温度可控,焙烧质量好,CO_2灼减只有0.2%。

(2) 大型蓄热式金属镁还原炉

蓄热式高温燃烧技术是当今国际上先进的燃烧技术,就是在炉子两侧炉墙上都布置有均匀分配的喷口,当一侧的喷口在作为烧嘴燃烧的时候,另一侧的喷口则作为烟道用来排烟。经过一个换向周期后,通过换向阀的切换,作为烧嘴燃烧的一侧喷口变为烟道用来排烟,而原来用来排烟的另一侧

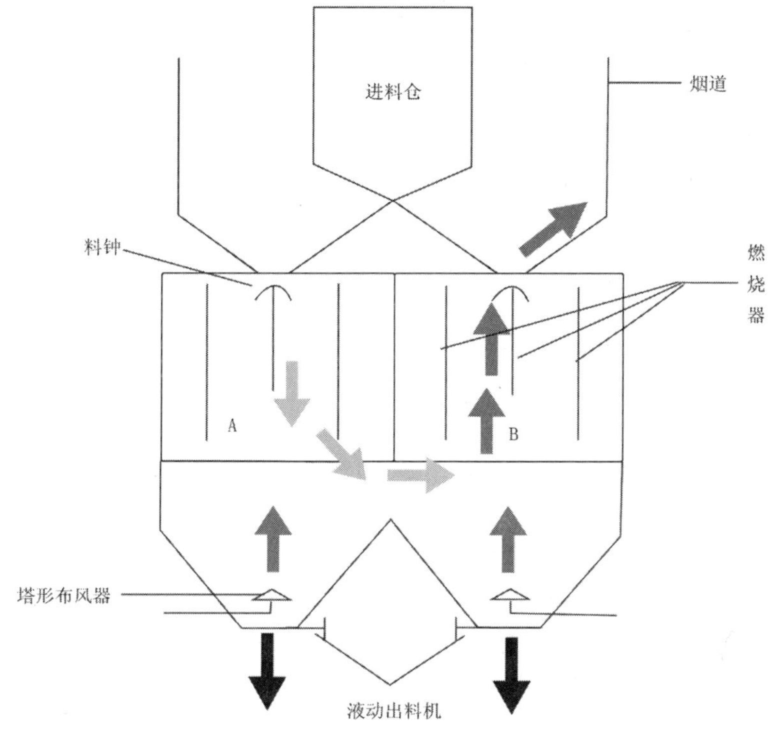

图 5.9 U形直接蓄热煅烧窑工作原理

喷口则作为烧嘴燃烧。就这样交替进行,同时完成加热、烟气热量的高效回收及空气的高温预热。排烟侧喷口经高温气体通道进入蓄热室,在蓄热室内通过与蓄热体进行热量交换,其温度已降至150℃以下,然后出蓄热室,经过换向阀、排烟机,最后由烟囱排入大气。与此同时,空气进入另一侧已经在上一个换向周期内被高温烟气预热的高温蓄热室,同时被预热到900~1 050℃,出蓄热室后经高温气体通道通过炉子侧墙喷口喷出,从喷口喷出的高温空气和燃料在炉膛内边混合边燃烧。蓄热式高温燃烧技术工作原理如图5.10所示。

新型蓄热式金属镁还原炉,主要有以下特点:

① 弥散燃烧的蓄热燃烧形式可形成与传统火焰完全不同的火焰类型,在炉内形成特别均匀的温度场,提高还原罐的加热均匀性。

② 采用低氧燃烧技术,不但增强了高温烟气对还原罐的辐射和对流交换,同时减少火焰对还原罐的冲刷和氧化,延长还原罐的使用寿命。

③ 节约能源,降低燃耗。采用蓄热式燃烧技术可以将烟气余热利用到几乎接近极限的程度,最大限度地回收烟气潜热,可使空、煤气同时预热至接近炉

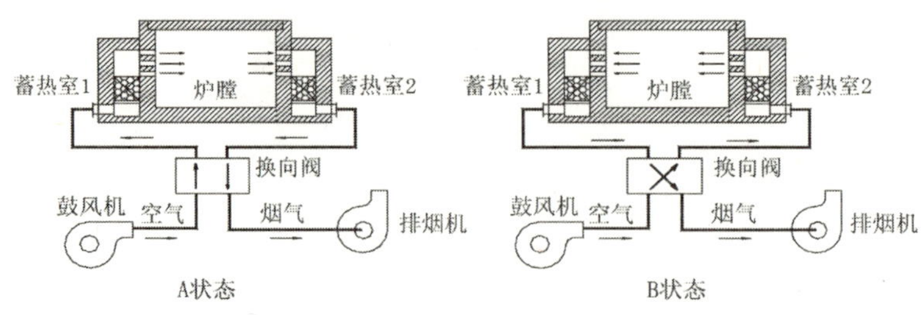

图 5.10 蓄热式高温燃烧技术工作原理

气温度,排烟温度可以低于 150℃,余热回收率大大提高,节能降耗非常明显。

④ 改善还原罐的加热环境,在还原罐周围形成还原性气氛,减少还原罐的氧化,提高还原罐的使用寿命。

⑤ 减小对环境的污染。蓄热式燃烧技术不仅节约了能源,降低了烟气排放量,而且大大降低了烟气中 NO_x 等有害气体的含量,减轻了环境污染。

⑥ 高温防腐(抗氧化)、耐磨材料应用于还原罐,有效提高还原罐的使用寿命。

⑦ 采用集中管理,分散控制,组成安全、先进、实用、可靠的远程自动调节控制系统。减少大量的设备操作人员。

(3) 连续蓄热式金属镁精炼炉

连续蓄热式金属镁精炼炉是指在金属镁精炼炉的余热利用上由间断蓄热改为连续蓄热,这种装置称为热回收泵,它工作时排烟和鼓风同时进行,高温烟气以对流及辐射的方式将热量传递给烟气通道内的蓄热体。同时,被加热的蓄热体将热量迅速传递到低温侧的助燃空气,空气能够很迅速地被加热。

连续蓄热式金属镁精炼炉主要有以下特点:

① 换热速率高。高热导率、高黑度的材质、具有极大的换热面积,可实现高风温、低烟温。

② 连续工作。连续供风及排烟,不需要换向,炉压稳定、流场及温度场无频繁扰动,为低氧燃烧奠定基础。

③ 寿命长。抗氧化性能好。

④ 超强的换热元件结构,运行成本极低、无须维护。

⑤ 采用比表面积很大的换热元件作为热交换器,便于安装和布置。

⑥ 高温防腐(抗氧化)、耐磨材料应用于精炼坩埚,有效提高坩埚的使用寿命。

蓄热体如图 5.11 所示。

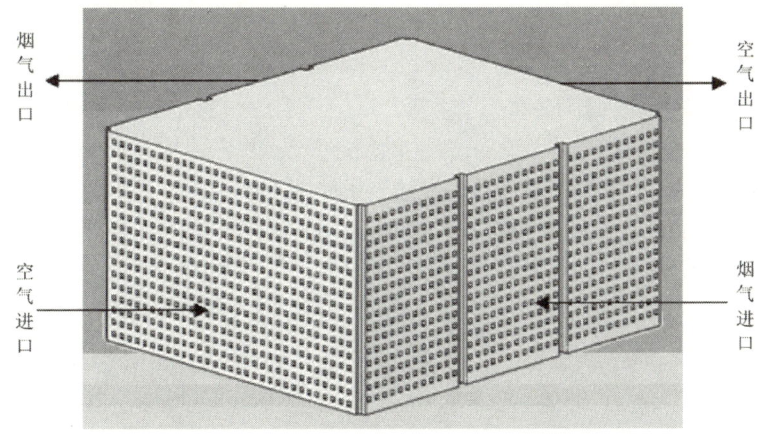

图 5.11　连续蓄热高效热回收示意图

5.4.2.2　技术能耗及比对

(1)煅烧

通常白云石的煅烧工序多采用的是平窑、传统竖窑。近年来,开始选用回转窑作为白云石的煅烧设备,为节约能源,增设换热器,相比较前两种煅烧设备有了较大改善。但这些煅烧设备在生产实际中的能耗和污染物排放比较大,污染严重。而 U 形直接蓄热煅烧窑在能源的利用和污染物的排放上具有更为明显的优势。各类技术比对见表 5.5。

表 5.5　各类窑型技术经济指标比较

比较内容	竖窑	回转窑(带预热器)	U 形煅烧窑
产品品质　活性度	16%~17%	18%~25%	32%~35%
酌减量	<0.7%~0.8%	<0.35%~0.4%	<0.2%
吨镁能耗(kg/t)	600~650	220~230	140~150
炉体热效率	35%	50%~60%	85%以上
经济性	较好	差	好
单位投资产能	较大	小	大
环保	较好	较差	好
设备可靠性	较高	低	高
单炉产能扩展性	低	低	高
设备自动化水平	低	一般	高

(2)还原

热法生产金属镁的还原工装设备一般采用传统燃煤炉窑。还原罐安装数量少、能耗高、污染物排放高,近年来,开始选用蓄热式还原炉作为金属镁的工装设备,但由于某些厂家设计水平低、烧嘴及炉子结构设计不合理,不能满足快速升温及保温精度要求,还原罐温差大,影响单罐产量。炉子自动化控制不能实现。造成单位产量的能源消耗大,一般为 3.4 ~ 3.8 t 煤 / t 镁,污染物的排放明显增多。

采用该项技术,优化炉子结构、烧嘴结构和燃料管路结构,不仅控温精度高、升温速度快,而且单位产品的能源消耗大幅度减少,2.5 ~ 3.0 t 煤 / t 镁,比传统燃煤炉节约近 65%,比一般蓄热式还原炉节能 15% ~ 20%。

(3)精炼

热法生产金属镁的精炼工装设备大多都采用传统燃煤炉窑或普通煤气精炼炉。能耗高、污染物排放高,单位产量的能源消耗大,一般为 300 ~ 450 kg 煤 / t 镁,年排放的污染物 CO_2 为 12 800 ~ 16 500 t。

采用该项技术,优化炉子结构、烧嘴结构和燃料管路结构的连续蓄热式金属镁精炼炉,不仅控温精度高、升温速度快,而且单位产品的能源消耗大幅度减少,220 ~ 250 kg 煤 / t 镁,比传统燃煤精炼炉节约 65%,比一般煤气直燃式精炼炉节能 20%。

5.4.2.3 项目实施条件、投资和年限

实施没有特定条件,完全可以依据现场的条件、生产能力进行设计施工。

投资较回转窑大幅度节约,单位造价上的产能提高 1.5 ~ 2 倍。投资回收期也大幅缩短。

5.4.2.4 节能效果与经济效益

(1)U 形直接蓄热煅烧窑

相比较带预热器的回转窑,U 形煅烧窑的单位产品能耗小于 142 kg / t,节约能源 36%,CO_2 排放量减少 36%。按年产 1 万 t 金属镁计算,一年可节约燃煤 6 240 t,CO_2 排放量减少 22 900 t。

(2)新型蓄热式金属镁还原炉

相比较一般蓄热式金属镁还原炉,单位产品热耗为 2.5 ~ 3.0 t / t,节约能源 15% ~ 20%,CO_2 排放量减少 15% ~ 20%。按年产 1 万 t 金属镁计算,一年可节约燃煤 5 000 t,CO_2 排放量减少近 2 万 t。

(3)连续蓄热式金属镁精炼炉

能源消耗 220 ~ 250 kg 煤 / t 镁,比传统燃煤精炼炉节约近 50%,比一般煤气直燃式精炼炉节能 20%。按年产 1 万 t 金属镁计算,与燃煤炉比较,一年可节约燃煤约 2 000 t,CO_2 排放量减少 7 340 t。

5.4.2.5　应用实例

应用实例见表 5.6。

表 5.6　应用实例

<table>
<tr><td colspan="2">应用单位</td><td colspan="4">山西闻喜银光华盛镁业股份有限公司</td></tr>
<tr><td rowspan="6">应用前概况</td><td>主要技术工艺及装备</td><td colspan="4">传统燃煤式金属镁还原炉
传统燃煤式金属镁精炼炉</td></tr>
<tr><td>主要产品名称</td><td>计量单位</td><td>年产能</td><td>年产量</td><td>单位产品能耗（折 tce）</td></tr>
<tr><td>粗镁</td><td>万 t</td><td>3.13</td><td>3.13</td><td>4.7 t / t</td></tr>
<tr><td>精镁</td><td>万 t</td><td>3</td><td>3</td><td>0.38 t / t</td></tr>
<tr><td>单位产品废弃物排放情况</td><td colspan="4">还原工序单位产品(粗镁)CO_2 排放量为 17.25 t / t
精炼工序单位产品(镁锭)CO_2 排放量为 1.4 t / t
合计:CO_2 排放量为 20.76 t / t</td></tr>
<tr><td colspan="5"></td></tr>
<tr><td rowspan="8">应用情况</td><td>推广应用前提</td><td colspan="4">停产改造</td></tr>
<tr><td>改造费用</td><td colspan="4">11 000 / 万元　　改造期限　80 / d</td></tr>
<tr><td>主要产品名称</td><td>计量单位</td><td>年产能</td><td>年产量</td><td>单位产品能耗（折 tce）</td></tr>
<tr><td>粗镁</td><td>万 t</td><td>1.56</td><td>1.56</td><td>2.3 t / t</td></tr>
<tr><td>精镁</td><td>万 t</td><td>1.5</td><td>1.5</td><td>0.19 t / t</td></tr>
<tr><td>单位产品废弃物排放情况</td><td colspan="4">还原工序单位产品(粗镁)CO_2 排放量为 8.5 t / t
精炼工序单位产品(精镁)CO_2 排放量为 0.7 t / t
合计:CO_2 排放量为 9.5 t / t</td></tr>
<tr><td>应用效果</td><td colspan="4">吨产品(镁锭)节约燃煤 2.6 t
吨产品(镁锭)减少 CO_2 排放 9.5 t
设备投资回收期缩短为 24 个月</td></tr>
<tr><td>推广应用建议</td><td colspan="4">该项技术代表了当今热法金属镁生产工艺装备的最高水平,对降低金属镁的生产成本、节能降耗、减少排放、发展循环经济、振兴镁产业起着至关重要的作用</td></tr>
</table>

第 6 章　电力行业重点能效技术与应用案例

6.1　行业发展概况

电力行业作为承载着既有一次能源向二次能源加工转换与传输，又有一次能源(可再生能源)的直接采集转换与传输的特殊行业，是关系国家能源安全与国家基础能源建设最重要的产业之一，特别是作为支持国民经济建设与发展，满足人们日益增长的物质文化生活需求，保障国计民生的第一基础与支柱产业。

近年来，中国年发电量增长很快。1990 年为 6 212 亿 kWh，居美国、前苏联、日本之后列世界发电量第四位，是 1978 年的 2.4 倍；截至 2008 年中国的年发电量达到 34 669 亿 kWh，比 1990 年增长 5.58 倍，居世界发电量排行榜次席（首位美国 2008 年的发电量为 41 064 亿 kWh）。在 1990—2008 年，全国发电量以年均 10.10%增长率，支撑着中国 GDP 年均增幅 9.93%的高速发展，电力行业突飞猛进的发展为中国的社会经济发展作出了巨大的贡献（见图 6.1）。

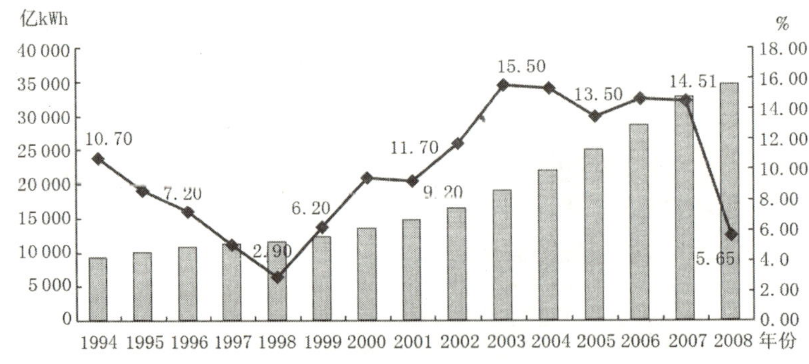

图 6.1　1994—2008 年中国电力产量及增长率

数据来源:国家统计局统计公报。

图 6.2 为 1985—2008 年我国国内生产总值与发电量增速。

自 1996 年起，中国的发电装机容量和年发电量一直位居世界第二，成为

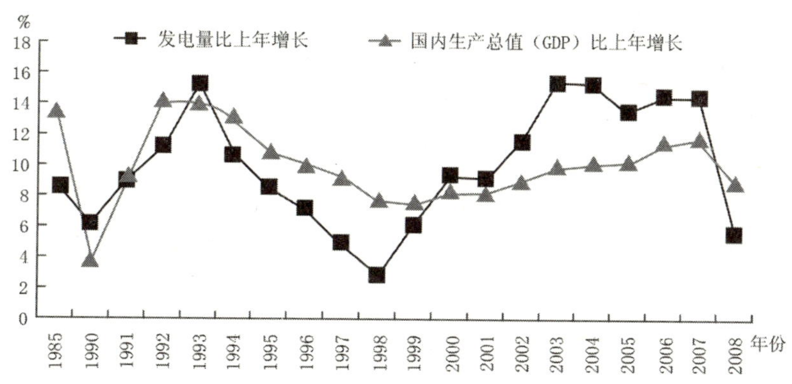

图 6.2　1985—2008 年全国经济与发电量增速

数据来源:国家统计局。

名副其实的电力大国。未来几年累计装机容量的复合增长率在 10%左右,预计到 2010 年中国的装机容量将突破 9 亿 kW,届时水电、核电、气电、清洁煤发电和太阳能、风能等清洁能源占电力的比重将超过 35%,中国的年总发电量将达到 45 000 亿 kWh,超过美国跃居世界第一。

长期以来,火电一直处于发电的主导地位,火电装机容量约占到发电装机总容量的 75%,而其他发电设备,除水电装机容量约占发电装机总容量的 23%外,所占比重明显偏小,才不到 2%。但是,近年来随着电力行业产业结构调整的步伐加快,政府大力支持清洁能源发展,并加快优化能源组织结构,积极推进电力工业的“上大压小”战略,在已经建立的电力行业系统政策与体制框架下,中国的能源正朝着“循环再生,永续利用”的方向发展。

目前,中国的水电已经实现了规模化开发,风电正在步入规模化发展阶段,太阳能、生物质能也初具产业化基础,核电、地热能、氢能、海洋能等技术研发也取得了重大进展。截至 2008 年底,水电累计装机总容量达到 1.72 亿 kW,年发电量达到 5 633 多亿 kWh,占全部发电量的 16.3%;新增风电装机容量约 600 多万 kW,累计风电总装机容量达到 1 217 万 kW;太阳能光伏电池产品已达到年产 400 万 kW 光伏电池的能力,成为世界第一大太阳能光伏电池产品生产国;太阳能热水器年生产能力已达到 4 000 万 m^2,累计太阳能热水器使用量超过 1.25 亿 m^2,占世界太阳能热水器总使用量的 60%以上;生物质能开发利用也有较大发展,其中户用沼气池达到 3 000 多万口,大中型沼气设施达到了 1 600 多座,沼气年利用量达到了约 140 亿 m^3;中国核电总装机容量为 885 万 kW,已占电力总装机的 1.14%。新能源与可再生能源发电的发展,使得长久以来一直以集中电源为主的电力系统向集中电源与分散电源相结合的合理形式转变成为可能(见图 6.3)。

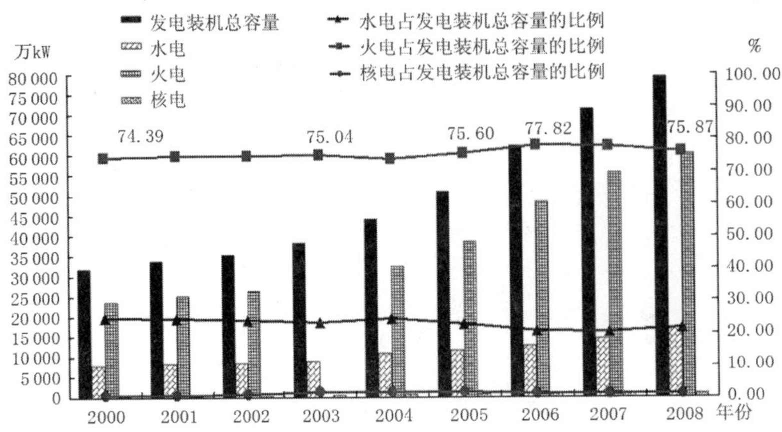

图 6.3　2000—2008 年中国发电装机容量及电源结构

数据来源:国家电力信息网。

6.2　电力生产过程与能耗

电力是一种目前应用最广泛、最方便、最清洁的二次能源。电力也是一种商品（无形的产品），经过有形的电力网络输送供给用户消费，其特点是发、供、用同时完成；直发直送，不能储存；便于长距离输送和分配，并且容易转化为机械能、热能和光能等;电力还可作为一种载体,通过电网传输各种信息。

由于在中国的电力电源结构中仍以火电为主占 75.87%(见图 6.4),其中燃煤发电量约占火电发电量的比重 95%,因此在电力生产过程中燃煤发电的生产更具典型性。

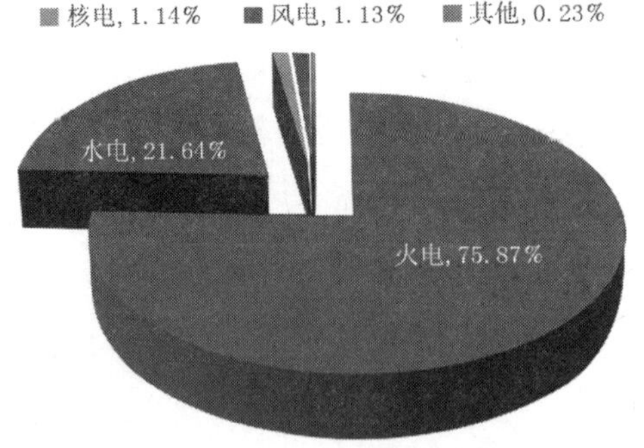

图 6.4　2008 年中国电源结构

数据来源:国家统计局,中国电力联合会。

6.2.1　燃煤消耗

中国长期以来缺油,少气,富煤,所以在火电发电站的建设上一直以电厂为主。煤耗已是衡量火电发电过程中重要的能耗指标。火电供电煤耗水平不仅与火电机组的整体技术装备水平和运行管理水平有关,还与火电发电煤耗燃料结构有着重要的关系。

近年来,中国电力行业随着大量小火电机组关停及大容量、高参数机组大量新建投产,火电容量结构进一步优化(见图 6.5)。从煤电机组不同容量等级结构来看,在 6 000 kW 及以上煤电机组中,60 万 kW 及以上机组容量为 13 128 万 kW,占 27.1%,比上年大幅上升 7.6 个百分点;30 万 ~ 60 万 kW 机组容量 17 199 万 kW,占 35.5%,比上年降低 1.1 个百分点;20 万 ~ 30 万 kW 机组容量 5 061 万 kW, 占 10.4%, 比上年下降 1.3 个百分点;10 万 ~ 20 万 kW 机组容量 6 311 万 kW,占 13%,比上年下降 2 个百分点;不足 10 万 kW 机组容量 6 785 万 kW,占 14%,比上年下降 3.2 个百分点。

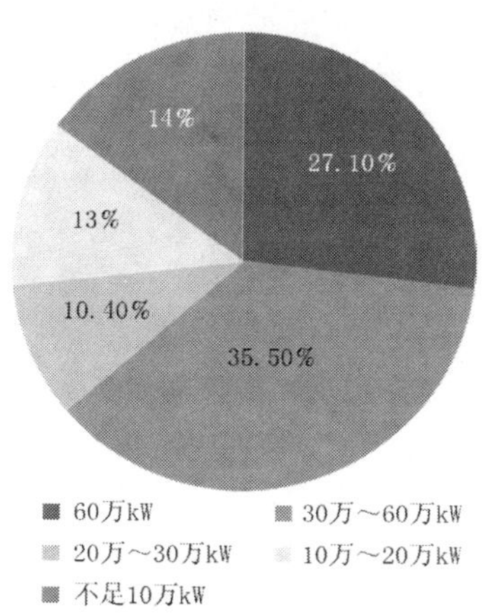

图 6.5　2007 年全国单机容量 6 000 kW 及以上煤电机组容量等级结构

数据来源:中国电力联合会。

图 6.6 为 1978—2008 年全国 6 000 kW 及以上电厂发电煤耗和供电煤耗情况。2008 年,全国 6 000 kW 及以上火电全年供电煤耗为 349 g/kWh,比上年下降 7 g/kWh;发电煤耗为 325 g/kWh,比上年下降 7 g/kWh。

因此,火电机组供电煤耗明显降低,燃煤机组供电煤耗水平与发达国家相比差距已明显减少,图 6.7 为根据各国火电机组容量和发电量构成与火电供电煤耗,折算出各国的燃煤机组平均供电煤耗,2005 年,英国、美国、澳大

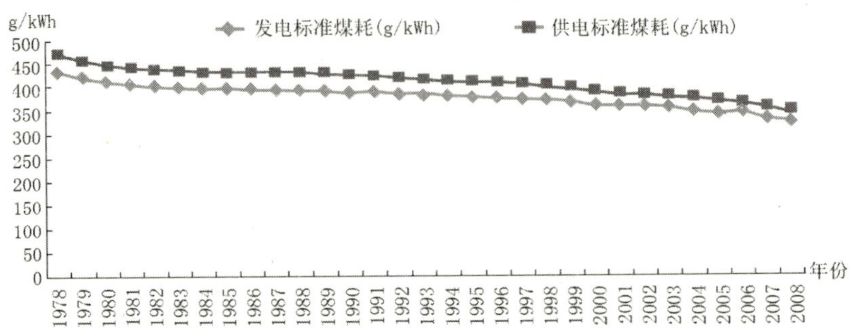

图 6.6　全国 6 000 kW 及以上电厂发电和供电煤耗

资料来源:中国电力年鉴。

利亚、意大利和日本的煤电机组供电煤耗为 384 gce / kWh、383 gce / kWh、368 gce / kWh、342 gce / kWh、338 gce / kWh，而中国 2007 年煤电机组供电煤耗约为 349 gce / kWh,与主要发达国家的相比,分别低于英国、美国、澳大利亚 2005 年的水平 35 gce / kWh、34 gce / kWh、19 gce / kWh,高于意大利、日本 2005 年燃煤机组平均供电煤耗 7、11 gce / kWh，中国的煤电机组供电煤耗仅与国外 2005 年的水平接近,仍然还有很大的节能减排空间。

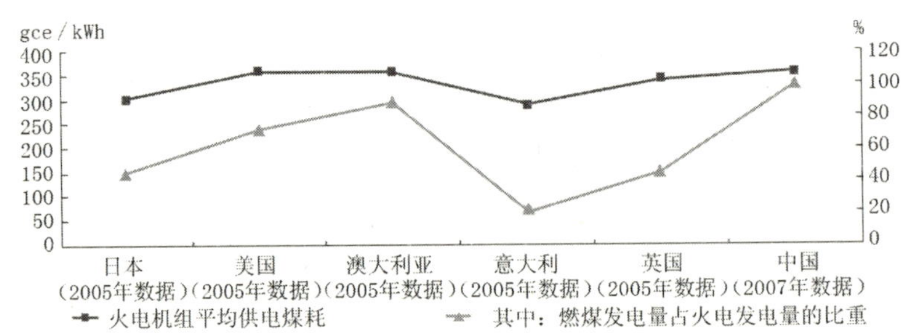

图 6.7　中国供电煤耗与发达国家的对比

资料来源:中国电力联合会。

6.2.2　电网线损

中国电力行业年输配电损耗一直以来约占发电总量的 7%以上，其中线损耗电约为输配电损耗的近 95%。2008 年，随着高效先进的技术和设备不断地推广以及电网结构的不断增强，线损率继续下降（见图 6.8），全国线损率全年仍达到 6.64%，虽然同比下降 0.33 个百分点，但是电网线损依然达到 2 302.02 亿 kWh,几乎相当于 1978 年发电量的 90%。

2006 年世界典型国家的线损率分别是,韩国、日本、德国、意大利等国家

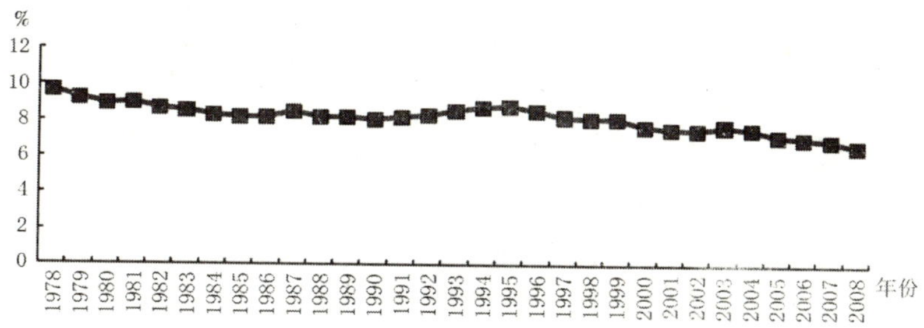

图 6.8　1978—2008 年中国电网线路损失率

数据来源：国家电力信息网。

低于 6%；美国、澳大利亚、法国、瑞典等国家线损率处于 6% ~ 8%；英国、西班牙等国家线损率处于 8% ~ 10%；墨西哥、波兰等国家线损率大于 10%（见图 6.9）。中国目前的线损率仅与美国、法国、瑞典等国 2006 年的水平相当，与世界其他先进水平国家相比还有 1% ~ 2%的差距，仍然有巨大的节能减排潜力。

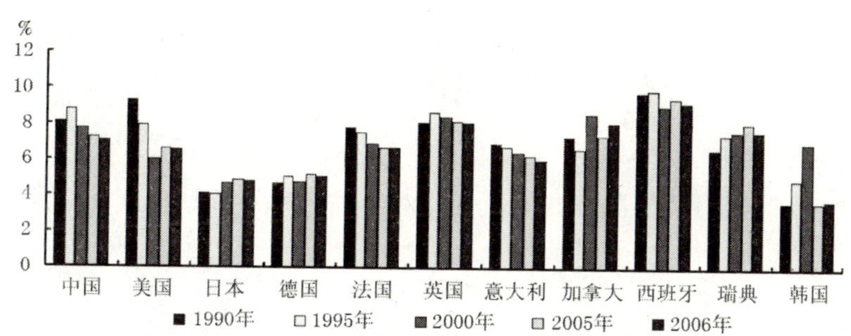

图 6.9　世界典型国家电网线损率

数据来源：国家电力信息网。

6.2.3　发电厂自用电耗

电厂用电率是发电厂重要的经济指标之一，不仅与发电结构，发电设备、设施等有关，还与发电效率密切相关。降低厂用电率不但可以降低发电成本，提高发电厂的经济效益，而且可以降低发电能耗。2001—2007 年中国电力行业火电厂平均用电率为 6.9%，其他类型的电力企业电厂平均用电率仅为 6.0%（见图 6.10），并且都逐年降低，但是中国厂用电率与国外先进水平相比差距甚大，还不如 1999 年的日本东京电力公司厂用电率为 4%、法国电力公司厂用电率为 4.47%、德国巴伐利亚电力公司厂用电率 5.42%（含脱硫装置用电）等发达国家的先进水平，仍然还有较大的节能潜力。

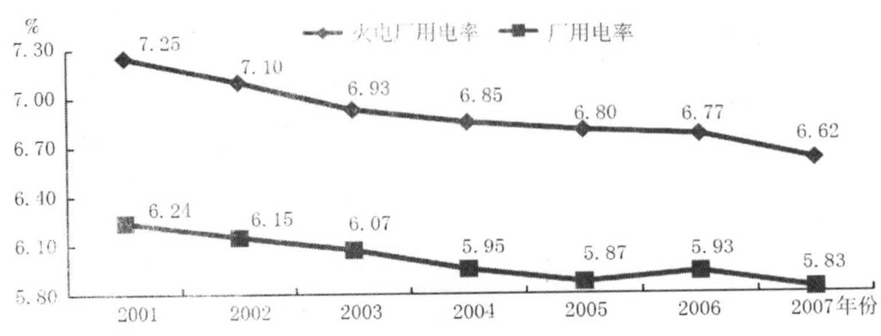

图 6.10 2001—2007 年中国厂用电率

数据来源:中国电力联合会。

6.3 电力行业重点节能技术

在电力系统的各个环节中，与节能减排密切相关的领域有以下几方面:一是发电侧,包括发电机组空冷设备、低温余热发电设备、循环流化床锅炉、厂用电节能设备;二是输变电侧一次领域，包括输电网动态无功补偿设备(SVC)、封闭式组合电器(GIS)、非晶合金变压器;三是输变电侧二次领域,包括电力市场运营系统、节能调度等。通过采用新技术,改善工艺流程,提高电力生产过程的转换效率,提高煤炭利用率,从而实现节能。

6.3.1 概述

电力行业适用节能技术的节能量和技术经济分析等如表 6.1 所示。

表 6.1 电力行业适用的节能技术

一、整体煤气化联合循环(IGCC)发电技术	
(1)技术内容简述	该技术是目前世界上最先进、高效率的环保型燃煤发电技术之一。生产工艺流程为煤经气化成为中低热值煤气,经过净化,除去煤气中的硫化物、氮化物、粉尘等污染物,变为清洁的气体燃料,然后送入燃气轮机的燃烧室燃烧,加热气体工质以驱动燃气透平做功,燃气轮机排气进入余热锅炉加热给水，产生过热蒸气驱动蒸汽轮机做功
(2)适用条件	400 MW 级以上大型电站
(3)典型节能量	与传统火力发电厂相比,发电效率由 30%提高到 43%~45%,单位供电煤耗可降低 20 gce 左右。采用该技术,一个百万千瓦级电厂每年可节能 10 万 tce

续表

(4) 典型投资额	IGCC 电站投资远高于传统电厂，为 1 000 $ / kW （约 7 000 元人民币 / kW）。建设一座百万千瓦级电站需投资 70 亿元人民币
(5) 投资回收期	比传统电厂投资回收期要长 50% ~ 100%
(6) 市场潜力	长远看，符合中国能源结构和电力工业的发展方向，符合中国可持续发展的战略。近期将开工建设首台示范工程，未来几年内约有 17 台机组将进行建设，总容量达 6 740 MW，预计总投资 472 亿元
二、热电联产(CHP)	
(1) 技术内容简述	该技术具有梯级利用能源、提高电能生产效率、改善空气质量、补充电源、节约城市用地等优势。是利用与热电分产等量的燃料，同时生产两种能源，即热能和电能的过程
(2) 适用条件	应用在同时有热和电需要，且年需求时间在 4 000 h 以上的领域。也可发展为热、电、冷三联产
(3) 典型节能量	与热电分产相比可节能 30%左右，每千瓦热电联产机组可比分产机组节能 800 kgce。建设一台 30 万 kW 的热电联产机组每年可节能 24 万 tce
(4) 典型投资额	对常规火电机组进行改造，每千瓦投资为 130 ~ 220 元
(5) 投资回收期	1.5 年
(6) 市场潜力	到 2010 年，需新增热电联产机组 40 GW，同时将 64 GW 的常规火电机组改造为热电联产机组，并通过热电联产方式替代当前 30%的既有工业锅炉和 20%的既有采暖锅炉，可形成 1 亿 tce 以上的节能能力
三、超临界和超超临界火力发电机组	
(1) 技术内容简述	超临界机组是指主蒸气压力大于水的临界压力(22.12 MPa)的机组。习惯上又将超临界机组分为 2 个层次：①常规超临界参数机组，其主蒸气压力一般为 24 MPa，主蒸气和过热蒸气温度为 540 ~ 560℃；②高效超临界机组，通常也称为超超临界机组或高参数超临界机组，其主蒸气压力为 25 ~ 35MPa 及以上，主蒸气和过热蒸气温度为 580℃及以上
(2) 适用条件	一般为 60 万 kW 以上火力发电站

续表

(3) 典型节能量	常规超临界机组的效率可比亚临界机组高 2%左右，高效超临界机组的效率可比常规超临界机组再提高 4%左右。在平均供电煤耗上，亚临界机组为 324 gce / kWh，超临界机组为 300 gce / kWh，超超临界机组为 278 gce / kWh。一台 60 万 kW 超超临界机组比同容量亚临界机组节约标煤 6 万 t / a
(4) 典型投资额	投资比亚临界机组分别高出 20% ~ 40%。随着应用普及率的提高，目前单位千瓦装机的投资已下降到 4 000 ~ 5 000 元人民币
(5) 投资回收期	目前超临界和超超临界机组已成为市场主流，投资回收期短于亚临界机组
(6) 市场潜力	预计 2020 年超超临界机组占燃煤机组装机总量的比例将达到 25%以上。与亚临界机组相比，每年可节能 2 000 万 tce
四、燃煤锅炉气化微油点火技术	
(1) 技术内容简述	利用压缩空气的高速射流将燃料油直接击碎，雾化成超细油滴进行燃烧，用燃烧产生的热量对燃料加热。通过煤粉主燃烧器的一次风粉瞬间加热到煤粉着火温度，风粉混合物受到了高温火焰的冲击，挥发粉迅速析出同时开始燃烧，从而使煤粉中的碳颗粒在持续的高温加热下开始燃烧，形成高温火炬
(2) 适用条件	适用于干燥无灰基挥发分含量高于 18%的贫煤、烟煤、褐煤的锅炉
(3) 典型节能量	节油在 80%以上，烟煤节油率在 95%以上。一台机组每年节油量为 700 t
(4) 典型投资额	1 台 300 MW 的机组改造投资为 250 万元
(5) 投资回收期	0.5 ~ 1 年
(6) 市场潜力	已在 135 MW、200 MW、300 MW 及 600 MW 机组上得到了应用。若燃煤锅炉有 1 / 3 采用此技术，总的投资需求为 60 亿元，每年可节油 200 万 t，节约 80 亿元

续表

五、燃煤锅炉等离子煤粉点火技术	
(1) 技术内容简述	锅炉等离子发生器是利用空气做等离子的载体，用直流接触引弧发电的方法制造功率达 150 kW 等离子体，同时采用磁压缩及等离子体输送至需要进行点火的部位，完成持续长时间的点火和稳燃
(2) 适用条件	机组容量包括 50 MW、100 MW、125 MW、135 MW、150 MW、200 MW、330 MW 和 600 MW 各等级的机组锅炉
(3) 典型节能量	无等离子点火系统时，锅炉每次冷态点火到正常运行需耗油 60 t 左右，等离子系统投运时，耗油仅 10 t 左右，节油率达到 80%。2 台 600 MW 机组每年可节燃油 980 t
(4) 典型投资额	2 台 600 MW 机组的改造投资为 1 000 万元
(5) 投资回收期	2 年
(6) 市场潜力	已先后应用 50 ~ 600 MW 各等级机组锅炉 200 余台，总容量已突破 70 000 MW。"十一五"期间应用比例达到 90%，总的投资需求为 10 亿元，每年可节约燃油 10 万 t 左右
六、凝汽器螺旋纽带除垢装置技术	
(1) 技术内容简述	螺旋纽带除垢装置具有自动除垢和强化换热作用，在凝汽器内安装后节煤、节水、减少污染物排放
(2) 适用条件	凝汽器冷却水系统正常条件
(3) 典型节能量	可使发电煤耗减少 3 ~ 10 gce / kWh，节水 20%左右。一台 200 MW 机组每年节煤 4 000 tce 以上，节水 25 万 t
(4) 典型投资额	200 MW 机组投资约 600 万元
(5) 投资回收期	1.5 年
(6) 市场潜力	已在 6 MW、12 MW、25 MW、50 MW、100 MW、200 MW 机组大规模使用，正在实施 600 MW 机组。"十一五"期间再推广 1 亿 kW，每年可节标煤 210 万 t，节水 1.264 亿 t
七、汽轮机气封改造技术	
(1) 技术内容简述	在启动和初始负荷阶段，气封在弹簧作用之下，处于全开位置，此时间隙在最大值。随着机组并网带初始负荷后，主蒸气压力达到某一定值时，克服气封内的弹簧力，使气封关闭，此时气封间隙达到设计间隙，使运行中气封漏汽量减少，提高了汽轮机的缸效率
(2) 适用条件	用于 125 ~ 600 MW 汽轮机的改造

续表

(3) 典型节能量	高压缸效率可提高 2% ~ 3%,中压缸效率可提高 1% ~ 2%。1 台 200 MW 机组年节约 3 300 tce
(4) 典型投资额	1 台 200 MW 机组技改投资约 500 万元
(5) 投资回收期	5 年
(6) 市场潜力	已有多家企业应用。"十一五"期间将适用机组的应用比例提高到 60%,总的投资需求为 30 亿元,每年可节能 200 万 tce
八、汽轮机通流部分现代化改造技术	
(1) 技术内容简述	采用先进的汽轮机三维流场设计,结合四维精确设计对汽轮机通流部分及气封系统进行优化改进
(2) 适用条件	200 MW 及以上的汽轮机
(3) 典型节能量	高压缸效率提高 4% ~ 6%;中压缸效率提高 1% ~ 2%;低压缸效率提高 7% ~ 8%。供电煤耗下降 20 g / kWh;额定工况发电热耗率下降 7 926 kJ / kWh。1 台 300 MW 机组每年可节能 3 万 t
(4) 典型投资额	1 台 300 MW 机组技改投资 3 850 万元
(5) 投资回收期	1.4 年
(6) 市场潜力	该技术已应用 50 余台次。"十一五"期间将适用机组的应用比例提高到 80%,则总的资金需求为 100 亿元,每年可节能 750 万 tce

6.3.2 整体煤气化联合循环(IGCC)发电技术

(1) IGCC 简单技术原理

整体煤气化联合循环(Integrated Gasification Combined Cycle,IGCC)发电技术,是目前世界上最先进、高效率的环保型燃煤发电技术之一。通过煤气化,将煤的有害成分,不能产生能源的成分脱掉后再进行发电,它由煤的气化与净化部分和燃气—蒸汽联合循环发电部分两大部分组成。其中第一部分的主要设备有气化炉、空分装置、煤气净化设备(包括硫的回收装置);第二部分的主要设备有燃气轮机发电系统、余热锅炉、蒸汽轮机发电系统。

IGCC 的生产工艺流程为煤经气化成为中低热值煤气,经过净化,除去煤气中的硫化物、氮化物、粉尘等污染物,变为清洁的气体燃料,然后送入燃气轮机的燃烧室燃烧,加热气体工质以驱动燃气透平做功,燃气轮机排气进入余热锅炉加热给水,产生过热蒸汽驱动蒸汽轮机做功(见图 6.11)。

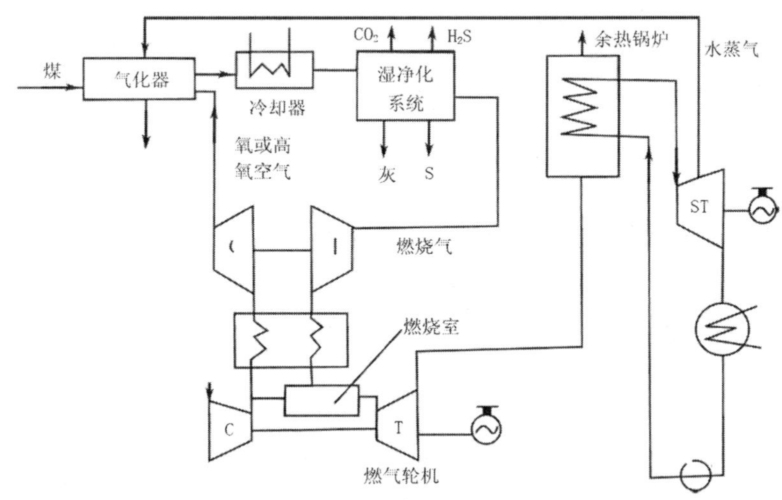

图 6.11　IGCC 的生产工艺流程

(2) 国外 IGCC 发展现状

国际上 IGCC 发电技术正朝着高效、机组容量大型化发展,国际上三大 IGCC 集团公司受各发电公司委托, 正在进行 500 MW 级、600 MW 级、800 MW 级、1 000 MW 级以煤为燃料的 IGCC 机组的设计或建设工作。截至 2008 年 3 月,国际上有 18 座 IGCC 电站投运,总容量为 4 200 MW,包括在建 IGCC 机组在内, 约有 30 座 IGCC 电站, 总容量 8 000 MW, 发电效率已达设计值 43%,可用率达到 85%。预计更大型的 IGCC 机组在 2010 年前投运后,热效率将达到 60%。美国电力计划是 2008 年建设 1 座发电效率达到 50%、准零排放的 IGCC 示范电站,2012 年建设 1 座发电效率达到 60%, 实现零排放的商业运行 IGCC 电站。

虽然 IGCC 系统复杂,作为化工与发电两大行业的综合体,技术难度、安全、管理都是十分繁杂,且是连续生产的,牵一发而动全身,技术与经济目前仍在商业示范阶段,需进一步提高经济性与降低生产成本。而且单位造价与运行成本都比常规燃煤与脱硫 (FGD) 发电厂贵得多(如荷兰 Baggenum 250 MW IGCC 等级单位投资 1 858 $/kW, 美国 Wabash River 250 MW 等级 IGCC 单位投资 1 511 $/kW,冷水 100 MW 等级 IGCC 运行成本为 106 美分/kWh,荷兰的 IGCC 运行成本 0.1 ~ 0.12 荷兰盾/kWh),但是作为集煤、热、电多种能源与数种化工产品于一体, 进行综合生产和有效利用, 且达到污染物零排放的最佳环境效果,展现循环经济优势,IGCC 系统是对资源、能源与环境和谐统一较好的诠释之一。

因此,通过工程经验积累,结合 F 级燃机的广泛应用,可靠性不断提高,设备的成熟、容量的扩大和技术的进步，IGCC 电厂的单位投资正在不断降低（目前国际上单位投资可降至 1 000 $/kW，建设周期也缩短为 2～3 年）。世界范围内 IGCC 发电技术正朝着越来越广泛的应用前景方向发展。

（3）国内 IGCC 发展状况

IGCC 技术在中国的研究始于 1978 年，曾将其列入国家重点科技发展项目，但由于历史原因，相关研发单位和设备制造厂商积极性并不是很高，IGCC 技术发展非常迟缓，错过了与发达国家比肩 IGCC 的历史机遇。国家电力公司曾计划 2003 年在山东烟台开工建设 IGCC 示范电站，但由于项目所需关键技术和设备需要从国外购买，造价昂贵，而效益短期又难以显现，加之当时全国范围的电力短缺，该项目被取消。

随着环境形势的日益严峻和节能减排任务的不断加大，对 IGCC 技术的重视程度日渐提高，并得到了长足的进步。中国现已引进 E 级和 F 级燃气轮机制造技术，实现设备生产本土化，为发展 IGCC 提供了良好的基础。同时，国际上大容量的空分制造厂家在国内建有合资企业，用于 IGCC 的大型空分设备可在国内生产。IGCC 采用常温净化已是成熟技术和工艺，其设备完全可以国产化。目前，对于组成 IGCC 的气化、净化、空分和联合循环等分项技术均已进入中国，并已具备了一定的设计、制造、应用和建设的经验。并且中国在 IGCC 发电核心技术研究上取得了重大突破，由华东理工大学已经成功开发出“多喷嘴撞击流水煤浆气化炉”，容量为 1 150 t/d 的气化炉已于 2005 年 10 月投产。该气化炉配套生产 24 万 t 甲醇、联产 80 MW 发电；由西安热工研究院已经建成了 36 t/d 的两段式干煤粉加压气化中试装置，并已完成了 2 000 t/d 气化炉的初步设计。同时中国在 IGCC 煤气化、净化、热力系统、余热锅炉等方面都取得了一系列的成果。

最近由山东联合能源技术公司组织中美专家联合研发出的“高效清洁整体煤气化联合循环热电油气多联产系统”，总体设计效果达到国际领先水平。该系统一举突破造价、煤种、运行成本三大障碍。此项新技术以中国煤炭储藏丰富的烟煤为气化煤源，通过热解干馏先出优质原油和优质甲烷煤气，再经高温气化产生优质合成气，进入燃气轮机并构成联合循环两次发电。煤气化炉、余热锅炉、废热炉多股高温蒸气再次联合循环多次利用，充分提高供热效率和蒸汽轮机的发电，使发电效率达 65%、热电利用率达 96%以上，可使煤炭充分高效利用，充分资源化。

在目前技术水平下，IGCC 发电的净效率可达 43%～45%，脱硫效率可达 99%，二氧化硫排放仅为常规燃煤电站的 1/10，二氧化碳排放量为常规燃煤电站的 1/5，耗水只有常规电站的 1/10，烟尘排放量为零（见表 6.2）。

表 6.2　IGCC 电厂与传统火力发电厂对比

	IGCC 电厂	传统火力发电厂
发电净效率	43%～45%	30%左右
SO_2 排放量	0.27 万 t/a	2.6 万 t/a
烟尘	无	3 500 t/a
CO_2 排放量	122.6 万 t/a	600 万 t/a
耗水量	260 万 m^3/a	2 630 万 m^3/a
投资回报率	12%	12.30%
投煤量	338 万 t/a	300 万 t/a
产能	1 154 MW	1 000 MW

中国已将 IGCC 发电与多联产技术研发项目列入了国家中长期科技发展规划，并在“十一五”期间作为国家“863 计划”的重大项目立项，IGCC 电站工程已经启动。

（4）存在的问题与风险

目前，燃煤的 IGCC 电厂的单位千瓦造价要比普通电厂高很多，这是 IGCC 电厂没有大规模推广的主要原因。如何解决性价比是关系到 IGCC 技术推广应用的市场前景的主要问题；其次，IGCC 电站需要解决调峰的问题，主要需要解决气化炉调峰的技术问题；再次，就是解决燃气轮机“口粮”，如何提高适应燃料范围的问题。

但是，IGCC 发电技术所具有的优越的环保性能、良好的节能、节水、易大型化等突出优点，完全符合中国的能源结构和电力工业的发展方向，符合中国可持续发展的战略。因此，建设 IGCC 电厂是中国电力工业发展的必然趋势。

6.3.3　热电联产（CHP）

（1）简单技术原理

传统火电厂仅能将燃料化学能的 1/3 转换成电能，其余部分以热的形式耗散，在能量转换过程中对环境的负面影响十分显著。热电联产具有梯级利用能源、提高电能生产效率、改善空气质量、补充电源、节约城市用地等优势，与热电分产相比可节能 30%左右，是一项对节约能源和保护环境非常有效的措施。因此，国家明确鼓励发展热电联产，将其作为中国“十一五”期间组织实施的十项节能重点工程之一。

热电联产就是利用与热电分产等量的燃料，同时生产两种能源，即热能和电能（或机械能）。热电联产应用在同时有热和电需要，且年需求时间在

4 000 h 以上的部门。在气候温和的地区,热需求仅仅局限在冬季较短的一段时间,而在夏季对制冷(空调)的需求则非常巨大,这时热电联产过程中生产的热通过吸收循环,同时来生产冷却水。这样热电联产可扩展成为热、电、冷三联产(见图 6.12)。

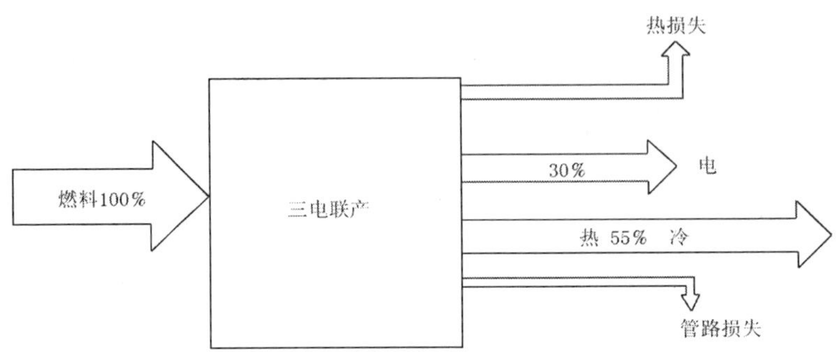

图 6.12 热、电、冷三联产简单原理

(2) 经济与环境效益

热电冷联产具有如下优点:

① 节省燃料。与传统电力生产相比,热电 / 热电冷三联产技术的使用能节省 30%的燃料。

② 减少污染排放。热电 / 热电冷三联产技术的使用,可使污染物的排放减少近 1 / 4。

③ 如果使用天然气来取代煤和石油,则二氧化硫和烟尘的排放可以减少到接近零的水平。

④ 经济效益。热电 / 热电三联产的经济效益也是明显的,三联产的能源生产成本比传统方法低,据估计,成本下降幅度在 20% ~ 30%。

目前,中国的热电联产承担了全国总供热蒸气量的 81.2%,热水采暖供热量的 29.5%。与热电分产相比,由于热电联产能源效率提高可形成 6 700 万 tce 左右的节能能力。

(3) 中国热电联产发展现状与潜力

2006 年,中国的热电联产规模已经位居世界第二,中国单台 6 MW 及以上的供热机组装机共 2 606 台,总装机容量已经增长到 80.48 GW,占全国同容量火电装机容量的 18%左右,占全国发电机组总装机容量的 14.6%。年供热量 2 275.65 PJ,比 2005 年增长 18.18%。

随着经济的持续快速增长和居民生活水平的日益提高,中国未来的工业和居民采暖热力需求仍将保持快速增长态势。预计到 2010 年,中国热电联产装机容量将由 2006 年的 80.48 GW 新增 40 GW，增长到 120 GW 左右，以满足不断增长的工业和居民采暖热力需求。与热电分产相比，新增的 40 GW 热电联产机组可形成 3 200 万 tce 左右的节能能力。

与此同时，现役电厂中具备改造为热电联产机组的潜力也很大。经调研，目前单机容量 135 ~ 300 MW 的现役凝气火电机组中，具备供热改造调节的有 86 个电厂，总装机台数 244 台，总装机容量 63.47 GW。分析结果表明，将这些火电机组进行供热改造，技术可行，投资不大（130 ~ 220 元 / kW），改造工期较短（2 ~ 3 个月），可以形成 5 000 万 tce 左右的节能能力。

此外，在技术可行、经济合理的情况下，还可进一步考虑采用热电联产替代目前既有的工业供热和居民采暖供热的部分小锅炉。如果把当前 30%的既有工业锅炉和 20%的既有采暖锅炉改造为热电联产供热方式，将可形成近 2 000 万 tce 的节能能力。

综上所述，到 2010 年，如果从新增热电联产装机、对现役凝气火电机组进行供热改造、对既有的部分小锅炉改造为热电联产供热等方面进一步加大发展热电联产的力度，将可形成 1 亿 tce 以上的节能能力，从而为推动实现中国的节能减排目标作出更大贡献。根据国家《2010 年热电联产发展规划及 2020 年远景发展目标》，截至 2020 年，全国热电联产总装机容量将达到 2 亿 kW。

6.3.4　超临界和超超临界火力发电机组

（1）简单技术原理

超临界机组是指主蒸气压力大于水的临界压力（22.12 MPa）的机组。习惯上又将超临界机组分为 2 个层次：①常规超临界参数机组，其主蒸气压力一般为 24 MPa，主蒸气和过热蒸气温度为 540 ~ 560℃；②高效超临界机组，通常也称为超超临界机组或高参数超临界机组，其主蒸气压力为 25 ~ 35 MPa 及以上，主蒸气和过热蒸气温度为 580℃及以上。

理论和实践证明常规超临界机组的效率可比亚临界机组高 2%左右，而对于高效超临界机组，其效率可比常规超临界机组再提高 4%左右（见表 6.3），火电厂各类机组效率比较（见图 6.13）。

超超临界机组烟气净化系统主要包括除尘、脱硝、脱硫等过程，其中烟气通过静电除尘器后，含尘量小于 50 mg / m^3（标准状态），除尘效率大于 99.9%；烟气通过 SCR 脱硝反应装置，净化后 NO_x 含量小于 40 mg / MJ，脱硝效率在 80%以上。降低污染物的排放的效果显著。

（2）现状、市场潜力及效益

自 20 世纪 80 年代初，美国就已经拥有超临界机组 170 余台，占燃煤机组的 70%以上，占总装机容量的 25.22%。截至 1989 年 3 月，日本各大电力公

表 6.3 超临界与超超临界机组供电效率及煤耗

	蒸气压力 / MPa	蒸气温度 / ℃	热效率 / %	供电煤耗 / (g / kWh)
超高压	13	535 / 535	35	360
亚临界	17	540 / 540	38	324
超临界	25.5	567 / 567	42	300
高温超临界	30	600 / 600 / 600	44	278
超超临界	30	700	48	256
高温超超临界		> 700	57	214
超 700			60	205

数据来源:中国科协 2004 年学术年会论文集。

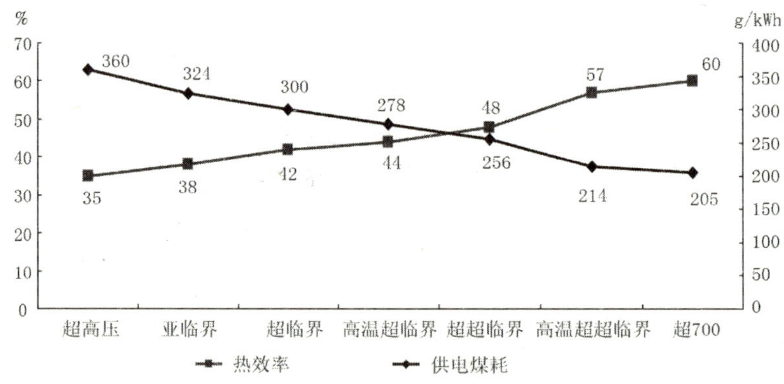

图 6.13 火电厂各类机组效率比较

数据来源:中国科协 2004 年学术年会论文集。

司的 48 个主要火电厂的总装机容量 75 870 MW 中，占总装机量的 65%。而中国直至 2006 年底,才有 47 台超临界、超超临界机组投入商业运行,容量 27 680 MW,占火电装机容量的 5.7%,约占总装机容量的 4.4%。

随着超临界火电机组的国产化，中国在今后新增的火电装机结构中将大力发展超临界和超超临界机组,预计 2020 年超超临界机组占燃煤机组装机总量的比例将达到 25%以上。如果中国 600 MW 等级的燃煤机组采用超超临界技术,发电煤耗 278 g / kWh,比同容量亚临界机组的煤耗减少 30 g / kWh,按年运行 5 500 h 计算，一台 600 MW 超超临界机组可比同容量亚临界机组节约 6 万 tce / a,同时 SO_2、氮氧化物、工业粉尘等污染物以及 CO_2 排放将大大减少。

6.3.5　燃煤锅炉气化微油点火技术

（1）技术原理

利用压缩空气的高速射流将燃料油直接击碎，雾化成超细油滴进行燃烧，用燃烧产生的热量对燃料加热。通过煤粉主燃烧器的一次风粉瞬间加热到煤粉着火温度，风粉混合物受到了高温火焰的冲击，挥发粉迅速析出同时开始燃烧，从而使煤粉中的碳颗粒在持续的高温加热下开始燃烧，形成高温火炬。

适用于干燥无灰基挥发分含量高于 18%的贫煤、烟煤和褐煤等煤种的锅炉点火系统。

（2）关键技术

油枪的气化燃烧，油燃烧室的配风，煤粉燃烧器的分级设计。

（3）工艺流程

电子点火枪点燃油枪→燃烧强化→点燃一级煤粉→点燃二级煤粉→气膜风保护三级燃烧送入炉膛。

（4）主要技术指标

① 与该节能技术相关生产环节的能耗现状

目前，中国电站锅炉启动和低负荷稳燃过程中要消耗大量燃油，现役机组每台锅炉每年点火及稳燃用柴油约 500 t 以上。传统的大油枪每只油枪的出力在 1.0 t/h 左右，而气化微油点火技术油枪出力只有 30 kg/h 左右。

② 主要技术指标

同原来的点火油枪相比，节油在 80%以上，烟煤节油率在 95%以上。

（5）技术应用情况

已在 135 MW、200 MW、300 MW 及 600 MW 机组上得到了应用。

（6）典型用户及投资效益

温州发电厂 135 MW 机组投入节能技改资金 130 万元，在机组大修后启动过程中就节约轻柴油 405.5 t，取得节能经济效益 185.62 万元。大修启动后已回收投资并有盈余。

温州发电厂 300 MW 机组投入节能技改资金 250 万元，大修启动及随后运行 1 个月，累计节约轻柴油 341 t，取得节能经济效益 169.2 万元。投资回收期半年。

榆社电厂 2 × 300 MW 锅炉 B 层喷燃器投入节能技改资金 260 万元，与原点火油枪相比，节油 80%以上，年可节油 1 000 t 以上，约 600 万元。投资回收期不足 1 年。

武乡和信 2 × 600 MW 锅炉 B 层喷燃器投入节能技改资金 360 万元，与原点火油枪相比，节油80%以上，年可节油1 500 t以上，约900万元。投资回收期不足1年。

（7）市场前景与节能潜力

若燃煤锅炉有1/3采用此技术，每年可节油200万t，节约80亿元。

6.3.6 燃煤锅炉等离子煤粉点火技术

（1）技术原理

锅炉等离子发生器是利用空气做等离子的载体，用直流接触引弧发电的方法制造功率达150 kW等离子体，同时采用磁压缩及等离子体输送至需要进行点火的部位，完成持续长时间的点火和稳燃。

（2）关键技术

等离子发生器。

（3）工艺流程

等离子发生器利用空气做等离子载体，用直流接触引弧放电方法，制造功率达150 kW的高温等离子体，热一次风携带煤粉通过等离子高温区域被点燃，形成稳定的二级煤粉的点火源，保证煤粉稳定燃烧。

（4）主要技术指标

① 与该节能技术相关生产环节的能耗现状

无等离子点火系统时，锅炉每次冷态点火到正常运行需耗油60 t左右，等离子系统投运时，耗油仅10 t左右。

② 主要技术指标

额定电压：0.38/0.36 kV

工作电流：290～320 A

额定功率：200 kVA

（5）技术应用情况

该技术已先后应用50～600 MW各等级机组锅炉200余台，总容量已突破70 000 MW。

（6）典型用户及投资效益

岱海电厂2×600 MW机组锅炉节能技改投资额1 000万元。机组投入生产后，采用等离子点火装置一次冷态启动可节省燃油98 t，2台机组每年可节省燃油980 t。年节能经济效益达500万元，投资回收期2年。

（7）推广前景和节能潜力

采用等离子点火装置，可以节约机组的燃料成本，特别是调峰机组，节油效果也十分显著。此外，该技术还可克服投油点火不能投电除尘器的环保问题，因而具有明显节能潜力。

6.3.7 凝汽器螺旋纽带除垢装置技术

(1) 技术原理

凝汽器冷却铜管水侧污垢是导致凝汽器真空恶化的最主要也是最常见的原因。循环冷却水中杂质等引起铜管内表面积垢或脏污,并随着时间的推移逐渐增多加厚,导致铜管清洁率和总传热系数下降、凝汽器换热效果差、真空下降,机组热效率降低,影响机组出力和运行经济性;并且垢下腐蚀可能造成针型腐蚀穿孔,导致铜管及管板泄漏,威胁着汽轮机组的安全运行。污垢已经日益成为强化传热的主要障碍之一。通常采用添加除垢缓蚀剂、胶球清洗、高压水冲洗、电子除垢、周期性停机进行机械清理等方法,但这些方法没有从根本上消除结垢的隐患,虽然短时间内对提高铜管清洁系数和传热性能是有效的,但是对提高常年的平均效率却作用不大。对污垢清洗理想技术的最基本要求,是能够自动地连续清洗,将传热面上的污垢及时除去并能防止结垢。

螺旋纽带装置实际是一种在线机械清洗防垢技术,依据"预防为主,防清结合"的原则,即在凝汽器每根换热管内,放置一条可以围绕轴心旋转的螺旋纽带除垢装置,纽带在一定流速的冷却水流动能带动下,产生自动旋转和振摆。在周向刮扫剪切和径向振摆碰撞的共同作用下,达到对管内已有水垢的连续清洗作用,对无垢的传热面则有很好的防垢保洁作用。在换热管内纽带的旋转导流下,冷却水呈螺旋线流动。连续自转和不断振摆,侧刃对近管壁的边界滞流层产生有效的扰动,从而使装置有一定的传热强化作用,从而达到节能、降耗、增效的目的,以确保机组长周期安全、稳定、经济运行。

(2)工艺流程

螺旋纽带装置安装在凝汽器铜管内,不需对凝汽器本体作任何改动,不需添加外加任何动力,只要在每一根铜管内加一支螺旋纽带并将内塞4固定牢固,用手旋转轴7几周,灵活可动即可。制造厂家可根据不同设备的实际需要生产制造不同规格的螺旋纽带装置(见图6.14)。

(3) 主要技术指标

凝汽器安装螺旋纽带除垢装置后,自动除垢、节煤、节水、减排。发电煤耗

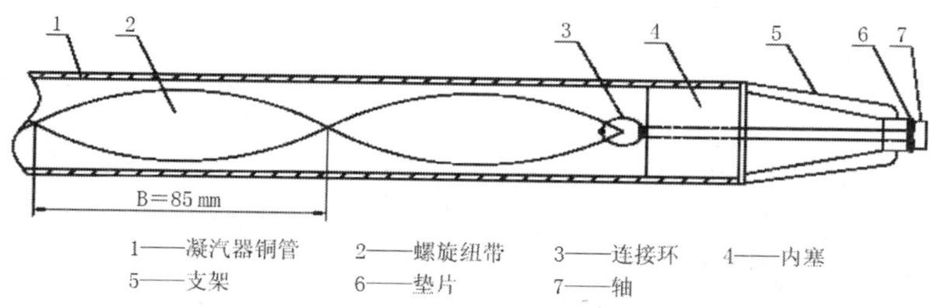

图6.14 螺旋纽带装置结构

减少 3 ~ 10 g / kWh，节水 20%左右。

(4)技术应用情况

已在 6 MW、12 MW、25 MW、50 MW、100 MW、200 MW 机组大规模使用，经济效益和社会效益显著，正在实施 600 MW 机组。

(5) 典型用户及投资效益

国家电网马头电厂 7# 200 MW 机组投入节能技改资金 600 万元，在改造后节约发电煤耗 4 g / kWh。全年 7 000 h 节约 5 600 tce，节水 70 万 t，减少排污 70 万 t。改造后全年综合经济效益为 490 万元。投资回收期为 15 个月。

国电邯郸热电股份有限公司 11# 200 MW 机组投入节能技改资金 600 万元，改造后降低发电煤耗 3 g / kWh。全年 7 000 h 节约 4 200 tce，节水 70 万 t，减少排污 70 万 t。全年取得综合经济效益为 420 万元。投资回收期为 17 个月。

(6) 推广前景和节能潜力

将在大唐三门峡电厂 600 MW 机组，华电十里泉电厂 300 MW 机组，山西神头发电有限责任公司 200 MW 机组等推广，全国 200 MW 机组以上 700 台，可年节约 210 万 tce，节水 1.264 亿 t。节能潜力巨大。

6.3.8 汽轮机气封改造技术

(1) 技术原理

在启动和初始负荷阶段，汽封在弹簧作用之下，处于全开位置，此时间隙在最大值。随着机组并网带初始负荷后，主蒸气压力达到某一定值时，克服气封内的弹簧力，使气封关闭，此时气封间隙达到设计间隙，使运行中气封漏汽量减少，提高了汽轮机的缸效率。

(2) 关键技术

弹簧的设计、材料、加工工艺，其中最主要的是安装工艺和水平。

(3) 主要技术指标

① 与该节能技术相关生产环节的能耗现状

由于目前机组传统设计的气封结构不合理，工艺对间隙要求太大，其结果漏汽损失大，这是造成汽轮机运行效率低的主要原因之一。近些年发电企业分别采取了相应技术改造，对提高机组效率取得了较好效果。

② 主要技术指标

高压缸效率可提高 2% ~ 3%，中压缸效率可提高 1% ~ 2%。

(4) 技术应用情况

1995 年 9 月在首阳山电厂 2 号 200 MW 机组大修首次采用，1995 年 11 月 2 日该机组大修后一次启动并网成功。为检验使用效果，1997 年 1 月 11 日由原电力部安生司组织 16 个单位对其进行现场揭缸检查，当时该机组大修后已运行 9 618 h,完成发电量 16.2 亿 kWh,共经历启、停 6 次,其中冷态 2 次,热态 4 次,没有发生气封方面的故障和异常,汽轮机的振动、胀差、轴向位移等数据均正常。

（5）典型用户及投资效益

河南焦作电厂 6×200 MW 机组，投资节能技改资金每台机组约 500 万元,年节约 2 万 tce,节能综合效益年节约运行成本约 800 万元。投资回收期 5 年。

河南三门峡电厂 2×300 MW 机组，投资节能技改资金每台机组约 500 万元,年节约 1.2 万 tce,节能综合效益年节约运行成本 500 万元。投资回收期 5 年。

6.3.9　汽轮机通流部分现代化改造技术

（1）技术原理

采用先进的汽轮机三维流场设计技术,结合四维精确设计,对汽轮机通流部分及气封系统进行优化。

（2）关键技术

① 高压缸调节级,采用子午面收缩静叶栅;

② 高压缸压力级隔板静叶,采用新型优化高效静叶叶型;

③ 中、低压缸隔板静叶,全部采用弯扭静叶片;

④ 采用新型动叶叶型,改善速度分布,减少动叶损失;

⑤ 增加各级动叶顶部气封齿数,减少漏汽损失;

⑥ 采用子午面通道光顺技术;

⑦ 提高末级叶片的抗水蚀能力;

⑧ 提高末级根本反动度,改善末级气动性能。

（3）工艺流程

现场对通流部分进行优化设计,大修将转子和隔板返厂加工,随后安装调整。

（4）主要技术指标

① 与该节能技术相关生产环节的耗能现状

200 MW 及以下机组缸效率较差,300 ~ 600 MW 机组比国外同类型机组供电煤耗高出 20 ~ 30 g/kWh。

② 主要技术指标

通过技术改造,高压缸效率提高 4% ~ 6%;中压缸效率提高 1% ~ 2%;低压缸效率提高 7% ~ 8%。

（5）技术应用情况

该技术先后在国内 50～600 MW 机组上，应用 50 余台次。

(6) 典型用户及投资效益

上海石洞口第一电厂 1×300 MW 机组投资节能改造资金 3 843 万元，使供电煤耗下降了 20 g/kWh，年取得经济效益 2 846 万元。投资回收期 1.4 年。

对另一台 300 MW 机组投资 6 400 万元进行改造，可使供电煤耗下降 20 g/kWh，年取得经济效益 4 519 万元，投资回收期 1.4 年。

(7) 推广前景和节能潜力

300～600 MW 机组在今后相当长的时期内仍是主力机组，由于效率偏低和供电煤耗偏高，通过部分改造以提高经济性，将是一种重要的节能手段。

6.4 案例

6.4.1 超超临界燃煤发电机组项目

(1) 案例名称

华电国际邹县发电厂四期工程 2×1 000 MW 超超临界 7 号燃煤发电机组项目。

(2) 案例业主

华电国际邹县发电厂是一座现代化特大型坑口火力发电厂，是华电国际电力股份有限公司的全资企业。

(3) 案例摘要

一期工程建设换热首站 1 座，热力站 37 座，供热面积 557 万 m^2，二期工程建设热力站 52 座。一二期合计建设，一级管网总长度共计 117.9 km。热力站 89 座，供热面积达到 900 万 m^2，并分别于 2004 年、2006 年建成。该项目实际总投资为 5.51 亿元，其中一期工程投资 3.27 亿元，二期工程投资 2.24 亿元。税后财务内部收益率为 26.7%，投资回收期 5.6 年。7 号机组年利用按 5 500 h 计算，每年向社会新增供电 55 亿 kWh，年节约 49 万 tce，年二氧化硫减排 1.75 万 t，年综合利用城市污水 600 多万 t。

(4) 案例内容

该厂建设的 2 台 100 万 kW 超超临界机组，是国内首批百万千瓦超超临界火电机组引进技术国产化的依托项目，被列为国家重点建设工程。自 2005 年 1 月 15 日全面开工建设，分别于 2006 年 12 月 4 日、2007 年 7 月 5 日顺利投产发电。其中，首台机组，创造了全国百万千瓦火电机组安全状况最好、建设速度最快、试运时间最短、工程质量最优、试运指标最佳、环保节能最好的纪录。

（5）项目技术方案简述

机组采用发－变组接线接入 500 kV 系统。500 kV 配电装置按一个半断路器接线方式设计。2 台发电机各经过 3 台 380 MVA 单相主变压器接入 500 kV 升压站，本期进线两回、出线一回。

高压厂用电电压等级采用 10 kV 一级，厂高变、起／备变低压中性点采用低电阻接地方式，接地电阻为 60Ω。每台机组设四段 10 kV 工作母线，A、B 段 10 kV 母线由第一台厂高变两个低压分裂绕组经共箱母线引接；C、D 段 10 kV 母线由第二台厂高变两个低压分裂绕组经共箱母线引接。互为备用及成对出现的高压厂用电动机及低压厂用变压器分别由不同的 10 kV 段引接。

每台机设置 2 台容量为 68／34－34 MVA 高压厂用工作变压器，型式为：自然循环风冷分裂变压器。两台机设置两台与工作厂高变同容量的起动／备用变压器，采用三相油自然循环风冷有载调压分裂变压器，其容量为 68／34－34 MVA，10 kV 侧通过共箱母线连接到每台机组的四段 10 kV 工作母线上作为启动／备用电源。

锅炉炉膛渣斗和下部水冷壁采用内螺纹管螺旋管圈，上部水冷壁采用垂直管圈的布置型式，燃烧系统采用前后墙对冲燃烧布置形式；通过技术攻关和优化设计，解决了汽轮发电机组 54 m 的长轴系单轴稳定性问题；采用现场总线技术进行生产过程监视和控制（国内首次）和辅助车间控制网络技术，具备了电厂外围辅助车间与主机进行集中监视与控制的能力，通过 PI 数据库、辅助车间控制网络及 AMS 等技术为数字化电厂预留了接口；采用平层式具有压缩效果的可活动叶片、先进的涡流弯曲喷嘴、逐级扩大型排汽室，以及 43 in 末级叶片等优化方案和先进技术，降低了汽轮机热耗。

（6）节能减排效果

项目建成后，取代了 24 座小型燃油锅炉房，年节代油燃油 15.6 万 t，按 50 美元／桶的燃油价格，汇率 6.82 元／USD 计算，每年节约燃料费 3.91 亿元。热电联产项目采用大容量、高参数锅炉，热效率可达 60%，发电煤耗为 321 gce／kWh，比采用燃煤锅炉房供暖每年节约 8.06 万 tce，节能效益显著。同时，每年减少温室气体排放 3.55 万 t，减少 SO_2 排放 0.96 万 t，烟尘 0.53 万 t。

（7）项目风险分析

超超临界机组由于比超临界和亚临界机组有较高的效率和相同的运行可靠性，因而具有巨大优势。然而，其高效率是在较高的负荷时才能显示出来的。在超超临界机组的日常运行中，若其承担调峰运行或维持低负荷下运行，当机组负荷降低至一定负荷时，其经济性将与超临界机组或亚临界机组相当，因此，应避免机组在过低负荷下运行，尽量使机组保持在其最低运行经济负荷点之上运行。超超临界机组在 60% ~ 100%负荷范围内滑压运行时其效率的变化不大，仅下降 2.3%，随后下降较快。因此，超超临界机组运行在 60% ~ 100%负荷范围内是比较经济合理的。

6.4.2 配电系统无功补偿装置

（1）案例名称

呼和浩特供电局配电系统改造。

（2）案例业主

呼和浩特供电局地处内蒙古自治区首府，供电范围达 38 440 km^2，10 kV 以上输电线路 10 604 km，经济状况好。

（3）案例摘要

在 53 台配电变压器（315 kVA 的 20 台、250 kVA 的 20 台、200 kVA 的 13 台）上安装不同容量的无功补偿装置。合同额为 180 万元，部分资金为世界银行贷款，部分资金由实施者自筹。项目采用合同能源管理模式，合同类型为节能效益分享型，实施者在 3 年内从分享节能效益中收回投资。项目投资回收期 2.1 年。减少损耗电量 273.32 万 kWh / a，节能量 1 091 tce / a，节能效益 84.73 万元 / a。

（4）项目技术方案简述

在 53 台配电变压器（315 kVA 的 20 台、250 kVA 的 20 台、200 kVA 的 13 台）上安装不同容量的无功补偿装置，自动监测运行变压器无功损耗数据，并依据运行中无功补偿容量，自动投切相应的无功补偿容量，使功率因数达到 0.92 以上。

（5）节能减排效果（见表 6.4）

表 6.4 年节能量及年节能效益

原系统年线损耗电量 /（万 kWh / a）	新系统年线损电量 /（万 kWh / a）	年减少损耗量 /（万 kWh / a）	年节能量 /（tce / a）	年节能效益 /（万元 / a）
707.18	433.86	273.32	1 091	84.73

注：电价为 0.31 元 / kWh，合同期电价不变。

（6）项目风险分析

随着电力电子技术的发展和电力电子器件的不断研制创新，无功功率补偿也处于不断发展之中，兼顾价格、质量、体积、操作等一系列因素最优化配置的补偿装置有待进一步提高。

目前，中国实施合同能源管理机制的主要障碍在于，能源管理公司的性

表 6.5　主要大气污染物减排效果

年减排量			寿命期减排量		
CO_2 (t－C / a)	SO_2 (t / a)	TSP (t / a)	CO_2 (t－C / a)	SO_2 (t)	TSP (t)
620	20	15	6 200	200	150

质定位问题和对能源管理机制观念的接受。合同能源管理在实施过程将出现一些技术问题,包括测算、计量和回款问题。

第7章 建筑节能重点技术与应用案例

7.1 中国建筑节能行业概述

7.1.1 建筑需求持续增长

目前,中国正处于建筑业发展的鼎盛时期。“十五”期间,中国每年新建的建筑高达16亿~20亿 m^2,是世界上最大的建筑市场。截至2005年,全国既有民用建筑面积约420亿 m^2(不含工业建筑)。其中,住宅面积约365亿 m^2(其中,城镇约145亿 m^2,农村约220亿 m^2),占全部建筑的80%以上;公共建筑面积约55亿 m^2。随着城市化进程的迅速发展(1995年中国的城市化水平仅为29.04%,2000年增长至36.22%,2007年增长至45%),越来越多的人口从农村转移到城市,造成城镇住房需求快速增长。

从人均建筑面积角度看,中国城市人均住宅面积由2000年的20.3 m^2 增长至2006年的27.1 m^2,6年增加了6.8 m^2; 农村人均住宅面积由2000年的24.8 m^2 增长到2007年的31.6 m^2,7年增加了6.8 m^2。

表7.1 中国城乡人均建筑面积和住房面积

单位:m^2

年份	城市人均住宅面积	农村人均居住面积	年份	城市人均住宅面积	农村人均居住面积
1995	16.3	21	2004	25	27.9
2000	20.3	24.8	2005	26.1	29.7
2001	20.8	25.7	2006	27.1	30.7
2002	22.8	26.5	2007		31.6
2003	23.7	27.2			

资料来源:建设部统计数字,中国统计年鉴2008。

尽管近年来中国的城乡居民人均住房面积在快速提高,但是和欧洲国家以及美国的水平相比,还存在较大提升空间。相关预测表明(世界银行):截至2015年,中国住宅面积将在2000年基础上翻一番;同时,随着中国的产业结构化调整,第三产业将快速发展,2010年第三产业的GDP比重比2005年提高3个百分点,居民对商业、金融、餐饮、休闲、健身、医疗教育等消费需求不断提高,导致公共建筑面积可能将以更快的速度增长。

在对建筑面积提出更高要求的同时，人们对室内热环境的舒适性要求也越来越高。冬季室温由 12℃、16℃提高到 18℃、20℃；夏季室温由 30℃，降低到 26℃、24℃。采暖区域从黄河以北扩展到长江以南；而从 20 世纪 90 年代初期才开始发展的空调，现在已经从公共建筑扩展到民用建筑，从南方扩展到北方，从城市扩展到农村。近年来，中国房间空调器的年均增长率接近 20%。在范围和数量迅速增加的同时，采暖和空调时间也正在逐步延长。在“非典”之后，普遍提高了通风要求，又进一步增加了采暖和空调的能耗。

除了对采暖、空调设施提出越来越高的要求外，中国城乡居民的主要家用电器拥有水平呈现快速增长趋势。电冰箱、空调器、热水器、洗衣机、电视机等各种家用电器设备不但在城镇居民家庭中得到快速普及，而且在农村中近年来得到了迅猛发展。

7.1.2　建筑能耗水平较高

建筑能耗是指建筑使用过程中的能耗，主要包括建筑采暖、空调、热水供应、炊事、照明、家用电器、电梯、通风等能源系统和设备的运行能耗。其中，以采暖和空调能耗为主，一般占建筑总能耗的 50% ~ 70%。在发达国家中，建筑能耗一般占全国总能耗的 30% ~ 40%。

（1）北方城镇地区采暖能耗

北方城镇地区是中国传统的采暖区，目前约有 70 亿 m^2。单位面积采暖能耗为 14 ~ 25 kgce /（a·m^2），平均约为 20 kgce /（a·m^2），是同纬度气候相近国家的 2 ~ 3 倍［德国约为 8 kgce /（a·m^2）］，年能耗量约为 1.4 亿 tce。其能源效率水平与建筑物的保温水平、采暖方式和系统状况有关。

从建筑物保温隔热水平看，尽管 20 世纪 90 年代末以后新建的房屋保温隔热水平有所提高，但是超过 90%的绝大部分既有建筑物的保温隔热水平很低。中国绝大多数采暖地区住宅围护结构的热工性能比气候相近的发达国家差许多，外墙的传热系数是他们的 3.5 ~ 4.5 倍，外窗为 2 ~ 3 倍，屋面为 3 ~ 6 倍，门窗的空气渗透为 3 ~ 6 倍，平均的保温隔热水平为北欧等同纬度发达地区的 1 / 2 到 1 / 3，差距较大。从采暖方式看，尽管集中供热普及率在不断提高，目前 70%以上为集中供热（其余为分散式采暖炉供热），但是因为供热体制改革举步维艰及相关技术原因，供热系统运行效率很低。首先，供热系统调节不均，并且末端缺乏热量调控装置，导致部分过热，虽然建筑物保温隔热水平有所提高，只好开窗降温，导致约 30%的热损失；其次，锅炉房实际运行效率非常低（为 60% ~ 65%），供热管网热损失很大（为 15% ~ 30%）；总体上看，虽然集中供热从理论上讲是一种节能的采暖方式，但是中国实际的集中供热系统运行效率不到 60%。

（2）城镇居民生活用电

包括照明、家电、空调和长江流域及长江以南地区的分散采暖用电。目前，单位面积平均用电量水平为 10～30 kWh/（a·m^2），与发达国家［60～100 kWh/（a·m^2）］存在很大差距。虽然近年来中国针对空调器、电冰箱、照明器具等电器出台了许多能效标准和标识政策，使这些电器的能效水平正在逐步提高，但是，因为这些电器的普及率及能源服务水平还相对较低，发展空间很大，目前城镇居民生活用电正在呈现快速增长的态势。

（3）农村居民生活用能

包括农村居民采暖、炊事、照明及家用电器用能。因为当前的农村居民生活能源服务水平还非常低，并且农村住宅的节能工作尚未起步，此外农村居民生活用能燃料正在从传统的薪柴等生物质能源向煤炭、LPG（炊事用）、电（采暖用）方向升级，当前农村居民人均生活用能（商品能源）仅为城镇居民的一半左右，存在很大的提升空间。

（4）大型公共建筑用电

包括高档办公楼、宾馆、大型购物中心、综合商厦、交通枢纽等（单栋超过 2 万 m^2，采用中央空调供冷方式）的空调、照明、电器、动力设备用电量。其特点是单位面积单耗非常高，为 100～300 kWh/（a·m^2），是城镇住宅的 10～15 倍，为一般办公建筑的 2～4 倍，与美国基本处在同一水平，比日本城市高。同时，节能水平远远低于西欧北欧水平，普遍存在 30%以上的节能潜力。据调查，许多大型商业建筑的中央空调系统中，输配系统（风机、水泵）的能耗占了 40%～50%，由于存在匹配不合理和缺乏节能控制措施等问题，许多风机、水泵的实际运行效率不到 40%，导致了极大的能源浪费。此类建筑目前有 5 亿～6 亿 m^2，但每年新增约 5 000 万 m^2，是导致近几年中国大部分城镇夏季用电量急剧上升的主要原因之一。

（5）一般公共建筑用电

包括一般的办公室、商店、饭店、宾馆、教室等的照明、办公用电设备、饮水设备、空调用电等。因为目前的能源服务水平比较低，单位建筑面积耗电量为 20～60 kWh/（a·m^2），远低于发达国家水平，上升空间也较大。

7.1.3 建筑节能潜力巨大

如果按照当前的建筑节能政策力度，到 2010 年中国的建筑能耗将可能在 2005 年的基础上翻一番，超过 8 亿 tce；如果采取更有效的节能措施，届时将可能使建筑能耗控制在 6 亿 tce 以内。这意味着，有效的建筑节能措施在 2010 年就可以形成 2 亿 tce 左右的建筑节能能力。

对新增建筑物及各种建筑能源系统/设备能效水平的控制可形成近

8 000 万 tce 的节能潜力。既有建筑能源系统 / 设备和建筑物节能改造潜力接近 9 000 tce。此外，通过合理引导广大社会公众“节约型”的消费方式也可以带来 2 000 万 ~ 4 000 万 tce 的节能效果。

7.2　重点节能技术

7.2.1　概述

建筑节能行业适用节能技术的节能量和技术经济分析等如表 7.2 所示。

表 7.2　建筑节能行业适用的节能技术

一、空气源热泵技术	
(1) 技术内容简述	空气源热泵热水系统由热水机组和储热装置组成。热泵机组采用少量的电能驱动压缩机运行，高压的液态工质经过节流后在蒸发器内蒸发为气态，利用轴流风机从环境中吸收大量空气中的热能，气态的工质被压缩机压缩成为高温、高压的气体，然后进入冷凝器冷凝成液态(液化)将所吸收的热量放出到使用水中去，如此不断循环把水加热到 55 ~ 60℃，换热后的工质经膨胀阀节流降温，再在蒸发器中吸收空气中的热量
(2) 适用条件	长江以南最具推广价值
(3) 典型节能量	与一台 2 t / h 的热水锅炉相比，每年可节约 110 tce
(4) 典型投资额	替代一台 2 t / h 的热水锅炉，空气源热泵热水机组的投资为 12 万元。每千瓦空气源热泵的平均投资为 1 000 元
(5) 投资回收期	1.1 年
(6) 市场潜力	“十一五”期间推广 1 200 万 kW，可替代相应燃煤锅炉 20 万 t / h，总的投资需求为 120 亿元，可形成年节能能力 1 100 万 tce
二、土壤源 / 水源热泵技术	
(1) 技术内容简述	土壤源热泵系统是利用地下浅层土壤能量，通过地下埋管的管内循环介质与土壤进行闭式热交换达到供冷供热目的。夏季通过热泵将建筑内的热量转移到地下，对建筑进行降温；冬季通过热泵将大地中的低位热能提高品位对建筑供暖
(2) 适用条件	有地热源、水热源条件的地区和建筑物
(3) 典型节能量	制热性能系数 4.2；制冷性能系数 7.81。比常规空调系统节能 25%以上，比分体家用空调节能 40%以上。每平方米建筑面积的年采暖电耗可降至 45 kWh，同比节能 19.3 kgce

续表

(4)典型投资额	每千瓦机组的投资为1 500～2 800元,折合至每平方米建筑面积的投资为260元。一栋10 000 m^2的建筑应用水源/地源热泵系统需投资250万～300万元
(5)投资回收期	5～8年
(6)市场潜力	"十一五"期间推广400万m^2,总的投资需求为10亿～12亿元,可形成年节能能力7.7万tce
三、中央空调智能控制技术	
(1)技术内容简述	用人工智能模糊控制方式代替传统的静态控制方式,实现动态控制,达到节能目的
(2)适用条件	新建中央空调制冷系统的应用和原有空调系统的改造
(3)典型节能量	可节电20%左右,平均每平方米建筑可节电16 kWh。一栋10 000 m^2建筑可节电16万kWh
(4)典型投资额	每千瓦机组的改造投资为600～1 000元,折合至每平方米建筑面积的投资为45元。一栋6万m^2的建筑进行改造需投入270万元
(5)投资回收期	3～5年
(6)市场潜力	该技术已在300多个项目的中央空调系统中应用。预计"十一五"期间推广比例为30%,需要总投入62.4亿元,年可节电85亿kWh
四、空调器节能改造技术	
(1)技术内容简述	节能环保空调机依据水蒸发吸热原理设计,利用水由液态转变为气态过程中吸收空气中热量的作用,达到降低空气温度的目的。其核心部件为直接蒸发式换热器——"多层波纹纤维叠合物"湿帘
(2)适用条件	开敞式或半开敞式场所,在高温及人群密集场所其应用效果尤为明显
(3)典型节能量	与传统中央空调系统相比,每平方米建筑面积年节电63 kWh;与风扇加排气扇系统相比,每平方米年节电2 kWh
(4)典型投资额	一个1 200 m^2的厂房安装该系统需投资12万元
(5)投资回收期	1.5～2年
(6)市场潜力	该技术推广200万m^2,则总的投资需求为2亿元,可形成年节能能力1.2亿kWh

续表

五、采暖锅炉节能技术	
(1) 技术内容简述	固态燃料半煤气回转燃烧技术是在锅炉前部设置有一个储煤气化室，一次空气从炉排下部送入，加热燃煤进行火干馏、气化，其可燃气体从炉室上部后方引出向下至点火区，在点火区与送入的二次空气混合后，明火点燃，燃尽的高温烟气由高温室引至锅炉换热面
(2) 适用条件	适用于中小型燃煤设备的改造和新生产的中小型燃煤设备
(3) 典型节能量	锅炉热效率可达到 80% ~ 82%，比普通锅炉节煤 24%。25 000 m^2 的库房采用该技术，每年可节原煤 106 t
(4) 典型投资额	平均每平方米采暖面积投资 2 元，25 000 m^2 的库房需投资 5 万元
(5) 投资回收期	0.8 年
(6) 市场潜力	该技术推广 1 000 万 m^2，则总的投资需求为 2 000 万元，可形成年节煤能力 4 万 t
六、智能照明节能技术	
(1) 技术内容简述	智能照明调控系统是根据向气体放电灯提供一定的启动电压和启动时间，当气体放电灯正常发光后，降低气体放电灯的工作电压，灯具的功率会大幅度的下降，但照度满足需要
(2) 适用条件	适用于市政道路、隧道、工矿企业等广泛领域的照明系统
(3) 典型节能量	平均节电 20% ~ 30%
(4) 典型投资额	密云县市政路灯照明系统改造投资 286 万元
(5) 投资回收期	3 年
(6) 市场潜力	该技术推广到 20 个中型城市，总的投资需求为 1 亿元，可形成年节电能力 9 000 万 kWh
七、节能照明灯具技术	
(1) 技术内容简述	高压钠灯和金卤灯电子镇流器具有较高的能效因子和合适的光波长，可以达到高的功率因数(接近 1)，各项指标都优于电感镇流器，具有显著的节能效果，而且还能在较宽的电压范围内点灯工作，弥补了电感式镇流器工作电压窄、启动冲击大的缺点
(2) 适用条件	可应用于道路、高速公路、机场、码头、车站、工矿企业、公园等场地照明。高显色高压钠灯主要用于体育馆、展览馆、娱乐场、百货商店和宾馆等场所照明
(3) 典型节能量	平均节电 30%
(4) 典型投资额	10 000 m^2 场地照明需投资 12 万元左右
(5) 投资回收期	1.5 ~ 2 年

续表

(6) 市场潜力	该技术推广应用 1 000 万 m^2,总的投资需求为 1.2 亿元,可形成年节电能力 2.5 亿 kWh
八、围护结构节能技术	
(1) 技术内容简述	TDL 外墙外保温及饰面系统是引进德国的先进技术及化工主剂，按欧盟标准,建立的建筑保温系统。它由 TDL－013 高强柔性建筑胶粘剂、阻燃型聚苯乙烯玻璃纤维网格布、TDL－021 外墙薄抹灰层彩色装饰砂浆或涂料组成
(2) 适用条件	适用于所有需要进行保温隔热处理及外型装饰美化的新建房屋和旧房改造
(3) 典型节能量	导热系数 0.018～0.028 W/(m·K),采用该技术后,100 万 m^2 建筑可节约原煤 6.5 万 t,节电 30 万 kWh
(4) 典型投资额	100 万 m^2 建筑需投资 200 万元左右
(5) 投资回收期	3 个采暖季
(6) 市场潜力	“十一五”期间该技术推广应用比例达到 10%,施工面积 40 亿 m^2,总的投资需求为 80 亿元,可形成年节煤能力 2.6 亿 t,年节电能力 12 亿 kWh

7.2.2 空气源热泵技术

(1) 技术概述

空气源热泵热水系统由热水机组和储热装置组成。热泵机组根据逆卡诺循环原理,采用少量的电能驱动压缩机运行,高压的液态工质经过节流后在蒸发器内蒸发为气态（气化）,利用轴流风机从环境中吸收大量空气中的热能,气态的工质被压缩机压缩成为高温、高压的气体,然后进入冷凝器冷凝成液态(液化)将所吸收的热量放出到使用水中去,如此不断循环把水加热到 55～60℃,换热后的工质经膨胀阀节流降温,再在蒸发器中吸收空气中的热量。以少量的电能采集大量空气中的热量,实现清洁环保、可循环利用的空气能——新能源的使用。生产的热水储存在保温储热水箱中,供用户随时使用。

空气源热泵热水机组可以在夜间集中生产热水,供白天使用。在电力使用中,可实现移峰填谷,平衡用电负荷的作用,供电部门又可给予用户峰谷分时电价的优惠政策(见图 7.1)。

(2) 应用及市场状况

空气源热泵热水机组对需要生活用水、供暖的公用设施、休闲会所、酒店、医院、学校及工厂宿舍、别墅家居等应用领域具有广泛的适用性,随着其

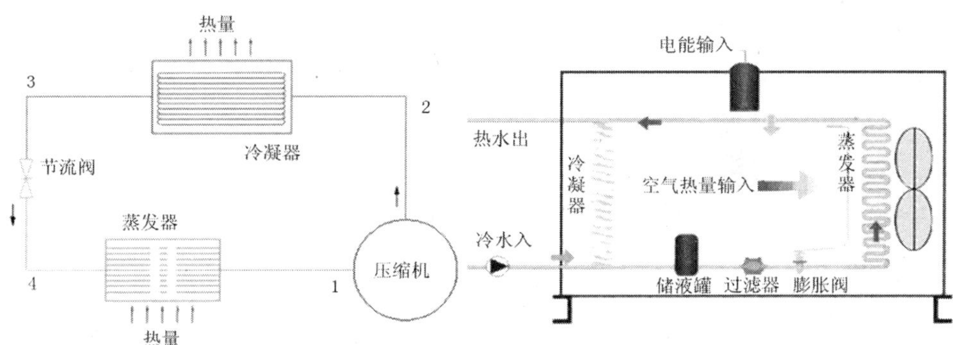

图 7.1　空气源热泵工作原理图

普及应用,将大幅改变现有家电结构。

热泵热水空调机组在使用热水的同时还可附送冷量(冷气或冷水),使能源得到双倍利用。同时可实现独立热水器使用、独立空调器使用和热水空调制冷同时使用等多项功能,一机多用。

(3) 技术经济分析

空气源热泵热水(空调)机组另一个优越的性能在于:将空调器和热水机组功能合而为一。在夏季空调制冷时,可同时免费提供生活热水,将原本两项支出的成本节约为一项支出,最大限度地节省了用户的运营成本;在冬季供暖时,可实现采暖与热水间隙运行,节省了一部分设备投入。

电动空气源热泵 COP 值为 2.0,比普通电阻采暖高 1 倍,一次能源利用率(PER)可达到 60%。无锡金海花园应用空气源热泵热水机组替代燃煤锅炉,投资 2 台机组 12 万元,比使用燃煤锅炉供热费用可综合节约 11 万元左右(包括燃料节省和人工节省),投资回收期 1.1 年。

(4) 未来发展趋势及市场潜力预测

由于燃煤锅炉污染严重,能源利用率低,现在绝大多数城市不允许市区使用燃煤锅炉, 而且燃煤锅炉占地面积较大, 受环境和空间的限制较多,同时,在燃煤锅炉、燃油锅炉、电锅炉、普通太阳能热水器和空气源热泵热水机组的对比中,空气源热泵热水机组无论在经济上还是环境保护上都有着显著的优势。因此,空气源热泵热水机组在长江以南的工矿企业、机关、学校、宾馆、饭店等需要用热水和空调的地方极具推广价值。

7.2.3　土壤源热泵技术

(1) 技术概述

土壤源热泵系统是利用地下浅层土壤能量,通过地下埋管的管内循环介质与土壤进行闭式热交换达到供冷供热目的。夏季通过热泵将建筑内的热量转移到地下，对建筑进行降温；冬季通过热泵将大地中的低位热能提高品位对建筑供暖。

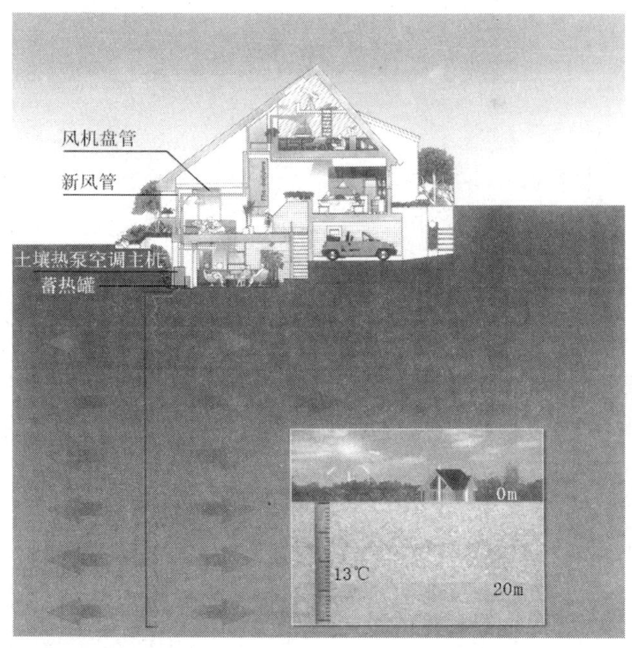

图 7.2 土壤源热泵系统工作原理图

(2) 应用及市场状况

中国淮河以南的广大地区建筑一般没有冬季采暖装置，而这些地区冬季气温较低。为改善冬季室内热环境，主要措施是采用局部采暖装置，如小型传统空调或电加热器。传统空调的运行费用远高于地源热泵系统。当前，中国经济高速增长，社会购买力大大加强，地源热泵的高初投资对其的影响越来越小。随着科技的发展，土壤源热泵的技术成熟使成本降低，必将拥有广阔的前景。

(3) 技术经济分析

如果土壤源热泵系统能够大面积地应用，这将减少对化石能源的依赖，有利于可持续发展和建设和谐社会，使能源利用更加安全；有利于改善城市大气污染问题，有利于解决城市管网供暖能力不足问题；同时可减少对城市内的排热量，可以大大缓解城市热岛现象。

经济性方面，以供热 3 万 m^2 计算，采用土壤源热泵共需投资约 170 万元(包括打地热井、热泵机组及交换站设备、管道等)，初投资比燃煤方式增加 1 倍多，但每年可综合节约 34 万元，静态投资回收期 4.5 年。

（4）未来发展趋势及市场潜力预测

2005 年，全国人大通过了《可再生能源法》，建设部将地源热泵供暖空调技术列入新的建设业十项新技术。2005 年 11 月 31 日，建设部发布中国建筑科学研究院空气调节研究所主编的国家标准《地源热泵系统工程技术规范》并自 2006 年 1 月 1 日起正式实施。在政府积极支持与倡导下，地源热泵应用日益广泛，为建立节约型社会，解决面临的能源危机问题提供了新思路，地源热泵将成为极具潜力的产业。

7.2.4　中央空调智能控制技术

（1）技术原理

用人工智能模糊控制方式代替传统的静态的“压差或温差 + PID”控制方式，实现动态的人工智能控制。

（2）关键技术

关键技术在于将模糊控制技术与计算机技术，系统集成技术和变频调速技术相结合，独创了一套先进的模糊预测算法模型和自适应模糊优化算法模型。实现了主机参数优化和冷媒流量的动态调节，从而降低了整个空调系统的能耗。

（3）工艺流程

空调负荷变化 → 冷却冻水参数变化 → 系统模糊优化控制 → 水泵变频调节。

（4）主要技术指标

工作环境温度 0 ~ 40℃；

相对湿度≤90%（20℃）；

控制方式为自动、手动和第三方控制。

（5）技术应用情况

该技术已通过贵州省和国家经贸委的新产品鉴定，并列入国家发改委全球环境基金（GEF）中国节能促进项目和 2006 年国家科技火炬计划。

产品在全国 20 多个省市的 300 多个项目的中央空调系统中成功应用。

（6）典型用户及投资效益

翔鹭洗纶纺纤（厦门）有限公司投资 226 万元进行节能改造工艺，实现中央空调系统综合节能率 21%，年节电 187 万 kWh。

上海新锦江大酒店投资 276 万元进行节能改造，实现中央空调系统综合节能率 23.3%，节电量 96 万 kWh / a。

（7）推广前景及节能潜力

中央空调系统是一个高能耗系统，无论是工艺性或舒适性中央空调系统都可应用先进的调控技术取代传统的调控技术，节能20%以上是完全可能的，技术是成熟的。

"十一五"期间，该技术在行业内可推广比例为10%，需要总投入62.4亿元，年可节电85亿kWh。

7.2.5 空调器节能改造技术

(1) 技术概述

节能环保空调机依据水蒸发吸热原理设计，利用水由液态转变为气态过程中吸收空气中热量的作用，达到降低空气温度的目的。其核心部件为直接蒸发式换热器——"多层波纹纤维叠合物"湿帘。当室外新风进入节能环保空调机时，要透过由循环水不断洗涤"多层波纹纤维叠合物"形成的湿帘，由于水在不断蒸发过程中吸收了空气中的热量，从而使新风温度降低，降温后的新风经风道和设计好的出风口进入房间，调节室内温度。同时室外新风在通过空调机的"多层波纹纤维叠合物"湿帘时，由于一定比例的水蒸气混入空气，因此送入房间的新风将增加房间内空气的湿度。

节能环保空调机适用场所为开敞式或半开敞式，室外新风经空调机降温、加湿后源源不断地进入房间，房间内的污浊空气则被排出室外，从而保证了室内空气的清凉、新鲜，达到了净化室内空气的目的。

图7.3 节能环保空调机工作原理图

(2) 应用及市场状况

目前，节能环保空调已形成多型号的系列产品，适用于开敞式或半开敞式场所的降温、通风、加湿，在高温及人群密集场所其应用效果尤为明显。由于其节能环保的特点，适合作为纺织、机械、电子等行业车间的降温、通风设备。

(3) 技术经济分析

与采用传统中央空调、风扇加排气扇的降温通风系统相比,节能环保空调有明显的节电效果;并且在通风换气和降温、加湿等方面分别比传统中央空调与风扇加排气扇系统有显著优势,是开敞式或半开敞式场所的理想通风换气及降温设备。

凌力电池有限公司电池生产车间应用节能环保空调,在同等工作环境和运行时间条件下,比传统中央空调系统年节电 75 950 kWh,比风扇加排气扇系统年节电 3 150 kWh。以年节电量 75 950 kWh 计算,并扣除节能环保空调消耗水费用后,年节约资金 6.023 5 万元,每年 CO_2 排放量减少 75 722 kg;工程总投资约 16 万元,投资回收期 2.6 年。

(4) 未来发展趋势及市场潜力预测

中国各地区具有温度高、空气质量差、人群密集,且对降温和湿度调控要求较低等特点的大型工作场所和公共场所为数众多,如果采用传统中央空调方式,不仅能耗和运行费用巨大,而且大幅改善空气质量的效果也不明显,更何况部分场所为开敞式或半开敞式,不具备安装中央空调的技术条件。科瑞莱节能环保空调由于其新颖的设计原理和应用效果,可以有效地解决大型车间和场所的降温通风问题。由于其能耗低、运行费用省,在干燥和半干燥地区越来越受到重视。

7.2.6 采暖锅炉节能技术

(1) 技术概述

固态燃料半煤气回转燃烧技术是在锅炉前部设置有一个储煤气化室,燃煤加装在储煤气化室内的炉排上,炉排上面备有火源,一次空气从炉排下部送入,加热燃煤进行火干馏、气化,其可燃气体从炉室上部后方引出向下至点火区,在点火区与送入的二次空气混合后,明火点燃,点燃的烟气在耐火材料组成的高温室内与三次空气混合得到完全燃烧,燃尽的高温烟气由高温室引至锅炉换热面。

(2) 应用及市场状况

固态燃料半煤气回转燃烧技术适用于中小型燃煤设备的改造,也适用于新生产的中小型燃煤设备。近年来由于环境改善的需要,中国一些大中城市,逐渐推广了燃油和燃气的燃烧设备,确实起到了减少污染物的排放和降低能耗的效果。但是中国的油气资源和生产能力有限,且燃料价格较煤高出 2 ~ 4 倍,因地区差异,很多单位难以承受。

(3) 技术经济分析

由于本燃烧技术相当大的部分为气化燃烧方式,与一般层燃炉燃烧方式比较，空气与燃料混合均匀，过剩空气量相对减少，燃料燃烧完全、烟气含尘降低，降低污染物排放。特别是下返烟的明火部分，保证了稳定的点火和稳定的受热面换热，提高了锅炉的燃料适应性和运行安全性。

北京金必通物流有限公司在扩大采暖面积时，更换使用了固态燃料半煤气回转燃烧锅炉 CWWJ－2.1（带上煤机）。固态燃料半煤气回转燃烧锅炉投入运行后，1 个采暖期节约原煤 105.85 t，每年节约能源费用效益 6.351 万元，年减排二氧化碳 57.30 t（以碳计）。

（4）未来发展趋势及市场潜力预测

固态燃料半煤气回转燃烧技术，可适用于当前中小型燃煤设备的改造及新生产的燃煤设备，包括供暖、生活及生产用蒸气锅炉、热水锅炉、工业窑炉等。

在中国能源结构中，煤炭占有绝对优势。煤的直接燃烧带来较为严重的污染和巨大的能源消耗。而固态燃料半煤气回转燃烧技术正是适应了这种需要，在煤燃烧技术和环保上有所创新，具有较好的推广价值和市场潜力。

7.2.7 智能照明节能技术

（1）技术概述

智能照明调控系统是根据向气体放电灯提供一定的启动电压和启动时间，当气体放电灯正常发光后，降低气体放电灯的工作电压，灯具的功率会大幅度的下降，但照度满足需要。

（2）应用及市场状况

该产品目前已经在中国及世界各地拥有数千用户，早期用户已经使用超过 10 年，均能够维持稳定运行。

（3）技术经济分析

北京市密云县市政路灯照明采用“智能照明节能系统”，总投资额 286 万元。系统改造后，取得明显的节能效果，平均年耗电量降为 204 万 kWh，年电费降为 185.64 万元，每年更换灯具数量也大幅降低为 610 盏，取得明显的节能效果。

（4）未来发展趋势及市场潜力预测

智能照明节能系统由于适用于市政道路、隧道、工矿企业等广泛领域的照明系统，市场潜力巨大。

7.2.8 节能照明灯具技术

（1）技术概述

高压钠灯和金卤灯电子镇流器具有较高的能效因子和合适的光波长，可以达到高的功率因数（接近 1），各项指标都优于电感镇流器，具有显著的节能效果，而且还能在较宽的电压范围内点灯工作，弥补了电感式镇流器工作电压窄、启动冲击大的缺点。

(2) 应用及市场状况

可应用于道路、高速公路、机场、码头、车站、工矿企业、公园等场地照明。高显色高压钠灯主要用于体育馆、展览馆、娱乐场、百货商店和宾馆等场所照明。

图 7.4 高压钠灯电子镇流器灯具应用现场

(3) 技术经济分析

包钢集团应用高压钠灯和金卤灯电子镇流器，逐步改造现有厂房照明灯具，项目共安装金卤灯电子镇流器 1 263 套，总投资约 215 万元，年节电量 248 万 kWh，节约电费 104 万元，投资回收期约 25 个月。

(4) 未来发展趋势及市场潜力预测

随着绿色照明工程在中国的逐步开展，推进了电子镇流器的广泛使用。高压钠灯和金卤灯电子镇流器具有较高的功率因数及输出到灯的功率恒定等技术特点，启动平稳，能在很宽的电压范围内工作，很好地弥补了电感式镇流器工作点不稳定、工作电压范围窄等缺点，节能效果显著。实际应用中，高压钠灯和金卤灯广泛用于道路、高速公路、机场、码头、车站、工矿企业、公园等场地照明，单灯功率较民用的荧光灯大许多，且应用广泛，市场潜力巨大。

7.2.9 围护结构节能技术

(1) 技术概述

TDL 外墙外保温及饰面系统是引进德国的先进技术及化工主剂，按欧盟标准，建立的建筑保温系统。它由 TDL－013 高强柔性建筑胶粘剂、阻燃型聚苯乙烯玻璃纤维网格布、TDL－021 外墙薄抹灰层彩色装饰砂浆或涂料组成。

(2) 应用及市场状况

适用于所有需要进行保温隔热处理及外型装饰美化的新建房屋和旧房

改造。

(3) 技术经济分析

通过对 TDL 外墙外保温技术在恩济庄园公寓建筑上应用的研究项目投资 70 万元，扣除不采用该保温饰面系统而进行的外部装饰费用及非节能建筑的投资调节税，计算净投资额为 3.5 万元。年可节约原煤 76.3 t，节约资金 1.83 万元，年减排 CO_2 142 t。同时也改善了用户的居住条件，减少了夏季空调耗电。

(4) 未来发展趋势及市场潜力预测

TDL 外墙外保温系统，技术先进、成熟可靠，能够降低建筑物的采暖能耗，提高室内热工环境质量，美化建筑造型，投资回收期短，节能效果十分显著。它适用于所有需要进行保温隔热的新建房屋和旧房改造。

随着国家建设部第 76 号令《民用建筑节能管理规定》的执行，该技术必将在中国采暖地区尤其是严寒地区产生巨大的市场。

7.3 成功案例

7.3.1 空气源热泵热水机组的应用

(1) 项目简介

无锡金海花园酒店是解放军总装备部无锡第一干休所的附属酒店。金海花园酒店原热水供应靠安装的两台 2 t/h 燃煤锅炉(一用一备)，锅炉产生的蒸气经换热器转换后供应酒店客房部和餐饮部热水。为了配合无锡市建设和保护旅游风景区的环境，2006 年拆除两台燃煤锅炉，使用高效节能的清洁能源设备——同益空气源热泵热水机组。

(2) 技术方案或内容

无锡金海花园酒店地处无锡惠山脚下，环境保护要求高，由于燃煤锅炉的高污染性，不允许在风景区内有燃煤锅炉的存在。如果改用燃油或燃气锅炉，运行成本过高，不符合经济运行的要求；如果改用电热水炉，需要为此进行配电增容，初始投资及日常的运行费用均高于热泵热水机组。无锡金海花园酒店既是解放军总装备部的无锡接待酒店，又是无锡旅游服务的定点宾馆。使用空气源热泵热水机组不但可以完全满足客房部和餐饮部的需要而且热水量还有富余，即机组的运行时间缩短，不需要连续运行。

此热水工程改造项目选用广东同益牌空气源热泵热水机组二台 RS-200-10G 机组，包括对原供热水管道系统的改造工程。通过五个月的运行，节能效果明显，机组可以在夜间集中生产热水，供白天使用，实现移峰填谷平衡用电负荷的作用，同时，粉尘、二氧化碳、二氧化硫均实现零排放。

图 7.5　空气源热泵热水机组

（3）技术经济评价

无锡金海花园酒店的热水工程改造项目总投资为 12 万元。

根据无锡金海花园酒店实际使用情况，对空气源热泵热水器机组一组进行能效比实测，节能检测不含制冷空调系统。根据对 RS－200－10G 空气源热泵热水机组的检测，推算出整个供热水状况下的节能量、经济效益和环境效益。

节能量：原燃煤锅炉年耗煤量 154.3 tce（不含辅机用电量的折标煤），应用 RS 型空气源热泵热水机组，用电量折标煤 42.5 t，每年节约 111.8 tce。

经济效益：2005 年锅炉房全年费用 19 万元，其中燃煤费 13.25 万元，水电费、维护费 1.7 万元，人工费 4.0 万元。使用空气源热泵热水机组年运行费用 6 万元，空气源热泵热水机组是自动控制，无人工费，年综合费用（包括维护费与折旧费）约 8 万元。比原使用燃煤锅炉供热的费用节约了约 11 万元，经济效益明显。投资回收期＝投资／年收益＝12 万元／11 万元＝1.1 年。

环境效益：每年减排粉尘 76 t，减排二氧化碳 278.6 t，减排二氧化硫 8.38 t。

7.3.2　固态燃料半煤气回转燃烧技术在采暖锅炉上的应用

（1）项目简介

北京金必通物流有限公司位于北京亦庄经济技术开发区，占地两百余亩，库房面积 50 000 m²，公司建设投资金额 4 000 万元。公司配备先进的物流信息系统及专业化网络办公系统，能适应现代化物流业务的需要。

公司有钢结构库房 9 个（7 个已投入使用，2 个处于待建状态），平均每个库房面积 3 600 m²，库房高度 7 m，采用保温、隔热设计，库内温度保持在 0～30℃。冬季在办公、生活和仓储保管区域有采暖要求，使用燃煤热水锅炉。

为适应国家产业政策的调整及全社会对环保要求的提高，以及企业自身的经济效益和节约能耗的考虑，在扩大采暖面积时更换使用了固态燃料半煤气回转燃烧锅炉 CWWJ－2.1（带上煤机）。

(2) 技术方案或内容

固态燃料半煤气回转燃烧技术中相当大的部分为气化燃烧方式,与一般层燃炉燃烧方式比较,空气与燃料混合均匀,过剩空气量相对减少,燃料燃烧完全、烟气含尘降低,降低污染物排放。特别是下返烟的明火部分,保证了稳定的点火和稳定的受热面换热,提高了锅炉的燃料适应性和运行安全性。

系统运行后的实际运行情况,从改造后的运行结果看:结构紧凑、占地面积小,节省安装及设备投资;运行过程中不易发生爆燃、焦油堵塞等现象;采用合理的安全防护系统,使运行可靠,操作简便;一次加煤可燃烧 5 个小时左右,运行状态稳定,与过去相比,降低了司炉工的劳动强度;锅炉热效率达到 80%~82%,而且煤种适应性比较强;采用固态燃料半煤气回转燃烧技术后,可使用较低热值的燃料而又保证获得较高的热工性能和环保性能。

固态燃料半煤气回转燃烧锅炉代替以前使用的双层炉排燃煤锅炉,通过一个采暖期的使用,效果理想,不仅解决了普通燃煤锅炉烟尘排放高、SO_2 排放高的环保污染问题,而且这种新型燃烧技术,具有省煤、省电、省人工、热效率高、机械化程度高的优点。自从更换了这种固态燃料半煤气回转燃烧锅炉后,一个采暖期比原来的燃煤锅炉节省了 24%的燃煤量(见图 7.6)。

图 7.6 固态燃料半煤气回转燃烧技术采暖锅炉

(3) 技术经济评价

现场测试:固态燃料半煤气回转燃烧锅炉热效率 81.56%,炉渣可燃物含量 13.50%,排烟处过剩空气系数 1.86。

应用固态燃料半煤气回转燃烧锅炉技术,总计一次性投资 5 万元。固态燃料半煤气回转燃烧锅炉投入运行后,1 个采暖期节约原煤 105.85 t,每年节约能源费用效益 6.351 万元，年减排二氧化碳 57.30 t（以碳计）。该项目简单投资回收期约为 0.8 个采暖期。

经济效益：年节约原煤 105.85 t（单价 600 元 / t），公司年节能效益 6.351 万元。年减排二氧化碳 57.30 t（以碳计），减少环境污染。投资回收期：项目总计一次投资 5 万元，年经济效益 6.351 万元。简单投资回收期 = 投资 / 年收益 = 0.8 年。1 个采暖期内即可收回总投资。

7.3.3　智能照明节能系统在市政路灯中的应用

（1）项目简介

北京市密云县市政路灯照明采用“智能照明节能系统”进行改造。密云县的路灯系统在改造前，由于路灯照明的电网电压较高，后半夜电压一般都高达 240 V。不但造成了电能浪费，也影响了灯具的寿命。在改造前，平均年耗电量为 300 万 kWh，年电费为 273.2 万元；每年更换灯具数量约为 2 300 盏。

（2）技术方案或内容

密云县政府通过对国内多种常见路灯节能设备的调研和比较，并经过政府采购，选用了 SALICRU（塞里克鲁）智能照明节能系统，对城区 36 条路段的道路照明系统进行了改造。SALICRU（塞里克鲁）智能照明调控系统是根据向气体放电灯提供一定的启动电压和启动时间，当气体放电灯正常发光后，降低气体放电灯的工作电压，灯具的功率会大幅度地下降，但照度满足需要。

改造涉及的道路总长度 45 km，路灯杆数 1 945 个，路灯总盏数 3 655 盏，光源均为 150 ~ 400 W 的高压钠灯，路灯总功率为 747.23 kW。

（3）技术经济评价

密云县市政路灯照明采用“智能照明节能系统”总投资额为 286 万元人民币，包括 36 条路段的 20 套容量从 30 kVA 到 120 kVA，总容量 1 485 kVA 的控制设备安装及调试费用。

系统改造后，平均年耗电量降为 204 万 kWh，年节约用电量 96 万 kWh，按电价 0.91 元 / kWh 计，年共节约电费 87.36 万元；延长了灯具寿命，年减少灯具更换 1 690 只；减轻维护人员的劳动量，降低维护费用；年减排碳 261 t（以碳计）；该项目的投资回收期为 3.27 年。

第 8 章 生物质发电技术与应用案例

8.1 生物质发电概述

8.1.1 定义

8.1.1.1 生物质发电原料种类

本文所涉及的生物质发电原料种类包括：农作物秸秆及农产品加工剩余物、林木剩余物及林木加工剩余物、畜禽粪便、城市生活垃圾及工业有机废弃物、有机污水等。

8.1.1.2 生物质发电技术种类

本文所涉及的生物质发电技术种类包括：生物质直燃发电（包括蔗渣直燃发电）、生物质混燃发电、生物质热解气化发电（包括碾米厂稻壳气化发电）、生物质制取沼气发电、垃圾焚烧发电、垃圾填埋气发电。

8.1.2 资源和经济潜力

8.1.2.1 农作物秸秆及农产品加工剩余物

（1）秸秆总量

中国农作物秸秆是生物质能源资源最重要的组成部分，2006 年水稻、小麦、玉米、豆类、油料、棉花、薯类 7 种主要农产品产量为 5.25 亿 t，按照草谷比计算，年秸秆资源总量约为 7.36 亿 t。

表 8.1 2006 年中国主要农作物产量、秸秆生成量一览表

品种	水稻	小麦	玉米	豆类	薯类	油料	棉花	合计
粮食产量 / 万 t	18 257	10 446	14 549	2 105	3 406	3 059	675	52 549
秸秆产量 / 万 t	18 257	10 446	29 097	4 210	3 406	6 119	2 024	73 558

注：粮食产量数据来源于《中国统计年鉴》，国家统计局。

此外，农产品在初加工过程产生了大量的副产品，主要包括稻壳、玉米芯、甘蔗渣等，主要来源于粮食加工厂、食品加工厂、制糖厂和酿酒厂等，产地相对集中，易于收集处理。稻壳是稻谷加工的主要剩余物之一，占稻谷重量的 20%，主产于东北地区和湖南、四川、江苏、湖北等省；玉米芯是玉米穗脱粒后的穗轴，约占穗重的 20%，主产于辽宁、吉林、黑龙江、河北、河南、山东、四川等省;甘蔗渣是蔗糖加工业的主要副产品,蔗糖与蔗渣各占 50%,主产于广东、广西、福建、云南、四川等。上述副产品的总量超过 1 亿 t,约折合 5 000 万 tce。

(2) 可用于能源化利用的秸秆资源经济潜力

2006 年中国 7 种主要农作物秸秆用于还田 1.15 亿 t, 占总量的 15.7%; 用于饲料 1.22 亿 t,占总量的 16.5%;用于农户直接燃烧的 2.27 亿 t,占总量的 30.9%;用于工业或其他用途的 3 600 万 t,占总量的 4.9%;秸秆剩余量约 2.35 亿 t,占秸秆总量的 32%。

可用于能源化利用的 2.35 亿 t 秸秆资源, 如用于发电, 约可生产 2 350 亿 kWh 电力,以年发电 7 000 h 计,可满足装机容量 3 357 万 kW 的火力发电站的原料需求。

8.1.2.2　畜禽粪便

(1) 资源总量

根据《中国畜牧年鉴》的畜禽养殖总量数据计算,2006 年,中国畜禽粪便总量为 18.4 亿 t,尿液总量为 12.8 亿 t,合计为 31.2 亿 t。各类畜禽粪便和尿液的排放量见表 8.2。

表 8.2　2006 年全国主要畜禽排泄物总量

畜禽种类	存栏量	粪便排放系数	尿排放系数	粪便排泄量	尿排泄量
奶牛	1 363.2	30.00	18.00	14 926.7	8 956.0
肉牛	12 581.0	20.00	10.00	91 841.5	45 920.8
猪	49 440.7	2.50	3.00	45 114.7	54 137.6
羊	36 896.6	1.50	0.50	20 200.9	6 733.7
家禽	1 017 592.5	0.13	0.13	11 905.8	11 905.8
合计				183 989.7	127 653.9

(2) 可作为能源利用的经济潜力

畜禽粪便作为可再生能源资源,仅限于大中型养殖场,农户散养和小型养殖厂的粪便资源无法支撑发电的原料需求。截至 2005 年底,中国已建成规模化养殖场沼气工程 3 746 处,仅占规模化养殖场总量的 0.11%。其中,大中型沼气工程 700 处,仅占大中型养殖场总量的 6.6%。

一个出栏 3 000 头猪的养殖场, 每年约产生 1 400 t 粪便, 可以制取热值为 5 500 kcal / m^3 的沼气约 60 000 m^3, 使用现有成熟技术, 每年可发电 12 万 kWh,按年发电 3 000 h 计,装机容量为 40 kW。由此可见,现有的大中型养殖场畜每年产生的 6 775 万 t 粪便资源，可产沼气 30.5 亿 m^3，可发电 61 亿 kWh，按年利用 3 000 h 计，总装机容量可达 203 万 kW。

随着居民食物结构的变化和生活水平的提高，口粮消费呈缓慢下降趋势，畜产品消费持续上升，畜禽养殖业将持续稳定发展；随着养殖成本、管理技术以及农产品出口要求的提高，以散养为主的养殖方式将逐步向规模化养殖转变；此外，随着环境意识的增强和国家治理环境污染力度的增加，规模化养殖场建设沼气工程的需求也将进一步增大。

8.1.2.3 林业及木材加工剩余物

（1）资源总量

1）薪炭林：是中国 5 大林种之一，主要用来生产燃料。自"六五"以来，薪炭林建设取得了显著进展。根据第 6 次森林资源清查数据，中国薪炭林面积 303.44 万 hm^2，蓄积量 5 627 万 m^3。根据各省薪炭林蓄积量测算，全国薪炭林生物质总量为 0.66 亿 t。

2）林业剩余物：主要包括采伐、造材剩余物和加工剩余物，林木抚育间伐和修枝产生的枝条和小径木。主要包括：

① 采伐、造材剩余物。根据对各大林区采伐地的抽样调查，采伐、造材剩余物（包括树干梢头、枝桠和树叶）约占林木生物量的 40%。中国目前用材林中达到采伐标准的成熟林和过熟林面积为 1 468.57 万 hm^2，蓄积量 27.4 亿 m^3，总生物量 32.14 亿 t。防护林和特种用途林需要进行采伐更新的过熟林面积 307.75 万 hm^2，蓄积量 7.13 亿 m^3，总生物量 8.36 亿 t。因此，全国林木可采伐更新的总生物量为 40.5 亿 t，按 40%估算，林业采伐剩余物的生物质资源量约 16.2 亿 t。但林木的采伐需要分年度进行并受采伐限额和其他政策的限制。

② 木材加工剩余物（包括树皮、板条、板皮、刨花、锯末等）

根据国务院批复的"十一五"期间年森林采伐限额的要求，"十一五"期间增加了工业原料林采伐量，主要是近年来各种社会主体营造的短周期的工业原料林已进入采伐期，同时天保工程区人工商品林采伐管理试点和农田防护林采伐更新管理试点范围也进一步扩大，这些原因使得 2006 年的木材产量达到 6 611.78 万 m^3，比 2005 年增长 18.91%。在全部木材产量中，原木产量 6 111.68 万 m^3（除去了薪材产量）。另外，2006 年全国原木进口量 3 213.65 万 m^3。因此全国原木加工量为 9 325.33 万 m^3。根据对木材加工厂的抽样调查，综合考虑各地的实际情况，据专家估计木材加工剩余物数量约占原木的 34.4%，因此可推算出全国木材加工剩余物约为 3 207.91 万 m^3，换算为重量为 2 887.12 万 t。

③ 林木抚育间伐、修枝量

根据国家林业局的相关技术规定，中幼龄林在其生长过程期间需要间伐 2 ~ 4 次，间伐的平均出材量为 6.0 m^3/hm^2（按 20%的间伐强度计算），可生产 5.51 亿 m^3 的小径材，换算成生物量为 5 亿 t。针叶树和阔叶树在抚育期间的平均修枝次数为 2 ~ 3 次，可产生 1.84 亿 t 枝桠。两项合计，全国中幼龄林抚育间伐和修枝量为 6.84 亿 t。

④ 灌木林

中国灌木林地总面积 4 529.68 万 hm^2，根据各省主要灌木树种面积及其单位面积生物量计算，全国灌木林平茬复壮总生物量为 3 亿 ~ 4 亿 t。

⑤ 其他

经济林、竹林修剪枝桠量以及林下灌丛、苗圃去干、城市绿化修剪等每年可获得的生物量约 1 亿 t。

（2）可作为能源利用的潜力

林木生物质能资源的可获得量除了受林种、分布、林龄、生长情况等自然因素的限制之外，还受到林业政策、法律法规对森林资源利用的约束。另外，作为能源的可获得量还受到市场、收集、运输、加工成本和效率等经济因素的影响，以及其他产业对林木生物质能资源竞争性利用的限制。可以作为能源利用的林业资源 1.6 亿 t，折合 9 200 万 tce。

表 8.3　可作为能源资源的林业剩余物资源量

来源	资源量 / 万 t	可获得量 / 万 t	折标量 / 万 tce
薪炭林	6 600	6 600	3 771
可采伐剩余物	13 100	2 600	1 486
加工剩余物	2 900	2 900	1 657
灌木林平茬	4 200	2 500	1 429
其他	10 000	1 500	857
合计	36 800	16 100	9 200

（3）城市生活垃圾

中国目前已有建制城市 656 个，其中直辖市 4 个，地级市 283 个，县级市 369 个。2006 年中国城市人口为 57 706 万人，生活垃圾清运总量为 1.48 亿 t，平均每人 257 kg。

8.1.3 现有生物质发电相关政策

根据《可再生能源法》的规定，国务院有关部门制定了一系列与生物质发电相关的政策，目前已经颁布的政策有：

（1）《可再生能源产业指导目录》，对国家鼓励的可再生能源产业、技术和装备及其技术指标进行了简要说明，为进一步制定和实施相关产业政策和财税鼓励政策奠定了基础。

（2）《可再生能源发电管理办法》，可再生能源发电的行政管理体制、项目管理和发电上网等作了进一步明确的规范。

（3）《可再生能源上网电价及费用分摊管理试行办法》，对法律规定的上网电价和费用分摊制度，作了相对比较具体的规定。

（4）财政部已将可再生能源发展专项资金列入预算，并已制定了《可再生能源专项资金管理办法》，财政贴息和税收优惠政策也正在按照可再生能源产业指导目录要求进行制定。

（5）国家电力监管委员会发布了《电网企业全额收购可再生能源电量监管办法》再次重申了电网企业全额收购可再生能源电量和优先上网的政策，并对相关事宜做出了详细的规定。

（6）国家发改委价格司发布了《可再生能源电价附加收入调配暂行办法》，并与国家电监会公布了《2006 年度可再生能源电价补贴和配额交易方案的通知》落实了可再生能源发电企业的电价补贴。

（7）2007 年 9 月 19 日，公布了第一批可再生能源电价补贴方案，对 2006 年 1—12 月的可再生能源发电企业给予 250 元 / MW 的电价补贴。此后，又公布了 2007 年 1—9 月，以及 2007 年 10 月至 2008 年 6 月两批可再生能源发电电价补贴方案。此外，为了应对生物质发电原料价格上涨造成的亏损，又从 2007 年 10 月开始对以农林剩余物为原料的发电企业在原有的电价补贴基础上增加了 100 元 / MW 的电价临时补贴。

8.1.3.1 《可再生能源法》相关规定

（1）立法第二条明确指出“本法所称可再生能源，是指风能、太阳能、水能、生物质能、地热能、海洋能等非化石能源”。在《可再生能源法》的附则中对“生物质能”做了明确界定：“是指利用自然界的植物、粪便以及城乡有机废物转化成的能源”。其中，“植物”的范围包括农业废弃物（农作物秸秆、农作物果实外壳）和林业废弃（林木废弃物、木材加工废弃物）；“粪便”主要是指畜禽养殖场用于沼气发电的粪便。“城乡有机废弃物”包括用于发电的城市生活垃圾、工业生产有机垃圾、城市生活污水、工业有机废水。此外，生物质能还包括专门种植的，作为制取能源产品原料的植物，称之为能源作物。

（2）第十一条规定“国务院标准化行政主管部门应当制定、公布国家可再生能源电力的并网技术标准和其他需要在全国范围内统一技术要求的有关可再生能源技术和产品的国家标准”。行业标准的制定是保证技术形成产业的必要条件。中国生物质发电技术应用刚刚起步，尚未形成产业，所以也没有相关的标准。随着《可再生能源法》的贯彻执行和生物质发电产业的逐步形成，相关标准的制定工作正在进行。

（3）第十三条指出“国家鼓励和支持可再生能源并网发电”。并网发电将是发展趋势，因此，可再生能源法中并网的规定会极大地推动生物质产业发展。

（4）第十四条规定“电网企业应当与依法取得行政许可或者报送备案的可再生能源发电企业签订并网协议，全额收购其电网覆盖范围内可再生能源并网发电项目的上网电量，并为可再生能源发电提供上网服务。”生物质发电规模较小，可以由地方和民营企业投资建设，因此电力上网可能会遇到困难。电网企业必须“全额收购其电网覆盖范围内可再生能源并网发电项目的上网电量，并为可再生能源发电提供上网服务。”这就为生物质发电项目的电力销售提供了法律保障。

（5）第十五条规定“国家扶持在电网未覆盖的地区建设可再生能源独立电力系统，为当地生产和生活提供电力服务”。这一条明确了对电网未覆盖地区独立生物质发电系统的支持，即在电网覆盖地区建设生物质独立发电系统（如利用企业产生的生物质废弃物建设生物质发电自备电厂）也是允许的。

（6）第十九条规定“可再生能源发电项目的上网电价，由国务院价格主管部门根据不同类型可再生能源发电的特点和不同地区的情况，按照有利于促进可再生能源开发利用和经济合理的原则确定，并根据可再生能源开发利用技术的发展适时调整，上网电价应当公布”。说明了不同类型的可再生能源发电将采用不同的定价原则，如生物质发电、太阳能发电、风力发电等。

（7）第二十条规定“电网企业依照本法第十九条规定确定的上网电价收购可再生能源电量所发生的费用，高于按照常规能源发电平均上网电价计算所发生费用之间的差额，附加在销售电价中分摊。具体办法由国务院价格主管部门制定”。可再生能源由于发电成本较高，而且除了发电外，还有保护环境等额外的社会效益，所以，电价应该高于常规能源发电，但是电网也是企业运作，如果承担了高于常规能源发电平均上网电价的部分，则意味着可再生能源发电获得的社会效益的成本由电网企业承担，也是不合理的。本条规定这部分费用分摊到电价中，因为额外的环境效益使全社会的电力用户受益，所以成本由全社会的电力用户来承担。

（8）第二十一条规定“电网企业为收购可再生能源电量而支付的合理的接网费用以及其他合理的相关费用，可以计入电网企业输电成本，并从销售电价中回收”。

(9) 第二十二条规定“国家投资或者补贴建设的公共可再生能源独立电力系统的销售电价,执行同一地区分类销售电价,其合理的运行和管理费用超出销售电价的部分,依照本法第二十条规定的办法分摊”。

(10) 第二十九条规定“违反本法第十四条规定,电网企业未全额收购可再生能源电量,造成可再生能源发电企业经济损失的,应当承担赔偿责任,并由国家电力监管机构责令限期改正;拒不改正的,处以可再生能源发电企业经济损失额一倍以下的罚款。相对电网企业来说,可再生能源发电企业属于“弱势群体”,这条法律条款为可再生能源发电企业的利益提供了法律保障。充分体现了国家对可再生能源发电的支持。

8.1.3.2 《可再生能源发展中长期规划》相关规定

(1)《可再生能源发展中长期规划》中“具体发展目标”第一条规定:“充分利用水电、沼气、太阳能热利用和地热能等技术成熟、经济性好的可再生能源,加快推进风力发电、生物质发电、太阳能发电的产业化发展,逐步提高优质清洁可再生能源在能源结构中的比例,力争到2010年使可再生能源消费量达到能源消费总量的10%左右,到2020年达到15%左右。”

(2)《可再生能源发展中长期规划》在“重点发展领域”中规定:“根据中国经济社会发展需要和生物质能利用技术状况,重点发展生物质发电、沼气、生物质固体成型燃料和生物液体燃料。到2010年,生物质发电总装机容量达到550万kW,生物质固体成型燃料年利用量达到100万t……”

(3)《可再生能源发展中长期规划》在“重点发展领域”中对农林剩余物发电产业明确提出:“在粮食主产区建设以秸秆为燃料的生物质发电厂,或将已有燃煤小火电机组改造为燃用秸秆的生物质发电机组。在大中型农产品加工企业、部分林区和灌木集中分布区、木材加工厂,建设以稻壳、灌木林和木材加工剩余物为原料的生物质发电厂。在“十一五”前3年,建设农业生物质发电(主要以秸秆为燃料)和林业生物质发电示范项目各20万kW。到2010年,农林生物质发电(包括蔗渣发电)总装机容量达到400万kW,到2020年达到2 400万kW。在宜林荒山、荒地、沙地开展能源林建设,为农林生物质发电提供燃料。”

(4)《可再生能源发展中长期规划》在“重点发展领域”中对养殖场畜禽粪便、工业有机污水和城市垃圾制取沼气并发电的产业明确提出:“在规模化畜禽养殖场、工业有机废水处理和城市污水处理厂建设沼气工程,合理配套安装沼气发电设施。在“十一五”前3年,建设100个沼气工程及发电示范项目,总装机容量5万kW。到2010年,建成规模化畜禽养殖场沼气工程4 700座、工业有机废水沼气工程1 600座,大中型沼气工程年产沼气约40亿m^3,

沼气发电达到 100 万 kW。到 2020 年，建成大型畜禽养殖场沼气工程 10 000 座、工业有机废水沼气工程 6 000 座，年产沼气约 140 亿 m^3，沼气发电达到 300 万 kW。”

8.1.3.3 《可再生能源产业发展指导目录》相关条目

表 8.4 《可再生能源产业发展指导目录》与农林剩余物发电相关条目

生物质发电和生物燃料生产			
编号	项目	说明与指标	发展状况
59	大中型沼气工程供气和发电	包括大型畜禽场、养殖小区、工业有机废水和城市污水工程	商业化、推广应用
60	生物质直接燃烧发电	利用农作物秸秆、林木质直接燃烧发电	技术改进、项目示范
61	生物质气化供气和发电	利用农作物秸秆、林木质气化供气和发电	技术研发、推广应用
62	城市固体垃圾发电	用于清洁处理和能源化利用城市固体垃圾，包括燃烧发电和填埋场沼气发电	基本商业化
设备 / 部件制造和原料生产			
编号	项目	说明与指标	发展状况
65	生物质直燃锅炉	用于配套生物质直接燃烧发电系统技术性能和规格需适用于生物质的直接燃烧	技术改进
66	生物质燃气内燃机	用于配套生物质气化发电，技术性能和规格需适用于生物质气化发电系统	技术研发
67	生物质气化焦油催化裂解装置	用于将生物质在气化过程中所产生的焦油裂解为可利用的一次性气体	技术研发

8.1.3.4 《可再生能源发电有关管理规定》相关规定

《可再生能源发电有关管理规定》也是《可再生能源法》的实施细则之一。该规定主要是为加强对可再生能源发电企业和电网企业的管理，明确了“省级人民政府能源主管部门负责本辖区内属地方权限范围内的可再生能源发电项目的管理工作。” 同时强调 “可再生能源发电规划应纳入同级电力规划”。“项目建设要符合省级以上发展规划和建设布局的总体要求，做到合理有序开发”。规定中明确了包括生物质发电在内的可再生能源发电项目“应当严格执行国家基本建设项目管理的有关规定，落实环境保护、生态建设、水土保持等措施，加强施工管理，确保工程质量。”因此企业在开工建设电厂前必须完成必要的前期工作。对可再生能源发电的电网接入系统，文件规定 “可再生能源并网发电项目的接入系统，由电网企业建设和管理”。并明确了“生物质发电等大中型可再生能源发电项目,其接入系统由电网企业投资,产权分界点为电站(场)升压站外第一杆(架)”。

8.1.3.5 《可再生能源发电价格和费用分摊管理试行办法》相关规定

(1)明确了生物质发电的上网电价。文件规定生物质发电的上网电价“电价标准由各省(自治区、直辖市)2005年脱硫燃煤机组标杆上网电价加补贴电价组成。补贴电价标准为每千瓦时0.25元。”并且规定了“发电项目自投产之日起,15年内享受补贴电价;运行满15年后,取消补贴电价。自2010年起,每年新批准和核准建设的发电项目的补贴电价比上一年新批准和核准建设项目的补贴电价递减2%。”文件中还规定了“发电消耗热量中常规能源超过20%的混燃发电项目,视同常规能源发电项目,执行当地燃煤电厂的标杆电价,不享受补贴电价。”在一些垃圾发电项目中,由于垃圾的水分太大,热值较低,所以需要掺烧部分煤炭或燃油,以上规定明确了掺烧化石燃料的上限。

(2)明确了生物质发电上网电价补贴的来源。文件规定了对高于当地带脱硫燃煤电厂标杆电价的费用“通过向电力用户征收电价附加的方式解决。”这部分费用称为“可再生能源电价附加”,文件同时规定了免收“可再生能源电价附加”具体范围。

8.1.3.6 《电网企业全额收购可再生能源电量监管办法》相关规定

第二条　本办法所称可再生能源发电是指水力发电、风力发电、生物质发电、太阳能发电、海洋能发电和地热能发电。

前款所称生物质发电包括农林废弃物直接燃烧发电、农林废弃物气化发电、垃圾焚烧发电、垃圾填埋气发电、沼气发电。

第四条　电力企业应当依照法律、行政法规和规章的有关规定,从事可再生能源电力的建设、生产和交易,并依法接受电力监管机构的监管。

电网企业全额收购其电网覆盖范围内可再生能源并网发电项目上网电量,可再生能源发电企业应当协助、配合。

第五条　电力监管机构对电网企业建设可再生能源发电项目接入工程的情况实施监管。

省级以上电网企业应当制定可再生能源发电配套电网设施建设规划,经省级人民政府和国务院有关部门批准后,报电力监管机构备案。

电网企业应当按照规划建设或者改造可再生能源发电配套电网设施,按期完成可再生能源发电项目接入工程的建设、调试、验收和投入使用,保证可再生能源并网发电机组电力送出的必要网络条件。

第九条　电力监管机构对可再生能源并网发电安全运行的情况实施监管。

电网企业应当加强输电设备和技术支持系统的维护，加强电力可靠性管理，保障设备安全，避免或者减少因设备原因导致可再生能源发电不能全额上网。

电网企业和可再生能源发电企业设备维护与保障设备安全的责任分界点，按照国家有关规定执行；国家有关规定未明确的，由双方协商确定。

第十条　电力监管机构对电网企业全额收购可再生能源发电上网电量的情况实施监管。

电网企业应当全额收购其电网覆盖范围内可再生能源并网发电项目的上网电量。因不可抗力或者有危及电网安全稳定的情形，可再生能源发电未能全额上网的，电网企业应当及时将未能全额上网的持续时间、估计电量、具体原因等书面通知可再生能源发电企业。电网企业应当将可再生能源发电未能全额上网的情况、原因、改进措施等报电力监管机构，电力监管机构应当监督电网企业落实改进措施。

第十一条　电力监管机构对可再生能源发电电费结算的情况实施监管。

电网企业应当严格按照国家核定的可再生能源发电上网电价、补贴标准和购售电合同，及时、足额结算电费和补贴。可再生能源发电机组上网电价、电费结算按照国家有关规定执行。

第十七条　可再生能源发电机组与电网并网，并网双方达不成协议，影响可再生能源电力交易正常进行的，电力监管机构应当进行协调；经协调仍不能达成协议的，由电力监管机构按照有关规定予以裁决。

电网企业和可再生能源发电企业因履行合同发生争议，可以向电力监管机构申请调解。

第十八条　电力监管机构对电力企业、电力调度机构违反国家有关全额收购可再生能源电量规定的行为及其处理情况，可以向社会公布。

第二十条　电网企业、电力调度机构有下列行为之一，造成可再生能源发电企业经济损失的，电网企业应当承担赔偿责任，并由电力监管机构责令限期改正；拒不改正的，电力监管机构可以处以可再生能源发电企业经济损失额一倍以下的罚款：

（一）违反规定未建设或者未及时建设可再生能源发电项目接入工程的；

（二）拒绝或者阻碍与可再生能源发电企业签订购售电合同、并网调度协议的；

（三）未提供或者未及时提供可再生能源发电上网服务的；

（四）未优先调度可再生能源发电的；

（五）其他因电网企业或者电力调度机构原因造成未能全额收购可再生

能源电量的情形。

电网企业应当自电力监管机构认定可再生能源发电企业经济损失之日起 15 日内予以赔偿。

第二十一条 电力企业未按照国家有关规定进行电费结算、记载和保存可再生能源发电资料的，依法追究其责任。

第二十二条 除大中型水力发电外，可再生能源发电机组不参与上网竞价。电量全额上网的水力发电机组参与电力市场相关交易，执行国家电力监管委员会有关规定。

8.1.3.7 《可再生能源电价附加收入调配暂行办法》及《2006 年度可再生能源电价补贴和配额交易方案的通知》相关规定

第二条 本办法所称可再生能源发电是指风力发电、生物质能发电（包括农林废弃物直接燃烧和气化发电、垃圾焚烧和垃圾填埋气发电、沼气发电）、太阳能发电、海洋能发电和地热能发电。

本办法所称可再生能源附加是指为扶持可再生能源发展而在全国销售电量上均摊的加价标准。

第三条 本办法适用于 2006 年 1 月 1 日之后核准的可再生能源发电项目（含接网工程）及公共可再生能源独立电力系统。

第五条 可再生能源电价附加标准、收取范围由国务院价格主管部门统一核定，并根据可再生能源发展的实际情况适时进行调整。可再生能源电价附加调配、平衡由国务院价格主管部门会同国务院电力监管机构监管。

第六条 可再生能源电价附加由省级电网企业（东北电网公司和华北电网公司视同省级电网企业，西藏自治区除外）按照国务院价格主管部门统一核定的标准和范围随电费向终端用户收取并归集，单独记账，专款专用。

第九条 可再生能源电价补贴包括可再生能源发电项目上网电价高于当地脱硫燃煤机组标杆上网电价的部分、国家投资或补贴建设的公共可再生能源独立电力系统运行维护费用高于当地省级电网平均销售电价的部分，以及可再生能源发电项目接网费用等。其中：

（一）可再生能源发电项目补贴额 =（可再生能源上网电价 - 当地省级电网脱硫燃煤机组标杆电价）× 可再生能源发电上网电量。

……

（三）可再生能源发电项目接网费用是指专为可再生能源发电项目上网而发生的输变电投资和运行维护费用。接网费用标准按线路长度制定：50 km 以内为每千瓦时 1 分钱，50 ~ 100 km 为每千瓦时 2 分钱，100 km 及以上为每千瓦时 3 分钱。

第十条 对风力、太阳能、地热能、海洋能发电企业和不掺烧其他燃料的生物质能发电企业，省级电网企业按其实际上网电量及国务院价格主管部门核准的上网电价与发电企业结算电费；对掺烧其他燃料的生物质能发电企业，省级电网企业按国务院价格主管部门核准的上网电量和上网电价与发电企业结算电费；可再生能源发电项目接网工程，按可再生能源发电企业上网电量和规定的接网费用标准给予补贴；公共可再生能源独立电力系统，按省级价格主管部门核定的补贴标准给予补贴。

第十一条 电网企业按照与发电企业购售电合同规定的时间，按月结算电费和补贴。

第十七条 可再生能源发电企业与省级电网企业应当参照国家电监会等部门颁发的《并网调度协议(示范文本)》和《购售电合同(示范文本)》，及时签署并网调度协议和购售电合同。省级电网企业应当依法按批准的可再生能源上网电价，全额收购其服务范围内可再生能源并网发电项目的上网电量。

8.1.3.8 《可再生能源电价补贴和配额交易方案》

2007 年 9 月 19 日，《国家发展改革委、国家电监会关于 2006 年度可再生能源电价补贴和配额交易方案的通知》公布了第一批可再生能源电价补贴方案，对 2006 年 1—12 月的可再生能源发电企业给予 250 元 / MW 的电价补贴。此后，又公布了 2007 年 1—9 月，以及 2007 年 10 月至 2008 年 6 月两批可再生能源发电电价补贴方案。此外，为了应对生物质发电原料价格上涨造成的亏损，又从 2007 年 10 月开始对以农林剩余物为原料的发电企业在原有的电价补贴基础上增加了 100 元 / MW 的电价临时补贴。

8.1.3.9 《可再生能源专项资金管理办法》相关规定

第五条 发展专项资金重点扶持潜力大、前景好的石油替代，建筑物供热、采暖和制冷，以及发电等可再生能源的开发利用。

8.1.4 生物质发电项目投资状况

8.1.4.1 新增装机容量总投资估算

(1) 近两年来，生物质直燃发电是中国生物质发电的新增装机容量的主要组成部分，2006 年 12 月前，尚无任何生物质直燃发电项目投产，直到 2006 年 12 月国能单县生物发电厂正式投产，实现了生物质直燃发电零的突破，装机容量为 2.5 万 kW；2007 年共投产生物质直燃发电项目 16 个，总装机容量达到 36.7 万 kW。2008 年投产项目达到 30 个，总装机容量为 59.2 万 kW。其中国能单县生物发电项目的投资最高，总投资达 3.37 亿元，单位装机容量静态投资达 1.38 万元 / kW。其他项目的单位投资有所下降，2007 年建成的项目单位投资在 1.1 万 ~ 1.2 万元 / kW；2008 年建成的项目单位投资在 1 万 ~ 1.1 万元 / kW。

（2）生物质气化发电投资较直燃发电低，配置完善的燃气净化系统的生物质气化发电项目单位投资约为 6 000 元 / kW。

（3）垃圾焚烧发电也是近年来生物质发电新增装机的重要组成部分，2008 年底，垃圾焚烧发电总装机容量已经达到 60.3 万 kW。垃圾焚烧发电项目的投资采用炉排式垃圾焚烧炉技术的投资为 28 万 ~ 33 万元 /（日处理吨垃圾），采用循环流化床垃圾焚烧炉技术的投资为 25 万 ~ 30 万元。

（4）碾米厂稻壳发电投资为 75 万 ~ 85 万元，装机容量为 160 ~ 200 kW。

8.1.4.2 投资主体

（1）蔗渣发电一般由糖厂自行投资建设。

（2）目前秸秆直燃发电的投资主体基本都是国有大中型企业，其中最典型的国能生物发电有限公司，是中国国家电网公司控股企业。

（3）目前新建的直燃发电项目仅内蒙古乌审沙柳发电项目为民营企业投资，该公司由北京今儒房地产公司出资的内蒙古西方能源公司建设；此外尚有河南长葛热电厂改造项目也属民营企业；宝应和连云港两个生物质直燃发电扩建项目为香港协鑫集团所投资。

（4）生物质气化发电项目一般由民营企业投资建设。

（5）碾米厂稻壳发电项目全部由碾米厂自行出资建设，这些企业绝大部分为民营企业。

（6）养殖厂沼气发电项目与碾米厂稻壳发电项目基本相同，均由养殖场自行建设，多为民营企业。

（7）垃圾焚烧发电项目的投资国有企业也有民营企业，一般以 BOT 方式建设。也有部分垃圾焚烧发电厂直接有当地政府出资建设。

8.2 生物质发电技术现状与发展趋势

8.2.1 生物质发电项目概述

（1）秸秆（含林业废弃物）直燃发电

中国生物质直燃发电刚刚起步，2006 年 12 月，国能单县生物发电厂正式投产，这是中国第一个生物质直燃发电项目，采用丹麦 BWE 公司的技术，国内生产，总投资 3.37 亿元，总装机容量 2.5 万 kW。

截至 2007 年底，全国投产的生物质直燃发电项目共 16 个，总装机容量为 36.7 万 kW，其中国能生物发电有限公司投产项目 10 个，总装机容量 25 万 kW（装机容量为 2.5 万 kW 的项目 8 个，1.2 万 kW 的项目 2 个）；中国节能投资公司宿迁生物质发电厂，装机容量 2.4 万 kW，河北建设投资公司晋州生物质发电厂，装机容量 2.4 万 kW；江苏国有资产信托投资公司淮安生物质发电厂，装机容量 2.4 万 kW；协鑫集团公司宝应生物质发电厂（1.5 万 kW）和连云港生物质发电厂（1.2 万 kW），总装机容量 2.4 万 kW，河南长葛热电厂，装机容量 1.5 万 kW。

生物质直燃发电项目建设的单位中，国能生物发电有限公司是目前的骨干企业，2007 年投产的生物质直燃发电总装机容量，该公司占了全国 68%的份额，但截至 2008 年底，这个局面已经有所改变。截至 2008 年，该公司新增投产项目 6 个，装机容量均为 1.2 万 kW，总装机容量为 7.2 万 kW，累计装机容量为 32.2 万 kW。截至 2008 年底，全国生物质直燃发电总装机容量已经达到 60 万 kW，国能生物发电有限公司的装机容量份额下降为 54%，虽然仍然占主导地位，但说明其他企业也已经开始进入该产业。

（2）蔗渣发电

蔗渣发电在中国已经有较长的发展历史，一般均作为自备电由糖厂自行建设，蔗渣电厂一般只在榨季运行。蔗渣发电厂主要集中在广东、广西等南方地区，云南省也有一些此类电厂。截至 2002 年，全国蔗渣发电总装机容量已经达到 170 万 kW。蔗渣发电取决于甘蔗产量和糖产量，自 2002 年以来，中国甘蔗产量稳定在 9 000 万 t 左右，成品糖的产量则稳定在 900 万 t 左右，所以蔗渣发电的总装机容量也稳定在 170 万 kW。

目前糖厂多数使用 3.9 MPa 的锅炉发电机组，而国外的大型甘蔗糖厂已较多应用 6 MPa 甚至 8 MPa 的机组，有大量的剩余电力输送到外电网，促进当地经济发展。国内近期的动力机组和化工厂亦多数应用较高压的设备(广东省十多年前已规定新装锅炉的压力要高于 6 MPa)，它们可以大幅度降低能耗。据国外设计资料，糖厂用的背压式汽轮发电机组，在相同的用汽量下，以原用蒸气为 3 MPa、400℃计算，提高到 6 MPa、500℃可多发电 36%，如提高到 8.5 MPa、525℃可多发电 65%。大型糖厂应在这方面起带头作用，逐步推广应用。当然，用高压动力机组必须更严格地管理，提高锅炉水的质量，提高管理和操作人员的素质和水平。这需要事前做好配套工作。

（3）生物质混燃发电

生物质混燃发电是生物质规模化发电技术中最为经济的技术，在发达国家混燃发电是生物质能源化利用的主流技术。但是由于中国目前尚未很好地解决生物质消耗的计量和监管问题，因此无法出台具体的补贴政策，导致生物质混燃发电技术无法推进的局面。

山东十里泉电厂是中国第一个生物质混燃发电厂，该厂在一台装机容量为 14 万 kW 的机组上实施了生物质混燃，掺混量为 20%，这是山东省的试点，该项目得到了 240 元 / MWh 的电价补贴，但补贴由山东省发放，而不是纳入国家可再生能源附加的范畴。

生物质混燃的另一个典型是协鑫(集团公司),在该公司的宝应和连云港两个电厂实施了生物质混燃技术的试验,两家公司通过试验不断加大生物质掺混比例,掺混量最终已经达到 80%,符合国家有关生物质混燃的掺混量超过 80%即可得到可再生能源发电电价补贴的条件,但由于缺乏权威的计量认定,所以无法获得补贴。有鉴于此,这两个发电厂在 2008 年各建设了一座生物质直燃发电锅炉,并得到了补贴,现已开始将原有的生物质混燃锅炉改造为直燃锅炉,以求得到补贴。

(4) 生物质热解气化发电

生物质气化发电是一种适合中国农业生产人多地少,原料分散度高的国情的技术。目前生物质气化发电已经投产的技术仅有一种,即中国科学院广州能源所研发的循环流化床气化炉,配套燃气内燃发电机组,第一个项目在江苏兴化戴窑镇建成,装机容量 5.5 MW,于 2006 年 5 月投产。目前全国建成类似的气化发电厂 4 座,总装机容量 1.8 万 kW。

由于采用了循环流化床气化技术,该技术产生的燃气中氧含量较高,无法采用电捕焦油技术,所以燃气中焦油含量较高,容易给内燃发电机造成堵塞,同时含有焦油的灰渣也尚未得到很好的处理,因此,该技术尚未成熟。

目前有民营企业研发了固定床气化发电工艺,并已取得关键技术的突破,以该技术为基础的示范工程正在建设之中。

(5) 碾米厂稻壳气化发电

碾米厂稻壳发电技术主要分布于江苏、安徽、山东等省,一般碾米厂均为民营企业,规模不大。碾米厂稻壳发电采用小型固定床气化——内燃发电机发电工艺,装机容量为 160 kW,发电不并网,作为碾米厂自备电厂。这类项目的经济效益非常好,所以自 2002 年投入运行后,发展很快,目前全国约有 300 处,总装机容量约 5 万 kW。存在的问题是产生的燃气没有经过完善的净化处理,所以内燃发电机组连续工作时间较短,一般 15 天左右就需要拆开后对内燃机汽缸等部件进行清洗。

(6) 生物质制取沼气发电

生物质制取沼气并发电,从 2005 年开始得到较快的发展,截至 2008 年底,全国沼气发电总装机容量达 17.3 万 kW,其中轻工行业(酒精及酿酒业、淀粉、柠檬酸、造纸业等)装机容量为 7.9 万 kW,占 45.5%;市政(垃圾填埋气、污水处理沼气)装机容量为 4.5 万 kW,占 25.3%;养殖场沼气装机容量为 3.1 万 kW,占 17.8%。

目前全国养殖场沼气发电的并网项目仅三处,分别为蒙牛集团,装机容量 1 MW;北京德清源,装机容量 2 MW;山东民和集团,装机容量 3 MW。生物质制取沼气发电工程存在最大的问题,首先是项目装机容量太小,上网困难;

其次为没有得到政策性补贴。

（7）垃圾焚烧发电

生活垃圾无害化处理率 52.15%，处理方法主要有卫生填埋、堆肥和焚烧三种方式，其中垃圾填埋场 324 座，日处理垃圾 20.66 万 t；垃圾堆肥场 20 座，日处理垃圾 9 500 t；垃圾焚烧厂 69 座，日处理垃圾 4 万 t。

1988 年，深圳市首家引进了日本三菱重工生产的两台处理能力为 150 t/d 的马丁式垃圾焚烧炉，建成了中国第一个垃圾焚烧发电项目——深圳清水河垃圾焚烧发电厂，目前该厂垃圾处理能力为 400 t/d，装机容量为 12 MW。现全国共有垃圾焚烧发电厂近 80 座，总装机容量约 60.3 万 kW。

国际上垃圾发电一般采用炉排式焚烧炉，为了提高炉膛温度，以有效分解剧毒物质二噁英，需要在操作时喷入一定数量的燃油或燃气。中国约有一半垃圾焚烧炉采用此技术。

在建成的垃圾焚烧发电厂中，约有 40 家采用循环流化床垃圾焚烧炉，这种炉型由于炉内温度均匀，炉膛出口温度高，可以有效地分解剧毒物质二噁英类物质，而且投资炉排式垃圾焚烧炉低 20% ~ 30%。该技术主要由浙江大学和清华大学研发，是一种适合中国国情的技术，在国际垃圾焚烧处理领域内也已经得到肯定，但是，由于该技术需要在垃圾处理过程中加入一定比例的煤炭，因此与生物质混燃技术同样，存在缺乏有效的计量和监督的问题，所以目前采用该技术的垃圾焚烧发电厂没有得到可再生能源电价补贴。

（8）垃圾填埋气发电

近年来，国内垃圾填埋场逐渐重视垃圾填埋气体的收集和管理，有些垃圾场采用主动式填埋气体集中回收燃烧系统；有些为将填埋气体作为清洁的可替代能源进行回收综合利用而建设了填埋气体发电厂等项目；如杭州市天子岭、无锡市桃花山、南京市水阁、广州市大田山等垃圾填埋场利用垃圾填埋气体发电上网销售；鞍山市羊耳峪垃圾填埋场垃圾填埋气体净化后用于汽车燃料。

8.2.2　生物质发电产业发展趋势

生物质发电是到目前为止最为有效的规模化利用方式。一个装机容量为 25 MW 的生物质直燃发电厂，每年需消耗生物质原料 20 万 t 以上。目前中国生物质发电的主要方式是直燃发电，其他方式则由于技术或政策的原因尚未大规模地推广。我们预计，今后生物质发电产业的发展将出现以下趋势：

（1）生物质发电总体规模将进一步扩大，预计到 2020 年，发电总装机容量将超过 2 000 万 kW。

（2）生物质发电技术将呈多元化的趋势，不会维持目前直燃发电“一枝独秀”的局面，生物质直燃发电、混燃发电、气化发电、垃圾和污水沼气发电等技术将各占一席之地，生物质发电技术使用将更加符合“因地制宜”的原则。

（3）生物质混燃发电今后将得到最为快速的发展，混燃发电总量将在所有生物质发电技术中占有绝对优势的比重。前提是混燃发电原料消耗计量装置的研发成功，并在此技术基础上出台相应的电价补贴政策。

（4）规模适中的（单个项目总装机容量在 5 ~ 10 MW）气化发电技术将在很多地区采用，技术方案将以燃气、热力、电力联供为主流，用途主要是作为小城镇建设中配套的动力供应系统。项目将有民营资本建设，但将纳入城镇公用事业的管理范围。

（5）生物质发电产业的发展，特别是单纯发电的直燃和混燃技术，在纤维素制乙醇技术的商业化获得突破后，将逐步萎缩，大量的生物质原料将主要用于液体燃料的制取。预计在 2030 年，除了用于城镇公用事业部分的生物质发电项目，如垃圾发电、气化发电等，其他发电项目将逐步取消。

8.2.3 技术研发状况

中国生物质发电技术的研发除了蔗渣发电历史稍长外，其他都是近年来起步的，如第一个生物质直燃发电项目 2006 年底才投产；沼气并网发电项目全国仅有 3 个，均为 2008 年投产的项目；垃圾焚烧发电首个项目于 1988 年建成，但拥有自主知识产权的技术在 2002 年后才得到一定程度的推广应用。

目前生物质发电技术在农林剩余物发电锅炉、垃圾焚烧发电锅炉、大中型沼气制备成套技术和沼气内燃发电机组等方面已经取得了一定的成效，但是，在生物质气化发电成套技术、生物质原料收集装备技术等方面基本处于空白。

（1）生物质发电锅炉研发

生物质发电锅炉是生物质发电系统的关键设备，主要种类有蔗渣发电锅炉、生物质直燃发电锅炉和垃圾焚烧发电锅炉。

1）蔗渣发电锅炉：蔗渣发电成套设备主要由国内设备供应商提供，技术也相对成熟，并有部分出口到东南亚。但是其锅炉主要采用中温中压参数，效率不高，有待于进一步研发。

2）生物质直燃发电锅炉：生物质直燃发电成套设备是近年来刚刚发展起来的，在已经建成的项目中，国能生物发电有限公司占一半以上，其采用的关键设备——生物质锅炉是引进丹麦 BWE 公司的技术，在国内生产的，但是其中振动炉排的振动装置等核心技术仍需整机进口。

目前国内生物质直燃发电锅炉制造的骨干企业为无锡华光锅炉股份有限公司，现已建成的，不属于国能生物发电有限公司的生物质直燃发电项目有 15 个,其中有 9 个项目采用了无锡华光锅炉股份有限公司研发的锅炉,合计锅炉 13 台,配套的发电总装机容量 16.2 万 kW。此外还有 10 余个项目正在建设之中。

3）垃圾焚烧发电锅炉:垃圾焚烧发电锅炉起步于引进的马丁炉,属于炉排式垃圾焚烧炉,目前国内有一半左右的垃圾焚烧炉采用此技术。20 世纪 90 年代末,锦江集团和浙江大学研发了循环流化床垃圾焚烧炉,由于采用此技术的锅炉炉膛温度较高,可以有效地减少二噁英的生成,同时,循环流化床垃圾焚烧炉对原料的适应性强的特点可以有效地处理没有经过分装的垃圾,适合中国国情。2000 年后循环流化床技术在中国垃圾焚烧领域得到较快的发展，目前全国约有 40 个垃圾处理厂采用此技术，总装机容量达 25 万 ~ 30 万 kW。由中科集团和清华大学共同研发的垃圾焚烧炉,也采用了循环流化床技术,并已得到一定的推广。

（2）大中型沼气发电工程

中国大中型沼气发电工程的建设具有较长的历史，但直到 2000 年才得到较快的发展。目前大中型沼气工程的技术已经较为成熟,但是推广尚有一定的障碍。主要的问题是投资主体基本都是由养殖厂自建,服务体系的建设也相对落后。此外,由于沼气发电工程的规模较小,一般无法上网,制约了产业的发展。

在中国,一个为存栏 1 万头猪的养殖厂,规模已经可以列为中上水平,但这类厂如果建设沼气工程,所有粪便用于制取沼气,产生的沼气全部用于发电,装机容量仅为 100 kW。如果为了增加装机容量,一味地扩大养殖场规模,则将可能引起防病防疫等方面的问题而得不偿失。

（3）沼气内燃发电机组

目前沼气内燃发电机的开发主要通过原有的柴油内燃发电机改造的基础上进行。产品一般均由生产厂商自行研发,目前主要的生产厂家有山东胜利油田动力机械集团、济南柴油机厂、启东宝驹动力机械厂、南通海河动力设备有限公司,这四家设备生产厂商,销售的沼气发电机组达 312 台套,总装机容量为 10.5 万 kW,占投产沼气发电机总装机容量的 60.8%,占目前国产机组总装机容量的 85.4%。其他还有潍坊柴油机厂、四川红岩机器厂、无锡柴油机厂、义乌柴油机厂、康达动力设备厂等单位。还有一些厂家自行改装的不同规格机器作为自用或示范,因其数量较小、质量不一。

截至 2008 年,引进的沼气发电机组共 120 台套,总装机容量 5 万 kW,占全国总装机容量的 28.9%,其中用于农业的约有 30 台套,1.8 万 kW,用于市政工程的有 80 台套,3.2 万 kW。

目前养殖场沼气发电项目主要集中在单机容量 80 ~ 200 kW 的范围,发电均为离网型，所发电力供养殖场自用。功率为500 kW左右的沼气内燃发电机组也已有成熟产品使用，但由于沼气工程规模较小很少使用。全国养殖场沼气工程仅有三个发电并网项目，分别为内蒙古蒙牛集团项目，总装机容量1 000 kW；北京德清源项目，总装机容量2 000 kW；山东民和项目，总装机容量3 000 kW，这三个项目均实现并网发电。

8.3 应用案例

8.3.1 国能生物发电集团有限公司

国能生物发电集团有限公司是中国从事生物质能综合开发利用的专业化公司，除了投资建设生物质发电项目，还向上下游产业链延伸，从事生产、加工生物质能燃料以及灰分的再循环利用等。

公司于2005年7月7日正式注册成立，注册资本金20亿元。其中龙基电力有限公司出资15亿元，占75%；国网深圳能源发展集团有限公司出资5亿元，占25%。

截至2008年底，该公司已核准项目40个，遍布山东、河北、河南、江苏、黑龙江、吉林、辽宁、内蒙古、新疆、湖北、安徽、陕西等省和自治区。其中，已投产项目16个，发电装机容量37.2 MW（见表8.5，表8.6）。

该公司积极参与CDM（清洁发展机制）国际贸易，取得实质性进展。2007年，公司被评为“中国能源绿色企业50佳”，并被推荐参选“国际资源环境奖”。

该公司在已建工程上均采用了引进丹麦BWE公司的技术，本地化生产（济南锅炉厂）的生物质直燃锅炉。锅炉为高温高压、自然循环、全钢炉架、燃烧林木、振动炉排、汽包炉，是在总结了国外以往生物质锅炉的大量设计经验、运行经验，并针对燃料的特点以及燃烧特性进行开发设计的，它在锅炉蒸气参数及热效率、燃烧系统结构布置、受热面材质及其抗腐蚀性、机械制造精度等技术在国内均处于领先地位。

表8.5 2007年项目

项目地址	装机容量	原料类型	项目地址	装机容量	原料类型
单县	30 MW	灰秆	望奎	30 MW	黄秆
威县	30 MW	灰秆	辽源	30 MW	黄秆
成安	30 MW	灰秆	浚县	30 MW	黄秆
高唐	30 MW	灰秆	鹿邑	30 MW	黄秆
垦利	30 MW	灰秆	合计	300 MW	
射阳	30 MW	灰秆			

表 8.6　2008 年项目

项目地址	装机容量	原料类型	项目地址	装机容量	原料类型
巨野	12 MW	灰秆	黑山	12 MW	黄秆
扶沟	12 MW	灰秆	通辽	12 MW	黄秆
阿瓦提	12 MW	灰秆	合计	72 MW	
巴楚	12 MW	灰秆			

8.3.2　单县生物质发电厂

国能单县生物发电有限公司由国能生物发电集团有限公司投资兴建，是国家发展和改革委员会批准的三个国家级示范项目之一，也是中国第一个投产的，以农作物秸秆为原料的生物质直燃发电项目。

项目于 2004 年 11 月 8 日奠基，2005 年 10 月份主体工程开工建设，2006 年 12 月 1 日投产发电。国能单县生物发电有限公司位于山东单县经济技术开发区，总占地 109 亩。公司注册资金 5 600 万元，总投资人民币 3.37 亿元。工程建设规模为 1 × 25 MW 单级抽凝式汽轮发电机组，配一台 130 t / h 生物质专用振动炉排高温高压锅炉。

2007 年 1 月 1 日至 12 月 31 日，全年机组累计运行 8 000 多个小时，总发电量达 2.2 亿 kWh，共计消耗生物质燃料 30 多万 t，减少 CO_2 排放量 20 多万 t，节约标煤约合 8 万 t，为农民带来直接经济收入约 7 000 多万元。

8.3.3　中节能宿迁生物质发电厂

中节能宿迁生物质直燃发电项目是国内第一个采用自主研发，拥有完全自主知识产权的国产化生物质直燃发电示范项目。

中节能（宿迁）生物质能发电有限公司由国资委所属的中国节能投资公司投资组建，公司于 2005 年 12 月成立，项目总投资 2.48 亿元。生物质电厂占地面积 200 亩，建设规模为 2 台 75 t / h 中温中压燃烧生物质锅炉，配置 2 台 12 MW 汽轮发电机组。

该项目采用中国自主研发，拥有自主知识产权的国产化和生物质直燃发电技术和设备，其中的循环流化床燃烧生物质锅炉和生物质直燃发电给料装置均为国内首创。

项目所采用的生物质破碎输送上料系统是由公司自主研发，拥有完全的自主知识产权。该系统的主要技术特点是充分考虑了国内小规模农业生产的现状，可以输送多种复合秸秆，满足多品种、多包型的生物质破碎和输送需求，更适合中国的国情。

项目所采用的循环流化床生物质燃烧技术是由公司联合浙江大学等国内科研机构研发的新型秸秆燃烧系统，属国内首创，该技术充分发挥循环流化床锅炉燃料适应能力强、锅炉热效率高、系统易于掌握和调节，有利于碱金属问题的控制和缓解等特点，可以同时燃烧灰色秸秆（林业废弃物枝桠材和棉秆等）和黄色秸秆（水稻、玉米和油菜等秸秆），避免对单一燃料品种的依赖，大大降低燃料供应市场风险。实现了对国内资源量最大、利用比例最低的黄色秸秆的有效利用。

该项目于 2006 年 4 月获江苏省发展改革委核准，2006 年 5 月开工建设，2007 年 4 月并网发电，2007 年 6 月投入试运营，2007 年 10 月正式投入商业运营。2008 年，公司共实现发电量 13 660 万 kWh，上网电量 11 991 万 kWh，实现销售收入 7 569 万元，纳税 796 万元。年利用秸秆等生物质燃料 20 多万 t，节约标准煤 13 万 t，年减排二氧化碳 11 万 t，减排二氧化硫 1 900 t，使当地农民增收 6 000 多万元。

8.3.4 无锡华光锅炉有限公司

无锡华光锅炉股份有限公司（以下简称华光股份），前身为无锡锅炉厂，始建于 1958 年 8 月，2000 年 12 月 28 日完成股份制改革。2003 年 7 月 21 日，“华光股份”（代码 600475）在上海证券交易所上市。为国家 520 家重点企业之一、省重点高新技术企业，是电站锅炉、工业锅炉、燃气轮机余热锅炉（HRSG）、垃圾焚烧锅炉、生物质能直燃发电锅炉、烟气脱硫及净化设备的专业制造公司。

该公司于 2005 年确立了“研发生物质能锅炉要结合国情，在吸收国外先进技术的同时，坚定地走创新和具有自主知识产权的发展道路，走国产化道路，开发具有自主知识产权的秸秆直燃发电锅炉”思路，并确定了对原料具有广泛适应性的、适合中国国情的 75 t/h 秸秆直燃发电锅炉技术方案。2007 年，该项目被省科技厅列为“省重大科技成果转化专项资金项目”。

在研发过程中，获实用新型专利 8 项，其创新点主要有：研制了超大型膜式水冷振动炉排及多副炉排并联机电仪一体化振动器；首次采用了大节距管屏式高温过热器，多级喷水调温系统和“膜式水冷管套密封仓 + 双螺旋送料机”的秸秆炉前加料系统；采取了合理的炉膛燃烧组织优化措施；采用了 M 型炉本体布置形式和水冷式冷渣器，有效地防止了结焦和受热面高温腐蚀现象的发生，并有利于制备高效农业复合肥，实现灰渣的综合利用。

华光股份在完成了河北晋州和江苏如东两个国家级生物质直燃发电示范项目的基础上，积极开拓市场，截至 2008 年底，已签订了 21 个项目、36 台生物质直燃发电锅炉，实现销售收入 3 亿多元；其中 9 个项目的 13 台锅炉已经投入运营。目前华光股份已成为中国生物质直燃发电锅炉成套设备的主要生产基地。

8.3.5　胜利油田胜利动力机械集团有限公司

胜利油田胜利动力机械集团有限公司是中国最大的燃气发动机制造企业，集团公司总资产 14 亿元，员工 2 246 人，2007 年实现经营总值 16 亿元。燃气发电机产品已经进入瓦斯气、炼油厂尾气、焦化尾气、沼气、秸秆燃气和通风瓦斯氧化等可燃气气体领域，是国家火炬计划重点高新技术企业。

到目前为止，该企业销售的沼气发电机组已投产的达 200 台套，总装机容量 78.52 MW。占全国已投产沼气发电机总装机容量的 45.3%，占投产的国产机组的 63.6%。该公司已经具有沼气发电机组的研发、生产、销售、服务为一体的能力，产品除在国内占有较大市场份额外，还出口到亚洲、美洲、非洲三大洲的 19 个国家。

投产的沼气发电机组中，用于养殖场沼气发电的装机容量为 6.08 MW，占 7.75%；用于酿酒、柠檬酸、淀粉、造纸等轻工行业的沼气发电机装机容量为 64.44 MW，占 82.06%；用于垃圾填埋气、污水处理等市政工程的沼气发电机装机容量为 8.00 MW，占 10.19%。

8.3.6　杭州能源环境工程有限公司

杭州能源环境工程有限公司是一家专业从事大中型沼气工程设计、施工、安装、调试的工程总承包的民营企业。现有员工 58 人，其中高级技术人员 6 人，中级技术人员 17 人，拥有 5 项发明专利，是目前中国最具竞争力的沼气工程公司。

公司创建于 1992 年，前身为杭州能源环境工程设计研究所，16 年来已经建成大中型沼气工程 80 余项，并多次承担国家发改委、环保部、科技部、农业部重大科技攻关项目，曾获得农业部科技进步一等奖和国家科技进步二等奖、三等奖。

该公司完成了目前中国仅有的三个农业沼气发电并网工程，分别为蒙牛澳亚牧场 1 MW 沼气工程、北京德清源 2 MW 沼气发电工程以及山东民和牧业 3 MW 沼气发电工程，这三个沼气发电工程均以完成并网发电。

以上三个项目是中国首批获得批准的农业沼气 CDM 项目，其中民和牧业工程是中国规模最大的农业沼气并网发电项目，也是中国首个完成 CDM 交易的农业沼气发电项目。

长期以来杭州能源环境工程有限公司与德国、丹麦的沼气公司及专业机构组织维持着良好的合作关系，保持了该公司在中国沼气领域内的领先位置。

第9章 专业服务

9.1 清洁发展机制(CDM)

9.1.1 概述

清洁发展机制(Clean Development Mechanism,CDM),是《京都议定书》中引入的灵活履约机制之一。CDM 允许附件Ⅰ缔约方与非附件Ⅰ缔约方联合开展二氧化碳等温室气体减排项目。这些项目产生的减排数额可以被附件Ⅰ缔约方作为履行他们所承诺的限排或减排量。对发达国家而言,CDM 提供了一种灵活的履约机制;而对于发展中国家,通过 CDM 项目可以获得部分资金援助和先进技术。但是,CDM 只能作为全球减排和技术转让的手段之一。实现真正意义上的减排和技术转让还需要发达国家作出更多的努力。

◆ 参与方

清洁发展机制允许附件Ⅰ国家在非附件Ⅰ国家的领土上实施能够减少温室气体排放或者通过碳封存或碳汇作用从大气中消除温室气体的项目,并据此获得"经核证的减排量",即通常所说的 CER。附件Ⅰ国家可以利用项目产生的 CER 抵减本国的温室气体减排义务。

CDM 项目必须满足:(1)获得项目涉及的所有成员国的正式批准;(2)促进项目东道国的可持续发展;(3) 在缓解气候变化方面产生实在的、可测量的、长期的效益。CDM 项目产生的减排量还必须是任何"无此 CDM 项目"条件下产生的减排量的额外部分。

参与 CDM 的国家必须满足一定的资格标准。所有的 CDM 参与成员国必须符合三个基本要求:自愿参与 CDM;建立国家级的 CDM 主管机构;批准《京都议定书》。除此之外,工业化国家还必须满足几个更严格的规定:完成《京都议定书》第 3 条规定的分配排放数量;建立国家级的温室气体排放评估体系;建立国家级的 CDM 项目注册机构;提交年度清单报告;为温室气体减排量的买卖交易建立一个账户管理系统。

◆ 符合的项目

CDM 将包括如下方面的潜在项目:

(1) 改善终端能源利用效率;

(2) 改善供应方能源效率;

(3) 可再生能源;

（4）替代燃料；

（5）农业（甲烷和氧化亚氮减排项目）；

（6）工业过程（水泥生产等减排二氧化碳项目，减排氢氟碳化物、全氧化碳或六氟化硫的项目）；

（7）碳汇项目（仅适用于造林和再造林项目）。

禁止附件Ⅰ国家利用核能项目产生的CER来达到其减排目标。此外，在第一个承诺期（2008—2012），只允许造林和再造林项目作为碳汇项目，并且在承诺期每一年内，附件Ⅰ国家用于完成他们分配排放数量的、来自碳汇项目的CER至多不超出其基准排放量的1%。碳汇项目还需要制定出更详尽的指南以确保其环境友好型。

为了使小项目能和大项目一样在CDM项目上具有竞争力，《马拉喀什协定》为小规模项目的实施建立了一套简化的资格评审标准。这些项目包括15 MW以上的可再生能源项目、在供应方或需求方年节能15 GWh以上的能效项目、年度排放量低于1.5万t二氧化碳当量且具有减排效果的其他项目。CDM执行理事会已经被赋予了一项任务：为小项目快速通道制定执行方式和工作程序，并将其提交给2002年10月在新德里召开的第八次《联合国气候变化框架公约》成员国大会（COP 8）。

◆ 融资

禁止发达国家挪用官方发展援助资金用于CDM项目，用于CDM项目的资金必须是官方发展援助之外的资金。此外，对CDM项目产生的CER还将征收2%的收益税建立新的“适应基金”，用于帮助对气候变化影响特别脆弱的发展中国家适应气候变化的不利影响。

另一项针对CER的征税用于弥补CDM的管理成本。为了引导CDM项目在发展中国家公正地分布，最不发达国家的CDM项目将免征赋税。

◆ 执行理事会

执行理事会负责监管CDM的实施，并对成员国大会负责。执行理事会由10个专家组成，其中5个专家分别代表5个联合国官方区域（非洲、亚洲、拉丁美洲、加勒比海地区、中东欧、OECD国家），1个专家来自小岛国组织，2个专家来自附件Ⅰ国家，2个专家来自非附件Ⅰ国家。执行理事会在2001年11月马拉喀什政治谈判期间召开了首次会议，这标志着CDM的正式启动。

执行理事会授权一种称之为“经营实体”的独立组织对申报的CDM项目进行审查，核实项目产生的减排量，并签署减排信用文件证明使这些减排量成为CER。执行理事会的另一个关键任务就是维持CDM活动的注册登记，包括签发新产生的CER、为征收的用于适应资金和管理费用的ER建立管理账户，为每一个CDM项目东道国的非附件Ⅰ国家注册一个CER账户并予以定期管理。

◆ 项目识别和表述

CDM 项目周期的第一步是对潜在 CDM 项目的识别和表述。一个 CDM 项目必须具有真实的、可测量的、额外的减排效果。为了确定项目是否具有额外性，必须将潜在项目的排放量同一个合理的称为基准线的参考情景的排放量相比较——项目参与者应该采用经批准的方法依据项目的具体情况制定基准线。这些确定基准线的方法是在《马拉喀什协定》框架下的三个方法的基础上发展而来的：

(1) 现实的实际排放量或历史排放量；

(2) 经济上有投资吸引力的代表性技术的排放水平；

(3) 过去 5 年来环境排放性能最好的 20%的类似项目的平均排放水平。

CDM 项目还必须有一个监测计划以收集准确的排放数据。监测计划构成了未来核实的基础，它必须具有很高的置信度以保证 CDM 项目的减排量以及其他项目目标确实得以实现。监测计划还应该有能力监控项目基准线及其排放量失败的风险。监测计划既可由项目开发者制定也可由专门机构制定。排放基准线和监测计划必须根据经批准的方法来设计。如果项目参与者偏好一种新的方法，则该方法必须经由执行理事会批准和登记。项目参与者可以自行选择项目的 CER 获得时限：10 年；或者 7 年，但可能延续两次并重新确认基准线（最长 21 年）。

◆ 国家批准

所有希望参与 CDM 的国家必须指定一个国家 CDM 主管机构负责评估和批准 CDM 项目，并作为 CDM 活动的联络总站。尽管国际操作规程就基准线和额外性提出了通用的指导原则，但每个发展中国家有责任确定本国的项目批准标准。项目东道国和投资者还必须准备撰写如下格式的项目设计文件：

(1) 项目的一段描述；

(2) 阐述基准线确定方法；

(3) 项目时间表和 CER 获得期限；

(4) 监测方法和计划；

(5) 分排放源计算温室气体排放量；

(6) 环境影响评价；

(7) 利益相关者对项目的意见。

◆ CDM 项目周期

CDM 项目周期有 7 个基本步骤：项目设计和描述；国家批准；审查登记；项目融资；监测；核实／认证和签发 CER。前 4 个步骤在项目实施之前必须完成，后 3 个步骤发生在项目的 CER 获得期间。

◆ 审查与登记

指定的经营实体将考察项目设计文件,并经公众评议后,决定是否批准该项目作为CDM项目。这些经营实体中,有代表性的将是一些私人公司,如审计和会计事务所、有能力独立可靠地评估减排量的咨询公司和法律事务所。如果项目得到批准,经营实体会将项目设计文件上呈执行理事会以获得正式登记。

◆ 监测、核实和认证

一个碳减排项目如果没有经过指定的核实程序专门测量和审计其碳排放,就不可能在国际碳排放市场上转让其碳量以获取价值。因此,一旦CDM项目进入运作阶段,项目参与者就必须准备一个监测报告估算项目产生的CER,并提交给一个经营实体申请核实。

核实是由经营实体独立完成的,它是对监测报告上的减排量进行事后鉴定。经营实体必须查明产生的CER是否符合项目的原始批准书标明的原则和条件。通过详细的审查之后,经营实体将提出一个核实报告并对该CDM项目产生的CER的量予以确认。

认证是对一个项目产生的经核实的减排效果的书面保证书。认证报告还包括要求签发CER的申请书。如果在15天之内,任何一个项目参与者或者三个以上执行理事会成员没有要求重新审查该项目,则执行理事会将指令CDM登记处签发CER。

9.1.2 CDM项目申报审批流程

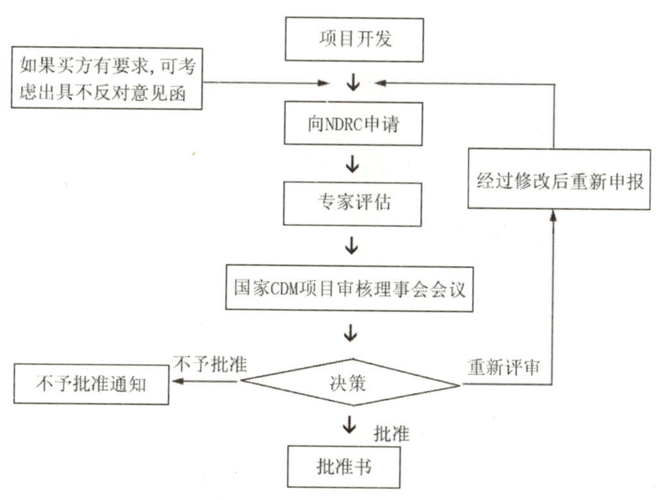

图9.1 CDM项目的申报审批流程

9.1.3 CDM 项目注册和签发情况

截至 2010 年 1 月，国家发展改革委共批准了 2 346 个 CDM 项目，估计年减排量达到 4.4 亿 t－CO_2 当量；已在 CDM 执行理事会(EB)成功注册 725 个项目，估计年减排量达到 2.1 亿 t－CO_2 当量；其中获得 CERs 签发的项目有 188 个，累计签发量超过 1.5 亿 t－CO_2 当量已获国家发展改革委批准的 CDM 项目在各省市分布情况见表 9.1。

表 9.1 已获国家发展改革委批准的 CDM 项目在各省市分布情况

省区市	项目数	省区市	项目数	省区市	项目数	省区市	项目数
云南	274	四川	233	内蒙古	157	湖南	137
山东	116	甘肃	114	河北	95	山西	92
浙江	89	湖北	81	河南	77	广西	76
江苏	75	贵州	73	黑龙江	66	福建	65
吉林	58	辽宁	58	陕西	56	广东	53
江西	52	安徽	50	重庆	49	新疆	48
宁夏	29	青海	21	海南	19	北京	14
上海	13	天津	6	西藏	0	合计	2 346

资料来源：国家发展和改革委员会应对气候变化司，项目统计截至 2010 年 1 月。

已批准项目的年估计减排量按减排类型分布情况见图 9.2。

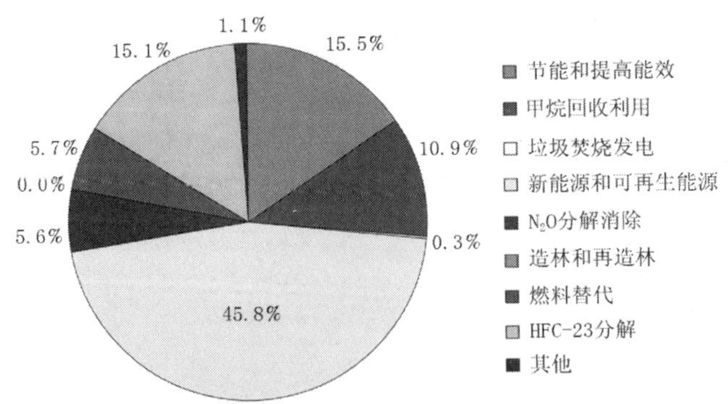

图 9.2 已批准项目的年估计减排量按减排类型分布情况

资料来源：同表 9.1。

已在 EB 注册的 CDM 项目在各省市分布情况见表 9.2 。

表 9.2　已在 EB 注册的 CDM 项目在各省市分布情况

省区市	项目数	省区市	项目数	省区市	项目数	省区市	项目数
云南	91	四川	67	内蒙古	52	湖南	45
甘肃	45	山东	34	江苏	29	贵州	28
河北	27	福建	26	湖北	26	山西	25
河南	24	广西	21	浙江	19	黑龙江	17
广东	17	安徽	16	江西	16	重庆	16
辽宁	15	陕西	15	新疆	14	吉林	14
宁夏	10	青海	5	北京	4	海南	4
上海	2	天津	1	西藏	0	合计	725

资料来源:同表 9.1。

已在 EB 注册的 CDM 项目的年估计减排量按减排类型分布情况见图 9.3 。

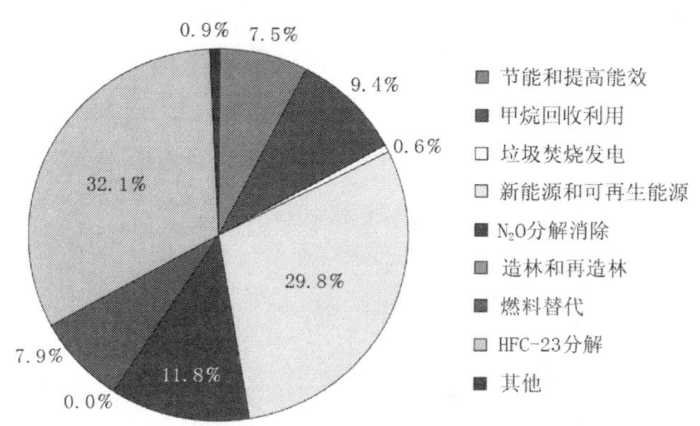

图 9.3　已在 EB 注册的 CDM 项目的年估计减排量按减排类型分布情况

资料来源:同表 9.1。

已获 CERs 签发的 CDM 项目在各省市分布情况见表 9.3。

已获 CERs 签发的 CDM 项目的年估计减排量按减排类型分布情况见图 9.4。

表 9.3　已获 CERs 签发的 CDM 项目在各省市分布情况

省区市	项目数	省区市	项目数	省区市	项目数	省区市	项目数
内蒙古	22	河北	13	山东	13	湖南	12
云南	11	甘肃	10	江苏	9	吉林	9
河南	8	黑龙江	8	山西	7	四川	7
新疆	7	辽宁	7	宁夏	6	浙江	6
重庆	6	广东	4	贵州	4	福建	4
北京	3	海南	3	湖北	3	安徽	3
青海	2	江西	1	西藏	0	陕西	0
上海	0	广西	0	天津	0	合计	188

资料来源：同表 9.1。

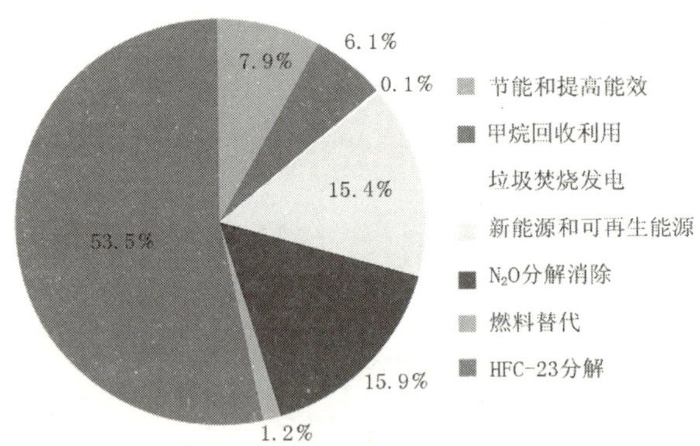

图 9.4　已获 CERs 签发的 CDM 项目的年估计减排量按减排类型分布情况

资料来源：同表 9.1。

9.2　合同能源管理（EPC）

9.2.1　概述

20 世纪 70 年代中期以来，一种基于市场的、全新的节能新机制——“合同能源管理”（EPC）在市场经济国家中逐步发展起来，而基于这种节能新机制运作的专业化的“节能服务公司”（在国外称 ESCo，在国内简称 EMCo）的发展十分迅速，尤其是在美国、加拿大，EMC 已发展成为一新兴的节能产业。合同能源管理机制的实质是：一种以减少的能源费用来支付节能项目全部成本的节能投资方式。这样一种节能投资方式允许用户使用未来的节能收益为工厂和设备升级，以及降低目前的运行成本。能源管理合同在实施节能项目投资的企业(用户)与专门的营利性能源管理公司之间签订,它有助于推动节能项目的开展。在传统的节能投资方式下,节能项目的所有风险和所有赢利都由实施节能投资的企业承担;在合同能源管理方式中,一般不要求企业自身对节能项目进行大笔投资。节能服务公司(ESCo)是一种基于合同能源管理机制运作的、以赢利为直接目的的专业化公司。ESCo 与愿意进行节能改造的用户签订节能服务合同,为用户的节能项目进行投资或融资,向用户提供能源效率审计、节能项目设计、施工、监测、管理等一条龙服务,并通过与用户分享项目实施后产生的节能效益来赢利和滚动发展。

合同能源管理(Energy Performance Contracting,EPC)是一种新型的市场化节能机制。其实质就是以减少的能源费用来支付节能项目全部成本的节能业务方式。这种节能投资方式允许客户用未来的节能收益为工厂和设备升级,以降低目前的运行成本;或者节能服务公司以承诺节能项目的节能效益,或承包整体能源费用的方式为客户提供节能服务。能源管理合同在实施节能项目的企业(用户)与节能服务公司之间签订,它有助于推动节能项目的实施。依照具体的业务方式,可以分为分享型合同能源管理业务、承诺型合同能源管理业务、能源费用托管型合同能源管理业务。

节能服务公司(Energy Management Company,EMCo;国外也称 Energy Service Company,ESCo),又称能源管理公司,是一种基于合同能源管理机制运作的、以赢利为目的的专业化公司。EMCo 与愿意进行节能改造的客户签订节能服务合同,向客户提供能源审计、可行性研究、项目设计、项目融资、设备和材料采购、工程施工、人员培训、节能量监测、改造系统的运行、维护和管理等服务,并通过与客户分享项目实施后产生的节能效益,或承诺节能项目的节能效益,或承包整体能源费用的方式为客户提供节能服务,并获得利润,滚动发展。

EMCo 是市场经济条件下的节能服务商业化实体,在市场竞争中谋求生存和发展,与中国从属于地方政府的节能服务中心有根本性的区别。EMCo 所开展的 EPC 业务具有以下特点:

(1)商业性

EMCo 是商业化运作的公司,以合同能源管理机制实施节能项目来实现赢利的目的。

(2)整合性

EMCo 业务不是一般意义上的推销产品、设备或技术,而是通过合同能源管理机制为客户提供集成化的节能服务和完整的节能解决方案,为客户实施“交钥匙工程”;EMCo 不是金融机构,但可以为客户的节能项目提供资金;EMCo 不一定是节能技术所有者或节能设备制造商,但可以为客户选择提供先进、成熟的节能技术和设备;EMCo也不一定自身拥有实施节能项目的工程能力,但可以向客户保证项目的工程质量。对于客户来说,EMCo的最大价值在于:可以为客户实施节能项目提供经过优选的各种资源集成的工程设施及其良好的运行服务,以实现与客户约定的节能量或节能效益。

(3)多赢性

EPC业务的一大特点是:一个该类项目的成功实施将使介入项目的各方(EMCo、客户、节能设备制造商和银行等)都能从中分享到相应的收益,从而形成多赢的局面。对于分享型的合同能源管理业务,EMCo可在项目合同期内分享大部分节能效益,以此来收回其投资并获得合理的利润;客户在项目合同期内分享部分节能效益,在合同期结束后获得该项目的全部节能效益及EMCo投资的节能设备的所有权,此外,还获得节能技术和设备建设与运行的宝贵经验;节能设备制造商销售了其产品,收回了货款;银行可连本带息地收回对该项目的贷款;等等。正是由于多赢性,使得EPC具有持续发展的潜力。

(4)风险性

EMCo通常对客户的节能项目进行投资,并向客户承诺节能项目的节能效益,因此,EMCo承担了节能项目的大多数风险。可以说,EPC业务是一项高风险业务。EPC业务的成败关键在于对节能项目的各种风险的分析和管理。

潜在EMCo企业的主要类型有三类:

(1)节能技术服务公司,主要业务是为客户提供能源效率审计、项目设计、原材料和设备采购、施工、工程验收、节能量监测、系统维护等节能技术服务,以"合同能源管理"的方式推广整合型的节能设备和技术。

(2)节能产品生产厂商,以生产节能产品为主,并以"合同能源管理"的方式销售自产产品。

(3)节能产品销售公司,受节能产品生产厂商的委托,销售成熟的节能产品,在销售过程中采用"合同能源管理"方式。

EMCo一般向客户提供的节能服务主要包括以下内容:

(1)能源审计

EMCo针对客户的具体情况,测定客户当前用能量和用能效率,提出节能潜力所在,并对各种可供选择的节能措施的节能量进行预测。

(2)节能改造方案设计

根据能源审计的结果,EMCo根据客户的能源系统现状提出如何利用成熟的节能技术来提高能源利用效率、降低能源成本的方案和建议。如果客户有意向接受EMCo提出的方案和建议,EMCo就可以为客户进行项目设计。

(3) 施工设计

在合同签订后，一般由 EMCo 组织对节能项目进行施工设计，对项目管理、工程时间、资源配置、预算、设备和材料的进出协调等进行详细的规划，确保工程顺利实施并按期完成。

(4) 节能项目融资

EMCo 向客户的节能项目投资或提供融资服务，EMCo 可能的融资渠道有：EMCo 自有资金、银行商业贷款、从设备供应商处争取到的最大可能的分期支付以及其他政策性的资助。当 EMCo 采用通过银行贷款方式为节能项目融资时，EMCo 可利用自身信用获得商业贷款，也可利用政府相关部门的政策性担保资金为项目融资提供帮助。

(5) 原材料和设备采购

EMCo 根据项目设计的要求负责原材料和设备的采购，所需费用由 EMCo 筹措。

(6) 施工、安装和调试

根据合同，由 EMCo 负责组织项目的施工、安装和调试。通常，由 EMCo 或其委托的其他有资质的施工单位来进行。由于通常施工是在客户正常运转的设备或生产线上进行，因此，施工必须尽可能不干扰客户的运营，而客户也应为施工提供必要的条件和方便。

(7) 运行、保养和维护

设备的运行效果将会影响预期的节能量，因此，EMCo 应对改造系统的运行管理和操作人员进行培训，以保证达到预期的节能效果。此外，EMCo 还要负责组织安排好改造系统的管理、维护和检修。

(8) 节能量监测及效益保证

EMCo 与客户共同监测和确认节能项目在合同期内的节能效果，以确认合同中确定的节能效果是否达到。另外，EMCo 和客户还可以根据实际情况采用“协商确定节能量”的方式来确定节能效果，这样可以大大简化监测和确认工作。

(9) EMCo 收回节能项目投资和利润

对于节能效益分享项目，在项目合同期内，EMCo 对与项目有关的投入(包括土建、原材料、设备、技术等)拥有所有权，并与客户分享项目产生的节能效益。在 EMCo 的项目资金、运行成本、所承担的风险及合理的利润得到补偿之后(即项目合同期结束)，设备的所有权一般将转让给客户。客户最终就获得高能效设备和节约能源的成本，并享受 EMCo 所留下的全部节能效益。对于节能效益承诺项目，客户将按照约定的进度支付节能项目费用，通常为一次性支付。

9.2.2 业务流程

EMCo业务活动的基本程序是为客户设计开发一个技术上可行、经济上合理的节能项目。通过双方协商,EMCo与客户就该项目的实施签订节能服务合同,并履行合同中规定的义务,保证项目在合同期内实现所承诺的节能量,同时享受合同中规定的权利,在合同期内收回用于该项目的资金并获得合理的利润。合同能源管理项目开发过程大致分为商务谈判和合同实施两大部分。

(1)合同能源管理项目开发商务谈判

主要步骤为:

1)与客户接触:EMCo与客户进行初步接触,就客户的业务、所使用的耗能设备类型、所采用的生产工艺等基本情况进行交流,以确定客户重点关心的能源问题。向客户介绍本公司的基本情况、业务运作模式及可给客户带来的利益等。向客户指出具有节能潜力的领域,解释合同化节能服务的有关问题,确定本公司可以介入的项目。

2)初步审计:通过客户的安排,EMCo对客户拥有的耗能设备及其运行情况进行检测,将设备的额定参数、设备数量、运行状况及操作等记录在案。同时,一定要留意客户没有提出的、但可能具有重大节能潜力的环节。

3)审核能源成本数据,估算节能量:采用客户保留的能耗历史记录及其他历史记录,计算潜在的节能量。有经验的EMCo项目经理可以参照类似的节能项目来进行这一项工作。

4)提交节能项目建议书:基于上述工作,EMCo起草并向客户提交一份节能项目建议书,描述所建议的节能项目的概况和估算的节能量。EMCo与客户一起审查项目建议书,并回答客户提出的关于拟议中的节能项目的各种问题。

5)客户承诺并签署节能项目意向书:到目前为止,客户无任何费用支出,也不承担任何义务。EMCo将开展上述工作中发生的所有费用支出,计入公司的成本支出。现在,客户必须决定是否要继续该节能项目的工作,否则EMCo的工作将无法继续下去。EMCo必须就拟议中的节能服务合同条款向客户解释,使客户完全清楚他们的权利和义务。通常,如果详尽的能耗调研证实了项目建议书中估算的节能量,则应要求客户签署一份节能项目意向书,以使他们明确认可这一项目。

6)详尽的能耗调研:包括EMCo对客户的用能设备或生产工艺进行详细的审查,对拟议中的项目的预期节能量进行更加精确的分析计算。另外,EMCo应与节能设备供应商联系,确认拟选用的节能设备的价格。还有,多数项目有必要在确定“基准年”的基础上,确定一个度量该项目节能量的

“基准线”。

7）合同准备：在与客户协商后，就拟议中的节能项目实施准备一份节能服务合同。合同内容应包括：规定的项目节能量，EMCo和客户双方的责任，节能量的计算以及如何测量节能量等。同时，EMCo方面要准备一份包括项目工作进度表在内的项目工作计划。

8）合同被接受或拒绝：如果客户对拟定的节能服务合同条款无异议，并同意由EMCo来实施该节能项目，则双方正式签订节能服务合同，项目开发工作到此结束。在这一情况下，EMCo将把对该项目能耗调研过程中的费用计入到该项目的总成本中。如果客户无法与EMCo就合同条款达成一致，或者由于其他原因而最终放弃该项目，而详尽的能耗调研工作证实了项目建议书中预期的节能量，那么EMCo在详尽的能耗调研过程中的费用应由客户支付。上述节能服务项目开发商务谈判的工作步骤仅为指南性质。对于具体的项目，其工作程序可能会根据实际情况加以调整。

（2）实施节能服务合同

EMCo通过谈判，获得一项节能服务项目合同后，随后的工作就是具体实施该项目合同。EMCo实施节能服务合同的一般工作程序如下：

1）对耗能设备进行监测：在某些情况下，需对要改造的耗能设备进行必要的监测工作，以建立节能项目的能耗“基准线”。这一监测工作必须在更换现有耗能设备之前进行。

2）工程设计：EMCo组织进行节能项目所需要的工程设计工作。并非所有的节能项目都需要有这一步骤，如照明改造项目。

3）建设和安装：EMCo按照与客户双方协商一致的工作进度表，建设项目和安装合同中规定的节能设备，确保对工程质量的控制，对所安装的设备做详细的记录。

4）项目验收：EMCo要确保所有的更新改造设备按预期目标运行，培训相关人员对新设备进行管理和操作，向客户提交记载所作设备变更的参考资料，并提供有关新设备的详细资料。

5）监测节能量：根据合同中规定的监测类型，完成需要进行的节能量监测工作。监测工作要求可能是间隔的、一次性的或是连续性的。

6）项目维护：EMCo按照合同的条款，在项目合同期内，向客户提供所安装设备的维护服务。此外，EMCo应与客户保持密切联系，以便对所安装设备可能出现的问题进行快速诊断和处理，同时继续优化和改进所安装设备的运行性能，以提高项目的节能量及其效益。

7）分享项目产出的节能效益或者以约定方式收回项目资金。

9.2.3 节能服务产业发展现状

随着合同能源管理机制在中国的逐步推广应用,中国节能服务公司数量快速增长,节能服务产业规模不断扩大。据不完全统计,目前中国有 200 多家 EMCo 按照合同能源管理机制在不同的领域开展节能项目,EMCo 已经成为推动中国节能工作的一支重要的新兴力量。

9.2.3.1 EMCo 数量

自 1998 年中国首批三家示范 EMCo 成立以来,中国 EMCo 的数量逐年快速增加。2004 年初,中国 EMCo 的行业组织——中国节能协会节能服务产业委员会(EMCA)成立时,首批会员数有 40 家;2007 年底快速发展到了 153 家。此外,在世界银行 / GEF 中国节能促进项目的影响和带动下,社会上出现了一批以 EPC 机制实施节能项目的、非 EMCA 会员单位的节能服务公司,这一群体的数目也呈现为较快增长。根据不完全统计,截至 2007 年底,全国 EMCo 数量为 229 家,从业人员约 35 000 人,见图 9.5。

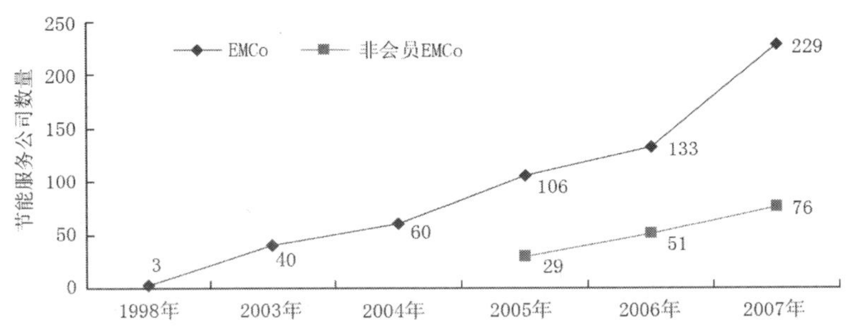

图 9.5 节能服务公司(EMCo)数量的增长

9.2.3.2 EMCo 类型

运用 EPC 机制实施节能项目是这些节能服务公司(EMCo)共同的特征,然而,由于他们在公司组建之初和运营的过程中,所依托的关键资源存在明显的差异,形成了不同类型的发展模式。主要有以下三种:

(1) 资金依托型

以三家示范节能服务公司(EMCo)为代表,包括少量的新兴节能服务公司(EMCo)。充裕的资金是他们进入市场的明显优势,他们的经营特征是以市场需求为导向,利用资金优势整合节能技术和节能产品实施节能项目。这种类型的节能服务公司(EMCo)不拘泥于专一的节能技术和产品,具有相当大的机动灵活性,市场跨度大,辐射能力强,能够实施多种行业、多种技术类型的项目,但需要加强在选择节能技术、节能产品和运作节能项目方面的风险控制能力。

(2) 技术依托型

以某种节能技术和节能产品为基础发展起来的节能服务公司(EMCo),节能技术和节能产品是公司的核心竞争力,通过节能技术和节能产品的优势开拓市场,逐步完成资本的原始积累,并不断寻求新的融资渠道,获得更大的市场份额。这种类型的节能服务公司(EMCo)大多拥有自主知识产权,实施节能项目的技术风险可控,项目收益较高。这种类型的节能服务公司(EMCo)目标市场定位明确,有利于在某一特定行业形成竞争力,如果既能保持技术不断创新,又能很好地解决融资障碍,企业的发展速度将十分可观。

(3) 市场依托型

拥有特定行业的客户资源优势,以所掌控的客户资源整合相应的节能技术和节能产品来实施节能项目。这种类型节能服务公司(EMCo)开发市场的成本较低,由于与客户的深度认知,来自客户端的风险较小,有利于建立长期合作关系,并获得客户对节能项目的直接融资。这种类型的节能服务公司(EMCo)需要很好地选择技术合作伙伴,有效地控制技术风险。

9.2.3.3　EMCo 发展梯队

EMCA 会员中的节能服务公司(EMCo)虽然整体发展速度很快,但各个节能服务公司(EMCo)的综合能力、企业规模、发展需求等方面差异很大,相对处在不同的发展阶段,可划分为四个发展梯队:

第一梯队:已经具备相当规模和较强市场竞争能力的节能服务公司(EMCo)。这个梯队的节能服务公司(EMCo)的企业业绩连续高速稳步增长,年主营业务收入近亿元,甚至超过 10 亿元,已经进入企业扩张的关键时期。他们的发展需求是实施品牌战略,开拓新的技术和市场领域,进入国际、国内资本市场。如北京神雾热能技术有限公司、东营胜动机械有限责任公司、杭州华电华源环境工程有限公司、贵州汇通华城楼宇科技有限公司等。处于这个梯队的节能服务公司(EMCo)对于整个节能服务公司(EMCo)群体来说,所占比例虽然不到 10%,但所起到的标杆和示范作用是巨大的,必将影响和带动众多的节能服务公司(EMCo)快速发展,做大做强,迈上一个新的台阶。

第二梯队:公司治理结构稳定,发展战略清晰,具备一定的风险控制能力、市场开发能力和项目组织实施能力,年主营业务收入已经达到 5 000 万元,为今后快速发展奠定了良好的基础。处在这个发展阶段的节能服务公司(EMCo)的第一需求是进一步开发更多的市场机会,扩大市场占有率;其次是不断拓宽融资渠道,为企业的发展提供足够的资金保障。这个梯队的节能服务公司(EMCo)在今后的三至五年内,将会有相当大的发展空间,如西安瑞驰冶金设备有限责任公司、深圳市嘉力达实业有限公司、云南节能实业公司、湖北三环发展股份有限公司等。

第三梯队：在国际知名公司和国内大型企业背景下组建的节能服务公司(EMCo),他们依托母公司雄厚的实力,从一开始就有一个较高的起点。这类节能服务公司(EMCo)在资金和市场资源等方面具有与生俱来的优势,一旦找准了在产业中的切入点,发展前景不可限量。如霍尼韦尔(天津)有限公司、西门子楼宇科技(天津)有限公司、远大空调有限公司、首大能源集团有限公司等。

第四梯队：这个梯队的群体还处在起步的阶段,他们有的由于注册资金太小,融资能力欠缺;有的专业人才匮乏,控制风险能力较低。这类公司的需求正在逐步提高综合能力,在解决生存问题的前提下求发展。

9.2.3.4 EMCo 产业规模

2003 年以来,中国节能服务产业规模快速扩张;节能服务公司(EMCo)的节能投资总额大幅攀升,其中 EPC 项目投资也稳步增长。2003—2007 年,中国节能服务产业总产值由 17.67 亿元增至 216.57 亿元, 增幅达 162.35%,年均增长速度达 162.35%。

节能服务产业综合节能投资由 11.48 亿元增至 114.6 亿元,约为 2003 年的 10 倍;其中,合同能源管理（EPC）项目投资由 8.51 亿元增至 65.5 亿元(见图 9.6)。

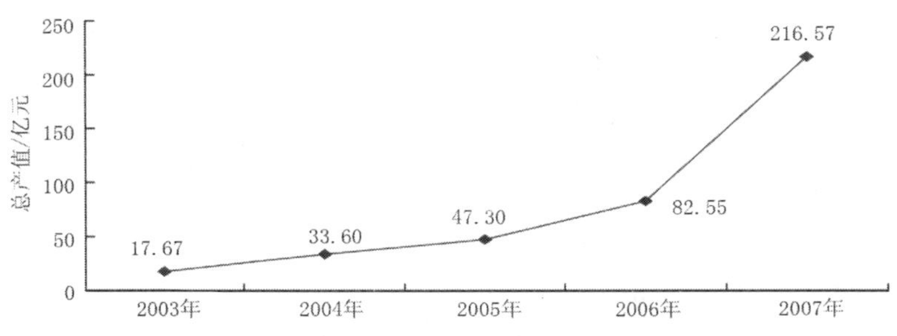

图 9.6 2003—2007 年节能服务产业总产值增长

9.2.3.5 EMCo 商务模式

世行 / GEF 中国节能促进项目在中国推广合同能源管理这一基于市场的节能新机制,其根本目的是排除市场经济条件下的种种节能障碍。节能服务公司(EMCo)作为实施节能项目的主体,是在打消客户疑虑、满足客户需求的前提下,与客户达成的合同。合同能源管理的核心是客户以已经实现的节能效益或预期可以实现的节能效益来支付节能服务公司(EMCo)的款项。

目前,中国经济的所有制成分是国有经济、民营经济、股份制经济并存,国有经济仍然占有较大比重。现阶段,由于大中型国有企业以及纳入政府财

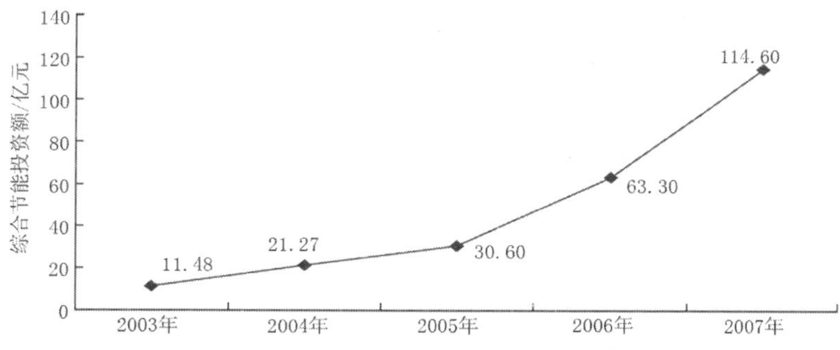

图 9.7 2003—2007 年 EMCo 综合节能投资增长

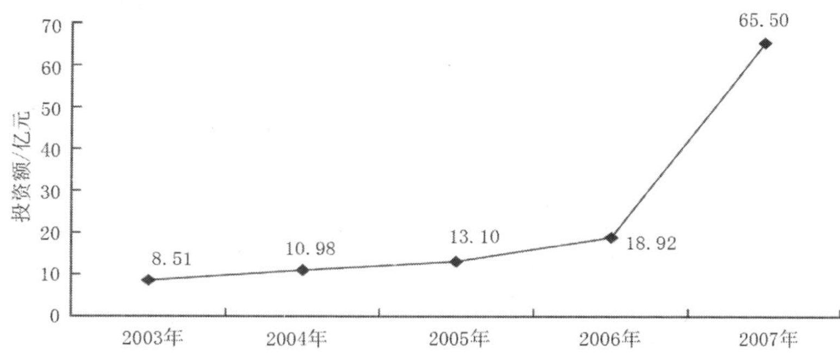

图 9.8 2003—2007 年 EPC 项目投资增长

政预算的公用事业单位在财务支付体系方面存在障碍，节能服务公司(EMCo)很难用节能效益分享的模式与客户合作。另一方面的情况是，中国的市场诚信环境仍在建立的过程中，节能服务公司(EMCo)出于防范风险的考虑，希望尽量缩短收回投资的时间，更愿意尽力争取客户投资。

因此，中国的节能服务公司(EMCo)在坚持合同能源管理基本特征的同时，将国际 ESCO 的成功运作经验与中国的具体实践相结合，在利润与体制障碍、利润与风险障碍的博弈中学会了随机应变、因地制宜，根据客户的实际情况和自身的承受能力来选择最适用的商务模式。中国节能服务公司(EMCo)通常采用的三种基本合同类型有：

(1) 节能效益分享型

节能服务公司(EMCo)提供资金和全过程服务，在客户配合下实施节能项目，在合同期间与客户按照约定的比例分享节能收益；合同期满后，项目节能效益和节能项目所有权归客户所有。

(2) 节能量保证型

客户提供节能项目资金并配合项目实施，节能服务公司(EMCo)提供全过程服务并保证项目节能效果；按合同规定，客户向节能服务公司(EMCo)支付服务费用;如果项目没有达到承诺的节能量,按照合同约定由节能服务公司(EMCo)承担相应的责任和经济损失。

(3) 能源费用托管型

客户委托节能服务公司(EMCo)进行能源系统的节能改造和运行管理,并按照合同约定支付能源托管费用;节能服务公司(EMCo)通过提高能源效率降低能源费用(扣除新增的管理费用),并按照合同约定拥有全部或者部分节省的能源费用。

在以上三种基本合同类型的基础上,节能服务公司(EMCo)根据具体情况可以形成多种复合式的合同类型。节能服务公司(EMCo)商务模式的共性是:客户用节能服务公司(EMCo)实施节能项目产生的节能效益或预期可以产生的节能效益向节能服务公司(EMCo)支付合同规定的款项。

9.3 节能项目节能量确定和监测方法

9.3.1 节能量确定原则

(1) 本方法所称的节能量是指项目正常稳定运行后,因用能系统的能源利用效率提高而形成的年能源节约量,不包括扩大生产能力、调整产品结构等途径产生的节能效果。若无特殊约定,比较期间为一年。

(2) 节能量确定过程中应考虑节能措施对项目范围以外能耗产生的正面或负面影响,必要时还应考虑技术以外影响能耗的因素,并对节能量加以修正。

(3) 项目实际使用能源应以受审核方实际购入能源的测试数据为依据折算为标准煤,不能实测的可参考附表中推荐的折标系数进行折算。

(4) 对利用废弃能源资源的节能项目 (工程)(如余热余压利用项目等)的节能量,根据最终转化形成的可用能源量确定。

9.3.2 主要工作内容

主要工作内容包括项目基准能耗状况、项目实施后能耗状况、能源管理和计量体系、能耗泄漏四个方面:

(1) 项目基准能耗状况

项目基准能耗状况指项目实施前规定时间段内,项目范围内所有用能环节的各种能源消耗情况。主要确认项目包括:

① 项目工艺流程图。

② 项目范围内各产品(工序)的产量统计记录(制成品、在制品、半成品等根据行业规定的折算方法确定)。

③ 项目能源消耗平衡表和能流图。

④ 项目范围内重点用能设备的运行记录（如动力车间抄表卡、记录簿、各车间用电及各种能源的记录簿等）。

⑤ 耗能工质消耗情况。

⑥ 项目能源输入输出和消耗台账，能源统计报表、财务账表以及各种原始凭证。

（2）项目实施后能耗状况

项目实施后能耗状况指项目完成并稳定运行后规定时间段内，项目范围内所有用能环节的各种能源消耗情况。主要确认项目包括：

① 项目完成情况。

② 其他内容参照项目基准能耗状况确认内容。

（3）能源管理和计量体系

能源管理和计量体系主要确认项目包括：

① 企业能源管理组织结构、人员和制度。

② 项目能源计量设备的配备率、完好率和周检率。

③ 能源输入输出的监测检验报告和主要用能设备的运行效率检测报告。

（4）能耗泄漏

能耗泄漏指节能措施对项目范围以外能耗产生的正面或负面影响，必要时还应考虑技术以外影响能耗的因素。主要内容包括：

① 相关工序的基准能耗状况。

② 项目实施后相关工序能耗状况变化。

9.3.3　节能量确定方法

项目节能量等于项目范围内各产品（工序）实现的节能量之和扣除能耗泄漏。单个产品（工序）的节能量可通过计量监测直接获得，不能直接获得时，可以通过单位产量能耗的变化进行计算确定，步骤如下：

（1）确定单个产品（工序）节能量计算的范围

与此产品（工序）直接相关联的所有用能环节，即是单个产品（工序）节能量计算的范围。

（2）确定单个产品（工序）的基准综合能耗

项目实施前一年单个产品（工序）范围内的所有用能环节消耗的各种能源的总和（按规定方法折算为标准煤），即为此产品（工序）的基准综合能耗。如果前一年能耗不能准确反映该产品（工序）的正常能耗状况，则采用前三年的算术平均值。

（3）确定单个产品（工序）的基准产量

项目实施前一年内，单个产品（工序）范围内相关生产系统产出产品数量为此产品(工序)的基准产量。全部制成品、半成品和在制品均应依据国家统计局(行业)规定的产品产量统计计算方法,进行分类汇总。如果前一年产量不能准确反映该产品(工序)的正常产量,则采用前三年的算术平均值。

(4) 计算单个产品(工序)的基准单耗

用项目实施前单个产品(工序)的基准综合能耗除以基准产量,计算出基准单耗。

(5) 确定项目完成后单个产品(工序)的综合能耗、产量和单耗

按照相同方法,统计计算出项目完成后一年的单个产品(工序)的综合能耗、产量和单耗。

(6) 计算单个产品(工序)节能量

项目实施前后单个产品(工序)单耗的差值与基准产量的乘积,为单个产品(工序)节能量。

(7) 估算能耗泄漏

综合考虑其他因素对项目能耗的影响及项目实施对项目范围以外的影响,估算出能耗泄漏(扣减或增加)。

(8) 确定项目节能量

项目范围内各产品(工序)的节能量之和扣除能耗泄漏,得到项目所实现的节能量。

9.3.4 节能量监测方法

实施项目的企业应建立与项目相适应的节能量监测体系、监测方法和计量统计的档案管理制度,以确保项目实施过程中和建成后,可以持续性地获取所有必要数据,且相关的数据计量统计能够被核查。

其中监测方法应符合《GB / T 15316 节能监测技术通则》的要求,监测设备应符合《GB 17167 用能单位能源计量器具配备与管理通则》的要求。

参考文献

[1] 戴彦德,周伏秋,等.实现单位 GDP 能耗降低目标的途径与措施.北京:中国计划出版社,2008.

[2] 国家统计局.中国统计年鉴 2009.北京:中国统计出版社,2009.

[3] 国家统计局工交司,国家能源局.中国能源统计年鉴 2008.北京:中国统计出版社,2008.

[4]《中华人民共和国国民经济和社会发展第十一个五年规划纲要》.北京:人民出版社,2006.

[5] 王庆一.能源词典(第二版).北京:中国石化出版社,2005.

[6] 中国能源发展报告编辑委员会.中国能源发展报告 2007.北京:中国水利水电出版社,2007.

[7] 电力行业节能和社会节电年度分析报告(2008).北京:中国电力出版社,2008.

[8] 中国水泥协会.中国水泥年鉴 2008.南京:江苏人民出版社,2009.

[9] 中国石油和化学工业协会.中国化学工业年鉴 2008.北京:中国化工信息中心,2009.

[10]《中国有色金属工业年鉴》编辑部.中国有色金属工业年鉴 2008.北京:中国有色金属工业协会,2008.

[11]《中国钢铁工业年鉴》编辑部.中国钢铁工业年鉴 2008.北京:中国钢铁工业协会,2008.

[12] 张树伟,姜克隽,刘德顺.中国交通发展的能源消费与对策研究.中国软科学,2006(5).

[13] 赵家荣,韩文科.绿色照明工程与节能新机制.北京:中国环境科学出版社,2006.

[14] 龚平.建筑节能的新举措.中国科技投资,2006(9).

[15] 李庆福.建筑节能技术措施分析.工业建筑,2001(7).

[16] 中国石油和化学工业协会. 中国行业分析报告 2005——石油和化学工业.北京:中国经济出版社,2005 .

[17] 中国建筑材料工业协会. 中国行业分析报告 2005——建材工业.北京:中国经济出版社,2005.

[18] 中国钢铁工业协会.中国行业分析报告 2005——钢铁工业.北京:中国经济出版社,2005.
[19] 周大地.全面建设小康社会的能源战略研究.北京:中国计划出版社,2006.
[20] 米建华.我国电力工业节能状况分析.电力设备,2005(6).
[21] 俞建国.中国中小企业融资.北京:中国计划出版社,2002.
[22] 中国电机系统节能项目组. 中国电机系统能源效率与市场潜力分析.北京:机械工业出版社,2001.
[23] 国家发展和改革委员会资源节约和环境保护司.重点耗能行业能效对标指南.北京:中国环境科学出版社,2009.
[24] 赵沛,蒋汉华.钢铁节能技术分析.北京:冶金工业出版社,1999.
[25] 乔彬.水泥工业粉磨系统节能增产技术百例.北京:化学工业出版社,2009.
[26] 严生,常捷,程麟.新型干法水泥厂工艺设计手册.北京:中国建材工业出版社,2007.
[27] 王社斌,许并社.钢铁生产节能减排技术.北京:化学工业出版社,2009.
[28]《电力节能技术丛书》编委会.用电系统节能技术.北京:中国电力出版社,2008.
[29] 本书编委会.最新有色金属企业节能降耗开发与改造项目新技术新工艺标准及成本效益评估典型案例解析.北京:中国科技文化出版社,2007.
[30] 王绍文,杨景玲,赵锐锐.冶金工业节能减排技术指南.北京:化学工业出版社,2009.
[31] 中国化工节能技术协会.化工节能技术手册.北京:化学工业出版社,2006.
[32] 冯霄.化工节能原理与技术.北京:化学工业出版社,2009.
[33] 徐跃华. 化工装置节能技术与实例分析. 北京: 中国石化出版社,2009.
[34] 尹洪超. 企业能源审计与节能技术. 大连: 大连理工大学出版社,2006.
[35] 中国节能协会节能服务产业委员会.2008 年度节能服务产业发展报告.中国节能服务,2009(2),(3).
[36] 国家发展和改革委员会,国家电网公司.电力需求侧管理工作指南.北京:中国电力出版社,2007.

[37] 康艳兵.建筑节能政策解读.北京:中国建筑工业出版社,2008.
[38] 涂逢祥.建筑节能.北京:中国建筑工业出版社,2005.
[39] 杨勇平,董长青,张俊姣.生物质发电技术.北京:水利水电出版社,2007.
[40] 沈剑山.生物质能源沼气发电.北京:中国轻工业出版社,2009.

附录一　国家新近节能及可再生能源政策目录及查询地址

1. 中华人民共和国节约能源法（2007 年修订，2008 年 4 月 1 日施行），http://www.gov.cn/flfg/2007-10/28/content_788493.htm.

2. 国务院关于加强节能工作的决定（国发[2006]28 号），http://www.gov.cn/zwgk/2006-08/23/content_368136.htm.

3. 国务院关于印发节能减排综合性工作方案的通知（国发[2007]15 号），http://www.gov.cn/jrzg/2007-06/03/content_634545.htm.

4. 国务院批转节能减排统计监测及考核实施方案和办法的通知（国发[2007]36 号），http://www.gov.cn/zwgk/2007-11/23/content_813617.htm.

5. 关于印发“十一五”十大重点节能工程实施意见的通知（发改环资[2006]1457 号），http://www.sdpc.gov.cn/zcfb/zcfbtz/tz2006/t20060802_78934.htm.

6. 国家发展改革委、科技部关于印发中国节能技术政策大纲(2006)的通知（发改环资[2007]199 号），http://www.sdpc.gov.cn/yjzq/W020060228593722344 9.

7. 国家发展改革委关于加强固定资产投资项目节能评估和审查工作的通知（发改投资[2006]2787 号），http://www.sdpc.gov.cn/gzdt/t20061219_101559.htm.

8. 国家质检总局、国家发展和改革委员会关于印发《加强能源计量工作的意见》的通知（国质检量联[2005]247 号），http://www.cqvip.com/qk/97456X/200505/20320069.html.

9. 国家发展改革委等关于印发千家企业节能行动实施方案的通知（发改环资[2006]5719 号），http://www.sdpc.gov.cn/zcfb/zcfbtz/tz2006/t20060414_66211.htm.

10. 国家发展和改革委员会办公厅关于印发企业能源审计报告和节能规划审核指南的通知（发改办环资[2006]2816 号），http://energy.people.com.cn/GB/71893/5152367.html.

11. 财政部、国家发展和改革委员会关于印发《节能技术改造财政奖励资金管理暂行办法》的通知（财建[2007]371 号），http://www.mof.gov.cn/mof/zhengwuxinxi/caizhengxinwen/200805/t20080519_26696.html.

12. 国家发展和改革委员会、财政部关于印发《节能项目节能量审核指南》的通知 （发改环资 [2008]704 号）,http://www.gov.cn/gzdt/2008－04/18/content_948464.htm.

13. 财政部关于印发《国家机关办公建筑和大型公共建筑节能专项资金管理暂行办法》的通知（财建 [2007]558 号）,http://www.mof.gov.cn/gp/jingjijianshesi/200806/t20080624_50306.html.

14. 财政部、国家发展和改革委员会关于印发《高效照明产品推广财政补贴资金管理暂行办法》的通知（财建[2007]1027 号）,http://www.mof.gov.cn/jinjijianshesi/zhengwuxinxi/zhengcefagui/200805/t20080523_34112.html.

15. 国家发展和改革委员会关于印发《重点用能单位能源利用状况报告制度实施方案》的通知（发改环资[2008]1390 号）,http://www.sdpc.gov.cn/zcfb/zcfbtz/2008tongzhi/W020080618567328390077.pdf.

16. 国家发展和改革委员会关于印发《重点耗能企业能效水平对标活动实施方案》的通知（发改环资 [2007]2429 号）,http://www.cqvip.com/QK/94980X/2007004/26260221.html.

17. 财政部、住房和城乡建设部关于印发《可再生能源建筑应用城市示范实施方案》的通知（财建[2009]305 号）,http://www.cin.gov.cn/zcfg/jswj/jskj/200907/t20090709_192204.htm.

18. 民用建筑节能条例（中华人民共和国国务院令第 530 号）,http://www.cin.gov.cn/zcfg/xzfg/200808/t20080815_176550.htm.

19. 公共机构节能条例（中华人民共和国国务院令第 531 号）,http://www.cin.gov.cn/zcfg/xzfg/200808/t20080815_176549.htm.

20. 住房和城乡建设部关于印发《绿色建筑评价技术细则》（试行）的通知（建科[2007]205 号）,http://www.cin.gov.cn/zcfg/jswj/jskj/200711/t20071115_158570.htm.

21. 建设部关于印发《建设部“十一五”可再生能源建筑应用技术目录》的通知（建科 [2007]216 号）,http://www.cin.gov.cn/zcfg/jswj/jskj/200709/t20070905_158565.htm.

22. 中华人民共和国可再生能源法（中华人民共和国主席令第 33 号），http://www.gov.cn/ziliao/flfg/2005－06/21/content_8275.htm.

23. 国家发展和改革委员会关于印发《可再生能源产业发展指导目录》的通知（发改能源 [2005]2517 号）,http://www.sdpc.gov.cn/cyfz/zcfg/W020060530326908214461.doc.

24. 国家发展和改革委员会关于印发《可再生能源发电有关管理规定》的通知（发改能源 [2006]13 号）,http://www.china.com.cn/chinese/2006/Feb/

1118761.htm.

25. 国家发展和改革委员会关于印发《可再生能源发电价格和费用分摊管理试行办法》的通知（发改价格[2006]7 号），http://www.gov.cn/ztzl/2006-01/20/content_165910.htm.

26. 国家发展和改革委员会关于印发《可再生能源中长期发展规划》的通知（发改能源 [2007]2174 号），http://nyj.ndrc.gov.cn/ggtz/t20070904_157354.htm.

27. 国家发展和改革委员会关于印发《可再生能源发展“十一五”规划》的通知（发改能源[2008]610 号），http://nyj.ndrc.gov.cn/ggtz/t20080318_198288.htm.

28. 财政部、国家税务总局关于中国清洁发展机制基金及清洁发展机制项目实施企业有关企业所得税政策问题的通知（财税[2009]30 号），http://cdm.ccchina.gov.cn/WebSite/CDM/UpFile/File2200.pdf.

29. 清洁发展机制项目运行管理办法（国家发改委令第 37 号），http://cdm.ccchina.gov.cn/UpFile/File579.PDF.

附录二 《产业结构调整指导目录(2007年本)》对相关行业鼓励类、限制类和淘汰类项目的规定

A2.1 鼓励类

A2.1.1 钢铁行业

1. 干法熄焦、导热油换热技术应用

2. 焦炉入炉煤调湿工艺技术应用

3. 20万t及以上焦炉煤气制甲醇工艺技术应用

4. 先进适用的熔融还原技术开发及应用

5. 高速重载铁路用钢生产

6. 专用特种钢管生产:石油开采用油井钢管、高压锅炉钢管,油、气等长距离输送用钢管,核电、海底输送、石化用大口径、高性能(耐高温、耐低温、耐高压、耐腐蚀)特种不锈钢、合金钢钢管

7. 冷轧硅钢片生产

8. 直径550 mm以上超高功率石墨电极生产

9. 高寸石墨碳材和石墨(质)化阴极炭块生产

10. 大型高炉用微孔、超微孔碳砖生产

11. 优质合成、不定形耐火材料生产

12. 全燃煤气热电联产

13. 蓄热式燃烧技术应用

A2.1.2 水泥行业

1. 日产4 000 t以上(西部地区日产2 000 t及以上)熟料新型干法水泥生产及装备和配套材料开发

2. 利用电石渣等工业废弃物、城市垃圾和污泥生产新型干法水泥和新型墙体材料

3. 散装水泥装备技术开发

4. 高性能混凝土用外加剂技术开发与生产

5. 100万t/a及以上大型水泥粉磨站建设(新疆等西部交通不发达地区30万t/a以上)

A2.1.3 石化化工行业

1. 化工原料矿产资源勘探及大中型化工原料矿山建设
2. 资源节约和环保型氮肥装置建设以及原料本地化、经济化改造
3. 优质磷复肥、钾肥及各种专用复合肥生产，磷酸湿法生产中脱除镁等杂质技术、磷石膏综合利用技术开发及应用
4. 大型芳烃生产装置建设
5. 提高油品质量的炼油及节能降耗装置改造
6. 新建乙烯起始规模 80 万 t/a 及以上，现有乙烯以节能降耗为主的改扩建
7. 大型合成树脂及合成树脂新工艺、新产品开发
8. 大型己内酰胺、乙二醇、丙烯腈的生产技术开发和成套设备制造
9. 大型合成橡胶、合成胶乳和热塑性弹性体先进工艺开发、新产品制造
10. 采用先进工艺技术的大型基本有机化工原料生产
11. 高等级道路沥青、聚合物改性沥青和特种沥青生产
12. 含硫含酸重质、劣质原油以及高硫重油、高硫石油焦综合利用
13. 合成树脂加工用新型助剂、新型吸附剂、高性能添加剂和复配技术开发
14. 30 万 t/a 及以上氧氯化法制取聚氯乙烯
15. 醇醚燃料生产
16. 烧碱用离子膜生产

A2.1.4 有色金属行业

1. 高精度铜板、带、箔、管技术开发与生产应用
2. 高精铝板、带、箔及高速薄带铸轧技术开发与生产应用
3. 有色金属复合材料技术开发及应用
4. 高性能、高精度硬质合金及深加工产品和陶瓷材料生产
5. 稀土磁性材料、发光材料、催化材料、储氢材料和其他高技术功能材料及其应用产品
6. 先进萃取设备及其工业开发
7. 高品质镁合金铸造及板、管、型材加工技术开发
8. 有色金属生产过程检测和控制技术开发

A2.1.5 电力行业

1. 垃圾发电、污泥发电
2. 单机 60 万 kW 及以上超临界、超超临界机组电站建设

3. 采用30万kW及以上集中供热机组的热电联产以及热、电、冷多联产

4. 缺水地区单机60万kW及以上大型空冷机组电站建设

5. 风力发电及太阳能、地热能、海洋能、生物质能等可再生能源开发及利用

6. 整体煤气化联合循环发电

7. 30万kW及以上循环流化床、增压流化床等洁净煤发电

8. 单机30万kW及以上采用流化床锅炉并利用煤矸石或劣质煤发电

9. 500 kV及以上交、直流输变电

10. 在用单机20万kW以上发电机组脱硫改造

11. 城乡电网改造及建设

12. 电网运行安全监控技术开发

13. 大型电站及大电网变电站集约化设计和自动化技术开发

14. 跨区电网互联工程技术开发

15. 大容量远距离超/特高压输电技术开发及应用

16. 输变电新技术(大电网分析、仿真、预警技术及灵活交流输电技术)开发及应用

17. 降低输、变、配电损耗技术开发及应用

18. 分布式供能技术开发及应用

19. 70万kW及以上水轮发电机组垂直式、30万kW及以上汽轮发电机组平卧式蒸发冷却技术开发及应用

A2.1.6 建筑及房地产行业

1. 节能省地型建筑暨绿色建筑的开发

2. 高层建筑与空间结构技术开发

3. 低噪声建筑施工机具开发与制造

4. 住宅高性能外围护结构材料与部件制造

5. 新型建筑结构系统开发

6. 建筑隔震减震结构体系及产品研发与推广

7. 建筑节水、节能、节地、节材及环保关键技术开发与应用

8. 智能建筑产品与设备的生产制造与集成技术研究与应用

9. 居住及公共建筑集中采暖按热量计量技术应用

10. 城镇燃气工程

11. 城镇集中供热建设和改造工程

12. 城市建筑供热平衡与节能控制系统技术开发及应用

13. 节能、低污染取暖设备制造

14. 先进适用的建筑成套技术、产品和住宅部品研发和推广

15. 城市节水技术开发与应用

16. 城市照明智能化、绿色照明产品及系统技术开发

17. 国家住宅示范工程建设

A2.2 限制类

A2.2.1 钢铁行业

1. 钢铁企业和缺水地区,未同步配套建设干熄焦、装煤、推焦除尘装置的焦炉项目

2. 180 m^2 以下烧结机项目

3. 有效容积 1 000 m^3 以下或 1 000 m^3 及以上、未同步配套煤粉喷吹装置、除尘装置、余压发电装置,能源消耗、新水耗量等达不到标准的炼铁高炉项目

4. 公称容量 120 t 以下或公称容量 120 t 及以上、未同步配套煤气回收、除尘装置,能源消耗、新水耗量等达不到标准的炼钢转炉项目

5. 公称容量 70 t 以下或公称容量 70 t 及以上、未同步配套烟尘回收装置,能源消耗、新水耗量等达不到标准的电炉项目

6. 800 mm 以下热轧带钢(不含特殊钢)项目

7. 25 万 t/a 及以下热镀锌板卷项目

8. 10 万 t/a 及以下彩色涂层板卷项目

9. 单台矿热电炉容量 2.5 万 kVA 以下,以及 2.5 万 kVA 及以上环保、能耗等达不到准入条件要求的铁合金项目(中西部具有独立运行的小水电及矿产资源优势的国家确定的重点贫困地区,单台矿热电炉容量 1.25 万 kVA 及以上)

10. 单台电炉容量 3 000 kVA 以下,以及 3 000 kVA 及以上环保、能耗等达不到准入条件要求的铁合金半封闭直流电炉、铁合金精炼电炉项目

11. 300 m^3 以下,以及 300 m^3 及以上环保、能耗等达不到准入条件要求的锰铁高炉项目

12. 单台矿热电炉容量 1.25 万 kVA 以下,以及 1.25 万 kVA 及以上环保、能耗等达不到准入条件要求的硅钙合金和硅钙钡铝合金项目

13. 单台矿热电炉容量 1.65 万 kVA 以下、1.65 万 kVA 及以上环保、能耗达不到准入要求的硅铝合金项目

14. 整流变压器 9 500 kVA 以下、化合槽 250 m^3 以下,以及企业规模 3 万 t/a 及以下的电解金属锰项目

15. 含铬质耐火材料生产线

16. 普通功率和高功率石墨电极生产线

17. 直径 550 mm 以下及 2 万 t/a 以下的超高功率石墨电极生产线

18. 5 万 t/a 以下碳块、4 万 t/a 以下碳电极生产线

19. 一段式固定煤气发生炉项目(不含粉煤气化炉)

A2.2.2 水泥行业

1. 水泥机立窑、干法中空窑、立波尔窑、湿法窑;新建日产 2 000 t 以下熟料新型干法水泥生产线(以电石废渣等固体废弃物为主要原料的日产 1 000 t 以下熟料新型干法水泥生产线)

2. 10 万 m^3/a 以下的加气混凝土生产线

3. 60 万 t/a 以下的水泥粉磨站(新疆等西部交通不发达地区除外)

A2.2.3 石化化工行业

1. 10 万 t/a 以下及 DMT 法聚酯装置

2. 20 万 t/a 以下聚丙烯装置(连续法及间歇法)

3. 10 万 t/a 以下丙烯腈装置

4. 10 万 t/a 以下 ABS 树脂装置(本体连续法除外)

5. 60 万 t/a 以下乙烯装置

6. 800 万 t/a 以下常减压炼油装置

7. 200 万 t/a 以下催化裂化装置、80 万 t/a 以下连续重整装置(不含芳烃抽提)、100 万 t/a 以下连续重整装置(含芳烃抽提)、120 万 t/a 以下加氢裂化装置、160 万 t/a 以下延迟焦化装置

8. 20 万 t/a 以下聚乙烯装置

9. 30 万 t/a 以下乙烯氧氯化法、电石法聚氯乙烯装置

10. 20 万 t/a 以下苯乙烯装置(干气制乙苯工艺除外)

11. 10 万 t/a 以下聚苯乙烯装置

12. 100 万 t/a 以下氨碱装置

13. 30 万 t/a 以下联碱装置

14. 初始总容量小于 10 万 kVA、单台电石炉容量 2.5 万 kVA 以下(能力小于 4.5 万 t)以及 2.5 万 kVA 以上环保、能耗等达不到准入条件要求的电石矿热炉项目

15. 30 万 t/a 以下烧碱装置

16. 单台产能在 1 万 t/a 以下不符合准入条件的黄磷生产项目

A2.2.4 有色金属行业

1. 钨、钼、锡、锑矿开采项目(改造项目除外)

2. 服务年限在 15 年以下、处理矿石量 3 万 t/a(100 t/d)以下的铅锌矿(单体矿)采选项目

3. 处理矿石量在 1 000 t/d 以下的铅锌浮选法选矿生产工艺

4. 单系列 10 万 t/a 规模以下粗铜冶炼项目

5. 能耗达不到以下标准的新建铜冶炼项目:粗铜冶炼工艺综合能耗 550 kgce/t 以下;电解精炼(含电解液净化)部分综合能耗在 250 kgce/t 以下;电铜直流电耗 285 kWh/t 以下

6. 资源利用水平达不到以下标准的新建铜冶炼项目:铜冶炼总回收率达到 97%以上;粗铜冶炼回收率 98%以上;水循环利用率 95%以上,吨铜新水消耗 25 t 以下;占地面积低于 4 m^2/t 铜。铜冶炼硫的总捕集率达 98%以上;硫的回收率达到 96%以上

7. 新建氧化铝项目:以国内铝土矿为原料生产能力低于 80 万 t/a,以进口铝土矿为原料生产能力低于 60 万 t/a

8. 能耗达不到以下标准的新建氧化铝项目:拜耳法氧化铝生产系统综合能耗低于 500 kgce/t 氧化铝,其他工艺氧化铝生产系统综合能耗低于 800 kgce/t 氧化铝

9. 资源利用水平达不到以下标准的新建氧化铝项目:拜耳法氧化铝生产系统综合回收率达到 81%以上,新水消耗低于 8 t 氧化铝,占地面积小于 1 m^2/t 氧化铝;其他工艺氧化铝生产系统综合回收率达到 90%以上,新水消耗低于 7 t 氧化铝,占地面积小于 1.2 m^2/t 氧化铝

10. 电解铝项目(淘汰自焙槽生产能力置换项目及环保改造项目除外)

11. 能耗达不到以下标准的电解铝项目:综合交流电耗低于 143 000 kWh/t 铝,电流效率高于 94%

12. 资源利用水平达不到以下标准的电解铝项目:氧化铝单耗低于 1 920 kg/t 铝,原铝液消耗氟化盐低于 25 kg/t 铝,阳极碳素净耗低于 410 kg/t 铝,新水消耗低于 7 t/t 铝,占地面积小于 3 m^2/t 铝

13. 资源利用水平达不到以下标准的铅冶炼项目:总回收率达到 96.5%,粗铅熔炼回收率大于 97%、铅精炼回收率大于 99%;总硫利用率大于 95%,硫捕集率大于 99%;水循环利用率达到 95%以上

14. 能耗达不到以下标准的铅冶炼项目:综合能耗低于 600 kgce/t;粗铅冶炼综合能耗低于 450 kgce/t,粗铅冶炼焦耗低于 350 kg/t,电铅直流电耗降低到 120 kWh/t

15. 单系列 10 万 t/a 规模以下锌冶炼项目

16. 能耗达不到以下标准的锌冶炼项目：电锌工艺综合能耗低于 1 700 kgce/t，电锌生产析出锌电解直流电耗低于 2 900 kWh/t，锌电解电流效率大于 88%；蒸馏锌标准煤耗低于 1 600 kg

17. 资源利用水平达不到以下标准的锌冶炼项目：冶炼总回收率达到 95%；蒸馏锌冶炼回收率达到 98%，电锌回收率（湿法）达到 95%；总硫利用率大于 96%，硫捕集率大于 99%；水的循环利用率达到 95%以上

A2.2.5 电力行业

1. 除西藏、新疆、海南等小电网外，单机容量在 30 万 kW 及以下的常规燃煤火电机组

2. 除西藏、新疆、海南等小电网外，发电煤耗高于 286 gce/kWh 的发电机组，空冷机组发电煤耗高于 305gce/kWh 的常规发电机组

A2.3 淘汰类

A2.3.1 钢铁行业

1. 土法炼焦（含改良焦炉），兰炭（干馏煤、半焦）

2. 炭化室高度小于 4.3 m 焦炉（3.2 m 及以上捣固焦炉除外）（西部地区 2009）

3. 30 m^2 以下烧结机

4. 300 m^3 及以下的炼铁高炉

5. 200 m^3 及以下的专业铸铁管厂高炉

6. 100 m^3 及以下的铁合金高炉

7. 生产地条钢、钢锭或连铸坯的工频和中频感应炉

8. 化铁炼钢

9. 20 t 及以下转炉（不含铁合金转炉）

10. 20 t 及以下电炉（不含机械铸造电炉）

11. 10 t 及以下的高合金钢电炉

12. 普钢初轧机及开坯用中型轧机

13. 热轧窄带钢轧机

14. 5 000 kVA 以下铁合金矿热电炉；5 000 ~ 6 300 kVA 以下铁合金矿热电炉（2008）；6 300 kVA 铁合金矿热电炉（2010）

A2.3.2 水泥行业

1. 窑径 3.0 m 及以下水泥机械化立窑生产线（2010）

2. 水泥干法中空窑(生产特种水泥除外)及中空余热发电窑(2008)

3. 湿法窑水泥生产线(生产特种水泥及主要用于处理污泥、电石渣等除外)(2008)

4. 直径 1.83 m 及以下水泥粉磨设备

5. 水泥土(蛋)窑、普通立窑

A2.3.3 石化化工行业

1. 100 万 t / a 及以下生产汽、煤、柴油的小炼油生产装置及二次加工装置

2. 3 000 t / a 以下黄磷生产线(2008),5 000 t / a 以下黄磷生产线(2010)

3. 5 000 kVA 以下(1 万 t / a 以下)电石炉及开放式电石炉

4. 石墨阳极隔膜法烧碱

A2.3.4 有色金属行业

1. 采用马弗炉、马槽炉、横罐、小竖罐等进行焙烧、简易冷凝设施进行收尘等落后方式炼锌或生产氧化锌制品

2. 铝自焙电解槽

3. 80 kA 及以下预焙槽

4. 100 kA 及以下预焙槽(2008)

5. 密闭鼓风炉炼铜工艺及设备

6. 电炉、反射炉炼铜工艺及设备

7. 10 000 t / a 以下的再生铅项目(2009)

8. 资源利用水平和冶炼能耗达不到以下标准的现有再生铅项目:铅的总回收率大于 95%, 冶炼弃渣中铅含量小于 4%, 冶炼能耗低于 200 kgce / t (2009)

A2.3.5 电力行业

1. 服役期满的单机容量在 10 万 kW 以下的常规燃煤凝汽火电机组

2. 单机容量 5 万 kW 及以下的常规小火电机组

3. 以发电为主的燃油锅炉及发电机组(5 万 kW 及以下)

4. 运行满 20 年、单机 10 万 kW 及以下的常规火电机组 (2010)

5. 设计寿命服役期满的单机 20 万 kW 以下的各类机组 (2010)

6. 供电标准煤耗高出 2005 年本省(区、市)平均水平 10%或全国平均水平 15%的各类燃煤机组 (2010)

附录三 主要工业产品能耗限额标准

一、水泥单位产品能源消耗限额（GB 16780—2007）

表 1 限定值

分类	可比熟料综合煤耗限额限定值/(kgce/t)	可比熟料综合电耗[a]限额限定值(kWh/t)	可比水泥综合电耗[b]限额限定值(kWh/t)	可比熟料综合能耗限额限定值/(kgce/t)	可比水泥综合能耗限额限定值/(kgce/t)
4 000 t/d 以上（含 4 000 t/d）	≤120	≤68	≤105	≤128	≤105
2 000~4 000 t/d（含 2 000 t/d）	≤125	≤73	≤110	≤134	≤109
1 000~2 000 t/d（含 1 000 t/d）	≤130	≤76	≤115	≤139	≤114
1 000 t/d 以下	≤135	≤78	≤120	≤145	≤118
水泥粉磨企业	—	—	≤45	—	—

注：a. 对只生产水泥熟料的水泥企业。

b. 对生产水泥的水泥企业（包括水泥粉磨企业）。

表 2 准入值

分类	可比熟料综合煤耗限额准入值/(kgce/t)	可比熟料综合电耗[a]限额准入值(kWh/t)	可比水泥综合电耗[b]限额准入值(kWh/t)	可比熟料综合能耗限额准入值/(kgce/t)	可比水泥综合能耗限额准入值/(kgce/t)
4 000 t/d 以上（含 4 000 t/d）	≤110	≤62	≤90	≤118	≤96
2 000~4 000 t/d（含 2 000 t/d）	≤115	≤65	≤93	≤123	≤100
水泥粉磨企业	—	—	≤38	—	—

注：a. 对只生产水泥熟料的水泥企业。

b. 对生产水泥的水泥企业（包括水泥粉磨企业）。

表 3 先进值

分类	可比熟料综合煤耗限额先进值 /(kgce / t)	可比熟料综合电耗[a]限额先进值(kWh / t)	可比水泥综合电耗[b]限额先进值(kWh / t)	可比熟料综合能耗限额先进值 /(kgce / t)	可比水泥综合能耗限额先进值 /(kgce / t)
4 000 t / d 以上（含 4 000 t / d）	≤107	≤60	≤85	≤114	≤93
2 000~4 000 t / d（含 2 000 t / d）	≤112	≤62	≤90	≤120	≤97
水泥粉磨企业	—	—	≤34	—	—

注：a. 对只生产水泥熟料的水泥企业。

b. 对生产水泥的水泥企业（包括水泥粉磨企业）。

二、粗钢生产主要工序单位产品能源消耗限额（GB 21256—2007）

表 1 限定值

工序名称		单位产品能耗限制限定值 /(kgce / t)
烧结工序		≤65
高炉工序		≤450
转炉工序		≤10
电炉工序	普通电炉	≤215
	特钢电炉	≤325

注：1. 电力折标准煤系数采用等价值 0.404 kgce / (kWh)。

2. 若原料稀土矿比例每增加 10%，烧结工序能耗增加 1.5 kgce / t。对原料中钒钛磁铁矿用量每增加 10%，高炉工序能耗增加 3 kgce / t。

表 2 准入值

工序名称		单位产品能耗限制准入值 /(kgce / t)
烧结工序		≤60
高炉工序		≤430
转炉工序		≤0
电炉工序	普通电炉	≤190
	特钢电炉	≤300

注：电力折标准煤系数采用等价值 0.404 kgce / (kWh)。

表 3　先进值

工序名称		单位产品能耗限制先进值 / (kgce / t)
烧结工序		≤55
高炉工序		≤390
转炉工序		≤-8
电炉工序	普通电炉	≤180
	特钢电炉	≤280

注：电力折标准煤系数采用等价值 0.404 kgce / (kWh)。

三、烧碱单位产品能源消耗限额（GB 21257—2007）

表 1　限定值

产品规格 质量分数 / %	烧碱单位产品综合能耗限额 限定值 / (kgce / t)	烧碱电解单元单位产品交流电耗限额 限定值 / (kWh / t)
离子膜法液碱≥30.0	≤500	≤2 490
离子膜法液碱≥45.0	≤600	
离子膜法固碱≥98.0	≤900	
离子膜法液碱≥30.0	≤980	≤2 570
离子膜法液碱≥42.0	≤1 200	
离子膜法固碱≥95.0	≤1 350	

注：表中隔膜法烧碱电解单元交流电耗限额限定值，是金属阳极隔膜电解槽电流密度为 1 700 A / m² 时的值。当金属阳极隔膜电解槽电流密度变化时，电流密度每增减 100 A / m²，烧碱电解单元单位产品交流电耗减增 44 kWh / t。

表 2　准入值

产品规格质量分数 / %	烧碱单位产品综合能耗 准入值 /(kgce / t)			烧碱电解单元单位产品交流电耗 准入值 / (kWh / t)		
	≤12 个月	≤24 个月	≤36 个月	≤12 个月	≤24 个月	≤36 个月
离子膜法液碱≥30.0	≤350	≤360	≤370	≤2 340	≤2 390	≤2 450
离子膜法液碱≥45.0	≤490	≤510	≤530			
离子膜法固碱≥98.0	≤750	≤780	≤810			
离子膜法液碱≥30.0	≤800			≤2 450		
离子膜法液碱≥42.0	≤950					
离子膜法固碱≥95.0	≤1 100					

注：1. 表中离子膜法烧碱综合能耗和电解单元交流电耗准入值按表中数值分阶段考核，新装置投产超过 36 个月后，继续执行 36 个月的准入值。

2. 表中隔膜法烧碱电解单元交流电耗准入值，是金属阳极隔膜电解槽电流密度为 1 700 A / m² 时的值。当金属阳极隔膜电解槽电流密度变化时，电流密度每增减 100 A / m²，烧碱电解单元单位产品交流电耗减增 44 kWh / t。

表 3　先进值

产品规格 质量分数 / %	烧碱单位产品综合能耗限额 先进值 / (kgce / t)	烧碱电解单元单位产品交流电耗限额 先进值 / (kWh / t)
离子膜法液碱≥30.0	≤350	≤2 340
离子膜法液碱≥45.0	≤490	
离子膜法固碱≥98.0	≤750	
离子膜法液碱≥30.0	≤800	≤2 450
离子膜法液碱≥42.0	≤950	
离子膜法固碱≥95.0	≤1 110	

注：表中隔膜法烧碱电解单元交流电耗限额先进值，是金属阳极隔膜电解槽电流密度为 1 700 A / m^2 时的值。当金属阳极隔膜电解槽电流密度变化时，电流密度每增减 100 A / m^2，烧碱电解单元单位产品交流电耗减增 44 kWh / t。

四、铜冶炼企业单位产品能源消耗限额（GB 21248—2007）

表 1　限定值

工序、工艺		能耗限额限定值 / (kgce / t)	
		工艺能耗	综合能耗
粗铜工艺（铜精矿—粗铜）		≤750	≤800
阳极铜工艺（铜精矿—阳极铜）		≤800	≤850
电解工序（阳极铜—阴极铜）		≤210	≤220
铜冶炼工艺（铜精矿—阴极铜）		≤900	≤950
粗铜工艺（杂铜—粗铜）		—	≤340
阳极铜工艺	（杂铜—阳极铜）	—	≤390
	（粗铜—阳极铜）	—	≤300
铜精炼工艺	（杂铜—阴极铜）	—	≤510
	（粗铜—阴极铜）	—	≤420

注：各工艺中回收的余热量和余热发电量输出时应予以扣除。

表 2　准入值

工序、工艺	能耗限额准入值 / (kgce / t)	
	工艺能耗	综合能耗
粗铜工艺（铜精矿—粗铜）	≤500	≤530
阳极铜工艺（铜精矿—阳极铜）	≤550	≤580

续表

工序、工艺		能耗限额准入值 / (kgce / t)	
		工艺能耗	综合能耗
电解工序(阳极铜—阴极铜)		≤160	≤170
铜冶炼工艺(铜精矿—阴极铜)		≤660	≤700
粗铜工艺(杂铜—粗铜)		—	≤300
阳极铜工艺	(杂铜—阳极铜)	—	≤350
	(粗铜—阳极铜)	—	≤280
铜精炼工艺	(杂铜—阴极铜)	—	≤470
	(粗铜—阴极铜)	—	≤400

注:各工艺中回收的余热量和余热发电量输出时应予以扣除。

表 3 先进值

工序、工艺		能耗限额先进值 / (kgce / t)	
		工艺能耗	综合能耗
粗铜工艺(铜精矿—粗铜)		≤330	≤340
阳极铜工艺(铜精矿—阳极铜)		≤380	≤390
电解工序(阳极铜—阴极铜)		≤120	≤130
铜冶炼工艺(铜精矿—阴极铜)		≤530	≤550
粗铜工艺(杂铜—粗铜)		—	≤230
阳极铜工艺	(杂铜—阳极铜)	—	≤290
	(粗铜—阳极铜)	—	≤230
铜精炼工艺	(杂铜—阴极铜)	—	≤400
	(粗铜—阴极铜)	—	≤350

注:各工艺中回收的余热量和余热发电量输出时应予以扣除。

五、铁合金单位产品能源消耗限额(GB 21341—2008)

表 1 限定值

合金品种	硅铁	电炉锰铁	锰硅合金	高碳铬铁	高炉锰铁
产品规格	FeSi75-A	FeMn68C7.0	FeMn64Si18	FeCr67C6.0	FeMn68C7.0
执行国家标准	GB / T 2272	GB / T 3795	GB / T 4008	GB / T 5683	GB / T 3795
标准成分	Si75	Mn65	Mn+ Si82	Cr50	Mn65

续表

合金品种		硅铁	电炉锰铁	锰硅合金	高碳铬铁	高炉锰铁
单位产品冶炼电耗限额限定值（kWh / t）		≤8 800	≤2 700	≤4 400	≤3 500	焦炭 1 350 kg / t
单位产品综合能耗限额限定值[以电当量值 0.122 9 kgce / （kWh）计]（kgce / t）		≤1 980	≤790	≤1 030	≤900	≤1 250
单位产品综合能耗限额限定值[以电等价值 0.404 kgce / （kWh）计]（kgce / t）		≤4 600	≤1 610	≤2 380	≤1 950	
备注	入炉矿品位	—	Mn 38%	Mn 34%	Cr_2O_3 40%	Mn 37%
	入炉矿品位每升高耗降低 1%，电耗限额值	—	≤60	≤100	≤80 铬铁比≥2.2	焦炭 30 kg / t

表 2　准入值

合金品种	硅铁	电炉锰铁	锰硅合金	高碳铬铁	高炉锰铁
产品规格	FeSi75–A	FeMn68C7.0	FeMn64Si18	FeCr67C6.0	FeMn68C7.0
执行国家标准	GB / T 2272	GB / T 3795	GB / T 4008	GB / T 5683	GB / T 3795
标准成分	Si75	Mn65	Mn+ Si82	Cr50	Mn65
单位产品冶炼电耗限额准入值（kWh / t）	≤8 500	≤2 600	≤4 200	≤3 200	焦炭 1 320 kg / t
单位产品综合能耗限额准入值[以电当量值 0.122 9 kgce / （kWh）计]（kgce / t）	≤1 910	≤710	≤990	≤810	≤1 220
单位产品综合能耗限额准入值[以电等价值 0.404 kgce / （kWh）计]（kgce / t）	≤4 440	≤1 500	≤2 260	≤1 780	

续表

合金品种		硅铁	电炉锰铁	锰硅合金	高碳铬铁	高炉锰铁
备注	入炉矿品位	—	Mn 38%	Mn 34%	Cr_2O_3 40%	Mn 37%
	入炉矿品位每升高耗降低1%,电耗准入值	—	≤60	≤100	≤80 铬铁比≥2.2	焦炭 30 kg / t

表 3 先进值

合金品种		硅铁	电炉锰铁	锰硅合金	高碳铬铁	高炉锰铁
产品规格		FeSi75-A	FeMn68C7.0	FeMn64Si18	FeCr67C6.0	FeMn68C7.0
执行国家标准		GB / T 2272	GB / T 3795	GB / T 4008	GB / T 5683	GB / T 3795
标准成分		Si75	Mn65	Mn+ Si82	Cr50	Mn65
单位产品冶炼电耗限额先进值(kWh / t)		≤8 300	≤2 300	≤4 000	≤2 800	焦炭 1 280 kg / t
单位产品综合能耗限额先进值[以电当量值0.122 9 kgce / (kWh)计](kgce / t)		≤1 850	≤670	≤950	≤740	≤1 180
单位产品综合能耗限额先进值[以电等价值0.404 kgce / (kWh)计](kgce / t)		≤4 320	≤1 360	≤2 150	≤1 600	
备注	入炉矿品位	—	Mn 38%	Mn 34%	Cr_2O_3 40%	Mn 37%
	入炉矿品位每升高耗降低1%,电耗先进值	—	≤60	≤100	≤80 铬铁比≥2.2	焦炭 30 kg / t

六、焦炭单位产品能源消耗限额(GB 21342—2008)

表 1 限定值、准入值和先进值

限定值	当电力折标准煤系数采用等价值时,现有焦炭生产企业或工序的焦炭单位产品综合能耗应不大于 165 kgce / t

续表

准入值	当电力折标准煤系数采用等价值时，新建或改扩建焦炭生产设备焦炭单位产品综合能耗应不大于 135 kgce / t，如使用捣固焦，焦炭单位产品综合能耗应不大于 140 kgce / t
先进值	当电力折标准煤系数采用等价值时，焦炭生产企业或工序应通过节能技术改造和加强节能管理，达到焦炭单位产品能耗限额先进值，其值为焦炭单位产品综合能耗不大于 125 kgce / t

七、电石单位产品能源消耗限（GB 21343—2008）

表 1　限定值

项目	指标
单位产品综合能耗限额限定值（tce / t）	≤1.20
单位产品电炉电耗限额限定值（kWh / t）	≤3 400

表 2　准入值

项目	指标
单位产品综合能耗限额准入值（tce / t）	≤1.10
单位产品电炉电耗限额准入值（kWh / t）	≤3 250

表 3　先进值

项目	指标
单位产品综合能耗限额先进值（tce / t）	≤1.05
单位产品电炉电耗限额先进值（kWh / t）	≤3 050

八、建筑卫生陶瓷单位产品能源消耗限额（GB 21252—2007）

表 1　限定值

分类	单位产品综合能耗限额限定值 kgce / t	单位产品综合电耗限额限定值 /（kWh / t）
卫生陶瓷	≤800	≤1 000
吸水率 E≤0.5%的陶瓷砖	≤340	≤400

续表

分类	单位产品综合能耗限额限定值 kgce / t	单位产品综合电耗限额限定值 / (kWh / t)
吸水率 0.5%<*E*≤10%的陶瓷砖	≤300	≤360
吸水率 *E*>10%的陶瓷砖	≤320	≤360

表 2　准入值

分类	单位产品综合能耗限额准入值 kgce / t	单位产品综合电耗限额准入值 / (kWh / t)
卫生陶瓷	≤700	≤800
吸水率 *E*≤0.5%的陶瓷砖	≤330	≤380
吸水率 0.5%<*E*≤10%的陶瓷砖	≤260	≤350
吸水率 *E*>10%的陶瓷砖	≤280	≤340

表 3　先进值

分类	单位产品综合能耗限额先进值 kgce / t	单位产品综合电耗限额先进值 / (kWh / t)
卫生陶瓷	≤550	≤600
吸水率 *E*≤0.5%的陶瓷砖	≤300	≤320
吸水率 0.5%<*E*≤10%的陶瓷砖	≤220	≤280
吸水率 *E*>10%的陶瓷砖	≤240	≤260

九、锌冶炼企业单位产品能源消耗限额（GB 21249—2007）

表 1　限定值

工艺名称	综合能耗限额限定值 / (kgce / t)
火法炼锌工艺	≤2 200
湿法炼锌有浸出渣处理炼锌工艺	≤1 850
湿法炼锌无浸出渣处理炼锌工艺	≤1 250
氧化矿炼锌工艺	

表 2　准入值

工艺名称	综合能耗限额准入值 / (kgce / t)
火法炼锌工艺	≤2 100
湿法炼锌有浸出渣处理炼锌工艺	≤1 700
湿法炼锌无浸出渣处理炼锌工艺	≤1 050
氧化矿炼锌工艺	

表 3　先进值

工艺名称	综合能耗限额先进值 / (kgce / t)
火法炼锌工艺	≤1 900
湿法炼锌有浸出渣处理炼锌工艺	≤1 200
湿法炼锌无浸出渣处理炼锌工艺	≤1 000
氧化矿炼锌工艺	

十、铅冶炼企业单位产品能源消耗限额（GB 21250—2007）

表 1　限定值

工序、工艺	综合能耗限额限定值 / (kgce / t)
粗铅工艺	≤460
铅电解精炼工序	≤170
铅冶炼工艺	≤650

表 2　准入值

工序、工艺	综合能耗限额准入值 / (kgce / t)
粗铅工艺	≤400
铅电解精炼工序	≤140
铅冶炼工艺	≤540

表 3　先进值

工序、工艺	综合能耗限额先进值 / (kgce / t)
粗铅工艺	≤330
铅电解精炼工序	≤120
铅冶炼工艺	≤470

十一、黄磷单位产品能源消耗限额(GB 21345—2008)

表 1 限定值

单位产品综合能耗消耗 限定值 / (tce / t)	单位产品电耗限额 限定值 / (kWh / t)	单位产品电炉电耗限额 限定值 / (kWh / t)
≤3.60	≤14 200	≤13 800

注:当磷矿采用烧结或焙烧工艺时,单位产品综合能耗限额限定值增加 0.9 tce / t,单位产品电耗限额限定值增加 800 kWh / t。

表 2 准入值

单位产品综合能耗消耗 准入值 / (tce / t)	单位产品电耗限额 准入值 / (kWh / t)	单位产品电炉电耗限额 准入值 / (kWh / t)
≤3.20	≤13 500	≤13 200

注:当磷矿采用烧结或焙烧工艺时,单位产品综合能耗限额限定值增加 0.7 tce / t,单位产品电耗限额限定值增加 600 kWh / t。

表 3 先进值

单位产品综合能耗消耗 先进值 / (tce / t)	单位产品电耗限额 先进值 / (kWh / t)	单位产品电炉电耗限额 先进值 / (kWh / t)
≤3. 0	≤13 200	≤12 900

注:当磷矿采用烧结或焙烧工艺时,单位产品综合能耗限额限定值增加 0.5 tce / t,单位产品电耗限额限定值增加 400 kWh / t。

十二、碳素单位产品能源消耗限额(GB 21370—2008)

表 1 石墨电极、碳电极和炭块单位产品综合能耗消耗限定值

产品名称		单位产品综合能耗消耗限额限定值 / (kgce / t)		单位产品电耗限额限定值 / (kWh / t)
		电力折标准煤系数取等价值	电力折标准煤系数取当量值	
石墨电极	普通功率石墨电极	≤4 600	≤2 600	≤6 783
	高功率石墨电极	≤5 600	≤3 500	≤7 578
	超高功率石墨电极	≤6 600	≤4 450	≤8 068
碳电极	直径≤1 000 mm	≤1 150	≤1 850	—
	直径 >1 000 mm	≤2 050	≤1 050	—

续表

产品名称		单位产品综合能耗消耗限额限定值/(kgce/t)		单位产品电耗限额限定值/(kWh/t)
		电力折标准煤系数取等价值	电力折标准煤系数取当量值	
炭块	普通炭块	≤1 400	≤1 290	—
	(半)石墨质炭块	≤1 650	≤1 480	—
	微孔炭块	≤1 850	≤1 670	—

表2　碳素生产中焙烧和石墨化工序单位产品综合能耗消耗限定值

工序名称		单位产品综合能耗消耗限额限定值/(kgce/t)		单位产品电耗限额限定值/(kWh/t)
		电力折标准煤系数取等价值	电力折标准煤系数取当量值	
焙烧工序	产品直径≤500 mm	≤580	≤560	—
	500 mm<产品直径≤1 000 mm	≤660	≤640	
	产品直径>1 000 mm	≤1 450	≤1 400	
石墨化工序	普通功率石墨电极	≤2 700	≤1 300	≤5 020
	高功率石墨电极	≤2 970	≤1 430	≤5 520
	超高功率石墨电极	≤3 100	≤1 490	≤5 770

表3　石墨电极、碳电极和炭块单位产品能耗限额准入值

产品名称		单位产品综合能耗消耗限额准入值/(kgce/t)		单位产品电耗准入值/(kWh/t)
		电力折标准煤系数取等价值	电力折标准煤系数取当量值	
石墨电极	普通功率石墨电极	≤4 150	≤2 460	≤6 051
	高功率石墨电极	≤5 160	≤3 220	≤6 773
	超高功率石墨电极	≤5 990	≤4 030	≤7 226
碳电极	直径≤1 000 mm	≤1 050	≤900	—
	直径>1 000 mm	≤1 820	≤1 620	—
炭块	普通炭块	≤1 300	≤1 200	—
	(半)石墨质炭块	≤1 450	≤1 280	—
	微孔炭块	≤1 650	≤1 460	—

表 4 碳素生产中焙烧和石墨化工序单位产品综合能耗消耗准入值

工序名称		单位产品综合能耗消耗限额准入值 / (kgce / t)		单位产品电耗限额准入值 / (kWh / t)
		电力折标准煤系数取等价值	电力折标准煤系数取当量值	
焙烧工序	产品直径≤500 mm	≤480	≤470	—
	500 mm< 产品直径≤1 000 mm	≤550	≤540	
	产品直径 >1 000 mm	≤1 200	≤1 180	
石墨化工序	普通功率石墨电极	≤2 460	≤1 230	≤4 420
	高功率石墨电极	≤2 700	≤1 350	≤4 860
	超高功率石墨电极	≤2 830	≤1 420	≤5 080

表 5 石墨电极、碳电极和炭块单位产品能耗限额先进值

产品名称		单位产品综合能耗消耗限额先进值 / (kgce / t)		单位产品电耗先进值 / (kWh / t)
		电力折标准煤系数取等价值	电力折标准煤系数取当量值	
石墨电极	普通功率石墨电极	≤3 960	≤2 350	≤5 807
	高功率石墨电极	≤4 860	≤3 080	≤6 505
	超高功率石墨电极	≤5 650	≤3 800	≤6 946
碳电极	直径≤1 000 mm	≤980	≤800	—
	直径 >1 000 mm	≤1 670	≤1 470	—
炭块	普通炭块	≤1 200	≤1 050	—
	(半)石墨质炭块	≤1 300	≤1 130	—
	微孔炭块	≤1 520	≤1 330	—

表 6 碳素生产中焙烧和石墨化工序单位产品综合能耗消耗先进值

工序名称		单位产品综合能耗消耗限额先进值 / (kgce / t)		单位产品电耗限额先进值 / (kWh / t)
		电力折标准煤系数取等价值	电力折标准煤系数取当量值	
焙烧工序	产品直径≤500 mm	≤440	≤430	—
	500 mm< 产品直径≤1 000 mm	≤510	≤500	
	产品直径 >1 000 mm	≤1 100	≤1 000	

续表

工序名称		单位产品综合能耗消耗限额先进值 / (kgce / t)		单位产品电耗限额先进值 / (kWh / t)
		电力折标准煤系数取等价值	电力折标准煤系数取当量值	
石墨化工序	普通功率石墨电极	≤2 400	≤1 220	≤4 220
	高功率石墨电极	≤2 640	≤1 340	≤4 640
	超高功率石墨电极	≤2 760	≤1 410	≤4 850

十三、合成氨单位产品能源消耗限额（GB 21344—2008）

表 1　限定值

原料类型	单位产品综合能耗限额限定值 / (kgce / t)
优质无烟块煤	≤1 900
非优质无烟块煤、焦炭、型煤	≤2 200
天然气、焦炉气	≤1 650

表 2　准入值

原料类型	单位产品综合能耗限额准入值 / (kgce / t)
优质无烟块煤	≤1 500
非优质无烟块煤、焦炭、型煤	≤1 800
天然气、焦炉气	≤1 150

表 3　先进值

原料类型	单位产品综合能耗限额先进值 / (kgce / t)
优质无烟块煤	≤1 500
非优质无烟块煤、焦炭、型煤	≤1 800
天然气、焦炉气	≤1 150

十四、平板玻璃单位产品能源消耗限额（GB 21340—2008）

表 1　限定值

分类	单位产品综合能耗限额限定值 / (kgce / 重量箱)	熔窑热耗限额限定值 /(kJ / kg)
≤300 t / d	≤20.5	≤8 200

续表

分类	单位产品综合能耗限额限定值 / (kgce / 重量箱)	熔窑热耗限额限定值 /(kJ / kg)
>300 t / d、≤500 t / d	≤19.5	≤7 500
>500 t / d	≤18.5	≤7 100

注:表中 300 t / d、500 t / d 指熔窑设计日熔化玻璃液量。

表 2 准入值

分类	单位产品综合能耗限额准入值 / (kgce / 重量箱)	熔窑热耗限额准入值 / (kJ / kg)
≥500 t / d	≤16.5	≤6 500

注:表中 500 t / d 指熔窑设计日熔化玻璃液量。

表 3 先进值

分类	单位产品综合能耗限额先进值 / (kgce / 重量箱)	熔窑热耗限额先进值 / (kJ / kg)
≤500 t / d	≤16.5	≤6 500
>500 t / d	≤15	≤5 900

注:表中 500 t / d 指熔窑设计日熔化玻璃液量。

十五、镁冶炼企业单位产品能源消耗限额(GB 21347—2008)

表 1 限定值、准入值和先进值

现有镁冶炼企业单位产品综合能耗限额限定值	不大于 8 300 kgce / t
新建镁冶炼企业单位产品综合能耗限额准入值	不大于 7 500 kgce / t
镁冶炼企业单位产品综合能耗限额先进值	不大于 5 600 kgce / t

十六、铜及铜合金管材单位产品能源消耗限额(GB 21350—2008)

表 1 限定值

工序	能耗限额限定值 / (kgce / t)				
	紫铜管	简单黄铜管	复杂黄铜管	青铜管	白铜管
熔铸工序能耗	≤95	≤90	≤100	≤150	≤150
加工工序能耗	≤280	≤310	≤500	≤450	≤450
各种类管材综合能耗	≤375	≤400	≤600	≤600	≤600
全部管材综合能耗	≤530				

表 2　准入值

工序	能耗限额准入值 / (kgce / t)				
	紫铜管	简单黄铜管	复杂黄铜管	青铜管	白铜管
熔铸工序能耗	≤90	≤85	≤95	≤140	≤140
加工工序能耗	≤265	≤285	≤475	≤350	≤380
各种类管材综合能耗	≤355	≤370	≤570	≤490	≤520
全部管材综合能耗	≤485				

表 3　先进值

工序	能耗限额先进值 / (kgce / t)				
	紫铜管	简单黄铜管	复杂黄铜管	青铜管	白铜管
熔铸工序能耗	≤85	≤80	≤90	≤140	≤140
加工工序能耗	≤255	≤275	≤460	≤340	≤370
各种类管材综合能耗	≤345	≤355	≤550	≤480	≤510
全部管材综合能耗	≤465				

十七、铝合金建筑型材单位产品能源消耗限额（GB 21351—2008）

表 1　限定值

产品分类	原料	生产工艺流程	能耗限额限定值 / (kgce / t)	
			工艺能耗	综合能耗
			不大于	
基材	圆铸锭	图 2	145	160
	电解铝液、重熔用铝锭等熔炼炉喂给料	图 1+ 图 2	370[a,b]	410[a,b]
成品	基材	图 3	165	180
	圆铸锭	图 2+ 图 3	310	340
	电解铝液、重熔用铝锭等熔炼炉喂给料	图 1+ 图 2+ 图 3	540[a,b]	590[a,b]

注：a. 若圆铸锭生产（见图 1）时，未 100%进行熔体静置处理，能耗限额值为表中数值减去静置能耗基数 J（J = 40 × 未经过熔体静置处理的合格圆铸锭产量 / 全部合格圆铸锭产量）。

b. 若圆铸锭生产（见图 1）时，未 100%进行均匀化处理，能耗限额值为表中数值减去均匀化能耗基数 U（U = 50 × 未经过均匀化处理的合格圆铸锭产量 / 全部合格圆铸锭产量）。

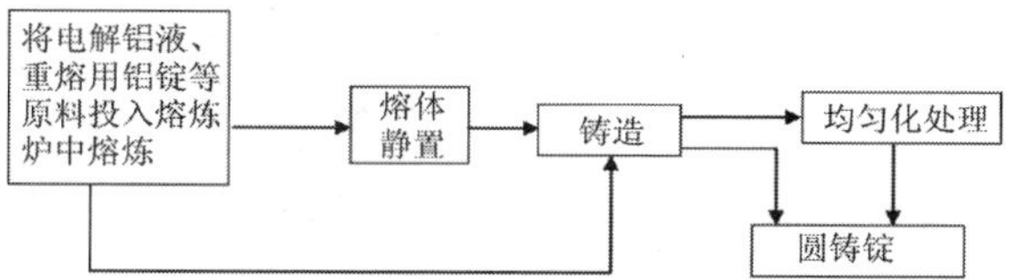

图 1　圆铸锭生产工艺流程简图

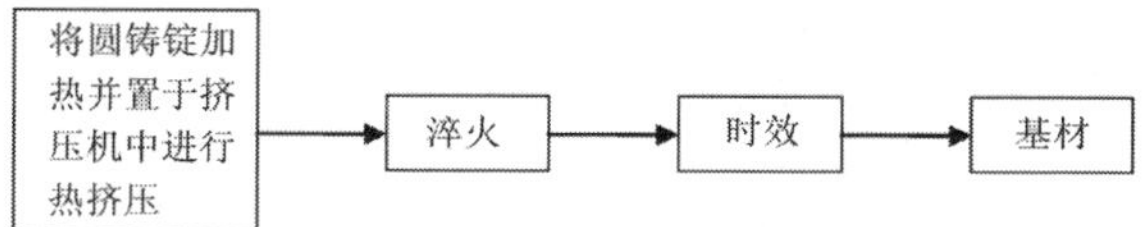

图 2　基材生产工艺流程简图

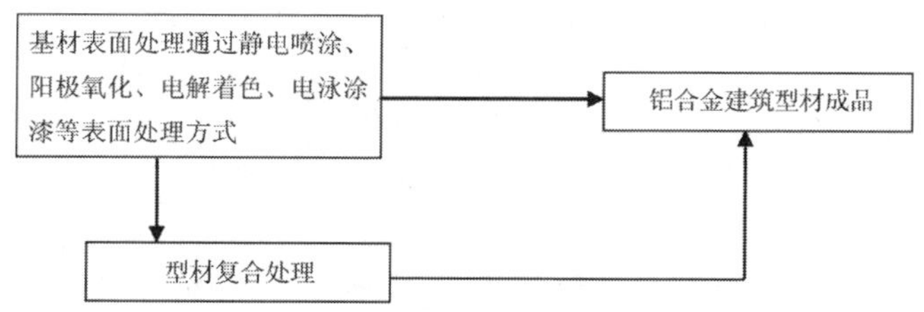

图 3　铝合金建筑型材成品生产工艺流程简图

表 2　准入值

产品分类	原料	生产工艺流程	能耗限额准入值 / (kgce / t)	
			工艺能耗	综合能耗
			不大于	
基材	圆铸锭	图 2	140	150
	电解铝液、重熔用铝锭等熔炼炉喂给料	图 1+ 图 2	340[a,b]	370[a,b]
成品	基材	图 3	150	170
	圆铸锭	图 2+ 图 3	290	320
	电解铝液、重熔用铝锭等熔炼炉喂给料	图 1+ 图 2+ 图 3	490[a,b]	540[a,b]

注:a. 若圆铸锭生产(见图 1)时,未 100%进行熔体静置处理,能耗限额值为表中数值减去静置能耗基数 J(J = 40 × 未经过熔体静置处理的合格圆铸锭产量 / 全部合格圆铸锭产量)。

b. 若圆铸锭生产(见图 1)时,未 100%进行均匀化处理,能耗限额值为表中数值减去均匀化能耗基数 U(U = 50 × 未经过均匀化处理的合格圆铸锭产量 / 全部合格圆铸锭产量)。

表 3 先进值

产品分类	原料	生产工艺流程	能耗限额先进值 / (kgce / t)	
			工艺能耗	综合能耗
			不大于	
基材	圆铸锭	图 2	130	140
	电解铝液、重熔用铝锭等熔炼炉喂给料	图 1+ 图 2	310[a,b]	340[a,b]
成品	基材	图 3	140	160
	圆铸锭	图 2+ 图 3	270	320
	电解铝液、重熔用铝锭等熔炼炉喂给料	图 1+ 图 2+ 图 3	450[a,b]	500[a,b]

注：a. 若圆铸锭生产（见图 1）时，未 100%进行熔体静置处理，能耗限额值为表中数值减去静置能耗基数 J（J = 40 × 未经过熔体静置处理的合格圆铸锭产量 / 全部合格圆铸锭产量）。

b. 若圆铸锭生产（见图 1）时，未 100%进行均匀化处理，能耗限额值为表中数值减去均匀化能耗基数 U（U = 50 × 未经过均匀化处理的合格圆铸锭产量 / 全部合格圆铸锭产量）。

十八、锑冶炼企业单位产品能源消耗限额（GB 21349—2008）

表 1 以硫化锑、硫氧混合锑精矿为原料的锑冶炼企业单位产品综合能耗限额限定值

工艺、工序	综合能耗限额限定值 / (kgce / t)	
	硫化锑矿	硫氧混合锑矿
粗炼工序(锑精矿 — 锑氧)	≤720	≤1 150
精炼工序(锑氧 — 锑锭)	≤460	≤460
硫化锑精矿冶炼工艺（锑精矿 — 锑锭）	≤1 440	—
硫氧混合锑精矿冶炼工艺（锑精矿 — 锑锭）	—	≤1 820

表 2 以脆硫铅锑精矿为原料的锑冶炼企业单位产品综合能耗限额限定值

工艺、工序	综合能耗限额限定值 / (kgce / t)
粗炼工序(脆硫铅锑精矿 — 锑氧、粗铅)	≤1 200
炼渣工序(炉渣 — 粗锑氧 — 铅锑粗合金)	≤610
精炼工序(锑氧、粗铅 — 锑锭、铅锭、高铅锑锭)	≤520

续表

工艺、工序	综合能耗限额限定值 / (kgce / t)
脆硫铅锑矿冶炼工艺 (脆硫铅锑精矿 — 锑锭、铅锭、高铅锑锭)	≤2 350

表 3　以硫化锑、硫氧混合锑精矿为原料的锑冶炼企业单位产品综合能耗限额准入值

工艺、工序	综合能耗限额准入值 / (kgce / t)	
	硫化锑矿	硫氧混合锑矿
粗炼工序(锑精矿 — 锑氧)	≤720	≤1 050
精炼工序(锑氧 — 锑锭)	≤460	≤430
硫化锑精矿冶炼工艺 (锑精矿 — 锑锭)	≤1 440	—
硫氧混合锑精矿冶炼工艺 (锑精矿 — 锑锭)	—	≤1 660

表 4　以脆硫铅锑精矿为原料的锑冶炼企业单位产品综合能耗限额准入值

工艺、工序	综合能耗限额准入值 / (kgce / t)
粗炼工序(脆硫铅锑精矿 — 锑氧、粗铅)	≤1 080
炼渣工序(炉渣 — 粗锑氧 — 铅锑粗合金)	≤550
精炼工序(锑氧、粗铅 — 锑锭、铅锭、高铅锑锭)	≤460
脆硫铅锑矿冶炼工艺 (脆硫铅锑精矿 — 锑锭、铅锭、高铅锑锭)	≤2 120

表 5　以硫化锑、硫氧混合锑精矿为原料的锑冶炼企业单位产品综合能耗限额先进值

工艺、工序	综合能耗限额先进值 / (kgce / t)	
	硫化锑矿	硫氧混合锑矿
粗炼工序(锑精矿 — 锑氧)	≤600	≤960
精炼工序(锑氧 — 锑锭)	≤390	≤390
硫化锑精矿冶炼工艺 (锑精矿 — 锑锭)	≤1 200	—
硫氧混合锑精矿冶炼工艺 (锑精矿 — 锑锭)	—	≤1 520

表 6　以脆硫铅锑精矿为原料的锑冶炼企业单位产品综合能耗限额先进值

工艺、工序	综合能耗限额先进值 / (kgce / t)
粗炼工序(脆硫铅锑精矿 — 锑氧、粗铅)	≤1 020
炼渣工序(炉渣 — 粗锑氧 — 铅锑粗合金)	≤520
精炼工序(锑氧、粗铅 — 锑锭、铅锭、高铅锑锭)	≤440
脆硫铅锑矿冶炼工艺 (脆硫铅锑精矿 — 锑锭、铅锭、高铅锑锭)	≤2 000

十九、镍冶炼企业单位产品能源消耗限额(GB 21251—2007)

表 1　限定值

工序、工艺	能耗限额限定值 / (kgce / t)	
	工艺能耗	综合能耗
高镍硫工艺(镍精矿 — 高镍硫)	≤1 050	≤1 100
电解工序(阳极镍 — 电解镍)	≤1 350	—
镍精炼工艺(高镍硫 — 电解镍)	≤1 950	≤2 050
镍冶炼工艺(镍精矿 — 电解镍)	≤5 280	≤5 530

表 2　准入值

工序、工艺	能耗限额准入值 / (kgce / t)	
	工艺能耗	综合能耗
高镍硫工艺(镍精矿 — 高镍硫)	≤800	≤850
电解工序(阳极镍 — 电解镍)	≤1 200	—
镍精炼工艺(高镍硫 — 电解镍)	≤1 820	≤1 910
镍冶炼工艺(镍精矿 — 电解镍)	≤43 500	≤4 600

表 3　先进值

工序、工艺	能耗限额先进值 / (kgce / t)	
	工艺能耗	综合能耗
高镍硫工艺(镍精矿 — 高镍硫)	≤650	≤680
电解工序(阳极镍 — 电解镍)	≤1 100	—
镍精炼工艺(高镍硫 — 电解镍)	≤1 480	≤1 550
镍冶炼工艺(镍精矿 — 电解镍)	≤3 540	≤3 700

二十、电解铝企业单位产品能源消耗限额（GB 21346—2008）

表 1　限定值

指标	能耗限额限定值
铝液交流电耗	≤14 400 kWh / t
铝锭综合交流电耗	—
重熔用铝锭综合能源单耗	≤1 900 tce / t

表 2　准入值

指标	能耗限额准入值
铝液交流电耗	≤13 800 kWh / t
铝锭综合交流电耗	≤14 300 kWh / t
重熔用铝锭综合能源单耗	≤1 850 tce / t

表 3　先进值

指标	能耗限额先进值
铝液交流电耗	≤13 500 kWh / t
铝锭综合交流电耗	≤14 000 kWh / t
重熔用铝锭综合能源单耗	≤1 800 tce / t

二十一、锡冶炼企业单位产品能源消耗限额（GB 21348—2008）

表 1　限定值

工序、工艺	能耗限额限定值 / (kgce / t)	
	工艺能耗	综合能耗
炼前处理工序	≤50	≤55
熔炼工序	≤1 000	≤1 100
精炼工序	≤230	≤240
炼渣工序	≤900	≤1 000
锡冶炼工艺能耗	≤2 750	≤2 800

注:缺少炼渣工序的,综合能耗应扣减 1 000 kgce / t;同时减少炼渣工序和精炼工序的,综合能耗应扣减 1 300 kgce / t。

表 2 准入值

工序、工艺	能耗限额准入值 / (kgce / t)	
	工艺能耗	综合能耗
炼前处理工序	≤40	≤45
熔炼工序	≤850	≤900
精炼工序	≤180	≤190
炼渣工序	≤800	≤850
锡冶炼工艺能耗	≤2 350	≤2 400

注:缺少炼渣工序的,综合能耗应扣减 1 000 kgce / t;同时减少炼渣工序和精炼工序的,综合能耗应扣减 1 300 kgce / t。

表 3 先进值

工序、工艺	能耗限额先进值 / (kgce / t)	
	工艺能耗	综合能耗
炼前处理工序	≤30	≤35
熔炼工序	≤750	≤800
精炼工序	≤130	≤140
炼渣工序	≤700	≤750
锡冶炼工艺能耗	≤2 050	≤2 100

注:缺少炼渣工序的,综合能耗应扣减 1 000 kgce / t;同时减少炼渣工序和精炼工序的,综合能耗应扣减 1 300 kgce / t。

二十二、常规燃煤发电机组消耗限额(GB 21258—2007)

表 1 限定值基础值

压力参数	容量级别 / MW	供电煤耗 / [gce / (kWh)]
超临界	600	≤320
亚临界	600	≤330
	300	≤340
超高压	200 125	≤375(服役期满关停)
高压	100	≤395(运行满 20 年关停)

注:1. 表中未列出的机组容量级别,可按低一档标准参考。

2. 对于特别类别(早期国产和原苏联东欧设备)机组、坑口电站机组,可按低一档标准考核。

表 2 准入值

类别	供电煤耗 / [gce / (kWh)]
一般地区	≤300
坑口电站	≤309

注:一般地区新建机组发电煤耗为 286 gce / (kWh);坑口电站发电煤耗为 295 gce / (kWh)。

表 3 先进值的基础值

压力参数	容量级别 / MW	供电煤耗 / [gce / (kWh)]
超临界	600	≤300
亚临界	600	≤319
	300	≤327
超高压	200 125	≤355

注:表中未列出的机组容量级别,可按低一档标准参考。

附录四 国家重点节能技术推广目录

国家重点节能技术推广目录（第一批）

详细技术描述请查询：

http://www.sdpc.gov.cn/hjbh/hjjsjyxsh/W020080617582437740818.pdf

一、煤矿低浓度瓦斯发电技术	
（1）适用范围	煤炭行业——矿井抽采瓦斯发电
（2）主要技术内容	以矿井抽采的低浓度瓦斯为燃料，通过低浓度瓦斯发电机组进行过氧燃烧发电
（3）技术条件	2 500～4 000 kW
（4）典型投资额	1 200 万～2 000 万元
（5）预计“十一五”期间推广比例	30%以上
（6）节能效果	400 tce / 台年
二、矸石电厂低真空供热技术	
（1）适用范围	煤炭行业——矿山民用及办公建筑采暖
（2）主要技术内容	将汽轮发电机正常凝汽温度由 40℃提高至 80℃，通过热交换形成 55～60℃的循环水，从而实现低真空供热
（3）技术条件	3 MW 汽轮发电机组
（4）典型投资额	2×3 MW 机组 1 170 万元
（5）预计“十一五”期间推广比例	20%
（6）节能效果	每台机组节能量为 2 113 tce / 120 d 采暖期
三、选煤厂高效低能耗脱水设备	
（1）适用范围	煤炭行业——大中型选煤厂
（2）主要技术内容	用隔膜压滤机代替过滤机分离煤泥中的水分，节省电力
（3）技术条件	选煤厂的脱水设备
（4）典型投资额	300 万元
（5）预计“十一五”期间推广比例	我国有 2 000 多台真空过滤机和圆盘真空过滤机需要更新换代
（6）节能效果	2.5 kWh / t 原煤

四、汽轮机通流部分现代化改造	
(1)适用范围	电力行业——各种容量(50~600 MW)和形式(纯凝、抽汽、空冷)的汽轮机
(2)主要技术内容	采用先进的汽轮机三维流场设计，结合四维精确设计对汽轮机通流部分及汽封系统进行优化改进
(3)技术条件	200 MW 及以上的各种汽轮机组
(4)典型投资额	1×300 MW 机组 3 850 万元
(5)预计"十一五"期间推广比例	应进行改造机组的 80%
(6)节能效果	供电煤耗率下降 15~20 g/kWh
五、汽轮机气封改造	
(1)适用范围	电力行业——火电厂汽轮机
(2)主要技术内容	在机组并网带初始负荷,主蒸气压力达到一定值时,克服气封内的弹簧力,使气封关闭,使运行中气封漏汽量减少,提高汽轮机的缸效率
(3)技术条件	125~600 MW 汽轮机
(4)典型投资额	6 台 300 MW 机组 3 000 万元(每台机组约 500 万元)
(5)预计"十一五"期间推广比例	采用叶顶可退让气封、蜂窝式气封和接触式气封等技术进行改造,均为推荐采用技术,可解决存在气封问题机组的 60%以上
(6)节能效果	高压缸效率可提高 2%~3%,中压缸效率可提高 1%~2%
六、燃煤锅炉气化微油点火技术	
(1)适用范围	电力行业——适用于干燥无灰基挥发分含量高于 18%的贫煤、烟煤、褐煤的锅炉
(2)主要技术内容	利用压缩空气的高速射流将燃料油直接击碎，雾化成超细油滴进行燃烧,用燃烧产生的热量对燃料加热
(3)技术条件	135~600 MW 机组
(4)典型投资额	1 台 300 MW 机组 250 万元
(5)预计"十一五"期间推广比例	30%~40%
(6)节能效果	节油在 80%以上,烟煤节油率在 95%以上
七、燃煤锅炉等离子煤粉点火技术	
(1)适用范围	电力行业——煤粉锅炉

(2) 主要技术内容	等离子发生器是利用空气做等离子的载体，用直流接触引弧放电的方法制造功率达 150 kW 的等离子体，同时采用磁压缩及等离子体输送至需要进行点火的部位，完成持续长时间的点火和稳燃
(3) 技术条件	机组容量包括 50、100、125、135、150、200、330 和 600 MW 各等级的机组锅炉
(4) 典型投资额	2×600 机组 1 000 万元
(5) 预计"十一五"期间推广比例	应采用此类点火装置锅炉的 90%
(6) 节能效果	某 600 MW 机组节油 80%
八、凝汽器螺旋纽带除垢装置技术	
(1) 适用范围	电力行业——火力发电机组
(2) 主要技术内容	螺旋纽带除垢装置具有自动除垢和强化换热作用，在凝汽器内安装后节煤、节水、减少污染物排放
(3) 技术条件	凝汽器冷却水系统正常条件
(4) 典型投资额	200 MW 机组投资约 600 万元
(5) 预计"十一五"期间推广比例	25%～40%(五年)
(6) 节能效果	减少发电煤耗 3～8 g/kWh，节水 10%
九、干式 TRT 技术(高炉炉顶余压余热发电)	
(1) 适用范围	钢铁行业——高炉炉顶余压发电
(2) 主要技术内容	利用高炉炉顶煤气的余压余热导入透平膨胀机驱动发电机发电
(3) 技术条件	400 m^3 以上高炉(国家重点支持 1 000 m^3 以上高炉)
(4) 典型投资额	2 000 万～1.5 亿元
(5) 预计"十一五"期间推广比例	TRT 达到 100%，干式 TRT 达到 60%
(6) 节能效果	50 kWh/t 铁
十、(高压)干熄焦技术(余热利用)	
(1) 适用范围	钢铁行业——钢铁生产企业焦化工序
(2) 主要技术内容	惰性气体将吸收红焦的热量传给干熄焦余热锅炉产生蒸气而发电和供热
(3) 技术条件	熄焦能力 2×140 t/h 及以上
(4) 典型投资额	约 2 亿元
(5) 预计"十一五"期间推广比例	10%～20%
(6) 节能效果	75 kWh/t 焦

十一、钢铁行业烧结余热发电技术	
(1)适用范围	钢铁行业
(2)主要技术内容	利用钢铁行业的低温(200~400℃)废烟气产生蒸气发电
(3)技术条件	200~400℃的低温烟气
(4)典型投资额	1.7 亿元
(5)预计"十一五"期间推广比例	10%~20%
(6)节能效果	12 kWh/t 烧结
十二、转炉煤气高效回收利用技术	
(1)适用范围	钢铁行业
(2)主要技术内容	采用电除尘净化转炉运转时的热烟气,并回收煤气,收集的除尘灰,进行热压块后又回到转炉中,作为转炉的冷却剂。转炉煤气干法烟气除尘处理、煤气回收及可以部分或全部补偿转炉炼钢过程中的能耗
(3)技术条件	大、中、小型转炉
(4)典型投资额	1 亿元
(5)预计"十一五"期间推广比例	我国现有大型转炉企业 19 家,中型转炉企业 42 家,预计 2010 年将有一半企业应用该技术
(6)节能效果	9.1 kWh/t 钢
十三、蓄热式燃烧技术	
(1)适用范围	钢铁行业
(2)主要技术内容	高温空气燃烧技术把回收烟气余热与高效燃烧及 NO_x 减排等技术有机地结合起来,达到节能减排的目的
(3)技术条件	通过蓄热系统对空气(煤气)预热,使进气温度提高到 1 000℃以上,实现高效燃烧
(4)典型投资额	3 200 万元
(5)预计"十一五"期间推广比例	2006—2010 年每年可改造 40 座加热炉,到 2010 年改造 200 座加热炉
(6)节能效果	热回收率达 80%,可节能 30%以上
十四、低热值高炉煤气燃气——蒸气联合循环发电	
(1)适用范围	钢铁行业——企业自发电
(2)主要技术内容	合理、高效、无污染地利用钢铁厂剩余的低热值高炉煤气发电和供热

(3) 技术条件	150 MW 发电机组
(4) 典型投资额	56 200 万元
(5) 预计“十一五”期间推广比例	10%左右
(6) 节能效果	1 kW / m^3 高炉煤气
十五、炼焦煤调湿风选技术	
(1) 适用范围	焦化厂备煤系统
(2) 主要技术内容	采用流化床技术,利用焦炉烟道废气,对炼焦煤料水分进行调整,并按其粒度和密度的不同进行选择粉碎。达到提高焦炭质量、降低炼焦耗热量、节能减排等目的
(3) 技术条件	焦炉烟道气利用、流化床技术、风动选择粉碎技术、煤调湿技术
(4) 典型投资额	120 万 ~ 150 万 t / a 规模焦化厂、6 000 万元
(5) 预计“十一五”期间推广比例	30%
(6) 节能效果	326 MJ / t
十六、能源管理中心技术	
(1) 适用范围	钢铁行业——联合大型企业
(2) 主要技术内容	在钢铁生产全过程中对各类能源介质进行全面监视,分析并及时调度处理,及时进行能源使用情况分析、能源平衡预测,系统运行优化、专家系统运行、高速采集数据和反馈,实现能源系统的集中管理控制
(3) 技术条件	有遥测、遥控的全套仪表、自动控制装置以及大量的电缆及桥架等,能源供应系统及所有用能设备必须配备有效准确的一次和二次检测装置,需要大量功能齐全的信号传输设施及计算机处理和集中控制中心
(4) 典型投资额	6 000 万 ~1 亿元
(5) 预计“十一五”期间推广比例	在未来 5~8 年内,选择 10 家条件成熟的大中型企业建设能源中心
(6) 节能效果	吨钢综合能耗每年平均降低 1.6%
十七、大型铝电解系列不停电(全电流)技术及成套装置	
(1) 适用范围	有色金属行业——所有电解铝企业,小容量单台设备也适合电解铜企业
(2) 主要技术内容	采用大电流分流及大电流通、断技术控制电解槽大电流转移动态过程,完成电解槽在全电流状态下电流回路的切换,实现不停电大修

(3) 技术条件	25 万 t 320 kA 电解槽铝电合一系列
(4) 典型投资额	500 万 ~ 800 万元
(5) 预计“十一五”期间推广比例	100%
(6) 节能效果	降低吨铝直流电耗 40 kWh 以上，减少自备电厂重油消耗 3 000 t 以上
十八、大型高效充气机械搅拌式浮选机	
(1) 适用范围	有色金属、钢铁、非金属等资源开发行业
(2) 主要技术内容	采用高比转数后倾叶片叶轮，循环量大、压头低，可显著降低浮选机的功率强度；采用低阻尼直悬式定子，定子悬空区域大，降低了运转功耗
(3) 技术条件	大、中型选矿厂
(4) 典型投资额	1 000万 ~ 2 000 万元
(5) 预计“十一五”期间推广比例	大、中型企业达 80%以上
(6) 节能效果	功耗降低 15% ~ 20%
十九、冶炼烟气余热回收——余热发电技术	
(1) 适用范围	有色金属、钢铁、水泥等行业
(2) 主要技术内容	利用强制循环余热锅炉回收冶炼烟气余热，实现热电联产，最大限度地提高余热蒸气利用效率
(3) 技术条件	大、中型冶炼厂
(4) 典型投资额	1 000 万 ~ 5 000 万元
(5) 预计“十一五”期间推广比例	大、中型企业可达 85%以上
(6) 节能效果	降低吨铜(或其他金属)能耗 310 kg
二十、氧气底吹熔炼技术	
(1) 适用范围	有色金属行业——年产粗铅 8万 ~ 12 万 t 企业
(2) 主要技术内容	采用氧气底吹熔炼技术取代铅烧结工艺，实现自热熔炼，冶炼强度大大提高，显著节省能耗
(3) 技术条件	大中型冶炼企业
(4) 典型投资额	1.8 亿元
(5) 预计“十一五”期间推广比例	目前在建及在设计的有 10 家
(6) 节能效果	吨铅生产能耗降低 150 kgce
二十一、矿热炉节能技术(A)	
(1) 适用范围	有色金属行业——铁合金、电石等高耗能行业

(2) 主要技术内容	矿热炉低压动态无功补偿技术通过连接在低压交流侧无功补偿和静止无功率发生器(SVG)的作用,有效地降低了无功功率和谐波电流的流转路径和交换幅值,并同时减小三相功率不平衡,解决企业电耗高、效率低的问题
(3) 技术条件	6 300 kVA 及以上大中型矿热炉
(4) 典型投资额	150 万 ~ 350 万元
(5) 预计“十一五”期间推广比例	30%左右
(6) 节能效果	按冶炼 75 硅铁计算,270 ~ 720 kWh / t
矿热炉节能技术(B)	
(1) 适用范围	有色金属行业——铁合金、电石等高耗能行业
(2) 主要技术内容	组合式电极系统采用导电元件与电极平面接触方式，改变了铜瓦与电极的弧面接触,实现了导电方式的转变。电极压放系统采用液压卡钳、直接卡在电极的筋片上,结构简单,体积小
(3) 技术条件	要求大中型矿热炉,电极壳制作安装精度高;导电元件与电极壳筋片之间紧密接触并能滑动
(4) 典型投资额	6 300 kVA 矿热炉 160 万元; 12 500 kVA 矿热炉 250 万元; 25 000 kVA 矿热炉 310 万元
(5) 预计“十一五”期间推广比例	30%左右
(6) 节能效果	按冶炼 75 硅铁计算,400 ~ 800 kWh / t
二十二、水泥窑纯低温余热发电技术	
(1) 适用范围	建材行业——大中型水泥窑余热的回收和利用
(2) 主要技术内容	利用水泥窑低于 350℃废气的余热生产 0.8 ~ 2.5 MPa 的低压蒸气,推动汽轮机做功发电
(3) 技术条件	大中型新型干法水泥生产线
(4) 典型投资额	5 600 万元
(5) 预计“十一五”期间推广比例	40%
(6) 节能效果	32 ~ 40 kWh / t.cl 余热发电能力
二十三、玻璃熔窑余热发电技术	
(1) 适用范围	建材行业——浮法玻璃熔窑
(2) 主要技术内容	将玻璃熔窑排放的余热转换为电能
(3) 技术条件	浮法玻璃窑
(4) 典型投资额	5 000 万元

(5)预计"十一五"期间推广比例	每年推广5条线,"十一五"末达12%
(6)节能效果	节能8%
二十四、全氧燃烧技术(A)	
(1)适用范围	建材行业——玻璃纤维和玻璃窑炉
(2)主要技术内容	以纯氧代替空气,经过调压后,以一定的流量送入窑炉,与燃料进行燃烧
(3)技术条件	6万t玻璃纤维池窑
(4)典型投资额	1 000万元(纯氧系统)
(5)预计"十一五"期间推广比例	"十一五"末达到10条线
(6)节能效果	节能50%
全氧燃烧技术(B)	
(1)适用范围	建材行业——玻璃纤维和玻璃窑炉
(2)主要技术内容	以纯氧代替空气,经过调压后,以一定的流量送入窑炉,与燃料进行燃烧
(3)技术条件	浮法玻璃熔窑
(4)典型投资额	1亿元(耐火材料及纯氧系统)
(5)预计"十一五"期间推广比例	浮法玻璃窑试点线
(6)节能效果	节能20%~30%
二十五、辊压机粉磨系统	
(1)适用范围	建材行业——水泥生产线
(2)主要技术内容	采用高压挤压料层粉碎原理,配以适当的打散分级装置,明显降低能耗
(3)技术条件	水泥生产线
(4)典型投资额	2 000万元
(5)预计"十一五"期间推广比例	80%
(6)节能效果	同比采用球磨机,节电30%以上(8~10 kWh/t水泥)
二十六、立式磨装备及技术	
(1)适用范围	建材行业——水泥、冶金等的物料粉磨领域
(2)主要技术内容	采用料床粉磨原理,有效提高粉磨效率,减少过粉磨现象,降低能耗
(3)技术条件	粉磨领域
(4)典型投资额	1 800万元
(5)预计"十一五"期间推广比例	50%

(6)节能效果	比球磨系统节电30%
二十七、富氧燃烧技术	
(1)适用范围	建材行业——工业窑炉
(2)主要技术内容	用富氧代替空气助燃,可改善产品质量、降低能耗、减少污染
(3)技术条件	500 t / d 浮法窑
(4)典型投资额	100万元
(5)预计"十一五"期间推广比例	每年推广10条线,"十一五"末达25%
(6)节能效果	节能3%~5%
二十八、油田机械用放空天然气回收液化工程	
(1)适用范围	石油行业——带伴生气的油田
(2)主要技术内容	用制冷设备将油田伴生天然气液化回收
(3)技术条件	大中型油田
(4)典型投资额	1.025亿元
(5)预计"十一五"期间推广比例	20%~50%
(6)节能效果	油田伴生气和原油产量之比各地区差别较大
二十九、裂解炉空气预热节能技术	
(1)适用范围	石化行业——石化裂解炉
(2)主要技术内容	充分利用装置余热资源加热裂解炉的助燃空气,达到节能目的
(3)技术条件	4万t /a乙烯生产能力
(4)典型投资额	38万元
(5)预计"十一五"期间推广比例	90%
(6)节能效果	12 kgoe / t 乙烯
三十、新型变换气制碱技术	
(1)适用范围	化工行业——联合制碱企业
(2)主要技术内容	采用低温循环制碱理论实现系统废液零排放,改三塔为单塔制碱节约能源
(3)技术条件	15万~30万t / a 制碱项目
(4)典型投资额	1.5亿元
(5)预计"十一五"期间推广比例	50%
(6)节能效果	2 000~7 000 MJ / t 碱
三十一、氨合成回路分子筛节能技术	
(1)适用范围	化工行业——大中型合成氨装置

(2) 主要技术内容	增设分子筛干燥器，脱除合成气中的 H_2O，CO_2，CO，降低分离氨的冷量
(3) 技术条件	采用离心式合成压缩机的装置
(4) 典型投资额	1 729 万元
(5) 预计"十一五"期间推广比例	40%
(6) 节能效果	32 kgce / t 氨
三十二、大中型硫酸生产装置低温位热能回收技术	
(1) 适用范围	化工行业——大中型硫黄，硫铁矿制酸装置
(2) 主要技术内容	采用 HRS 吸收塔直接将冷凝热及稀释热吸收转化成蒸气供生产使用
(3) 技术条件	20万～40 万 t / a 硫酸生产装置
(4) 典型投资额	800 万美元
(5) 预计"十一五"期间推广比例	占大型装置 71%
(6) 节能效果	0.5 t 蒸气 / t 酸
三十三、密闭环保节能型电石生产装置	
(1) 适用范围	化工行业——大型电石生产企业
(2) 主要技术内容	提高炉料比电阻，从而提高电石炉自然功率因数，达到节约电能的目的
(3) 技术条件	10 万 t / a 电石生产装置
(4) 典型投资额	10 300 万元
(5) 预计"十一五"期间推广比例	30%
(6) 节能效果	0.3 tce / t 电石
三十四、合成氨节能改造综合技术	
(1) 适用范围	化工行业——中小型氮肥装置
(2) 主要技术内容	通过对原装置进行改造，实现能量的梯级利用，并采用先进成熟、适用的综合技术降低能耗
(3) 技术条件	10 万 t / a 合成氨企业
(4) 典型投资额	3 000 万～6 000 万元
(5) 预计"十一五"期间推广比例	50%（估计值，各个氮肥生产企业的具体情况不一样，所需要采取的技术数量也不完全相同）
(6) 节能效果	200～400 kWh / t 氨
三十五、燃煤催化燃烧节能技术	
(1) 适用范围	化工行业——各种工业用燃煤锅炉

(2) 主要技术内容	通过提高炉内燃煤燃烧速率,使燃烧更充分,达到节能目的;优化燃煤颗粒的表面性能,促进煤中灰分与硫氧化物反应,达到脱硫作用;有效减少燃煤锅炉焦垢的生成并除焦、除垢、改善燃烧器工作状况
(3) 技术条件	2.5 ~ 5 L / h 喷雾计量系统
(4) 典型投资额	2 万元
(5) 预计“十一五”期间推广比例	50%(估计值)
(6) 节能效果	锅炉作为通用供热装置,用于大量种类的产品生产。一般节煤率为 8% ~ 15%
三十六、塑料动态成形加工节能技术	
(1) 适用范围	轻工行业——主要应用于塑料制品加工领域
(2) 主要技术内容	将振动力场引入塑料塑化成形加工全过程,变传统塑料纯剪切稳态塑化输运机理为振动剪切动态塑化输运机理,达到缩短热机械历程、降低能耗、提高质量的目的
(3) 技术条件	改造传统塑料加工设备为塑料动态加工设备
(4) 典型投资额	2 600 台改造费用 2 080 万元
(5) 预计“十一五”期间推广比例	30%
(6) 节能效果	每加工 1 kg 塑料薄膜可节电 0.35 kWh;每加工 1 kg 注塑制品可节电 0.3 kWh
三十七、高浓度糖醇废水沼气发电技术	
(1) 适用范围	轻工行业——淀粉糖生产企业及生产过程中产生大量有机废水的行业
(2) 主要技术内容	淀粉糖生产过程中产生的有机废水在进行厌氧处理过程中产生大量沼气,利用沼气发电,同时燃气发电机组产生的余热可以带动余热锅炉热水或蒸气,组成热电冷三联供系统
(3) 技术条件	500 kW 的燃气发电机组
(4) 典型投资额	8 × 500 kW 机组总投资为 4 200 万元(沼气发电部分为 1 387 万元)
(5) 预计“十一五”期间推广比例	< 40%
(6) 节能效果	每除去 1 kg COD 可产生 0.35 m^3 甲烷,发电 0.58 kWh
三十八、高效节能玻璃窑炉技术	
(1) 适用范围	轻工行业——适合日用玻璃行业

(2) 主要技术内容	蓄热室由箱式蓄热室改进为多通道蓄热室;玻璃窑炉自动控制系统;采用池底鼓泡技术;余热回收利用
(3) 技术条件	年产 23 万 t 玻璃窑炉生产线改造后达到年产 26 万 t
(4) 典型投资额	2 500 万元
(5) 预计"十一五"期间推广比例	30%
(6) 节能效果	90 kgce / t 产品
三十九、锅炉烟道气饱充技术	
(1) 适用范围	轻工行业——精炼糖厂、甘蔗糖厂和甜菜糖厂
(2) 主要技术内容	利用锅炉烟气中的 CO_2 与糖汁中的石灰反应生成 $CaCO_3$ 沉淀吸附非糖分,代替石灰窑煅烧石灰石
(3) 技术条件	6 500 t 甘蔗糖厂
(4) 典型投资额	150 万元
(5) 预计"十一五"期间推广比例	计划推广 30%
(6) 节能效果	每榨季(120 天)节约 800 tce / a
四十、管束干燥机废汽回收综合利用技术	
(1) 适用范围	轻工行业——玉米淀粉生产企业
(2) 主要技术内容	将淀粉副产品烘干过程中产生的大量废汽，用于玉米浆浓缩生产
(3) 技术条件	年产 15 万 t 玉米淀粉
(4) 典型投资额	350 万元
(5) 预计"十一五"期间推广比例	>40%
(6) 节能效果	日节蒸气 80 t(折合标煤 10.3 t)
四十一、纺织企业智能空调系统节能技术	
(1) 适用范围	纺织行业——大中型纺织企业的风机水泵系统
(2) 主要技术内容	用计算机模糊控制理论研发的智能软件对电器的运行效率曲线作出控制,结合各类检测设备,使系统合理运行
(3) 技术条件	10 万锭产能规模棉纺企业
(4) 典型投资额	600 万元以内
(5) 预计"十一五"期间推广比例	15%(约 1 000 万锭产能,全行业产能约在 6 000 万锭以上)
(6) 节能效果	节电 174 kWh / t 纱,3 kWh / 百米
四十二、染整企业节能集热技术	
(1) 适用范围	纺织行业——棉印染、针织染整、毛染整、丝印染、麻染整等各类染整企业

(2) 主要技术内容	染整企业建筑设计风格有利于企业利用太阳能对工艺用水进行升温,从而减少各类染整企业对蒸气的依赖
(3) 技术条件	各类染整企业
(4) 典型投资额	1 400 万元
(5) 预计"十一五"期间推广比例	丝印染行业推广 10%(该行业 2005 年丝织品产能 77.7 亿 m)。如果推广到其他行业效果将更加显著
(6) 节能效果	节约标煤 13 kg / 百米丝织品(2 400 万 m 年生产能力)
四十三、高温高压气流染色技术	
(1) 适用范围	纺织行业——染整企业
(2) 主要技术内容	染液以雾化状在气液混合室内与被染织物完成上染过程,并且由循环气流牵引被染织物进行循环运动
(3) 技术条件	年产 8 000 t 针织物染整加工
(4) 典型投资额	2 000 万元
(5) 预计"十一五"期间推广比例	30%
(6) 节能效果	节汽 2.7 t / t 布,节水 81.2 t / t 布
四十四、变频器调速节能技术(A)	
(1) 适用范围	通用技术——电力、市政供水、冶金、石油、化工、采矿、煤炭、造纸、建材等。产品电压等级包括 3 kV、6 kV、10 kV 以及油田专用潜油电泵使用的 1 600~2 400 V 产品
(2) 主要技术内容	对电动机有矢量、磁场、直接转矩控制;有滑模变结构,模型参考自适应技术;有模糊控制、神经元网络,专家系统和各种各样的自优化、自诊断技术等
(3) 技术条件	低压变频器:电压范围为交流电 1 kV 以下输入侧变频为 50 Hz 或 60 Hz 负载侧频率达 600 Hz 高压变频器:电压范围为交流电 1 ~ 35 kV 输入侧频率 50 Hz 或 60 Hz 负载侧频率达 600 Hz
(4) 典型投资额	中压变频调速装置用于抽水泵站一台价格约 60 万元人民币,用户一般可在 10 ~ 14 个月内收回投资
(5) 预计"十一五"期间推广比例	随着国产大功率节能系统产品的开发及市场条件逐步趋于成熟,行业推广比例达 30%左右
(6) 节能效果	变频调速技术的主要功能就是提高电机效率减少网络冲击,降低电损耗

变频器调速节能技术(B)	
(1)适用范围	通用技术——电力、市政供水、冶金、石油、化工、采矿、煤炭、造纸、建材等。产品电压等级包括 3 kV、6 kV、10 kV 以及油田专用潜油电泵使用的 1 600~2 400 V 产品
(2)主要技术内容	矿山提升机变频调速节电技术(仅用于高压):采用变频器调速控制提升过程,减少启动电阻,避免通电线圈耗电
(3)技术条件	矿井上下高低压提升机
(4)典型投资额	45 万元
(5)预计"十一五"期间推广比例	50%以上
(6)节能效果	24 万 kWh / a
四十五、锅炉水处理防腐阻垢节能技术	
(1)适用范围	通用技术——工业、采暖锅炉以及中央空调、工业冷却循环水处理
(2)主要技术内容	采用向循环水系统投加防腐阻垢剂的技术,除去系统原有老垢老锈,在锅炉壁表面形成保护膜,阻止氧化腐蚀,有效防止人为失水
(3)技术条件	适宜所有工业、采暖锅炉及中央空调、工业冷却循环水的水质处理
(4)典型投资额	在供热采暖系统每 10 万 m^2 年投资约 2 万元; 工业锅炉 5 000 元 / 蒸 t / a;中央空调和工业冷却循环水系统 40 元 /(kW/a)
(5)预计"十一五"期间推广比例	60% 推广应用达到 15 亿 m^2; 在中央空调和工业冷却循环水系统可覆盖全国约 10%的单位
(6)节能效果	平均每平方米供暖面积每采暖年度节煤≥5 kg;节电≥20%;节盐 50% ~ 90%,在中央空调和工业冷却循环水系统节能≥20%,节水 1 ~ 3 倍,减排 1 ~ 3 倍
四十六、聚氨酯硬泡体用于墙体保温配套技术	
(1)适用范围	建筑行业——建筑墙体保温
(2)主要技术内容	通过在建筑物墙体上整体喷涂导热系数低的聚氨酯硬泡体,降低建筑物整体使用能耗
(3)技术条件	建筑面积 100 万 m^2
(4)典型投资额	200 万元
(5)预计"十一五"期间推广比例	30%

(6) 节能效果	厚 50 mm 聚氨酯保温层相当于 80 mm EPS、90 mm 矿棉、100 mm 软木、280 mm 木板、760 mm 混凝土的节能量
四十七、热泵节能技术(A)	
(1) 适用范围	建筑行业——建筑物的采暖供冷
(2) 主要技术内容	地源热泵技术是利用地下浅层地热,可供热又可制冷的高效节能系统
(3) 技术条件	地源热泵新建办公、宿舍楼配套
(4) 典型投资额	1 000 万元
(5) 预计"十一五"期间推广比例	10%以上
(6) 节能效果	45 kWh / (m^2·a)
热泵节能技术(B)	
(1) 适用范围	建筑行业——建筑物的采暖供冷
(2) 主要技术内容	水源热泵技术是利用地下浅层水源和地表水源中的低温热能,实现低位热能向高位热能转移的一种技术
(3) 技术条件	水源热泵
(4) 典型投资额	11 080.47 万元
(5) 预计"十一五"期间推广比例	淡水源热泵技术在建筑中规模化应用的示范城市 1 个,海水源热泵技术在建筑中规模化应用的示范城市 1 个
(6) 节能效果	再生水热泵比常规空调系统节能 25%以上，比分体家用空调(即空气源热泵)节能 40%以上
四十八、中央空调智能控制技术	
(1) 适用范围	通用技术——空调制冷系统
(2) 主要技术内容	用人工智能模糊控制方式代替传统的静态控制方式,实现动态控制,达到节能目的
(3) 技术条件	中央空调制冷系统
(4) 典型投资额	226 万元
(5) 预计"十一五"期间推广比例	30%
(6) 节能效果	20%
四十九、外动颚匀摆颚式破碎机	
(1) 适用范围	通用技术——广泛应用于有色、冶金、建材、化工、水利等领域的矿石或岩石破碎
(2) 主要技术内容	通过外动颚技术、负悬挂机构、大偏心距、串级倾斜破碎腔结构,实现破碎机的低矮、大破碎比和高生产能力,降低功耗

(3) 技术条件	矿岩石破碎系统
(4) 典型投资额	160 万~350 万元
(5) 预计“十一五”期间推广比例	10%~15%
(6) 节能效果	功耗降低 47%~55%
五十、高效双盘磨浆机	
(1) 适用范围	通用技术——适合造纸行业、化纤行业等浆种的连续打浆工序
(2) 主要技术内容	应用高效传动装置,配用高性能长寿命造纸打浆磨盘和先进的自动控制系统,实现恒功率或恒能耗控制
(3) 技术条件	30 万 t 高档涂布白板纸项目
(4) 典型投资额	180 万元
(5) 预计“十一五”期间推广比例	75%
(6) 节能效果	170 万 kWh / 年台

国家重点节能技术推广目录(第二批)

详细技术描述请查询:

http://www.sdpc.gov.cn/zcfb/zcfbgg/2009gg/W020100111467814481009.pdf

一、煤炭储运减损抑尘技术	
(1) 适用范围	煤炭等行业粉料运输及露天堆放
(2) 主要技术内容	通过喷洒减损抑尘剂，使煤炭或粉状物料表面形成固化层,以达到降低损耗、防治扬尘的目的
(3) 技术条件	煤炭运输量 1 000 万 t / a 以上
(4) 典型投资额	300 万元
(5) 预计到 2015 年推广比例	>50%(铁路煤炭运输)20%~30%(公路煤炭运输)
(6) 节能能力	500 万 tce
二、电除尘器节能提效控制技术	
(1) 适用范围	电力、冶金、建材等行业电除尘器改造
(2) 主要技术内容	通过采用优化控制的高频脉冲供电波形,提高设备的电能利用效率,大幅度降低设备运行电耗,减少粉尘污染物排放,达到节能减排目的
(3) 技术条件	1 台 300 MW 发电机组用大型电除尘器
(4) 典型投资额	270 万元
(5) 预计到 2015 年推广比例	25%

(6) 节能能力	50 万 tce
三、纯凝汽轮机组改造实现热电联产技术	
(1) 适用范围	电力行业 125～600 MW 纯凝汽轮机组
(2) 主要技术内容	纯凝汽轮机组的导汽管打孔抽汽，实现热电联产
(3) 技术条件	2 台 200 MW 三缸三排汽纯凝机组，抽汽参数可调
(4) 典型投资额	1 600 万元
(5) 预计到 2015 年推广比例	20%
(6) 节能能力	400 万 tce
四、电站锅炉空气预热器柔性接触式密封技术	
(1) 适用范围	电力行业火力发电锅炉空气预热器
(2)主要技术内容	采用柔性金属密封组件，直接与空预器的密封板进行接触，从而降低运行电耗，提高除尘效率
(3) 技术条件	2 台 1 000 MW 火力发电机组，采用回转式空气预热器
(4) 典型投资额	600 万元
(5) 预计到 2015 年推广比例	20%
(6) 节能能力	80 万 tce
五、锅炉智能吹灰优化与在线结焦预警系统技术	
(1) 适用范围	电力、钢铁、化工等行业的工业锅炉
(2) 主要技术内容	在锅炉各受热面污染在线监测的基础上，实现系统开环运行操作指导与闭环反馈监测控制相结合的智能吹灰运行模式，从而减少吹灰蒸气用量，降低排烟温度，提高锅炉效率
(3) 技术条件	电厂大型锅炉机组
(4) 典型投资额	150 万～200 万元
(5) 预计到 2015 年推广比例	30%
(6) 节能能力	350 万 tce
六、电站锅炉用邻机蒸气加热启动技术	
(1) 适用范围	电力行业
(2) 主要技术内容	采用蒸气替代燃油和燃煤对锅炉进行整体预加热，使锅炉在点火时已处于一个“热炉、热风”的热环境。从而大大降低燃油点火强度，大幅缩短燃油时间，使锅炉启动耗油量下降一个数量级
(3) 技术条件	2×1 000 MW 直流锅炉机组的冷态启动
(4) 典型投资额	200 万元

(5) 预计到 2015 年推广比例	10%
(6) 节能能力	10 万 tce
七、脱硫岛烟气余热回收及风机运行优化技术	
(1) 适用范围	电力行业
(2) 主要技术内容	取消脱硫系统传统的 GGH，通过在吸收塔前加装烟气冷却器，利用烟气热量加热机组给水；在两台并联的增压风机基础上增加一条增压风机旁路烟道，通过优化风机的运行方式，实现在低负荷工况下以单引风机运行代替双引风机 + 双增压风机运行
(3) 技术条件	2 × 1 000 MW 机组石灰石—石膏湿法烟气脱硫系统
(4) 典型投资额	4 370 万元
(5) 预计到 2015 年推广比例	10%
(6) 节能能力	90 万 tce
八、高炉鼓风除湿节能技术	
(1) 适用范围	钢铁行业
(2) 主要技术内容	采用冷凝方式将空气降温，使之低于露点除去饱和水，降低炼铁焦比
(3) 技术条件	空气含湿量高的季节或区域
(4) 典型投资额	3 000 万元(2 台高炉鼓风机组改造)
(5) 预计到 2015 年推广比例	10%
(6) 节能能力	75 万 tce
九、铝电解槽新型阴极结构及焙烧启动与控制技术	
(1) 适用范围	有色金属行业电解铝企业
(2) 主要技术内容	① 通过改变现行铝电解槽的阴极和内衬结构，提高阴极铝液面的稳定性和电解槽的保温性能，降低电解槽电压，实现节能；② 采用二段焙烧技术，提高焙烧质量，缩短焙烧周期，使电解槽快速转入正常生产
(3) 技术条件	适用于 160 kA 及以上铝电解系列实现技术升级改造
(4) 典型投资额	依铝电解槽系列电流强度和配套技术完善情况不同而有所差异，吨铝改造投资 2 000 ~ 3 000 元
(5) 预计到 2015 年推广比例	> 50%
(6) 节能能力	210 万 tce
十、流态化焙烧高效节能炉窑技术	
(1) 适用范围	有色金属等行业的焙烧工序

(2) 主要技术内容	通过优化炉衬结构设计、优化施工、烘炉、初投运等技术,实现节能、减排、降耗、高产的焙烧目标
(3) 技术条件	① 适用于国内 30 ~ 145 m^2 流态化焙烧炉；② 适用于新建窑炉和大修技改工程;③ 整体窑炉技术推广应用
(4) 典型投资额	40 万 t Al_2O_3(1 400 t / d)气态悬浮焙烧炉改造,480 万元
(5) 预计到 2015 年推广比例	30%(氧化铝企业)20%(有色重、贵金属行业流态化焙烧企业)
(6) 节能能力	40 万 tce
十一、精滤工艺全自动自清洁节能过滤技术	
(1) 适用范围	有色金属行业、化工行业的精滤工序
(2) 主要技术内容	利用高位槽与过滤机壳体的液位差，高效自清洁反冲卸饼,滤后精液反向清洗滤布,水耗为零,并有效降低蒸发工序负荷
(3) 技术条件	有色金属生产工艺中的精滤操作单元,年产 80 万 t 氧化铝规模
(4) 典型投资额	2 000 万元
(5) 预计到 2015 年推广比例	25%(约 1 500 万 t 氧化铝产能)
(6) 节能能力	45 万 tce
十二、先进煤气化节能技术	
(1) 适用范围	化工行业煤制合成气
(2) 主要技术内容	粉煤加压气化技术非熔渣—熔渣水煤浆分级气化技术多喷嘴对置式水煤浆气化技术
(3) 技术条件	采用常压固定床间歇式气化技术、20 万 t 总氨能力的化工企业
(4) 典型投资额	18 000 万元(气化岛)16 000 万元(气化岛)18 500 万元(气化岛)
(5) 预计到 2015 年推广比例	30%(共推广 1 800 万 t 总氨能力规模)
(6) 节能能力	390 万 tce
十三、新型高效节能膜极距离子膜电解技术	
(1) 适用范围	化工行业氯碱生产
(2) 主要技术内容	通过减小极间距达到降低电耗的目的,关键技术为电解槽设计制造和电极制造技术
(3) 技术条件	20 万 t / a 隔膜法烧碱装置改造(电解工艺部分)
(4) 典型投资额	13 000 万元
(5) 预计到 2015 年推广比例	50%(指替代隔膜法烧碱装置,共推广 400 万 t / a 规模)
(6) 节能能力	90 万 tce

十四、全预混燃气燃烧技术	
(1)适用范围	通用于工业燃烧加热工序
(2)主要技术内容	通过将燃料与空气在进入燃烧室喷嘴前进行完全混合,提高燃烧效率。同时采用自动化预混控制技术,保证混合比例精确,同时保证工作安全,不会产生回火现象
(3)技术条件	7万t/a大锅法固体烧碱生产企业
(4)典型投资额	500万元
(5)预计到2015年推广比例	50%(仅按化工烧碱企业测算)
(6)节能能力	6万tce
十五、稳流行进式水泥熟料冷却技术	
(1)适用范围	建材行业水泥熟料生产
(2)主要技术内容	通过自动调节冷却风量,步进式冷却方式,对高温颗粒物料进行冷却的技术,主要用于对热熟料进行冷却和输送
(3)技术条件	5 500 t/d水泥新型干法生产线
(4)典型投资额	1 000万元
(5)预计到2015年推广比例	42%~45%
(6)节能能力	90万tce
十六、四通道喷煤燃烧节能技术	
(1)适用范围	建材、冶金、有色行业回转窑
(2)主要技术内容	大速差、大推力燃烧技术,四通道、周向均匀分布的小孔结构,周向均匀分布的旋流风和高速轴流风技术
(3)技术条件	5 500 t/d水泥生产线
(4)典型投资额	60万元
(5)预计到2015年推广比例	25%~30%
(6)节能能力	35万tce
十七、高效节能选粉技术	
(1)适用范围	建材行业水泥粉磨生产线、化工行业干法粉体制备以及工业废渣综合利用
(2)主要技术内容	利用空气动力学原理,采用目前最先进的第三代笼型转子高效选粉分级技术,对分选物料进行充分分散和多次分级分选,达到高精度、高效率分选
(3)技术条件	5 000 t/d熟料生产线配套200万t/a水泥粉磨生产线闭路粉磨系统(2-φ4.2×13米球磨机)

(4) 典型投资额	200 万元
(5) 预计到 2015 年推广比例	75%
(6) 节能能力	160 万 tce
十八、频谱谐波时效技术	
(1) 适用范围	机械行业
(2) 主要技术内容	采用频谱谐波时效方式取代热时效方式消除金属工件残余应力,减少热能损耗
(3) 技术条件	铸造、锻造、焊接等热时效工艺
(4) 典型投资额	400 万元
(5) 预计到 2015 年推广比例	15%
(6) 节能能力	130 万 tce
十九、动态谐波抑制及无功补偿综合节能技术	
(1) 适用范围	煤炭、电力、钢铁、有色金属、石油石化、化工、建材、机械、纺织等行业
(2) 主要技术内容	针对负载需要,动态抑制各次谐波、补偿无功功率,使得电源侧电流谐波含量降低,调节三相不平衡,提高用户的电能质量,降低线路损耗
(3) 技术条件	谐波治理和无功补偿装置(1 600 kVar)
(4) 典型投资额	160 万元
(5) 预计到 2015 年推广比例	15%
(6) 节能能力	5 万 tce
二十、控制气分渗氮工艺节能技术	
(1) 适用范围	机械行业热处理工艺
(2) 主要技术内容	采用硅酸铝纤维炉衬,减少蓄热量,缩短升温时间,降低能耗;调节渗氮气分,加快渗氮速度;改进冷却系统,加快冷却速度,提高工效
(3) 技术条件	装机容量 800 kW,年氮化处理量约 1.2 万 t
(4) 典型投资额	500 万元
(5) 预计到 2015 年推广比例	50%
(6) 节能能力	25 万 tce
二十一、螺杆膨胀动力驱动节能技术	
(1) 适用范围	工业低品位余热资源回收利用

(2)主要技术内容	利用工业中的蒸气、热水、热液或汽液两相流体等动力源，将热能转换为动力，驱动发电机发电或直接驱动机械设备
(3)技术条件	蒸气压力 0.1～3.5 MPa 蒸气温度＜300℃ 热水温度＞60℃ 烟气温度＞150℃
(4)典型投资额	5 000～10 000 元/kW
(5)预计到 2015 年推广比例	80%(仅按钢铁、石化行业测算)
(6)节能能力	200 万 tce
二十二、大型高参数板壳式换热技术	
(1)适用范围	石化行业
(2)主要技术内容	在重整、芳烃、乙烯等装置中，高温反应出料与低温反应进料在进料换热器中换热，从而达到回收大量反应热及节能的目的。与管壳式换热器相比具有传热效率高、占地面积小、污垢系数低等优点
(3)技术条件	设计压力≤32 MPa；操作压差≤1.6 MPa；操作温度≤550℃；单台面积 50～10 000 m^2
(4)典型投资额	1 150 万元(换热面积 5 000 m^2 的板壳式换热器)
(5)预计到 2015 年推广比例	40%
(6)节能能力	75 万 tce
二十三、高效节能电动机用铸铜转子技术	
(1)适用范围	通用于 30 kW 以下中小型电动机系统
(2)主要技术内容	以铸铜转子代替目前广泛使用的铸铝转子，降低电动机损耗，提高效率，提高电动机寿命
(3)技术条件	改造 100 台各种规格电机
(4)典型投资额	30 万元
(5)预计到 2015 年推广比例	10%
(6)节能能力	65 万 tce
二十四、稀土永磁盘式无铁芯电机技术	
(1)适用范围	通用于小型电动机及发电机系统
(2)主要技术内容	因不使用硅钢片作定/转子铁芯材料，消除了传统永磁电机无法克服的磁阻尼及铁损问题，可降低驱动功率，减少铁损发热源，降低电机运行温升，提高永磁电机的效率和可靠性
(3)技术条件	用稀土永磁盘式无铁芯电机替代传统永磁电机
(4)典型投资额	1 500 元/kW
(5)预计到 2015 年推广比例	5%(125 万 kW)

(6) 节能能力	30 万 tce
二十五、汽车混合动力技术	
(1) 适用范围	汽车行业混合动力汽车
(2) 主要技术内容	再生制动能量回收技术;消除怠速工况技术;高效率混合动力专用发动机技术;整车集成和整车控制策略优化匹配技术等
(3) 技术条件	100 辆混合动力系列车
(4) 典型投资额	单台混合动力汽车平均增加投资 5 万元
(5) 预计到 2015 年推广比例	20%(按 2015 年乘用车产量测算)
(6) 节能能力	210 万 tce
二十六、纯电动汽车动力总成系统技术	
(1) 适用范围	汽车行业纯电动汽车
(2) 主要技术内容	通过高效电驱动系统取代传统内燃机动力系统，有车载储能元件提供能量,从电网补充能量,取代汽油、柴油。关键技术为电驱动技术、动力电池技术、电池成组应用技术以及动力系统集成与匹配技术
(3) 技术条件	5 万辆纯电动汽车
(4) 典型投资额	单台纯电动汽车平均增加投资 10 万元
(5) 预计到 2015 年推广比例	10%(按 2015 年乘用车产量测算)
(6) 节能能力	210(替代燃油)万 tce
二十七、温拌沥青在道路建设与养护工程中的应用技术	
(1) 适用范围	交通行业沥青路面的建设和养护
(2) 主要技术内容	通过在沥青混合料的拌和过程中加入温拌添加剂等技术手段降低沥青结合料的黏度，从而实现沥青混合料在较低温度（110～130℃)下进行拌和并压实,实现节能并减少有害气体排放
(3) 技术条件	应用于沥青混合料搅拌设备
(4) 典型投资额	20 万元
(5) 预计到 2015 年推广比例	60%
(6) 节能能力	35 万 tce
二十八、基于吸收式换热的热电联产集中供热技术	
(1) 适用范围	供热行业
(2) 主要技术内容	① 设置于热力站的吸收式换热机组代替常规水水换热器,降低一次网回水温度;② 在热电厂供热首站内设置电厂余热回收专用热泵机组代替常规的汽水换热器,提高换热效率,增大热网扩容能力

(3) 技术条件	20 万 m^2 的集中供热系统
(4) 典型投资额	450 万元
(5) 预计到 2015 年推广比例	20%(新增供暖面积)
(6) 节能能力	20 万 tce
二十九、供热系统智能控制节能改造技术	
(1) 适用范围	供热行业
(2) 主要技术内容	① 智能温控平衡技术; ② 智能变频技术; ③ 无线传感技术,该技术为智能变频和能效分析提供了基础; ④ EAOC 技术,确保了系统实现管理上的节能
(3) 技术条件	14 万 m^2 的集中供热系统
(4) 典型投资额	90 万元
(5) 预计到 2015 年推广比例	10%(新增供暖面积)
(6) 节能能力	6 万 tce
三十、夹芯复合轻型建筑结构体系节能技术	
(1) 适用范围 (2) 主要技术内容	建筑行业新建建筑(六层及六层以下) 集结构与保温于一体的新型剪力墙结构体系
(3) 技术条件	年产 60 万 m^2 复合轻型网架板,可建设 100 万 m^2 节能型住宅
(4) 典型投资额	4 800 万元
(5) 预计到 2015 年推广比例	1%
(6) 节能能力	100 万 tce
三十一、炭黑生产过程余热利用和尾气发电(供热)技术	
(1) 适用范围	化工行业炭黑生产
(2) 主要技术内容	使用专用尾气燃烧器(新)和尾气锅炉燃烧尾气产生的蒸气发电,所产电力回用炭黑装置,达到节能目的
(3) 技术条件	6 000 kW 炭黑尾气发电装置
(4) 典型投资额	2 900 万元
(5) 预计到 2015 年推广比例	50%
(6) 节能能力	85 万 tce
三十二、谷氨酸生产过程中蒸气余热梯度利用技术	
(1) 适用范围	轻工、化工等行业

(2) 主要技术内容	① 采用高热蒸气冷凝水替代蒸气为溴化锂制冷机组提供动能; ② 改造结晶罐加热系统,增大加热面积,充分利用蒸气余热; ③ 利用冷凝水热能替代蒸气烘干谷氨酸钠; ④ 淀粉乳二次液化闪蒸余热再利用
(3) 技术条件	年产 8 万 t 味精
(4) 典型投资额	4 300 万元
(5) 预计到 2015 年推广比例	80%
(6) 节能能力	80 万 tce
三十三、聚酯化纤酯化工艺余热制冷技术	
(1) 适用范围	纺织行业化纤生产
(2) 主要技术内容	利用化纤行业酯化工艺中产生的多组分酯化蒸气作为驱动热源,通过余热制冷技术制取冷水,满足抽丝生产工艺制冷需求
(3) 技术条件	年产 30 万 t 涤纶短纤
(4) 典型投资额	300 万元
(5) 预计到 2015 年推广比例	60%
(6) 节能能力	120 万 tce
三十四、乏汽与凝结水闭式全热能回收技术	
(1) 适用范围	使用蒸气进行间接加热的热交换系统
(2) 主要技术内容	将凝结水密闭在封闭管道中,采用电动离心泵加压或高压蒸气加压方式回收并输送至二次换热设备 / 锅炉,其中包含汽水分离、消除汽蚀、多路共网、自力增压、自动感应、数字控制等多项技术。将乏汽换热成凝结水后按凝结水进行回收利用,节水节能
(3) 技术条件	压力不大于 2.0 MPa; 回收凝结水温度不高于 170℃
(4) 典型投资额	800 万元(6 套凝结水回收装置)
(5) 预计到 2015 年推广比例	50%(仅按石化、化工行业测算)
(6) 节能能力	90 万 tce
三十五、纳米陶瓷多空微粒绝热节能材料涂层技术	
(1) 适用范围	通用于油气储存设备、运输设备、生产设备等
(2) 主要技术内容	纳米陶瓷多孔微粒绝热技术、附加复合防腐性能设计、水性环保涂料施工工艺、超长耐老化及使用年限,具有耐高温性能及防静电设计等
(3) 技术条件	超过 8 万 m^2 储罐及设施绝热改造
(4) 典型投资额	233 元 / m^2
(5) 预计到 2015 年推广比例	40%(仅按油气储罐测算)
(6) 节能能力	10 万 tce